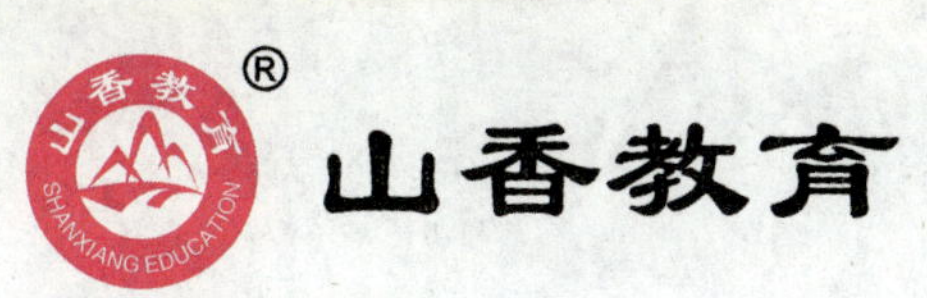

教师招聘考试专用教材

小学数学

山香教育考试命题研究中心　主编

图书在版编目(CIP)数据

教师招聘考试专用教材. 小学数学 / 山香教育考试命题研究中心主编. -- 北京 : 首都师范大学出版社, 2023.11

ISBN 978-7-5656-7754-0

Ⅰ. ①教… Ⅱ. ①山… Ⅲ. ①小学数学课-教学法-小学教师-聘用-资格考试-自学参考资料 Ⅳ. ①G451.1

中国国家版本馆 CIP 数据核字(2023)第 190929 号

教师招聘考试专用教材

XIAOXUE SHUXUE

小学数学

山香教育考试命题研究中心　主编

策划编辑　张文强

责任编辑　杨林玉　曹亮亮　　　　封面设计　山香教育

首都师范大学出版社出版发行

地　　址　北京市海淀区西三环北路 105 号

邮　　编　100048

咨询电话　010-68418523(总编室)　010-68982468(发行部)

网　　址　http://cnupn.cnu.edu.cn

印　　刷　河南黎阳印务有限公司

经　　销　全国新华书店

版　　次　2023 年 11 月第 1 版

印　　次　2023 年 11 月第 1 次印刷

开　　本　889mm×1194mm　1/16

印　　张　32

字　　数　740 千

定　　价　59.00 元

24年内容沉淀

将心注入，用双手把考生托上岸

24年

山香女孩

抖音扫码 - 山香教育

一段真实感人的故事

一个中国招教的传奇

一个大山中质朴的女孩

只为了能守候心中的爱情

执着地踏上教师招考之路

几经心酸、坎坷数载

终含泪圆梦

师者大爱无疆

回首仍在招教路上迷茫无助

痛苦挣扎的考生

她忍痛放弃来之不易的光辉事业

决然分享自己的招教秘籍

掇菁撷华、纳优去粕，无微不至、倾心辅导

只为复制精彩，再造成功

她圆了一批又一批考生的教师之梦

她让一批又一批的考生喜泪盈眶

她收到了一句又一句的致谢和感恩话语

她已经不是一个她了

而是更多的她，创造了中国招教奇迹！

她就是——山香教育！

前言

近年来，教师招聘考试难度越来越大。一方面，随着教师招聘考试的“火热”及考生对招教考试不断探索，笔试分数的差距不断缩小；另一方面，教师招聘考试试题的难度和灵活性在不断增强。获得一套实用性强的教辅显得尤为重要。

学科专业知识作为各省各地市教师招聘考试的必考内容，其具有内容多、复习难、要求高的特点。鉴于此，山香教育结合多年研究成果和教学反馈，深入分析制约考生得高分的因素，对教材进行精心编排，旨在帮助考生通过阅读和学习能够收到理想的备考效果。

3大特色　破解学科专业知识

特色1　立足真题考情　归纳核心考点

考情最能体现命题人的思想。通过对考情与真题的分析梳理，整理出各部分的考点分布规律、命题特点和解题方法，以此作为教材的核心内容，做到“考什么，讲什么”。再对教材内容进行分析整理，通过文字、表格等的结合，知识结构清晰明了，在“核心考点”中增加“小香课堂”“知识再拔高”等栏目，整个知识体系成为一个闭环，帮助考生快速高效学习，做到真正的“字斟句酌，精益求精”。

特色2　融合教学经验　传授解题技法

考生要想在选拔性考试中顺利通过，途径只有一个：考高分。每一道题的正误都决定着笔试是否能够通过。在这样的情形下，考生只有掌握每一道题的核心知识和答题方法，才能从众多竞争者中脱颖而出，顺利“圆梦”。

本书的编写摈弃了简单枯燥的说教模式，倡导大家进行互动式学习，融合山香老师多年教学经验，通过“核心考点”“考法大揭秘”“思路分析”等多模块设计，做到“有讲、有解、有练”，讲学练相结合，帮助考生快速掌握知识。

特色3　微课视频助学　强化巩固提升

鉴于文字讲解的局限性，本书针对重难点知识配备了微课视频，由山香名师进行视频讲解，实现“读”和“讲”的完美结合。同时，根据对真题的分析，本书在部分重要考点以及考法后设置了例题，既有贴合所讲内容，帮助考生理解考点考法的简单题目，也有高度契合真题的综合题目，更有还原考场体验的历年真题，使考生学有所练，牢固掌握所学知识。

愿诸君能够善用山香图书这件“利器”，在即将到来的教师招聘考试中打好有准备之战。预祝大家在有限的时间内选择最恰当、最有效的方法备考，早日走上心目中的三尺讲台！

山香图书研发部

说　明

🔥：考点的考频，“🔥”个数越多则该考点的考查频率越高，最高为三个“🔥”。

★：标星的考点为重要考点，星星越多重要程度越高，最高为三颗星。

红色词句：知识点中需要掌握的词句。

使用图解 SHI YONG TU JIE

内容导学

- 导学课程内容
- 指引备考方向

内容导学

- 教师招聘考试初中数学知识部分，共三章。
- 第一章主要是数与代数的基础内容，一般考查基本概念的理解与基本运算的应用，题型多为单项选择题、填空题、解答题。
- 第二章主要是图形与几何的基础内容，内容丰富，考查题型多为单项选择题、填空题、解答题。
- 第三章主要是统计与概率的基础内容，内容简单，考查题型侧重于单项选择题、填空题。
- 考生要重点掌握第一章与第二章的内容，并结合历年考试真题有针对性地进行复习。

考向分析

- 探究命题规律
- 精准预测考向

考向分析

本章属于初中数学阶段的重点内容，在各地教师招聘考试中，常以单选、填空、解答的形式考查。其中，数与式中，江西、湖南、江苏、浙江常考查实数的概念，整式的运算与代数式的计算。方程（组）与不等式（组）中，安徽、山西常考查方程（组）的求解，浙江、湖南与江西多考查一元一次不等式的求解、方程（组）的应用。题目整体较为基础，对考生的运算能力有一定要求。现对本章考向分析如下：

高频考点	高频考向	常考题型	核心素养	考查热度
实数	数轴、科学记数法	单选	运算能力	🔥
整式	合并同类项	单选	运算能力	🔥
分式	代数式的运算	单选、简答	运算能力	🔥
一元一次方程	一元一次方程的求解与应用	单选、填空、解答	运算能力、应用意识	🔥🔥🔥
二元一次方程	二元一次方程的求解与应用	填空	运算能力、应用意识	🔥🔥
一元二次方程	一元二次方程的根	单选、解答	抽象能力、运算能力	🔥🔥
分式方程	分式方程的应用	单选、解答	运算能力、应用意识	🔥🔥🔥

核心考点

- 立足真题考情
- 归纳核心考点

核心考点

考点1　实数　★★★

考点2　整式　★

考点3　分式

考点4　二次根式

考法大揭秘

- 掌握解题方法
- 明晰思路技巧

考法大揭秘

代数式求值

(1)直接代入法：一般先化简，再把各字母的值代入计算。

(2)整体代入法：有时题目并未给出各个字母的取值，而是给出几个式子的值，这时可把这几个式子看作一个整体，把多项式化为含有这几个式子的代数式，再代入求值。

【题13】【2023江西，单，1分】若 $\sqrt{a+2}+|b-1|=0$，则 $(a+b)^{2023}=$（　　）

A. -1　　B. 1　　C. 2023　　D. -2023

解　因为 $\sqrt{a+2}+|b-1|=0$，所以 $\begin{cases}a+2=0,\\ b-1=0,\end{cases}$ 解得 $\begin{cases}a=-2,\\ b=1,\end{cases}$ 则 $(a+b)^{2023}=(-2+1)^{2023}=-1$。

答案　A

【题14】【2023江苏盐城盐都区，简答，4分】化简求值：$\left(\frac{1}{a+1}-\frac{a-3}{a^2-1}\right)\div\frac{2}{a+1}$，$a=\sqrt{2}+1$。

解　$\left(\frac{1}{a+1}-\frac{a-3}{a^2-1}\right)\div\frac{2}{a+1}=\frac{a-1-(a-3)}{(a+1)(a-1)}\times\frac{a+1}{2}=\frac{2}{2(a-1)}=\frac{1}{a-1}$，将 $a=\sqrt{2}+1$ 代入，原式 $=\frac{1}{\sqrt{2}+1-1}=\frac{1}{\sqrt{2}}=\frac{\sqrt{2}}{2}$。

思路分析

- 梳理题干脉络
- 明确解答方向

【题21】 在含盐20%的盐水里加入10千克水，变成了含盐16%的盐水，原有盐水多少千克？

思路分析：盐的质量是此题中的不变量，因此把盐的质量看作单位“1”。加入10千克水之前，水占盐的$\frac{1-20\%}{20\%}$，加入10千克水之后，水占盐的$\frac{1-16\%}{16\%}$，10千克水对应的分率正好是$\frac{1-16\%}{16\%}-\frac{1-20\%}{20\%}=\frac{5}{4}$，用对应量除以对应分率得到单位“1”，即盐的质量。

(1)同样大小的数，精确度不同，有效数字不同，如1.56和1.560，前者有效数字为1,5,6，而后者为1,5,6,0。

(2)用科学记数法形式表示的近似数，精确度需要将其恢复成原数确定。

小香课堂

- 精讲重难难点
- 提示易错易混

知识再拔高

- 开阔考生视野
- 完善知识体系

知识再拔高

余切、正割与余割函数

角α的余切：$\cot\alpha=\frac{1}{\tan\alpha}=\frac{x}{y}$；

角α的正割：$\sec\alpha=\frac{1}{\cos\alpha}=\frac{r}{x}$；

角α的余割：$\csc\alpha=\frac{1}{\sin\alpha}=\frac{r}{y}$；

当α的终边在y轴上，即$\alpha=k\pi+\frac{\pi}{2}(k\in\mathbf{Z})$时，$\tan\alpha$，$\sec\alpha$没有意义；

当α的终边在x轴上，即$\alpha=k\pi(k\in\mathbf{Z})$时，$\cot\alpha$，$\csc\alpha$没有意义。

视频二维码

- 山香名师录播
- 助力视频学习

1. 转化法

分数问题——转化法

复杂的分数应用题，常常含有几个不同的单位“1”，根据题目的具体情况，将不同的单位“1”转化成统一的单位“1”，使隐蔽的数量关系明朗化。

转化的方法：从分数的意义出发，把分数变成份数进行“率”的转化；直接运用分率计算，进行“率”的转化；通过恒等变形，进行“率”的转化。

目录

高效备考从扫码开始……

扫码听讲的4个理由

1. 海量真题免费刷
2. 参加模考体验佳
3. 时政打卡天天有
4. 备考咨询专业答

考情分析与题型解读

第一部分　小学数学知识

第一章　数的认识与运算

第二章　常见的量与小学应用题

第二部分　初中数学知识

第三部分　高中数学知识

第二章　不等式

第三章　函数及其性质

第四章　三角函数与解三角形

第五章　一元函数的导数及其应用

第五部分　小学数学课程与教学论

专家微课视频索引

（扫描正文中下列知识点处的二维码，即可获取专家微课视频）

教师招聘考试
考情分析与解读

考情分析

教师招聘考试是具有从事教育行业的能力后，进行的竞争上岗考试，部分省份（如福建、江西等）实行全省统一考试，但是大部分省份（如浙江、江苏、山东、广东、湖南等）是先由各市、区（县）教育局将当地各学校招聘教师情况进行汇总，然后由当地人事局等统一组织市、区（县）招聘考试。

从各地教师招聘考试公告来看，笔试内容一般有三种常见的形式：第一种考试内容为教育公共基础知识（教育学、心理学、教育法律法规、教材教法、新课改理论知识、师德与个人修养等从事教师职业应具备的基本知识）和学科专业知识；第二种考试内容为学科专业知识和学科教学知识；第三种考试内容为学科专业知识，旨在考查考生是否具备所报考岗位应有的基本专业知识。

在对各省、市、区（县）小学数学教师招聘考试真题研究的基础上，本书针对教师招聘考试的命题特点，并结合教师招聘考试的发展变化情况，从小学数学知识、初中数学知识、高中数学知识、大学数学知识和小学数学课程与教学论及其应用五个部分进行了深入讲解，帮助考生把握考试方向，提高学习效率。

题型解读

从各省、市、区（县）小学数学教师招聘考试的考试要求可以看出，教师招聘考试考查范围比较灵活，所考查的内容与难度也不尽相同。综合各省、市、区（县）近几年的考试真题来看，题型主要包括单项选择题、填空题、解答题、案例分析题与教学设计题等。下面分别对这五种题型进行具体的介绍。

一、单项选择题

单项选择题是小学数学教师招聘考试的主要题型之一，主要考查基本概念、基本知识、基本计算、解题方法等。

1. 有关数学专业知识的单项选择题

(1) 计算分析型单项选择题

真题示例

【2023 广东广州荔湾区】已知 $x=-1+\frac{\sqrt{3}}{4}$，则 $\frac{2x}{x+1}-\frac{2x-4}{x^2-1}\div\frac{x-2}{x^2-2x+1}$ 的值介于（　　）

A. 3 与 4 之间　　B. 4 与 5 之间

C. 5 与 6 之间　　D. 6 与 7 之间

解　原式 $=\frac{2x}{x+1}-\frac{2x-4}{(x+1)(x-1)}\times\frac{(x-1)^2}{x-2}=\frac{2x}{x+1}-\frac{2(x-1)}{x+1}=\frac{2}{x+1}$，将 $x=-1+\frac{\sqrt{3}}{4}$ 代入，则原式 $=\frac{8}{\sqrt{3}}=\sqrt{\frac{64}{3}}$，因为 $4<\sqrt{\frac{64}{3}}<5$，所以所求的值介于4与5之间。

答案　B

题型分析：这类题目的选项中往往有容易与正确结果混淆的计算结果，从选项中直接看出正确答案是比较困难的，必须根据题干所给的条件，通过数学计算找出正确答案。这类选择题是对考生数学基本概念、法则、定理的理解及运算能力的考查，在计算过程中，要讲究技巧和方法，力求计算准确。

（2）概念辨析型单项选择题

真题示例

【2023 四川特岗】已知点 $M(\tan\alpha,-\cos\alpha)$ 在第三象限，则角 α 的终边在（　　）

A. 第一象限　　B. 第二象限　　C. 第三象限　　D. 第四象限

解　因为点 $M(\tan\alpha,-\cos\alpha)$ 在第三象限，所以 $\begin{cases}\tan\alpha<0,\\-\cos\alpha<0,\end{cases}$ 即 $\begin{cases}\tan\alpha<0,\\\cos\alpha>0,\end{cases}$ 由 $\tan\alpha<0$，得角 α 的终边在第二、四象限，由 $\cos\alpha>0$，得角 α 的终边在第一、四象限，故角 α 的终边在第四象限。

答案　D

题型分析：此类题目涉及一些重要的数学概念、公式、性质等，常常将一些易混淆的概念和性质放在一起，迷惑考生。一般来说，这类题目运算量较小，侧重判断。考生在审题时，要注意辨析相关概念的本质特性，从而保证所选答案正确。

2. 有关小学数学课程与教学论的单项选择题

真题示例

【2023 江西】在义务教育阶段，数学眼光主要表现为：抽象能力（包括数感、量感、符号意识）、（　　）、空间观念与创新意识。

A. 应用意识　　B. 模型意识　　C. 数据观念　　D. 几何直观

解　《义务教育数学课程标准（2022年版）》指出，在义务教育阶段，数学眼光主要表现为：抽象能力（包括数感、量感、符号意识）、几何直观、空间观念与创新意识。

答案　D

题型分析：小学数学课程与教学论是教师招聘考试的常考内容，主要考查课标和数学课程与教学知识的相关内容。考生在备考时要重点关注课标的相关内容，熟悉课程与教学论的相关知识，对重点内容进行识记与理解。

二、填空题

填空题是不要求给出解答过程，而是直接将结论写出的“求解题”。它本身没有备选答案可供选择，这就避免了选择项所起的暗示或干扰作用，也杜绝了考生存在能猜中答案的侥幸心理。从这个角度看，填空题的考查能够体现考生的真实水平。

1. 有关数学专业知识的填空题

真题示例

【2023 山西特岗】方程组$\begin{cases}x-y=1,\\3x+y=7\end{cases}$的解为________。

解　$\begin{cases}x-y=1①,\\3x+y=7②,\end{cases}$ ①+②,得 $4x=8$,解得 $x=2$。将 $x=2$ 代入①,得 $2-y=1$,解得 $y=1$,所以方程组的解为$\begin{cases}x=2,\\y=1。\end{cases}$

答案　$\begin{cases}x=2,\\y=1\end{cases}$

题型分析:由于填空题不要求写出解题过程,只要求填写结果,所以所填结果是判断答案正确与否的唯一标准,为此在做填空题时,要弄清概念、明白算理、正确表达,最终填写准确的结果。

2. 有关小学数学课程与教学论的填空题

真题示例

【2023 安徽统考】《义务教育数学课程标准(2022 年版)》在课程目标中指出,核心素养具有整体性、一致性和________。

解　《义务教育数学课程标准(2022 年版)》在课程目标中指出:核心素养具有整体性、一致性和阶段性,在不同阶段具有不同表现。

答案　阶段性

题型分析:此类题目考查较直接,从小学数学课程与教学论或心理学的角度,考查一些具有重要意义的语句或概念。解答此类题目时,可通过题干中的信息,捕捉题目中的关键词,快速准确地敲定答案。考生不仅要熟练掌握课程与教学论的相关知识,还要字迹工整、准确,确保不出现书写上的错误。

三、解答题

解答题考查考生对数学基础知识的综合应用能力,对考生数学学科核心素养要求较高。

真题示例

【2023 浙江金华】已知函数 $f(x)=x^2-a^2x+b+\frac{1}{4}$,$a\in\mathbf{R}$,$b\in\mathbf{R}$,若 $f(x)\leqslant b$ 在区间 $[2,4]$ 上恒成立,求 a 的取值范围。

答案　由题意知,$x^2-a^2x+b+\frac{1}{4}\leqslant b$ 在区间 $[2,4]$ 上恒成立,则 $x^2-a^2x+\frac{1}{4}\leqslant 0$ 在区间 $[2,4]$ 上恒成立,可转化为 $a^2x\geqslant x^2+\frac{1}{4}$,即当 $x\in[2,4]$ 时,$a^2\geqslant\left(x+\frac{1}{4x}\right)_{\max}$。令 $g(x)=x+\frac{1}{4x}$,则 $g'(x)=1-\frac{1}{4x^2}>0$ 在区间 $[2,4]$ 上恒成立,所以 $g(x)=x+\frac{1}{4x}$ 在区间 $[2,4]$ 上单调递增,且 $g(4)=\frac{65}{16}$,故 $g(x)$ 的最大值为 $\frac{65}{16}$,所以 a 的取值范围为 $a\geqslant\frac{\sqrt{65}}{4}$ 或 $a\leqslant-\frac{\sqrt{65}}{4}$。

题型分析：对于解答题，首先要审题，即全面审视题目的所有条件和答题要求，正确、全面理解题意的同时在整体上把握试题的特点、结构，以便解题方法的选择和解题步骤的设计。答题时要注意条理清晰、字迹工整。

考生在备考过程中，要在理解基本概念、定理、公式、推论等的基础上多加练习，总结方法。练习时要注重独立思考，认真审题，并尝试写出解答过程，最后再和参考答案做分析对比，确认自己在解题过程中思路是否正确，解答过程是否有遗漏。

四、案例分析题

案例分析题是给出材料，然后提出问题，在问题中要求考生阅读分析给定的材料，依据一定的理论知识，或做出决策，或做出评价，或提出具体的解决问题的方法或意见等。案例分析题属于综合性题目，考查的是高层次的认知目标，不仅考查考生对知识了解的程度，还考查考生理解、运用知识的能力，更重要的是考查考生综合分析、评价方面的能力。

真题示例

【2023 江苏南京】在一场足球比赛中，星光队获得了一次罚点球的机会，他们准备从四名队员中选一人去完成罚点球的任务。下面是这四名队员近期罚点球情况统计。

队员	罚球数/个	进球数/个
甲	10	8
乙	20	19
丙	25	21
丁	30	27

(1)您认为星光队应该派哪名队员去完成罚点球的任务？为什么？

(2)《义务教育数学课程标准(2022 年版)》指出：数学课程内容由数与代数、图形与几何、统计与概率、综合与实践四个学习领域组成。您认为以上阅读材料属于哪个学习领域？

(3)义务教育阶段数学课程要培养的学生核心素养，可以概括表达为“三会”，请您结合“三会”理念拟定以上阅读材料的教学目标。

参考答案　(1)派乙去。由表格数据可知甲进球率为 80%，乙进球率为 95%，丙进球率为 84%，丁进球率为 90%，故乙进球率最高，应该派乙去。

(2)统计与概率。

(3)①通过数学的眼光，可以从足球比赛中发现罚球数和进球数的数量关系，提出有意义的数学问题，学生能够直观理解接下来所学的百分数的现实背景，逐步养成从数学角度观察现实世界的意识与习惯，发展好奇心、想象力和创新意识。

②通过数学的思维，学生能够理解数学与现实世界之间的联系，分析甲、乙、丙、丁的罚球数和进球数，探究罚点球情况统计所蕴含的数学规律，经历数学“再发现”的过程。

③通过数学的语言，理解罚点球情况的统计意义，感悟数据的价值，会用数据的分析结果解释不确定现象，形成合理的判断或决策，逐步养成用数学语言表达与交流的习惯，形成跨学科的应用意识与实践能力。

题型分析：案例分析题的解题思路可以分为四步，即看点、审题、找规则、答题。

看点，重在准确、明晰，要求考生先看题干再看提出的问题，弄清楚考什么，找准考点是解题和得分的关键。

审题,逐字逐句地阅读以帮助全面、准确地掌握材料重点,防止遗漏,重在快速、全面、准确和理解。

找规则,考生在审题后应根据题干所提出的问题和给定的材料,思考所要考查的知识点,根据罗列的知识点找出一般规则。

答题,即材料事实与理论的有机契合,要做到完整准确,简明扼要,答题过程中一定要答到要点,同时要采用专业语言,简洁明了。

五、教学设计题

教学设计题就是给出一个课题,按要求进行设计。一般主要考查三个方面:写出教学目标,写出教学重点、难点,写出教学过程(及设计意图)。教学设计题考查考生运用有关知识进行教学设计的能力,属于综合性题目,考查的是高层次的认知目标。它不仅考查考生了解知识的程度,还考查考生运用知识的能力。

真题示例

【2023 湖北统考】阅读《义务教育教科书数学三年级下册》(2022 版)第五单元“面积”中的内容:

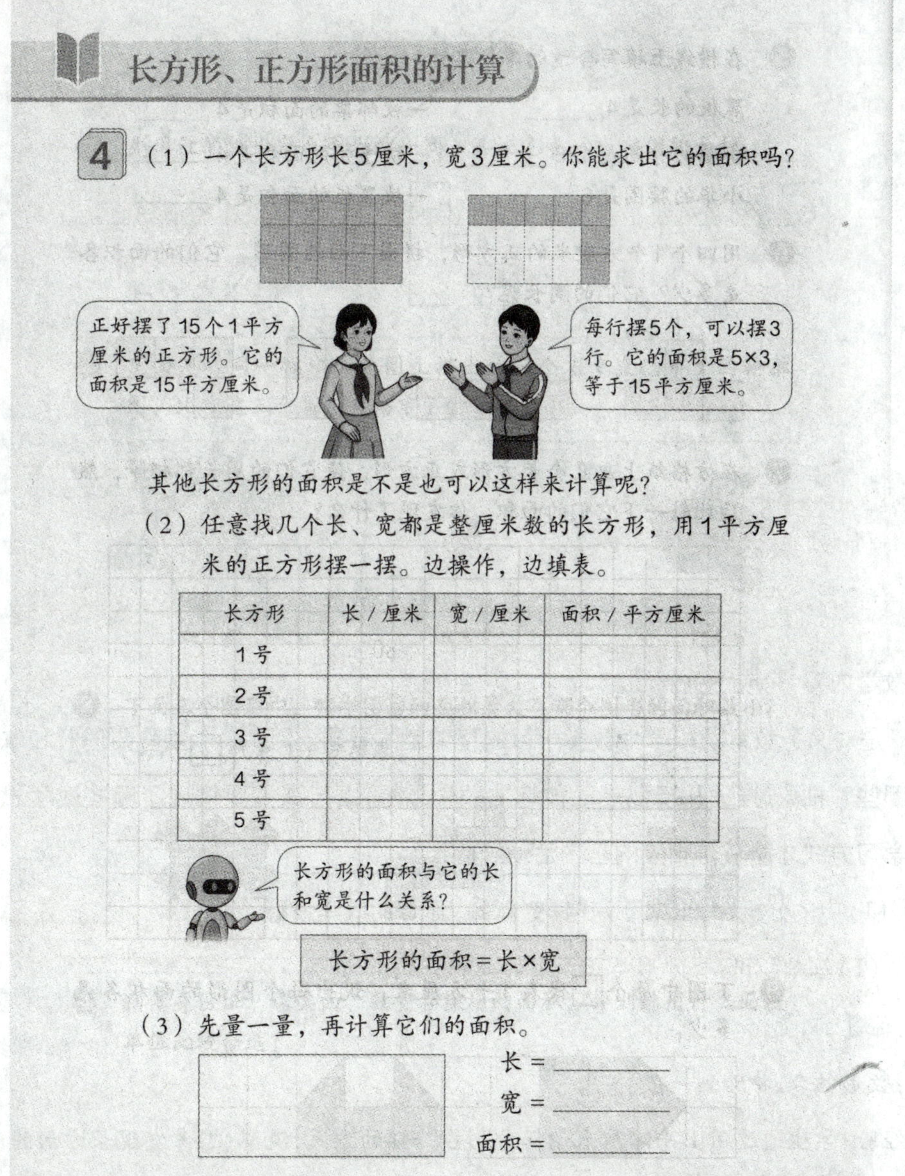

长方形、正方形面积的计算

4 (1)一个长方形长5厘米,宽3厘米。你能求出它的面积吗?

其他长方形的面积是不是也可以这样来计算呢?

(2)任意找几个长、宽都是整厘米数的长方形,用1平方厘米的正方形摆一摆。边操作,边填表。

长方形	长/厘米	宽/厘米	面积/平方厘米
1号			
2号			
3号			
4号			
5号			

长方形的面积=长×宽

(3)先量一量,再计算它们的面积。

长=______

宽=______

面积=______

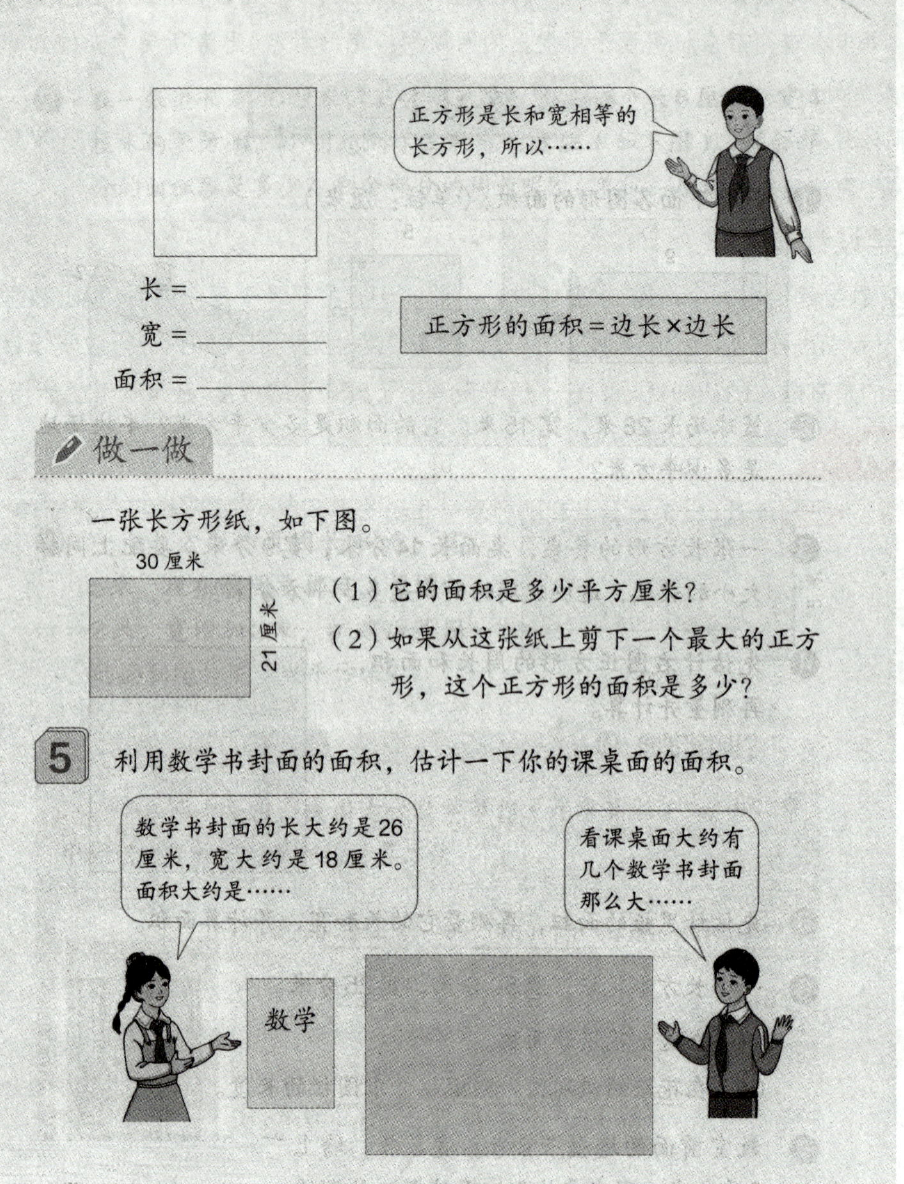

根据以上教学内容，完成下列问题。

（1）“四基”是对义务教育阶段学生数学学习的整体基本要求，本节课学生需要理解和掌握的基础知识和基本技能是哪些？抽象、推理和模型是三种基本数学思想，本节课主要体现了哪些数学思想？本节课学生通过怎样的学习方式才能获得相应的基本活动经验？

（2）请依据（1）中的分析，写出本节课“探究新知”环节的教学设计。

参考答案　（1）基础知识：长方形与正方形的面积公式。

基本技能：运算、测量。

数学思想：数形结合、特殊到一般。

基本活动经验：学生通过用1平方厘米的正方形摆一摆的方式，观察、思考发现长方形的面积与长、宽之间的关系，得出长方形（正方形）的面积公式，在此活动中，学生可以在理解公式的推导过程中积累活动经验，学会分析问题、解决问题。

(2)【探究新知】

1. 探索长方形的面积公式

师：一个长方形长5厘米，宽3厘米。你能求出它的面积吗？大家可以借助1平方厘米的正方形来摆一摆。

生1：我发现正好摆了15个1平方厘米的正方形，所以这个长方形的面积为15平方厘米。

生2：我是先摆了一行，发现一行可以摆5个，一共可以摆3行，它的个数是$5\times3=15$，所以这个长方形的面积为15平方厘米。

师：你们的想法真不错，很会动手与思考。如果是其他的长方形，它的面积是不是也可以这样来计算呢？现在请大家任意找出几个长、宽都是整厘米数的长方形，用1平方厘米的正方形来摆一摆，看看你有什么发现并做好记录。

(学生动手操作)

师：观察你们得到的数据，以小组为单位来交流讨论一下长方形的面积与它的长和宽有什么关系？

生：长方形的面积=长×宽。

师：你们可真厉害，由此我们得到了长方形的面积公式，量一量课本上这一个长方形的长是多少？宽是多少？利用我们得到的长方形的面积公式计算出它的面积。

2. 探索正方形的面积公式

师：我们已经得出了长方形的面积公式，正方形的面积公式又是什么呢？你能够根据正方形边的特点来推出它的面积公式吗？

生：由于长方形的面积等于长乘宽，而正方形是长和宽相等的长方形，所以正方形的面积等于边长乘边长。

师：说得有理有据，由此我们得出，正方形的面积=边长×边长。

题型分析：教学目标的表述并不是随意书写的，具有一定的规范和要求。答卷时，教学目标的设计要全面。教学目标要明确、具体、恰当。要防止教学目标“高大全”，有的甚至是“假大空”，目标远大空洞，形同虚设。

教学中的重点是指在学习中那些贯穿全局、带动全面、应用广泛、对学生认知结构起核心作用、在进一步学习中起基础作用和纽带作用的内容。通常教材中的定义、定理、公式、法则、数学思想方法等都是教学的重点。

教学中的难点是指学生接受起来比较困难的知识点。在数学教学中，一般而言，概念课的难点常是“对定义的理解”；原理课(定理、公式、性质)的难点通常是相应原理的证明(推导)或原理的形成过程及其运用；应用题的教学难点是分析应用题的数量关系，掌握正确解法。

教学过程要紧紧围绕教学内容、目的要求、重难点和学生实际去精心安排。不同的教学任务和教学目的，应有不同的教学安排，不同的课型也应有不同的教学过程。教学过程中的各个具体环节都应有明确的目的，环节与环节之间的衔接要自然流畅，环环相扣，形成一个有机的整体。

备考策略

一、做好备考计划，合理划分备考阶段

复习时间或长或短，总会有一定的时间段，为此，必须将其划分成不同阶段，反复进行复习，并针对不同阶段的特点安排复习任务，制订复习计划，按部就班，有条不紊，确保备考顺利进行。随着参加教师招聘考试人数的增加，竞争压力也越来越大，要想在教师招聘考试中脱颖而出，制订有效的备考计划是很有必要的，考生要根据备考计划来提高复习效率，合理规划时间。

二、结合个人实际，对薄弱环节有所侧重

教师招聘考试是具有竞争力的考试，对数学学科专业知识素养要求较高。对于考生来说，最好是能拿到高分，如何在有效的时间里拿到高分，就要根据自己的实际情况，有针对性地进行复习，对于自己比较模糊、没有把握的知识模块着重复习，提高复习效率。

三、合理利用时间，强化训练

根据考试时间，整体复习规划精确到月份，对于数学科目的考试，要掌握解题方法，强化训练，熟悉方法和知识点的运用，合理利用时间，提高做题效率和正确率。

第一部分

小学数学知识

SHAN XIANG

内容导学

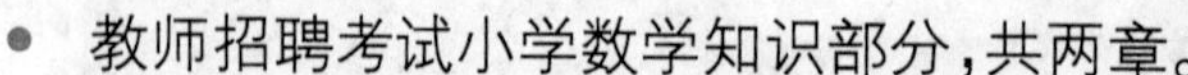

- 教师招聘考试小学数学知识部分，共两章。
- 第一章是数的认识与运算的主要内容，一般考查基本概念的理解与基本运算的应用，题型多为单项选择题、填空题、解答题。
- 第二章是常见的量与小学应用题的主要内容，内容丰富，考查题型多为单项选择题、填空题、解答题。
- 考生要重点掌握第二章的内容，并结合历年考试真题有针对性地进行复习。

第一章 数的认识与运算

考向分析

本章属于小学数学阶段的基础内容，在各地教师招聘考试中，常以单选、填空、解答的形式考查。其中，福建、浙江、江西考查数的认识等基础知识较多，对考生的数感要求较高；湖南、湖北、江苏侧重于考查数的运算，对考生的运算能力要求较高。

高频考点	高频考向	常考题型	核心素养	考查热度
整数	整数的读写	单选、填空	数感	🔥🔥
小数	小数的性质	单选	数感	🔥
	小数的读写	单选	数感	🔥
分数	约分、通分	单选	数感	🔥🔥
百分数	数的大小比较	单选、填空	数感、符号意识	🔥🔥
四则运算	分数的运算	解答	数感、符号意识、运算能力	🔥
数的估计与估算	数的估算与改写	单选、填空	数感	🔥🔥
整除	整除的性质	单选、填空	数感、符号意识、运算能力	🔥
带余除法	同余问题	单选、填空	数感、符号意识、运算能力	🔥🔥🔥
最大公因数与最小公倍数	最大公因数与最小公倍数的求解	单选、填空	数感、符号意识、运算能力	🔥🔥🔥
比和比例	比例的基本性质	单选	数感、推理意识	🔥
	比例的应用	单选	应用意识	🔥

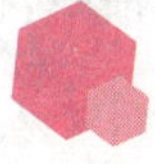

第一节 数的认识

核心考点

考点1 整数 ★★

考点2 小数 ★★

考点3 分数 ★★★

考点4 百分数 ★★★

考点1　整数　★★

1. 整数的计数单位

一(个)、十、百、千、万、十万、百万、千万、亿、……都是计数单位，每相邻的两个计数单位之间的进率都是10，这样的计数法叫做十进制计数法。

2. 整数的读法

(1)从高位起，一级一级地往下读。

(2)读亿级或万级上的数时，要按照个级的数的读法来读，再在后边加一个"亿"字或"万"字。

(3)每级末尾的0都不读，其他数位有一个0或连续几个0都只读一个"零"。

例如，780 000 050 000，读作：七千八百亿零五万。

3. 整数的写法

(1)从高位起，一级一级地往下写；

(2)哪个数位上一个单位也没有，就在那个数位上写0。

例如，两千七百二十七万九千九百，写作：27 279 900。

【题1】【2020 福建，填空，4分】地球赤道周长四千零七万五千七百米，横线部分写作________。

解　四千零七万五千七百写作40 075 700。

答案　40 075 700

4. 整数大小的比较

(1)比较位数，位数不同时，位数多的数较大；

(2)位数相同时，比较最高位，最高位上的数大的数较大；

(3)位数相同，最高位相同时，比较下一位，相同数位上的数大的数较大。

考点2　小数　★★

1. 小数的认识

小数由整数部分、小数点和小数部分组成，是十进制分数的另一种表现形式，相邻两个计数单位之间的进率为10。按照由小到大的顺序把小数计数单位从右到左排在表格中，称为小数的数位顺序表。

	整数部分					小数点	小数部分				
数位名称	……	万位	千位	百位	十位	个位	.	十分位	百分位	千分位	万分位	……
计数单位	……	万	千	百	十	一(个)		$\frac{1}{10}$	$\frac{1}{100}$	$\frac{1}{1000}$	$\frac{1}{10\ 000}$	……

2. 小数的分类

(1)按整数部分来分 {纯小数：整数部分是零的小数；带小数：整数部分不是零的小数。}

(2)按位数来分：
- 有限小数：小数部分的位数是有限的；
- 无限小数：
  - 无限循环小数：
    - 纯循环小数：循环节是从小数部分第一位开始的；
    - 混循环小数：循环节不是从小数部分第一位开始的；
  - 无限不循环小数：一个数的小数部分，数字排列无规律且位数无限。

3. 小数的性质

在小数的末尾添上零或者去掉零，小数的大小不变。

小数点向左移动一位、两位、三位，这个数就缩小到原来的$\frac{1}{10}$，$\frac{1}{100}$，$\frac{1}{1000}$；小数点向右移动一位、两位、三位，原来的数就扩大10倍、100倍、1000倍。

【题2】【2021浙江绍兴，单，3分】计算1.68÷0.3，下列各式与原式结果不相等的是(　　)

A. 168÷3　　B. 168÷30　　C. 16.8÷3　　D. 0.168÷0.03

解　A选项中，被除数扩大100倍，除数扩大10倍，因此结果会扩大10倍，与原式的结果不相等。

答案　A

【题3】　把7.583扩大十倍，再把小数点向左移动两位，所得的数为原数的________。

解　7.583扩大十倍为75.83，把小数点向左移动两位，所得数为0.7583，该数为原数的$\frac{1}{10}$。

答案　$\frac{1}{10}$

4. 小数的读法

整数部分按照整数的读法来读（整数部分是"0"的读作"零"），小数点读作"点"，小数部分顺次读出每一个数位上的数字。

例如，150.083，读作：一百五十点零八三。

【题4】【2021福建，单，4分】关于数的认识，以下说法错误的是(　　)

A. 5个百万，6个万和8个千组成的数是5 068 000

B. 91 200 000 000改写成用亿作单位的数是912亿

C. 8 080 808 008这个数读作八十亿八千零八十万八千零八

D. 23.002这个数读作二十三点零二

解　23.002读作二十三点零零二，故D选项错误。

答案　D

5. 小数的写法

整数部分按照整数的写法来写（整数部分是"零"的写作"0"），小数点写在个位的右下角，小数部分依次写出每一个数位上的数字。

例如，四点三九，写作：4.39。

6. 循环小数

一个小数，从小数部分的某一位起，一个数字或几个数字依次不断地重复出现，这个数叫做无限循环小数。依次不断重复出现的数字,叫做这个循环小数的循环节。

例如,2.5555…的循环节是5;2.434343…的循环节是43。分别写作$2.\dot{5}$,$2.\dot{4}\dot{3}$。

如果循环节中的数是三个或者三个以上,只需要在循环节的第一个和最后一个数上面点点。

例如,3.143414341434…的循环节是1434,写作$3.\dot{1}43\dot{4}$。

【题5】 若$a=0.\dot{6}\dot{9}$,$b=0.\dot{6}9\dot{6}$,$c=0.6969$,则有(　　)

A. $c>b>a$　　B. $a>c>b$　　C. $b>a>c$　　D. $a>b>c$

解　因为a,b,c整数位都为0,十分位都为6,百分位都为9,千分位都为6,而a,c的万分位为9,b的万分位为6,故b最小。又因为c的十万分位为0,a为6,所以$a>c>b$。

答案　B

考点3　分数　★★★

1. 分数的认识

把单位"1"平均分成若干份,表示这样的一份或者几份的数,叫做分数。

表示其中一份的数,叫做分数单位。

例如,$\frac{3}{4}$的分数单位是$\frac{1}{4}$。

分数与除法的关系可以用式子表示:$a\div b=\frac{a}{b}(b\neq0)$。

2. 分数的分类

(1)真分数:分子小于分母,绝对值小于1;

(2)假分数:分子大于等于分母,绝对值大于等于1;

(3)带分数:由整数和真分数合成的数,是假分数的另一种表现形式。

3. 分数的基本性质

分数的分子和分母同时乘或除以相同的数(0除外),分数的大小不变。

4. 约分、通分

(1)约分

把一个分数的分子和分母同时除以它们的公因数,分数的值不变。通常要约成最简分数。

最简分数:分子与分母是互质数的分数。

(2)通分

把异分母分数分别化成和原来分数相等的同分母分数的过程,叫做通分,用异分母的最小公倍数作通分后的分母。

【题6】 【2022江西,单,1分】分子与分母的和是24的最简真分数有(　　)个。

A. 5　　B. 4　　C. 3　　D. 2

解 分子与分母的和是24的最简真分数有$\frac{1}{23}$,$\frac{5}{19}$,$\frac{7}{17}$,$\frac{11}{13}$,共4个。

答案 B

【题7】【2022年6月浙江杭州,单,3分】下面算式中,结果最大的是(　　)

A. $\frac{1}{7}+\frac{1}{13}$　　B. $\frac{1}{17}+\frac{1}{29}$　　C. $\frac{1}{31}+\frac{1}{37}$　　D. $\frac{1}{41}+\frac{1}{47}$

解 通过计算可知,$\frac{1}{7}+\frac{1}{13}$最大。

答案 A

考点4 百分数 ★★★

1. 百分数的认识

表示一个数是另一个数的百分之几的数,叫做百分数,也叫百分率或百分比。百分数反映的是两个数的倍数关系,它的单位是1%,读法与分数相同,例如,54%读作百分之五十四。

2. 百分数和小数的互化方法

把小数化成百分数,只需把小数点向右移动两位,同时在后面添上百分号;反之,只需把百分号去掉,同时把小数点向左移动两位。

3. 百分数和分数的互化方法

把分数化成百分数,通常先把分数化成小数(除不尽时,通常保留三位小数),再把小数化成百分数;把百分数化成分数,先把百分数改写成分母是100的分数,能约分的再约成最简分数。

百分数与分数的区别:

(1)意义不同,百分数只表示两个数的倍数关系,不能带单位;分数既可以表示具体的数,又可以表示两个数倍数的关系,表示具体数时可带单位名称。

(2)百分数不可以约分,而分数一般通过约分化成最简分数。

(3)任何一个百分数都可以写成分母是100的分数,而分母是100的分数并不都具有百分数的意义。

(4)应用范围的不同,百分数在生产和生活中,常用于调查、统计、分析和比较,而分数常常在计算、测量中得不到整数结果时使用。

【题8】 有以下几个命题:①$\frac{25}{100}$与25%大小相等,意义不同;②无限小数不一定能化成分数;③80公斤比50公斤多60%;④分子为8的假分数共7个。其中,正确的个数为(　　)

A. 1　　B. 2　　C. 3　　D. 4

解 $\frac{25}{100}$与25%大小相等,意义不同。$\frac{25}{100}$是纯粹的分数,表示100份中的25份;25%表示一个数是另一个数的百分之二十五(即百分率),①正确;无限小数分无限循环小数和无限不循环小数两种,其中无限不循环小数不能化成分数,②正确;80 公斤比 50 公斤多 $(80-50)\div50=60\%$,③正确;分子大于等于分母的分数叫做假分数,分子为 8 的假分数有 $\frac{8}{1},\frac{8}{2},\frac{8}{3},\frac{8}{4},\frac{8}{5},\frac{8}{6},\frac{8}{7},\frac{8}{8}$,共 8 个,④错误。

答案　C

考法大揭秘

数的大小比较

1. 整数的大小比较

位数不同时,位数多的数大;位数相同时,最高位上数大的那个数就大,最高位相同时就比较第二位,以此类推。

2. 小数的大小比较

(1)先看它们的整数部分,整数部分大的那个数就大;

(2)当整数部分相同时,看十分位,十分位上的数大的那个数就大;

(3)整数部分和十分位上的数都相同,就要看百分位,百分位上的数大的那个数就大;

(4)以此类推,从高位到低位依次比较。

3. 分数的大小比较

(1)同分母分数,分子大的分数比较大;

(2)同分子分数,分母小的分数比较大;

(3)一般地,异分母分数先通分,再按照同分母分数的情况来比较大小。

【题 9】【2021 浙江绍兴,填空,3 分】已知有下列四个数:3.4%,$\frac{1}{3}$,0.33,$\frac{3}{10}$,其中最大的数是________,最小的数是________。

解　$3.4\%=0.034$,$\frac{1}{3}=0.\dot{3}$,$\frac{3}{10}=0.3$,$\frac{1}{3}>0.33>\frac{3}{10}>3.4\%$,所以最大的数是 $\frac{1}{3}$,最小的数是 3.4%。

答案　$\frac{1}{3}$;3.4%

【题 10】【2023 江苏南京,单,3 分】已知 $A=\frac{111\ 110}{222\ 221}$,$B=\frac{444\ 443}{888\ 887}$,则 A 与 B 的大小关系是(　　)

A. $A=B$　　B. $A>B$　　C. $A<B$　　D. 无法比较

解　由 $A=\frac{111\ 110}{222\ 221}$,$B=\frac{444\ 443}{888\ 887}$,得 $\frac{1}{A}=\frac{222\ 221}{111\ 110}=2\frac{1}{111\ 110}$,$\frac{1}{B}=\frac{888\ 887}{444\ 443}=2\frac{1}{444\ 443}$,因为 $111\ 110<444\ 443$,所以 $2\frac{1}{111\ 110}>2\frac{1}{444\ 443}$,即 $\frac{1}{A}>\frac{1}{B}$,故 $A<B$。

答案　C

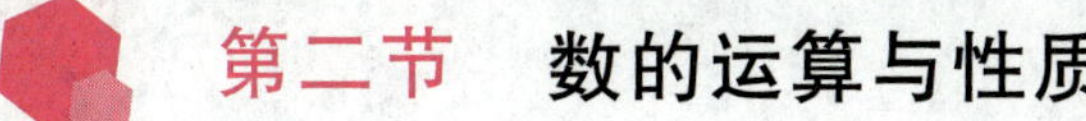

第二节 数的运算与性质

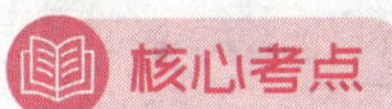

核心考点

考点1 四则运算 ★★
考点2 数的估计与估算 ★★★
考点3 进位制
考点4 整除 ★★
考点5 带余除法 ★★★
考点6 质数与合数 ★
考点7 分解质因数
考点8 最大公因数与最小公倍数 ★★★
考点9 比和比例 ★★

考点1 四则运算 ★★

	运算法则	运算律
加法	(1)同号两数相加,取相同的符号,并把绝对值相加。 (2)绝对值不相等的异号两数相加,取绝对值较大的加数的符号,并用较大的绝对值减去较小的绝对值。例如,$-5+3=-(5-3)=-2$。 (3)互为相反数的两个数相加得0。 (4)一个数同0相加,仍得这个数	(1)$a+b=b+a$; (2)$(a+b)+c=a+(b+c)$
减法	减去一个数,等于加上这个数的相反数	$a-b=a+(-b)$
乘法	(1)两数相乘,同号得正,异号得负,并把绝对值相乘。 (2)任何数与0相乘,都得0。 (3)在乘法中,一个因数不变,另一个因数扩大(或缩小)若干倍,积也扩大(或缩小)相同的倍数	(1)$ab=ba$; (2)$(ab)c=a(bc)$; (3)$a(b+c)=ab+ac$
除法	(1)除以一个不等于0的数,等于乘这个数的倒数。 (2)两数相除,同号得正,异号得负,并把绝对值相除。 (3)0除以任何一个不等于0的数,都得0。 (4)在除法中,被除数和除数同时扩大(或缩小)相同的倍数,商不变	(1)$a\div(b\times c)=a\div b\div c$; (2)$a\div(b\div c)=a\div b\times c$; (3)$(a+b)\div c=a\div c+b\div c$; (4)$(a-b)\div c=a\div c-b\div c$

注:做混合运算时,应注意以下运算顺序:①先乘除,再加减;②同级运算,从左到右进行;③如有括号,先做括号内的运算,按小括号、中括号、大括号依次进行。

【题 11】 计算：(1)0.7+3.9+4.3+6.1；

(2)0.8×33×1.25；

(3)$15.6\div[32\times(1-\frac{5}{8})\div3.6]$。

解 (1)0.7+3.9+4.3+6.1=(0.7+4.3)+(3.9+6.1)=5+10=15；

(2)0.8×33×1.25=0.8×1.25×33=1×33=33；

(3)$15.6\div[32\times(1-\frac{5}{8})\div3.6]=15.6\div[32\times\frac{3}{8}\div3.6]=15.6\div(12\div3.6)=15.6\div12\times3.6=1.3\times3.6=4.68$。

除法也可以写成竖式，例如：

```
              3      ……商
除数……  4 ) 13      ……被除数
             12      ……4×3的积
             ---
              1      ……余数
```

考法大揭秘

分数的运算

分数计算同整数计算一样，既有知识要求又有能力要求，法则、定律、性质是进行计算的依据，要使计算快速、准确，关键是掌握运算技巧。认真观察算式，剖析算式的特点及各数之间的关系，巧妙、灵活地运用运算定律，合理改变运算顺序，使计算简便易行，这对培养综合分析、推理能力和灵活的运算能力，都有很大的帮助。

【题 12】【2023 湖南长沙望城区，解答，4 分】(1)$\left(\frac{5}{8}+\frac{2}{27}\right)\times8+\frac{11}{27}$；

(2)$\frac{1}{2}+\frac{3}{4}+\frac{7}{8}+\frac{15}{16}+\frac{31}{32}+\frac{63}{64}+\frac{127}{128}$。

解 (1)原式$=\frac{5}{8}\times8+\frac{2}{27}\times8+\frac{11}{27}=5+\frac{2\times8+11}{27}=5+1=6$。

(2)原式$=7-\left(\frac{1}{2}+\frac{1}{4}+\frac{1}{8}+\frac{1}{16}+\frac{1}{32}+\frac{1}{64}+\frac{1}{128}\right)=7-\left(\frac{1}{2^1}+\frac{1}{2^2}+\frac{1}{2^3}+\frac{1}{2^4}+\frac{1}{2^5}+\frac{1}{2^6}+\frac{1}{2^7}\right)=7-\frac{\frac{1}{2}\left(1-\frac{1}{2^7}\right)}{1-\frac{1}{2}}=6+\frac{1}{2^7}=6+\frac{1}{128}=6\frac{1}{128}$。

考点 2 数的估计与估算 ★★★

1. 数的估计

(1)整数的近似数

求一个整数的近似数，要看所省略的尾数的左起第一位上的数是不是满 5，如果不满 5，就把尾数舍去；如果满 5，把尾数舍去后，要向它的前一位进 1。这种求近似数的方法，叫做四舍五入法。

(2)小数的近似数

求一个小数的近似数，同求整数的近似数相似，根据需要用四舍五入法保留一定的小数位数。在表示近似数的时候，小数末尾的零不能按照小数的性质去掉，因为它表明了取近似值时对小数精确度的要求。

如果把末尾的零去掉，近似值的大小不变，但其精确度不同了。

例如，3.997 保留一位小数是 4.0，保留两位小数是 4.00。4.0 和 4.00 表示的近似值的精确度不同。

2. 数的估算

估算常采用的方法是：

①省略尾数取近似值（根据实际情况合理使用四舍五入法、进一法、去尾法等取近似值）。②用放大或缩小的方法来确定某个数或整个算式的取值范围。

【题 13】【2023 湖北统考，单，3 分】下面小数与 10 最接近的是（　　）

A. 10.01　　B. 10.002　　C. 9.99　　D. 9.099

解　A 项，$10.01-10=0.01$；B 项，$10.002-10=0.002$；C 项，$10-9.99=0.01$；D 项，$10-9.099=0.901$，因为 $0.002<0.01<0.901$，所以 10.002 最接近 10。

答案　B

知识再拔高

数的改写

1. 整万（或整亿）的数的改写

直接把万位（或亿位）后的 4 个（或 8 个）“0”省略掉，换成一个“万”字（或一个“亿”字）。

2. 非整万、整亿的数的改写

先用“四舍五入法”找出它的近似数，再按照（1）中整万、整亿的数的改写方法进行改写。究竟是“舍”还是“入”，就要看省略的尾数部分的最高位，如果省略的尾数部分的最高位上的数小于 5，就要把尾数部分全部舍去，改写成 0；如果省略的尾数部分的最高位上的数等于或大于 5，向前一位进 1，把尾数部分全舍去，写成 0。

【题 14】【2023 湖北统考，填空，3 分】2020 年全国人口普查结果显示：湖北省总人口为 57 752 557 人，约为________亿人（保留一位小数）。

解　57 752 557 = 0.57 752 557 亿 ≈ 0.6 亿。

知识再拔高

新定义运算

新定义运算是指用一个符号和已知运算表达式表示一种新的运算。解决此类问题，关键是要正确理解新定义的算式含义，严格按照新定义的运算法则，将数值代入算式中，再把它转化为一般的四则运算，然后进行计算。新定义的算式中，有括号的，要先算括号里面的。

【题 15】【2023 江苏盐城盐都区，填空，3 分】对于整数 a,b，规定 $a*b=2a+b$，若 $x*2x*3x*4x*5x*6x*7x*8x*9x=3039$，则 $x=$________。

解　$\because a*b=2a+b$,

$\therefore x*2x=2^1\cdot x+2x$,

$x*2x*3x=2^2\cdot x+2^1\cdot 2x+3x$,

$x*2x*3x*4x=2^3\cdot x+2^2\cdot 2x+2^1\cdot 3x+4x$,

以此类推,

$x*2x*3x*4x*5x*6x*7x*8x*9x=2^8\cdot x+2^7\cdot 2x+2^6\cdot 3x+2^5\cdot 4x+2^4\cdot 5x+2^3\cdot 6x+2^2\cdot 7x+2^1\cdot 8x+9x=x(2^8+2^7\cdot 2+2^6\cdot 3+2^5\cdot 4+2^4\cdot 5+2^3\cdot 6+2^2\cdot 7+2^1\cdot 8+9)=3039$,即 $x(256+256+192+128+80+48+28+16+9)=3039$,解得 $x=3$。

答案　3

考点 3　进位制

1. 数的进制对照表

	基本数字	位置值	进率	展开式举例
十进制	0~9	$\cdots,10^2,10^1,10^0,\cdots$	满十进一	$2028=2\times10^3+0\times10^2+2\times10^1+8\times10^0$
二进制	0,1	$\cdots,2^2,2^1,2^0,\cdots$	满二进一	$11001_{(2)}=1\times2^4+1\times2^3+0\times2^2+0\times2^1+1\times2^0=25$
k 进制($k\geqslant3$)	$0\sim k-1$	$\cdots,k^2,k^1,k^0,\cdots$	满 k 进一	$1203_{(5)}=1\times5^3+2\times5^2+0\times5^1+3\times5^0=178$

2. 进制转化

(1)十进制数转化为 k 进制

将十进制数转化为 k 进制数的方法是除 k 取余法。即:用 k 连续去除这个数或所得的商,一直到商为 0 为止,然后把每次所得的余数倒过来排成一个数,就是相应的 k 进制数。

【题 16】　将十进制转化为指定的进制。

(1)$30=$________$_{(2)}$;

(2)$100=$________$_{(8)}$;

(3)$3028=$________$_{(7)}$。

解　(1)十进制数 30 转化为二进制数:

除数	被除数/商	余数
2	30	
2	15	0
2	7	1
2	3	1
2	1	1
	0	1

把上式中各步所得的余数倒序排列,得到 $30=11110_{(2)}$。

(2)十进制数 100 转化为八进制数:

除数	被除数/商	余数
8	100	
8	12	4
8	1	4
	0	1

把上式中各步所得的余数倒序排列，得到 $100=144_{(8)}$。

(3)十进制数 3028 转化为七进制数：

除数	商	余数
7	3028	
7	432	4
7	61	5
7	8	5
7	1	1
	0	1

把上式中各步所得的余数倒序排列，得到 $3028=11554_{(7)}$。

答案　(1)11110；(2)144；(3)11554

(2) k 进制数转化为十进制数

先将该 k 进制数写成不同数位上的数字与基数的幂的乘积之和的形式，再计算等式右边的值，就得到相应的十进制数。即：$\overline{a_n a_{n-1} \cdots a_1 a_0}_{(k)} = a_n k^n + a_{n-1} k^{n-1} + \cdots + a_1 k^1 + a_0 k^0$。$(0<a_n<k, 0 \leqslant a_{n-1}, \cdots, a_1, a_0<k)$。

【题 17】　进制转换。

(1) $11110_{(2)}=$ ________ $_{(10)}$；

(2) $144_{(8)}=$ ________ $_{(10)}$；

(3) $201012_{(3)}=$ ________ $_{(8)}$。

解　(1) $11110_{(2)}=1\times2^4+1\times2^3+1\times2^2+1\times2^1+0\times2^0=30$。

(2) $144_{(8)}=1\times8^2+4\times8^1+4\times8^0=100$。

(3)把三进制数转化为八进制数，首先将三进制数化为十进制数，即 $201012_{(3)}=2\times3^5+0\times3^4+1\times3^3+0\times3^2+1\times3^1+2\times3^0=486+27+3+2=518_{(10)}$，再将十进制数 518 化为八进制数，即

除数	商	余数
8	518	
8	64	6
8	8	0
8	1	0
	0	1

把上式中各步所得的余数倒序排列，得到 $518_{(10)}=1006_{(8)}$。即三进制数 201012 化为八进制数为 1006。

答案　(1)30；(2)100；(3)1006

若非十进制与其他进制之间的转换，一般不直接转换，最好先把开始的进制数转换为十进制数，然后再用目标进制倒序取余。

(3)小数之间的进位制转化(以二进制与十进制小数的转化为例)

①十进制小数转换为二进制小数

一般需要将十进制数的整数部分与小数部分分开处理。

整数部分计算方法:除2取余法。

小数部分计算方法:**乘2取整法**。即用2乘十进制纯小数部分,所得积的小数点左边的数字(0或1)作为二进制表示法中的数字。具体操作步骤如下:

(ⅰ)第一次乘法所得的整数部分为最高位;

(ⅱ)将第一次的结果去掉整数部分后再乘2得到第二位数字;

(ⅲ)如此循环继续,直到余下的纯小数部分为0或者满足所要求的精度为止;

(ⅳ)最后将每次得到的整数部分(0或1)按先后顺序从左到右排列,即可得到对应的二进制小数。

【题18】 将十进制小数0.6875转化为二进制小数。

解 $0.6875\times 2=1.375$(取1),$(1.375-1)\times 2=0.75$(取0),$0.75\times 2=1.5$(取1),$(1.5-1)\times 2=1$(取1),$1-1=0$(结束),由上可得$0.6875_{(10)}=0.1011_{(2)}$。

【题19】 将十进制小数211.213转化为二进制小数,小数部分精确到万分位。

解 整数部分:$211_{(10)}=11010011_{(2)}$,

小数部分:$0.213\times 2=0.426$(取0),$0.426\times 2=0.852$(取0),$0.852\times 2=1.704$(取1),$(1.704-1)\times 2=1.408$(取1),

由上可知$211.213_{(10)}=11010011.0011_{(2)}$。

②二进制小数转化为十进制小数

小数点前面的数,2的幂与整数情况下的转化一样,是从$0\sim n-1$;小数点后面的数,2的幂是从$-1\sim -n$。

【题20】 将二进制小数1101.1011转化为十进制小数。

解 $1101.1011_{(2)}=1\times 2^3+1\times 2^2+0\times 2^1+1\times 2^0+1\times 2^{-1}+0\times 2^{-2}+1\times 2^{-3}+1\times 2^{-4}=8+4+0+1+\frac{1}{2}+0+\frac{1}{2^3}+\frac{1}{2^4}=13+0.5+0.125+0.0625=13.6875$。

考点4 整除 ★★

1.整除的定义

对于两个整数$a,b(b\neq 0)$,若存在一个整数q,使得$a\div b=q$或$a=b\times q$成立,则称b能整除a,或a能被b整除,记作$b\mid a$。反之,如果不存在整数q,使得上面的式子成立,则称b不能整除a,或a不能被b整除,记作$b\nmid a$。

例如,因为$20=5\times 4$,所以称5能整除20,或20能被5整除,记作:$5\mid 20$。

(1)注意区分“除”和“除以”:①a 除以 b:$a\div b(b\neq 0)$;②a 除 b:$b\div a(a\neq 0)$;③a 能被 b 整除:$a\div b$ 的结果为整数。

(2)“整除”是整数范围内的除法,而“除尽”则不限于整数范围,只要求余数为零。“整除”可以称作“除尽”,但是“除尽”不一定是“整除”。

---

2. 整除的性质

(1)$1\mid a$;$b\mid 0(b\neq 0)$;$c\mid c(c\neq 0)$。

1 能整除任意整数;任何非零自然数都能整除 0;任何非零自然数都能整除它本身。

(2)若 $a\mid b$,$b\mid c$,则 $a\mid c$。

数的整除具有传递性。

例如,若 $3\mid 6$,$6\mid 30$,则 $3\mid 30$。

(3)若 $a\mid b$,则 $a\mid kb$(k 为整数)。

当一个整数能整除另一个整数时,那么另一个整数的任意整数倍也能被这个整数整除,也就是说被除数任意变整数倍后依然能被整除。

例如 $3\mid 6$,则 $3\mid 6k$(k 为整数)。

反过来一般不成立。

例如,$6\mid 4\times 9$,但 6 不能整除 4 和 9 中的任一个数。只有当 p 为质数,$p\mid ab$ 时,则 $p\mid a$ 或 $p\mid b$。

(4)若 $a\mid bc$,且 $(a,b)=1$,则 $a\mid c$。

既然 a 与 b 互质,属于无关因子,可以忽略这个无关因子,转而考虑 a 能整除 c。

例如,$7\mid 3(x-2)$,因为 7 与 3 互质,则 $7\mid (x-2)$。

(5)若 $a\mid b$,则 $a\mid (b\pm ak)$(k 为整数)。

如果 a 能整除 b,可以任意在被除数上增加或减少除数的整数倍,影响的只是商的大小,而整除符号的使用根本不关心商是多少,只是整除的定性表述,这样不改变原来的整除性。

例如,$4\mid (9x-15)\Rightarrow 4\mid (9x-15-4x-4x+4\times 3)\Rightarrow 4\mid (x-3)$。

(6)若 $a\mid b$,$a\mid c$,则 $a\mid (mb\pm nc)$(m,n 均为整数)。

它是许多整除推理的理论依据。一个数同时能整除两个整数,那么一定能整除这两个整数的线性组合。

例如,若 $9\mid (20x+37)$,可以先从 $20x+37$ 中减去 9 的倍数 $18x+36$,得到差是 $2x+1$,$2x+1$ 就被 9 整除。这样式子就化简了,看上去变“小”了。推导过程简写如下:

$9\mid (20x+37)\Rightarrow 9\mid (2x+1)\Rightarrow 9\mid (2x+1+9)\Rightarrow 9\mid 2(x+5)\Rightarrow 9\mid (x+5)$。

(7)若 $a\mid c$,$b\mid c$,则 $[a,b]\mid c$。

两个整数能同时整除一个整数,那么这两个整数的最小公倍数一定整除这个整数。

特别地，当$(a,b)=1$，即a与b互质，同时只能被1整除时，$ab\mid c$。

例如，12的整除特征可以转化为12的因数的整除特征，虽然$12=2\times6=3\times4$，但不能认为既能被2整除又能被6整除的数，就一定能被12整除，因为2和6不互质。数必须既能被3整除又能被4整除，才能保证能被12整除。

【题21】【2023湖北统考，单，3分】如果三位数“$\overline{\square15}$”除以39的商是两位数，除以51的商是一位数，那么□中的数是（　　）

A. 3　　　　B. 4　　　　C. 5　　　　D. 6

解　设该三位数为x，①当x除以39时，商是两位数，因为最小的两位数是10，所以$x\geqslant39\times10=390$；②当x除以51时，商是一位数，最大的一位数是9，所以$x\leqslant51\times9=459$，综合①②可知$390\leqslant x\leqslant459$，即$390\leqslant\overline{\square15}\leqslant459$，所以□中的数只能为4。

答案　B

【题22】【2023湖北统考，单，3分】小明有5元和2元的人民币若干张，且恰好张数相同，小明可能有（　　）

A. 25元　　　　B. 32元　　　　C. 35元　　　　D. 60元

解　因为5元钱和2元钱的张数相同，$5+2=7$，所以钱的总数应是7的整数倍，而A、B、D项都不是7的整数倍。选项C中，$35\div7=5$，所以小明可能有35元。

答案　C

3. 能被2～11及13整除的数的规律

(1)个位上是2,4,6,8,0的数都能被2整除；

(2)一个数的各数位数字之和能被3整除，那么这个数就能被3整除；

(3)若一个整数的末尾两位数能被4整除，则这个数能被4整除；

(4)个位上是0或5的数能被5整除；

(5)一个数只要能同时被2和3整除，那么这个数就能被6整除；

(6)若一个整数的末尾三位数能被8整除，则这个数能被8整除；

(7)一个数的各数位数字之和能被9整除，那么这个数就能被9整除；

(8)若一个整数的末位是0，则这个数能被10整除；

(9)一个三位以上的整数能被7或11或13整除的充分必要条件是：该数的末三位数字所组成的数与其余数字所组成的数的差的绝对值能被7或11或13整除。

【题23】　设三位数$\overline{4a2}$加上227，等于另一个三位数$\overline{6b9}$，若$\overline{6b9}$能被9整除，则ab等于________。

解　由题意得$\overline{4a2}+227=\overline{6b9}$，则$a+2=b$，若$\overline{6b9}$能被9整除，则$6+b+9=15+b$可以被9整除，则$b=3$，$a=1$，所以$ab=3$。

答案　3

知识再拔高

奇数与偶数

1. 奇数与偶数的定义

整数中,能被2整除的数是偶数,不能被2整除的数是奇数。偶数可以用$2k$表示,奇数可以用$2k+1$表示,其中k是整数。

2. 奇数与偶数的性质

(1)两个连续整数中必有一个奇数一个偶数;

(2)奇数个奇数的和是奇数,偶数个奇数的和是偶数,任意多个偶数的和仍是偶数;

(3)两个奇(偶)数的差是偶数,一个偶数与一个奇数的差是奇数;

(4)若a,b为整数,则$a+b$与$a-b$有相同的奇偶性,即$a+b$与$a-b$同为奇数或同为偶数;

(5)n个奇数的乘积是奇数,n个偶数的乘积是2^n的倍数,几个整数相乘若有一个是偶数,则乘积是偶数。

【题24】【2020年1月浙江杭州,填空,3分】一个三角形的三条边长是三个两位的连续偶数,它们的末位数字的和是7的倍数,这个三角形的最大周长等于________。

解　三角形三边长是三个连续的偶数,末位数字和是7的倍数,即个位数字和是7的倍数,则和只能为7或14。又因为三个偶数的个位数字只能是0,2,4,6,8,所以和只能是14,则0,6,8符合条件。故三角形三条边最大可能是86,88,90,那么周长最大为$86+88+90=264$。

答案　264

考点5　带余除法　★★★

1. 带余除法的概念

对于两个整数$a,b(a,b\neq 0)$,若存在两个整数q,r,使$a\div b=q\cdots\cdots r(0\leqslant r<b)$成立。当余数$r\neq 0$时,称$q$为商或不完全商。当$r=0$时,称$b$能整除$a$,$q$是商或完全商。

带余除法有三种形式,可互相转化:

(1)$a\div b=q\cdots\cdots r$;

(2)$a=bq+r$;

(3)$b\mid(a-r)$,且$q\mid(a-r)$。

注:带余数的除法也能转化为整除问题,$a-r=b\times q$,被除数减去余数就是除数的倍数。

【题25】【2020年1月浙江杭州,填空,3分】求得7个自然数的平均数是一个无限循环小数,已知这个平均数保留两位小数是20.71,这7个自然数的和是________。

解　由题意,这7个自然数的平均数保留两位小数是20.71,设这7个自然数的和为x,得$\frac{x}{7}\approx 20.71$,即$x\approx 20.71\times 7=144.97$,故$x$除以7后,商为20且余数为5,则$x=20\times 7+5=145$。

答案　145

2. 余数的重要性质(a,b,c 均为自然数)

(1)余数小于除数。

(2)被除数 = 除数 × 商 + 余数;商 =(被除数 − 余数)÷ 除数。

(3)如果 a,b 除以 c 的余数相同,那么 a 与 b 的差能被 c 整除。

例如,17 与 11 除以 3 的余数都是 2,所以(17 − 11)能被 3 整除。

(4)a 与 b 的和除以 c 的余数,等于 a,b 分别除以 c 的余数之和。

例如,23,16 除以 5 的余数分别是 3 和 1,那么(23 + 16)除以 5 的余数等于 3 + 1 = 4。

注:当余数之和大于除数时,所求余数等于余数之和再除以 c 的余数。例如,23,19 除以 5 的余数分别是 3 和 4,那么(23 + 19)除以 5 的余数等于(3 + 4)除以 5 的余数。

(5)a 与 b 的乘积除以 c 的余数,等于 a,b 分别除以 c 的余数之积。

例如,23,16 除以 5 的余数分别是 3 和 1,那么(23 × 16)除以 5 的余数等于 3 × 1 = 3。

注:当余数之积大于除数时,所求余数等于余数之积再除以 c 的余数。例如,23,19 除以 5 的余数分别是 3 和 4,那么(23 × 19)除以 5 的余数等于(3 × 4)除以 5 的余数。

【题 26】【2023 湖北统考,填空,3 分】x,y,z 均为正整数,满足 $x \div 32 = y \cdots\cdots z$,且 y 比 z 小,则 x 最大是________。

解 因为 $x \div 32 = y \cdots\cdots z$,当 y 取得最大值时,x 取得最大值。因为除数为 32,余数小于除数,且 x,y,z 均为正整数,所以余数 z 最大为 31,因为 y 比 z 小,所以 y 最大为 30。因为 $32 \times 30 + 31 = 991$,故 x 最大为 991。

答案 991

3. 同余问题

两个整数 a,b,如果它们同时除以一个正整数 m,所得的余数相同,则称 a,b 对于模 m 同余,记作 $a \equiv b \pmod m$,读作:a 同余于 b 模 m。

所谓同余问题,就是给出一个数除以几个不同的数的余数,反求这个数。

同余问题计算口诀:差同减差,和同加和,余同取余,最小公倍 n 倍加(减)($n \in \mathbf{N}_+$)。以有关 4,5,6(其最小公倍数为 60)的同余问题为例,将上述口诀解释如下:

(1)差同减差

用一个数除以几个不同的数,得到的余数与除数的差相同,此时反求的这个数,可以用除数的最小公倍数的 n 倍减去这个相同的差数,称为"差同减差"。

例如,一个数除以 4 余 1,除以 5 余 2,除以 6 余 3,求这个数。因为 4 − 1 = 5 − 2 = 6 − 3 = 3,差都为 3,"差同",4,5,6 的最小公倍数是 60,利用"差同减差"得出这个数,表示为 $60n - 3$。

(2)和同加和

用一个数除以几个不同的数,得到的余数与除数的和相同,此时反求的这个数,可以用除数的最小公倍数的 n 倍加上这个相同的和数,称为"和同加和"。

例如,一个数除以 4 余 3,除以 5 余 2,除以 6 余 1,求这个数。因为 4 + 3 = 5 + 2 = 6 + 1 = 7,得到的余数与除数的和相同,都为 7。4,5,6 的最小公倍数是 60,利用"和同加和"得出这个数,表示为 $60n + 7$。

(3)余同取余

用一个数除以几个不同的数,得到的余数相同,此时反求的这个数,可以用除数的最小公倍数的 n 倍加上这个相同的余数,称为“余同取余”。

例如,一个数除以4余1,除以5余1,除以6余1,求这个数。因为余数都是1,除数的最小公倍数是60,利用“余同取余”得出这个数,表示为 $60n+1$。

(4)最小公倍 n 倍加

所选取的数加上除数的最小公倍数的任意整数倍(即上面例子中的 $60n$),称为“最小公倍 n 倍加”,也称为“公倍数作周期”。

【题27】【2023江西,单,1分】有一箱饼干,如果按每4小包一堆分开,结果多出1小包,如果按每5小包一堆分开,也是多出1小包,如果按每6小包一堆分开,还是多出1小包。这箱饼干至少有(　　)小包。

A. 49　　B. 60　　C. 61　　D. 121

解　由题意可得,饼干的总的小包数是4,5,6的最小公倍数多1,因为[4,5,6]=60,所以这箱饼干至少有60+1=61包。

答案　C

考点6　质数与合数　★

质数与合数

在自然数的范围内,“质数与合数”“奇数与偶数”的关系如下图所示:

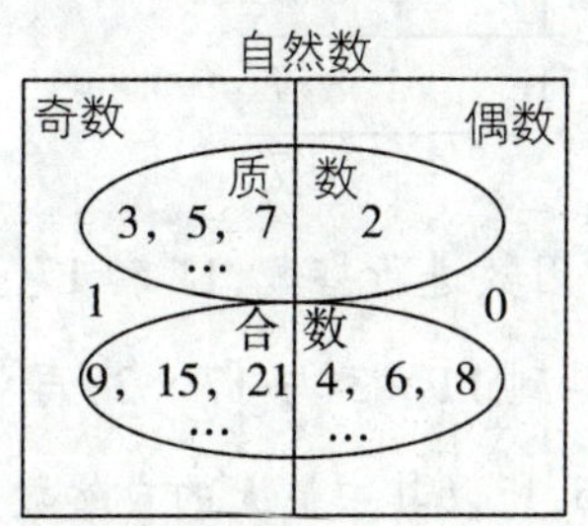

由图可以看出,既是偶数又是质数的数只有2,其他的质数都是奇质数。利用奇偶性,还能得到下面的结论:

(1)若质数+质数=奇数,则其中必有一个质数为2。

(2)若质数+质数+质数=偶数,则其中必有一个质数为2。

【题28】【2023湖北统考,单,3分】如果 a 是一个大于2的质数,那么 $a-1$ 一定是(　　)

A. 奇数　　B. 偶数　　C. 质数　　D. 合数

解　因为除了2以外的质数都是奇数,由题知 a 是一个大于2的质数,所以 a 是奇数。又因为奇数-奇数=偶数,所以 $a-1$ 一定是偶数。

答案　B

考点7　分解质因数

任何一个合数都可以写成几个质数相乘的形式,这几个质数叫做这个合数的质因数。把一个合数用质因数的连乘的形式来表示，叫做分解质因数。分解质因数只针对合数。

例如，360 的标准分解式为 $360=2^3\times3^2\times5$，225 的标准分解式为 $225=3^2\times5^2$。

```
2 | 360          3 | 225
2 | 180          3 |  75
2 |  90          5 |  25
3 |  45               5
3 |  15
      5
```

分解质因数最常用的方法是短除法。

【题 29】 连续四个自然数乘积为 1 413 720，那么其中最大的自然数为________。

解 四个连续自然数乘积为七位数，则每个自然数是两位数。用短除法分解质因数：

```
 2 | 1 4 1 3 7 2 0
 2 |   7 0 6 8 6 0
 2 |   3 5 3 4 3 0
 5 |   1 7 6 7 1 5
 3 |     3 5 3 4 3
 3 |     1 1 7 8 1
 3 |       3 9 2 7
 7 |       1 3 0 9
11 |         1 8 7
               1 7
```

即 $1\ 413\ 720=2^3\times3^3\times5\times7\times11\times17$。将质因数进行搭配，11 和 17 必然是四个连续自然数中两个数的因数，对 11 和 17 扩倍后两者差不能大于 3，得到 11×3 与 17×2，再将剩下的质因数进行分配，得到 $11\times3=33$，$17\times2=34$，$5\times7=35$，$2\times2\times3\times3=36$，所以其中最大的自然数是 36。

答案 36

考点 8 最大公因数与最小公倍数 ★★★

1. 定义

(1) 公因数和公倍数的定义

给定两个非零正整数 a,b，则 a,b 必有公共的因数，这个公共因数叫做它们的公因数。如果 a,b 的最大公因数为 1，那么称 a,b 是互质的。

任给两个非零正整数 a,b，一定存在一个整数，同时为 a,b 的倍数，这个倍数叫做 a,b 的公倍数。

【题 30】 【2021 浙江绍兴，单，3 分】3 和 6 的公因数有(　　)个。

A. 1　　B. 2　　C. 3　　D. 无数

解 3 和 6 的公因数为 1 和 3，共 2 个。

答案 B

(2) 最大公因数和最小公倍数的定义

既能整除 a 又能整除 b 的最大整数，叫做 a 与 b 的**最大公因数**，记作 (a,b)。

既能被 a 整除又能被 b 整除的最小非零整数，叫做 a 与 b 的**最小公倍数**，记作 $[a,b]$。

【题 31】 有两个两位数的自然数，它们的最大公因数是 5，最小公倍数是 140，这两个数的和是（　　）

A. 96　　B. 55　　C. 60　　D. 72

解　$5=1\times5$，$140=2\times2\times5\times7$，则一个数是 $2\times2\times5=20$，另一个数是 $5\times7=35$，此时符合题干要求，则这两个数的和为 $20+35=55$。

答案　B

2. 求最大公因数

求最大公因数

(1) 分解质因数法

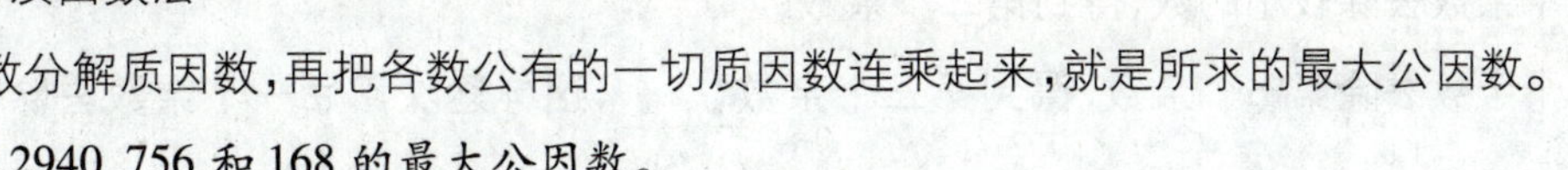

先把各数分解质因数，再把各数公有的一切质因数连乘起来，就是所求的最大公因数。

例如，求 2940，756 和 168 的最大公因数。

$\because 2940=2^2\times3\times5\times7^2$，$756=2^2\times3^3\times7$，$168=2^3\times3\times7$，$\therefore (2940,756,168)=2^2\times3\times7=84$。

【题 32】【2021 年 5 月浙江杭州，填空，3 分】已知 a，b 是两个自然数，分解质因数后得到 $a=2^2\times3\times m$，$b=3\times7\times m$，如果 a，b 的最小公倍数是 924，那么 a，b 的最大公因数是________。

解　$a=2^2\times3\times m$，$b=3\times7\times m$，则 a 和 b 的最小公倍数是 $2^2\times3\times7\times m$，最大公因数是 $3m$，已知最小公倍数是 924，可得 $924=2^2\times3\times7\times m$，解得 $m=11$，则最大公因数是 $3m=33$。

答案　33

(2) 短除法

先用这几个数的公因数去除每一个数，一直除到所有的商互质为止，然后把所有的除数连乘起来，所得的积就是这几个数的最大公因数。

例如，求 42 和 63 的最大公因数：

$$\begin{array}{r|rr} 3 & 42 & 63 \\ \hline 7 & 14 & 21 \\ \hline & 2 & 3 \end{array}$$

其最大公因数 $(42,63)=3\times7=21$。

【题 33】 一个数除 265 的余数为 1，除 376 的余数为 2，除 465 的余数为 3，那么这个数最大为________。

解　由带余除法的定义可知，被除数减去余数后再求几个数的最大公因数，即为所求数的最大值。即求 $265-1=264$，$376-2=374$，$465-3=462$ 三者的最大公因数，运用短除法有：

$$\begin{array}{r|rrr} 2 & 264 & 374 & 462 \\ \hline 11 & 132 & 187 & 231 \\ \hline & 12 & 17 & 21 \end{array}$$

故三者的最大公因数为 $2\times11=22$，即这个数最大为 22。

答案　22

(3)辗转相减法

用大数减小数，如果减得的差与较小的数不相等，便再以大减小求差，直到出现两数相等为止。这时，相等的数就是这两个数的最大公因数。

【题 34】 求 792 和 594 的最大公因数。

解 $\because (792,594)=(792-594,594)=(198,594)=(198,594-198)=(198,396)=(198,396-198)=(198,198)=198$，$\therefore (792,594)=198$。

(4)辗转相除法

用辗转相除法求两个数的最大公因数，步骤如下：

①先用较小数去除较大的数，得到第一个余数；

②再用第一个余数去除较小的数，得到第二个余数；

③再用第二个余数去除第一个余数，得到第三个余数，……，这样逐次用后一个余数去除前一个余数，直到余数是 0 为止。

这时，余数“0”前面的那个余数，便是这两个数的最大公因数。

3. 求最小公倍数

(1)分解质因数法

先把各数分解质因数，在所有相同的质因数中，每一个取出指数最大的，与所有不同的质因数连乘起来，就是所求的最小公倍数。

例如，求 120，330 和 525 的最小公倍数。

$\because 120=2^3\times3\times5$，$330=2\times3\times5\times11$，$525=3\times5^2\times7$，$\therefore [120,330,525]=2^3\times3\times5^2\times7\times11=46\,200$。

(2)短除法

先用这几个数的公因数去除每一个数，并把不能整除的数移下来，一直除到所有商中每两个数都是互质的为止，然后把所有数的除数与商连乘起来，所得的积就是这几个数的最小公倍数。

例如，求 12，30，50 的最小公倍数：

$$\begin{array}{r|rrr} 2 & 12 & 30 & 50 \\ \hline 3 & 6 & 15 & 25 \\ \hline 5 & 2 & 5 & 25 \\ \hline & 2 & 1 & 5 \end{array}$$

其最小公倍数 $[12,30,50]=2\times3\times5\times2\times1\times5=300$。

(3)先求最大公因数法

由于两个数的乘积等于这两个数的最大公因数与最小公倍数的乘积，所以两个数的最小公倍数可由这两个数的乘积除以这两个数的最大公因数来求得。

【题 35】【2023 湖南长沙望城区，填空，3 分】已知两个自然数的差为 5，它们的最小公倍数与最大公因数的差为 103，则这两个自然数之和为________。

解 设这两个自然数分别为 x 和 y，且 $x>y$，a 为 x 和 y 的最大公因数，b，c 分别为 x 和 y 的因数，且 b，c

互质。即

$$a\underline{\left|\ x\quad y\ \right.}(b,\ c\text{互质})$$
$$\quad b\quad c$$

则 $ab-ac=5$,即 $5=a(b-c)$①,$abc-a=103$,即 $103=a(bc-1)$②,

由①②可知,a 是 5 和 103 的公因数,则 $a=1$,所以 $b-c=5$,$bc=103+1=104=8\times13$,所以 $b=13$,$c=8$,则 $x=ab=1\times13=13$,$y=ac=1\times8=8$,故这两个自然数之和为 $x+y=21$。

答案 21

考点9 比和比例 ★★

1. 比

(1) 定义

两个数的比表示两个数相除。

例如,15 比 10 记作 15∶10,10 比 15 记作 10∶15。

在两个数的比中,比号前面的数叫做比的前项,比号后面的数叫做比的后项。比的前项除以后项所得的商叫做比值。

例如,

$$15:10=15\div10=\frac{3}{2}$$

前项 比号 后项 比值

(2) 比的基本性质

比的前项和后项同时乘或除以相同的数(0 除外),比值不变。

例如,$15:10=(15\div5):(10\div5)=3:2$;$\frac{1}{6}:\frac{2}{9}=\left(\frac{1}{6}\times18\right):\left(\frac{2}{9}\times18\right)=3:4$。

2. 比例

(1) 定义

表示两个比相等的式子叫做比例。

例如,$\frac{2.4}{1.6}=60:40$,也可以写成 $\frac{2.4}{1.6}=\frac{60}{40}$。

组成比例的四个数,叫做比例的项,两端的两项叫做比例的外项,中间的两项叫做比例的内项。

例如,

$$2.4:1.6=60:40$$

内项(1.6、60) 外项(2.4、40)

(2) 比例的基本性质

在比例里,两个外项的积等于两个内项的积,这叫做比例的基本性质。用字母表示就是:如果 $a:b=c:d$,那么 $ad=bc$。

(3) 解比例

根据比例的基本性质，如果已知比例中的任何三项，就可以求出这个比例中的那个未知项。求比例中的未知项，叫做解比例。

【题 36】【2023 江西，单，1 分】比的前项扩大 3 倍，比的后项除以 $\frac{1}{3}$，比值（　　）

A. 扩大 3 倍　　B. 扩大 9 倍　　C. 不变　　D. 缩小 3 倍

解　比的前项扩大 3 倍，比的后项除以 $\frac{1}{3}$ 即也扩大 3 倍，比值不变。

答案　C

比例尺是表示图上一条线段的长度与地面相应线段的实际长度之比。

公式为：比例尺 = 图上距离与实际距离的比。

【题 37】【2023 湖南长沙望城区，单，2 分】地图上 A、B 两点之间相距 6 厘米，若两地实际相距 360 千米，则该图比例尺为（　　）

A. 1∶60　　B. 1∶6000　　C. 1∶6 000 000　　D. 1∶60 000 000

解　绘图时，图上距离与实际距离的比叫做这幅图的比例尺。两地实际距离 360 千米 = 36 000 000 厘米，则比例尺 6∶36 000 000 = 1∶6 000 000。

答案　C

即时反思与复盘总结

我于________年____月____日完成了对本章的学习。

复盘一下，我对自己较肯定的地方是________________________

（足够努力/心态积极/方法得当……）

我觉得自己需要改进的地方是________________________

（懒惰懈怠/心情浮躁/方法不当……）

休息片刻，开启下一站征程！

第二章 常见的量与小学应用题

考向分析

本章属于小学数学的重要内容，其中湖北和浙江常以单选和填空的形式考查常见的量，对考生的数感、量感要求较高；湖北、湖南、安徽、福建、江西与浙江等地常对小学数学各类应用题进行考查，对考生的数感、运算能力、应用意识要求较高。现对本章考向分析如下：

高频考点	高频考向	常考题型	核心素养	考查热度
常见的量	时间单位、质量单位、面积单位、体积与容积单位的换算	单选、填空	量感	
分数问题	算术法解决分数问题	填空、解答	模型意识、运算能力、应用意识	
百分数问题	百分数应用题	单选	模型意识、运算能力、应用意识	
比和比例的应用	比的应用	单选、填空、解答	推理意识、运算能力、应用意识	
浓度问题	两种或几种不同溶液的浓度配比问题	单选、解答	推理意识、运算能力、应用意识	
工程问题及其变形	多人合作问题	单选、填空、解答	运算能力、应用意识	
行程问题	相遇问题、追及问题、流水问题	单选、解答	运算能力、应用意识	
利润问题	利润率、卖价、成本问题	单选、解答	运算能力、应用意识	
抽屉原理	最不利原则	单选	运算能力	
间隔问题	植树问题、发车间隔问题	单选、解答	运算能力、应用意识	
钟面上的数学问题	时针和分针追及问题、时钟不准问题	单选	几何直观、运算能力、应用意识	
探索规律问题	数式规律和图形规律	单选、填空	数感、符号意识、运算能力、几何直观	
逻辑推理问题	必然性推理问题	单选、填空	推理意识、运算能力	

第一节　常见的量

核心考点

考点1　长度单位

考点2　时间单位　★

考点3　质量单位

考点4　面积单位　★

考点5　体积与容积单位　★

考点1　长度单位

在小学数学中，常用的法定单位有千米（km），米（m），分米（dm），厘米（cm），毫米（mm），微米（μm）。国际单位制中，长度的标准单位是“米”，用符号“m”表示。

1千米=1000米　　1米=10分米

1分米=10厘米　　1厘米=10毫米

1毫米=1000微米　　1微米=1000纳米

考点2　时间单位　★

1世纪=100年（通常指连续的100年）　　1年=12月

1日=24小时　　1小时=60分

1分=60秒

注：平年365天，闰年366天；一、三、五、七、八、十、十二月每月31天；四、六、九、十一月每月30天；二月平年28天，闰年29天。

【题1】【2023湖南长沙望城区，填空，3分】1小时15分钟=________小时。

解　1小时=60分钟，则15分钟=$\frac{1}{4}$小时，故1小时15分钟=$1\frac{1}{4}$小时=$\frac{5}{4}$小时。

答案　$\frac{5}{4}$

【题2】【2023湖北统考，单，3分】把日历任意连续2个月的天数相加，得到的结果可能性最大的是(　　)

A. 59　　B. 60　　C. 61　　D. 62

解　根据大小月的规定，一、三、五、七、八、十、十二月为大月，大月有31天，四、六、九、十一月为小月，小月有30天，二月平年有28天，闰年有29天，可知任意连续2个月的天数相加可能性最大的是61天。

答案　C

考点3　质量单位

1吨=1000千克　　1千克=1000克=1公斤

1 公斤 = 2 斤 ≈ 2.2 磅 ≈ 35.274 盎司　　　　1 克 = 1000 毫克

考点 4　面积单位　★

面积单位是用来测量物体的表面或平面图形的大小的单位。

常用的面积单位有平方千米(km^2),平方米(m^2),平方分米(dm^2),平方厘米(cm^2)。

计算土地面积时,一般常用平方千米、公顷、平方米等。边长为 100 米的正方形土地的面积就是 1 公顷。

1 亩 ≈ 0.0667 公顷　　　　1 平方千米 = 100 公顷

1 公顷 = 10 000 平方米　　　　1 平方米 = 100 平方分米

1 平方分米 = 100 平方厘米　　　　1 平方厘米 = 100 平方毫米

【题 3】【2021 浙江绍兴,单,3 分】大拇指指甲盖的面积约为 2 (　　)

A. 平方米　　B. 平方分米　　C. 平方厘米　　D. 平方毫米

答案　C

【题 4】【2021 浙江绍兴,填空,3 分】0.7 平方厘米 = ________平方毫米,5030 千克 = ________吨。

解　平方毫米与平方厘米之间的进率是 100,$0.7 \times 100 = 70$(平方毫米);千克与吨之间的进率是 1000,$5030 \div 1000 = 5.03$(吨)。

答案　70;5.03

考点 5　体积与容积单位　★

体积单位是用来测量物体所占空间的大小的单位。

常用的体积单位有立方米(m^3),立方分米(dm^3),立方厘米(cm^3)。

常见容积单位有升(L),毫升(mL)。

1 立方米 = 1000 立方分米　　　　1 立方分米 = 1000 立方厘米

1 立方厘米 = 1000 立方毫米　　　　1 升 = 1000 毫升 = 1 立方分米

1 毫升 = 1 立方厘米

【题 5】【2020 浙江丽水缙云县,填空,4 分】1 亩 ≈ ________平方米(取整数);4.15 吨 = ________公斤;3000 毫升 = ________立方分米;5 公顷 = ________平方米。

解　1 亩 ≈ 667 平方米;1 吨 = 1000 公斤,那么 4.15 吨 = 4150 公斤;1 立方分米 = 1000 毫升,所以 3000 毫升 = 3 立方分米;1 公顷 = 10 000 平方米,所以 5 公顷 = 50 000 平方米。

答案　667;4150;3;50 000

第二节　简易方程

考点1　等式　　考点3　解方程　★★★

考点2　方程的定义

考点1　等式

1. 等式的定义

用等号“=”来表示相等关系的式子叫做等式。

2. 等式的性质

性质1　等式两边同时加上或减去同一个数，左右两边仍然相等。

性质2　等式两边同时乘同一个数，或除以同一个不为0的数，左右两边仍然相等。

考点2　方程的定义

像$100+x=250$，$3x=2.4$……这样，根据等量关系列出的含有未知数的等式是方程。

考点3　解方程　★★★

使方程左右两边相等的未知数的值，叫做方程的解。

求方程的解的过程叫做解方程。

【题6】　解方程$2(x-16)=8$。

解
$$2(x-16)\div2=8\div2,$$
$$x-16=4,$$
$$x=20。$$

【题7】【2023浙江杭州萧山区，填空，4分】一个最简分数，分子和分母相加的和是62，如果分子减1，分母减7，所得的新分数约分后为$\frac{2}{7}$，原分数是________。

解　设原分数的分子为x，则分母为$62-x$，根据题意有$\frac{x-1}{62-x-7}=\frac{2}{7}$，于是$7(x-1)=2(62-x-7)$，解得$x=13$，则$62-x=62-13=49$，于是原分数为$\frac{13}{49}$。

答案　$\frac{13}{49}$

第三节　小学数学应用题

核心考点

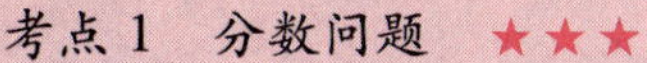

考点1　分数问题　★★★	考点9　最大与最小　★★
考点2　百分数问题　★★★	考点10　抽屉原理　★★★
考点3　比和比例的应用　★★	考点11　优化问题　★
考点4　浓度问题　★★	考点12　间隔问题　★
考点5　工程问题及其变形　★★★	考点13　年龄问题　★
考点6　行程问题　★★★	考点14　钟面上的数学问题　★
考点7　不定方程的应用　★	考点15　探索规律问题　★★★
考点8　利润问题　★★	考点16　逻辑推理问题　★

考点1　分数问题　★★★

“量率对应”是分数问题的一大特点。对于同一个单位“1”的量，每一个具体数量都有相对应的分率，根据这种对应关系，当单位“1”确定之后，建立已知条件和所求问题间的“量率对应”关系，对解决问题尤为重要。

根据分数乘法的意义列出最基本的等量关系：分率的对应量 = 单位“1”的量 × 分率。

用算术法解决分数问题有下面几种方法：

1. 转化法

分数问题——转化法

复杂的分数应用题，常常含有几个不同的单位“1”，根据题目的具体情况，将不同的单位“1”转化成统一的单位“1”，使隐蔽的数量关系明朗化。

转化的方法：从分数的意义出发，把分数变成份数进行“率”的转化；直接运用分率计算，进行“率”的转化；通过恒等变形，进行“率”的转化。

【题8】　阳光小学图书角买来科技书和文艺书共460本，其中文艺书本数的$\frac{2}{5}$等于科技书本数的$\frac{3}{4}$。两本书各买来多少本？

思路分析：文艺书本数 × $\frac{2}{5}$ = 科技书本数 × $\frac{3}{4}$。解法一是设科技书本数为“1”，则文艺书本数为“$\frac{3}{4}\div\frac{2}{5}$”，由此可以先求出科技书的本数。同理，也可以设文艺书本数为“1”，先求出文艺书的本数。解法二是先求出两种书本数的比，再将460本书按比例分配。

解法一　科技书本数为 $460\div\left(1+\frac{3}{4}\div\frac{2}{5}\right)=160$（本），

文艺书本数为 $460-160=300$（本）。

解法二　文艺书本数∶科技书本数 $=\frac{3}{4}:\frac{2}{5}=15:8$，

则文艺书本数为 $460\times\frac{15}{15+8}=300$（本），科技书本数为 $460\times\frac{8}{15+8}=160$（本）。

答：买来科技书160本，文艺书300本。

【题9】【2023浙江杭州萧山区，填空，4分】有两张一样长的长方形纸条按图1放置，现在将上面的纸条以每秒4厘米的速度向右平移至图2，这张长方形纸条的长是________厘米。

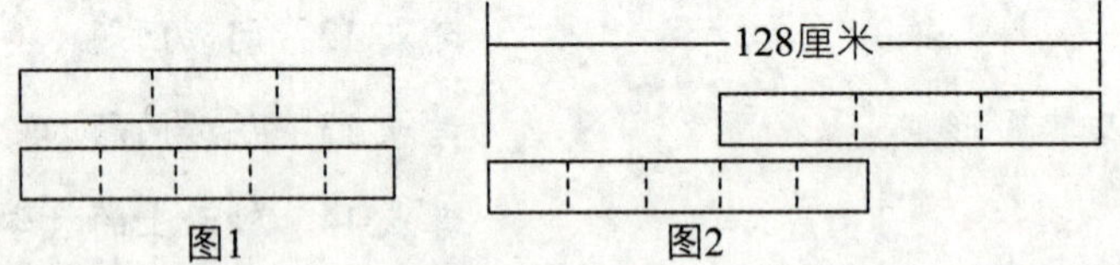

图1　　图2

解　下面的纸条平均分成5份，上面的纸条平移至图2后，相当于把纸条的长度增加了 $\frac{3}{5}$，即纸条长度的 $1+\frac{3}{5}=\frac{8}{5}$ 是128厘米，故纸条长度为 $128\div\frac{8}{5}=80$ 厘米。

答案　80

2. 逆推法

在分数应用题中有两个以上的单位“1”，虽然用分率的转化也能计算，但比较复杂，如果用逆推法解答，则比较简便；另外，有的题目用分率的转化很难计算，而必须用逆推法解答才能计算。

【题10】　聪聪和明明两人各有人民币若干元。聪聪拿出 $\frac{1}{5}$ 给明明后，明明又拿出 $\frac{1}{4}$ 给聪聪，这时两人各有90元。聪聪和明明原来各有多少元?

解　从最后的结果两人各有90元，可知聪聪和明明共有 $90\times2=180$（元），当明明没有拿出 $\frac{1}{4}$ 给聪聪时，明明有 $90\div\left(1-\frac{1}{4}\right)=120$（元），这时聪聪只有 $180-120=60$（元），而聪聪已给了明明 $\frac{1}{5}$，可见聪聪原有 $60\div\left(1-\frac{1}{5}\right)=75$（元），那么明明原有 $180-75=105$（元）。

答：聪聪原来有75元，明明原来有105元。

3. 假设法

假设法就是将解题过程中的一个条件假设成有关的另一个条件或用一个量去转换另一个量，并做适当调整，从而求解。

【题 11】 一条公路修了 1000 米后，剩下部分比全长的$\frac{3}{5}$少 200 米，这条公路全长多少米?

解 由题意知，假设少修 200 米，也就是修 $1000-200=800$(米)，那么剩下部分正好是全长的$\frac{3}{5}$，因此已修的 800 米占全长的$\left(1-\frac{3}{5}\right)$，所以这条公路全长为$(1000-200)\div\left(1-\frac{3}{5}\right)=2000$(米)。

答：这条公路全长 2000 米。

4. 图解法

图解法就是画出线段图或一些直观的图形，利用数形结合的思想寻找解题途径。

【题 12】 有一书架，上层书架的图书占总数的$\frac{2}{5}$，若从下层拿出 16 本放入上层书架，则两层的书本数就相等，求书架上共有图书多少本?

解 从下层拿出 16 本书放入上层后两层书本数相等，则原来的下层就比上层多 16×2 本书，那么书架共有图书 $16\times2\div\left(1-\frac{2}{5}-\frac{2}{5}\right)=160$(本)。

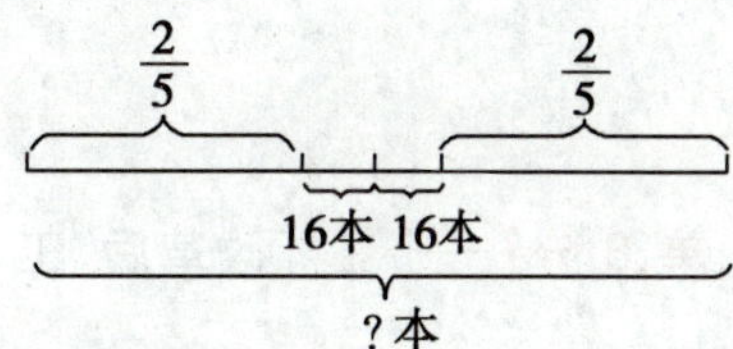

答：书架上共有图书 160 本。

5. 不变量法

不变量法就是根据题意，从整体上确定一些不变量，分析不变量与其他量之间的关系，使问题获解。

【题 13】 一方有难，八方支援。阳光小学教师甲、乙、丙、丁向红十字会捐款，甲的捐款数是另外三人捐款总数的$\frac{1}{2}$，乙的捐款数是另外三人捐款总数的$\frac{1}{3}$，丙的捐款数是另外三人捐款总数的$\frac{1}{5}$，丁捐款了 600 元。求四人共捐款多少元?

思路分析：由题意知，甲、乙、丙、丁四人捐款总数是一定的，是不变量。我们把它看成单位“1”，则甲的捐款数是四人捐款总数的$\frac{1}{2+1}$，乙的捐款数是四人捐款总数的$\frac{1}{3+1}$，丙的捐款数是四人捐款总数的$\frac{1}{5+1}$，由此可以求出丁的捐款数是四人捐款总数的几分之几。

解 $600\div\left(1-\frac{1}{2+1}-\frac{1}{3+1}-\frac{1}{5+1}\right)=600\div\frac{1}{4}=2400$(元)。

答：四人共捐款 2400 元。

考点 2 百分数问题 ★★★

解答百分数问题与分数问题的方法基本相似，都是要找准单位“1”，寻找对应关系。

百分数问题有以下三种基本类型：①已知甲和乙，求甲是乙的百分之几；②已知某量，求这个量的百分之几;③已知某量的百分之几是多少,求这个量。

如"合格率""成活率""浓度""利率""利润"等,都是有关百分数的知识。

【题 14】【2023 江西,单,1 分】万达商城原有 TCL、创维两种品牌的电视共 630 台,其中 TCL 电视占总数的 20%,后来又运进一些 TCL 电视,这时 TCL 电视占两种品牌电视总数的 30%,又运进(　　)台 TCL 电视。

A. 80　　B. 88　　C. 90　　D. 96

解　由题意可得原有 TCL 电视的台数为 $630\times20\%=126$(台),设又运进 x 台 TCL 电视,可列方程 $\frac{126+x}{630+x}=\frac{30}{100}$,解得 $x=90$,故又运进 90 台 TCL 电视。

答案　C

【题 15】【2023 湖南长沙望城区,单,2.5 分】某会议出席率为 95%,缺席人数比出席人数少 126 人,则该会议本应出席(　　)人。

A. 148　　B. 133　　C. 150　　D. 140

解　总人数 $=\frac{126}{95\%-5\%}=140$(人)。

答案　D

【题 16】【2023 湖南长沙望城区,单,3 分】一个工厂改革后,工人减少了 20%,相同工作时间的产量提高了 20%,则工作效率(　　)

A. 提高了 50%　　B. 降低了 20%

C. 提高了 40%　　D. 和原来一样

解　设原有工人 x 人,单位工作时间的产量为 y,则改革后的工人数量为 $0.8x$,单位工作时间的产量为 $1.2y$,则有 $\frac{\frac{1.2y}{0.8x}-\frac{y}{x}}{\frac{y}{x}}=50\%$,即工作效率提高了 50%。

答案　A

考点 3　比和比例的应用　★★

1. 比和比例问题

比和比例的应用问题主要包括比、按比例分配和正比例、反比例问题。解答比和比例问题要综合运用比的知识、比例的意义和性质、正比例和反比例的意义。

2. 解题思路与方法

第一步先找出与问题有关的两种相关联的量,并判断它们是否具有比例关系,是正比例还是反比例;

第二步找出两种量的对应数量,并设出未知数;

第三步根据正反比例意义列出比例式并求解。

注:求两个量之间的比,要充分利用比和分数、除法的关系。

【题 17】【2023 江西,单,1 分】某集团甲、乙两个校区原有图书本数的比为 7:5,如果甲给乙 6500 本,甲、乙比变为 3:4,原来甲有(   )本书。

A. 24 500　　B. 25 000　　C. 25 500　　D. 26 000

解　设甲、乙两个校区原有图书本数分别为 $7x$,$5x$,甲给乙 6500 本后,甲、乙的图书本数之比变为 3:4,可列方程 $\frac{7x-6500}{5x+6500}=\frac{3}{4}$,解得 $x=3500$,则原来甲有 $3500\times7=24\ 500$ 本书。

答案　A

【题 18】【2023 湖南长沙望城区,单,2.5 分】棋盘里白子数量是黑子数量的 $\frac{4}{5}$,若拿走 8 颗黑子,则白子和黑子的数量之比为 8:9,原来棋盘共有白子和黑子(   )颗。

A. 160　　B. 144　　C. 121　　D. 180

解　设原有白子 $4x$ 颗,黑子 $5x$ 颗,由题意可列方程 $\frac{4x}{5x-8}=\frac{8}{9}$,解得 $x=16$,于是棋子的总数为 $16\times9=144$ 颗。

答案　B

【题 19】【2023 浙江杭州萧山区,解答,7 分】如图,从 A 地至 B 地需要经过下坡(AC)、平路(CD)、上坡(DB)。甲、乙两人同时从 A,B 出发,相向而行,甲到 C 点时,乙刚好在平路上行走了 240 米;当甲到达 B 地时,乙离 A 地还有 100 米。已知两人上坡速度均为每分钟 40 米,下坡速度均为每分钟 60 米,平路速度也相同,甲上坡、下坡和平路所用时间同样长,那么 A,B 两地间的路程是多少米?

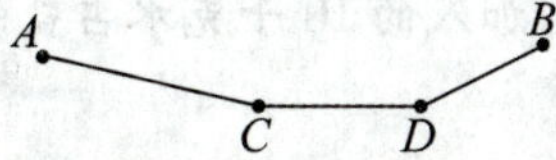

解　设甲、乙两人的平路速度为 $v_{平}$,甲、乙同时出发,甲到达 B 地时,乙离 A 地有 100 米,则有 $\frac{AC}{60}+\frac{CD}{v_{平}}+\frac{BD}{40}=\frac{BD}{60}+\frac{CD}{v_{平}}+\frac{AC-100}{40}$,整理得 $AC=BD+300$,甲上下坡所用时间同样长,则路程之比等于速度之比,即 $\frac{AC}{BD}=\frac{60}{40}=\frac{3}{2}$,解得 $AC=900$ 米,$BD=600$ 米,当甲到 C 点时,乙在平路上行走了 240 米,由此可列方程 $\frac{AC}{60}=\frac{BD}{60}+\frac{240}{v_{平}}$,将 $AC=900$,$BD=600$ 代入,解得 $v_{平}=48$,则 $AC:CD:DB=60:48:40=15:12:10$,所以 AB 两地相距为 $600\div\frac{10}{15+12+10}=2220$ 米。

答:A,B 两地间的路程是 2220 米。

考点 4　浓度问题　★★

1. 浓度问题常见的基本关系式

溶液质量 = 溶质质量 + 溶剂质量;　　盐水的质量 = 盐的质量 + 水的质量;

溶质质量 = 溶液质量 × 浓度;　　盐的质量 = 盐水的质量 × 浓度;

浓度 $=\frac{溶质质量}{溶液质量}\times100\%$；　　浓度 $=\frac{盐的质量}{盐水的质量}\times100\%$；

溶液质量 = 溶质质量 ÷ 浓度；　　盐水的质量 = 盐的质量 ÷ 浓度。

2. 浓度问题常考的题型

(1)溶质的增加或减少引起浓度变化

【题 20】【2023 江西,单,1 分】有含糖量为 5% 的糖水 800 克,要使其含糖量增加到 24%,需要加入(　　)克糖。

A. 180　　B. 190　　C. 200　　D. 210

解　含糖量为 5% 的 800 克糖水中糖的质量为 $800\times5\%=40$(克),要使其含糖量增加到 24%,设需要加入 x 克糖,可列方程 $\frac{40+x}{800+x}=24\%$,解得 $x=200$。

答案　C

(2)溶剂的增加或减少引起浓度的变化

【题 21】　在含盐 20% 的盐水里加入 10 千克水,变成了含盐 16% 的盐水,原有盐水多少千克?

思路分析:盐的质量是此题中的不变量,因此把盐的质量看作单位"1"。加入 10 千克水之前,水占盐的 $\frac{1-20\%}{20\%}$,加入 10 千克水之后,水占盐的 $\frac{1-16\%}{16\%}$,10 千克水对应的分率正好是 $\frac{1-16\%}{16\%}-\frac{1-20\%}{20\%}=\frac{5}{4}$,用对应量除以对应分率得到单位"1",即盐的质量。

解法一　把盐的质量看作单位"1",则加入的 10 千克水占盐的 $\frac{1-16\%}{16\%}-\frac{1-20\%}{20\%}=\frac{5}{4}$,

所以盐有 $10\div\frac{5}{4}=8$(千克),

原有盐水为 $8\div20\%=40$(千克)。

解法二　设原有盐水 x 千克,加入 10 千克水后盐水质量为 $(x+10)$ 千克。

由题意可知,加水前后的盐水中盐的质量不变,可列方程 $0.2x=0.16(x+10)$,解得 $x=40$。

答:原有盐水 40 千克。

注:抓住不变量解题,把浓度问题转化为分数问题,也可以设原有盐水 x 千克,列方程解答。

(3)两种或几种不同溶液的浓度配比问题

【题 22】【2023 湖南长沙望城区,单,3 分】用 20% 的盐水和 5% 的盐水配成 15% 的盐水 300 克,所需 20% 的盐水比 5% 的盐水(　　)

A. 少 100 克　　B. 少 150 克　　C. 多 100 克　　D. 多 150 克

解　设需要 20% 的盐水 x 克,5% 的盐水 $(300-x)$ 克,则可列出方程 $20\%x+(300-x)\times5\%=300\times15\%$,解得 $x=200$,$300-x=100$,因此所需 20% 的盐水比 5% 的盐水多 $200-100=100$ 克。

答案　C

【题 23】 现有浓度为10%的盐水20千克,再加入多少千克浓度为30%的盐水,可以得到浓度为22%的盐水?

思路分析:这是一个溶液混合问题。混合前、后溶液的浓度改变了,但总体上溶质及溶液的总质量没有改变,所以,混合前两种溶液中溶质的质量和等于混合后溶液中的溶质的质量。在解决混合溶液浓度问题时,常用到的方法是"十字交叉法"。

把混合前两种溶液的质量记为A,B,浓度记为a,b,混合后的溶液浓度记为c,

于是有:$Aa+Bb=(A+B)\times c$,整理后变形为:$\frac{A}{B}=\frac{c-b}{a-c}(a>c>b)$。

写成十字交叉的形式是:

$$\begin{array}{ccccc} A & a & & & c-b \\ & & c & & \\ B & b & & & a-c \end{array}$$

混合溶液中加入纯溶质或纯溶剂,也能用这个方法解答。纯溶质的浓度是100%,纯溶剂的浓度为0%。

解法一 20千克10%的盐水中含盐的质量为$20\times10\%=2$(千克),

混合成22%的盐水时,20千克溶液中含盐的质量为$20\times22\%=4.4$(千克),

需加30%盐水溶液的质量为$(4.4-2)\div(30\%-22\%)=30$(千克)。

解法二 十字交叉法解答。

$$\begin{array}{ccc} 10\% & & 8\% \\ & 22\% & \\ 30\% & & 12\% \end{array}$$

$\frac{\text{浓度为10\%的盐水质量}}{\text{浓度为30\%的盐水质量}}=\frac{8\%}{12\%}$,即$\frac{20}{\text{浓度为30\%的盐水质量}}=\frac{2}{3}$,

故浓度为30%的盐水质量为$20\div\frac{2}{3}=30$(千克)。

答:再加入30千克浓度为30%的盐水,可以得到浓度为22%的盐水。

【题 24】 两种钢分别含镍5%和40%,要得到140吨含镍30%的钢,需要含镍5%的钢和含镍40%的钢各多少吨?

解法一 根据混合前两种钢中镍的质量和等于混合后钢中镍的质量,列方程解答。

设含镍5%的钢需要x吨,则含镍40%的钢需要$(140-x)$吨。

$5\%x+(140-x)\cdot40\%=140\times30\%$,

解得$x=40$,

故含镍40%的钢需要$140-40=100$(吨)。

解法二 这相当于溶液混合问题,可用十字交叉法解答。

$(40\% - 30\%):(30\% - 5\%) = 2:5$，即含镍量5%的钢与含镍量40%的钢的质量之比为2∶5，

含镍5%的钢需要 $140 \times \frac{2}{2+5} = 40$（吨），

含镍40%的钢需要 $140 \times \frac{5}{2+5} = 100$（吨）。

答：需要含镍5%的钢40吨，含镍40%的钢100吨。

考点5 工程问题及其变形 ★★★

1. 工程问题

工程问题的基本数量关系式是：

工作效率×工作时间=工作总量；

工作总量÷工作时间=工作效率；

工作总量÷工作效率=工作时间。

工程问题的特点是常常不给出工作总量的具体数量，只提出“一项工程”“一件工作”“一条路”等。当题中没有具体的工作总量和工作效率时，通常将工作总量看作单位“1”，工作效率用单位时间内完成工作总量的几分之一或几分之几来表示。

【题25】【2023湖北统考，单，3分】汪师傅做一个工艺品的$\frac{2}{9}$用了$\frac{5}{6}$小时，按这样的速度，他做一个这样的工艺品需要多少小时？解决这个问题正确的列式是（　　）

A. $\frac{2}{9} \div \frac{5}{6}$　　B. $\frac{5}{6} \div \frac{2}{9}$　　C. $\frac{2}{9} \times \frac{5}{6}$　　D. $\frac{2}{9} \times \frac{6}{5}$

解　由题可知汪师傅用$\frac{5}{6}$小时做了$\frac{2}{9}$个工艺品，即“$\frac{5}{6}$小时”是“做一个工艺品的时间”的$\frac{2}{9}$，那么“做一个工艺品的时间”为单位“1”，所以汪师傅做一个工艺品需要的时间为$\frac{5}{6} \div \frac{2}{9}$小时。

答案　B

【题26】【2023江西，单，1分】一项工程，甲单独做要10小时，乙单独做要12小时，若甲做1小时后，乙接替做1小时，再由甲接替乙做1小时，…，两人如此交替完成工作共需要（　　）小时。

A. $10\frac{1}{6}$　　B. $10\frac{5}{6}$　　C. $11\frac{1}{6}$　　D. $11\frac{5}{6}$

解　由题意可得甲的工作效率为$\frac{1}{10}$，乙的工作效率为$\frac{1}{12}$，甲、乙的工作效率之和为$\frac{1}{10} + \frac{1}{12} = \frac{11}{60}$，甲、乙交替进行5轮后，用时$5 \times 2 = 10$小时，完成了工作的$\frac{11}{60} \times 5 = \frac{55}{60}$，还剩下$1 - \frac{55}{60} = \frac{5}{60} = \frac{1}{12}$轮到甲来做，需要$\frac{1}{12} \div \frac{1}{10} = \frac{5}{6}$小时，故完成工作共需$10\frac{5}{6}$小时。

答案　B

【题 27】【2023 湖南长沙望城区，单，3 分】甲、乙、丙三人共同承包一项工程，先由甲、乙合作 6 天，完成工程的$\frac{1}{3}$，再由乙、丙合作 4 天完成余下工程的$\frac{1}{3}$，最后由甲、丙合作 5 天完成剩下的工程，若这项工程由甲、乙、丙三人同时合作，则需(　　)天完成。

A. 5　　　　B. 10　　　　C. 8　　　　D. 12

解　设这项工程的工作总量为“1”，甲、乙、丙三人的工作效率分别为 x_1, x_2, x_3，依题意可列方程组

$$\begin{cases}6(x_1+x_2)=\frac{1}{3},\\4(x_2+x_3)=\left(1-\frac{1}{3}\right)\times\frac{1}{3},\\5(x_1+x_3)=1-\frac{1}{3}-\left(1-\frac{1}{3}\right)\times\frac{1}{3},\end{cases}$$

解得 $x_1=\frac{2}{45}, x_2=\frac{1}{90}, x_3=\frac{2}{45}$，所以 $x_1+x_2+x_3=\frac{1}{10}$，则甲、乙、丙三人共同完成这项工程所需的时间为 $1\div\frac{1}{10}=10$ 天。

答案　B

【题 28】【2023 年 5 月浙江杭州，填空，4 分】现在一项工程由甲、乙、丙三队共同完成，已知甲队的工作效率是乙队的 2 倍，乙队的工作效率是丙队的 1.5 倍，原计划三队一起工作 20 天完成该工程，现甲队由于其他事项去往其他项目，则剩下两队需要________天才能完成任务。

解　设丙队的工作效率为 x，则乙队的工作效率为 $1.5x$，甲队的工作效率为 $3x$，总的工程量为 $20(x+1.5x+3x)=110x$，则剩下两队需要 $\frac{110x}{x+1.5x}=44$ 天完成任务。

答案　44

2. 水管问题

从数学的角度来看，水管问题与工程问题是一样的，水池的注水或排水相当于一项工程，注水量或排水量就是工作量，单位时间里的注水量或排水量就是工作效率，至于注入与排出的问题，仅是工作量的加减。其核心解题公式如下：

实际进水效率 = 进水管效率 − 排水管效率，

实际排水效率 = 排水管效率 − 进水管效率。

【题 29】　一个水池，底部装有一根常开的排水管，上部装有若干根同样粗细的进水管。当打开 4 根进水管时，需要 5 小时才能注满水池；当打开 2 根进水管时，需要 15 小时才能注满水池。现在要在 2 小时内将水池注满，至少要打开多少根进水管？

思路分析：注(排)水问题是一类特殊的工程问题。往水池注水或从水池排水相当于一项工程，水的流量就是工作量，单位时间内水的流量就是工作效率。

要在 2 小时内将水池注满，即要使 2 小时内的进水量与排水量之差刚好是一池水，为此需要知道进水管、排水管的工作效率及总工作量(一池水)。只要设某一个量为单位 1，其余两个量便可由条件推出。

解 设每根进水管每小时的注水量为1,则4根进水管5小时的注水量为$(1\times4\times5)$,2根进水管15小时的注水量为$(1\times2\times15)$,从而可知每小时的排水量为$(1\times2\times15-1\times4\times5)\div(15-5)=1$,即一根排水管与每根进水管的工作效率相同。由此可知,注满一池水的总工作量为$1\times4\times5-1\times5=15$,又因为在2小时内每根进水管的注水量为$1\times2$,所以2小时内注满一池水至少需要打开$(15+1\times2)\div(1\times2)=8.5\approx9$(根)进水管。

答:至少需要打开9根进水管。

【题30】 有一个蓄水池装有9根水管,其中一根为进水管,其余8根为相同的排水管。进水管以均匀的速度不停地向这个蓄水池注水,后来有人想打开排水管,使池内的水全部排光(这时池内已注有一些水)。如果8根排水管全部打开,需3小时才能把池内的水全部排光;如果打开5根排水管,需6小时才能把池内的水全部排光。要想在4.5小时内把水全部排光,最少需同时打开多少根排水管?

思路分析:设1根排水管每小时排出的水为“1”份。8根排水管开了3小时,共排出水$8\times3=24$(份)。5根排水管开了6小时,共排出水$5\times6=30$(份)。$30-24=6$(份),就是$6-3=3$(小时)内进水管注入的水量,则进水管每小时注入的水量是$6\div3=2$(份),然后用6小时排出的水量减去$(6-4.5)$小时多注入的水量,得到4.5小时需要排出的水量。

解 设1根排水管每小时排出的水为“1”份。

5根排水管开了6小时,8根排水管开了3小时,二者相差$5\times6-8\times3=6$(份),

所以进水管每小时注入的水量为$6\div(6-3)=2$(份),

所以若想要在4.5小时内把水全部排光,需要打开的排水管数为$[5\times6-(6-4.5)\times2]\div4.5=6$(根)。

答:最少需同时打开6根排水管。

3. 牛吃草问题

对于同一片草地,由于每头牛吃草的速度不变,所以牛头数越多(少),草能够吃的天数越少(多)。假设每头牛每天吃草的速度为“1”份,由此我们可以总结出解决牛吃草问题常用到的四个基本公式,分别是:

①草的生长速度=某时间段内草生长的量÷对应的天数=(草能够吃的较多天数×相应的牛头数-草能够吃的较少天数×相应的牛头数)÷天数差;

②原有草量=牛吃的总量-这段时间新生长的草的量=牛头数×吃的天数-草的生长速度×吃的天数;

③吃的天数=草量÷草每天减少的量=原有草量÷(牛头数-草的生长速度);

④牛头数=原有草量÷吃的天数+草的生长速度。

牛吃草问题的难点在于草每天都在不断生长,草的数量在不断地变化,关键是找出不变的量,即原有草量。其解题步骤如下:

①求出每天长草量;

②求出牧场原有草量;

③求出每天实际消耗原有草量(牛吃的草量-生长的草量=消耗原有的草量);

④最后求出牛可吃草的天数。

此问题的常见变式有抽水问题、检票问题等。

【题 31】【2023 江西,单,1 分】自动扶梯匀速由下往上运行,小程和小红性急要从扶梯上楼。小程每分钟向上走 20 级台阶,小红每分钟向上走 15 级台阶,结果小程用了 5 分钟到达楼上,小红用了 6 分钟到达楼上,则扶梯共有(　　)级。

A. 140　　B. 150　　C. 160　　D. 165

解　上楼的速度可以分为两部分,一部分是小程、小红自己的速度,另一部分是自动扶梯的速度。小程 5 分钟走了 $20\times5=100$(级),小红 6 分钟走了 $15\times6=90$(级),小红比小程少走了 $100-90=10$(级),多用了 $6-5=1$(分钟),说明扶梯 1 分钟走 10 级。因为小程 5 分钟到达楼上,且小程上楼的速度是自己的速度与扶梯的速度之和,所以扶梯共有 $(20+10)\times5=150$(级)。

答案　B

考点 6　行程问题　★★★

1. 相遇、相背问题

速度 × 时间 = 路程;

路程 ÷ 时间 = 速度;

路程 ÷ 速度 = 时间。

【题 32】【2023 江西,单,1 分】明明和军军两人同时分别从学校和家里出发,相向而行,明明每分钟行 120 米,5 分钟后明明已超过中点 30 米,这时两人还相距 20 米,军军每分钟行(　　)米。

A. 104　　B. 108　　C. 110　　D. 114

解　由题意知,5 分钟内军军行走的路程是 $120\times5-30-(20+30)=520$ 米,则军军每分钟行 $520\div5=104$ 米。

答案　A

2. 追及问题

追及问题

速度差 × 时间 = 追及路程;

追及路程 ÷ 时间 = 速度差;

追及路程 ÷ 速度差 = 时间。

【题 33】【2023 江西,单,1 分】某校开运动会,红红和兰兰在学校 300 m 的环形跑道上跑步,红红每分钟跑 150 m,兰兰每分钟跑 120 m。同时同地同向出发,则经过(　　)分钟红红第一次追上兰兰。

A. 7　　B. 8　　C. 9　　D. 10

解　二人同时同地同向出发,红红第一次追上兰兰时比兰兰多跑了一圈,即 300 米。因为 $300\div(150-120)=10$ 分钟,所以经过 10 分钟红红第一次追上兰兰。

答案　D

【题 34】【2023 湖南长沙望城区,解答,6 分】如图所示,在 440 米环形跑道上,甲、乙两人同时从 A 点出发反向而行,当两人第一次相遇后,乙转身与甲同向,同时甲提速 25%,乙提速 20%,当乙回到 A 点时,甲恰好超出 50 米，则当甲、乙再次相遇时，甲的总路程是多少米？

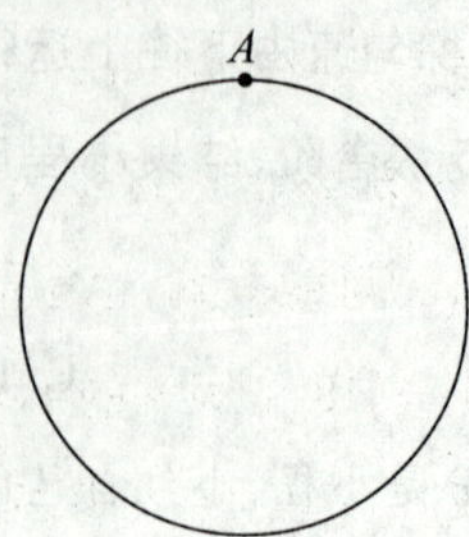

解　设甲、乙最初的速度分别为 v_1, v_2，第一次相遇，路程之和是 440 米，所用时间为 $\frac{440}{v_1+v_2}$，两人提速之后的速度分别为 $\frac{5}{4}v_1, \frac{6}{5}v_2$，之后两人从相遇点出发同向而行，当乙回到 A 点时，甲比乙多跑 50 米，这段路程所用的时间为 $\frac{50}{\frac{5}{4}v_1-\frac{6}{5}v_2}$，而从乙出发到两人相遇，再回到 A 点，所走的路程相同，时间之比为速度的反比，则 $\frac{440}{v_1+v_2}:\frac{50}{\frac{5}{4}v_1-\frac{6}{5}v_2}=\frac{6}{5}v_2:v_2$，整理得 $5v_1=6v_2$，即甲、乙原先速度之比为 6∶5 且 $V_2=\frac{5}{6}V_1$。

当甲、乙再次相遇时，甲比乙多跑了 440 米，这段时间甲跑了 $\frac{440}{\frac{5}{4}v_1-\frac{6}{5}v_2}\times\frac{5}{4}v_1=\frac{440}{\frac{5}{4}v_1-\frac{6}{5}\times\frac{5}{6}v_1}\times\frac{5}{4}v_1=$ $440\times4\times\frac{5}{4}=2200$ 米，

故甲一共跑了 $440\times\frac{6}{11}+2200=2440$ 米。

答：当甲、乙再次相遇时，甲的总路程是 2440 米。

3. 流水问题

顺水行程 =（静水船速 + 水速）× 顺水时间；

逆水行程 =（静水船速 − 水速）× 逆水时间；

顺水速度 = 静水船速 + 水速；

逆水速度 = 静水船速 − 水速；

水速 =（顺水速度 − 逆水速度）÷2；

静水船速 =（顺水速度 + 逆水速度）÷2。

【题 35】【2023 江西，单，1 分】一艘轮船每小时行 32 千米，在长 192 千米的河中逆流航行要 12 小时到达，返回需要（　　）小时。

A. 4　　B. 5　　C. 6　　D. 7

解　由题意可得，轮船的逆流速度为 $192\div12=16$（千米/时），且轮船的速度为 32 千米/时，则水流速度为 $32-16=16$（千米/时），所以顺流速度为 $32+16=48$（千米/时），则返回需要 $192\div48=4$ 小时。

答案　A

考点7 不定方程的应用 ★

方程的个数少于未知数的个数的方程(或方程组)称为不定方程(或不定方程组)。它的解是不定的。一般地,如果没有给不定方程某种制约的条件,那么它就有无限多个解。下面所涉及的不定方程根据题目的要求和实际情况把解局限在一定的范围内,它可能有解,也可能无解,如果有解,也只能是有限个解。

【题36】【2021年5月浙江杭州,单,3分】18个同学的平均身高为1.5米,其中有一些低于1.5米的同学的平均身高为1.2米,另一些高于1.5米的同学的平均身高为1.7米,那么最少有(　　)个学生的身高恰好是1.5米。

A. 3　　B. 5　　C. 8　　D. 13

解　设身高高于1.5米的人有a个,低于1.5米的人有b个,则$1.7a+1.2b=1.5(a+b)$,解得$2a=3b$,因为a和b都为整数,则a最大为9,b最大为6,则最少有$18-9-6=3$(个)同学的身高恰好是1.5米。

答案　A

考点8 利润问题 ★★

利润问题

利润率=(卖价-成本)÷成本×100%;

卖价=成本×(1+利润率);

成本=卖价÷(1+利润率);

定价=成本×(1+期望的利润率)。

定价高了,有时打折出售,就有:卖价=定价×折扣(率)。

如果商品亏本,那么卖价=成本×(1-亏损率),成本=卖价÷(1-亏损率)。

另外,打折是对卖价打折,而非成本价。

要正确解答有关利润的问题,必须很好地掌握各类分数应用题的数量关系和解题方法,还要弄清利润的特点。

【题37】【2023江西,单,1分】甲、乙两件家电成本共250元,家电甲按30%的利润定价,家电乙按20%的利润定价,后来应顾客要求,两件商品按定价九折出售,共获利33.5元,则家电甲的成本是(　　)元。

A. 130　　B. 140　　C. 145　　D. 150

解　设家电甲的成本为x元,家电乙的成本为y元,由题意可得$\begin{cases}x+y=250,\\0.9(1.3x+1.2y)-250=33.5,\end{cases}$解得$\begin{cases}x=150,\\y=100,\end{cases}$即家电甲的成本是150元。

答案　D

【题38】【2023湖北统考,解答,10分】商场以每件800元的进价购入某款羽绒服10件,11月份开始出售,此时的标价比进价高50%;第二年3月份以标价的3折开始促销,卖完剩余部分,销售这款羽绒服共获利640元,问打折促销卖出多少件?

解 设商场在11月份售出x件，则在第二年3月份售出$(10-x)$件。

根据题意，可列方程$800(1+50\%)x+30\%\times800(1+50\%)(10-x)-800\times10=640$，

解得$x=6$，则$10-x=4$。

答：打折促销卖出4件。

考点9 最大与最小 ★★

解决最值问题，针对不同的题型要采用不同的策略和方法。就大的方向而言，大致可以从以下几个方面去入手：

(1)着眼于极端情形；

(2)采用枚举法进行比较，确定最值；

(3)通过估计并构造出具体的对象，确定最值；

(4)从最不利的情况出发，通过分析推理确定最值。

【题39】【2021年5月浙江杭州，单，3分】长途汽车在两地之间行驶，每辆车经过4小时行完单向全程，从上午6点开始，每隔1小时从甲、乙两站同时发出一辆长途汽车，最后一班车在下午4点出发，那么，从甲站发车的司机最多能看到(　　)辆迎面驶来的同路长途汽车(含进出站)。

A. 9　　B. 8　　C. 7　　D. 6

解 从甲站发车的司机最多能看到$4+4+1=9$辆车。(例如：11点从甲站出发的汽车司机最多能看到7,8,9,10,11,12,13,14,15点从乙站发出的长途汽车)

答案 A

考点10 抽屉原理 ★★★

如果有5盒饼干，把它们放到4个抽屉里，那么可以肯定有一个抽屉里至少有2盒饼干；如果把4封信投到3个邮箱里，那么可以肯定有一个邮箱中至少有2封信。这些简单的例子就是数学中的“抽屉原理”。

基本的抽屉原理有2条：

(1)如果把$x+k(k\geqslant1$且$k\in\mathbf{N})$个元素放到x个抽屉里，那么至少有一个抽屉里含有2个或2个以上的元素。

(2)如果把$m\times x+k(x>k\geqslant1,k\in\mathbf{N})$个元素放到$x$个抽屉里，那么至少有一个抽屉里含有$m+1$个或更多的元素。

考法大揭秘

抽屉问题的解决方法

1. 构造抽屉

①构造抽屉，指出元素；②把元素放入(或取出)抽屉；③说明理由，得出结论。

构造抽屉思考角度：一是从问题出发，相同的就是“抽屉”；二是从数量关系出发，多的是“物品”，少的是“抽屉”。

2. 最不利原则

为保证某件事情一定发生，我们必须首先确定最不利于这件事情发生的情况，然后在此基础上去实现这些事情。这就是**最不利原则**。

针对题目中含有“至少……才能保证……”“要保证……至少……”等叙述的抽屉问题，我们常用的解题方法就是利用最不利原则。

【题 40】【2023 江西，单，1 分】一个纸箱装有四种规格相同、颜色不同的球，每种颜色各 10 个，至少取(　)个球才能保证其中一定有三个球的颜色一样。

A. 9　　B. 10　　C. 11　　D. 12

解　考虑最不利的情况，四种颜色的球各取 2 个，共 8 个，则取第 9 个球时，无论其是什么颜色，必有 3 个球的颜色相同。

答案　A

【题 41】【2023 浙江杭州萧山区，单，3 分】从一副扑克牌(54 张)中任意取牌，至少要取(　　)张才能保证有 2 张点数相同。

A. 13　　B. 14　　C. 15　　D. 16

解　一副扑克牌有 54 张牌，大小鬼不相同，根据点数的不同特点，共有 $(54-2)\div4+2=15$ 个抽屉，考虑最差情况，每个抽屉都摸出了 1 张牌，共摸出 15 张牌，再任意摸出一张，无论放到哪个抽屉，都会出现有两张牌在同一个抽屉，即两张牌点数相同，故至少抽取 $15+1=16$ 张扑克牌，才能使其中至少有两张牌点数相同。

答案　D

考点 11　优化问题 ★

遇到求“费时最少”“面积最大”“损耗最小”等问题，往往可以从极端情况去探索它的最大(小)值。在数学中称为极值问题。统筹问题和极值问题实际上都属于优化问题。

思考角度：①用时最省：把两件或两件以上的事同时做。②费时最少：费时少者优先。③面积最大：周长一定时，图形越正，面积越大。④乘积最大：和一定的两数相差越小，乘积越大。

【题 42】【2023 江西，单，1 分】有 13 枚外观一样的硬币，其中 12 枚质量相同，还有一枚是假币，比真币轻。如果用天平称，至少称(　　)次能保证把这枚假币找出来。

A. 2　　B. 3　　C. 4　　D. 5

解　第一次：把 13 枚硬币分成 6 枚、6 枚、1 枚三堆，将 6 枚的两堆放在天平上称重，如果天平平衡，假币为剩下的那一枚，如果不平衡，则轻的那堆里面必定有假币，再将这堆继续划分称重；

第二次：将这 6 枚硬币分为两堆，每堆 3 枚，放在天平上称重，轻的那堆里面必定有假币，再将这堆继续划分称重；

第三次：从这 3 枚硬币中任选两枚放在天平上称重，如果天平平衡，假币为剩下的那一枚，如果不平衡，则轻的那枚为假币。

综上，至少需要称 3 次才能确保找到那 1 枚质量较轻的假币。

答案　B

考点 12　间隔问题　★

常见的间隔问题有植树、上楼梯、锯木头、敲钟等，它们体现的是间隔数与点数之间的关系。理解它们的关系是解题的关键。

在间隔问题中点数与间隔数之间有四种关系：

(1) 非封闭线的两端都有“点”。如在一条马路的一侧种树，两端都种时，点数 = 间隔数 + 1；

(2) 非封闭线只有一端有“点”。如在教学楼的门前小路上植树，由于紧挨着楼房的一端不能植树，因此只有一端植树，即一端有点，点数 = 间隔数；

(3) 非封闭线的两端都没有“点”。如将一根木头锯开，两端都没有切口，点数 = 间隔数 - 1；

(4) 封闭线上。如在湖边植树或在操场上插旗，点数 = 间隔数。在解答间隔问题时，要认真分析，从不同的角度思考，借助画图、动手操作等方式弄清“间隔数”与“点数”之间的关系，正确解答。

【题 43】【2023 江西，单，1 分】梯形稻田由 3 个边长为 40 m 的等边三角形组成，为了防止鸟偷吃稻谷，在每条线段（共 7 条）的起点每隔 10 m 站一个稻草人，一共站（　　）个稻草人。

A. 35　　B. 26　　C. 28　　D. 21

解　作出如图所示的梯形稻田，沿梯形一周共站 $40\times5\div10=20$ 个稻草人，中间每一条边（除端点外）上站 $40\div10+1-2=3$ 个稻草人，两条边共有 $3+3=6$ 个稻草人，则一共站 $20+6=26$ 个稻草人。

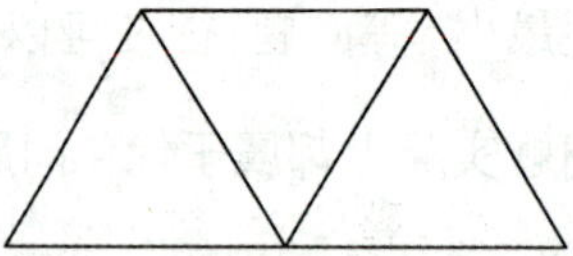

答案　B

【题 44】【2023 湖北统考，解答，10 分】一辆公交车从起点站到终点站需要 $\frac{7}{4}$ 小时，如果相邻两站之间平均行驶时间为 10 分钟，中间所有站点上下乘客一共用去 15 分钟，那么这条公交线路一共设有多少站？

解　根据题意，可知这辆公交车从起点站到终点站一共有 $\left(\frac{7}{4}\times60-15\right)\div10=9$ 个间隔，即这条公交线路一共设有 $9+1=10$ 站。

答：这条公交线路一共设有 10 站。

考点 13 年龄问题 ★

年龄问题的三大规律：

(1)两人的年龄差不变；

(2)两人年龄的倍数关系会改变；

(3)随时间推移，两人的年龄增加相等的量。

年龄问题往往与和差、和倍、差倍问题有着密切联系，尤其与差倍问题的解题思路是一致的，要紧紧抓住“年龄差不变”这个特点。

和(差)倍问题：已知两个数的和(差)与它们之间的倍数关系，求这两个数是多少的应用题，叫做和(差)倍问题。

和倍问题中的基本数量关系：和÷(倍数+1)=小数；小数×倍数=大数；和-小数=大数。

差倍问题中大、小两数的数量关系：小数=差÷(倍数-1)。

上面2个式子中1即“1倍数”，代表小数。

解答年龄问题的基本方法：列方程求解；代入法。

【题45】【2021 浙江台州(天台、仙居、三门、临海)，单，1.6分】已知今年小田的年龄是妈妈年龄的$\frac{2}{9}$，5年前小田的年龄是妈妈年龄的$\frac{1}{8}$，则妈妈今年(　　)岁。

A. 36　　B. 40

C. 45　　D. 72

解　由题意得，设妈妈今年的年龄为x，则小田今年的年龄为$\frac{2}{9}x$，可列方程$\frac{2}{9}x-5=\frac{1}{8}(x-5)$，解得$x=45$。故妈妈今年45岁。

答案　C

考点 14 钟面上的数学问题 ★

(1)钟面被分为12大格，每大格有5小格，整个钟面共60小格，指针每走一小格旋转6°(360°÷60=6°)，每走一大格旋转30°(360°÷12=30°)。时针每1小时走1大格(5小格)，旋转30°，分针每1小时走60小格，旋转360°，分针速度是时针的12倍(360°÷30°=12)。分针每1分钟走一小格，旋转6°，时针1分钟走0.5°(30°÷60=0.5°)。

钟面上两针重合就是成0°或360°角。钟面上两针垂直就是成90°角，相距15小格。钟面上两针成一条直线就是成180°角，相距30小格。

(2)时钟问题常用的数量关系：相差的小格数÷$\left(1-\frac{1}{12}\right)$=运动时间，或相差的度数÷(6°-0.5°)=运动时间。

【题 46】【2023 江西，单，1 分】星期天上午，明明从上午 9 时整开始写作业，到时针和分针第一次重合时写完，则明明完成作业共花了(　　)分钟。

A. $43\frac{7}{11}$　　B. $45\frac{9}{11}$　　C. $47\frac{3}{11}$　　D. $49\frac{1}{11}$

解　因为 9 时整的时候，分针落后时针 45 小格，所以分针需要追 45 小格，时针每分钟走$\frac{1}{12}$小格，分针每分钟走 1 小格，所以明明完成作业共花了 $45\div\left(1-\frac{1}{12}\right)=49\frac{1}{11}$(分钟)。

答案　D

【题 47】【2022 年 6 月浙江杭州，单，3 分】有一个破表，每小时比标准时间快 4 分钟，在标准时间中午 12 点时将这只破表校准，那么这只破表指向 16 点时，标准时间是(　　)

A. 15:44　　B. 15:45　　C. 15:42　　D. 16:16

解　由题意可知，标准时间与破表时间的比为 60:64，故将破表校准后，当其指向 16 点的时候，实际时间经过了 $(16-12)\times\frac{60}{64}=4\times\frac{15}{16}=\frac{15}{4}$(时) = 3 时 45 分，则此时标准时间是 12 时 + 3 时 45 分 = 15 时 45 分。

答案　B

钟面上的时针速度是分针速度的$\frac{1}{12}$。因为时针与分针的速度不同，并且都沿着顺时针方向转动，所以经常将时钟问题转化为追及问题来解。那么解题的关键就是找出相隔的格数(也就是相遇或追及的距离)。

考点 15　探索规律问题　★★★

1. 数式规律

通常给定一些数字、代数式、等式或不等式，然后要求学生猜想其中蕴含的规律的问题，一般解法是先写出数式的基本结构，然后通过横向比(比较同一等式中不同部分的数量关系)或纵向比(比较不同等式间相同位置的数量关系)，找出各部分的特征，改写成要求的格式。例如：有一串单项式：$a,2a^2,3a^3,4a^4,\cdots,19a^{19},20a^{20},\cdots$，那么第 n 个单项式是________。

观察可知，第 n 个单项式为 na^n。

猜想归纳是解决这类问题的有效方法，通过对已给出的材料和信息进行观察、比较、归纳和分析综合，做出符合一定规律与事实的推测性想象，从而发现一般规律。

2. 图形规律

要求根据一组相关图形的变化规律，从中总结图形变化所反映的规律。解决这类图形规律问题的方法有两种,一种是数图形,将图形转化成数字规律,再用数字规律解决问题。另一种是通过图形的直观性,从图形中直接寻找规律。

例如:下面是按照一定规律画出的一列“树型”图:

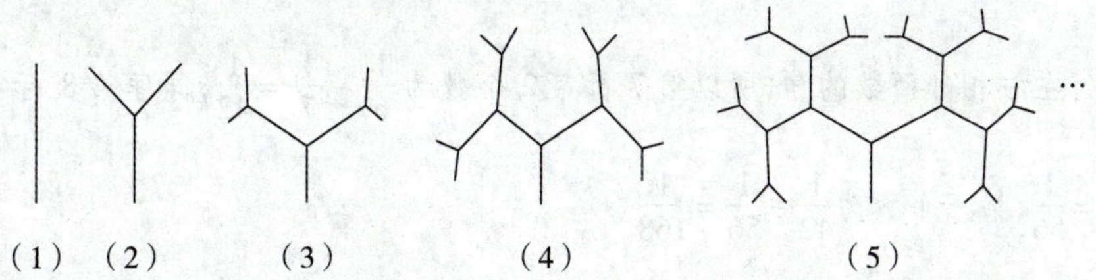

(1) (2) (3) (4) (5)

经观察可以发现:图(2)比图(1)多出2个“树枝”,图(3)比图(2)多出4个“树枝”,图(4)比图(3)多出8个“树枝”,照此规律,图(7)比图(6)多出________个“树枝”。图(2)比图(1)多出$2^1=2$个“树枝”,图(3)比图(2)多出$2^2=4$个“树枝”,图(4)比图(3)多出$2^3=8$个“树枝”,所以图(n)比图($n-1$)多出2^{n-1}个“树枝”,那么图(7)比图(6)多出$2^6=64$个“树枝”。故答案为64。

考法大揭秘

规律探究型问题的常用解法

1. 抓住条件中的变与不变

找数学规律的题目,都会涉及一个或者几个变化的量。所谓找规律,多数情况下,是指变量的变化规律,所以,抓住了变量,就等于抓住了解决问题的关键,而这些变量通常按照一定的顺序给出,揭示的规律常常包含着事物的序列号。

如:观察下列各数:0,3,8,15,24,…,试按此规律写出第100个数:________。观察可知,给出的数:0,3,8,15,24,…,序列号:1,2,3,4,5,…,容易发现,已知数的每一项,都等于它的序列号的平方减一。因此,第n项是n^2-1,第100项是$100^2-1=9999$。

【题48】【2020年7月浙江杭州,单,3分】如图所示的数阵叫“莱布尼茨调和三角形”,它是由一些整数的倒数组成的,第n行有n个数,且两端的数都为$\frac{1}{n}$,每个数是它下一行左右相邻两数的和,则第8行第3个数(从左往右数)为(　　)

$$\frac{1}{1}$$

$$\frac{1}{2}\quad\frac{1}{2}$$

$$\frac{1}{3}\quad\frac{1}{6}\quad\frac{1}{3}$$

$$\frac{1}{4}\quad\frac{1}{12}\quad\frac{1}{12}\quad\frac{1}{4}$$

… … … … …

A. $\frac{1}{60}$ B. $\frac{1}{168}$ C. $\frac{1}{252}$ D. $\frac{1}{280}$

解 因为第 n 行有 n 个数，且两端的数都为 $\frac{1}{n}$，那么第7行第一个数为 $\frac{1}{7}$，第6行第一个数为 $\frac{1}{6}$，因为每个数是它下一行左右相邻两数的和，所以第7行第2个数为 $\frac{1}{6}-\frac{1}{7}=\frac{1}{42}$，同理第8行第一个数为 $\frac{1}{8}$，第二个数为 $\frac{1}{7}-\frac{1}{8}=\frac{1}{56}$，第三个数为 $\frac{1}{42}-\frac{1}{56}=\frac{1}{168}$。

答案 B

【题49】 观察下列等式：$1-\frac{7}{8}=1^2\times\frac{1}{8}$，$2-\frac{14}{9}=2^2\times\frac{1}{9}$，$3-\frac{21}{10}=3^2\times\frac{1}{10}$，…，用含有 $n(n\in\mathbf{N}_+)$ 的等式表示观察所发现的规律是________。

解 观察式子容易发现，式子左面的被减数和右面第一个乘数分别为项数和项数的平方；左面减数的分子，第一个式子为7，第二个式子为14，第三个式子为21，第四个式子应为28，……，第 n 个式子应为 $7n$；左面减数的分母及右面第二个乘数的分母应为 $7+n$；右面第二个乘数的分子恒为1。故第 n 项的式子应为 $n-\frac{7n}{n+7}=n^2\times\frac{1}{n+7}$。

答案 $n-\frac{7n}{n+7}=n^2\times\frac{1}{n+7}$

2. 化繁为简，形转化为数

有些题目看上去很长、图形很复杂，实际上，关键性的内容并不多，对题目做一番认真的分析，去粗取精，去伪存真，把其中主要的、关键的内容抽出来，题目的难度就会大幅度降低，问题也就容易解决了。

如图，将一些半径相同的小圆按如图所示的规律摆放：第1个图形有6个小圆，第2个图形有10个小圆，第3个图形有16个小圆，第4个图形有24个小圆，……，依次规律，第6个图形有________个小圆。

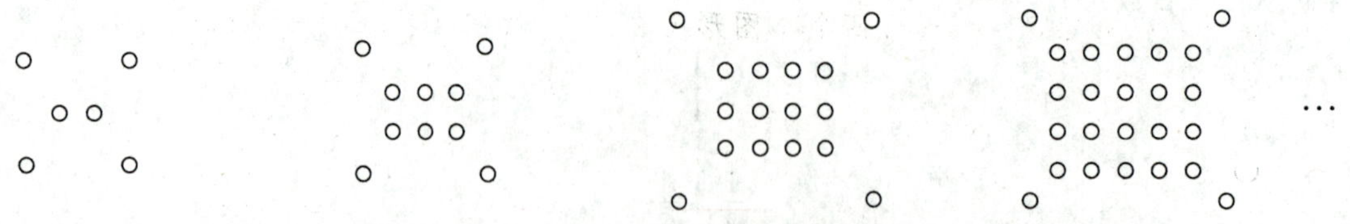

第1个图形 第2个图形 第3个图形 第4个图形

根据第1个图形有6个小圆，第2个图形有10个小圆，第3个图形有16个小圆，第4个图形有24个小圆，得 $6=4+1\times2$，$10=4+2\times3$，$16=4+3\times4$，$24=4+4\times5$，…，所以第 n 个图形有 $4+n(n+1)$ 个小圆，则第6个图形中有 $4+6\times7=46$ 个小圆。

【题 50】 【2021 年 1 月浙江杭州,填空,3 分】在一张方格纸上,每个方格边长为 1 cm,按如图所示的规律,取点 $A_1, A_2, A_3, A_4, \cdots$,把点 A_1, A_2, A_3 连成三角形 S_1,把点 A_2, A_3, A_4 连成三角形 S_2,…,这样不断连下去,其中三角形 S_x 的面积为 625 平方厘米,那么 $x=$________。

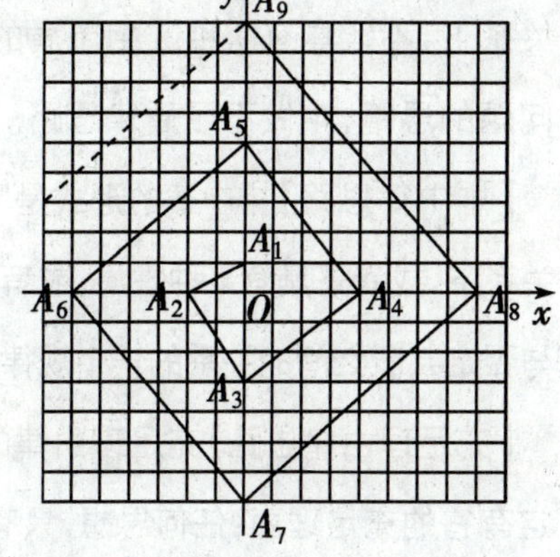

解 $S_1=\frac{1}{2}\times4\times2=4=2^2$;

$S_2=\frac{1}{2}\times6\times3=9=3^2$;

$S_3=\frac{1}{2}\times8\times4=16=4^2$;

…

$S_x=\frac{1}{2}\times2(x+1)\times(x+1)=(x+1)^2$。

由题意得 $(x+1)^2=625$,解得 $x=24$。

答案 24

3. 寻找事物的循环规律

有些题目包含着事物的循环规律,找到了事物的循环规律,问题也就迎刃而解。

如:观察下列球的排列顺序,(其中●是实心球,○是空心球):

●○○●●○○○○○●○○●●○○○○○●○○●●○○○○○●…

从第 1 个球到第 2004 个球止,共有实心球________个。

这些球,从左到右,按照固定的顺序排列,每隔 10 个球循环一次,循环节是●○○●●○○○○○。每个循环节里有 3 个实心球。我们只要知道 2004 包含多少个循环节,就容易计算出实心球的个数。因为 $2004\div10=200\cdots\cdots4$,所以,2004 个球里有 200 个循环节,还余 4 个球。200 个循环节里有 $200\times3=600$ 个实心球,剩下的 4 个球里有 2 个实心球。所以,一共有 602 个实心球。

【题 51】 【2021 年 5 月浙江杭州,填空,3 分】已知图形○△□☆○△□☆…,第 2021 个图形是________。

解 图形○△□☆○△□☆…每四个小图形为一周期,$2021\div4=505\cdots\cdots1$,因此第 2021 个图形是○。

答案 ○

考点 16 逻辑推理问题 ★

逻辑推理不涉及数据,也没有几何图形,只涉及一些相互关联的条件,它依照逻辑规律,从一定的前提出发,通过一系列的推理来获取某种结论。逻辑推理在考试中往往考查必然性推理,必然性推理常运用以下四种思路来解决。

【同一律思路】同一律的形式是"甲是甲",或"如果甲,那么甲"。它的基本内容是:在同一思维过程中,同一个概念或同一个思考对象,必须保持前后一致,亦即保持确定性。这是逻辑推理的一条重要思维规律。

【不矛盾律思路】不矛盾律的形式是"甲不是非甲"。它的基本内容是:同一对象,在同一时间内和同一关系下,不能具有两种互相矛盾的性质,它是逻辑推理的又一重要规律。运用不矛盾律来推理思考某些问题的思路,叫做不矛盾律思路。

【排中律思路】排中律的形式是"或者是甲,或者是非甲"。它的基本内容是:同一对象在同一时间内和同一关系下,或者是具有某种性质,或者是不具有某种性质,二者必居其一,不能有第三种情况。它是处理肯定判断与否定判断之间的关系的一个规律。运用这一规律来推理的思路,我们把它叫做排中律思路。

【充足理由律思路】充足理由律的形式是"之所以有甲,是因为有乙"。它的意思是说,任何正确的思想一定有它的充足理由;任何思想,只有当它具有充足的理由时,这种思想才能被认为是正确的。

解决逻辑推理问题的常见方法有:

1. 排除法

当题干给出多个确定条件时,直接根据题干的条件排除不正确的选项。

【题 52】 甲、乙、丙三人进行跑步比赛,A、B、C 三人对比赛后的结果进行预测,A 说:"甲肯定是第一名。"B 说:"甲不是最后一名。"C 说:"甲肯定不是第一名。"其中只有一人对比赛结果的预测是正确的。预测对的是________。

解 由题意知,A、C 的预测完全相反,必有一对一错。因为只有一人对,不管 A、C 的预测谁对,B 的预测必错,所以甲是最后一名,故 A 的预测也是错的,所以预测对的是 C。

答案 C

2. 代入法

将选项依次代入题设条件,看是否存在矛盾,如存在矛盾可直接排除。

【题 53】 【2022 年 6 月浙江杭州,单,3 分】每个学校有 1 个校长,1 个书记,开会时只需去一位校长或书记,但不能缺席。已知最近三次会议每校只有一人参会(如下表:●出席;○没出席)。

	赵	钱	孙	李	王	陈
1	○	●	●	●	○	○
2	●	○	●	○	○	●
3	○	○	○	●	●	●

如果一所学校的校长是钱,那么这所学校的书记是(　　)

A. 赵　　B. 李　　C. 王　　D. 陈

解 由于开会时只需去一位校长或书记,但不能缺席,且三次会议每校只有一人参会。如果钱是校长,由第一次会议知，当钱出席时，赵、王、陈均未出席，那么书记应该是赵、王、陈其中之一；由第二次会议知，当钱未出席时，李、王也未出席，那么书记不可能是王；由第三次会议知，当钱未出席时，赵、孙也未出席，那么书记不可能是赵，所以这所学校的书记是陈。

答案　D

3. 假设法

根据题意先做出合理的假设，然后根据已知条件，进行正确推理。如果出现矛盾，那么说明假设不合理，由此得出与假设相反的结论；如果从假设出发，没有推出矛盾，说明假设合理。

【题 54】【2023 江西，单，1 分】红红、明明、军军三人在玩耍时，有一人不小心打碎了花瓶。红红说："是军军打碎的。"明明说："不是我摔坏的。"军军说："是明明摔坏的。"他们当中只有一个人说了谎话。请问是(　　)摔坏了花瓶。

A. 红红　　B. 明明　　C. 军军　　D. 不确定

解　由题意知，他们当中只有一个人说了谎话，且明明与军军的说法刚好相反，故必然是一真一假，且红红说："是军军打碎的"为真，故他们当中军军说了谎话，即军军摔坏了花瓶。

答案　C

知识再拔高

列方程解应用题

1. 列方程解应用题的一般步骤

(1)审，审题。就是弄清题意和明确各数量之间的关系，分析什么是已知量，什么是未知量，要求的是什么。可采用线段图示法、列表法、直观模型法、实物演示法等帮助理解。

(2)设，设未知数。一般是采取直接设元法，即题目中求什么，就设什么为未知数，也可以采取间接设元法和辅助设元法。

(3)找，找相等关系。充分利用题目中所给出的已知条件，根据分析，找出能够表示题目全部含义的一个相等关系，这是关键一步。

(4)列，列方程。把文字表示的相等关系用代数式进行表示。

(5)解，解方程。求出未知数的值。

(6)验，检验。检验所求的未知数的值是否使代数式有意义或有实际意义。

2. 列方程解应用题的方法

(1)综合法：先把应用题中已知数(量)和所设的未知数(量)列成有关的代数式，再找出它们之间的等量关系，进而列出方程。这是从部分到整体的一种思维过程，其思考方向是从已知到未知。

(2)分析法：先找出等量关系，再根据建立等量关系的具体需要，把应用题中已知数(量)和所设的未知数(量)列成有关的代数式进而列出方程。这是从整体到部分的一种思维过程，其思考方向是从未知到已知。

【题 55】【2023 江苏盐城盐都区,填空,3 分】《九章算术》中有一道题,原文是“今有人共买鸡,人出九,盈十一;人出六,不足十六。问人数、鸡价各几何?”意思是:有若干人共同凑钱买鸡,如果每人出 9 文钱,多出 11 文钱;如果每人出 6 文钱,还差 16 文钱。问买鸡的人数、鸡的价钱各是多少?设有 x 人共同买鸡,根据题意,可列方程为________。

解　由题可知,鸡的价钱是固定的,根据等量关系可列出方程 $9x-11=6x+16$。

答案　$9x-11=6x+16$

即时反思与复盘总结

我于________年____月____日完成了对本章的学习。

复盘一下,我对自己较肯定的地方是____________________

(足够努力/心态积极/方法得当……)

我觉得自己需要改进的地方是____________________

(懒惰懈怠/心情浮躁/方法不当……)

休息片刻,开启下一站征程!

初中数学知识

SHAN XIANG

内容导学

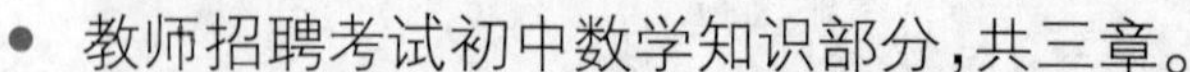

- 教师招聘考试初中数学知识部分,共三章。
- 第一章主要是数与代数的基础内容,一般考查基本概念的理解与基本运算的应用,题型多为单项选择题、填空题、解答题。
- 第二章主要是图形与几何的基础内容,内容丰富,考查题型多为单项选择题、填空题、解答题。
- 第三章主要是统计与概率的基础内容,内容简单,考查题型侧重于单项选择题、填空题。
- 考生要重点掌握第一章与第二章的内容,并结合历年考试真题有针对性地进行复习。

第一章 数与代数

考向分析

本章属于初中数学阶段的重点内容，在各地教师招聘考试中，常以单选、填空、解答的形式考查。其中，数与式中，江西、湖南、江苏、浙江常考查实数的概念，整式的运算与代数式的计算。方程(组)与不等式(组)中，安徽、山西常考查方程(组)的求解，浙江、湖南与江西多考查一元一次不等式的求解、方程(组)的应用。题目整体较为基础，对考生的运算能力有一定要求。现对本章考向分析如下：

高频考点	高频考向	常考题型	核心素养	考查热度
实数	数轴、科学记数法	单选	运算能力	🔥
整式	合并同类项	单选	运算能力	🔥
分式	代数式的运算	单选、简答	运算能力	🔥
一元一次方程	一元一次方程的求解与应用	单选、填空、解答	运算能力、应用意识	🔥🔥🔥
二元一次方程	二元一次方程的求解与应用	填空	运算能力、应用意识	🔥🔥
一元二次方程	一元二次方程的根	单选、解答	抽象能力、运算能力	🔥🔥
分式方程	分式方程的应用	单选、解答	运算能力、应用意识	🔥🔥🔥

第一节 数与式

核心考点

考点1 实数 ★★★

考点2 整式 ★

考点3 分式

考点4 二次根式

考点1 实数 ★★★

1. 实数的分类

(1)按定义分
- 有理数
  - 整数
  - 分数(有限小数或无限循环小数)
- 无理数：无限不循环小数

(2)无理数的常见形式：

①开方开不尽的数，例如$\sqrt{3}$等；

②有特定意义的数，例如自然常数 e，圆周率 π；含有 e 或 π 的数，例如 2e，$\frac{\pi}{4}+2$ 等；

③有特定结构的数，例如 0. 101 001 000 1…等；

④某些三角函数值，例如 sin 60°等。

【题 1】 下列各数中，属于无理数的是(　　)

A. $\frac{1}{3}$　　B. 1. 414　　C. $\sqrt{2}$　　D. $\sqrt{4}$

解　$\sqrt{4}=2$ 是有理数，$\sqrt{2}$是无理数。

答案　C

2. 实数的相关概念

(1)数轴

规定了原点、正方向和单位长度的直线叫做数轴。

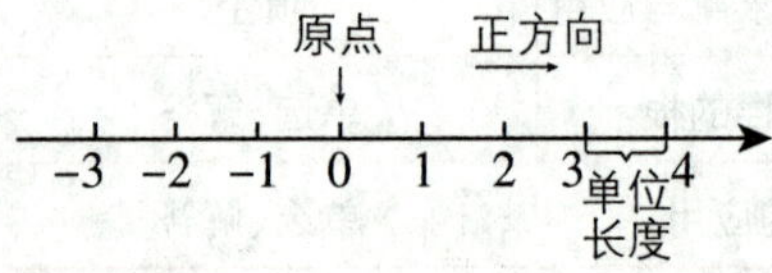

【题 2】 【2023 江苏盐城盐都区，单，2 分】如下图，在数轴上表示$\sqrt{8}$的点在哪两个字母之间？(　　)

A B C D
0 0.5 1 1.5 2 2.5 3

A. A 与 B　　B. B 与 C　　C. A 与 C　　D. C 与 D

解　因为 $4<8<9$，所以 $2<\sqrt{8}<3$，又$2.5^2=6.25<8$，故 $2.5<\sqrt{8}<3$。

答案　D

(2)相反数

像 2 和 −2，5 和 −5 这样，只有符号不同的两个数互为相反数。数 a 的相反数是 $-a$，这里 a 表示任意一个实数。特别地，0 的相反数是 0。

(3)绝对值

一个正数的绝对值是它本身；一个负数的绝对值是它的相反数；0 的绝对值是 0。

(4)倒数

乘积是 1 的两个数互为倒数。倒数等于其本身的数是 1 与 −1。0 没有倒数。

3. 平方根、算术平方根与立方根

	平方根	算术平方根	立方根
定义	一般地，如果一个数的平方等于 a，那么这个数叫做 a 的平方根或二次方根。这就是说，如果 $x^2=a$，那么 x 叫做 a 的平方根	一般地，如果一个正数 x 的平方等于 a，即 $x^2=a$，那么这个正数 x 叫做 a 的算术平方根。a 的算术平方根记为 $\sqrt{a}$，读作"根号 a"，a 叫做被开方数	一般地，如果一个数的立方等于 a，那么这个数叫做 a 的立方根或三次方根。这就是说，如果 $x^3=a$，那么 x 叫做 a 的立方根
性质	正数有两个平方根，它们互为相反数；0 的平方根是 0；负数没有平方根	正数有一个算术平方根；0 的算术平方根是 0；负数没有算术平方根	正数的立方根是正数；0 的立方根是 0；负数的立方根是负数

【题 3】 9 的平方根是(　　)

A. $\sqrt{3}$　　B. 3　　C. ± 3　　D. $\pm\sqrt{3}$

解　一个正数有正负两个平方根，9 的平方根为 ± 3。

答案　C

4. 科学记数法

(1) 科学记数法的定义

一般地，把一个数表示成 $a\times 10^n$ 的形式，其中 $1\leqslant |a|<10$，n 是整数，这种记数的方法叫做科学记数法。

科学记数法

(2) 有效数字

从左边起第一个不是 0 的数起，到精确到的数位为止，所有的数字都叫做这个数的有效数字。

例如，2.08 的有效数字是 2，0，8；2.80 的有效数字是 2，8，0。

【题 4】 【2020 浙江绍兴(三区)，单，3 分】正在建设中的北京大兴国际机场规划建设面积约 1 400 000 平方米的航站楼，数据 1 400 000 用科学记数法应表示为(　　)

A. 0.14×10^7　　B. 14×10^5　　C. 1.4×10^6　　D. 都正确

解　$1\ 400\ 000=1.4\times 10^6$，故选 C。

答案　C

(1) 同样大小的数，精确度不同，有效数字不同，如 1.56 和 1.560，前者有效数字为 1，5，6，而后者为 1，5，6，0。

(2) 用科学记数法形式表示的近似数，精确度需要将其恢复成原数确定。

考点 2　整式　★

1. 代数式的基本概念

对变数字母仅限于有限次代数运算(加、减、乘、除、乘方、开方)的解析式称为代数式。例如，$2(a+b)c$，

$\frac{3x^2+5x+1}{3x+2}$，$x\cos x$ 等都是代数式。单独的一个数或字母也称为代数式。其分类如下：

代数式
- 有理式
  - 整式
    - 单项式：对变数字母仅限于乘法（乘方）运算或没有变数字母的代数式
    - 多项式：几个单项式的和
  - 分式：含有除法运算并且除式中含有变数字母的有理式
- 无理式：化简后含有关于对变数字母的式子开方运算的代数式

【题5】 已知苹果价格 a 元每千克，买了 5 千克苹果，一共需要付________元；妈妈给了 100 元，可以找回________元。

解 已知苹果价格 a 元每千克，买了 5 千克苹果，问一共需要多少元，就是求 5 个 a 是多少，所以一共需要付 $5a$ 元；妈妈给了 100 元，求可以找回多少元，用减法计算，能找回 $(100-5a)$ 元。

答案 $5a$；$(100-5a)$

2. 整式的运算

整式的运算	运算法则
整式的加减	(1) 合并同类项：所得项的系数是合并前各同类项的系数的和，且字母连同它的指数不变。例如，$2xy^2+3xy^2=5xy^2$。 (2) 去括号法则： ①括号外的因数是正数，去括号后，原括号内各项的符号与原来的符号相同。例如，$a+(b+c)=a+b+c$； ②括号外的因数是负数，去括号后，原括号内各项的符号与原来的符号相反。例如，$a-(b+c)=a-b-c$
幂的运算 （m,n 为正整数）	(1) 同底数幂相乘：底数不变，指数相加，即 $a^m\cdot a^n=a^{m+n}$； (2) 同底数幂相除：底数不变，指数相减，即 $a^m\div a^n=a^{m-n}$（$a\neq0$，且 $m>n$）； (3) 幂的乘方：底数不变，指数相乘，即 $(a^m)^n=a^{mn}$； (4) 积的乘方：把积的每一个因式分别乘方，再把所得的幂相乘，即 $(ab)^n=a^nb^n$
整式的乘法	(1) 单项式乘单项式：把它们的系数、同底数幂分别相乘，对于只在一个单项式里含有的字母，则连同它的指数作为积的一个因式。例如，$2a^2\cdot2a^3b=(2\times2)\cdot a^{2+3}b=4a^5b$ (2) 单项式乘多项式：用单项式去乘多项式的每一项，再把所得的积相加。例如，$a(b+c)=ab+ac$ (3) 多项式乘多项式：先用一个多项式的每一项乘另一个多项式的每一项，再把所得的积相加。例如，$(a+b)(c+d)=ac+ad+bc+bd$
整式的除法	(1) 单项式相除：把系数、同底数幂分别相除作为商的因数，对于只在被除式里含有的字母，则连同它的指数作为商的一个因式。例如，$12a^3b^2x^3\div3ab^2=(12\div3)\cdot a^{3-1}b^{2-2}x^3=4a^2x^3$ (2) 多项式除以单项式：先把这个多项式的每一项分别除以这个单项式，再把所得的商相加。例如，$(am+bm)\div m=am\div m+bm\div m=a+b$

【题6】【2023 湖南长沙望城区，填空，2.8 分】若 $2x^mb^2$ 与 $-x^2b^{n-1}$ 是同类项，则 $mn=$________。

解 因为 $2x^mb^2$ 与 $-x^2b^{n-1}$ 是同类项，所以 $\begin{cases}m=2,\\n-1=2,\end{cases}$ 解得 $\begin{cases}m=2,\\n=3,\end{cases}$ 于是 $mn=3\times2=6$。

答案 6

3. 乘法公式

(1)平方差公式

$$(a+b)(a-b)=a^2-b^2。$$

几何背景:

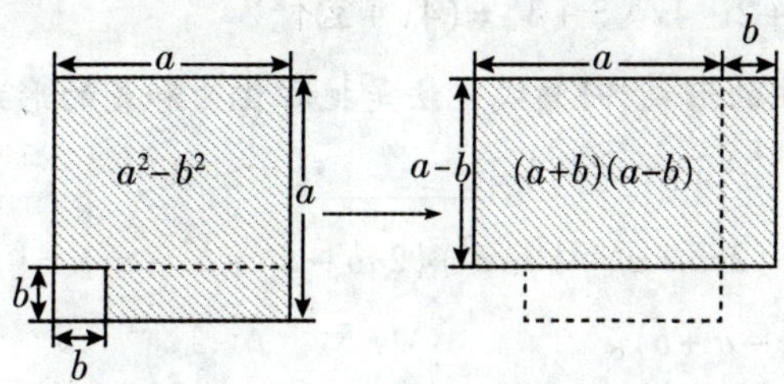

(2)完全平方公式

$$(a+b)^2=a^2+2ab+b^2;$$

$$(a-b)^2=a^2-2ab+b^2。$$

几何背景:

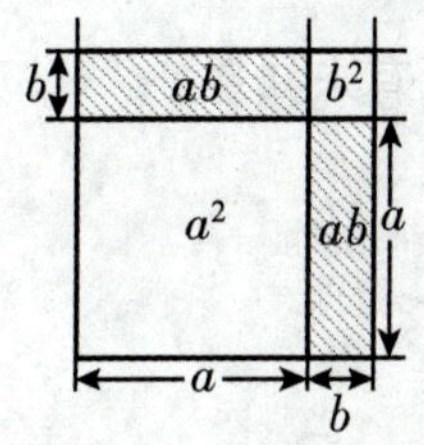

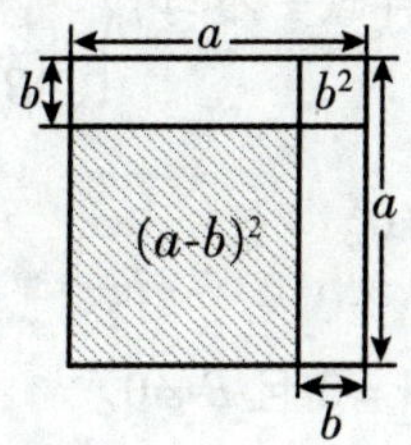

【题7】【2023 江西,单,1 分】下列运算正确的是(　　)

A. $3a+2b=5ab$　　B. $3a\cdot 2a=6a^2$

C. $a^3+a^4=a^7$　　D. $(a+b)^2=a^2-b^2$

解　A、C 两项,不是同类项,不能合并;B 项正确;$(a+b)^2=a^2+b^2+2ab$,D 项错误。

答案　B

4. 因式分解

(1)因式分解的定义

把一个多项式化成几个整式的积的形式,像这样的式子变形叫做这个多项式的因式分解,也叫做把这个多项式分解因式。

(2)因式分解的两种基本方法

①提公因式法

$$pa+pb+pc=p(a+b+c)。$$

例如,$8a^3b^2+12ab^3c=4ab^2\cdot 2a^2+4ab^2\cdot 3bc=4ab^2(2a^2+3bc)$。

②公式法

$$a^2-b^2=(a+b)(a-b);$$

$$a^2+2ab+b^2=(a+b)^2;$$

$$a^2-2ab+b^2=(a-b)^2;$$
$$a^3+b^3=(a+b)(a^2-ab+b^2);$$
$$a^3-b^3=(a-b)(a^2+ab+b^2);$$
$$a^3\pm3a^2b+3ab^2\pm b^3=(a\pm b)^3。$$

例如，$16x^2+24x+9=(4x)^2+2\cdot4x\cdot3+3^2=(4x+3)^2$。

注：因式分解是把和差化为积的形式，而整式乘法是把积化为和差的形式，二者不可混淆。

【题8】 因式分解：$4a^2b^2-(a^2+b^2-c^2)^2=$______。

解 $4a^2b^2-(a^2+b^2-c^2)^2=(2ab+a^2+b^2-c^2)(2ab-a^2-b^2+c^2)=[(a+b)^2-c^2][c^2-(a-b)^2]=(a+b+c)(a+b-c)(a-b+c)(c-a+b)$。

答案 $(a+b+c)(a+b-c)(a-b+c)(c-a+b)$

考点3 分式

1. 分式的有关概念与性质

(1)分式满足的条件(两个条件缺一不可)
- ①形如$\frac{A}{B}$(A,B表示两个整式，$B\neq0$)；
- ②B中含有未知量。

(2)分式$\frac{A}{B}$有意义的条件：$B\neq0$。

(3)分式$\frac{A}{B}$的值为0的条件：$A=0$且$B\neq0$。

(4)基本性质

分式的分子与分母都乘(或除以)同一个不等于0的整式，分式的值不变。即

$$\frac{A}{B}=\frac{A\cdot C}{B\cdot C};\frac{A}{B}=\frac{A\div C}{B\div C}(C\neq0),$$

其中，A,B,C是整式。

【题9】 函数$y=\frac{\sqrt{x^2-1}}{x+1}$的自变量的取值范围是(　　)

A. $x\geqslant1$　　B. $x\leqslant-1$　　C. $x\geqslant1$或$x<-1$　　D. $-1\leqslant x\leqslant1$

解 函数$y=\frac{\sqrt{x^2-1}}{x+1}$的自变量的取值范围是$\begin{cases}x^2-1\geqslant0,\\x+1\neq0,\end{cases}$解得$x\geqslant1$或$x<-1$。

答案 C

2. 分式的运算

(1)加减法则

$$\frac{a}{b}\pm\frac{c}{b}=\frac{a\pm c}{b}(b\neq0);\frac{a}{b}\pm\frac{c}{d}=\frac{ad\pm bc}{bd}(b,d\neq0)。$$

(2)乘法法则

$$\frac{a}{b}\cdot\frac{c}{d}=\frac{ac}{bd}(b,d\neq0)。$$

(3)除法法则

$$\frac{a}{b}\div\frac{c}{d}=\frac{a}{b}\cdot\frac{d}{c}=\frac{ad}{bc}(b,c,d\neq0)。$$

(4)乘方法则

$$\left(\frac{a}{b}\right)^n=\frac{a^n}{b^n}(n\text{ 为正整数},b\neq0)。$$

【题10】 化简求值:$\left(\frac{2x+5}{1-x^2}-\frac{3}{1-x}\right)\div\frac{2-x}{1-2x+x^2}$,其中 $x=-5$。

解 原式 $=\left[\frac{2x+5}{1-x^2}-\frac{3(1+x)}{1-x^2}\right]\div\frac{2-x}{1-2x+x^2}$ ………… 通分

$=\left[\frac{2x+5-3(1+x)}{1-x^2}\right]\div\frac{2-x}{1-2x+x^2}$ ………… 同分母分式加减

$=\frac{2-x}{(1+x)(1-x)}\div\frac{2-x}{(1-x)^2}$ ………… 分解因式

$=\frac{2-x}{(1+x)(1-x)}\cdot\frac{(1-x)^2}{2-x}$ ………… 除法变乘法

$=\frac{1-x}{1+x}$。 ………… 约分

当 $x=-5$ 时,原式 $=\frac{1-(-5)}{1-5}=-\frac{3}{2}$。 ………… 代值求解

考点4 二次根式

二次根式

1.二次根式的定义

形如$\sqrt{a}$($a\geqslant0$)的式子叫做二次根式,其中 a 叫做被开方数。

2.二次根式的性质

(1)$(\sqrt{a})^2=a(a\geqslant0)$;

(2)$\sqrt{a^2}=|a|=\begin{cases}a,a\geqslant0,\\-a,a<0;\end{cases}$

(3)双重非负性:二次根式$\sqrt{a}$中$\begin{cases}\text{被开方数 }a\geqslant0,\\\sqrt{a}\geqslant0。\end{cases}$

注:利用二次根式的性质$(\sqrt{a})^2=a(a\geqslant0)$,可把任何一个非负数写成平方的形式,如 $5=(\sqrt{5})^2$。故我们可以把在有理数范围内不能继续分解的多项式在实数范围内继续分解,如 $x^2-2=(x+\sqrt{2})(x-\sqrt{2})$。

【题11】 已知 $|2m+1-n|+\sqrt{m+n+5}=0$,则$(m-n)^{2015}=$________。

解 $\because|2m+1-n|+\sqrt{m+n+5}=0$,$\therefore\begin{cases}2m+1-n=0,\\m+n+5=0,\end{cases}$ 解得$\begin{cases}m=-2,\\n=-3,\end{cases}$ 则 $m-n=1$,故$(m-n)^{2015}=1$。

答案 1

【题12】 设 $x\in(-5,0)$，则 $\sqrt{x^2+10x+25}-\sqrt{x^2}$ 化简后是( )

A. $10x+25$

B. 5

C. $2x+5$

D. $-2x-5$

解 因为 $x\in(-5,0)$，所以 $x+5\in(0,5)$，所以 $\sqrt{x^2+10x+25}-\sqrt{x^2}=\sqrt{(x+5)^2}-(-x)=x+5+x=2x+5$。

答案 C

(1)在进行二次根式“内移”运算时，应先确定根号外因式的符号，若根号外的因式是非负数，则把因式平方后移到根号内；若根号外的因式是负数，则把负号留在根号外，再把根号外因式的相反数平方后移到根号内进行化简。

(2)在进行二次根式“外移”运算时，应先把根号内的因式写成平方形式，再根据二次根式的性质进行化简。

考法大揭秘

代数式求值

(1)直接代入法：一般先化简，再把各字母的值代入计算。

(2)整体代入法：有时题目并未给出各个字母的取值，而是给出几个式子的值，这时可把这几个式子看作一个整体，把多项式化为含有这几个式子的代数式，再代入求值。

【题13】 【2023江西，单，1分】若 $\sqrt{a+2}+|b-1|=0$，则 $(a+b)^{2023}=$( )

A. -1

B. 1

C. 2023

D. -2023

解 因为 $\sqrt{a+2}+|b-1|=0$，所以 $\begin{cases}a+2=0,\\b-1=0,\end{cases}$ 解得 $\begin{cases}a=-2,\\b=1,\end{cases}$ 则 $(a+b)^{2023}=(-2+1)^{2023}=-1$。

答案 A

【题14】 【2023江苏盐城盐都区，简答，4分】化简求值：$\left(\frac{1}{a+1}-\frac{a-3}{a^2-1}\right)\div\frac{2}{a+1}$，$a=\sqrt{2}+1$。

解 $\left(\frac{1}{a+1}-\frac{a-3}{a^2-1}\right)\div\frac{2}{a+1}=\frac{a-1-(a-3)}{(a+1)(a-1)}\times\frac{a+1}{2}=\frac{2}{2(a-1)}=\frac{1}{a-1}$，将 $a=\sqrt{2}+1$ 代入，原式 $=\frac{1}{\sqrt{2}+1-1}=\frac{1}{\sqrt{2}}=\frac{\sqrt{2}}{2}$。

第二节 方程(组)与不等式(组)

核心考点

考点1 一元一次方程
考点2 二元一次方程组 ★
考点3 一元二次方程 ★★
考点4 分式方程 ★
考点5 一次不等式与一次不等式组 ★★

考点1 一元一次方程

1. 等式的性质

(1) 性质1:等式两边同时加(或减)同一个数(或式子),结果仍相等。

即如果 $a=b$,那么 $a \pm c=b \pm c$。

(2) 性质2:等式两边同时乘同一个数,或除以同一个不为0的数,结果仍相等。

即如果 $a=b$,那么 $ac=bc$;如果 $a=b$,那么 $\frac{a}{c}=\frac{b}{c}(c \neq 0)$。

2. 一元一次方程的定义

只含有一个未知数(元),未知数的次数都是1,等号两边都是整式,这样的方程叫做一元一次方程。

3. 解一元一次方程

一般步骤:去分母、去括号、移项、合并同类项、系数化为1等。

通过这些步骤可以使以 x 为未知数的方程逐步向着 $x=a$ 的形式转化,这个过程主要依据等式的基本性质和运算律。

【题15】【2023江苏盐城盐都区,简答,5分】解方程 $[x] \times \{x\}+x=2\{x\}+9$,其中 $[x]$ 表示 x 的整数部分,$\{x\}$ 表示 x 的小数部分,如 $[3.4]=3$,$\{3.4\}=0.4$。

解 由题,易知 $x=[x]+\{x\}$,原式可化简为 $[x] \times \{x\}+[x]+\{x\}=2\{x\}+9$,整理得 $([x]-1)(\{x\}+1)=8$,因为 $1 \leqslant \{x\}+1<2$,所以 $4<[x]-1 \leqslant 8$,$5<[x] \leqslant 9$。

当 $[x]-1=8$,即 $[x]=9$,$\{x\}=0$ 时,$x=9$;

当 $[x]-1=7$,即 $[x]=8$,$\{x\}=\frac{1}{7}$ 时,$x=8\frac{1}{7}$;

当 $[x]-1=6$,即 $[x]=7$,$\{x\}=\frac{1}{3}$ 时,$x=7\frac{1}{3}$;

当 $[x]-1=5$,即 $[x]=6$,$\{x\}=\frac{3}{5}$ 时,$x=6\frac{3}{5}$;

所以，符合题意的取值有：$x=9$；$x=8\frac{1}{7}$；$x=7\frac{1}{3}$；$x=6\frac{3}{5}$。

【题 16】【2023 安徽特岗，解答，4 分】我国古代数学名著《孙子算经》中有一道趣味数学题，"今有雉兔同笼，上有三十五头，下有九十四足，问雉兔各几何？"（用算术和方程两种方法解答）

解 算术法：兔子有 $(94-35\times 2)\div 2=12$（只），雉有 $35-12=23$（只）。

方程法：设有兔子 x 只，则有雉 $(35-x)$ 只，$4x+2(35-x)=94$，解得 $x=12$，兔子有 12 只，雉有 $35-12=23$ 只。

答：兔子有 12 只，雉有 23 只。

考点 2　二元一次方程组 ★

1. 二元一次方程的定义

如果一个方程含有两个未知数，并且含有未知数的项的次数都为 1，那么该方程就叫做二元一次方程。（二元一次方程的一般形式为：$ax+by+c=0$，其中 a,b 不为零）

有两个未知数，每个未知数的项的次数都是 1，且一共有两个或多个方程，这样的方程组叫做二元一次方程组。

2. 解二元一次方程组

(1) 代入消元法

【题 17】 用代入法解方程组 $\begin{cases}x-y=3 \text{ ①},\\ 3x-8y=14 \text{ ②}。\end{cases}$

解 由①得 $x=y+3$ ③，

把③代入②，得 $3(y+3)-8y=14$，

解这个方程，得 $y=-1$，

把 $y=-1$ 代入③，得 $x=2$。

所以这个方程组的解是 $\begin{cases}x=2,\\ y=-1。\end{cases}$

(2) 加减消元法

【题 18】【2023 山西特岗，填空，3 分】方程组 $\begin{cases}x-y=1,\\ 3x+y=7\end{cases}$ 的解为________。

解 $\begin{cases}x-y=1 \text{ ①},\\ 3x+y=7 \text{ ②},\end{cases}$ ①+②，得 $4x=8$，解得 $x=2$。将 $x=2$ 代入①，得 $2-y=1$，解得 $y=1$，所以方程组的解为 $\begin{cases}x=2,\\ y=1。\end{cases}$

答案 $\begin{cases}x=2,\\ y=1\end{cases}$

考点3　一元二次方程　★★

1. 一元二次方程的定义

等号两边都是整式，只含有一个未知数(一元)，并且未知数的最高次数是2(二次)的方程，叫做一元二次方程。一元二次方程的一般形式是：

$$ax^2+bx+c=0(a\neq0)。$$

其中，a 是二次项系数，b 是一次项系数，c 是常数项。

2. 解一元二次方程

(1)配方法

【题19】　解方程 $x^2+6x+4=0$。

解

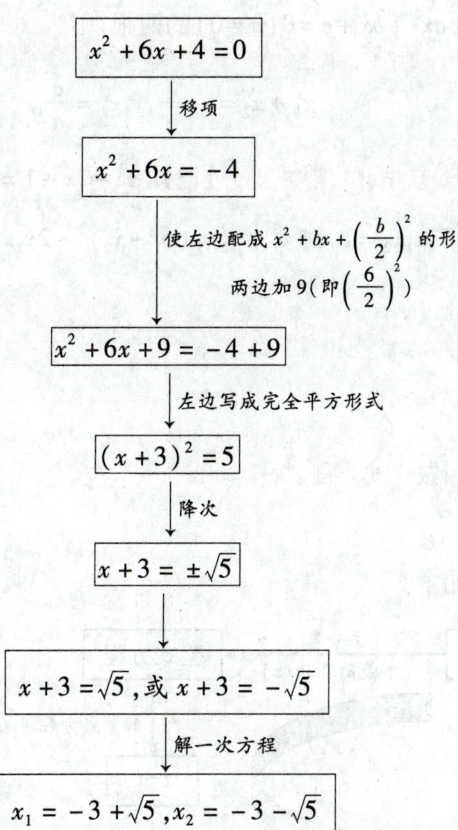

(2)公式法

一元二次方程 $ax^2+bx+c=0(a\neq0)$ 的求根公式为：

$$x=\frac{-b\pm\sqrt{b^2-4ac}}{2a}(\Delta\geqslant0)。$$

其中，$\Delta=b^2-4ac$。当 $\Delta>0$ 时，$ax^2+bx+c=0(a\neq0)$ 有两个不等的实数根；当 $\Delta=0$ 时，$ax^2+bx+c=0(a\neq0)$ 有两个相等的实数根；当 $\Delta<0$ 时，$ax^2+bx+c=0(a\neq0)$ 无实数根。

【题20】　用公式法解方程 $x^2-4x-7=0$。

解　$a=1, b=-4, c=-7$，

$\Delta = b^2 - 4ac = (-4)^2 - 4 \times 1 \times (-7) = 44 > 0$,

方程有两个不等的实数根，$x = \dfrac{-b \pm \sqrt{b^2 - 4ac}}{2a} = \dfrac{-(-4) \pm \sqrt{44}}{2 \times 1} = 2 \pm \sqrt{11}$,

即 $x_1 = 2 + \sqrt{11}$，$x_2 = 2 - \sqrt{11}$。

(3) 因式分解法

【题 21】 解方程 $x(x-2) + x - 2 = 0$。

解 因式分解，得 $(x-2)(x+1) = 0$，于是得 $x - 2 = 0$，或 $x + 1 = 0$，

所以 $x_1 = 2$，$x_2 = -1$。

3. 一元二次方程根与系数的关系

一元二次方程根与系数的关系

若 x_1，x_2 是一元二次方程 $ax^2 + bx + c = 0 (a \neq 0)$ 的两根，则

$$x_1 + x_2 = -\frac{b}{a}, x_1 x_2 = \frac{c}{a}。$$

【题 22】【2022 年 6 月浙江杭州，填空，4 分】已知 $x^2 - 7x + 1 = 0$ 两根 x_1，x_2，则 $x_1^2 + x_2^2 =$ ________。

解 由题意可得 $x_1 + x_2 = 7$，$x_1 x_2 = 1$，则 $x_1^2 + x_2^2 = (x_1 + x_2)^2 - 2x_1 x_2 = 49 - 2 = 47$。

答案 47

考点 4 分式方程 ★

1. 分式方程的定义

分母中含未知数的方程叫做分式方程。

2. 解分式方程

解分式方程的一般步骤如下：

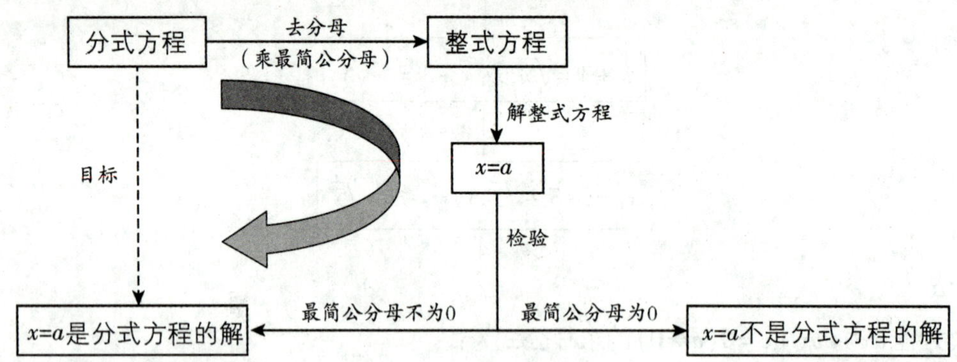

【题 23】 解方程 $\dfrac{2}{x-3} = \dfrac{3}{x}$。

解 方程两边乘 $x(x-3)$，得 $2x = 3x - 9$，

解得 $x = 9$，

检验：当 $x = 9$ 时，$x(x-3) \neq 0$，

所以原方程的解为 $x = 9$。

分式方程的增根与无解并非同一概念。区别如下：

(1)分式方程的增根是去分母后的整式方程的根，也是使分式方程分母为0的根；

(2)分式方程无解的原因有两个：一是去分母后的整式方程无解，二是整式方程的解使得最简公分母为0。

【题24】【2021浙江宁波，单，2分】已知分式方程$\frac{k}{x+4}+\frac{1}{x-4}=\frac{k+3}{x^2-16}$无解，则$k$的值为(　　)

A. -1　　B. 5　　C. $-\frac{1}{3}$　　D. -1或5或$-\frac{1}{3}$

解　将分式方程$\frac{k}{x+4}+\frac{1}{x-4}=\frac{k+3}{x^2-16}$去分母，化为整式方程$(k+1)x=5k-1$。当$k+1=0$，即$k=-1$时，该整式方程无解。$x=4$和$x=-4$是原分式方程的增根，当$x=4$时，$4(k+1)=5k-1$，解得$k=5$；当$x=-4$时，$-4(k+1)=5k-1$，解得$k=-\frac{1}{3}$，即若分式方程无解，则$k$的值为$-1$或5或$-\frac{1}{3}$。

答案　D

考点5　一次不等式与一次不等式组　★★

1. 不等式的定义

用符号“>”“<”“≠”“≥”或“≤”表示大小关系的式子，叫做不等式。

2. 不等式的性质

(1)性质1：不等式两边加(或减)同一个数(或式子)，不等号的方向不变。

即如果$a>b$，那么$a\pm c>b\pm c$。

(2)性质2：不等式两边乘(或除以)同一个正数，不等号的方向不变。

即如果$a>b,c>0$，那么$ac>bc$(或$\frac{a}{c}>\frac{b}{c}$)。

(3)性质3：不等式两边乘(或除以)同一个负数，不等号的方向改变。

即如果$a>b,c<0$，那么$ac<bc$(或$\frac{a}{c}<\frac{b}{c}$)。

【题25】　满足不等式$\frac{7}{18}<\frac{n}{5}<\frac{20}{7}$的自然数$n$有(　　)个。

A. 11　　B. 12　　C. 13　　D. 14

解　该不等式可转化为$\frac{245}{630}<\frac{126n}{630}<\frac{1800}{630}$，则$245<126n<1800$，解得$\frac{245}{126}<n<\frac{300}{21}$，因为$n$为自然数，所以$2\leqslant n\leqslant 14(n\in \mathbf{N})$，即满足条件的$n$有13个。

答案　C

3. 解一元一次不等式

一般步骤：去分母、去括号、移项、合并同类项、系数化为 1（注意不等号方向是否改变）。

【题 26】 解不等式$\frac{2+x}{2}\geqslant\frac{2x-1}{3}$，并在数轴上表示解集。

解 去分母，得 $3(2+x)\geqslant2(2x-1)$，

去括号，得 $6+3x\geqslant4x-2$，

移项，得 $3x-4x\geqslant-2-6$，

合并同类项，得 $-x\geqslant-8$，

系数化为 1，得 $x\leqslant8$。

这个不等式的解集在数轴上的表示如下图：

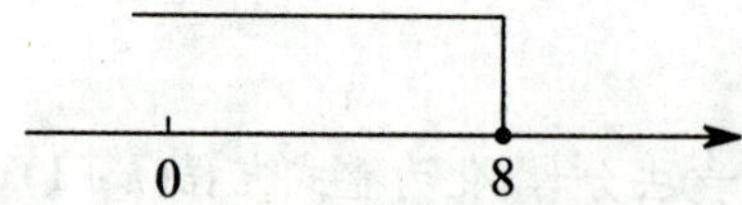

4. 解一元一次不等式组

不等式组($a<b$)	数轴表示	解集	口诀
$\begin{cases}x>a,\\x>b\end{cases}$	a　b	$x>b$	同大取大
$\begin{cases}x<a,\\x<b\end{cases}$	a　b	$x<a$	同小取小
$\begin{cases}x>a,\\x<b\end{cases}$	a　b	$a<x<b$	大小小大中间找
$\begin{cases}x<a,\\x>b\end{cases}$	a　b	无解	大大小小解不了

注：(1)用数轴表示不等式的解集，应记住下面的规律：大于向右画，小于向左画，有等号画实心圆点，无等号画空心圆圈。

(2)求不等式组的解集，可以在数轴上先画出各个不等式的解集，找出各不等式解集在数轴上的公共部分，这个公共部分就是不等式组的解集。

【题 27】【2023 湖南长沙湘江新区，单，2 分】不等式 $3x+a-5(x+1)>0$ 恰好有两个非负整数解，则满足条件的 a 的范围是（　　）

A. $9<a\leqslant11$　　B. $9\leqslant a<11$　　C. $7<a\leqslant9$　　D. $7\leqslant a<9$

解 解不等式 $3x+a-5(x+1)>0$，则关于 x 的解为 $x<\frac{a-5}{2}$，由题可得，不等式有两个非负整数解，则 $1<\frac{a-5}{2}\leqslant2$，整理得 $7<a\leqslant9$。

答案 C

【题28】【2023 江西，单，1 分】定义一种算法，$a*b=\begin{cases}a,a\geqslant b,\\b,a<b,\end{cases}$则不等式$(2x+1)*(2-x)>3$的解集为(　　)

A. $x>1$ 或 $x<\frac{1}{3}$

B. $-1<x<\frac{1}{3}$

C. $x>1$ 或 $x<-1$

D. $x>\frac{1}{3}$或 $x<-1$

解　当$2x+1\geqslant 2-x$，即$x\geqslant\frac{1}{3}$时，$(2x+1)*(2-x)=2x+1>3$，解得$x>1$；当$2x+1<2-x$，即$x<\frac{1}{3}$时，$(2x+1)*(2-x)=2-x>3$，解得$x<-1$。综上，不等式$(2x+1)*(2-x)>3$的解为$x>1$或$x<-1$。

答案　C

考法大揭秘

方程(组)与不等式(组)的实际应用

1. 一次方程(组)的实际应用

一般步骤：审题、设未知数、找出相等关系、列方程、解方程、检验、写出答案。

【题29】【2023 浙江金华，填空，2 分】王老师买了一些巧克力准备奖励全班学生，若每位学生分4颗，则多了48颗巧克力，若每位学生分6颗，则少了8颗巧克力。王老师一共买了________颗巧克力。

解　设王老师一共买了x颗巧克力，全班共有y名学生，则$\begin{cases}4y+48=x,\\6y-8=x,\end{cases}$解得$\begin{cases}x=160,\\y=28。\end{cases}$故王老师一共买了160颗巧克力。

答案　160

2. 分式方程的实际应用

一般步骤：审题、设未知数、找等量关系、列分式方程、解分式方程、检验、作答。

【题30】【2023 浙江杭州西湖区，填空，4 分】一件工作，甲先做6小时，乙接着做12小时可以完成，甲先做8小时，乙接着做6小时可以完成。若甲先做7小时，则乙接着做________小时可以完成。

解　把工作总量看作单位“1”，设甲单独做需x小时完成，乙单独做需y小时完成，若甲先做7小时，则乙接着做需z小时可以完成，根据题意可列方程组$\begin{cases}\frac{6}{x}+\frac{12}{y}=1\ ①,\\\frac{8}{x}+\frac{6}{y}=1\ ②,\\\frac{7}{x}+\frac{z}{y}=1\ ③,\end{cases}$由①②可得$\begin{cases}x=10,\\y=30,\end{cases}$代入③解得$z=9$。故乙接着做9小时可以完成。

答案　9

3. 一元一次不等式(组)的实际应用

一般步骤:审题、设未知数、列不等式、解不等式、检验、作答。

【题31】一次数学竞赛都是填空题,小亮答错5题,小明答错的题数恰是题目总数的$\frac{1}{4}$,两人都答错的题目占总题数的$\frac{1}{6}$。已知小明、小亮都答对的题目数不少于试题总数的一半,那么,他们都答对的题数为(　　)

A. 14

B. 15

C. 16

D. 17

解　设题目总数为x道。两人共同答错的有$\frac{x}{6}$道题,除去两人共同答错的题目,小明、小亮各自答错的题目分别是$\frac{x}{4}-\frac{x}{6}=\frac{x}{12}$道、$5-\frac{x}{6}$道,可以看出$5-\frac{x}{6}>0$,即$x<30$,且$x$是12的倍数;两人都答对的题有$x-\frac{x}{6}-\frac{x}{12}-\left(5-\frac{x}{6}\right)=\frac{11x}{12}-5$道,则有$\frac{11x}{12}-5\geqslant\frac{x}{2}$,得$x\geqslant12$。综上可得$12\leqslant x<30$,$x\in\mathbf{N}_{+}$,且$x$是12的倍数,则$x=24$,所以$\frac{11x}{12}-5=22-5=17$,故他们共同答对的题有17道。

答案　D

第三节　变量与函数

核心考点

考点1　平面直角坐标系

考点2　正比例函数与一次函数

考点3　反比例函数

考点1　平面直角坐标系

1. 平面直角坐标系的定义

在平面内画两条互相垂直、原点重合的数轴,组成平面直角坐标系。水平的数轴称为x轴或横轴,习惯上取向右为正方向;竖直的数轴称为y轴或纵轴,习惯上取向上为正方向;两坐标轴的交点为平面直角坐标系的原点。如图所示。

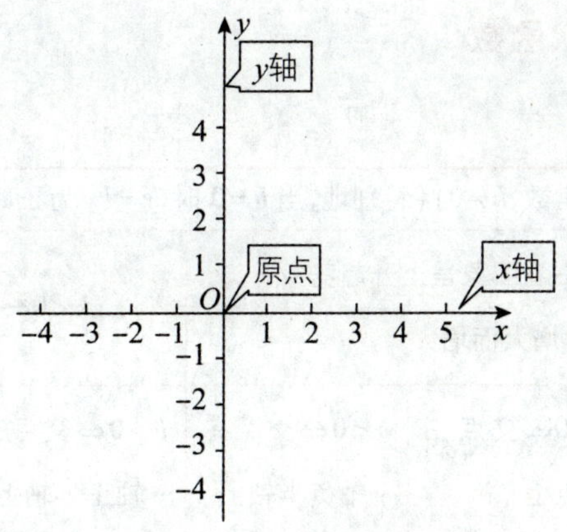

2. 各象限点的坐标的符号特征

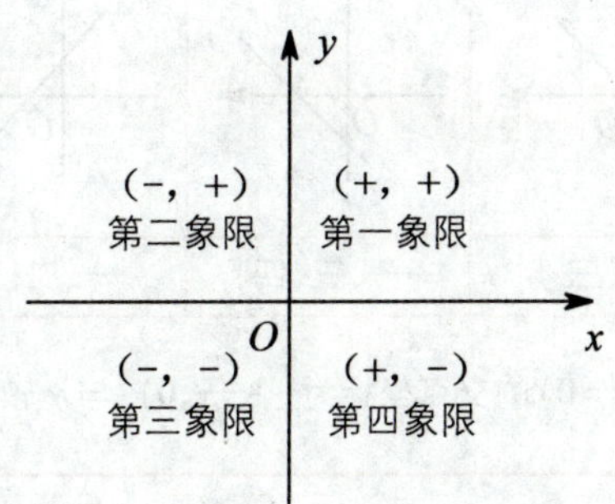

3. 坐标系中对称点的坐标特征

$P(a,b)\xrightarrow{\text{关于 } x \text{ 轴对称}}P_1(a,-b)$；

$P(a,b)\xrightarrow{\text{关于 } y \text{ 轴对称}}P_2(-a,b)$；

$P(a,b)\xrightarrow{\text{关于原点对称}}P_3(-a,-b)$；

$P(a,b)\xrightarrow{\text{关于直线 } x=m \text{ 对称}}P_4(2m-a,b)$；

$P(a,b)\xrightarrow{\text{关于直线 } y=n \text{ 对称}}P_5(a,2n-b)$。

4. 点平移的坐标特征

点 P 的坐标	平移方式	平移后点 P' 的坐标	口诀
(x,y)	向左平移 a 个单位	$(x-a,y)$	左减右加
	向右平移 a 个单位	$(x+a,y)$	
	向上平移 b 个单位	$(x,y+b)$	上加下减
	向下平移 b 个单位	$(x,y-b)$	

【题 32】 在平面直角坐标系中，已知点 $A(1,2)$，其关于直线 $x=2$ 对称的点为 B，点 B 关于直线 $y=3$ 对称的点为 C，则点 C 的坐标为（　　）

A. (3,2)　　B. (4,3)　　C. (3,4)　　D. (2,3)

解　点 $A(1,2)$ 关于直线 $x=2$ 对称的点为 $B(3,2)$，点 $B(3,2)$ 关于直线 $y=3$ 对称的点为 $C(3,4)$。故选 C。

答案　C

考点 2　正比例函数与一次函数

1. 一次函数的图象与性质

一次函数	$y=kx+b$(k,b 是常数,$k\neq0$)(特别地,当 $b=0$ 时,$y=kx$ 为正比例函数,图象为过原点的一条直线)					
k 决定图象的倾斜方向和增减性	$k>0\Leftrightarrow$ 从左向右看图象呈上升趋势“/”;y 随 x 的增大而增大			$k<0\Leftrightarrow$ 从左向右看图象呈下降趋势“\”;y 随 x 的增大而减小		
b 决定图象与 y 轴的交点位置	$b>0\Leftrightarrow$ 交点在 y 轴正半轴上	$b=0\Leftrightarrow$ 交点在原点上	$b<0\Leftrightarrow$ 交点在 y 轴负半轴上	$b>0\Leftrightarrow$ 交点在 y 轴正半轴上	$b=0\Leftrightarrow$ 交点在原点上	$b<0\Leftrightarrow$ 交点在 y 轴负半轴上
大致图象						
经过的象限	一、二、三	一、三	一、三、四	一、二、四	二、四	二、三、四
与坐标轴的交点	与 x 轴($y=0$)的交点坐标为$\left(-\frac{b}{k},0\right)$;与 y 轴($x=0$)的交点坐标为$(0,b)$					

【题 33】　下列关于一次函数 $y=kx+b$($k<0,b>0$)的说法,错误的是(　　)

A. 图象经过第一、二、四象限　　B. y 随 x 的增大而减小

C. 图象与 y 轴交于点$(0,b)$　　D. 当 $x>-\frac{b}{k}$ 时,$y>0$

解　当 $k<0,b>0$ 时,一次函数 $y=kx+b$ 的大致图象如图所示,经过第一、二、四象限,且 y 随 x 的增大而减小,故 A、B 两项正确;当 $x=0$ 时,$y=b$,即一次函数的图象与 y 轴交于点$(0,b)$,C 项正确;当 $y=0$ 时,$x=-\frac{b}{k}$,则有 $x>-\frac{b}{k}$ 时,$y<0$,D 项错误。

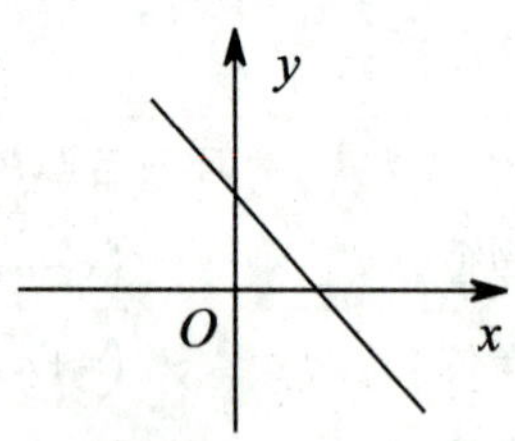

答案　D

【题 34】　当 $k>2$ 时,一次函数 $y=(k^2-4k+4)x+k-2$ 的图象经过(　　)

A. 一、二、三象限　　B. 一、二、四象限

C. 一、三、四象限　　D. 二、三、四象限

解　当 $k>2$ 时,$k^2-4k+4=(k-2)^2>0$,且 $k-2>0$,故一次函数 $y=(k^2-4k+4)x+k-2$ 的图象经过第一、二、三象限。

答案　A

2. 一次函数图象的平移

直线 $y=kx+b(k\neq0)$：

- $\xrightarrow{\text{向左平移}m(m>0)\text{个单位长度}} y=k(x+m)+b$；
- $\xrightarrow{\text{向右平移}m(m>0)\text{个单位长度}} y=k(x-m)+b$；
- $\xrightarrow{\text{向上平移}m(m>0)\text{个单位长度}} y=kx+b+m$；
- $\xrightarrow{\text{向下平移}m(m>0)\text{个单位长度}} y=kx+b-m$。

简记为“左加右减，上加下减”。

考点 3　反比例函数

1. 反比例函数的图象与性质

表达式	$y=\frac{k}{x}$(k 为常数，$k\neq0$)或反比例函数图象上的点的横、纵坐标的乘积为常数，即 $xy=k,k\neq0$。	
k	$k>0$	$k<0$
大致图象	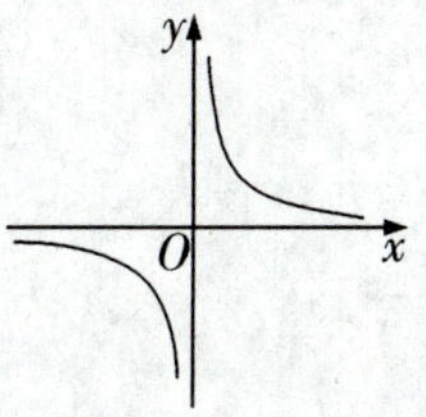	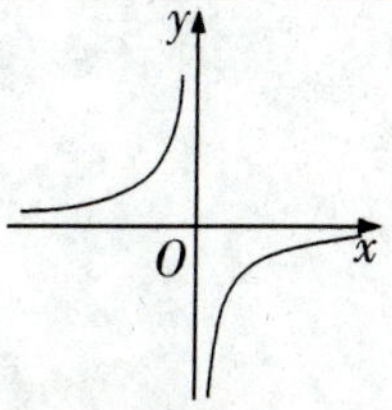
图象特征	图象无限接近坐标轴，但与坐标轴永不相交，即 $x\neq0,y\neq0$	
所在象限	第一、三象限(x,y 同号)	第二、四象限(x,y 异号)
增减性	在每一个象限内，y 随 x 的增大而减小	在每一个象限内，y 随 x 的增大而增大
对称性	关于直线 $y=x,y=-x$ 成轴对称；关于原点成中心对称	

【题 35】　反比例函数 $y=-\frac{3}{x}$，下列说法不正确的是(　　)

A. 图象经过点 $(1,-3)$　　B. 图象位于第二、四象限

C. 图象关于直线 $y=x$ 对称　　D. y 随 x 的增大而增大

解　反比例函数 $y=-\frac{3}{x}$ 的大致图象如图所示，则该函数的图象位于第二、四象限，且关于直线 $y=x$ 对称，在每一个象限内，y 随 x 的增大而增大，故 B、C 两项正确，D 项错误；当 $x=1$ 时，函数上对应点的纵坐标 $y=-\frac{3}{1}=-3$，即该图象经过点 $(1,-3)$，A 项正确。

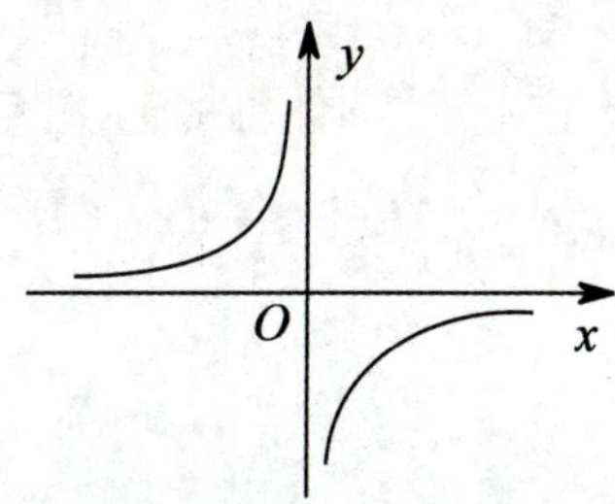

答案　D

2. 反比例函数中比例系数 k 的几何意义

如图,在反比例函数 $y=\frac{k}{x}$(k 为常数,$k\neq0$)的图象上任取一点 $P(a,b)$,过这一点分别作 x 轴、y 轴的垂线 PM,PN,与坐标轴围成的矩形 $PMON$ 的面积 $S=|ab|=|k|$。

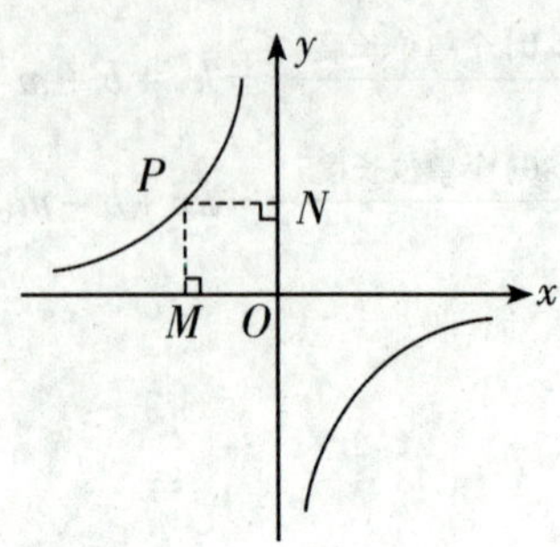

【题 36】 如图,矩形 $OABC$ 的顶点 B 在反比例函数 $y=\frac{k}{x}(k>0)$ 的图象上,$S_{矩形OABC}=6$,则 $k=$________。

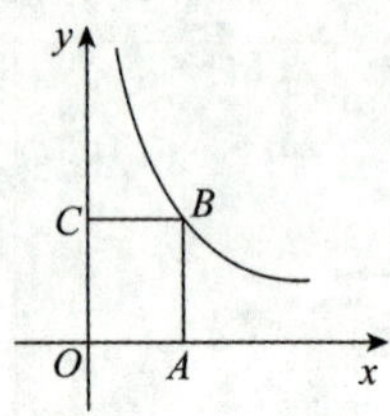

解 因为点 B 在反比例函数 $y=\frac{k}{x}(k>0)$ 的图象上,且 $S_{矩形OABC}=6$,所以由反比例函数 k 的几何意义可知 $|k|=6$,因为 $k>0$,所以 $k=6$。

答案 6

即时反思与复盘总结

我于________年____月____日完成了对本章的学习。

复盘一下,我对自己较肯定的地方是____________________

(足够努力/心态积极/方法得当……)

我觉得自己需要改进的地方是____________________

(懒惰懈怠/心情浮躁/方法不当……)

休息片刻,开启下一站征程!

第二章 图形与几何

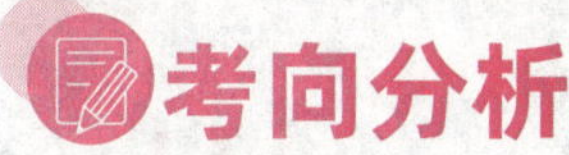

考向分析

本章属于初中数学阶段的重点内容，在各地教师招聘考试中，常以单选、填空、解答的形式考查。各地的考试中有关本章的各类题型都会有所涉及，其中安徽、江西、广东等地的题目相对较为基础；福建、江苏、湖北等地的题目具有一定的难度梯度，单选题、填空题较为基础，解答题难度较高；浙江等地的题目综合性更强，对考生的几何直观、推理能力要求也更高。现对本章考向分析如下：

高频考点	高频考向	常考题型	核心素养	考查热度
角	方位角	单选	几何直观	🔥
特殊三角形	特殊三角形的性质	单选、填空	几何直观	🔥🔥
全等三角形	全等三角形的性质与判定	单选、解答	几何直观、推理能力	🔥🔥🔥
相似三角形	相似三角形的性质与判定	单选、解答	几何直观、推理能力	🔥🔥
锐角三角函数及其应用	解直角三角形	单选、填空、解答	运算能力、几何直观	🔥🔥
四边形的性质	四边形的面积	单选、填空、解答	运算能力、几何直观	🔥🔥
	四边形性质的应用		几何直观、推理能力	🔥🔥🔥
四边形的判定	特殊四边形的判定	解答	几何直观、推理能力	🔥🔥
圆的有关性质	圆周角、弧、弦之间的关系	单选、解答	几何直观、推理能力	🔥🔥
点和圆、直线和圆的位置关系	切线的性质与判定	单选、解答	几何直观、推理能力	🔥🔥🔥
圆的有关定理	圆的有关定理的应用	单选、填空、解答	几何直观、推理能力	🔥🔥🔥
与圆有关的计算	阴影部分周长、面积的计算	单选、填空、解答	运算能力、几何直观	🔥🔥🔥
对称	轴对称图形	单选	几何直观	🔥
旋转	图形的旋转问题	单选	几何直观、推理能力	🔥
位似	图形的位似	填空	几何直观	🔥

第一节　几何图形的初步

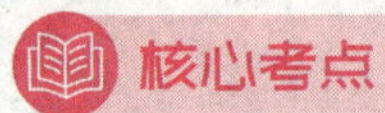

考点1　直线、射线与线段	考点3　相交线
考点2　角	考点4　平行线　★★

考点1　直线、射线与线段

1. 定义

直线是从客观事物中抽象出来的，直线没有尽头，是向两方无限延伸的；直线上的一点和它一旁的部分叫做射线；直线上两个点和它们之间的部分叫做线段。

2. 两个基本事实

(1) 两点确定一条直线。

(2) 两点之间，线段最短。

考点2　角

1. 角的定义

角是由两条具有公共端点的射线组成的图形，也可以看成是由一条射线绕着它的端点旋转而成的图形。

$1° = 60'$，$1' = 60''$，度、分、秒之间是60进制。

1周角 $= 360°$，1平角 $= 180°$。

2. 余角、补角

(1) 余角、补角的定义

如果两个角的和等于90°，那么这两个角互为余角，即其中每一个角是另一个角的余角。

如果两个角的和等于180°，那么这两个角互为补角，即其中一个角是另一个角的补角。

(2) 余角、补角的性质

同角（等角）的余角相等。

同角（等角）的补角相等。

【题1】【2022福建，单，4分】若两个角的度数之和等于一个平角的度数，则这两个角可以是(　　)

A. 两个锐角　　B. 两个钝角

C. 一个直角和一个锐角　　D. 一个锐角和一个钝角

解 平角是 180°，锐角大于 0°且小于 90°，钝角大于 90°且小于 180°，直角为 90°，所以这两个角可以是一个锐角和一个钝角。

答案 D

3. 角平分线

(1) 定义

一般地，从一个角的顶点出发，把这个角分成两个相等的角的射线，叫做这个角的平分线。

(2) 性质

①角的平分线上的点到角的两边的距离相等。

②角的内部到角的两边的距离相等的点在角的平分线上。

考点 3 相交线

1. 相交线的定义

同一平面内，两条直线有唯一的公共点，称这两条直线相交，这个公共点叫做它们的交点，这两条直线叫做相交线。

2. 邻补角、对顶角

(1) 邻补角

如图，∠1 和∠2 有一条公共边 OC，它们的另一条边互为反向延长线（∠1 和∠2 互补），具有这种关系的两个角，互为邻补角。

(2) 对顶角

如图，∠1 和∠3 有一个公共顶点 O，并且∠1 的两边分别是∠3 的两边的反向延长线，具有这种位置关系的两个角，互为对顶角。

对顶角相等。

3. 垂线

(1) 定义

垂直是相交的一种特殊情形，两条直线互相垂直，其中的一条直线叫做另一条直线的垂线，它们的交点叫做垂足。如图，$AB \perp CD$，垂足为 O。

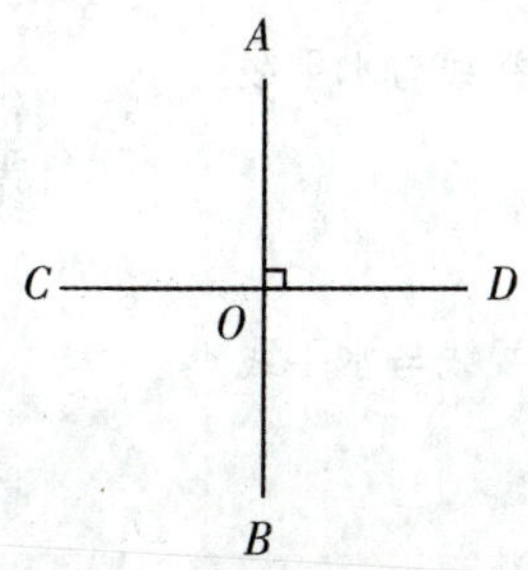

(2)性质

①在同一平面内,过一点有且只有一条直线与已知直线垂直。

②连接直线外一点与直线上各点的所有线段中,垂线段最短。

(3)点到直线的距离

直线外一点到这条直线的垂线段的长度,叫做点到直线的距离。

(4)线段的垂直平分线

经过线段的中点并且垂直于这条线段的直线,叫做这条线段的垂直平分线,也叫中垂线。

线段垂直平分线上的点到这条线段两个端点的距离相等。

与线段两个端点距离相等的点在这条线段的垂直平分线上。

4. 同位角、内错角、同旁内角

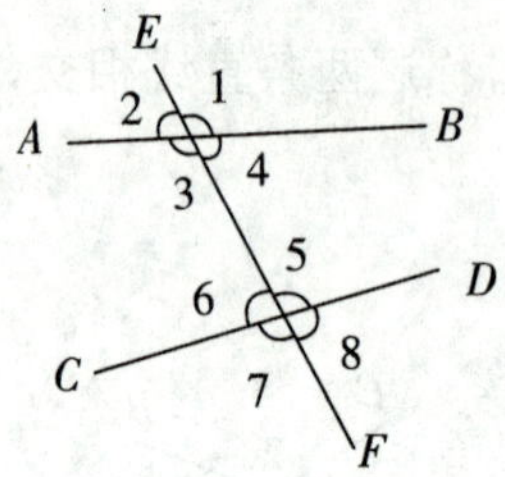

(1)同位角

如图,∠1 和∠5 分别在直线 AB,CD 的同一方(上方),并且都在直线 EF 的同侧(右侧),具有这种位置关系的一对角叫做同位角。

(2)内错角

如图,∠3 和∠5 都在直线 AB,CD 之间,并且分别在直线 EF 的两侧(∠3 在直线 EF 左侧,∠5 在直线 EF 右侧),具有这种位置关系的一对角叫做内错角。

(3)同旁内角

如图,∠3 和∠6 都在直线 AB,CD 之间,但它们在直线 EF 的同一旁(左侧),具有这种位置关系的一对角叫做同旁内角。

5. 测量中角的有关概念

名称	定义	表示图	范围
俯角	在同一铅垂平面内,从上向下看,视线与水平线的夹角	铅垂线 视线 仰角 水平线 俯角 视线	0°~90°
仰角	在同一铅垂平面内,从下向上看,视线与水平线的夹角		

续表

名称	定义	表示图	范围
方位角	从某点的指北方向线起,依顺时针方向到目标方向线之间的水平夹角	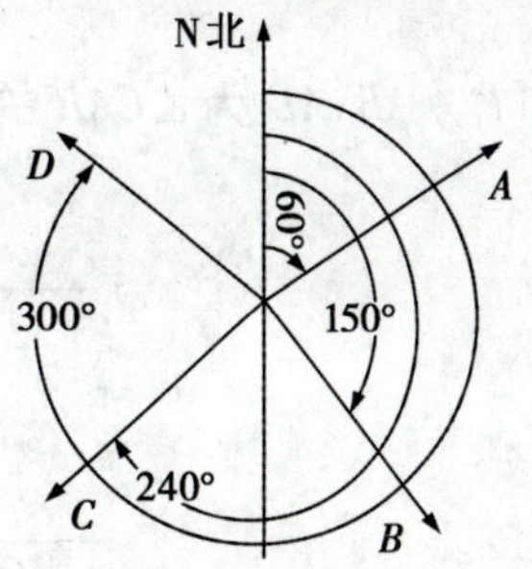 N北 D A 60° 300° 150° 240° C B	0°~360°
方向角	一般是指以观测者的位置为中心,将正北或正南方向作为起始方向旋转到目标方向线所成的角(一般指锐角),通常表达成北(南)偏东(西)××度,若正好为45°,则表示为正西(东)南(北)	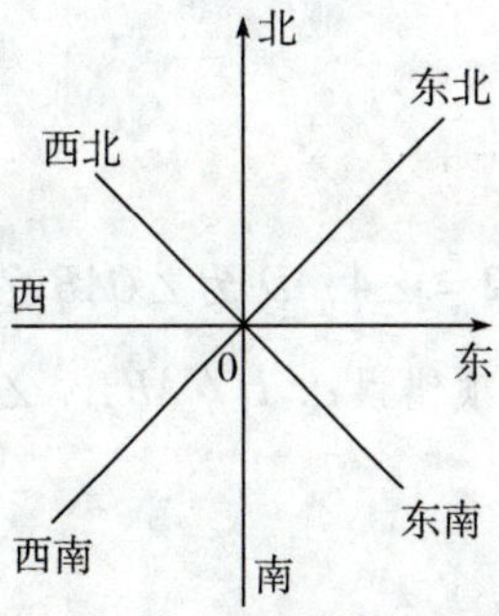 北 东北 西北 西 0 东 西南 东南 南	0°~90°

【题2】【2023湖北统考,单,3分】一架朝西偏南30°方向飞行的飞机接到"朝相反方向飞行"的指令,执行指令后,这架飞机飞行方向是(　　)

A. 南偏西30°　　B. 西偏北30°　　C. 北偏东30°　　D. 东偏北30°

解　根据方向的相对性,西偏南30°和东偏北30°相对,所以这架飞机执行指令后的飞行方向是东偏北30°。

答案　D

考点4　平行线　★★

1. 平行线的定义

在同一平面内,不相交的两条直线叫做平行线,平行用符号"∥"表示。

2. 平行公理

(1)经过直线外一点,有且只有一条直线与这条直线平行。

(2)推论:如果两条直线都和第三条直线平行,那么这两条直线也互相平行。

3. 平行线的判定和性质

(1)同位角相等$\overset{判定}{\underset{性质}{\rightleftharpoons}}$两直线平行。

(2)内错角相等$\overset{判定}{\underset{性质}{\rightleftharpoons}}$两直线平行。

(3)同旁内角互补$\overset{判定}{\underset{性质}{\rightleftharpoons}}$两直线平行。

【题 3】【2020 山东威海高新区，判断，0.48 分】内错角相等。 (　　)

解　两直线平行，内错角相等。

答案　×

【题 4】　如图，已知 $l_1 /\!/ AB$，AD 为 $\angle CAB$ 的平分线，下列说法错误的是(　　)

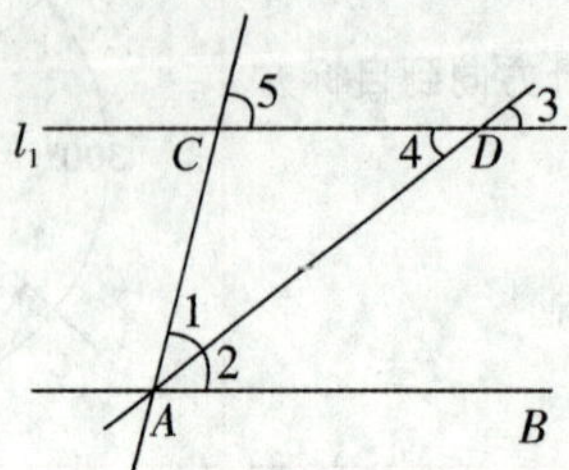

A. $\angle 1 = \angle 4$　　B. $\angle 1 = \angle 5$

C. $\angle 2 = \angle 3$　　D. $\angle 1 = \angle 3$

解　$\because l_1 /\!/ AB$，$\therefore \angle 2 = \angle 4$，$AD$ 为 $\angle CAB$ 的平分线，$\angle 1 = \angle 2$，则 $\angle 1 = \angle 4$，A 项正确；$\because l_1 /\!/ AB$，$\therefore \angle 5 = \angle 1 + \angle 2$，则 $\angle 1 \neq \angle 5$，B 项错误；$\because l_1 /\!/ AB$，$\therefore \angle 2 = \angle 3$，C 项正确；$\because \angle 1 = \angle 2$，$\angle 2 = \angle 3$，$\therefore \angle 1 = \angle 3$，D 项正确。

答案　B

4. 平行线分线段成比例定理

三条平行线截两条直线，所得的对应线段成比例。如图，$l_1 /\!/ l_2 /\!/ l_3$，直线 a 与 b 分别与直线 l_1，l_2，l_3 相交于点 A，B，C 和点 D，E，F，则有 $\frac{AB}{BC} = \frac{DE}{EF}$，$\frac{AB}{AC} = \frac{DE}{DF}$，$\frac{BC}{AC} = \frac{EF}{DF}$。

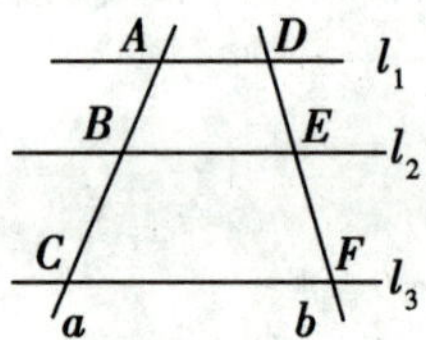

推论：平行于三角形一边的直线截其他两边(或两边的延长线)，所得的对应线段成比例。如图，$\triangle ABC$ 中，$DE /\!/ BC$，DE 与 AB，AC 分别相交于点 D，E，则有 $\frac{AD}{DB} = \frac{AE}{EC}$，$\frac{AD}{AB} = \frac{AE}{AC} = \frac{DE}{BC}$，$\frac{DB}{AB} = \frac{EC}{AC}$。

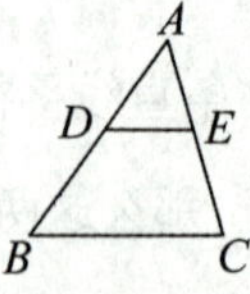

【题 5】　如图，在 $\triangle ABC$ 中，若 $DE /\!/ BC$，$AD = 3$，$BD = 6$，$AE = 2$，则 AC 的长为(　　)

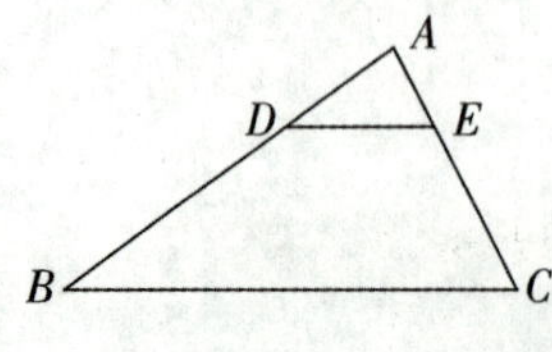

A. 4　　B. 5　　C. 6　　D. 8

解　在$\triangle ABC$中，$\because DE/\!/BC$，$\therefore \frac{AD}{BD}=\frac{AE}{EC}$，即$\frac{3}{6}=\frac{2}{EC}$，所以$EC=4$，则$AC=AE+EC=2+4=6$。

答案　C

第二节　三角形

考点1　与三角形有关的线段及直线　★★

考点2　与三角形有关的角

考点3　多边形及其内角和　★

考点4　特殊三角形　★★

考点5　全等三角形　★★

考点6　相似三角形　★★

考点7　锐角三角函数及其应用　★

考点1　与三角形有关的线段及直线　★★

1. 三角形的边

(1)三角形按边分类 $\begin{cases}\text{三边都不相等的三角形，}\\ \text{等腰三角形}\begin{cases}\text{底边和腰不相等的等腰三角形，}\\ \text{等边三角形。}\end{cases}\end{cases}$

(2)三角形三边之间的大小关系：三角形两边的和大于第三边；三角形两边的差小于第三边。

2. 三角形中的特殊线段及直线

特殊线段/直线		图形	性质	延伸
线段	中线	A, B, C, D AD是中线	$BD=CD=\frac{1}{2}BC$	(1)$S_{\triangle ABD}=S_{\triangle ACD}=\frac{1}{2}S_{\triangle ABC}$； (2)三角形三条中线的交点为三角形的重心，重心到三角形顶点的距离等于它到对边中点距离的2倍
	高	A, B, C, D AD是高	$AD\perp BC$，即$\angle ADB=\angle ADC=90°$	三角形的三条高所在的直线的交点为三角形的垂心

续表

特殊线段/直线		图形	性质	延伸
线段	角平分线	AD 是角平分线	$\angle BAD = \angle CAD = \frac{1}{2}\angle BAC$	(1)三角形三条角平分线的交点为三角形的内心;(2)内心到三角形三边距离相等
	中位线	DE 是中位线	$DE \parallel BC$ 且 $DE = \frac{1}{2}BC$	当三角形中遇到边的中点时,常构造三角形中位线
直线	垂直平分线	DE 是 BC 的垂直平分线	$DE \perp BC$ 且 $BE = EC$,$BD = CD$	(1)三角形三条边的垂直平分线的交点为三角形的外心;(2)外心到三角形三个顶点的距离相等

【题 6】【2021 广东广州白云区,单,1.47 分】 如图所示,在 $\triangle ABC$ 中,AF 是 $\angle BAC$ 的平分线,$\angle EAD = \angle C$,且 ED 垂直平分 AC,$\angle B = \alpha$,$\angle FAE = \beta$,则 $\angle FEA =$ (   )

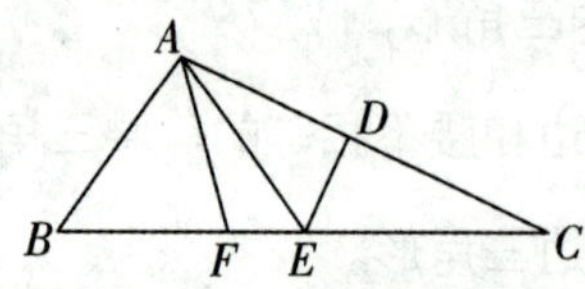

A. $\frac{360° - \alpha - 2\beta}{3}$　　B. $\frac{180° - \alpha - \beta}{3}$

C. $\frac{360° - 2\alpha - 4\beta}{3}$　　D. $\frac{180° - 2\alpha + 4\beta}{3}$

解 $\because AF$ 是 $\angle BAC$ 的平分线,$\therefore \angle BAC = 2\angle FAC$,又$\because \angle EAD = \angle C$,$\therefore \angle B + \angle BAC + \angle C = \angle B + 2\angle FAC + \angle EAD = \angle B + 2(\angle FAE + \angle EAD) + \angle EAD = \angle B + 2\angle FAE + 3\angle EAD = 180°$,即 $\alpha + 2\beta + 3\angle EAD = 180°$,则有 $\angle EAD = \frac{180° - \alpha - 2\beta}{3}$,由三角形外角定理,$\angle FEA = \angle EAD + \angle C = 2\angle EAD = \frac{360° - 2\alpha - 4\beta}{3}$。

答案 C

【题 7】 如图,梯形 $ABCD$ 中,$AD \parallel BC$,$AD = 4$,$AB = 5$,$BC = 10$,CD 的垂直平分线交 BC 于点 E,连接 DE,则四边形$ABED$的周长等于________。

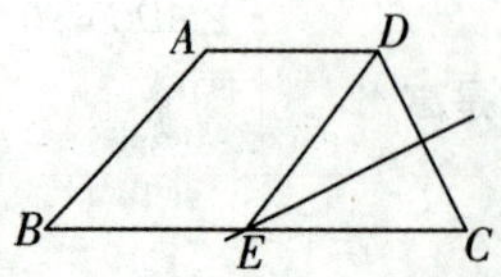

解　$\because$ CD 的垂直平分线交 BC 于点 E，$\therefore$ $DE=CE$，$\therefore$ 四边形 $ABED$ 的周长 $=AD+AB+BE+DE=AD+AB+BE+EC=AD+AB+BC=4+5+10=19$。

答案　19

考点2　与三角形有关的角

(1)三角形按角分类：锐角三角形、直角三角形、钝角三角形。

(2)角的关系
- 内角和定理：三角形内角和等于180°。
- 三角形的外角等于与它不相邻的两个内角的和。
- 三角形的一个外角大于任何一个与它不相邻的内角。

(3)边角关系：同一个三角形中，等边对等角，等角对等边，大边对大角，小边对小角。

【题8】【2021江西，单，1分】一个三角形三个内角度数的比是1∶1∶2，且最短边长为12厘米，则它的面积是(　　)

A. 144平方厘米　　B. 72平方厘米

C. 36平方厘米　　D. 48平方厘米

解　因为三角形的内角和为180°，所以这个三角形三个内角度数分别为45°，45°，90°，即该三角形为一个等腰直角三角形，且两条直角边长都为12厘米，则这个三角形的面积为$\frac{1}{2}\times12\times12=72$(平方厘米)。

答案　B

考点3　多边形及其内角和　★

1. 多边形的定义

在平面内，由一些线段首尾顺次相接组成的封闭图形叫做多边形。连接多边形不相邻的两个顶点的线段，叫做多边形的对角线。各个角都相等，各条边都相等的多边形叫做正多边形。

2. 多边形的性质

(1)从n边形的一个顶点出发，分别连接这个顶点与其余各顶点(相邻顶点除外)，可以把n边形分成$(n-2)$个三角形；

(2)从n边形一边上的一个点出发(顶点除外)，分别连接这个点与其余各顶点(左右两个相邻顶点除外)，可以把n边形分成$(n-1)$个三角形；

(3)从n边形内部的一个点出发，分别连接这个点与各顶点，可以把n边形分成n个三角形；

(4)从n边形的一个顶点引对角线，可以引$(n-3)$条，n边形共有$\frac{n(n-3)}{2}$条对角线；

(5)n边形的内角和等于$(n-2)\cdot180°$；

(6)任意n边形的外角和均为360°。

【题9】【2023江西，单，1分】用一条宽度相等且足够长的纸条打一个结(如图1)，然后轻轻拉紧、压平后得到如图2所示正五边形$ABCDE$，则图2中$\angle BAC=$(　　)

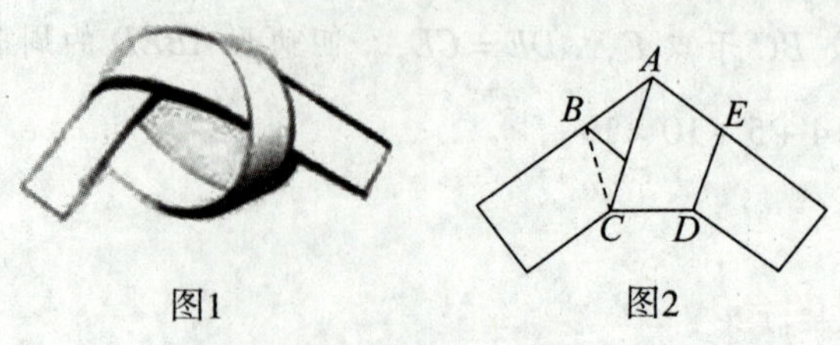

图1　　　　　　　　图2

A. 30°　　　　B. 35°　　　　C. 36°　　　　D. 38°

解　∵ 五边形 $ABCDE$ 是正五边形，∴ 其每个内角为 108°，且 $AB=BC$，∴ $\triangle ABC$ 是等腰三角形，∴ $\angle BAC=(180°-108°)\div 2=36°$。

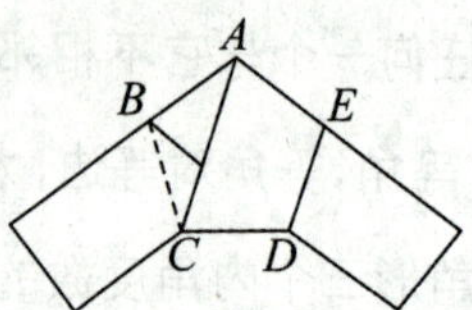

答案　C

【题10】【2023 江苏盐城盐都区，填空，3 分】如图，五边形 $ABCDE$ 是正五边形，若 $l_1 /\!/ l_2$，则 $\angle 1-\angle 2=$________。

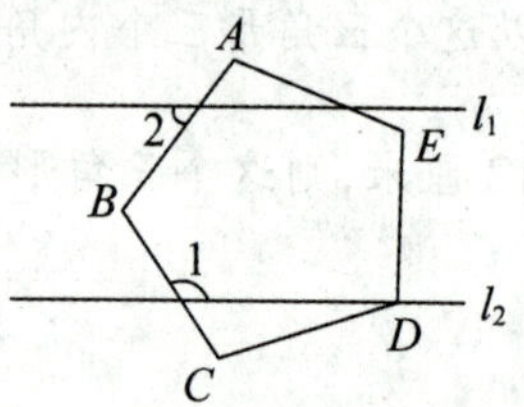

解　如图，过点 B 作 l_1 的平行线 BF，则 $l_1 /\!/ l_2 /\!/ BF$，∴ $\angle ABF=\angle 2$，$\angle CBF+\angle 1=180°$ ①，∵ 五边形 $ABCDE$ 是正五边形，∴ $\angle ABC=\frac{5-2}{5}\times 180°=108°$，∴ $\angle CBF+\angle ABF=\angle CBF+\angle 2=108°$ ②，① − ② 得 $\angle 1-\angle 2=72°$。

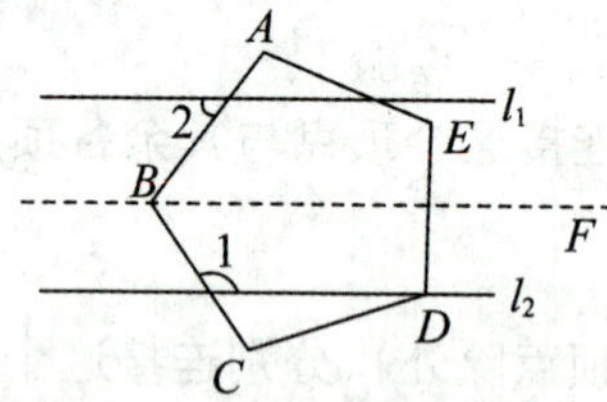

答案　72°

考点 4　特殊三角形　★★

	等腰三角形	等边三角形	直角三角形
图形			

续表

	等腰三角形	等边三角形	直角三角形
性质	(1)两底角相等(简称"等边对等角");(2)顶角的平分线、底边上的中线、底边上的高互相重合(简称"三线合一");(3)等腰三角形是轴对称图形,但不是中心对称图形	(1)每条边上的中线、高以及所对角的平分线互相重合;(2)三个内角相等,并且每个角都为 60°;(3)等边三角形是轴对称图形,但不是中心对称图形	(1)直角三角形两直角边的平方和等于斜边的平方(勾股定理);(2)在直角三角形中,两个锐角互余;(3)直角三角形斜边上的中线等于斜边的一半;(4)直角三角形的射影定理:直角三角形中,斜边上的高是两直角边在斜边上射影的比例中项。每一条直角边是这条直角边在斜边上的射影和斜边的比例中项
判定	三角形 —(两边相等/两角相等)→ 等腰三角形;等腰三角形 —(顶角是90°)→ 等腰直角三角形;等腰三角形 —(一个角是60°)→ 等边三角形;三角形 —(三边相等/三角相等)→ 等边三角形;三角形 —(有一个角为90°/两条较小边长的平方和等于最大边长的平方)→ 直角三角形;直角三角形 —(两直角边相等)→ 等腰直角三角形		
面积计算公式	$S=\frac{1}{2}ah$	$S=\frac{1}{2}ah=\frac{\sqrt{3}}{4}a^2$	$S=\frac{1}{2}ab=\frac{1}{2}ch$

【题 11】【2023 湖北统考,单,1 分】已知等腰三角形两边长分别为 3 和 7,则周长为(　　)

A. 13　　B. 17　　C. 13 或 17　　D. 13 或 10

解　当两腰长为 3 时,$3+3<7$,不能构成三角形,故腰长为 7,则此等腰三角形的周长为 $7+7+3=17$。

答案　B

考点 5　全等三角形　★★

全等三角形

1. 定义

能够完全重合的两个图形叫做全等形。能够完全重合的两个三角形叫做全等三角形。

2. 全等三角形的性质

全等三角形的对应边相等,对应角相等。

3. 三角形全等的判定

(1)三边分别相等的两个三角形全等("边边边"或"SSS")。

(2)两边和它们的夹角分别相等的两个三角形全等("边角边"或"SAS")。

(3)两角和它们的夹边分别相等的两个三角形全等("角边角"或"ASA")。

(4)两角和其中一个角的对边分别相等的两个三角形全等(“角角边”或“AAS”)。

(5)斜边和一条直角边分别相等的两个直角三角形全等(“斜边、直角边”或“HL”)。

考法大揭秘

全等三角形的判定及其性质的应用

1. 全等三角形的判定方法

(1)已知两边 $\begin{cases}\text{找夹角}\to \text{SAS},\\ \text{找直角}\to \text{HL(直角为其中一边对角)/SAS(直角为两边夹角)},\\ \text{找第三边}\to \text{SSS}。\end{cases}$

(2)已知一边、一角 $\begin{cases}\text{一边为角的对边}\to\text{找另一角}\to \text{AAS};\\ \text{一边为角的邻边}\begin{cases}\text{找夹角的另一边}\to \text{SAS},\\ \text{找夹边的另一角}\to \text{ASA},\\ \text{找边的对角}\to \text{AAS}。\end{cases}\end{cases}$

(3)已知两角 $\begin{cases}\text{找夹边}\to \text{ASA},\\ \text{找其中一角的对边}\to \text{AAS}。\end{cases}$

2. 全等三角形具有对应边、对应角相等的特性

【题12】 如图,在$\triangle ABC$中,M,N分别是BC,AC的中点,D是BC延长线上一点,P是AD的中点,Q是MP的中点,连接NQ并延长,交BC于点E,求证:$BE=DE$。

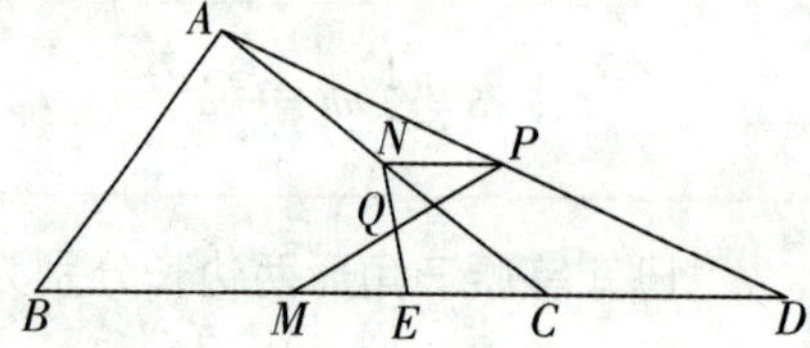

证明 连接NM,PE,

$\because N,P$分别是AC,AD的中点,$\therefore NP/\!/CD$,

$\therefore NP/\!/ME$,

$\therefore \angle QME=\angle QPN$,且$\angle MQE=\angle PQN$,

$\because Q$是MP的中点,$\therefore MQ=PQ$,

$\therefore \triangle MQE\cong\triangle PQN(\text{ASA})$,$\therefore ME=NP$,

$\therefore$四边形$MNPE$是平行四边形,

又$\because M,N$分别为BC,AC的中点,

$\therefore PE=MN=\dfrac{1}{2}AB$,

$\therefore PE$是$\triangle ABD$的中位线,

$\therefore E$为BD的中点,$\therefore BE=DE$。

考点6　相似三角形　★★

1. 定义

形状相同的图形叫做相似图形。对应角相等,对应边成比例的三角形叫做相似三角形。相似三角形对应边的比叫做相似比。

2. 相似三角形的判定

(1)三边成比例的两个三角形相似。

(2)两边成比例且夹角相等的两个三角形相似。

(3)两角分别相等的两个三角形相似。

【题13】　如图,D,E 分别是 $\triangle ABC$ 的边 AB,BC 上的点,且 $DE/\!/AC,AE,CD$ 相交于点 O,若 $S_{\triangle DOE}:S_{\triangle COA}=1:9$,则 $S_{\triangle BDE}:S_{\triangle CDE}=$(　　)

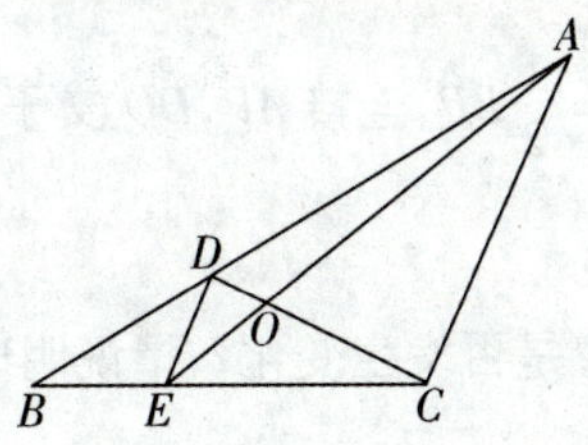

A. 1∶2　　B. 1∶3　　C. 1∶4　　D. 2∶5

解　$\because DE/\!/AC,\therefore \triangle DOE\backsim\triangle COA,\because S_{\triangle DOE}:S_{\triangle COA}=1:9,\therefore \frac{DE}{CA}=\frac{1}{3},\because DE/\!/AC,\therefore \triangle BDE\backsim\triangle BAC$,

$\therefore \frac{BE}{BC}=\frac{DE}{CA}=\frac{1}{3},\therefore \frac{BE}{EC}=\frac{1}{2},\because \triangle BDE$ 与 $\triangle CDE$ 等高,$\therefore \frac{S_{\triangle BDE}}{S_{\triangle CDE}}=\frac{BE}{CE}=\frac{1}{2}$。

答案　A

考法大揭秘

相似三角形的判定方法

(1)条件中若有平行线,可采用找角相等证两个三角形相似。

(2)条件中若有一对等角,可再找一对等角或找等角的两边成比例。

(3)条件中若有两组边对应成比例,可找夹角相等。

(4)条件中若有一对直角,可考虑再找一对等角或证明斜边、直角边对应成比例。

(5)条件中若有等腰关系,可找顶角相等,或找底角相等,或找底和腰对应成比例。

【题14】　如图,Rt$\triangle ABC$ 中,$\angle C=90°,AB=10,AC=8,E$ 是 AC 上一点,$AE=5,ED\perp AB$,垂足为 D,则$AD=$________。

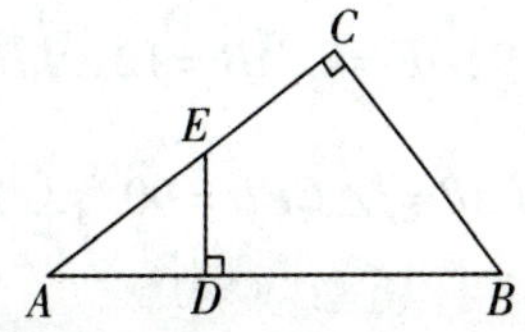

解　$\because ED\perp AB$，$\therefore \angle EDA=90^\circ=\angle C$，又$\because \angle A=\angle A$，$\therefore \triangle AED\backsim\triangle ABC$，$\therefore \dfrac{AD}{AC}=\dfrac{AE}{AB}$，$\therefore AD=\dfrac{AC\cdot AE}{AB}=\dfrac{8\times 5}{10}=4$。

答案　4

3. 相似三角形的性质

(1) 相似三角形对应高的比、对应中线的比与对应角平分线的比都等于相似比。

(2) 相似三角形对应线段的比等于相似比。

(3) 相似三角形面积的比等于相似比的平方。

【题 15】【2023 江苏盐城盐都区，简答，10 分】如图，矩形 $ABCD$ 中，$AB=12$，$BC=9$，点 P 为边 BC 上的动点（不与点 B 重合），延长 CB 使得 $BQ=\dfrac{1}{2}BP$，连接 AP，DQ 交于点 E，连接 BE 并延长交 AD 于点 F。

(1) 若 $BP=6$，求证：$\triangle ADE\cong\triangle PQE$；

(2) 探究：当点 P 运动时，点 F 的位置是否发生变化？请说明理由；

(3) 求 CE 两点距离的最小值。

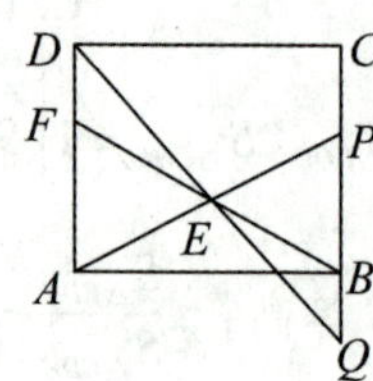

解　(1) 证明：在矩形 $ABCD$ 中，$AD=BC=9$，$\because BP=6$，$\therefore BQ=\dfrac{1}{2}BP=3$，$\therefore PQ=PB+BQ=9$，$\therefore AD=PQ$，$\because AD/\!/CQ$，$\therefore \angle DAE=\angle QPE$，$\angle ADE=\angle PQE$，$\therefore \triangle ADE\cong\triangle PQE$（ASA）。

(2) 在矩形 $ABCD$ 中，$AD/\!/BC$，$\therefore \angle EFA=\angle EBP$，$\angle EAF=\angle EPB$，$\therefore \triangle EAF\sim\triangle EPB$，$\therefore \dfrac{EF}{EB}=\dfrac{AF}{PB}$，同理 $\triangle EDF\sim\triangle EQB$，$\therefore \dfrac{EF}{EB}=\dfrac{DF}{QB}$，

$\therefore \dfrac{AF}{PB}=\dfrac{DF}{QB}$，即$\dfrac{AF}{DF}=\dfrac{PB}{QB}$，$\because BQ=\dfrac{1}{2}BP$，$\therefore \dfrac{AF}{DF}=2$，

$\therefore$ 当点 P 运动时，点 F 的位置不会发生变化。

(3) 由(2)得，$DF=3$，$\therefore$ 点 E 随着点 P 的位置运动而改变，连接 CE，当 $CE\perp BF$ 时，C，E 两点之间的距离最小。

在矩形 $ABCD$ 中，$\angle DAB=90^\circ$，$\because AD=9$，$DF=3$，$AB=12$，$\therefore BF=\sqrt{BA^2+AF^2}=6\sqrt{5}$，

$\because AD/\!/BC$，$\therefore \angle CBE=\angle BFA$，又$\because \angle FAB=\angle CEB=90^\circ$，$\therefore \triangle BCE\sim\triangle FBA$，$\therefore \dfrac{BC}{BF}=\dfrac{CE}{AB}$，即$\dfrac{9}{6\sqrt{5}}=\dfrac{CE}{12}$，

解得 $CE=\dfrac{18}{5}\sqrt{5}$。

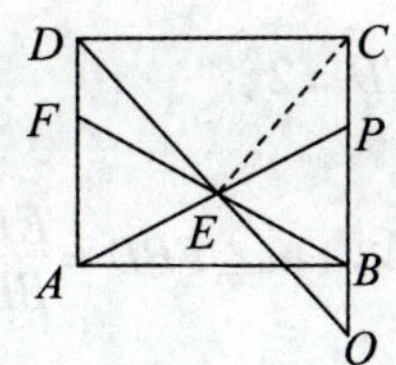

考点7　锐角三角函数及其应用　★

一般地,在直角三角形中,除直角外,共有五个元素,即三条边和两个锐角,由直角三角形中的已知元素,求出其余未知元素的过程,叫做解直角三角形。

如图,在 Rt$\triangle ABC$ 中,$\angle C$ 为直角,$\angle A$,$\angle B$,$\angle C$ 所对的边分别为 a,b,c,那么除直角$\angle C$ 外的五个元素之间有如下关系:

(1)三边之间的关系:$a^2+b^2=c^2$(勾股定理);

(2)两锐角之间的关系:$\angle A+\angle B=90°$;

(3)边角之间的关系:$\sin A=\frac{\angle A\text{的对边}}{\text{斜边}}=\frac{a}{c}$(正弦),$\cos A=\frac{\angle A\text{的邻边}}{\text{斜边}}=\frac{b}{c}$(余弦),$\tan A=\frac{\angle A\text{的对边}}{\angle A\text{的邻边}}=\frac{a}{b}$(正切)。

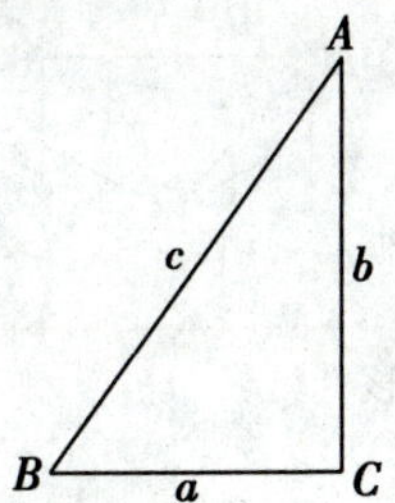

注:$\angle A$ 的正弦、余弦、正切都是$\angle A$ 的锐角三角函数。

【题16】【2023 江苏盐城盐都区,简答,7分】在$\triangle ABD$ 中,$AC\perp BD$,$BC=8$,$CD=4$,$\cos\angle ABC=\frac{4}{5}$,$BF$ 为 AD 边的中线。

(1)求 AC 的长;

(2)求 $\tan\angle FBD$。

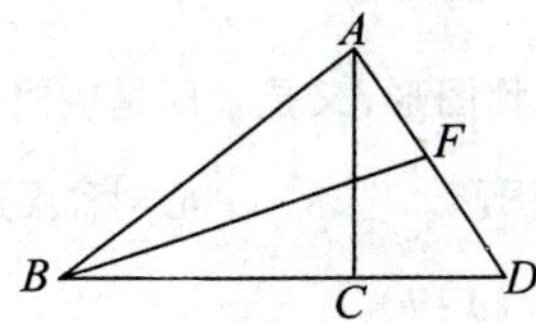

解　(1)在 Rt$\triangle ABC$ 中,$\cos\angle ABC=\frac{BC}{AB}=\frac{4}{5}$,$BC=8$,$\therefore AB=10$,由勾股定理得 $AC=\sqrt{AB^2-BC^2}=6$。

(2)在 Rt$\triangle ACD$ 中,$AD=\sqrt{AC^2+CD^2}=2\sqrt{13}$,$\because BF$ 为 AD 边的中线,即点 F 为 AD 中点,连接 CF,$\therefore CF=\frac{1}{2}AD=FD=\sqrt{13}$,$\therefore\triangle CDF$ 为等腰三角形,

过点 F 作 $FE\perp BD$，垂足为 E，$\therefore CE=\frac{1}{2}CD=2$，

在 $Rt\triangle EFC$ 中，$EF=\sqrt{CF^2-CE^2}=3$，所以 $\tan\angle FBD=\frac{EF}{BE}=\frac{EF}{BC+CE}=\frac{3}{10}$。

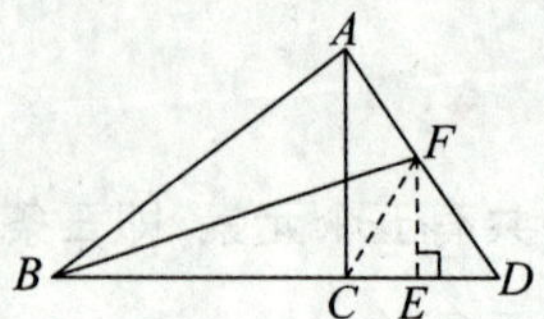

第三节　四边形

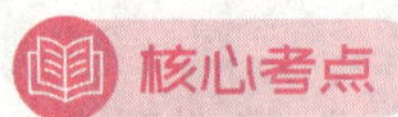

考点1　四边形的性质　★★　　　　考点2　四边形的判定　★★

考点1　四边形的性质　★★

1. 平行四边形、矩形、菱形、正方形

	平行四边形	矩形	菱形	正方形
图形				
边	对边平行且相等	对边平行且相等	对边平行，四条边都相等	对边平行，四条边都相等
角	对角相等，邻角互补	四个角都是直角	对角相等，邻角互补	四个角都是直角
对角线	互相平分	互相平分且相等	互相垂直平分，并且每一条对角线平分一组对角	互相垂直平分且相等，并且每一条对角线平分一组对角
对称性	是中心对称图形，O 为对称中心	既是轴对称图形，又是中心对称图形	既是轴对称图形，又是中心对称图形	既是轴对称图形，又是中心对称图形
周长	$C=2(a+b)$	$C=2(a+b)$	$C=4a$	$C=4a$
面积	$S=ah$	$S=ab$	$S=ah=\frac{1}{2}mn$	$S=a^2=\frac{1}{2}l^2$

【题17】【2023江苏盐城盐都区，填空，3分】一平行四边形相邻两边分别为8厘米，10厘米，其中一边上的高为9厘米，则面积为________平方厘米。

解　依据在直角三角形中斜边最长，判断出9厘米的高所对应的底边是8厘米，利用平行四边形的面积

公式,即可得到平行四边形的面积为 $8\times9=72$ 平方厘米。

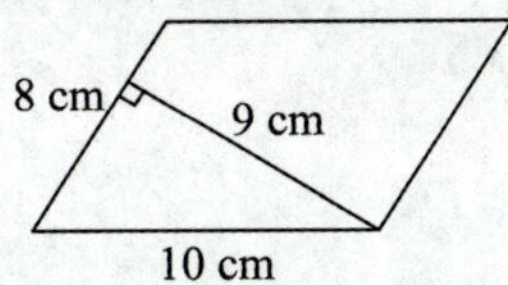

答案　72

【题18】【2023 江西,单,1 分】如图,在▱$ABCD$ 中,$\angle ABC$ 的平分线交 AD 于点 E,$\angle BCD$ 的平分线交 AD 于点 F,若 $AB=3$,$BC=4$,则 EF 的长为(　　)

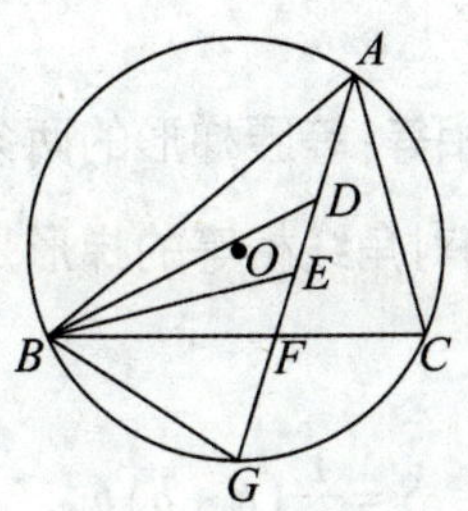

A. 1　　B. 2　　C. 2.5　　D. 3

解　在▱$ABCD$ 中,因为 $AD/\!/CB$,所以 $\angle DFC=\angle FCB$,又因为 CF 平分 $\angle BCD$,所以 $\angle DCF=\angle FCB$,所以 $\angle DFC=\angle DCF$,所以 $DF=DC=AB=3$,同理可得 $AE=AB=3$,因为 $AD=4$,所以 $AF=AD-DF=1$,$DE=AD-AE=1$,所以 $EF=AD-AF-DE=2$。

答案　B

【题19】【2023 安徽,单,4 分】在一块正方形空地中设计出两块绿地(下图中阴影部分),已知两块绿地的周长之和是 80 m,那么这块正方形空地的面积是(　　)

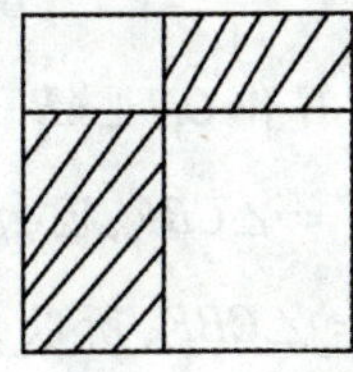

A. 160 m^2　　B. 400 m^2　　C. 800 m^2　　D. 1600 m^2

解　如图所示,设正方形的边长为 x m,阴影部分的两个长方形的长和宽分别为 b m 和 a m,d m 和 c m。由题意可得 $2(a+b)+2(c+d)=80$,即 $a+b+c+d=40$,又 $a+d=c+b=x$,所以 $x=40\div2=20$ m,故正方形空地的面积为 $x^2=400$ m^2。

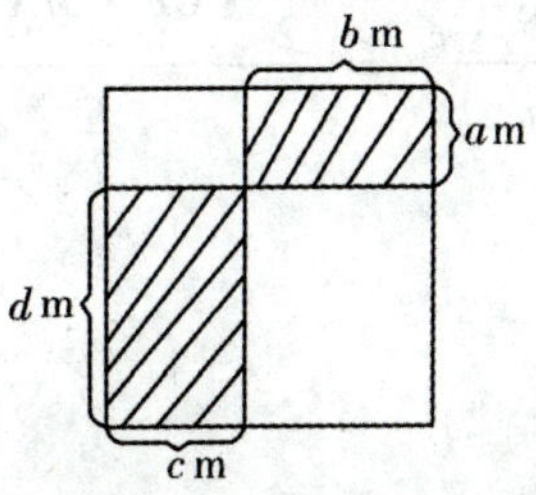

答案　B

2. 梯形

(1)梯形的定义

只有一组对边平行的四边形叫做梯形。

(2)特殊梯形

①直角梯形

有一个角是直角的梯形叫做直角梯形。

②等腰梯形

定义：两腰相等的梯形叫做等腰梯形。

性质：等腰梯形同一底边上的两个内角相等；等腰梯形的两条对角线相等。

判定：两腰相等的梯形是等腰梯形；两条对角线相等的梯形是等腰梯形。

(3)梯形的面积公式

$$S=\frac{1}{2}(a+b)h,$$

其中梯形的上底长为 a，下底长为 b，高为 h，面积为 S。

【题20】【2022年6月浙江杭州，单，3分】平行四边形 $ABCD$ 中，$1<\frac{AB}{BC}<2$，$\angle DAB$ 与 $\angle ABC$ 的角平分线 AE，BF 交于点 G，若 $DF=\frac{3}{2}EF$，则 $S_{\text{四边形}BCEG}:S_{\triangle ABG}=$(　　)

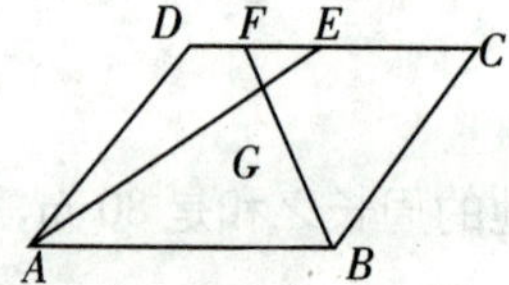

A. $\frac{3}{4}$　　B. $\frac{11}{16}$

C. $\frac{23}{32}$　　D. $\frac{45}{64}$

解　如图，过点 G 作 $GM\perp CD$ 于点 M，过点 G 作 $GN\perp AB$ 于点 N。因为 AE 为 $\angle DAB$ 的角平分线，BF 为 $\angle ABC$ 的角平分线，所以 $\angle DAE=\angle BAE$，$\angle ABF=\angle CBF$，因为四边形 $ABCD$ 为平行四边形，所以 $AB\parallel CD$，所以 $\angle AED=\angle BAE=\angle DAE$，$\angle CFB=\angle ABF=\angle CBF$，所以 $AD=DE$，$BC=CF$。设 $EF=2x$，则 $DF=3x$，$AD=DE=DF+EF=5x=BC=CF$，$DF=DE-EF$，$CE=CF-EF$，所以 $DF=CE=3x$，所以 $CD=DE+CE=5x+3x=8x=AB$，$CF=CE+EF=3x+2x=5x$，因为四边形 $ABCD$ 为平行四边形，所以 $\triangle ABG\backsim\triangle EFG$，所以 $\frac{AB}{EF}=\frac{GN}{GM}=\frac{8x}{2x}=\frac{4}{1}$。可设 $GM=h$，则 $GN=4h$，因为点 G,M,N 三点在一条直线上，则 $MN=5h$，$S_{\text{四边形}BCEG}:S_{\triangle ABG}=\frac{S_{\triangle BFC}-S_{\triangle EFG}}{S_{\triangle ABG}}=\frac{\frac{1}{2}\cdot CF\cdot MN-\frac{1}{2}\cdot EF\cdot GM}{\frac{1}{2}\cdot AB\cdot GN}=\frac{\frac{1}{2}\cdot 5x\cdot 5h-\frac{1}{2}\cdot 2x\cdot h}{\frac{1}{2}\cdot 8x\cdot 4h}=\frac{23}{32}$。故选 C。

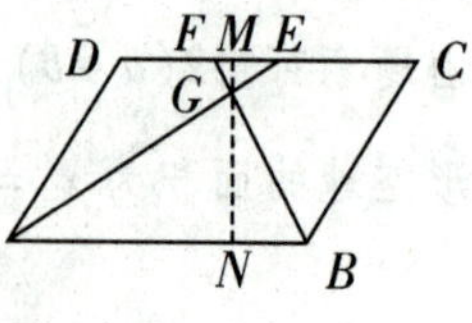

答案　C

考点 2　四边形的判定　★★

特殊四边形	判定(证明的思维路径)
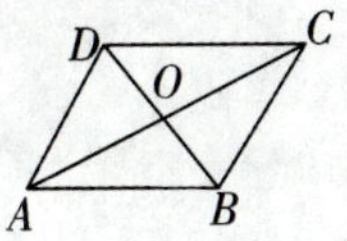 平行四边形	四边形 → 两组对角分别相等 / 两组对边分别平行或相等 / 或一组对边平行且相等 / 对角线互相平分 → 平行四边形
矩形	四边形 → 平行四边形 → 有一个角是直角(或90°) / 对角线相等 → 矩形；四边形 → 有三个角是直角(或90°) → 矩形
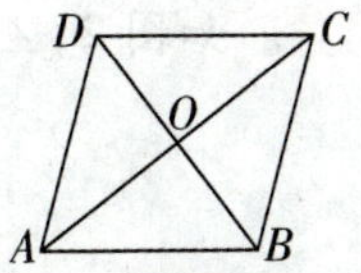 菱形	四边形 → 平行四边形 → 一组邻边相等 / 对角线互相垂直 → 菱形；四边形 → 四条边都相等 → 菱形
正方形	四边形 → 平行四边形 → 矩形 → 一组邻边相等或对角线互相垂直 → 正方形；平行四边形 → 一组邻边相等且有一个角为直角(或90°) → 正方形；平行四边形 → 菱形 → 有一个角为直角(或90°)或对角线相等 → 正方形；四边形 → 对角线相等且互相垂直平分(不能直接应用证明) → 正方形

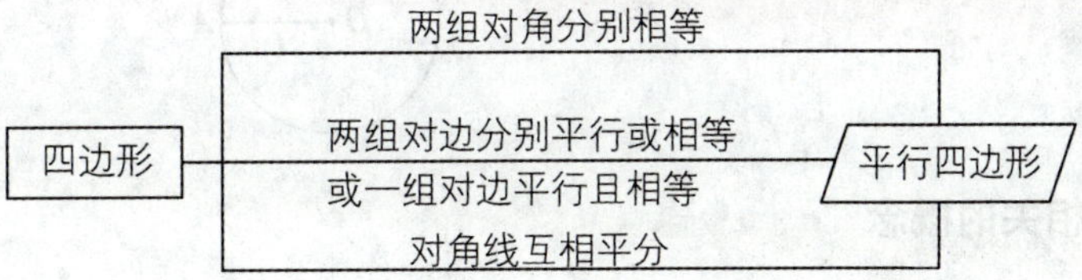

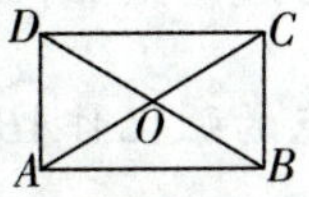

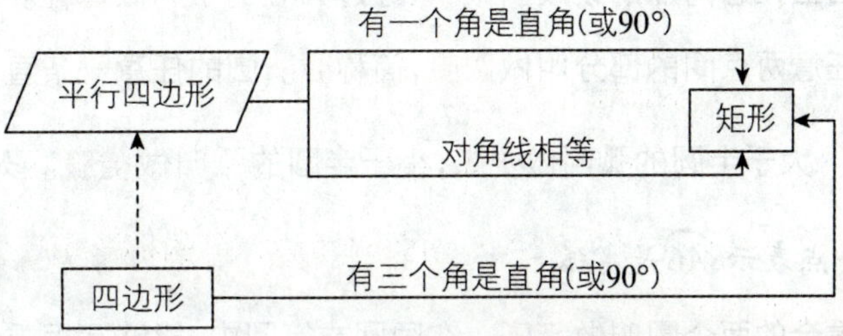

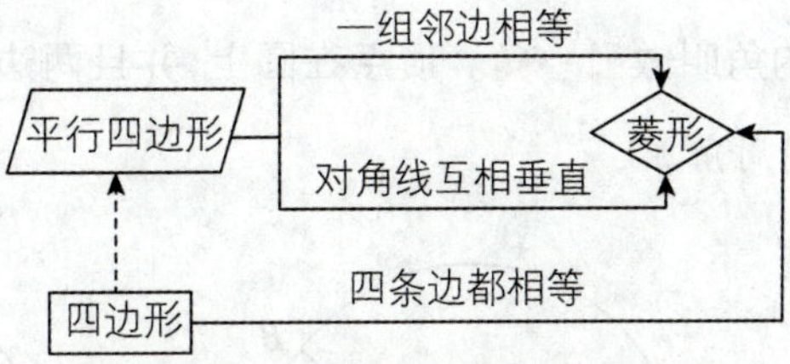

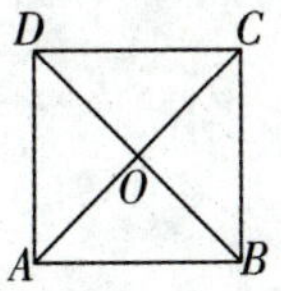

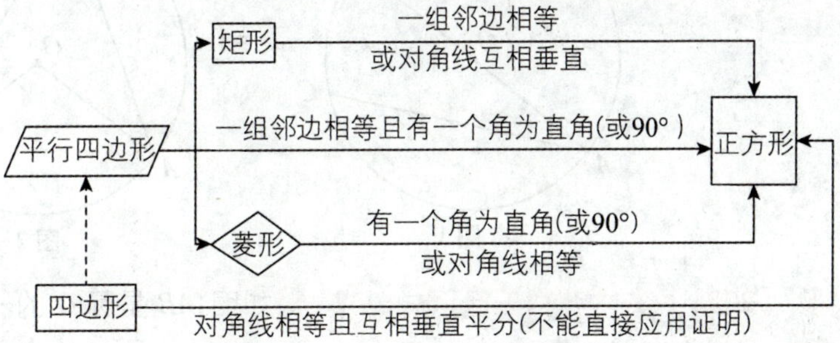

第四节　圆

核心考点

考点 1　圆的有关性质　★

考点 2　点和圆、直线和圆的位置关系　★★

考点 3　圆的有关定理　★★

考点 4　与圆有关的计算　★★

考点 1　圆的有关性质　★

1. 圆的定义

如图，在一个平面内，线段 OA 绕它固定的一个端点 O 旋转一周，另一个端点 A 所形成的图形叫做圆。

其固定的端点 O 叫做圆心，线段 OA 叫做半径。

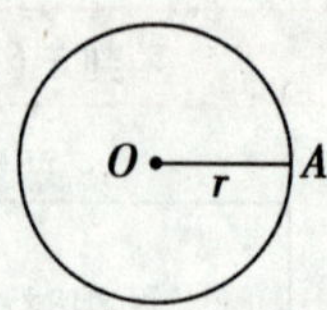

2. 和圆相关的概念

(1) 连接圆上任意两点的线段叫做弦，经过圆心的弦叫做直径。如图 1，AB，AC 是弦，AB 是直径。

(2) 圆上任意两点间的部分叫做圆弧，简称弧。圆的任意一条直径的两个端点把圆分成两条弧，每一条弧都叫做半圆。大于半圆的弧叫做优弧，小于半圆的弧叫做劣弧。如图 1，以 A，B 为端点的弧记作$\overset{\frown}{AB}$；$\overset{\frown}{ABC}$是优弧，用三个点表示；$\overset{\frown}{AC}$是劣弧。

(3) 能够重合的两个圆叫做等圆。在同圆或等圆中，能够互相重合的弧叫做等弧。

(4) 顶点在圆心的角叫做圆心角。顶点在圆上，并且两边都与圆相交的角叫做圆周角。如图 2，$\angle AOB$ 是圆心角，$\angle ACB$ 是圆周角。

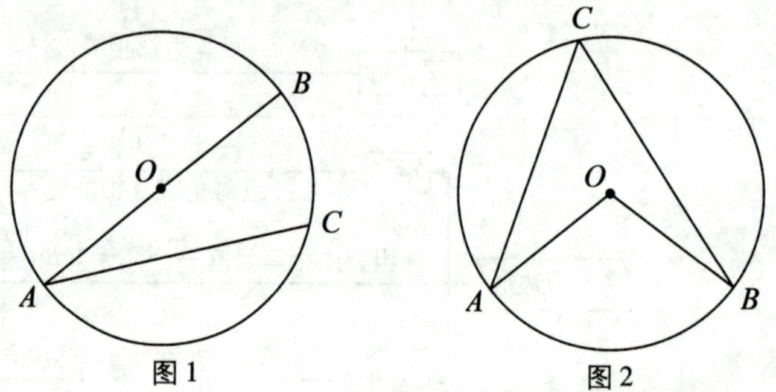

【题 21】【2021 广东广州白云区，单，1.47 分】如图，AB 是圆 O 的一条弦，且 $AB=2$，点 C 是圆 O 上的一个动点，且 $\angle ACB=45°$，D，E 分别是 AB，BC 上的点，且 $DE/\!/AC$，$\frac{S_{\triangle BDE}}{S_{\triangle BAC}}=\frac{1}{4}$，则 DE 的最大值为(　　)

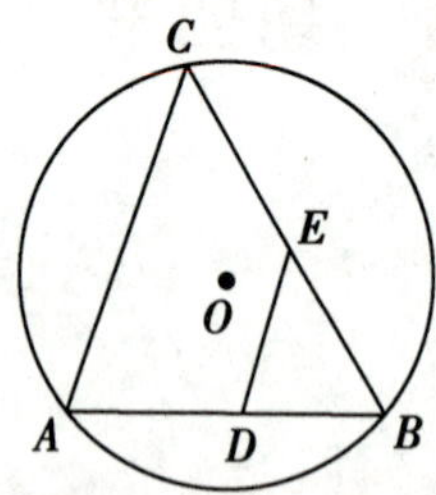

A. 2　　　　B. $\frac{4}{3}$　　　　C. $\sqrt{2}$　　　　D. 1

解　因为 $DE/\!/AC$，$\frac{S_{\triangle BDE}}{S_{\triangle BAC}}=\frac{1}{4}$，所以 $DE=\frac{1}{2}AC$，故 DE 的最大值即为 AC 的最大值的一半，易知当 AC 为圆 O 的直径时最大，因为 $\angle ACB=45°$，则在 $\text{Rt}\triangle ABC$ 中，有 $AC=\sqrt{2}AB=2\sqrt{2}$，故 DE 的最大值为$\sqrt{2}$。

答案　C

3. 圆的对称性

圆既是轴对称图形，又是中心对称图形，任何一条直径所在直线都是圆的对称轴，圆心是它的对称中心。

4. 圆心角、弧、弦之间的关系

(1)定理

在同圆或等圆中，相等的圆心角所对的弧相等，所对的弦也相等。

(2)推论

①在同圆或等圆中，如果两条弧相等，那么它们所对的圆心角相等，所对的弦也相等；

②在同圆或等圆中，如果两条弦相等，那么它们所对的圆心角相等，所对的优弧和劣弧分别相等。

【题22】【2023江苏盐城盐都区，简答，8分】锐角$\triangle ABC$内接于圆O，$\angle BAC$的平分线AG交圆O于点G，交BC于点F，连接BG。

(1)求证：$\triangle ABG\backsim\triangle AFC$；

(2)已知$AB=a$，$AC=AF=b$，求FG的长(用含a，b的代数式表示)；

(3)已知点E在线段AF上(不与点A，点F重合)，点D在线段AE上(不与点A，点E重合)，$\angle ABD=\angle CBE$，求证：$BG^2=GE\cdot GD$。

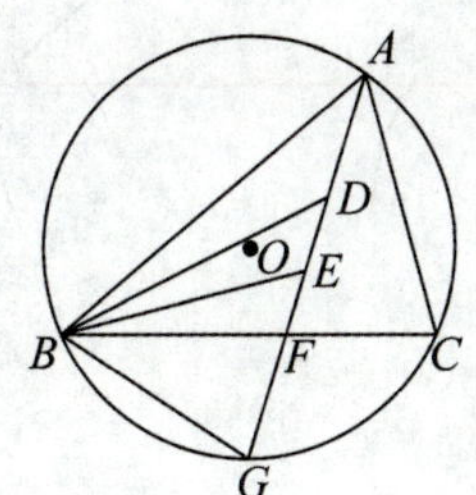

解 (1)证明：$\because AG$平分$\angle BAC$，$\therefore \angle BAG=\angle FAC$，而$\angle G$与$\angle C$是$\overset{\frown}{AB}$所对的圆周角，

$\therefore \angle G=\angle C$，$\therefore \triangle ABG\backsim\triangle AFC$。

(2)由(1)知$\triangle ABG\backsim\triangle AFC$，$\therefore \frac{AB}{AF}=\frac{AG}{AC}$，$\because AC=AF=b$，$\therefore AB=AG=a$，

$\therefore FG=AG-AF=a-b$。

(3)证明：$\because AG$平分$\angle BAC$，$\therefore \angle BAG=\angle CAG$，又$\angle CAG$与$\angle CBG$是$\overset{\frown}{CG}$所对的圆周角，$\therefore \angle CAG=\angle CBG$，$\therefore \angle BAG=\angle CBG$，$\because \angle ABD=\angle CBE$，$\therefore \angle BDG=\angle BAG+\angle ABD=\angle CBG+\angle CBE=\angle EBG$，又$\because \angle DGB=\angle BGE$，$\therefore \triangle DGB\backsim\triangle BGE$，$\therefore \frac{GD}{BG}=\frac{BG}{GE}$，$\therefore BG^2=GE\cdot GD$。

考点2 点和圆、直线和圆的位置关系 ★★

1. 点和圆的位置关系

如图所示，设$\odot O$的半径为r，平面内任意一点到圆心的距离为d，则有：

点在圆外$\Leftrightarrow d>r$，如点A；

点在圆上$\Leftrightarrow d=r$，如点B；

点在圆内⇔$d<r$，如点 C。

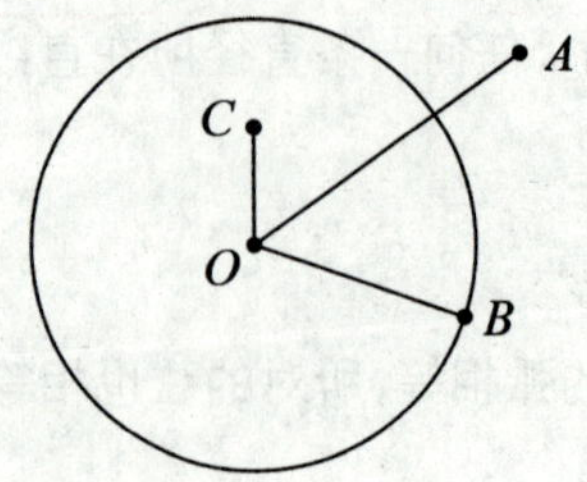

2. 直线和圆的位置关系

设⊙O 的半径为 r，圆心到直线 l 的距离为 d，则有：

位置关系	相离	相切	相交
d 与 r 的关系	$d>r$	$d=r$	$d<r$
交点的个数	没有交点	有且只有一个交点	有两个交点
图示			

3. 切线的性质与判定

(1)性质定理

圆的切线垂直于经过切点的半径。

(2)判定定理

经过半径的外端，并且垂直于这条半径的直线是圆的切线。

知识再拔高

圆周角定理

圆周角定理：一条弧所对圆周角等于它所对圆心角的一半。

【题 23】【2023 江西，单，1 分】如图，PA，PB 分别与圆 O 相切于 A，B 两点，点 C 为圆 O 上一点，连接 AC，BC，若 $\angle P=52°$，则 $\angle ACB$ 度数为(　　)

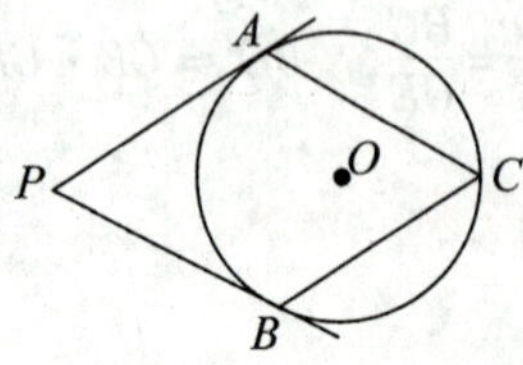

A. 62°　　B. 74°　　C. 68°　　D. 64°

解　连接 AO，BO，则 $\angle AOB=180°-52°=128°$，所以 $\angle ACB=128\div 2=64°$。

答案　D

4. 三角形的外接圆与内切圆

	三角形的外接圆	三角形的内切圆
定义	经过三角形各顶点的圆，以三角形各边垂直平分线的交点为圆心，交点到顶点的线段长度为半径	与三角形各边相切的圆，以三角形各角的角平分线交点为圆心，交点到边的垂线段长度为半径
圆心的确定	作两边的垂直平分线	作两角的角平分线
基本性质	圆心到三角形三个顶点的距离相等	圆心到三角形三边的距离相等
图示	A B C O	A B D C

【题 24】 如图，在 Rt$\triangle ABC$ 中，$\angle C=90°$，AB,BC,CA 的长分别为 c,a,b，则 $\triangle ABC$ 的内切圆半径 $r=$________。

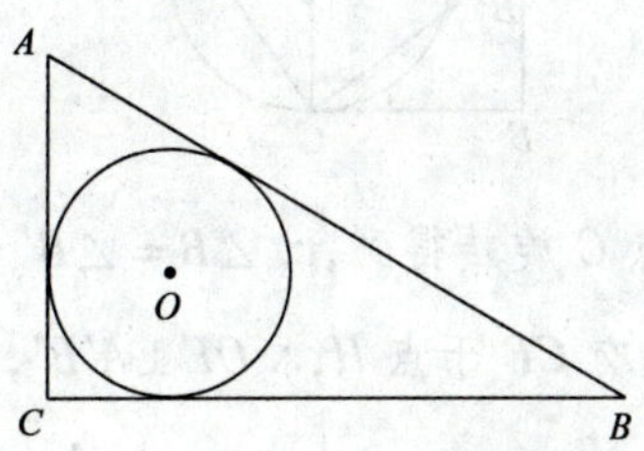

解 如图，连接 OA,OB,OC，$\because\ \angle C=90°$，$\therefore\ S_{\triangle ABC}=\frac{1}{2}BC\cdot AC=\frac{1}{2}ab$，又$\because\ \odot O$ 内切于 $\triangle ABC$，所以半径 r 为 $\triangle AOB$，$\triangle AOC$，$\triangle BOC$ 的高，$\therefore\ S_{\triangle AOB}=\frac{1}{2}cr$，$S_{\triangle AOC}=\frac{1}{2}br$，$S_{\triangle BOC}=\frac{1}{2}ar$，又$\because\ S_{\triangle ABC}=S_{\triangle AOB}+S_{\triangle AOC}+S_{\triangle BOC}$，$\therefore\ \frac{1}{2}ab=\frac{1}{2}cr+\frac{1}{2}br+\frac{1}{2}ar=\frac{1}{2}(a+b+c)r$，故 $r=\frac{ab}{a+b+c}$。

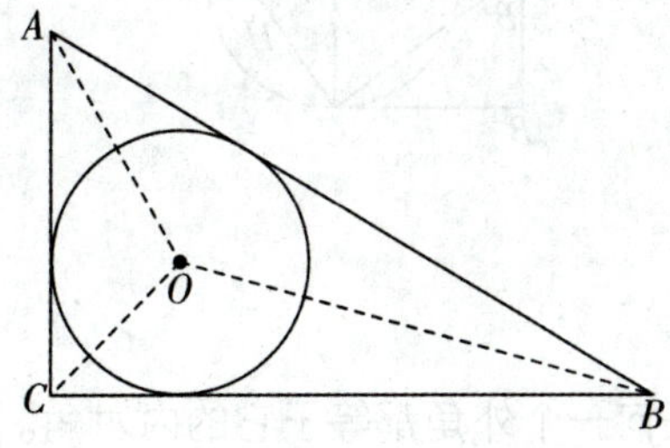

答案 $\frac{ab}{a+b+c}$

考点 3 圆的有关定理 ★★

1. 垂径定理

垂直于弦的直径平分弦，并且平分弦所对的两条弧。如图，CD 是圆 O 的直径，AB 为弦，$CD\perp AB$，垂足

为 E，则 $AE=EB$，$\overset{\frown}{AD}=\overset{\frown}{DB}$，$\overset{\frown}{AC}=\overset{\frown}{BC}$。

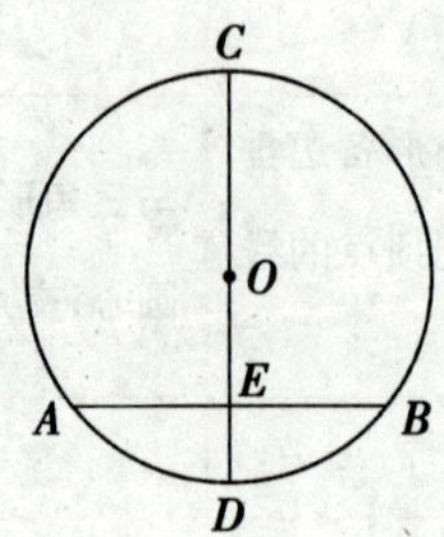

垂径定理

推论：平分弦（不是直径）的直径垂直于弦，并且平分弦所对的两条弧。

【题 25】【2023 江苏盐城盐都区，填空，3 分】如图，在矩形 $ABCD$ 中，$AB=5$，$BC=4$，以 CD 为直径作圆 O，将矩形 $ABCD$ 绕点 C 旋转，所得的矩形 $A'B'CD'$ 的边 $A'B'$ 与圆 O 的切点为 E，边 CD' 与圆 O 相交于点 F，则 CF 的长为________。

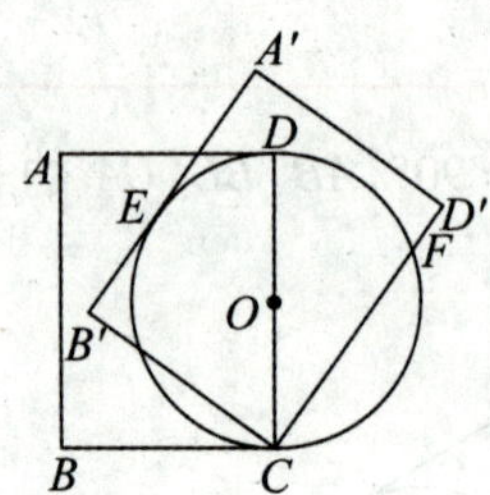

解　矩形 $A'B'CD'$ 是矩形 $ABCD$ 绕点 C 旋转得到，$\therefore \angle B=\angle B'=90°$，$\angle BCD=\angle B'CD'=90°$，$\because A'B'$ 与圆 O 相切于点 E，如图，连接 EO 并延长，交 CF 于点 H，$\therefore OE\perp A'B'$，$\therefore$ 四边形 $EB'CH$ 是矩形，$\therefore EH=B'C=4$，$OH\perp CF$，$\because AB=5$，而圆 O 是以 CD 为直径的圆，$\therefore OE=OC=\frac{1}{2}CD=\frac{1}{2}AB=\frac{5}{2}$，$\therefore OH=EH-OE=\frac{3}{2}$，在 $Rt\triangle OHC$ 中，$CH=\sqrt{OC^2-OH^2}=2$，$\because CF$ 为圆 O 的弦，$OH\perp CF$，$\therefore CF=2CH=4$。

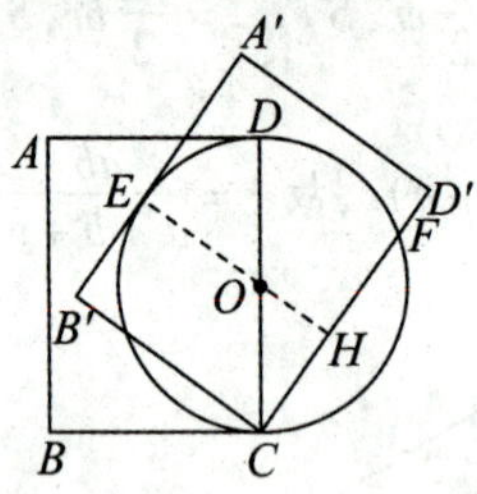

答案　4

2. 圆内接四边形的性质定理

圆内接四边形的对角互补，并且任何一个外角都等于它的内对角。如图，$\angle A+\angle C=180°$，$\angle B+\angle 2=180°$，$\angle 1=\angle B$。

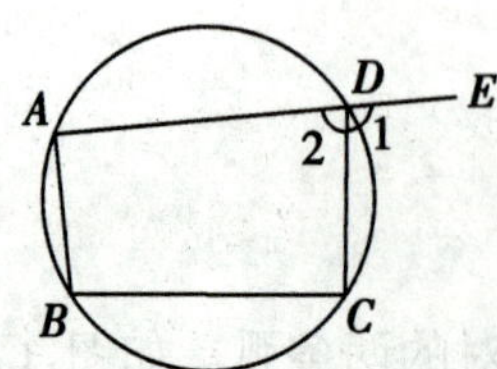

3. 切线长定理

推论：经过圆心且垂直于切线的直线必经过切点；经过切点且垂直于切线的直线必经过圆心，如图所示。

经过圆外一点作圆的切线，这点和切点之间线段的长，叫做这点到圆的切线长。

定理：从圆外一点引圆的两条切线，它们的切线长相等，圆心和这一点的连线平分两条切线的夹角。如图，PA，PB 为从 P 点引出的圆 O 的两条切线，A，B 为对应的切点，则 $PA=PB$，OP 平分 $\angle APB$。

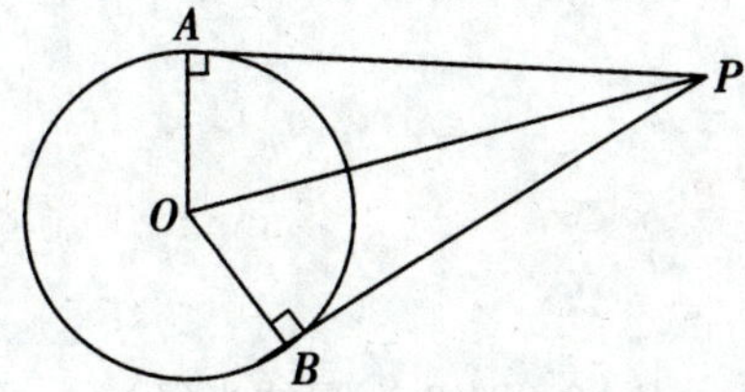

4. 弦切角定理

弦切角的度数等于它所夹的弧的圆心角度数的一半。（弦切角就是切线与弦所夹的角）

5. 相交弦定理

圆内的两条相交弦，被交点分成的两条线段长的积相等。如图，圆内的两条弦 AB，CD 相交于 E 点，则 $EA\cdot EB=EC\cdot ED$。

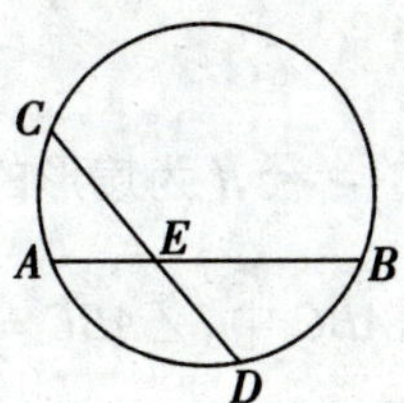

【题26】【2021 安徽特岗，解答，9 分】如图，AB，CD 是圆 O 的两条相交弦，交点为 E，且 $AB=CD$，求证：$AE=EC$。

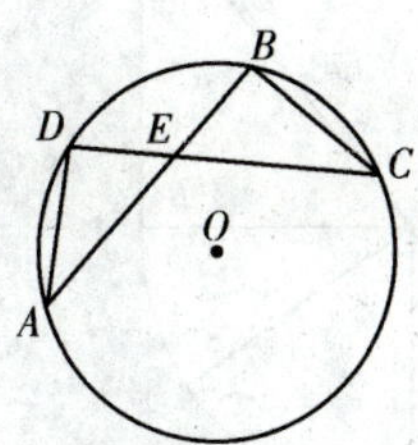

证明　根据圆的相交弦定理可得，$DE\cdot EC=AE\cdot EB$，即 $\dfrac{DE}{EB}=\dfrac{AE}{EC}$，所以 $\triangle AED\backsim\triangle CEB$。连接 AC，因为 $AB=CD$，所以 $\angle ACB=\angle CAD$，又 $\angle BAD=\angle BCD$，所以 $\angle ACB-\angle BCD=\angle CAD-\angle BAD$，即 $\angle ACD=\angle BAC$，所以 $\overset{\frown}{AD}=\overset{\frown}{BC}$，所以 $AD=BC$，所以可证得 $\triangle AED\cong\triangle CEB$(AAS)，则 $AE=EC$。

6. 切割线定理

从圆外一点引圆的切线和割线，切线长是这点到割线与圆交点的两条线段长的比例中项。

推论：从圆外一点引圆的两条割线，这一点到每条割线与圆的交点的两条线段长的积相等。

如图，从点 P 向圆 O 引出切线 PA，割线 PB，PC，则 $PA^2=PB\cdot PD=PC\cdot PE$。

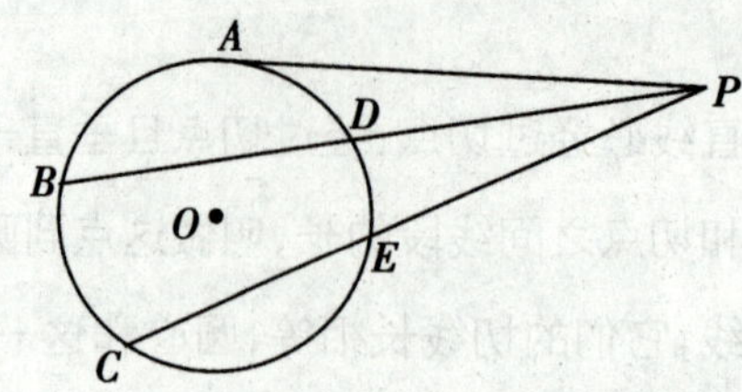

注:相交两圆的连心线垂直平分两圆的公共弦,相切两圆的连心线经过切点;两圆的外公切线的长相等,两圆的内公切线的长相等。

考点4　与圆有关的计算　★★

1. 圆周长公式

$C=2\pi R$(R 为圆的半径)。

2. 弧长公式

$l=\frac{n\pi R}{180}$(n 为弧所对的圆心角度数,R 为圆的半径)。

3. 圆的面积

$S=\pi R^2$(R 为圆的半径)。

4. 扇形面积

$S=\frac{n\pi R^2}{360}=\frac{1}{2}lR$($R$ 为扇形所在圆的半径,l 为扇形的弧长,n 为弧所对的圆心角度数)。

【题27】【2022 安徽,单,4 分】如图,$\triangle ABC$ 中,$\angle ABC=90°$,$AB=9$,$BC=12$,将 $\triangle ABC$ 绕着点 A 顺时针旋转 90°至 $\triangle AB'C'$ 处,则图中阴影部分面积为(　　)

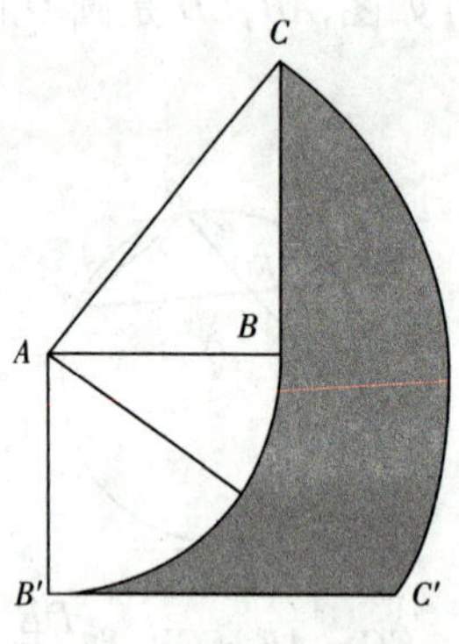

A. 25π　　B. 36π　　C. 48π　　D. 72π

解　在 Rt$\triangle ABC$ 中,$AB=9$,$BC=12$,则 $AC=15$,故 $S_{阴影}=S_{扇形CAC'}+S_{\triangle AB'C'}-S_{\triangle ABC}-S_{扇形BAB'}=\frac{1}{4}\pi\times15^2+\frac{1}{2}\times9\times12-\frac{1}{2}\times9\times12-\frac{1}{4}\pi\times9^2=36\pi$。

答案　B

【题28】【2022 年 6 月浙江杭州,解答,7 分】如图,圆的面积与长方形的面积相等,圆的半径与长方形的宽相等,已知阴影部分的周长比圆的周长多 6.28 cm,求阴影部分的面积和周长。(π 取 3.14)

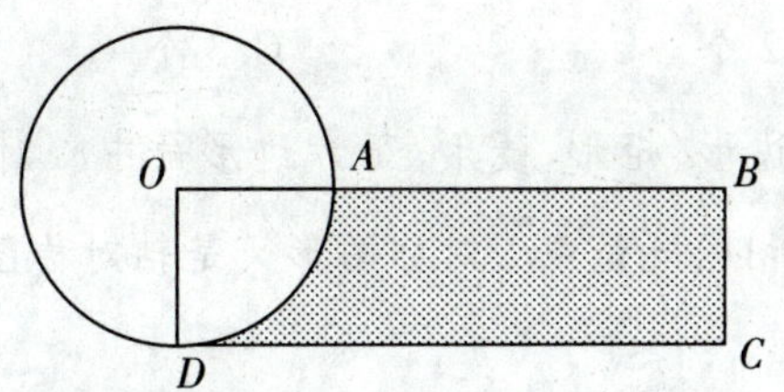

解　设圆的半径为 r cm，则 $S_{圆}=\pi r^2\ \text{cm}^2=S_{长方形}=r\cdot\pi r\ \ \text{cm}^2$，则 $CD=\pi r$ cm，$AB=(\pi r-r)$ cm，$C_{阴影部分}=(C_{圆}+6.28)$ cm $=(2\pi r+6.28)$ cm，则 $r+\pi r+\pi r-r+\frac{1}{4}\times 2\pi r-2\pi r=6.28$ cm，解得 $r=4$ cm，则 $S_{阴影部分}=\pi r^2-\frac{1}{4}\pi r^2=\frac{3}{4}\pi r^2=37.68\ \text{cm}^2$，$C_{阴影部分}=r+\pi r+\pi r-r+\frac{1}{4}\times 2\pi r=31.4$ cm。

第五节　图形的变换

核心考点

考点1　对称　★

考点2　平移

考点3　旋转　★

考点4　翻折　★★

考点5　位似　★

考点1　对称　★

1. 轴对称图形与中心对称图形

(1)轴对称图形

如果一个平面图形沿某一条直线折叠后，直线两旁的部分能够互相重合，那么这个图形叫做轴对称图形，这条直线就是它的对称轴。

(2)中心对称图形

在平面内，把一个图形绕某个点旋转180°，如果旋转后的图形能够与原来的图形重合，那么这个图形叫做中心对称图形，这个点就是它的对称中心。

2. 常见的轴对称图形和中心对称图形

(1)轴对称图形：线段、角、等腰三角形、等边三角形、菱形、矩形、正方形、等腰梯形、圆等。

(2)中心对称图形：线段、平行四边形、菱形、矩形、正方形、圆等。

(3)既是轴对称图形又是中心对称图形：线段、菱形、矩形、正方形、圆等。

【题29】【2020江西，单，1分】　在平行四边形、等腰梯形、等腰三角形、矩形、菱形、正六边形六个图形中，既是中心对称图形又是轴对称图形的有(　　)

A. 1 个　　B. 2 个　　C. 3 个　　D. 4 个

解　在这六个图形中，平行四边形、矩形、菱形、正六边形是中心对称图形，等腰梯形、等腰三角形、矩形、菱形、正六边形是轴对称图形，所以，既是中心对称图形又是轴对称图形的是矩形、菱形、正六边形，共有3个。

答案　C

3. 轴对称与中心对称

	图形	定义	性质
成轴对称	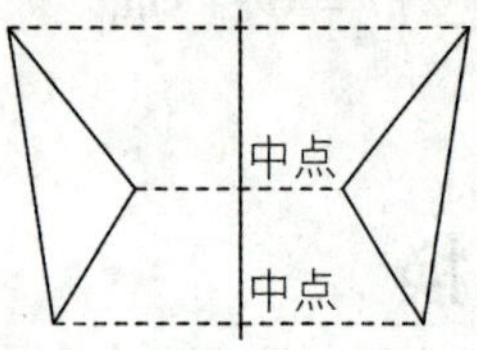 中点 中点	对于两个图形，如果沿一条直线对折后，它们能够完全重合，那么这两个图形关于这条直线成轴对称	(1)对应点所连的线段被对称轴垂直平分；(2)对应线段相等，对应角相等；(3)成轴对称的两个图形一定是全等图形；全等的两个图形不一定成轴对称
成中心对称	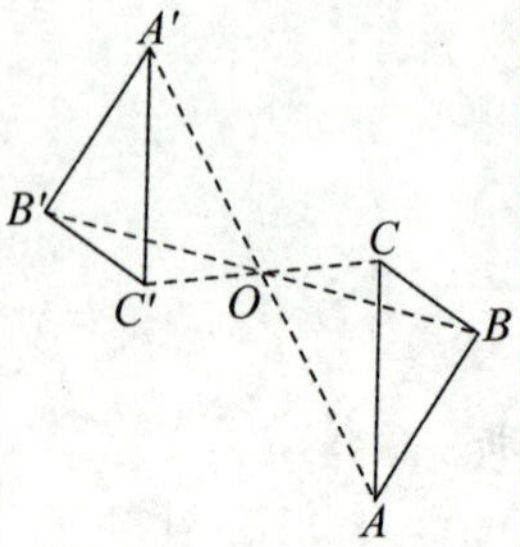 A' B' C' O C B A	在平面内一个图形绕某个点旋转180°后，如果它能与另一个图形重合，那么这两个图形关于这个点成中心对称，这个点叫做对称中心	(1)关于某点成中心对称的两个图形，对称点的连线都经过对称中心，并且被对称中心平分；(2)关于中心对称的两个图形，对应线段平行(或者在同一直线上)且相等；(3)关于中心对称的两个图形是全等图形

考点 2　平移

图形	定义	性质
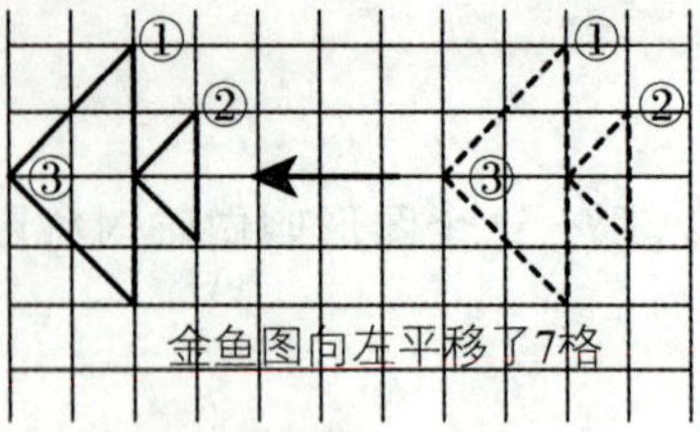 ① ② ③ ① ② ③ 金鱼图向左平移了7格	在平面内，将一个图形沿着某个方向移动一定的距离，这样的图形运动叫做平移	平移前后的两个图形对应点所连的线段平行且相等，对应线段平行且相等，对应角相等

考点 3　旋转　★

图形	定义	性质
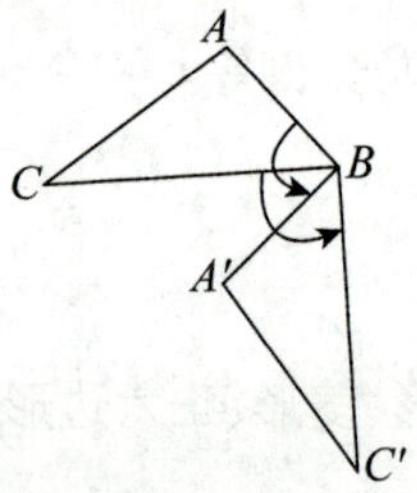 A C B A' C'	在平面内，将一个图形绕一个定点沿某个方向转动一个角度，这样的图形运动叫做旋转。这个定点称为旋转中心，转动的角称为旋转角	经过旋转，图形上每一个点都绕旋转中心沿相同方向转动了相同的角度，任意一对对应点与旋转中心的连线所成的角都是旋转角，对应点到旋转中心的距离相等

【题30】【2023 湖北统考,单,3 分】在平面直角坐标系中,等边三角形 AOB 如图放置,点 A 的坐标为 $(1,0)$,将$\triangle AOB$ 绕点 O 逆时针方向旋转 $60°$,同时每边扩大为原来的 2 倍,得到$\triangle A_1OB_1$;再将$\triangle A_1OB_1$ 绕点 O 逆时针方向旋转 $60°$,同时每边扩大为原来的 2 倍,得到 $\triangle A_2OB_2$;$\cdots$,依此类推,则点 A_{2023} 的坐标为(　　)

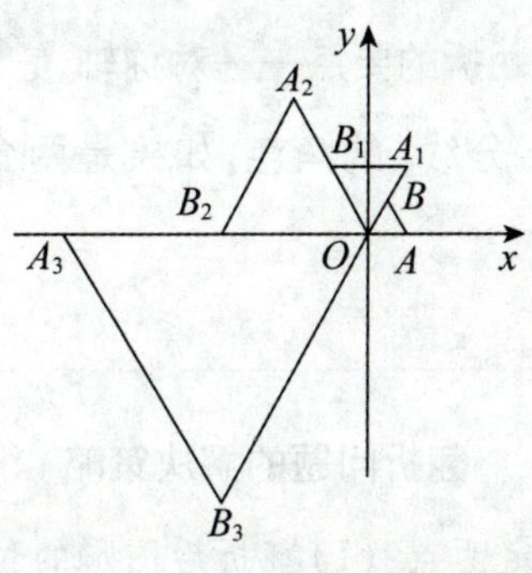

A. $(2^{2022},\sqrt{3}\times 2^{2022})$　　B. $(2^{2022},-\sqrt{3}\times 2^{2022})$

C. $(2^{2023},\sqrt{3}\times 2^{2023})$　　D. $(2^{2023},-\sqrt{3}\times 2^{2023})$

解　$\because A(1,0)$,$\therefore OA=1$。于是,

第一次旋转后,A_1 在第一象限,$OA_1=2$;

第二次旋转后,A_2 在第二象限,$OA_2=2^2$;

第三次旋转后,A_3 在 x 轴负半轴上,$OA_3=2^3$;

第四次旋转后,A_4 在第三象限,$OA_4=2^4$;

第五次旋转后,A_5 在第四象限,$OA_5=2^5$;

第六次旋转后,A_6 在 x 轴正半轴上,$OA_6=2^6$;

……

易知 $OA_n=2^n$,$\because$ 每次旋转角度为 $60°$,$\therefore$ 6 次共旋转 $360°$,$\because 2023=6\times 337+1$,$\therefore A_{2023}$ 在射线 OA_1 上,即点 A_{2023} 在第一象限,且 $OA_{2023}=2^{2023}$,如图,过点 A_{2023} 作 $A_{2023}H\perp x$ 轴于点 H,易知 $\angle A_{2023}OH=60°$,所以 $\angle OA_{2023}H=30°$,则 $OH=\frac{1}{2}OA_{2023}=2^{2022}$,$A_{2023}H=\sqrt{3}OH=\sqrt{3}\times 2^{2022}$,$\therefore$ 点 A_{2023} 的坐标为$(2^{2022},\sqrt{3}\times 2^{2022})$。

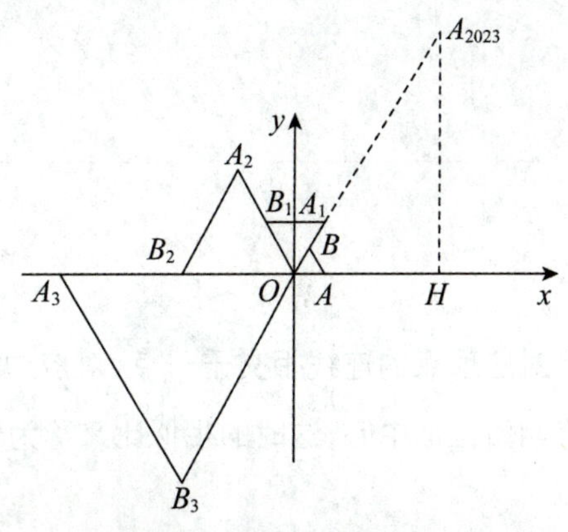

答案　A

考点4　翻折　★★

(1)翻折问题其实质就是对称问题。

(2)翻折图形的性质:①翻折前后的图形是全等的,对应的边和角都是相等的。②对应点连线被对称轴垂直平分。

(3)解决图形翻折问题,重点是抓住翻折的要点——对称轴,它既是中垂线又兼具角平分线的功能。如果是两条边叠合,一般对称轴充当"角平分线"的角色,如果是两个点叠合,一般对称轴充当"中垂线"的角色。

考法大揭秘

翻折问题的解决策略

在做翻折问题的题目时,关键要确定两点:(1)翻折后图形的位置;(2)翻折后相等的量(线段或角)。

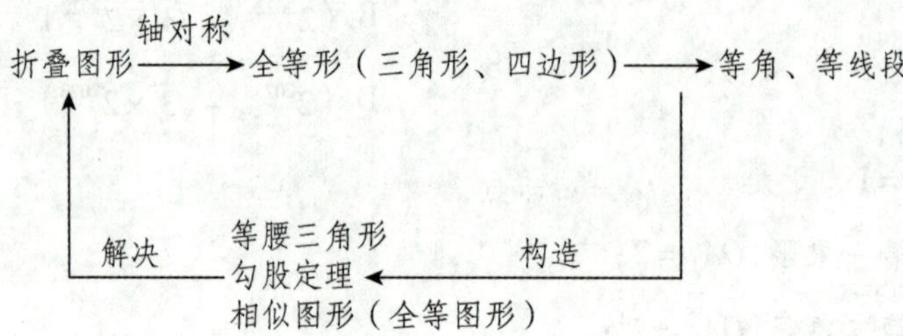

【题31】【2022年6月浙江杭州,填空,4分】如图,三角形纸片ABC,点D在AB上,E在BC上,把$\triangle BDE$沿DE折叠,使B,C重合,连接AE,若$\angle ABC=45°$,$AD=1$,$BD=4$,则$AE=$________。

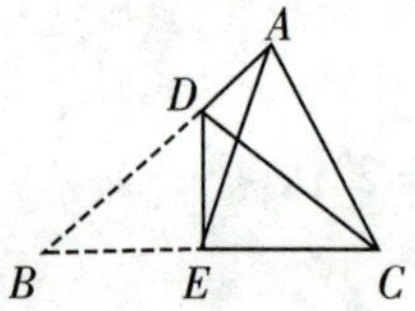

解　由翻折的性质可知$\angle DCB=\angle B=45°$,故$\angle BDC=90°$,由勾股定理可得$BC=\sqrt{4^2+4^2}=4\sqrt{2}$,$BE=\frac{1}{2}BC=2\sqrt{2}$,则在$\triangle ABE$中,由余弦定理可得$\cos\angle ABE=\cos 45°=\frac{AB^2+BE^2-AE^2}{2AB\cdot BE}=\frac{25+8-AE^2}{2\times5\times2\sqrt{2}}=\frac{\sqrt{2}}{2}$,解得$AE=\sqrt{13}$。

答案　$\sqrt{13}$

考点5　位似　★

1. 位似图形的定义

如果两个多边形不仅相似,而且对应顶点的连线相交于一点,对应边互相平行或在一条直线上,那么这样的两个图形叫做位似图形,这个点叫做位似中心,这时的相似比又称为位似比。

2. 位似图形的性质

(1)位似图形上任意一对对应点到位似中心的距离比等于位似比(相似比);

(2)每对位似对应点与位似中心共线；

(3)不经过位似中心的对应线段平行；

(4)位似图形的对应角相等。

【题32】【2023江苏盐城盐都区，填空，3分】如图，已知矩形 $OABC$ 与矩形 $ODEF$ 是位似图形，点 P 是位似中心，若点 B 的坐标为 $(2,4)$，点 E 的坐标为 $(-1,2)$，则点 P 的坐标为________。

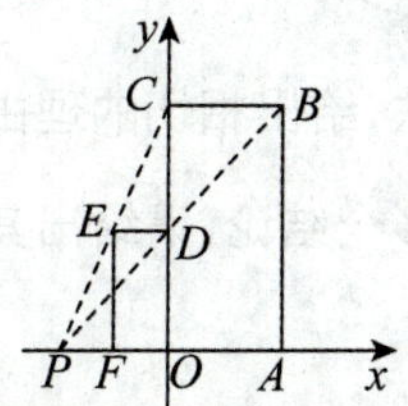

解　在矩形 $OABC$ 中，点 B 的坐标为 $(2,4)$，$\therefore OC=AB=4, OA=2$，$\therefore$ 点 C 的坐标为 $(0,4)$，$\because$ 矩形 $OABC$ 与矩形 $ODEF$ 是位似图形，点 P 是位似中心，点 E 的坐标为 $(-1,2)$，$\therefore$ 位似比为 $1:2$，$\therefore \frac{OP}{AP}=\frac{OD}{AB}=\frac{1}{2}$，设 $OP=x$，则 $\frac{x}{x+2}=\frac{1}{2}$，解得 $x=2$，$\therefore OP=2$，即点 P 坐标为 $(-2,0)$。

答案　$(-2,0)$

第六节　基本尺规作图

核心考点

考点1　作一条线段等于已知线段　★

考点2　作一个角等于已知角

考点3　作已知线段的垂直平分线

考点4　作已知角的角平分线

考点5　过直线上一点作已知直线的垂线

考点1　作一条线段等于已知线段　★

已知：线段 a。

求作：线段 AB，使 $AB=a$。

作法：(1)作射线 AP；(2)在射线 AP 上截取 $AB=a$，则线段 AB 即为所求。

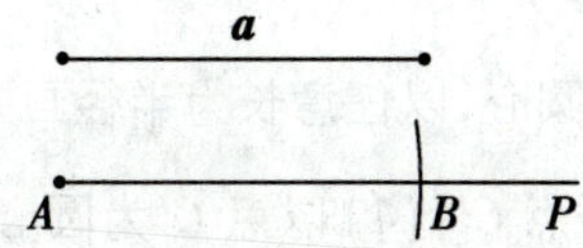

【题33】【2023安徽特岗,解答,5分】设点 P 为 $\odot O$ 外一点,如下图,求作过点 P 且与 $\odot O$ 相切的直线。

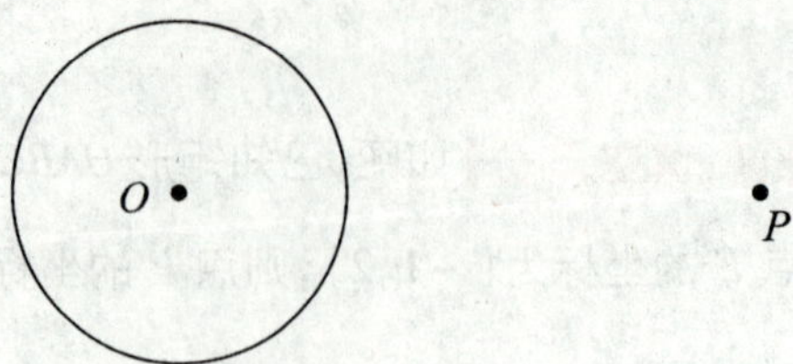

(1)用尺规作图,保留作图痕迹,写出作法,给出相切的理由;

(2)在所作的图中,除相切外,还能得到多个结论,请给出其中一个结论,并加以证明。

解 (1)

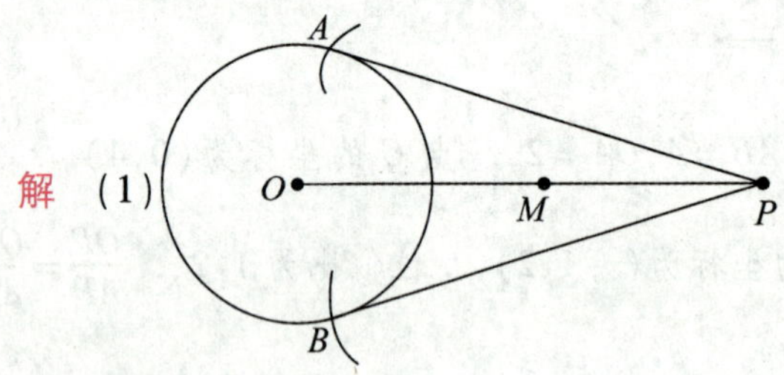

作法:①连接 PO;

②以 OP 的中点 M 为圆心,PO 为直径画弧,与 $\odot O$ 交于 AB 两点;

③连接 PA,PB,

即为所求切线。

理由如下:$\because$ 在 $\odot M$ 中,OP 为圆的直径,A,B 分别为圆上一点,

$\therefore \angle PAO=\angle PBO=90°$,

$\therefore OA\perp PA$,$OB\perp PB$,OA,OB 为圆 O 半径,

$\therefore PA$,PB 为 $\odot O$ 的切线。

(2)结论:$\angle OPA=\angle OPB$。

证明如下:连接 OA,OB,

$\because OA=OB$,$PA=PB$,$PO=PO$,

$\therefore \triangle PAO\cong\triangle PBO$(SSS),

$\therefore \angle OPA=\angle OPB$。

(答案不唯一)

考点2　作一个角等于已知角

已知:$\angle AOB$。

求作:$\angle A'O'B'$,使 $\angle A'O'B'=\angle AOB$。

作法:(1)作射线 $O'A'$;(2)以点 O 为圆心,以任意长为半径画弧,交 OA 于点 C,交 OB 于点 D;(3)以点 O' 为圆心,以 OC 长为半径画弧,交 $O'A'$ 于点 C';(4)以点 C' 为圆心,以 CD 长为半径画弧,交前面的弧于点

D'；(5)过点 D' 作射线 $O'B'$，则 $\angle A'O'B'$ 即为所求的角。

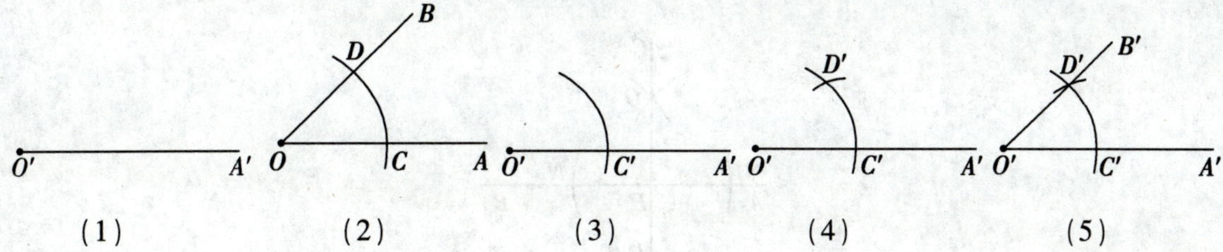

考点 3　作已知线段的垂直平分线

已知：线段 MN。

求作：点 O，使 $MO=NO$（即 O 是 MN 的中点）。

作法：(1)分别以 M，N 为圆心，以大于 $\frac{1}{2}MN$ 的相同线段为半径画弧，两弧相交于点 P，Q；

(2)连接 PQ，交 MN 于点 O，则直线 PQ 即为线段 MN 的垂直平分线。

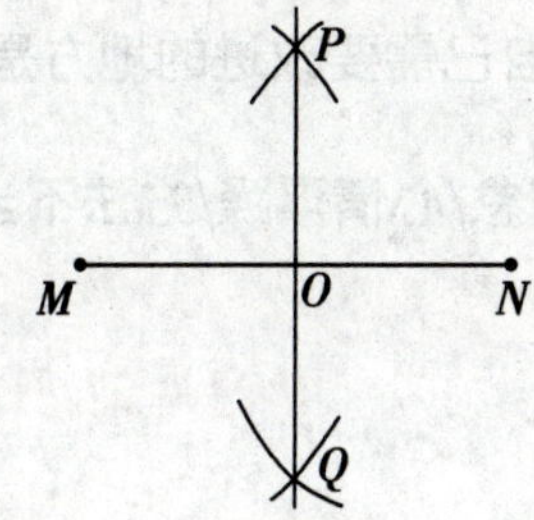

考点 4　作已知角的角平分线

已知：$\angle AOB$。

求作：射线 OP，使 $\angle AOP=\angle BOP$（即 OP 平分 $\angle AOB$）。

作法：(1)以点 O 为圆心，以任意长度为半径画弧，分别交 OA，OB 于点 M，N；(2)分别以点 M，N 为圆心，以大于 $\frac{1}{2}MN$ 的线段长为半径画弧，两弧交 $\angle AOB$ 内于点 P；(3)作射线 OP，则射线 OP 即为 $\angle AOB$ 的角平分线。

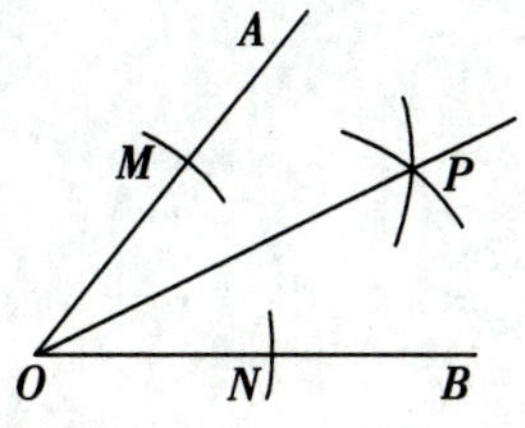

考点 5　过直线上一点作已知直线的垂线

已知：P 是直线 AB 上一点。

求作：直线 CD，使 CD 经过点 P，且 $CD\perp AB$。

作法：(1)以点 P 为圆心，以任意长为半径画弧，交 AB 于点 M，N；(2)分别以点 M，N 为圆心，以大于

$\frac{1}{2}MN$ 的线段长为半径画弧，两弧交于点 Q；(3) 过 P，Q 作直线 CD，则直线 CD 即为 AB 的垂线。

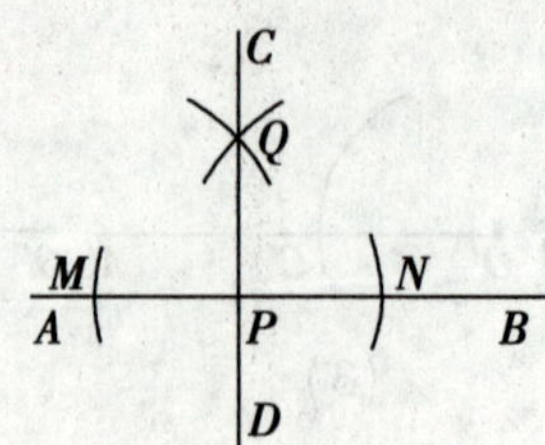

即时反思与复盘总结

我于________年____月____日完成了对本章的学习。

复盘一下，我对自己较肯定的地方是______________________

（足够努力/心态积极/方法得当……）

我觉得自己需要改进的地方是__________________________

（懒惰懈怠/心情浮躁/方法不当……）

休息片刻，开启下一站征程！

第三章 统计与概率

考向分析

本章是概率与统计的基础知识，在初中阶段主要学习统计与概率初步，在各地教师招聘考试中考查较少，且难度较低，但为了进一步学习与掌握本书第三部分第十三章的内容，考生也需认真学习本章内容。现对本章考向分析如下：

高频考点	高频考向	常考题型	核心素养	考查热度
数据的分析	中位数、众数、方差的计算	单选、填空	数据观念	🔥
常见的统计图	常见的统计图的特点	单选	几何直观、数据观念、应用意识	🔥
概率的计算	列表法、画树状图法	单选、填空	运算能力、几何直观、数据观念	🔥

第一节 统 计

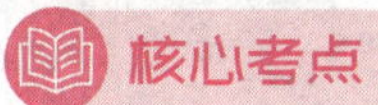

核心考点

考点1 数据的收集

考点2 数据的分析 ★★

考点3 常见的统计图

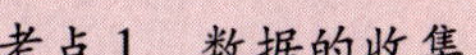

考点1 数据的收集

调查方式	定义	适用范围
全面调查	考察全体对象的调查叫做全面调查	调查的范围小、调查不具有破坏性、数据要求准确全面
抽样调查	抽取一部分对象进行调查，然后根据调查数据推断全体对象的情况，这种方法称为抽样调查	所调查对象涉及面大、范围广，或受条件限制，或具有破坏性等

考点2 数据的分析 ★★

1. 众数、中位数、平均数

	定义	优点与缺点
众数	一组数据中重复出现次数最多的数	众数通常用于描述变量的值出现次数最多的数，但显然它对其他数据信息的忽视使其无法客观地反映总体特征

续表

	定义	优点与缺点
中位数	把一组数据按从小到大(或从大到小)的顺序排列,处在中间位置的一个数据(或两个数据的平均数)	中位数是样本数据所占频率的等分线,它不受少数几个极端值的影响,这在某些情况下是优点,但它对极端值的不敏感有时也会成为缺点
平均数	算术平均数:如果有 n 个数 $x_1,x_2,\cdots,x_n$,那么 $\bar{x}=\frac{x_1+x_2+\cdots+x_n}{n}$ 叫做这 n 个数的算术平均数; 加权平均数:若 n 个数 $x_1,x_2,\cdots,x_n$ 的权分别是 $w_1,w_2,\cdots,w_n$,则 $\frac{x_1w_1+x_2w_2+\cdots+x_nw_n}{w_1+w_2+\cdots+w_n}$ 叫做这 n 个数的加权平均数	平均数与每一个样本数据有关,可以反映出更多的关于样本数据全体的信息,但平均数受数据中的极端值的影响较大,使平均数在估计总体时可靠性降低

【题1】 已知一组数据 5,4,x,3,9 的平均数为 5,则这组数据的中位数是________。

解 由题意得 $\frac{5+4+x+3+9}{5}=5$,解得 $x=4$,按从小到大的顺序对该组数据进行排列:3,4,4,5,9,故这组数据的中位数是 4。

答案 4

2. 方差与标准差

(1)定义

一般地,设样本的元素为 $x_1,x_2,\cdots,x_n$,样本的平均数为 $\bar{x}$,定义 $s^2=\frac{(x_1-\bar{x})^2+(x_2-\bar{x})^2+\cdots+(x_n-\bar{x})^2}{n}$,

$s=\sqrt{\frac{(x_1-\bar{x})^2+(x_2-\bar{x})^2+\cdots+(x_n-\bar{x})^2}{n}}$,其中 s^2 表示方差,s 表示标准差。

方差越大,数据的波动越大;方差越小,数据的波动越小。

(2)性质

①若 $x_1,x_2,\cdots,x_n$ 的平均数为 $\bar{x}$,那么 $mx_1+a,mx_2+a,\cdots,mx_n+a$ 的平均数为 $m\bar{x}+a$。

②数据 $x_1,x_2,\cdots,x_n$ 与数据 $x_1+a,x_2+a,\cdots,x_n+a$ 的方差相等。

③若 $x_1,x_2,\cdots,x_n$ 的方差为 s^2,那么 $ax_1+b,ax_2+b,\cdots,ax_n+b$ 的方差为 a^2s^2。

【题2】 甲、乙、丙、丁四位选手各 10 次射击成绩的平均数和方差如下表:

选手	甲	乙	丙	丁
平均数(环)	8.9	8.9	8.9	8.9
方差(环^2)	0.235	0.146	0.315	0.267

甲、乙、丙、丁四位选手,哪位选手的成绩更为稳定(　　)

A. 甲　　　　B. 乙　　　　C. 丙　　　　D. 丁

解　平均数能衡量一组数据的总体水平,方差(标准差)能衡量一组数据的波动大小。方差(标准差)越大波动越大,越小越稳定。由表可知,乙的方差最小,因此选手乙的成绩更为稳定。。

答案　B

【题3】【2021浙江台州,填空,3分】$-2,0,1,2,4$的标准差是________。

解　该组数据的平均值为$(-2+0+1+2+4)\div 5=1$,则这组数据的方差为$\frac{(-2-1)^2+(0-1)^2+(1-1)^2+(2-1)^2+(4-1)^2}{5}=4$,其标准差为$\sqrt{4}=2$。

答案　2

3. 频数与频率

频数:在一组依大小顺序排列的测量值中,按一定的组距将其分组时出现在各组内的测量值的数目,即落在各类别(分组)中的数据个数。

频数也称"次数",对总数据按某种标准进行分组,统计出各个组内所含个体的个数,一般我们称落在不同小组中的数据个数为该组的频数,频数与总数的比为频率。

【题4】【2021浙江绍兴,填空,3分】六年级有300人参加体测,其中有294人符合《国家学生体质健康标准》,则达标率为________,不达标率为________。

解　达标率$=\frac{达标人数}{总人数}\times 100\%=\frac{294}{300}\times 100\%=98\%$,不达标率$=\frac{不达标人数}{总人数}\times 100\%=\frac{300-294}{300}\times 100\%=2\%$。

答案　98%;2%

4. 极差

一组数据中最大数据与最小数据的差叫做极差。

在统计中常用极差来刻画一组数据的离散程度,极差反映的是变量分布的范围和离散幅度,在总体中任何两个单位的标准值之差都不能超过极差。同时,极差能体现一组数据波动的范围。极差越大,离散程度越大,反之,离散程度越小。

考点3　常见的统计图

	定义	特点
条形统计图	用一个单位长度(如1厘米)表示一定的数量,根据数量的多少,画成长短相应成比例的直条,并按一定顺序排列起来,这样的统计图称为条形统计图	(1)能够使人们一眼看出各个数据的大小; (2)易于比较数据之间的差别; (3)能清楚地表示出数量的多少

续表

	定义	特点
扇形统计图	以一个圆的面积表示事物的总体，以扇形面积表示占总体的百分数的统计图，叫做扇形统计图，也叫做百分数比较图	(1)用扇形的面积表示部分在总体中所占的百分比； (2)易于显示每组数据相对于总体的大小； (3)可以比较清楚地反映出部分与部分、部分与整体之间的数量关系
折线统计图	用一个单位长度表示一定的数量，根据数量的多少找出各点，然后把各点用线段顺次连接起来，以折线的上升或下降来表示统计数量的增减变化的统计图，称为折线统计图	能够显示数据的变化趋势，反映事物的变化情况

【题5】 有一家饮料厂商，准备用统计图来展示饮料的成分，比较合适的统计图是(　　)

A. 折线统计图　　B. 条形统计图

C. 扇形统计图　　D. 雷达统计图

解　统计图中，条形统计图能清楚地表示出数量的多少；扇形统计图能反映出部分与部分、部分与整体之间的数量关系；折线统计图能够显示数据的变化趋势。题干要求展示饮料的成分，反映的是部分与整体之间的关系，比较合适的统计图是扇形统计图。

答案　C

第二节　概率初步

核心考点

考点1　事件的分类　　考点2　概率的计算　★★

考点1　事件的分类

事件
- 随机事件：在条件S下，可能发生也可能不发生的事件。
- 确定事件
  - 不可能事件：在条件S下，一定不会发生的事件；
  - 必然事件：在条件S下，一定会发生的事件。

注：不可能事件的概率为0，但概率为0的事件未必是不可能事件；同样的，必然事件的概率为1，但概率

为 1 的事件未必是必然事件。

考点 2　概率的计算　★★

1. 直接公式法

一般地，如果在一次试验中，有 n 种可能的结果，并且它们发生的可能性都相等，事件 A 包含其中的 m 种结果，那么事件 A 发生的概率 $P(A)=\frac{m}{n}$。

【题 6】　不透明袋子中装有 7 个球，其中有 2 个红球、3 个绿球和 2 个蓝球，这些球除颜色外无其他差别。从袋子中随机取出 1 个球，则它是绿球的概率是________。

解　因为不透明袋子中装有 7 个球，其中有 3 个绿球，所以从袋子中随机取出 1 个球，它是绿球的概率是 $\frac{3}{7}$。

答案　$\frac{3}{7}$

2. 列表法

当一次试验涉及两步计算，并且可能出现的结果数目较多时，可采用列表法不重不漏地列出所有可能的结果，再根据 $P(A)=\frac{m}{n}$ 计算概率。

【题 7】　如图，让两个转盘(转盘被等分成四个扇形区域，指针的位置是固定的)分别自由转动一次，当转盘停止转动时，两个指针分别落在某两个数所表示的区域，则这两个数的和是 2 的倍数或是 3 的倍数的概率等于(　　)

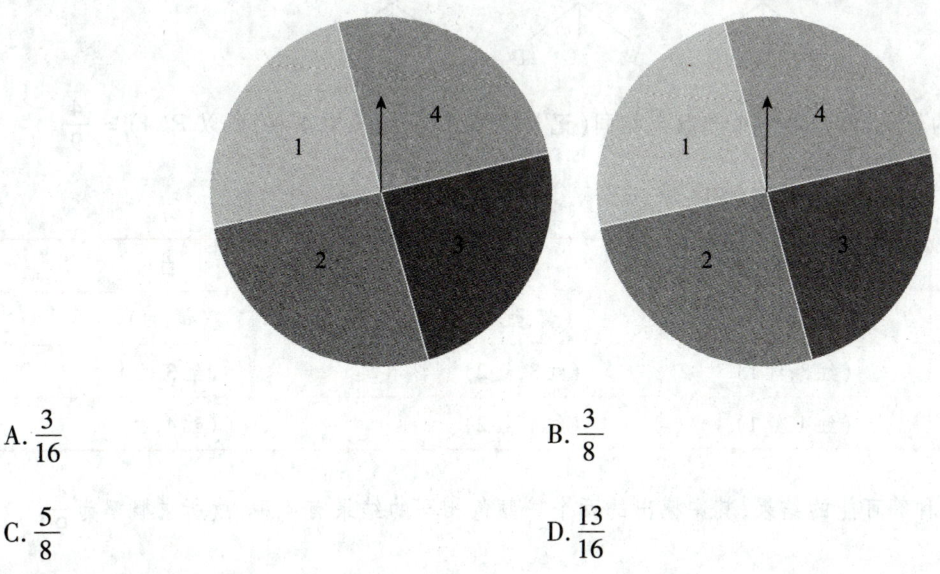

A. $\frac{3}{16}$　　　　B. $\frac{3}{8}$

C. $\frac{5}{8}$　　　　D. $\frac{13}{16}$

解　当转盘停止转动时，两个指针分别落在某两个数所表示的区域，则这两个数的和的所有可能情况列表如下：

两数之和 第一个数 / 第二个数	1	2	3	4
1	2	3	4	5
2	3	4	5	6
3	4	5	6	7
4	5	6	7	8

由表格可知共有16种等可能的结果，其中两个数的和是2的倍数的结果有8种，两个数的和是3的倍数的结果有5种，既是2的倍数，又是3的倍数的结果有3种，故这两个数的和是2的倍数或是3的倍数的结果有$8+5-3=10$种。根据概率计算公式得所求概率$P=\frac{10}{16}=\frac{5}{8}$。

答案　C

3. 画树状图法

当一次试验要涉及两步或两步以上的计算时，通常采用画树状图法来表示所有可能的结果，再根据$P(A)=\frac{m}{n}$计算概率。

【题8】　现有两个不透明的袋子，一个装有2个红球、1个白球，另一个装有1个黄球、2个红球，这些球除颜色外完全相同。从两个袋子中各随机摸出1个球，摸出的两个球颜色相同的概率是________。

解法一（画树状图法）　画树状图如图：

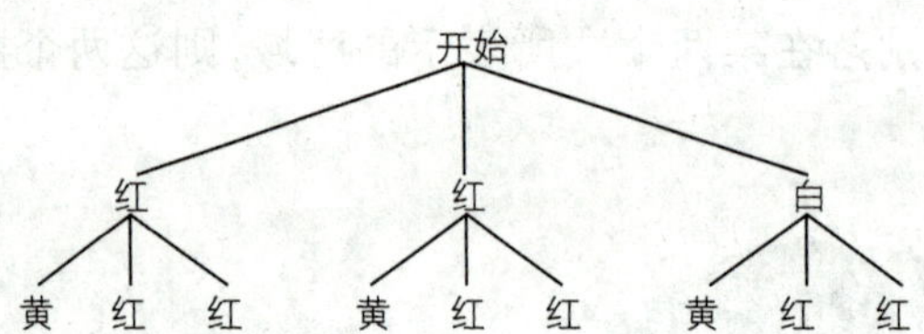

共有9种等可能的结果，摸出的两个球颜色相同（记为事件A）的结果有4种，所以$P(A)=\frac{4}{9}$。

解法二（列表法）　根据题意，列表如下：

	红1	红2	白
黄	（黄，红1）	（黄，红2）	（黄，白）
红3	（红3，红1）	（红3，红2）	（红3，白）
红4	（红4，红1）	（红4，红2）	（红4，白）

由表可知，共有9种等可能的结果，其中摸出的两个球颜色相同的结果有4种，故所求概率为$\frac{4}{9}$。

答案　$\frac{4}{9}$

【题9】【2022年6月浙江杭州,单,3分】一个不透明的布袋中装有除颜色外,其他都相同的三个小球,把它们分别标号1,2,3,随机摸出一个小球记下数字后放回,再随机摸出一个小球记下数字,两次摸出的小球标号的和为5的概率为(　　)

A. $\frac{1}{9}$　　　　B. $\frac{2}{9}$　　　　C. $\frac{1}{3}$　　　　D. $\frac{2}{3}$

解　根据题意,画出树状图如图所示:

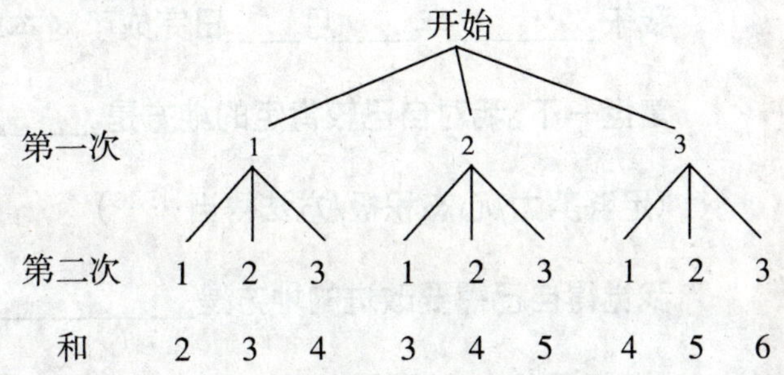

共有9种等可能的结果,其中两次摸出小球标号的和为5的情况有2种,故两次摸出小球标号的和为5的概率为$\frac{2}{9}$。

答案　B

4. 几何概型的概率公式

$$P(A)=\frac{\text{构成事件}A\text{的区域面积(或长度、角度、时间)}}{\text{全部结果所构成的区域面积(或长度、角度、时间)}}。$$

【题10】　如图,在5×6的长方形网格飞镖游戏板中,每块小正方形除颜色外都相同,小正方形的顶点称为格点,扇形OAB的圆心及弧的两端均为格点。假设飞镖击中每一块小正方形是等可能的(击中扇形的边界或没有击中游戏板,则重投1次),任意投掷飞镖1次,飞镖击中扇形OAB(阴影部分)的概率是(　　)

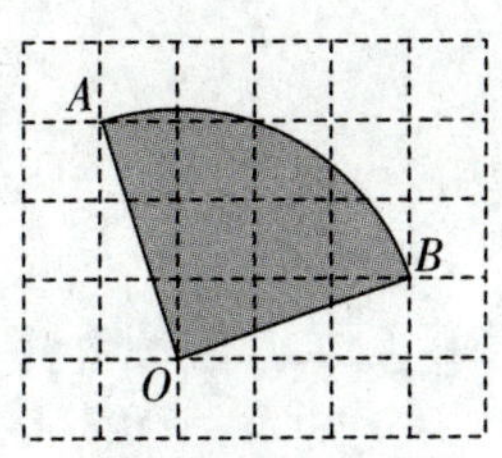

A. $\frac{\pi}{12}$　　　　B. $\frac{\pi}{24}$　　　　C. $\frac{\sqrt{10}\pi}{60}$　　　　D. $\frac{\sqrt{5}\pi}{60}$

解　设每块小正方形的边长均为1,由题图可知,长方形网格的总面积为$6\times5=30$,扇形OAB(阴影部分)的半径$r=OB=\sqrt{3^2+1^2}=\sqrt{10}$,$\angle AOB=90°$,所以阴影部分的面积为$\frac{90\cdot\pi\times(\sqrt{10})^2}{360}=\frac{5\pi}{2}$,故任意投掷飞镖1次,飞镖击中扇形$OAB$(阴影部分)的概率是$\frac{\frac{5\pi}{2}}{30}=\frac{\pi}{12}$。

答案　A

5. **频率估计概率**

一般地，在大量重复试验中，如果事件 A 发生的频率 $\frac{m}{n}$ 稳定于某个常数 p，那么事件 A 发生的概率 $P(A)=p$。

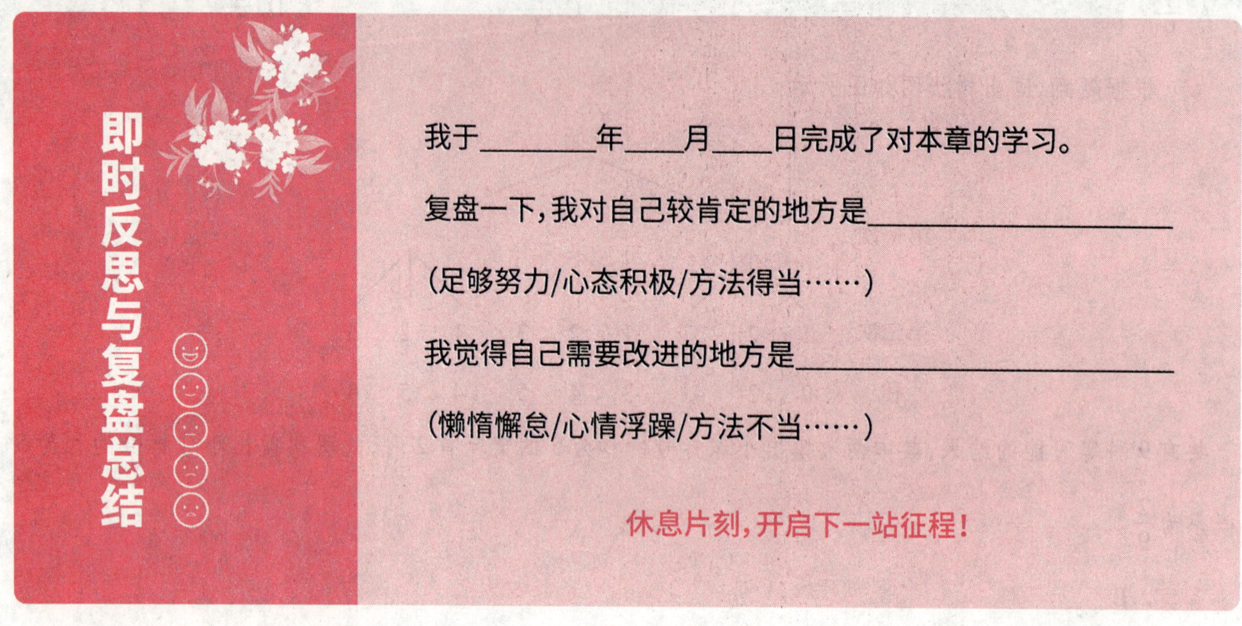

高中数学知识

SHAN XIANG

内容导学

- 教师招聘考试高中数学知识部分，共十三章。
- 第一章集合与常用逻辑用语是常考内容，难度不大，考查题型多为单项选择题与填空题。
- 第二章不等式是常考内容，常结合其他知识综合考查，试题难度不大，考查多为单项选择题、填空题。
- 第三章函数及其性质考查内容丰富，是必考重点内容，试题难度不定，考查题型多样。
- 第四章一元函数的导数及其应用常结合其他知识综合考查，是常考重点内容，试题难度较大，考查题型多样。
- 第五章三角函数与解三角形是常考内容，试题难度中等，考查题型多为单项选择题、填空题、解答题。
- 第六章数列是常考内容，试题难度不大，考查题型多样。
- 第七章至第十一章主要介绍高中数学阶段几何与代数的基础内容，其中复数内容难度较小，向量内容难度中等，几何内容稍有难度，考查题型多样。
- 第十二章计数原理是常考内容，试题难度中等，考查题型多为单项选择题、填空题。
- 第十三章概率与统计是常考内容，试题难度中等，考查题型多为单项选择题、填空题、解答题。
- 考生要结合自身情况学习掌握本部分重点内容，并结合历年真题有针对性地进行复习。

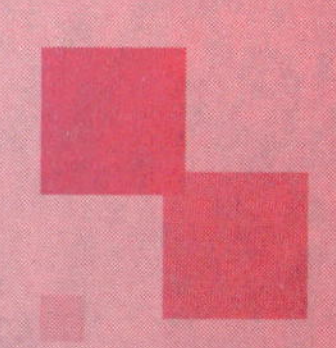

第一章　集合与常用逻辑用语

考向分析

本章属于高中数学阶段的基础内容，在各地教师招聘考试中，浙江、山西、四川与湖南等地常以单选、填空的形式考查，题目难度较低，要求考生掌握相关概念与性质。该章节也常结合不等式、函数等知识综合考查。现对本章考向分析如下：

高频考点	高频考向	常考题型	核心素养	考查热度
集合的运算	交集、并集的运算	单选、填空	数学运算	🔥🔥
命题与简单的逻辑联结词	命题的判断	单选	逻辑推理	🔥
充分条件与必要条件	充分条件、必要条件的判定	单选	逻辑推理	🔥🔥

第一节　集合的基本概念

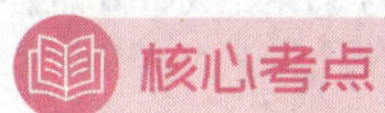

核心考点

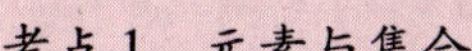

考点1　元素与集合　　　　考点2　集合间的关系　★★

考点1　元素与集合

1. 元素与集合的含义及表示

一般地，我们把研究对象统称为元素，把一些元素组成的总体叫做集合（简称为集），通常用大写拉丁字母 $A,B,C,D,\cdots$ 表示集合，用小写拉丁字母 $a,b,c,d,\cdots$ 表示集合中的元素。

2. 集合中元素的特性

(1) 确定性：给定一个集合，那么一个元素在或不在这个集合中就确定了。

(2) 互异性：一个给定集合中的元素是互不相同的。

(3) 无序性：集合中的元素没有先后顺序，是平等的。

3. 元素与集合的关系

(1) a 是集合 A 的元素，读作 a 属于集合 A，记作 $a\in A$。

(2) a 不是集合 A 的元素，读作 a 不属于集合 A，记作 $a\notin A$。

4. 集合的表示

(1) 列举法：常用来表示有限集合。

(2)描述法:常用来表示无限集合。例如$\{x\in \mathbf{R}|x<10\}$表示x是实数,且$x<10$。

(3)Venn图:常用来描述抽象集合,一般用来表示集合间的关系。

5. 常用数集及其符号表示

名称	非负整数集(自然数集)	正整数集	整数集	有理数集	实数集	复数集
符号	$\mathbf{N}$	$\mathbf{N}^*$ 或 $\mathbf{N}_+$	$\mathbf{Z}$	$\mathbf{Q}$	$\mathbf{R}$	$\mathbf{C}$

考点2 集合间的关系 ★★

1. 子集

一般地,对于两个集合A,B,如果集合A中任意一个元素都是集合B中的元素,就称集合A为集合B的子集,记作

$$A\subseteq B(\text{或 } B\supseteq A)。$$

一般地,如果集合A的任何一个元素都是集合B的元素,同时集合B的任何一个元素都是集合A的元素,那么集合A与集合B相等,记作$A=B$,即$A=B\Leftrightarrow A\subseteq B$,且$B\subseteq A$。

2. 真子集

如果集合$A\subseteq B$,但存在元素$x\in B$,且$x\notin A$,就称集合A是集合B的真子集,记作

$$A\subsetneqq B(\text{或 } B\supsetneqq A),$$

即$A\subsetneqq B\Leftrightarrow A\subseteq B$且$A\neq B$。

【题1】 已知全集$U=\mathbf{R}$,那么正确表示集合$M=\{-1,0,1\}$和$N=\{x|x^2+x=0\}$关系的韦恩(Venn)图是( )

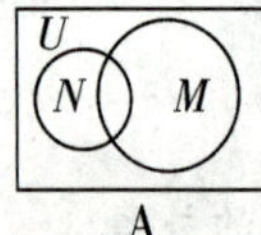

A

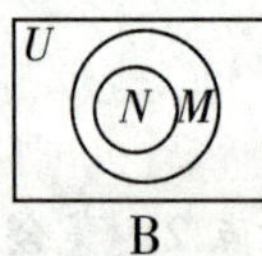

B

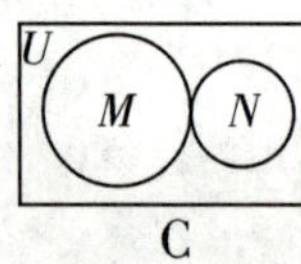

C

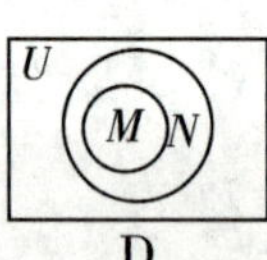

D

解 因为$M=\{-1,0,1\}$,$N=\{x|x^2+x=0\}=\{x|x(x+1)=0\}=\{0,-1\}$,所以$N\subsetneqq M$。

答案 B

3. 空集($\varnothing$)

(1)定义

不含任何元素的集合。

(2)规定

空集是任何集合的子集,是任何非空集合的真子集。

若集合A中有n个元素,那么

(1)集合A有2^n个子集,有(2^n-1)个非空子集;

(2)集合A有(2^n-1)个真子集,有(2^n-2)个非空真子集。

第二节 集合的运算

核心考点

考点1 并集 ★★
考点2 交集 ★★
考点3 全集和补集 ★

考点1 并集 ★★

1. 定义

一般地，由所有属于集合 A 或属于集合 B 的元素组成的集合，称为集合 A 与 B 的并集，记作 $A\cup B$（读作"A 并 B"），即

$$A\cup B=\{x\mid x\in A,\text{或 }x\in B\}。$$

2. Venn 图

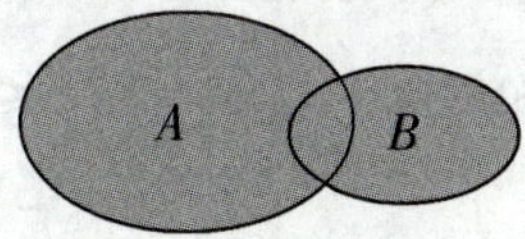

3. 性质

(1) $A\cup B=B\cup A, A\subseteq A\cup B, B\subseteq A\cup B$;

(2) $A\cup A=A, A\cup\varnothing=A$;

(3) 若 $A\cup B=A$，则 $B\subseteq A$。

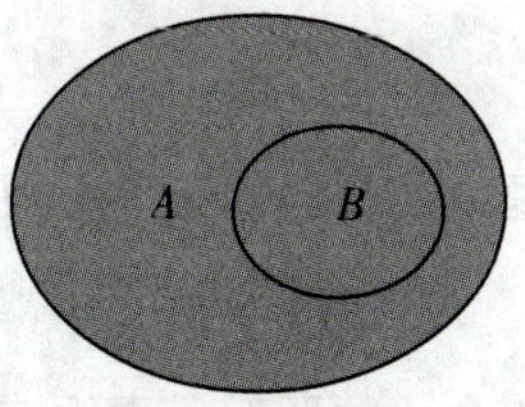

$A\cup B=A$

【题2】【2023 山西特岗，单，3 分】设集合 $A=\{1,2\}$，$B=\{2,4,6\}$，则 $A\cup B=$（ ）

A. $\{2\}$　　B. $\{1,2\}$　　C. $\{2,4,6\}$　　D. $\{1,2,4,6\}$

解　集合 $A=\{1,2\}$，$B=\{2,4,6\}$，则 $A\cup B=\{1,2,4,6\}$。

答案　D

考点2 交集 ★★

1. 定义

一般地，由所有属于集合 A 且属于集合 B 的元素组成的集合，称为集合 A 与 B 的交集，记作 $A\cap B$（读作

"A交B"),即

$$A\cap B=\{x\mid x\in A,且\ x\in B\}。$$

2. Venn 图

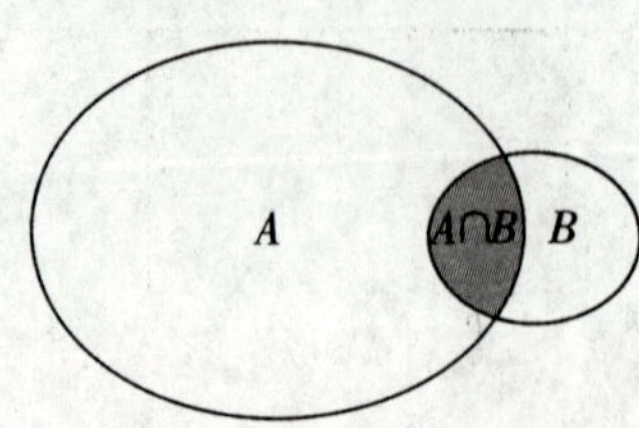

3. 性质

(1)$A\cap B=B\cap A, A\cap B\subseteq A, A\cap B\subseteq B$;

(2)$A\cap A=A, A\cap\varnothing=\varnothing$;

(3)若 $A\cap B=A$,则 $A\subseteq B$。

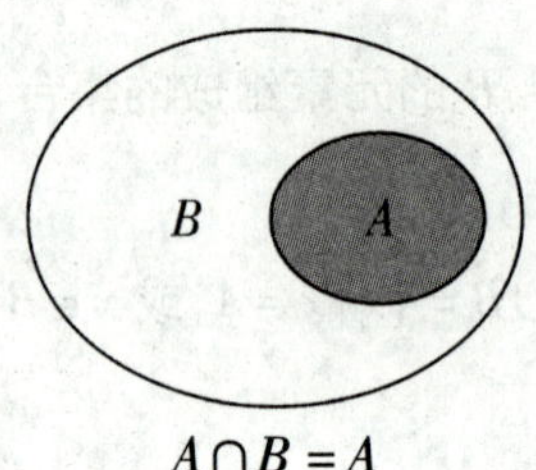

$A\cap B=A$

【题3】【2023 四川特岗,单,4 分】已知集合 $A=\{x\mid -2<x\leqslant 1\}, B=\{-2,-1,0,1\}$,则 $A\cap B=($　　$)$

A. $\{-2,-1,0,1\}$　　B. $\{-1,0,1\}$

C. $\{-1,0\}$　　D. $\{-2,-1,0\}$

解　由题意得 $A\cap B=\{-1,0,1\}$。

答案　B

考点3　全集和补集　★

1. 全集

一般地,如果一个集合含有所研究问题中涉及的所有元素,那么就称这个集合为全集,通常记作 U。

2. 补集

对于一个集合 A,由全集 U 中不属于集合 A 的所有元素组成的集合称为集合 A 相对于全集 U 的补集,简称为集合 A 的补集,记作$\complement_U A$,即

$$\complement_U A=\{x\mid x\in U,且\ x\notin A\}。$$

3. Venn 图

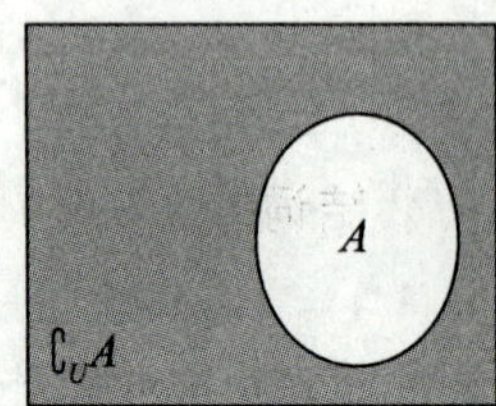

4. 性质

(1) $A\cup \complement_U A=U, A\cap \complement_U A=\varnothing, \complement_U(\complement_U A)=A$;

(2) $\complement_U(A\cup B)=\complement_U A\cap \complement_U B$;

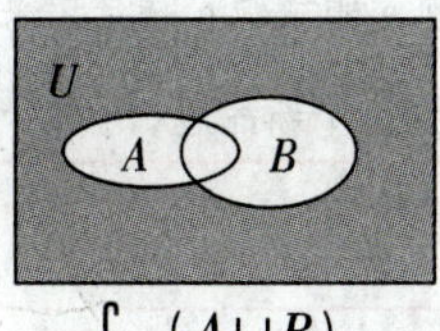

$\complement_U(A\cup B)$

(3) $\complement_U(A\cap B)=\complement_U A\cup \complement_U B$。

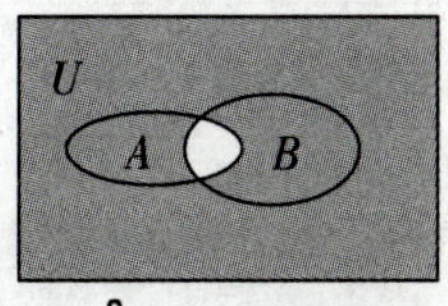

$\complement_U(A\cap B)$

【题 4】【2023 浙江金华,单,3 分】已知集合 $A=\{x\in \mathbf{N}_+ \mid x^2-11x+10\leqslant 0\}, B=\{1,3,5,7,9\}$,则 $\complement_A(A\cap B)=($　　$)$

A. $\{2,4,6,8\}$　　　　B. $\{1,3,5,7,9\}$

C. $\{2,4,6,8,10\}$　　　　D. $\{1,2,3,4,5,6,7,8,9,10\}$

解　因为集合 $A=\{x\in \mathbf{N}_+ \mid x^2-11x+10\leqslant 0\}=\{1,2,3,4,5,6,7,8,9,10\}, B=\{1,3,5,7,9\}$,所以 $A\cap B=\{1,3,5,7,9\}$,$\complement_A(A\cap B)=\{2,4,6,8,10\}$。

答案　C

第三节　充分条件与必要条件

核心考点

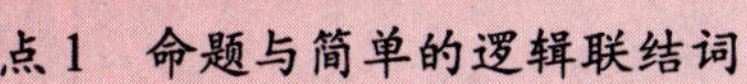

考点 1　命题与简单的逻辑联结词　　　考点 2　充分条件、必要条件的判定 ★★

考点 1　命题与简单的逻辑联结词

1. 命题的定义

可以判断真假的语句叫做命题。不含逻辑联结词的命题叫做简单命题,由简单命题与逻辑联结词构成的命题叫做复合命题。

2. 逻辑联结词

逻辑联结词	定义
或	一般地，用逻辑联结词“或”把命题 p 和命题 q 联结起来，就得到一个新命题，记作“$p\vee q$”，读作“p 或 q”
且	一般地，用逻辑联结词“且”把命题 p 和命题 q 联结起来，就得到一个新命题，记作“$p\wedge q$”，读作“p 且 q”
非	一般地，对一个命题 p 否定，就得到一个新命题，记作“$\neg p$”，读作“非 p”或“p 的否定”

3. 简单复合命题的真值表

p	q	$p\wedge q$	$p\vee q$	$\neg p$
真	真	真	真	假
假	真	假	真	真
真	假	假	真	假
假	假	假	假	真

记忆口诀：“p 或 q”有真则真；“p 且 q”有假则假；“非 p”与 p 真假相反。

【题 6】【2021 广东广州天河区，单，1.47 分】已知命题 p：$\exists x\in\mathbf{R},2x^3+x^2=3$，命题 q：$\forall x\in(0,+\infty)$，$\log_8 x>\log_9 x$，则下列命题中为真命题的是（　　）

A. $\neg p\vee q$　　B. $p\wedge q$　　C. $p\vee q$　　D. $\neg p\wedge q$

解　当 $x=1$ 时，$2x^3+x^2=3$，命题 p 成立；当 $0<x<1$ 时，$\log_8 x<\log_9 x$，命题 q 不成立。所以真命题是 C 项。

答案　C

4. 四种命题及其关系

(1) 四种命题的表达形式

命题	表述形式
原命题	若 p，则 q
逆命题	若 q，则 p
否命题	若 $\neg p$，则 $\neg q$
逆否命题	若 $\neg q$，则 $\neg p$

注：否命题与命题的否定的区别：否命题是对原命题“若 p 则 q”既否定其条件，又否定其结论；命题 p 的否定即 $\neg p$，只否定命题的结论。

(2) 四种命题的关系图

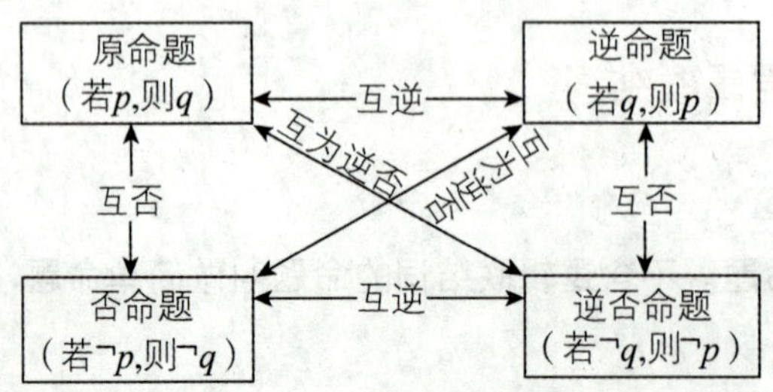

(3)四种命题的真假关系

①两个命题互为逆否命题,它们有相同的真假性;

②两个命题互为逆命题或互为否命题,它们的真假性没有关系。

考点2　充分条件、必要条件的判定 ★★

充分、必要条件	p 和 q 的推导关系	集合与充分、必要条件 $A=\{x\mid p(x)\},B=\{x\mid q(x)\}$
p 是 q 的充分不必要条件	$p\Rightarrow q$ 且 $q\nRightarrow p$	A 是 B 的真子集
p 是 q 的必要不充分条件	$p\nRightarrow q$ 且 $q\Rightarrow p$	B 是 A 的真子集
p 是 q 的充要条件	$p\Leftrightarrow q$	$A=B$
p 是 q 的既不充分也不必要条件	$p\nRightarrow q$ 且 $q\nRightarrow p$	A,B 互不包含

【题7】【2023 山西特岗,单,3 分】已知 $a\in\mathbf{R}$,则"$a>1$"是"$a^2>1$"的(　　)条件。

A. 充分不必要　　B. 必要不充分

C. 充要条件　　D. 既不充分也不必要

解　由 $a^2>1$,可得 $a>1$ 或 $a<-1$,所以"$a>1$"是"$a^2>1$"的充分不必要条件。

答案　A

【题8】【2023 湖南长沙湘江新区,单,2 分】$m\leqslant 3$ 是 $2x^2-mx+1>0$ 在 $x\in[1,+\infty)$ 上恒成立的(　　)

A. 充分不必要条件　　B. 必要不充分条件

C. 充要条件　　D. 既不充分也不必要条件

解　若使 $2x^2-mx+1>0$ 在 $x\in[1,+\infty)$ 上恒成立,只需使 $m<2x+\frac{1}{x}$ 在 $x\in[1,+\infty)$ 上恒成立,令 $f(x)=2x+\frac{1}{x}$,则 $f'(x)=\frac{2x^2-1}{x^2}$,因为 $f'(x)$ 在 $x\in[1,+\infty)$ 上恒大于 0,所以 $f(x)=2x+\frac{1}{x}$ 在 $x\in[1,+\infty)$ 上单调递增,所以 $f(x)\geqslant f(1)=3$,即 $m<3$。则 $m\leqslant 3$ 是 $2x^2-mx+1>0$ 在 $x\in[1,+\infty)$ 上恒成立的必要不充分条件。

答案　B

第四节　全称量词与存在量词

核心考点

考点1　全称量词命题与存在量词命题　　考点2　全称量词命题与存在量词命题的否定

考点1　全称量词命题与存在量词命题

(1)"任意一个""一切"等表示整体或全部的含义,这样的词叫做全称量词,表示符号:∀。含有全称量词的命题叫全称量词命题。

用符号简记为：$\forall x\in M,p(x)$。

(2)“存在一个”“至少有一个”等表示个别或一部分的词叫做存在量词，表示符号：∃。含有存在量词的命题叫存在量词命题。

用符号简记为：$\exists x\in M,p(x)$。

考点 2　全称量词命题与存在量词命题的否定

(1)全称量词命题的否定是存在量词命题。

全称量词命题 $p:\forall x\in M,p(x)$，它的否定是 $\neg p:\exists x_0\in M,\neg p(x_0)$。

(2)存在量词命题的否定是全称量词命题。

存在量词命题 $p:\exists x_0\in M,p(x_0)$，它的否定是 $\neg p:\forall x\in M,\neg p(x)$。

【题 9】【2021 山东青岛，单，2.5 分】命题 $P:\exists x>0,x^3+x\geqslant 0$，则 P 的否定为(　　)

A. $\forall x\leqslant 0,x^3+x<0$　　B. $\exists x_0\leqslant 0,x_0^3+x_0<0$

C. $\forall x>0,x^3+x<0$　　D. $\exists x_0>0,x_0^3+x_0<0$

解　一般地，对于含有一个存在量词的命题的否定，有结论：存在量词命题 $p:\exists x_0\in M,p(x_0)$，它的否定 $\neg p:\forall x\in M,\neg p(x)$。

答案　C

我于________年____月____日完成了对本章的学习。

复盘一下，我对自己较肯定的地方是________________

(足够努力/心态积极/方法得当……)

我觉得自己需要改进的地方是________________

(懒惰懈怠/心情浮躁/方法不当……)

休息片刻，开启下一站征程！

第二章 不等式

考向分析

本章属于高中数学阶段的基础内容，在各地教师招聘考试中，山东、四川、山西等地常以单选、填空的形式考查线性规划、基本不等式等知识，而不等式的解法常与集合、函数、导数、平面解析几何等知识综合考查。现对本章考向分析如下：

高频考点	高频考向	常考题型	核心素养	考查热度
一元二次不等式	解一元二次不等式	单选、解答	数学运算	🔥🔥
简单的线性规划	求目标函数最值	单选、填空	直观想象、数学运算	🔥
基本不等式	基本不等式的应用	单选、填空	数学运算	🔥🔥🔥

第一节 不等式及其应用

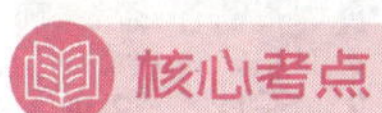

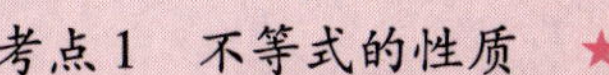

考点2 一元二次不等式的解法 ★

考点4 简单的线性规划 ★

考点1 不等式的性质 ★

(1)对称性：如果 $a>b$，那么 $b<a$；如果 $b<a$，那么 $a>b$。即 $a>b\Leftrightarrow b<a$。

(2)传递性：如果 $a>b,b>c$，那么 $a>c$。即 $a>b,b>c\Rightarrow a>c$。

(3)可加性：如果 $a>b$，那么 $a+c>b+c$。

(4)可乘性：如果 $a>b,c>0$，那么 $ac>bc$；如果 $a>b,c<0$，那么 $ac<bc$。

(5)同向可加性：如果 $a>b,c>d$，那么 $a+c>b+d$。

(6)同向正可乘性：如果 $a>b>0,c>d>0$，那么 $ac>bd$。

(7)可乘方性：如果 $a>b>0,n\in\mathbf{N}_+$，且 $n>1$，那么 $a^n>b^n$。

(8)可开方性：如果 $a>b>0,n\in\mathbf{N}_+$，且 $n>1$，那么 $\sqrt[n]{a}>\sqrt[n]{b}$。

【题1】 若 $a>b$，则( )

A. $\ln(a-b)>0$

B. $3^a<3^b$

C. $a^3-b^3>0$

D. $|a|>|b|$

解 因为 $a>b$，所以 $a-b>0$，取 $a-b=1$，则 $\ln(a-b)=0$，A 项错误；由 $y=3^x$ 在 $\mathbf{R}$ 上单调递增可知 $3^a>3^b$，B 项错误；由 $y=x^3$ 在 $\mathbf{R}$ 上是增函数可知 $a^3-b^3>0$，C 项正确；取 $a=0,b=-1$，则 $|a|<|b|$，D 项错误。

答案 C

考法大揭秘

不等式性质的应用

1. 利用不等式的性质求数(式)的值或范围

(1)借助性质，转化为同向不等式相加或相乘进行解答；

(2)整体使用所给条件，切不可随意拆分所给条件；

(3)结合不等式的传递性进行求解。

【题2】【2023 安徽统考，单，4 分】若 m 是整数，且 $m<\frac{\sqrt{7}-1}{2+\sqrt{7}}<m+1$，则 m 的值是( )

A. -1

B. 0

C. 1

D. 2

解 $\frac{\sqrt{7}-1}{2+\sqrt{7}}=\frac{(\sqrt{7}-1)\times(2-\sqrt{7})}{(2+\sqrt{7})\times(2-\sqrt{7})}=\frac{2\sqrt{7}-7-2+\sqrt{7}}{4-7}=\frac{3\sqrt{7}-9}{-3}=-\sqrt{7}+3$，又 $2<\sqrt{7}<3$，所以 $-3<-\sqrt{7}<-2$，故 $0<-\sqrt{7}+3<1$，则 $m=0$。

答案 B

【题3】 已知 $-1\leqslant x+y\leqslant 1,1\leqslant x-y\leqslant 3$，则 $3x-2y$ 的取值范围是( )

A. $[2,8]$

B. $[3,8]$

C. $[2,7]$

D. $[5,10]$

解 令 $3x-2y=m(x+y)+n(x-y)=(m+n)x+(m-n)y$，所以 $\begin{cases}m+n=3,\\m-n=-2,\end{cases}$ 解得 $m=\frac{1}{2},n=\frac{5}{2}$，所以 $3x-2y=\frac{1}{2}(x+y)+\frac{5}{2}(x-y)$，又因为 $-1\leqslant x+y\leqslant 1,1\leqslant x-y\leqslant 3$，所以 $-\frac{1}{2}\leqslant\frac{1}{2}(x+y)\leqslant\frac{1}{2}$①，$\frac{5}{2}\leqslant\frac{5}{2}(x-y)\leqslant\frac{15}{2}$②，①+②得 $2\leqslant 3x-2y\leqslant 8$。故选 A。

答案 A

2. 比较两数(式)的大小

方法	作差比较法	作商比较法
理论依据	(1) $a-b>0\Leftrightarrow a>b$; (2) $a-b<0\Leftrightarrow a<b$; (3) $a-b=0\Leftrightarrow a=b$	若 $a>0,b>0$,则有 (1) $\frac{a}{b}>1\Leftrightarrow a>b$; (2) $\frac{a}{b}<1\Leftrightarrow a<b$; (3) $\frac{a}{b}=1\Leftrightarrow a=b$
步骤	(1)作差; (2)变形,常用配方、因式分解、平方后作差、分子分母有理化等恒等变形手段; (3)判断差的符号,如果差的符号无法确定,根据题目的要求分类讨论; (4)下结论	(1)判断要比较的两式子的符号; (2)作商; (3)变形,常用约分、化简等变形手段; (4)判断商是大于1、等于1还是小于1,如果商与1的大小关系无法确定,根据题目的要求分类讨论; (5)下结论

注:作商法一般比较适用于含"幂"的式子比较大小。

【题4】 a^3+b^3________ a^2b+ab^2。(a,b 均为正数,且 $a\neq b$)

解法一(作差法) $a^3+b^3-(a^2b+ab^2)=(a^3-a^2b)+(b^3-ab^2)=a^2(a-b)+b^2(b-a)=(a-b)(a^2-b^2)=(a+b)(a-b)^2$,$\because a>0,b>0,a\neq b$,$\therefore a+b>0,(a-b)^2>0$,$\therefore (a^3+b^3)-(a^2b+ab^2)=(a+b)(a-b)^2>0$,$\therefore a^3+b^3>a^2b+ab^2$。

解法二(作商法) $\because a>0,b>0,a\neq b$,$\therefore a^3+b^3>0,a^2b+ab^2>0$,$\therefore \frac{a^3+b^3}{a^2b+ab^2}=\frac{(a+b)(a^2-ab+b^2)}{ab(a+b)}=\frac{a^2-ab+b^2}{ab}=\frac{(a-b)^2+ab}{ab}=\frac{(a-b)^2}{ab}+1$,$\because a>0,b>0,a\neq b$,$\therefore \frac{(a-b)^2}{ab}>0$,$\therefore \frac{(a-b)^2}{ab}+1>1$,$\therefore a^3+b^3>a^2b+ab^2$。

答案 >

考点2 一元二次不等式的解法 ★

1. 一元二次不等式的定义

只含有一个未知数,并且未知数的最高次数是2的不等式,称为一元二次不等式。

2. 二次函数与一元二次方程、不等式的解的对应关系

$\Delta=b^2-4ac$	$\Delta>0$	$\Delta=0$	$\Delta<0$
$y=ax^2+bx+c$ ($a>0$)的图象			
$ax^2+bx+c=0(a>0)$的根	$x_1=\frac{-b-\sqrt{b^2-4ac}}{2a},x_2=\frac{-b+\sqrt{b^2-4ac}}{2a}$	$x_1=x_2=-\frac{b}{2a}$	无实根
$ax^2+bx+c>0(a>0)$的解集	$\{x\mid x<x_1$或$x>x_2\}$	$\left\{x\,\middle|\,x\neq-\frac{b}{2a}\right\}$	**R**
$ax^2+bx+c<0$的解集	$\{x\mid x_1<x<x_2\}$	$\varnothing$	$\varnothing$

【题5】 解不等式$-x^2-2x+15>0$。

解 方程$-x^2-2x+15=0$的判别式$\Delta=(-2)^2-4\times(-1)\times15=4+60=64>0$，所以方程有两个不相等的实数根，为$x_1=3,x_2=-5$。因为函数$f(x)=-x^2-2x+15$的图象是开口向下的抛物线，如图，

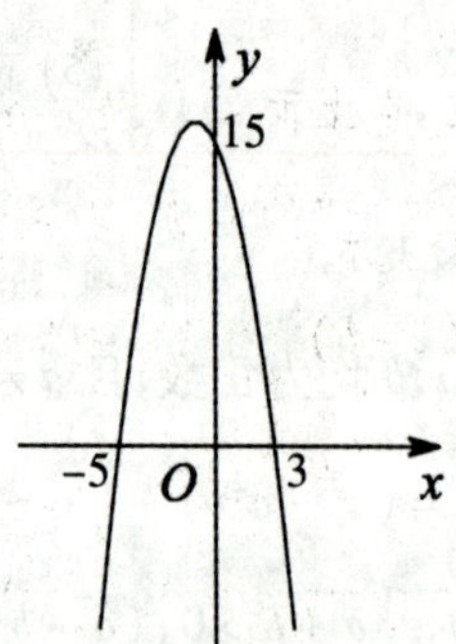

所以原不等式的解集是$\{x\mid -5<x<3\}$。

考点3 分式不等式

(1)$\frac{f(x)}{g(x)}>0\Leftrightarrow\begin{cases}f(x)>0,\\g(x)>0\end{cases}$或$\begin{cases}f(x)<0,\\g(x)<0\end{cases}\Leftrightarrow f(x)\cdot g(x)>0$；

(2)$\frac{f(x)}{g(x)}<0\Leftrightarrow\begin{cases}f(x)>0,\\g(x)<0\end{cases}$或$\begin{cases}f(x)<0,\\g(x)>0\end{cases}\Leftrightarrow f(x)\cdot g(x)<0$；

(3)$\frac{f(x)}{g(x)}\geqslant0\Leftrightarrow\begin{cases}f(x)\geqslant0,\\g(x)>0\end{cases}$或$\begin{cases}f(x)\leqslant0,\\g(x)<0\end{cases}\Leftrightarrow f(x)\cdot g(x)\geqslant0$，且$g(x)\neq0$；

(4)$\frac{f(x)}{g(x)}\leqslant0\Leftrightarrow\begin{cases}f(x)\geqslant0,\\g(x)<0\end{cases}$或$\begin{cases}f(x)\leqslant0,\\g(x)>0\end{cases}\Leftrightarrow f(x)\cdot g(x)\leqslant0$，且$g(x)\neq0$。

注：解分式不等式$\frac{f(x)}{g(x)}>a(a\neq0)$时，一定要注意先移项再通分求解。

【题6】【2021 山东青岛,单,2.5 分】不等式$\frac{1-x}{x+1}\leqslant 0$的解集为(　　)

A. $(-1,1]$　　　　B. $[-1,1]$

C. $(-\infty,-1)\cup[1,+\infty)$　　　　D. $(-\infty,-1)\cup(1,+\infty)$

解　解不等式$\frac{1-x}{x+1}\leqslant 0$,即$\begin{cases}(1-x)(x+1)\leqslant 0,\\ x+1\neq 0,\end{cases}$解得$x<-1$或$x\geqslant 1$。

答案　C

知识再拔高

一元高次不等式的解法

解简单的一元高次不等式,主要是通过分析函数图象解决,常称为穿针引线法或数轴标根法,步骤如下:

(1)将$f(x)$最高次项系数化为正;

(2)将$f(x)$分解为若干个一次因式的积或二次不可分解因式的积,然后求出$f(x)=0$的解,并在数轴上标出;

(3)自数轴正方向起,用曲线从右至左、自上而下依次由各解穿过数轴;

用曲线经各解穿数轴时,遵循"奇过偶不过"的原则,即遇到含x的项是奇次幂就穿过,偶次幂穿而不过,例如用穿针引线法解不等式$(x-a)(x-b)^2(x-c)\geqslant 0(c>b>a)$时,作图如下:

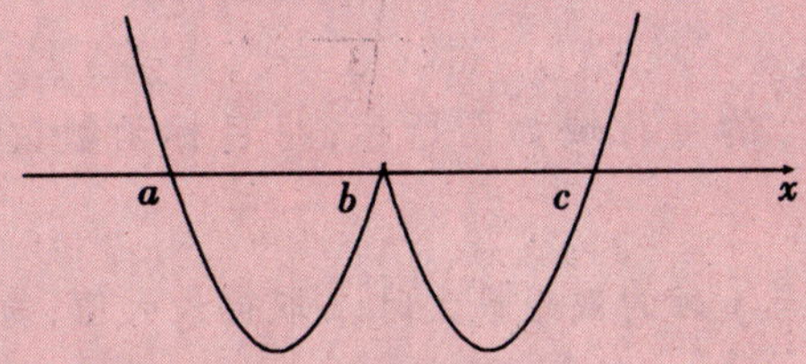

(4)记数轴上方为正,下方为负,根据不等号写出解集。

在用穿针引线法求解高次不等式的过程中要注意:区间端点是否能取到;各因式中的最高次项系数必须为正。

考点4　简单的线性规划　★

名称	定义
线性约束条件	由x,y的一次不等式(方程)组成的不等式(方程)组
线性目标函数	目标函数是关于x,y的一次函数解析式
可行解	满足线性约束条件的解(x,y)
可行域	约束条件对应的二元一次不等式(组)表示的平面区域(或其内部的部分点),即所有可行解组成的集合

续表

名称	定义
最优解	使目标函数取得最大值或最小值的可行解
线性规划问题	在线性约束条件下求线性目标函数的最值问题

注：其中最优解可能唯一存在，也可能存在无穷多个，还可能不存在，若存在则一般会出现在可行域边界处。

考法大揭秘

求目标函数 $z=ax+by$ 的最值的解法

(1)画：在平面直角坐标系中，画出可行域和直线 $ax+by=0$。

(2)移：将 $z=ax+by(b\neq0)$ 变形为 $y=-\frac{a}{b}x+\frac{z}{b}$，则求 z 的最值可看成求直线 $y=-\frac{a}{b}x+\frac{z}{b}$ 在 y 轴上的截距 $\frac{z}{b}$ 的最值，将直线 $y=-\frac{a}{b}x+\frac{z}{b}$ 进行平移，在可行域中观察使 $\frac{z}{b}$ 最大或最小时直线 $y=-\frac{a}{b}x+\frac{z}{b}$ 所经过的点。

(3)求：求出使 $\frac{z}{b}$ 取得最值的点的坐标 (x_0,y_0)。

(4)代入解答：将点 (x_0,y_0) 代入 $z=ax+by$，得出正确答案。

【题7】【2022 湖南长沙岳麓区，填空，2.5 分】若 $\begin{cases}x+y\leqslant3,\\y\leqslant2x,\end{cases}$ 则 $z=3x+4y$ 的最大值为________。

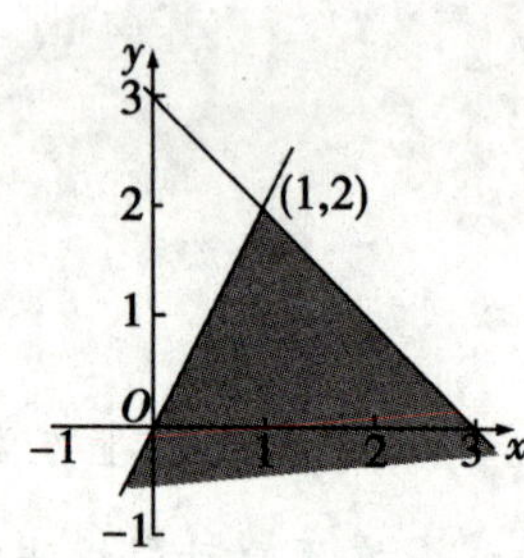

解 满足约束条件 $\begin{cases}x+y\leqslant3,\\y\leqslant2x\end{cases}$ 的可行域如图所示，将目标函数改写为 $y=-\frac{3}{4}x+\frac{z}{4}$，当直线 $y=-\frac{3}{4}x+\frac{z}{4}$ 与 y 轴的截距最大时，z 取得最大值，易知当直线 $y=-\frac{3}{4}x+\frac{z}{4}$ 过点 $(1,2)$ 时，与 y 轴的截距最大，所以 $z_{max}=3\times1+4\times2=11$。

答案 11

【题8】【2021 浙江绍兴，单，3 分】设 x,y 满足约束条件 $\begin{cases}x-y+1\geqslant0,\\x-2y\leqslant0,\\x+2y-2\leqslant0,\end{cases}$ 则 $z=x+y$ 的最大值为(　　)

A. $\frac{3}{2}$　　B. $\frac{1}{2}$　　C. 2　　D. 3

解 不等式表示的区域如图阴影部分所示，由 $z=x+y$ 得 $y=-x+z$，易知直线 $y=-x+z$ 过点 $A\left(1,\frac{1}{2}\right)$ 时在 y 轴上的截距最大，此时 z 值最大，最大值为 $1+\frac{1}{2}=\frac{3}{2}$。

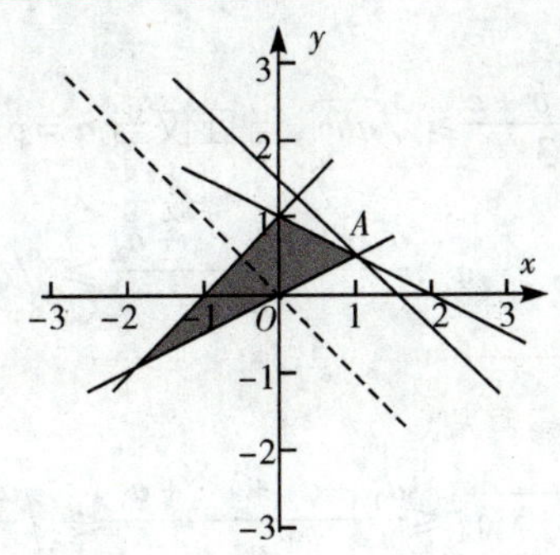

答案　A

第二节　基本不等式

核心考点

考点 1　基本不等式　★★　　　　考点 2　最值定理　★★

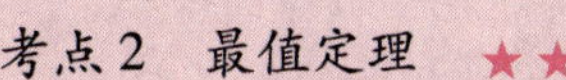

考点 1　基本不等式　★★

基本不等式

1. 重要不等式

如果 $a,b\in\mathbf{R}$,那么 $a^2+b^2\geqslant 2ab$,当且仅当 $a=b$ 时,等号成立。

2. 基本不等式

如果 $a,b>0$,那么$\frac{a+b}{2}\geqslant\sqrt{ab}$,当且仅当 $a=b$ 时,等号成立。

通常称不等式$\frac{a+b}{2}\geqslant\sqrt{ab}$为基本不等式,这里 a,b 均为正数,我们称$\frac{a+b}{2}$为 a,b 的算术平均数,$\sqrt{ab}$为 a,b 的几何平均数。

基本不等式表明:两个正数的算术平均数不小于(即大于或等于)它们的几何平均数。

【题 9】【2023 四川特岗,填空,3 分】已知 $a,b\in(0,+\infty)$,且不等式 $a+b\leqslant m^2-2m+6$ 对任意 $m\in[2,3]$恒成立,则 $\sqrt{(a+1)(b+1)}$ 的最大值为________。

解　不等式 $a+b\leqslant m^2-2m+6$ 对任意 $m\in[2,3]$ 恒成立,则 $a+b\leqslant(m^2-2m+6)_{\min}$,因为当 $m\in[2,3]$ 时,$m^2-2m+6=(m-1)^2+5\in[6,9]$,所以 $a+b\leqslant 6$,则 $2\sqrt{(a+1)(b+1)}\leqslant(a+1)+(b+1)=a+b+2\leqslant 8$,当且仅当 $a+1=b+1$,即 $a=b=3$ 时等号成立,所以 $\sqrt{(a+1)(b+1)}\leqslant 4$,故 $\sqrt{(a+1)(b+1)}$ 的最大值为 4。

答案　4

3. 基本不等式的推广

(1)定理1:如果 $a,b,c>0$,那么$\frac{a+b+c}{3}\geqslant\sqrt[3]{abc}$,当且仅当 $a=b=c$ 时,等号成立。

此定理可以推广到 n 个正数 $a_1,a_2,\cdots,a_n$,$\frac{a_1+a_2+\cdots+a_n}{n}\geqslant\sqrt[n]{a_1a_2\cdots a_n}$,当且仅当 $a_1=a_2=\cdots=a_n$ 时,等号成立。

(2)定理2:$\frac{n}{\frac{1}{a_1}+\frac{1}{a_2}+\cdots+\frac{1}{a_n}}\leqslant\sqrt[n]{a_1a_2\cdots a_n}\leqslant\frac{a_1+a_2+\cdots+a_n}{n}\leqslant\sqrt{\frac{a_1^2+a_2^2+\cdots+a_n^2}{n}}$($a_1,a_2,\cdots,a_n>0$,当且仅当 $a_1=a_2=\cdots=a_n$ 时,不等式取等号,这几个数依次为调和平均数、几何平均数、算术平均数、平方平均数)。

4. 几个常用不等式

(1)$ab\leqslant\left(\frac{a+b}{2}\right)^2\leqslant\frac{a^2+b^2}{2}$;

(2)$abc\leqslant\left(\frac{a+b+c}{3}\right)^3$;

(3)如果 $a,b>0$,则$\sqrt{\frac{a^2+b^2}{2}}\geqslant\frac{a+b}{2}\geqslant\sqrt{ab}\geqslant\frac{2}{\frac{1}{a}+\frac{1}{b}}$。

【题10】【2021年5月山西特岗,单,3分】已知 $a>0,b>0,a^2+b^2-ab=2$,则下列不等式恒成立的是(　　)

A. $ab\leqslant1$　　B. $ab\geqslant2$　　C. $a+b\leqslant2\sqrt{2}$　　D. $a+b\geqslant\sqrt{2}$

解　由题知 $a>0,b>0,a^2+b^2-ab\geqslant2ab-ab=ab$,所以 $ab\leqslant2$,故A、B两项错误;由 $ab\leqslant\left(\frac{a+b}{2}\right)^2$ 得 $a^2+b^2-ab=(a+b)^2-3ab\geqslant(a+b)^2-3\left(\frac{a+b}{2}\right)^2=\frac{1}{4}(a+b)^2$,即$\frac{1}{4}(a+b)^2\leqslant2$,则 $a+b\leqslant2\sqrt{2}$,故C项正确。

答案　C

考点2　最值定理　★★

已知 $x>0,y>0$,则:

(1)如果积 xy 是定值,那么当且仅当 $x=y$ 时,$x+y$ 有最小值,是 $2\sqrt{xy}$。(简记:积定和最小)

(2)如果和 $x+y$ 是定值,那么当且仅当 $x=y$ 时,xy 有最大值,是$\frac{(x+y)^2}{4}$。(简记:和定积最大)

考法大揭秘

利用基本不等式求最值

1. 通过配凑法利用基本不等式求最值

(1)拆项与添项

在保证正数和相等的前提下,通过拆项与添项配出定值。

【题 11】 已知 $x>\frac{5}{4}$，则函数 $y=4x-2+\frac{1}{4x-5}$ 的最小值为________。

解 因为 $x>\frac{5}{4}$，所以 $4x-5>0$，则 $y=4x-2+\frac{1}{4x-5}=(4x-5)+\frac{1}{4x-5}+3\geqslant 2\sqrt{(4x-5)\cdot\frac{1}{4x-5}}+3=5$，当且仅当 $4x-5=\frac{1}{4x-5}$，即 $x=\frac{3}{2}$（$x=1$ 舍去）时取到等号，所以当 $x=\frac{3}{2}$ 时，y 取得最小值 5。

答案 5

(2) 乘方与开方

对于有些无理式问题，可以先化为有理式，再进行配凑。

【题 12】 已知正实数 a,b 满足 $a+b=2$，则 $\sqrt{a+1}+\sqrt{b+1}$ 的最大值为________。

解 因为 $(\sqrt{a+1}+\sqrt{b+1})^2=(a+1)+(b+1)+2\sqrt{a+1}\cdot\sqrt{b+1}\leqslant(a+1)+(b+1)+(a+1)+(b+1)=2(a+b+2)=8$，当且仅当 $\sqrt{a+1}=\sqrt{b+1}$，即 $a=b=1$ 时取等号，所以 $\sqrt{a+1}+\sqrt{b+1}$ 的最大值为 $2\sqrt{2}$。

答案 $2\sqrt{2}$

2. 通过常数代换法利用基本不等式求最值

一般符合以下特征的问题可以使用常数代换来求最值：

(1) 已知是和式，所求也是和式；

(2) 一个是整式，另一个是分式；

(3) 已知和式可以变为常数 1（或其他常数）。

基本原理是所求式乘一个常数（已知式）可以化成能使用基本不等式的形式，即“已知 $x+y=m$（m 为常数），求 $\frac{a}{x}+\frac{b}{y}$ 的最值”的问题。

【题 13】 【2022 湖南长沙岳麓区，单，2 分】已知 $a,b\in(0,+\infty)$ 且 $\frac{2}{a}+\frac{1}{b}=4$，则 $2a+4b$ 的最小值为（ ）

A. 16　　B. 8

C. 4　　D. 2

解 因为 $\frac{2}{a}+\frac{1}{b}=4$，所以 $\frac{2}{4a}+\frac{1}{4b}=1$，因为 $a,b\in(0,+\infty)$，所以 $2a+4b=(2a+4b)(\frac{2}{4a}+\frac{1}{4b})=1+1+\frac{2b}{a}+\frac{a}{2b}\geqslant 2+2\sqrt{\frac{2b}{a}\cdot\frac{a}{2b}}=4$，当且仅当 $\frac{2b}{a}=\frac{a}{2b}$ 时等号成立，所以 $2a+4b$ 的最小值为 4。

答案 C

【题 14】【2021 山东青岛,单,2.5 分】已知 $x>0,y>0$,且 $x+2y-5xy=0$,则 $2x+y$ 的最小值为(　　)

A. $\frac{11}{5}$　　B. $\frac{9}{5}$　　C. $\frac{7}{5}$　　D. $\frac{2}{5}$

解　将 $x+2y-5xy=0$ 两边同时除以 xy,得 $\frac{1}{y}+\frac{2}{x}=5$,则 $2x+y=\frac{1}{5}(2x+y)\left(\frac{1}{y}+\frac{2}{x}\right)=\frac{1}{5}\left(\frac{2x}{y}+\frac{2y}{x}+5\right)\geqslant\frac{1}{5}\left(2\sqrt{\frac{2x}{y}\cdot\frac{2y}{x}}+5\right)=\frac{9}{5}$,当且仅当 $\frac{2x}{y}=\frac{2y}{x}$,即 $x=y$ 时等号成立。

答案　B

3. 通过消元法利用基本不等式求最值

根据所给条件建立两个变量之间的函数关系,然后代入代数式转化为函数的最值求解问题。有时也会出现多元的情况,解决方法是消元后利用基本不等式求解。

【题 15】　已知 $x>1,y<0$,且 $3y(1-x)=x+8$,则 $x-3y$ 的最小值是________。

解　因为 $3y(1-x)=x+8$,且 $x>1$,所以 $y=\frac{x+8}{3(1-x)}$,所以 $x-3y=x-3\cdot\frac{x+8}{3(1-x)}=x+\frac{x+8}{x-1}=\frac{x(x-1)+x+8}{x-1}=\frac{x^2+8}{x-1}=\frac{(x-1)^2+2(x-1)+9}{x-1}=x-1+\frac{9}{x-1}+2\geqslant2\sqrt{(x-1)\cdot\frac{9}{(x-1)}}+2=8$,当且仅当 $(x-1)=\frac{9}{x-1}$,即 $x=4$ 时取等号,此时 $x>1,y=\frac{x+8}{3(1-x)}=\frac{4+8}{3\times(-3)}=-\frac{4}{3}<0$ 符合题意,所以 $x-3y$ 的最小值为 8。

答案　8

即时反思与复盘总结

我于________年____月____日完成了对本章的学习。

复盘一下,我对自己较肯定的地方是____________________

(足够努力/心态积极/方法得当……)

我觉得自己需要改进的地方是________________________

(懒惰懈怠/心情浮躁/方法不当……)

休息片刻,开启下一站征程!

第三章 函数及其性质

考向分析

本章属于高中数学阶段的重难点内容，在各地教师招聘考试中，常以判断、单选、填空、解答的形式考查。本章题目难度中等，对考生的数学抽象、数学运算等核心素养要求较高。现对本章考向分析如下：

高频考点	高频考向	常考题型	核心素养	考查热度
函数的基本概念	求函数的定义域与值域	判断、单选、填空	数学抽象、数学运算	🔥
分段函数	分段函数的运算	单选、填空	数学运算	🔥
函数的性质	函数的单调性、奇偶性、最值	判断、单选、填空	数学抽象	🔥🔥
二次函数	二次函数的图象与性质	单选、填空、解答	直观想象	🔥🔥🔥
对数函数	指数式和对数式的大小比较	单选	数学运算	🔥🔥
函数模型	实际应用问题	解答	数学建模	🔥

第一节 函数的概念

核心考点

考点1 映射 ★　　考点4 分段函数 ★★

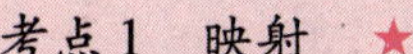

考点2 函数的基本概念 ★★　　考点5 反函数

考点3 复合函数 ★★

考点1 映射 ★

1. 映射的定义

设 A,B 是两个非空集合，如果按照某一个确定的对应关系 f，使得对 A 中的任意一个元素 a，在 B 中都有唯一确定的元素 b 与之对应，则称对应 $f:A\to B$ 为从集合 A 到集合 B 的映射。

2. 映射的性质

(1)任意性；(2)有序性；(3)存在性；(4)唯一性；(5)封闭性。

注：映射可以有一对一，多对一，但不能有一对多，也不能一对无、多对多。

考点2　函数的基本概念　★★

1. 函数的定义

设 A,B 是非空的实数集，如果对于集合 A 中的任意一个数 x，按照某种确定的对应关系 f，在集合 B 中都有唯一确定的数 y 和它对应，称 $f:A\to B$ 是从集合 A 到集合 B 的一个函数，记作

$$y=f(x),x\in A。$$

其中，x 叫做自变量，x 的取值范围 A 叫做函数的定义域；与 x 的值相对应的 y 值叫做函数值，函数值的集合 $\{f(x)\mid x\in A\}$ 叫做函数的值域。

2. 函数的表示法

(1) 解析法，就是用解析式表示两个变量之间的对应关系。

(2) 列表法，就是列出表格来表示两个变量之间的对应关系。

(3) 图象法，就是用图象表示两个变量之间的对应关系。

【题1】【2021 浙江宁波，判断，1 分】函数 $y=\sqrt[3]{x^4-x^3}$ 和函数 $y=x\cdot\sqrt[3]{x-1}$ 不能表示同一个函数。（　　）

思路分析：当且仅当两个函数的三要素（定义域、值域、对应关系）完全相同，它们才是同一个函数，只要有一个要素不同，就不是同一个函数。又函数的值域是由定义域和对应关系确定的，只需判断定义域和对应关系是否相同即可。

解　函数 $y=\sqrt[3]{x^4-x^3}$ 的定义域为 $\mathbf{R}$，函数 $y=x\cdot\sqrt[3]{x-1}$ 的定义域也为 $\mathbf{R}$，$y=\sqrt[3]{x^4-x^3}=x\cdot\sqrt[3]{x-1}$。

答案　×

考法大揭秘

求函数的定义域

(1) 分数的分母不为 0，例如函数 $y=\dfrac{1}{x}$ 的定义域为 $\{x\mid x\neq0\}$；

(2) 偶次根式的被开方数大于等于 0，例如函数 $y=\sqrt{x+3}$ 的定义域为 $\{x\mid x\geqslant-3\}$；

(3) 非正数次幂的底数不为 0，例如函数 $y=x^{-2}$ 的定义域为 $\{x\mid x\neq0\}$；

(4) 对数（底数大于 0 且不等于 1）的真数大于 0，例如函数 $y=\ln(x+1)$ 的定义域为 $\{x\mid x>-1\}$；

(5) 正切函数 $y=\tan x$ 中，$x\neq k\pi+\dfrac{\pi}{2},k\in\mathbf{Z}$。

【题2】　函数 $y=\dfrac{\sqrt{3-x}}{\lg x}$ 的定义域是________。

解　要使函数有意义，则 $\begin{cases}3-x\geqslant0,\\ x>0,\\ \lg x\neq0,\end{cases}$ 解得 $0<x<1$ 或 $1<x\leqslant3$，即函数的定义域是 $(0,1)\cup(1,3]$。

答案　$(0,1)\cup(1,3]$

考点3 复合函数 ★★

一般地，对于两个函数 $y=f(u)$ 和 $u=g(x)$，如果通过变量 u,y 可以表示成 x 的函数，那么称这个函数为函数 $y=f(u)$ 和 $u=g(x)$ 的复合函数，记作 $y=f(g(x))$。

【题3】【2021 浙江台州(天台、仙居、三门、临海)，填空，2 分】已知定义在 $\mathbf{R}$ 上的函数 $f(x)$ 对任意的 x 都满足 $f(x+1)=f(x)+1$，若 $f(1)=2$，则 $f(2021)=$________。

解 由 $f(1)=2, f(x+1)=f(x)+1$ 可得，$f(2)=2+1=3, f(3)=3+1=4, f(4)=4+1=5, \cdots$，故 $f(2021)=2021+1=2022$。

答案 2022

考法大揭秘

求复合函数的解析式

1. 配凑法

由已知条件 $f(g(x))=F(x)$，将 $F(x)$ 改写成关于 $g(x)$ 的表达式，然后以 x 代替 $g(x)$，得出函数 $f(x)$ 的表达式。

2. 换元法

对于形如 $y=f(g(x))$ 的函数解析式，可令 $t=g(x)$，然后求出 $x=h(t)$，将其代入表达式求出 $f(t)$，再将 t 换成 x，得出函数 $f(x)$ 的表达式，要注意新元的取值范围。

【题4】 已知 $f(1-\sin x)=\cos^2 x$，则 $f(x)=$________。

解法一(配凑法) $f(1-\sin x)=\cos^2 x=1-\sin^2 x=(1+\sin x)(1-\sin x)=[2-(1-\sin x)](1-\sin x)=2(1-\sin x)-(1-\sin x)^2$，

又因为 $\sin x\in[-1,1]$，所以 $1-\sin x\in[0,2]$，

所以 $f(x)=2x-x^2, x\in[0,2]$。

解法二(换元法) 令 $t=1-\sin x, t\in[0,2]$，则 $\sin x=1-t$，所以 $f(1-\sin x)=\cos^2 x=1-\sin^2 x\Rightarrow f(t)=1-(1-t)^2=2t-t^2, t\in[0,2]$，即 $f(x)=2x-x^2, x\in[0,2]$。

答案 $2x-x^2, x\in[0,2]$

考点4 分段函数 ★★

在函数的定义域中，对于自变量 x 的不同取值范围，有着不同的对应关系，这样的函数通常称为分段函数，例如函数 $f(x)=\begin{cases}x+4, x\geqslant 0,\\ -2x+3, x<0\end{cases}$ 就是分段函数。

【题5】【2023 四川特岗，单，4 分】若函数 $f(x)=\begin{cases}x^2-2x, x\leqslant 0,\\ \log_2 x, x>0,\end{cases}$ 则 $f(f(-2))=($　　$)$

A. -2　　B. 2　　C. -3　　D. 3

解　由题意得，$f(-2)=(-2)^2-2\times(-2)=8$，$f(8)=\log_2 8=3$，故 $f(f(-2))=3$。

答案　D

考点5　反函数

1. 反函数的定义

一般地，如果函数 $y=f(x)$ 的对应关系 f 是从函数的定义域到值域上的一一对应，那么由对应关系 f 的"逆"对应关系 f^{-1} 所确定的函数叫做函数 $y=f(x)$ 的反函数。反函数 $y=f^{-1}(x)$ 的定义域、值域分别为原函数 $y=f(x)$ 的值域、定义域。

2. 互为反函数的函数图象的性质

(1) 函数 $y=f(x)$ 的图象和它的反函数 $y=f^{-1}(x)$ 的图象关于直线 $y=x$ 对称。

(2) 若函数 $y=f(x)$ 上有一点 (a,b)，则 (b,a) 必在其反函数的图象上。

(3) 一个函数与它的反函数在相应区间上的单调性一致。

(4) 函数存在反函数的充要条件是函数的定义域与值域一一映射。

(5) 严格增(减)的函数一定有严格增(减)的反函数。

考法大揭秘

求函数 $y=f(x)$ 的反函数的一般步骤

(1) 反解，由 $y=f(x)$ 解出 $x=f^{-1}(y)$，写出 y 的取值范围；

(2) 互换 x,y，得 $y=f^{-1}(x)$；

(3) 写出完整结论(一定要有反函数的定义域)。

注：分段函数的反函数也是分段函数。求分段函数的反函数，应分段逐一求解。

【题6】　函数 $y=\ln x, x\in(0,+\infty)$ 与函数 $y=e^x$ 的图象关系为(　　)

A. 关于直线 $y=x$ 对称　　B. 关于 x 轴对称　　C. 关于 y 轴对称　　D. 同一图象

解　函数 $y=\ln x$ 与函数 $y=e^x$ 互为反函数，互为反函数的图象关于直线 $y=x$ 对称。

答案　A

第二节　函数的性质

核心考点

考点1　函数的单调性　★★★

考点2　函数的最值　★★

考点3　函数的奇偶性　★★

考点4　函数的周期性　★★

考点5　函数的对称性　★

考点1　函数的单调性　★★★

1. 函数单调性的定义

一般地，设函数$f(x)$的定义域为I，如果对于定义域I内某个区间D上的任意两个自变量的值x_1，x_2，

	单调递增	单调递减
定义	当$x_1<x_2$时，都有$f(x_1)<f(x_2)$，那么就说函数$f(x)$在区间D上单调递增	当$x_1<x_2$时，都有$f(x_1)>f(x_2)$，那么就说函数$f(x)$在区间D上单调递减
增减函数	当函数$f(x)$在定义域上单调递增时，为增函数	当函数$f(x)$在定义域上单调递减时，为减函数
图象描述	$y=f(x)$，$f(x_2)$，$f(x_1)$，O，x_1，x_2 自左向右看，图象是上升的	$y=f(x)$，$f(x_1)$，$f(x_2)$，O，x_1，x_2 自左向右看，图象是下降的

2. 单调性与单调区间

如果函数$y=f(x)$在区间D上单调递增或单调递减，那么就说函数$y=f(x)$在这一区间具有（严格的）单调性，区间D叫做$y=f(x)$的单调区间。

3. 函数单调性的常用结论

(1)函数$f(x)$与函数$f(x)+c$（c为常数）具有相同的单调性。

(2)当$a>0$时，函数$f(x)$与函数$af(x)$单调性相同；当$a<0$时，函数$f(x)$与函数$af(x)$单调性相反。

(3)若函数$f(x)$恒为正值（或恒为负值），则函数$f(x)$与函数$\frac{1}{f(x)}$具有相反的单调性。

(4)若函数$f(x)$，$g(x)$都是增（减）函数，则当两者都恒大于0时，$f(x)\cdot g(x)$是增（减）函数；当两者都恒小于0时，$f(x)\cdot g(x)$是减（增）函数。

(5)函数$y=f(x)$ $(f(x)\geqslant 0)$与函数$y=\sqrt{f(x)}$的单调性相同。

(6)在公共定义域内，增＋增＝增，减＋减＝减，增－减＝增，减－增＝减。

4. 复合函数的单调性

复合函数$y=f(g(x))$的单调性应根据外层函数$y=f(u)$和内层函数$u=g(x)$的单调性判断，遵循“同增异减”的原则，即内外层函数单调性一致时，复合函数$y=f(g(x))$在区间上单调递增，反之单调递减。

考法大揭秘

函数单调性问题

1. 函数单调性的判断或求函数的单调区间

(1)定义法

①取值：在指定区间内任取x_1,x_2，不妨设$x_1<x_2$；

②作差变形：将$f(x_1)-f(x_2)$（或$f(x_2)-f(x_1)$）进行化简变形，变形的方向要有利于判断$f(x_1)-f(x_2)$（或$f(x_2)-f(x_1)$）的正负；

③定号：确定$f(x_1)-f(x_2)$（或$f(x_2)-f(x_1)$）的符号，若符号不确定，可以进行分类讨论；

④判断：根据增(减)函数的定义得出结论。

注：亦可作商变形与1比较，判断函数单调性，但需注意分母不为0。

【题7】 判断并证明函数$f(x)=\dfrac{ax}{x-1}(a\neq0)$在$x\in(-1,1)$上的单调性。

解 设$-1<x_1<x_2<1$，$f(x)=\dfrac{ax}{x-1}=a\left(\dfrac{x-1+1}{x-1}\right)=a\left(1+\dfrac{1}{x-1}\right)$，

则$f(x_1)-f(x_2)=a\left(1+\dfrac{1}{x_1-1}\right)-a\left(1+\dfrac{1}{x_2-1}\right)=\dfrac{a(x_2-x_1)}{(x_1-1)(x_2-1)}$。

由于$-1<x_1<x_2<1$，所以$x_2-x_1>0$，$x_1-1<0$，$x_2-1<0$，

故当$a>0$时，$f(x_1)-f(x_2)>0$，即$f(x_1)>f(x_2)$，函数$f(x)$在$(-1,1)$上单调递减；

当$a<0$时，$f(x_1)-f(x_2)<0$，即$f(x_1)<f(x_2)$，函数$f(x)$在$(-1,1)$上单调递增。

(2)图象法

作出函数图象，从图象上直观判断。

【题8】 函数$f(x)=x|x-2|$的单调递增区间是________。

解 由题知，函数$f(x)=x|x-2|=\begin{cases}x^2-2x,x\geq2,\\-x^2+2x,x<2,\end{cases}$其图象如图所示，则函数$f(x)$的单调递增区间为$(-\infty,1)$和$(2,+\infty)$。

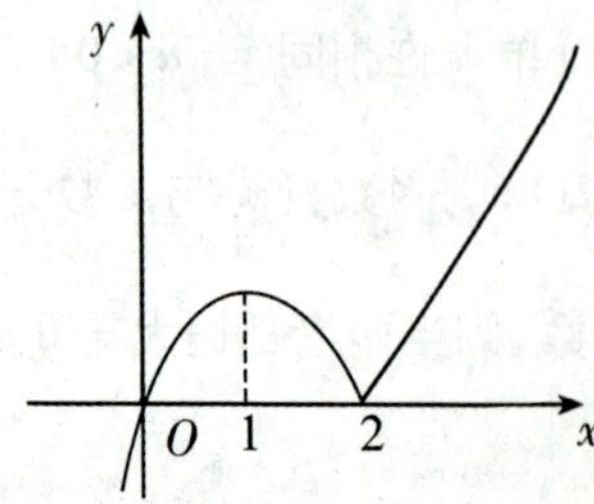

答案 $(-\infty,1)$和$(2,+\infty)$

(3)复合函数

遵循“同增异减”原则。

【题9】 函数$f(x)=\log_{\frac{1}{3}}(x^2-1)$的单调递减区间为________。

解 易知函数$f(x)=\log_{\frac{1}{3}}(x^2-1)$的定义域为$(-\infty,-1)\cup(1,+\infty)$，

设$g(x)=x^2-1, x\in(-\infty,-1)\cup(1,+\infty)$，

由二次函数的图象和性质可知，函数$g(x)$在$(-\infty,-1)$上单调递减，在$(1,+\infty)$上单调递增，

而函数$f(u)=\log_{\frac{1}{3}}u$在定义域内单调递减，

由复合函数“同增异减”原则可知，

函数$f(x)=\log_{\frac{1}{3}}(x^2-1)$的单调递减区间为$(1,+\infty)$。

答案 $(1,+\infty)$

2. 利用函数单调性比较函数值的大小

将自变量转化至同一单调区间内，利用函数单调性比较函数值的大小。

【题10】 已知$f(x)$是定义在$\mathbf{R}$上的函数，对任意两个不相等的正数x,y都有$\frac{yf(x)-xf(y)}{x-y}>0$，记$a=f(1)$，$b=\frac{f(2)}{2}$，$c=\frac{f(3)}{3}$，则(　　)

A. $a<b<c$　　B. $a<c<b$　　C. $c<b<a$　　D. $b<c<a$

解 设$x>y>0$，由题意可得$yf(x)-xf(y)>0$，两边同时除以xy，整理得$\frac{f(x)}{x}>\frac{f(y)}{y}$；同理，当$y>x>0$时，$yf(x)-xf(y)<0$，即$\frac{f(x)}{x}<\frac{f(y)}{y}$，所以当$x>0$时，函数$g(x)=\frac{f(x)}{x}$单调递增。因为$0<1<2<3$，所以$\frac{f(3)}{3}>\frac{f(2)}{2}>\frac{f(1)}{1}$，即$a<b<c$。

答案 A

考点2 函数的最值 ★★

1. 最大值

设函数$y=f(x)$的定义域为I，如果存在实数M满足：

(1)对于任意的$x\in I$，都有$f(x)\leqslant M$；

(2)存在$x_0\in I$，使得$f(x_0)=M$。

那么，我们称M是函数$y=f(x)$在定义域I上的最大值。

2. 最小值

设函数$y=f(x)$的定义域为I，如果存在实数m满足：

(1)对于任意的$x\in I$，都有$f(x)\geqslant m$；

(2)存在 $x_0\in I$，使得 $f(x_0)=m$。

那么，我们称 m 是函数 $y=f(x)$ 在定义域 I 上的最小值。

考法大揭秘

求函数的值域(最值)

1. 观察法

函数解析式结构简单，可直接看出其单调性或某一部分的范围的，结合不等式求出其值域。

2. 配方法

能够转化为二次函数型(注意完全平方项是否为零)，即形如 $y=ax^2+bx+c(a\neq0)$ 或 $F(x)=a[f(x)]^2+bf(x)+c(a\neq0)$ 这一类的函数，常用配方法求值域。

【题11】 函数 $f(x)=6-\sqrt{7+6x-x^2}$ 的值域是________。

解 函数 $f(x)=6-\sqrt{7+6x-x^2}=6-\sqrt{-(x^2-6x+9-9)+7}=6-\sqrt{-(x-3)^2+16}$，令 $g(x)=\sqrt{-(x-3)^2+16}$，易知函数 $g(x)$ 的值域为 $[0,4]$，所以 $f(x)=6-\sqrt{-(x-3)^2+16}=6-g(x)$ 的值域为 $[2,6]$。

答案 $[2,6]$

3. 换元法

(1)三角换元法

形如 $y=x+\sqrt{1-x^2}$ 的函数，可令 $x=\cos\theta,\theta\in[0,\pi]$，则 $y=\cos\theta+\sqrt{1-\cos^2\theta}=\cos\theta+\sin\theta=\sqrt{2}\sin(\theta+\frac{\pi}{4}),\theta\in[0,\pi]$，最后依据三角函数的性质求值域。

【题12】 求 $y=x+4+\sqrt{9-x^2}$ 的值域。

解 由题易知，函数的定义域为 $[-3,3]$，令 $x=3\cos\theta,\theta\in[0,\pi]$，

则 $y=3\cos\theta+4+\sqrt{9-9\cos^2\theta}=3\cos\theta+4+3\sin\theta=3\sqrt{2}\sin\left(\theta+\frac{\pi}{4}\right)+4,\theta\in[0,\pi]$，

因为 $0\leqslant\theta\leqslant\pi$，所以 $\frac{\pi}{4}\leqslant\theta+\frac{\pi}{4}\leqslant\frac{5\pi}{4}$，则 $-\frac{\sqrt{2}}{2}\leqslant\sin\left(\theta+\frac{\pi}{4}\right)\leqslant1$，所以 $1\leqslant y\leqslant3\sqrt{2}+4$，

即函数的值域为 $[1,3\sqrt{2}+4]$。

(2)代数换元法

形如 $y=ax+b+\sqrt{cx+d}$(a,b,c,d 均为常数，且 $ac\neq0$)的函数，可设 $\sqrt{cx+d}=t(t\geqslant0)$，转化为二次函数再求值域。

【题13】 函数 $y=x+6+\sqrt{4-x}$ 的值域为________。

解 令 $t=\sqrt{4-x}(t\geqslant0)$，则 $x=4-t^2$，则原函数可转化为 $y=4-t^2+6+t=-t^2+t+10=-(t-\frac{1}{2})^2+$

$\frac{41}{4}$，因为 $t\geqslant 0$，所以 $y=-(t-\frac{1}{2})^2+\frac{41}{4}\leqslant\frac{41}{4}$，所以函数 $y=x+6+\sqrt{4-x}$ 的值域为 $(-\infty,\frac{41}{4}]$。

答案　$(-\infty,\frac{41}{4}]$

4. 分离常数法

形如 $y=\frac{ax+b}{cx+d}$（a,c 至少有一个不为 0）的函数，将函数 $y=\frac{ax+b}{cx+d}$ 转化为"反比例函数"模型，再求其值域。

【题 14】　求 $y=\frac{5x-1}{4x+2}$，$x\in[-3,-1]$ 的值域。

解　由 $y=\frac{5x-1}{4x+2}$ 可得 $y=\frac{5\left(x+\frac{1}{2}\right)-\frac{7}{2}}{4\left(x+\frac{1}{2}\right)}=\frac{5}{4}-\frac{7}{4(2x+1)}$，因为 $-3\leqslant x\leqslant -1$，所以 $\frac{7}{20}\leqslant -\frac{7}{4(2x+1)}\leqslant\frac{7}{4}$，所以 $\frac{8}{5}\leqslant y\leqslant 3$，即函数的值域为 $[\frac{8}{5},3]$。

5. 单调性法

如果函数的图象在某区间上是一直上升或一直下降的，那么在该区间两端点处函数取得最值。对于常见的一次函数、二次函数、三角函数、指数函数、对数函数以及 $y=\frac{cx+d}{ax+b}$ 型函数，可依据函数图象确定其单调性，然后求最值。

【题 15】　已知函数 $f(x)=5-\log_3 x$，$x\in(3,27]$，则 $f(x)$ 的值域是（　　）

A. $(2,4]$　　　　B. $[2,4)$

C. $[-4,4)$　　　　D. $(6,9]$

解　由函数的单调性得，当 $x\in(3,27]$ 时，函数 $f(x)=5-\log_3 x$ 单调递减，又 $f(3)=4$，$f(27)=2$，故 $f(x)$ 的值域是 $[2,4)$。

答案　B

6. 数形结合法

对于容易画出函数图象的，可画出图象，从图象上读出值域。

【题 16】　若 $x\in\mathbf{R}$，函数 $f(x)$ 是 $y_1=2-x^2$，$y_2=x$ 这两个函数中的较小者，则函数 $f(x)$ 的值域为________。

解　如图所示，在同一平面直角坐标系中画出函数 $y_1=2-x^2$ 和 $y_2=x$ 的图象，实线部分即为函数 $f(x)$ 的图象。令 $y_1=y_2$，即 $2-x^2=x$，解得 $x=-2$ 或 $x=1$，易得函数 $y_1=2-x^2$ 和 $y_2=x$ 的图象交点坐标为 $(-2,-2)$ 和 $(1,1)$。由图可知当 $x=1$ 时，函数 $f(x)$ 取得最大值，最大值为 1，无最小值，所以函数 $f(x)$ 的值域为 $(-\infty,1]$。

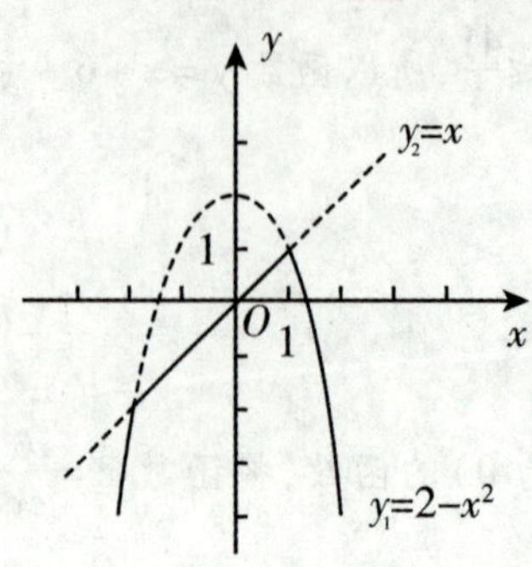

答案 $(-\infty,1]$

考点3 函数的奇偶性 ★★

函数的奇偶性

	偶函数	奇函数
定义	对于函数 $f(x)$ 的定义域 D 内任意一个 x，都有	
	$-x\in D$，且 $f(-x)=f(x)$	$-x\in D$，且 $f(-x)=-f(x)$
图象特征	图象关于 y 轴对称	图象关于原点对称
单调性	在对称区间上，单调性相反	在对称区间上，单调性相同

考法大揭秘

函数奇偶性的判断及其应用

1. 函数奇偶性的判断

(1)定义法

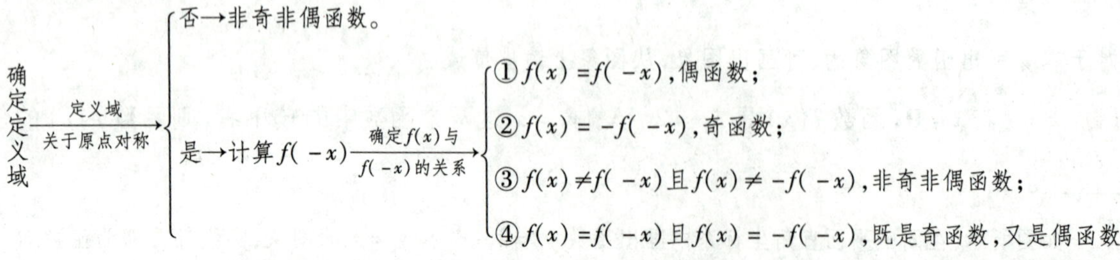

【题17】【2023安徽特岗，填空，2分】函数 $y=\ln(x+\sqrt{x^2+1})$ 是________函数(奇偶性)，单调递增区间为________。

解 令函数 $y=f(x)=\ln(x+\sqrt{x^2+1})$,函数的定义域为 $\mathbf{R}$,而 $f(-x)=\ln(-x+\sqrt{(-x)^2+1})=\ln(-x+\sqrt{x^2+1})$,

$$-f(x)=-\ln(x+\sqrt{x^2+1})=\ln(x+\sqrt{x^2+1})^{-1}=\ln\frac{1}{x+\sqrt{x^2+1}}=\ln\frac{x-\sqrt{x^2+1}}{(x+\sqrt{x^2+1})(x-\sqrt{x^2+1})}=$$

$\ln\frac{x-\sqrt{x^2+1}}{-1}=\ln(-x+\sqrt{x^2+1})$,所以 $f(-x)=-f(x)$,故函数 $y=\ln(x+\sqrt{x^2+1})$ 为奇函数。

$f'(x)=\frac{(x+\sqrt{x^2+1})'}{x+\sqrt{x^2+1}}=\frac{1+2x\cdot\frac{1}{2}(x^2+1)^{-\frac{1}{2}}}{x+\sqrt{x^2+1}}=\frac{1+x(x^2+1)^{-\frac{1}{2}}}{x+\sqrt{x^2+1}}$,因为 $f'(x)>0$ 在 $\mathbf{R}$ 上恒成立,所以函数的单调递增区间为 $\mathbf{R}$。

答案 奇;**R**

【题18】【2021年4月浙江金华、诸暨,单,3分】函数 $y=\frac{(x-2)(x^2+1)}{x(x-2)}$ 是(　　)

A. 奇函数　　B. 偶函数

C. 奇函数又是偶函数　　D. 非奇非偶函数

解 设 $y=f(x)=\frac{(x-2)(x^2+1)}{x(x-2)}=x+\frac{1}{x}(x\neq0$ 且 $x\neq2)$,定义域不关于原点对称,所以该函数既不是奇函数,又不是偶函数。

答案 D

(2)利用性质判断函数的奇偶性

①在公共定义域内有:奇 ± 奇 = 奇,偶 ± 偶 = 偶,奇 × 奇 = 偶,偶 × 偶 = 偶,奇 × 偶 = 奇;

②任何一个定义域关于原点对称的函数都可以表示为一个奇函数和一个偶函数的和。

【题19】 判断下列函数的奇偶性:

(1)$f(x)=2x^4+3x^2$;(2)$f(x)=\frac{x}{x^2+1}$。

解 (1)函数 $f(x)=2x^4+3x^2$ 的定义域为 $\mathbf{R}$,令 $g(x)=2x^4$,$h(x)=3x^2$,易知函数 $g(x)$,$h(x)$ 均为偶函数,所以 $f(x)=g(x)+h(x)=2x^4+3x^2$ 为偶函数。

(2)函数 $f(x)=\frac{x}{x^2+1}$ 的定义域为 $\mathbf{R}$,令 $g(x)=x$,$h(x)=\frac{1}{x^2+1}$,则 $f(x)=g(x)\cdot h(x)$,因为 $h(-x)=\frac{1}{(-x)^2+1}=\frac{1}{x^2+1}=h(x)$,所以函数 $h(x)$ 为偶函数,易知函数 $g(x)=x$ 为奇函数,所以 $f(x)=g(x)\cdot h(x)=\frac{x}{x^2+1}$ 为奇函数。

2. 函数的奇偶性的应用

(1)已知函数的奇偶性,求参数的值或取值范围

①从函数定义域入手,函数为奇函数或偶函数的必要条件为定义域关于原点对称。

【题20】 已知偶函数$f(x)=(a+2)x^3+mx^2+1$的定义域为(m^2-5m-5,m),则$m-a=$________。

解 因为函数$f(x)$为偶函数,所以其定义域关于原点对称,即$m^2-5m-5+m=0\Rightarrow m^2-4m-5=0$,解得$m=5$或$m=-1$,又$m^2-5m-5<m\Rightarrow 3-\sqrt{14}<m<3+\sqrt{14}$,所以$m=5$。

因为函数$f(x)=(a+2)x^3+mx^2+1$为偶函数,所以$f(-x)=(a+2)(-x)^3+m(-x)^2+1=-(a+2)x^3+mx^2+1=f(x)$,则$x^3$的系数为0,即$a+2=0\Rightarrow a=-2$,所以$m-a=5-(-2)=7$。

答案 7

②从函数解析式入手,若函数为奇函数,则有$f(-x)=-f(x)$,若函数$f(x)$在整个实数域内有定义,则有$f(0)=0$;若函数为偶函数,则有$f(-x)=f(x)$。

【题21】 已知函数$f(x)=x^3(a\cdot 2^x-2^{-x})$是偶函数,则$a=$________。

解 因为函数$f(x)$为偶函数,所以$f(-x)=(-x)^3(a\cdot 2^{-x}-2^x)=-x^3(a\cdot 2^{-x}-2^x)=f(x)$,

即$-x^3(a\cdot 2^{-x}-2^x)=x^3(a\cdot 2^x-2^{-x})$,

$\Rightarrow[(a\cdot 2^x-2^{-x})+(a\cdot 2^{-x}-2^x)]x^3=0$,

$\Rightarrow[a\cdot(2^x+2^{-x})-(2^x+2^{-x})]x^3=0$,

$\Rightarrow(a-1)(2^x+2^{-x})x^3=0$,

所以$a=1$。

答案 1

③从函数单调性入手,奇函数在两个对称的区间上具有相同的单调性,偶函数在两个对称的区间上具有相反的单调性。

【题22】 已知函数$f(x)$是定义在$\mathbf{R}$上的奇函数,当$x>0$时,$f(x)=x^2+2x$,若$f(2-a^2)>f(a)$,则实数a的取值范围是(　　)

A. $(-1,2)$　　　　B. $(-2,1)$

C. $(-\infty,1)\cup(2,+\infty)$　　　　D. $(-\infty,-2)\cup(1,+\infty)$

解 当$x>0$时,$f(x)=x^2+2x$单调递增,又因为$f(x)=x^2+2x$是定义在$\mathbf{R}$上的奇函数,根据奇函数的对称区间的单调性相同可知,$f(x)$在$(-\infty,0)$上单调递增,即$f(x)$在$\mathbf{R}$上为单调递增函数,因为$f(2-a^2)>f(a)$,所以$2-a^2>a$,解得$-2<a<1$。

答案 B

(2)利用奇偶性求函数值

【题23】 已知函数$y=f(x)$为奇函数,当$x\geqslant 0$时,$f(x)=x^{\frac{2}{3}}$,则$f(-8)=$________。

解 因为函数$y=f(x)$是奇函数,所以$f(-8)=-f(8)=-8^{\frac{2}{3}}=-4$。

答案 -4

考点 4　函数的周期性　★★

1. 函数周期性的定义

如果存在一个非零常数 T，使得对于函数定义域内的任意 x，都有 $f(x+T)=f(x)$，则称 $f(x)$ 为周期函数。

2. 函数周期性的判定

对函数 $f(x)$ 的定义域内任一自变量 x 的值：

(1) 若 $f(x+a)=f(x)$，则 $T=a(a>0)$；

(2) 若 $f(x+a)=-f(x)$，则 $T=2a(a>0)$；

(3) 若 $f(x+a)=\frac{1}{f(x)}$，则 $T=2a(a>0)$；

(4) 若 $f(x+a)=-\frac{1}{f(x)}$，则 $T=2a(a>0)$。

【题 24】　已知函数 $f(x)$ 是定义在 $\mathbf{R}$ 上的偶函数，且 $f(x+4)=f(x-2)$，若当 $x\in[-3,0]$ 时，$f(x)=6^{-x}$，则 $f(2024)=$________。

解　$\because f(x+4)=f(x-2)$，$\therefore f[(x+2)+4]=f[(x+2)-2]$，即 $f(x+6)=f(x)$，

$\therefore f(x)$ 是周期为 6 的周期函数，

$\therefore f(2024)=f(337\times6+2)=f(2)$，

$\because f(x)$ 是定义在 $\mathbf{R}$ 上的偶函数，且当 $x\in[-3,0]$ 时，$f(x)=6^{-x}$，

$\therefore f(2)=f(-2)=6^{-(-2)}=36$，即 $f(2024)=36$。

答案　36

考点 5　函数的对称性　★

(1) 若 $f(a+x)=f(b-x)$，则函数 $f(x)$ 的图象关于直线 $x=\frac{a+b}{2}$ 对称；

(2) 若 $f(a+x)+f(a-x)=2c$，则函数 $f(x)$ 的图象关于点 (a,c) 对称。

【题 25】　设函数 $f(x)=\begin{cases}2x+2,x<1,\\-ax+6,x\geqslant1\end{cases}(a\in\mathbf{R})$，若 $f(x)$ 的图象关于直线 $x=1$ 对称，则 a 的值为________。

解　因为 $f(x)$ 的图象关于直线 $x=1$ 对称，所以 $f(0)=f(2)$，即 $2=-2a+6$，解得 $a=2$，此时 $f(x)=\begin{cases}2x+2,x<1,\\-2x+6,x\geqslant1\end{cases}$ 满足条件。

答案　2

第三节　二次函数与幂函数

核心考点

考点1　二次函数的解析式　★

考点2　二次函数的图象与性质　★★

考点3　幂函数的图象与性质　★★

考点1　二次函数的解析式　★

1. 一般式

$f(x)=ax^2+bx+c(a\neq 0)$。

2. 顶点式

$f(x)=a(x-h)^2+k(a\neq 0)$，顶点坐标为(h,k)。

3. 零点式

$f(x)=a(x-x_1)(x-x_2)(a\neq 0)$，$x_1,x_2$为$f(x)$的零点。

【题26】　已知二次函数$f(x)$满足$f(2)=-1$，$f(-1)=-1$，且函数$f(x)$的最大值为8，那么该二次函数的解析式为________。

解法一　设二次函数解析式为$f(x)=ax^2+bx+c(a\neq 0)$，

因为$f(2)=-1$，$f(-1)=-1$，且函数$f(x)$的最大值为8，所以$\begin{cases}4a+2b+c=-1,\\ a-b+c=-1,\\ \dfrac{4ac-b^2}{4a}=8,\end{cases}$　解得$\begin{cases}a=-4,\\ b=4,\\ c=7,\end{cases}$

所以二次函数的解析式为$f(x)=-4x^2+4x+7$。

解法二　设二次函数解析式为$f(x)=a(x-m)^2+n(a\neq 0)$，

因为$f(2)=f(-1)=-1$，所以函数图象的对称轴为$x=\dfrac{2+(-1)}{2}=\dfrac{1}{2}$，所以$m=\dfrac{1}{2}$，

因为函数$f(x)$的最大值为8，所以$n=8$，所以$f(x)=a\left(x-\dfrac{1}{2}\right)^2+8(a\neq 0)$，

因为$f(-1)=a\left(-1-\dfrac{1}{2}\right)^2+8=\dfrac{9}{4}a+8=-1$，解得$a=-4$，

所以二次函数的解析式为$f(x)=-4\left(x-\dfrac{1}{2}\right)^2+8=-4x^2+4x+7$。

答案　$f(x)=-4x^2+4x+7$

考点2　二次函数的图象与性质 ★★

1. 二次函数的图象与性质

定义	形如 $y=ax^2+bx+c(a,b,c$ 是常数，且 $a\neq0)$ 的函数	
a 的取值范围	$a>0$	$a<0$
开口方向	开口向上	开口向下
图象		
对称轴	(1)直接用公式 $x=-\frac{b}{2a}$ 求解； (2)配方法：将一般式化为顶点式 $y=a(x-h)^2+k$，则对称轴为直线 $x=h$； (3)利用 $x=\frac{x_1+x_2}{2}$(其中 x_1,x_2 为关于对称轴对称的两点的横坐标)求解	
顶点坐标	(1)直接用顶点公式 $\left(-\frac{b}{2a},\frac{4ac-b^2}{4a}\right)$ 求解； (2)运用配方法将一般式转化为顶点式 $y=a(x-h)^2+k$，顶点坐标为 (h,k)； (3)将对称轴 $x=x_0$ 代入函数表达式求得对应 y_0	
增减性	当 $x<-\frac{b}{2a}$ 时，y 随 x 的增大而减小； 当 $x>-\frac{b}{2a}$ 时，y 随 x 的增大而增大	当 $x<-\frac{b}{2a}$ 时，y 随 x 的增大而增大； 当 $x>-\frac{b}{2a}$ 时，y 随 x 的增大而减小
最值	y 有最小值；当 $x=-\frac{b}{2a}$ 时，y 取得最小值为 $\frac{4ac-b^2}{4a}$	y 有最大值；当 $x=-\frac{b}{2a}$ 时，y 取得最大值为 $\frac{4ac-b^2}{4a}$

【题27】【2023 湖南长沙湘江新区，单，2 分】二次函数 $y=-x^2+2mx+3(m<0)$ 上有一点 $P(x_P,y_P)$，当 $x_P\leqslant-4$ 时，$y_P\leqslant3$，则 m 的取值范围是(　　)

A. $m=-2$　　B. $m\leqslant-4$　　C. $-2\leqslant m<0$　　D. $m\leqslant-2$

解　二次函数 $y=-x^2+2mx+3=-(x-m)^2+m^2+3$，函数图象开口向下，对称轴 $x=m$ 在 y 轴左侧，且当 $x<m$ 时，y 随着 x 的增大而增大，由题意可知，$P(x_P,y_P)$ 为二次函数图象上一点，当 $x_P\leqslant-4$ 时，$y_P\leqslant3$，故点 P 在对称轴左侧，即 $m>-4$，当 $x=-4$ 时，$y=-16-8m+3\leqslant3$，解得 $m\geqslant-2$，即 $-2\leqslant m<0$。

答案　C

【题28】【2023 江西，解答，10 分】已知二次函数 $C_1:y=x^2-2mx+2m^2-2m-1$(m 为常数)。

(1)求二次函数 C_1 的顶点坐标(用含 m 的代数式表示)；

(2)改变 m 的值，顶点 P 会在曲线 C_2 上运动，求曲线 C_2 的解析式；

(3)当 C_1 的顶点 P 与 C_1 与 x 轴的两个交点构成等腰直角三角形时，求 m 的值。

解　(1)因为 $y=x^2-2mx+2m^2-2m-1=(x-m)^2+m^2-2m-1$，所以二次函数 C_1 的顶点坐标为 (m,m^2-2m-1)。

(2)由(1)知，函数 C_1 的顶点 P 的坐标为 (m,m^2-2m-1)，且顶点 P 随 m 的值的变化在 C_2 上运动，令 $x=m$，则 $y=m^2-2m-1=x^2-2x-1$，所以曲线 C_2 的解析式为 $y=x^2-2x-1$。

(3)设 C_1 与 x 轴的交点为 $A(x_1,0)$，$B(x_2,0)$，令 $y=0$，则 $x^2-2mx+2m^2-2m-1=0$，则 $\Delta=(-2m)^2-4\times1\times(2m^2-2m-1)>0$，即 $-m^2+2m+1>0$，且由韦达定理得 $x_1+x_2=2m$，$x_1x_2=2m^2-2m-1$。设点 B 在点 A 右侧，$AB=|x_2-x_1|=\sqrt{(x_1+x_2)^2-4x_1x_2}=2\sqrt{-m^2+2m+1}$，过点 P 作 $PE\perp x$ 轴于点 E，因为 $\triangle ABP$ 必为等腰三角形，且顶点坐标为 P，所以当 $\angle APB=90°$ 时，$\triangle ABP$ 为等腰直角三角形，点 E 坐标为 $(m,0)$，根据等腰直角三角形的性质可得 $2EP=AB$，即 $2(-m^2+2m+1)=2\sqrt{-m^2+2m+1}$，因为 $-m^2+2m+1\neq0$，故 $-m^2+2m+1=1$，解得 $m=0$ 或 $m=2$。

2. 二次函数的图象与零点的关系

公式		$y=ax^2+bx+c$(a,b,c 是常数，且 $a\neq0$)		
判别式		$\Delta=b^2-4ac>0$	$\Delta=b^2-4ac=0$	$\Delta=b^2-4ac<0$
图象	$a>0$	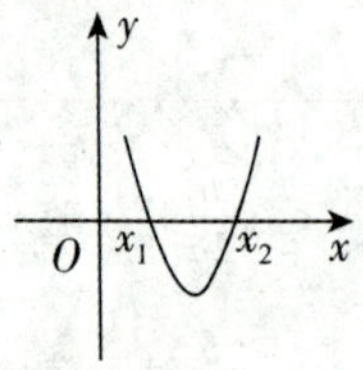 y, O, x_1, x_2, x	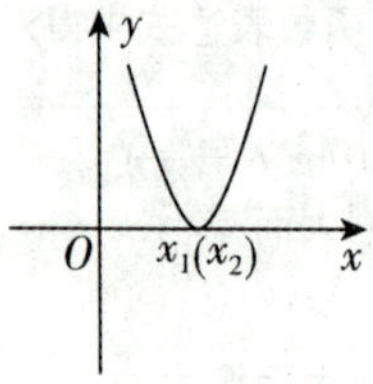 y, O, $x_1(x_2)$, x	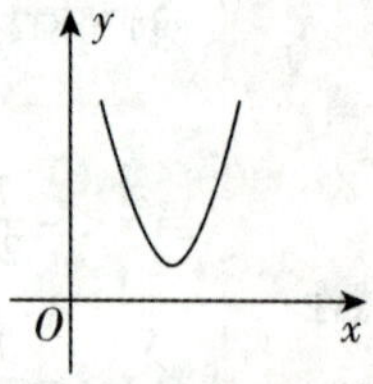 y, O, x
	$a<0$	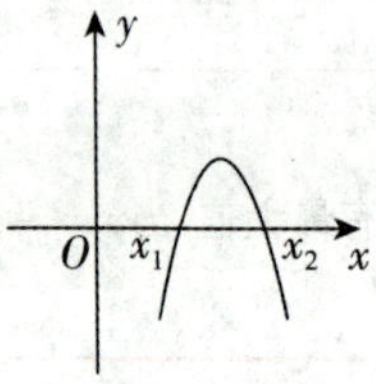 y, O, x_1, x_2, x	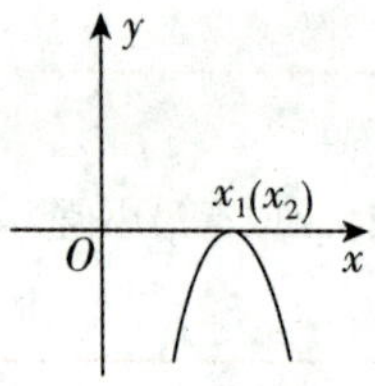 y, O, $x_1(x_2)$, x	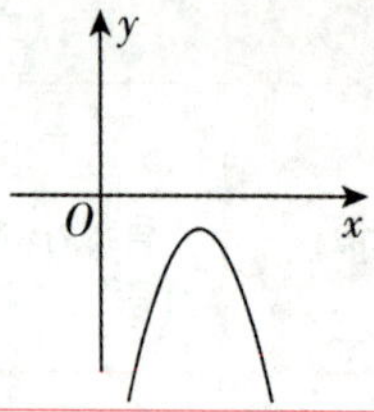 y, O, x
与 x 轴的交点横坐标		$x_1=\frac{-b-\sqrt{b^2-4ac}}{2a}$ $x_2=\frac{-b+\sqrt{b^2-4ac}}{2a}$	$x_1=x_2=-\frac{b}{2a}$	无交点
零点个数		2	1	0

【题29】【2023 湖南长沙湘江新区，填空，2 分】直线 $y=m$ 与 $y=\begin{cases}x^2,x\leqslant2,\\ \frac{8}{x},x>2\end{cases}$ 共有 3 个交点，则 m 的取值范围为________。

解　根据题意可知，函数 $y=\begin{cases}x^2,x\leqslant2,\\ \frac{8}{x},x>2\end{cases}$ 的图象如图所示：

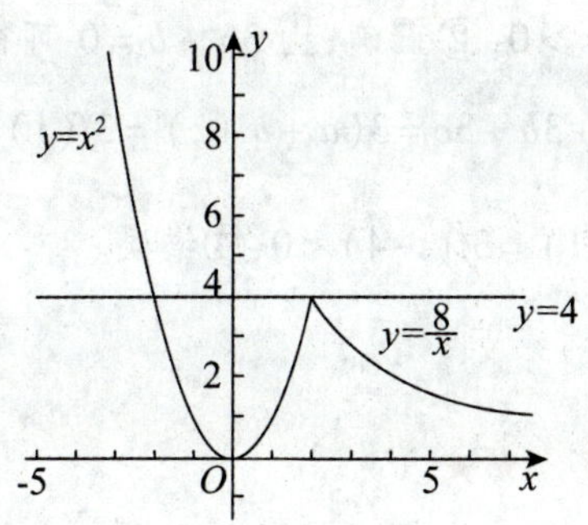

由图易知，若使直线 $y=m$ 与 $y=\begin{cases}x^2, x\leqslant 2,\\ \dfrac{8}{x}, x>2\end{cases}$ 有 3 个交点，则 m 的取值范围为 $0<m<4$。

答案　$0<m<4$

3. 二次函数的图象与系数 a,b,c 的关系

	符号	图象的特征
a	$a>0$	开口向上
	$a<0$	开口向下
b	$b=0$	对称轴为 y 轴
	$ab>0$（a,b 同号）	对称轴在 y 轴左侧
	$ab<0$（a,b 异号）	对称轴在 y 轴右侧
c	$c=0$	图象过原点
	$c>0$	与 y 轴正半轴相交
	$c<0$	与 y 轴负半轴相交
b^2-4ac	$b^2-4ac=0$	与 x 轴有唯一交点（顶点）
	$b^2-4ac>0$	与 x 轴有两个不同的交点
	$b^2-4ac<0$	与 x 轴无交点

【题 30】　二次函数 $y=ax^2+bx+c$ 的部分图象如图所示，有以下结论：① $3a-b=0$；② $b^2-4ac>0$；③ $5a-2b+c>0$；④ $4b+3c>0$，其中错误结论的个数是（　　）

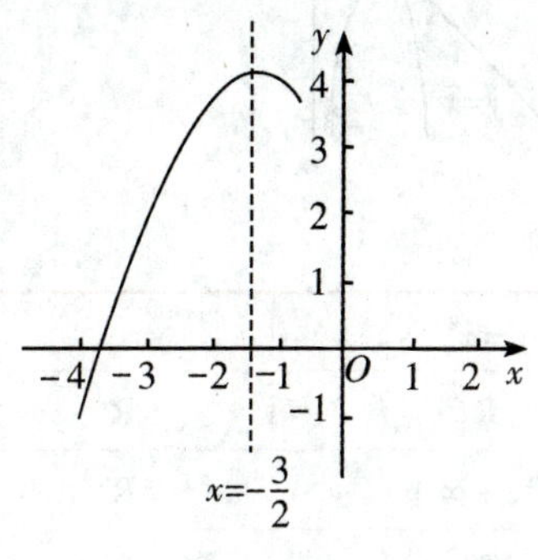

A. 1　　　　B. 2　　　　C. 3　　　　D. 4

解　由二次函数 $y=ax^2+bx+c$ 的图象可知，$a<0, c>0$，$-\dfrac{b}{2a}=-\dfrac{3}{2}$，即 $\dfrac{b}{a}=3\Rightarrow 3a-b=0$，①正确；函数

图象与 x 轴有两个交点，则 $\Delta=b^2-4ac>0$，②正确；由 $3a-b=0$ 可得 $5a-2b+c=5a-6a+c=c-a>0$，③正确；由 $3a-b=0$ 可得 $4b+3c=3a+3b+3c=3(a+b+c)=3f(1)$，由二次函数图象可知，函数的对称轴为 $x=-\frac{3}{2}$，所以 $f(1)=f(-4)$，即 $3f(1)=3f(-4)<0$，④错误。

答案　A

考点3　幂函数的图象与性质　★★

1. 幂函数的定义

一般地，形如 $y=x^{\alpha}(\alpha\in\mathbf{R})$ 的函数称为幂函数，其中 α 为常数。

2. 幂函数的特征

(1) x^{α} 的系数为 1；

(2) x^{α} 的底数是自变量；

(3) x^{α} 的指数为一个常数。

只有同时满足这三个条件，才是幂函数。

3. 常见幂函数的图象

作幂函数的图象要联系函数的定义域、值域、单调性、奇偶性等，只要作出幂函数在第一象限内的图象，然后根据它的奇偶性就可以作出幂函数在整个定义域内完整的图象。任一幂函数的图象一定会出现在第一象限，且一定不会出现在第四象限。

常见幂函数 $y=x$，$y=x^{\frac{1}{2}}$，$y=x^2$，$y=x^{-1}$，$y=x^3$ 的图象：

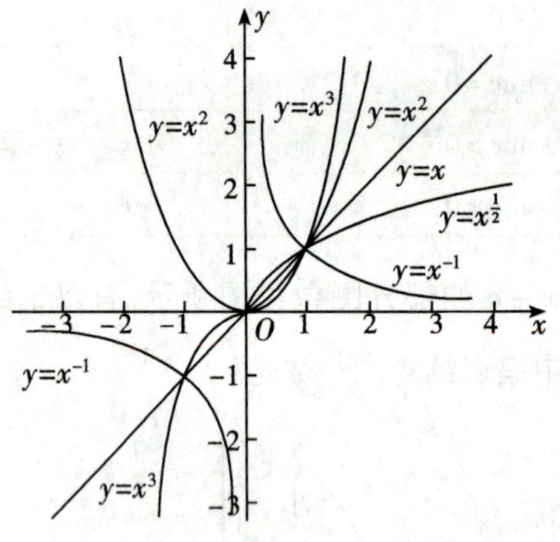

4. 五个常见幂函数的性质

函数	$y=x$	$y=x^2$	$y=x^3$	$y=x^{\frac{1}{2}}$	$y=x^{-1}$
定义域	$\mathbf{R}$	$\mathbf{R}$	$\mathbf{R}$	$[0,+\infty)$	$\{x\mid x\in\mathbf{R}$，且 $x\neq0\}$
值域	$\mathbf{R}$	$[0,+\infty)$	$\mathbf{R}$	$[0,+\infty)$	$\{y\mid y\in\mathbf{R}$，且 $y\neq0\}$
奇偶性	奇	偶	奇	非奇非偶	奇
单调性	在 $\mathbf{R}$ 上单调递增	在 $(0,+\infty)$ 上单调递增 在 $(-\infty,0)$ 上单调递减	在 $\mathbf{R}$ 上单调递增	在 $[0,+\infty)$ 单调递增	在 $(-\infty,0)$ 和 $(0,+\infty)$ 上单调递减

续表

定点	(1,1)
图象特征	在第一象限内,当 $0<x<1$ 时,幂函数的指数越大,其图象越靠近 x 轴; 当 $x>1$ 时,幂函数的指数越大,其图象越靠近 y 轴

5. 幂函数的一般性质

(1)所有的幂函数在 $(0,+\infty)$ 上都有定义,并且图象恒过定点 $(1,1)$。

(2)如果 $\alpha<0$,则幂函数在 $(0,+\infty)$ 上是减函数,图象向上与 y 轴正半轴无限接近,向右与 x 轴正半轴无限接近,并称 x 轴、y 轴是它们的渐近线。

(3)如果 $\alpha>0$,则幂函数的图象除恒过点 $(1,1)$ 外,还恒过原点 $(0,0)$,并且在 $[0,+\infty)$ 上是增函数。

考法大揭秘

幂函数图象与性质的应用

(1)幂函数 $y=x^{\alpha}(\alpha\in\mathbf{R})$ 的系数为1。

【题31】 已知函数 $f(x)=(m^2-m-1)x^{m^2+2m-3}$ 是幂函数,且其图象与两坐标轴都没有交点,则实数 $m=$________。

解 $\because$ 函数 $f(x)=(m^2-m-1)x^{m^2+2m-3}$ 是幂函数,$\therefore m^2-m-1=1$,解得 $m=2$ 或 $m=-1$,

当 $m=2$ 时,$f(x)=x^5$,其图象与两坐标轴有交点,不符合题意;

当 $m=-1$ 时,$f(x)=\dfrac{1}{x^4}$,其图象与两坐标轴都没有交点,符合题意。

故 $m=-1$。

答案 -1

(2)判断幂函数 $y=x^{\alpha}(\alpha\in\mathbf{R})$ 的奇偶性时,当 α 是分数时,一般将其先化为根式,再判断。

(3)若幂函数 $y=x^{\alpha}$ 在 $(0,+\infty)$ 上单调递增,则 $\alpha>0$;若在 $(0,+\infty)$ 上单调递减,则 $\alpha<0$。

(4)利用幂函数的单调性比较幂值的大小。

①幂指数相同时:直接利用幂函数的单调性比较大小;

②幂指数不相同时:先转化为相同幂指数,再利用单调性比较大小;

③无法直接利用单调性比较大小时,可选取适当的中间值与各数分别比较,从而达到比较大小的目的。

【题32】 已知 $a=3^{\frac{3}{5}},b=4^{\frac{2}{5}},c=12^{\frac{1}{5}}$,则 a,b,c 的大小关系为________。

解 $a=3^{\frac{3}{5}}=(3^3)^{\frac{1}{5}}=27^{\frac{1}{5}},b=4^{\frac{2}{5}}=(4^2)^{\frac{1}{5}}=16^{\frac{1}{5}},c=12^{\frac{1}{5}}$,

因为 $\dfrac{1}{5}>0$,所以函数 $f(x)=x^{\frac{1}{5}}$ 在 $(0,+\infty)$ 上单调递增,因为 $12<16<27$,所以 $12^{\frac{1}{5}}<16^{\frac{1}{5}}<27^{\frac{1}{5}}$,

即 $c<b<a$。

答案 $a>b>c$

第四节　指数函数与对数函数

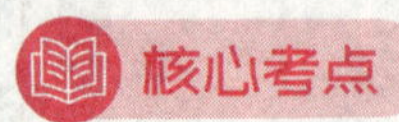

考点1　有理数指数幂及其运算性质　　考点3　对数的概念与运算　★

考点2　指数函数的图象与性质　★★　　考点4　对数函数的图象与性质　★★

考点1　有理数指数幂及其运算性质

1. n 次方根

(1)定义

一般地,如果 $x^n=a$,那么 x 叫做 a 的 n 次方根,其中 $n>1$,且 $n\in\mathbf{N}_+$。

(2)性质

①当 n 为奇数时,正数的 n 次方根是一个正数,负数的 n 次方根是一个负数,此时,a 的 n 次方根用符号 $\sqrt[n]{a}$ 表示;

②当 n 为偶数时,正数 a 的 n 次方根有两个,这两个数互为相反数,记作 $\pm\sqrt[n]{a}\,(a>0)$;

③负数没有偶次方根;

④特别地,0 的任何次方根都为 0,记作 $\sqrt[n]{0}=0$;

⑤$\sqrt[n]{a^n}=\begin{cases}a,n\text{ 为奇数},\\|a|,n\text{ 为偶数};\end{cases}$

⑥$(\sqrt[n]{a})^n=a\,(n\in\mathbf{N}_+,\text{且 }n>1)$。

2. 分数指数幂

(1)正数的正分数指数幂:$a^{\frac{m}{n}}=\sqrt[n]{a^m}$,其中 $a>0,m,n\in\mathbf{N}_+$,且 $n>1$。

(2)正数的负分数指数幂:$a^{-\frac{m}{n}}=\dfrac{1}{a^{\frac{m}{n}}}=\dfrac{1}{\sqrt[n]{a^m}}$,其中 $a>0,m,n\in\mathbf{N}_+$,且 $n>1$。

(3)规定:0 的正分数指数幂等于 0,0 的负分数指数幂没有意义。

3. 有理指数幂的运算性质

(1)$a^ra^s=a^{r+s}\,(a>0,r,s\in\mathbf{Q})$;

(2)$(a^r)^s=a^{rs}\,(a>0,r,s\in\mathbf{Q})$;

(3)$(ab)^r=a^rb^r\,(a>0,b>0,r\in\mathbf{Q})$。

【题33】　计算:

(1)$(2a^{\frac{2}{3}}b^{\frac{1}{2}})(-4a^{\frac{1}{2}}b^{\frac{1}{3}})\div(-2a^{\frac{1}{6}}b^{\frac{5}{6}})$;

(2) $(m^{\frac{1}{8}}n^{-\frac{3}{4}})^{16}$；

(3) $\left(\frac{3}{2}\right)^{-\frac{1}{3}}\times\left(-\frac{7}{6}\right)^{0}+8^{\frac{1}{4}}\times\sqrt[4]{2}-\sqrt{\left(-\frac{2}{3}\right)^{\frac{2}{3}}}$。

解　(1) 原式 $=[2\times(-4)\div(-2)](a^{\frac{2}{3}}\cdot a^{\frac{1}{2}}\div a^{\frac{1}{6}})(b^{\frac{1}{2}}\cdot b^{\frac{1}{3}}\div b^{\frac{5}{6}})$

$=4a^{\frac{2}{3}+\frac{1}{2}-\frac{1}{6}}b^{\frac{1}{2}+\frac{1}{3}-\frac{5}{6}}$

$=4ab^{0}$

$=4a$。

(2) 原式 $=(m^{\frac{1}{8}})^{16}(n^{-\frac{3}{4}})^{16}=m^{2}n^{-12}=\frac{m^{2}}{n^{12}}$。

(3) 原式 $=\left(\frac{2}{3}\right)^{\frac{1}{3}}\times1+(2^{3})^{\frac{1}{4}}\times2^{\frac{1}{4}}-\left[\left(\frac{2}{3}\right)^{\frac{2}{3}}\right]^{\frac{1}{2}}=\left(\frac{2}{3}\right)^{\frac{1}{3}}+2^{\frac{3}{4}}\times2^{\frac{1}{4}}-\left(\frac{2}{3}\right)^{\frac{1}{3}}=2^{\frac{3}{4}+\frac{1}{4}}=2$。

考点 2　指数函数的图象与性质　★★

指数函数的图象与性质

1. 定义

一般地，函数 $y=a^{x}(a>0$，且 $a\neq1)$ 叫做指数函数，其中指数 x 是自变量，定义域是 $\mathbf{R}$。

2. 图象及性质

	$a>1$	$0<a<1$
图象	y, x, O, $(0,1)$	y, x, O, $(0,1)$
性质	定义域为 $\mathbf{R}$，值域为 $(0,+\infty)$	
	图象过定点 $(0,1)$	
	在 $\mathbf{R}$ 上是增函数	在 $\mathbf{R}$ 上是减函数
	当 $x>0$ 时，$y>1$； 当 $x<0$ 时，$0<y<1$	当 $x>0$ 时，$0<y<1$； 当 $x<0$ 时，$y>1$
	底数越大，函数图象在第一象限越靠近 y 轴	底数越小，函数图象在第一象限越靠近 x 轴

【题 34】　若函数 $y=(a^{2}-5a+5)a^{x}$ 是指数函数，则 $a=$________。

解　因为函数 $y=(a^{2}-5a+5)a^{x}$ 是指数函数，所以 $a^{2}-5a+5=1$，解得 $a=1$ 或 $a=4$，又 $a>0$ 且 $a\neq1$，所以 $a=4$。

答案　4

【题 35】　若直线 $y=2a$ 与函数 $y=|a^{x}-1|(a>0$，且 $a\neq1)$ 的图象有两个不同的交点，则实数 a 的取值范围为________。

思路分析：将函数 $f(x)=a^x$ 的图象向下平移一个单位长度，再将 x 轴下方的图象翻折至 x 轴上方，即可得到函数 $y=|a^x-1|(a>0$，且 $a\neq1)$ 的图象。

解　作出函数 $y=|a^x-1|(a>0$，且 $a\neq1)$ 的图象，

①当 $0<a<1$ 时，函数 $y=|a^x-1|(a>0$，且 $a\neq1)$ 的图象如图 1 所示，若直线 $y=2a$ 与函数的图象有两个不同的交点，则有 $0<2a<1\Rightarrow0<a<\frac{1}{2}$；

②当 $a>1$ 时，函数 $y=|a^x-1|(a>0$，且 $a\neq1)$ 的图象如图 2 所示，若直线 $y=2a$ 与函数的图象有两个不同的交点，则有 $0<2a<1\Rightarrow0<a<\frac{1}{2}$，与 $a>1$ 矛盾。

综上所述，实数 a 的取值范围为 $\left(0,\frac{1}{2}\right)$。

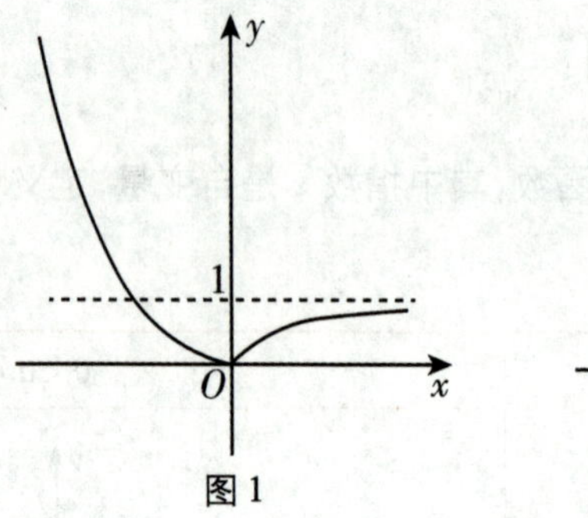

图 1

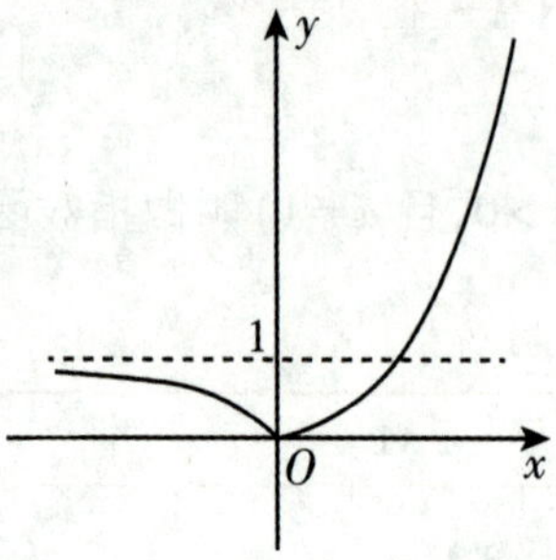

图 2

答案　$\left(0,\frac{1}{2}\right)$

考点 3　对数的概念与运算　★

1. 对数的相关概念

(1) 定义

一般地，如果 $a^x=N(a>0$，且 $a\neq1)$，那么数 x 叫做以 a 为底 N 的对数，记作 $x=\log_a N$，其中 a 叫做对数的底数，N 叫做真数。

(2) 两种特殊对数

①常用对数：通常将以 10 为底的对数叫做常用对数，并把 $\log_{10}N$ 记作 $\lg N$。

②自然对数：将以无理数 $\mathrm{e}=2.718\cdots$ 为底的对数叫做自然对数，并把 $\log_{\mathrm{e}}N$ 记作 $\ln N$。

(3) 对数与指数的关系

当 $a>0$，且 $a\neq1$ 时，

$$a^x=N\Leftrightarrow x=\log_a N。$$

(4) 对数恒等式

$$a^{\log_a N}=N(a>0,且\ a\neq1,N>0)。$$

【题 36】 计算:(1)$\left(\frac{1}{9}\right)^{-1+\log_{\frac{1}{9}}9}$ = ________;

(2)$3^{\log_3 10-\log_3 5}$ = ________。

解 (1)$\left(\frac{1}{9}\right)^{-1+\log_{\frac{1}{9}}9}=\left(\frac{1}{9}\right)^{-1}\times\left(\frac{1}{9}\right)^{\log_{\frac{1}{9}}9}=9\times9=81$。

(2)$3^{\log_3 10-\log_3 5}=\frac{3^{\log_3 10}}{3^{\log_3 5}}=\frac{10}{5}=2$。

答案 (1)81;(2)2

2. 对数的性质

(1)负数和 0 没有对数;

(2)$\log_a 1=0(a>0$,且 $a\neq1)$;

(3)$\log_a a=1(a>0$,且 $a\neq1)$;

(4)$\log_a a^x=x(a>0$,且 $a\neq1,x>0)$。

3. 对数的运算

(1)对数的运算法则

如果 $a>0$,且 $a\neq1,M>0,N>0$,那么:

①$\log_a(MN)=\log_a M+\log_a N$;

②$\log_a\left(\frac{M}{N}\right)=\log_a M-\log_a N$;

③$\log_a M^n=n\log_a M(n\in\mathbf{R})$。

(2)运算法则的推广

①$\log_a\sqrt[n]{M}=\frac{1}{n}\log_a M(M>0,n\in\mathbf{N}_+,n>1,a>0$,且 $a\neq1)$;

②$\log_a\frac{1}{M}=-\log_a M(M>0,a>0$,且 $a\neq1)$;

③$\log_a\sqrt[n]{M^m}=\frac{m}{n}\log_a M(M>0,m,n\in\mathbf{N}_+,m,n>1,a>0$,且 $a\neq1)$;

④$\log_{a^n}M=\frac{1}{n}\log_a M(M>0,n\neq0,a>0$,且 $a\neq1)$。

【题 37】 计算:(1)$\log_3(9^6\times3^5)$ = ________;

(2)$\lg\sqrt[6]{1000}$ = ________。

解 (1)$\log_3(9^6\times3^5)=\log_3 9^6+\log_3 3^5=6\log_3 9+5\log_3 3=6\times2+5\times1=17$。

(2)$\lg\sqrt[6]{1000}=\frac{1}{6}\lg 1000=\frac{1}{6}\times3=\frac{1}{2}$。

答案 (1)17;(2)$\frac{1}{2}$

(3)对数的换底公式及其推论

①换底公式

$$\log_a b=\frac{\log_c b}{\log_c a}(a>0,且\ a\neq 1;b>0;c>0,且\ c\neq 1)。$$

②推论

(Ⅰ) $\log_a b\cdot\log_b a=1(a>0,且\ a\neq 1,b>0,且\ b\neq 1)$；

(Ⅱ) $\log_a b\cdot\log_b c\cdot\log_c d=\log_a d(a>0,且\ a\neq 1,b>0,且\ b\neq 1,c>0,且\ c\neq 1,d>0)$；

(Ⅲ) $\log_{a^m} b^n=\frac{n}{m}\log_a b(a>0,且\ a\neq 1,b>0,m\neq 0,n\in\mathbf{R})$。

【题 38】 计算下列各式：

(1) $\log_2 3\times\log_3 4\times\log_4 5\times\log_5 2$；

(2) $\log_2 9\times\log_3 8$；

(3) $2(\log_4 3+\log_8 3)\times(\log_3 2+\log_9 2)$。

解 (1) $\log_2 3\times\log_3 4\times\log_4 5\times\log_5 2=\log_2 2=1$。

(2) $\log_2 9\times\log_3 8=\frac{\log_3 9}{\log_3 2}\times\log_3 8=\log_3 9\times\frac{\log_3 8}{\log_3 2}=2\times\log_2 8=2\times 3=6$。

(3)原式 $=2(\log_{2^2}3+\log_{2^3}3)\times(\log_3 2+\log_{3^2}2)$

$$=2\times(\frac{1}{2}\log_2 3+\frac{1}{3}\log_2 3)\times(\log_3 2+\frac{1}{2}\log_3 2)$$

$$=2\times\frac{5}{6}\log_2 3\times\frac{3}{2}\log_3 2$$

$$=\frac{5}{2}\times\log_2 3\times\log_3 2$$

$$=\frac{5}{2}。$$

考点 4 对数函数的图象与性质 ★★

1. 定义

一般地，函数 $y=\log_a x(a>0,且\ a\neq 1)$ 叫做对数函数，其中 x 是自变量，定义域是 $(0,+\infty)$。

2. 图象与性质

	$a>1$	$0<a<1$
图象		

续表

	$a>1$	$0<a<1$
性质	图象在 y 轴的右侧,定义域是 $(0,+\infty)$,值域是 $\mathbf{R}$	
	图象过定点 $(1,0)$	
	在 $(0,+\infty)$ 上为增函数	在 $(0,+\infty)$ 上为减函数
	当 $0<x<1$ 时,$y<0$; 当 $x>1$ 时,$y>0$	当 $0<x<1$ 时,$y>0$; 当 $x>1$ 时,$y<0$
	底数越大,函数图象在第一象限越靠近 x 轴	底数越小,函数图象在第一象限越靠近 y 轴

【题 39】【2021 浙江台州(天台、仙居、三门、临海),单,1.6 分】已知函数 $f(x)=\log_2(x^2-ax+2)$,$a\in\mathbf{R}$,若函数 $f(x)$ 是偶函数,则 $f(x)$ 的值域是(　　)

A. $(-\infty,-1)$　　B. $[1,+\infty)$

C. $\left(\frac{3}{2},+\infty\right)$　　D. $\left(\frac{5}{3},+\infty\right)$

解　由 $f(x)$ 是偶函数可得 $f(-x)=f(x)$,即 $\log_2(x^2+ax+2)=\log_2(x^2-ax+2)$ 恒成立,由对数函数单调性可得 $x^2-ax+2=x^2+ax+2$,解得 $a=0$,所以 $f(x)=\log_2(x^2+2)\geqslant 1$,$f(x)$ 的值域为 $[1,+\infty)$。

答案　B

【题 40】【2020 浙江绍兴(三区),单,3 分】在同一直角坐标系中,函数 $f(x)=\frac{1}{a^x}$ 与 $g(x)=\lg\frac{a}{x}$ 的图象可能是(　　)

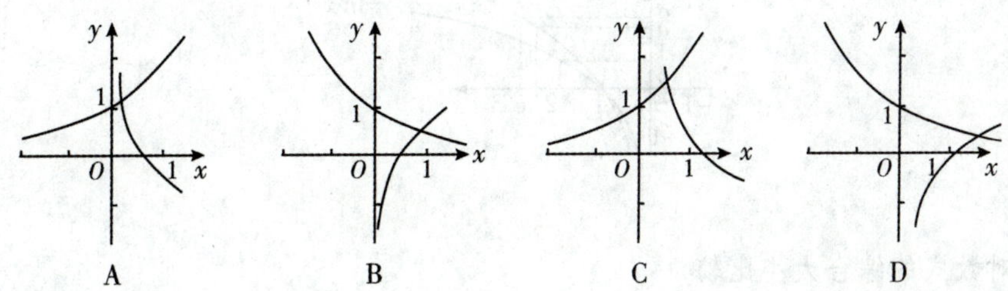

解　$\because a>0, a\neq 1$,$\therefore g(x)=\lg\frac{a}{x}$ 在 $(0,+\infty)$ 单调递减,故排除 B、D 项。在选项 A、C 中,由 $f(x)=\frac{1}{a^x}$ 的图象可知 $0<a<1$,则对于 $g(x)=\lg\frac{a}{x}$,$g(1)=\lg a<0$,故 A 正确。

答案　A

考法大揭秘

指数式与对数式的大小比较

1. 比较指数式的大小

(1) 若能化为同底数指数幂,可直接利用单调性比较大小;

(2)不能化为同底数指数幂的，一般会引入中间量比较大小，最常见的中间量为“1”。

【题 41】 设$\frac{1}{5}<\left(\frac{1}{5}\right)^{b}<\left(\frac{1}{5}\right)^{a}<1$，那么(　　)

A. $b^b<b^a<a^a$　　B. $a^a<b^a<a^b$　　C. $a^b<b^a<a^a$　　D. $a^b<a^a<b^a$

解　$\because\left(\frac{1}{5}\right)^{1}<\left(\frac{1}{5}\right)^{b}<\left(\frac{1}{5}\right)^{a}<\left(\frac{1}{5}\right)^{0}$，$\therefore 1>b>a>0$，$\therefore a^b<a^a$，且 $a^a<b^a$，$\therefore a^b<a^a<b^a$。

答案　D

2. 比较对数式的大小

(1)若能化为同底的对数，可直接利用对数函数的单调性比较大小；

(2)寻找中间量比较大小，最常见的中间量是“0”和“1”；

(3)画出图象，根据图象判断大小关系。

【题 42】 已知 $a=\log_2 e$，$b=\ln 2$，$c=\log_{\frac{1}{2}}\frac{1}{3}$，则 a,b,c 的大小关系为(　　)

A. $a>b>c$　　B. $b>a>c$　　C. $c>b>a$　　D. $c>a>b$

解法一　因为 $a=\log_2 e>1$，$b=\ln 2\in(0,1)$，$c=\log_{\frac{1}{2}}\frac{1}{3}=\log_2 3>\log_2 e>1$，所以 $c>a>b$。

解法二　$\log_{\frac{1}{2}}\frac{1}{3}=\log_2 3$，如图，在同一直角坐标系中作出函数 $y=\log_2 x$，$y=\ln x$ 的大致图象，由图知 $c>a>b$。

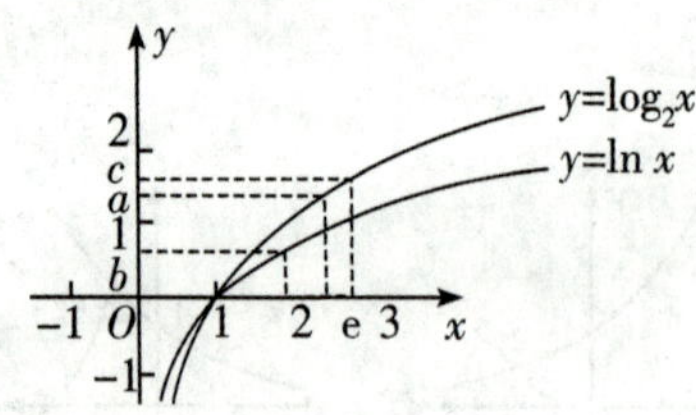

答案　D

3. 指数式与对数式的综合大小比较

先将指数式与指数式、对数式与对数式分别作比较，再比较二者之间的大小关系，通常采用取中间值法。

【题 43】【2023 山东济南历城区，单，3 分】若 $a=0.7^{0.7}$，$b=\log_{243}27$，$c=0.6^{0.7}$，则 a,b,c 的大小关系为(　　)

A. $b<c<a$　　B. $c<a<b$　　C. $a<b<c$　　D. $b<a<c$

解　由幂函数的性质可知 $c=0.6^{0.7}<0.7^{0.7}=a$，又 $b=\log_{243}27=\log_{3^5}3^3=\frac{3}{5}=0.6<0.6^{0.7}=c$，所以 $b<c<a$。

答案　A

【题 44】【2023 山西特岗，3 分】设 $a=3^{0.7}$，$b=\log_{0.8}1.6$，$c=\log_{0.7}0.8$，则 a,b,c 的大小关系为(　　)

A. $a<b<c$　　B. $c<a<b$　　C. $b<c<a$　　D. $c<b<a$

解　因为 $a=3^{0.7}>3^0=1$，$b=\log_{0.8}1.6<\log_{0.8}1=0$，$0=\log_{0.7}1<c=\log_{0.7}0.8<\log_{0.7}0.7=1$，所以 $b<c<a$。

答案　C

第五节　函数的应用

核心考点

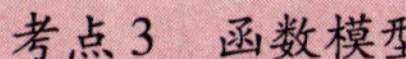

考点1　函数图象的变换　★

考点2　函数与方程　★★

考点3　函数模型

考点1　函数图象的变换　★

1. 函数图象的平移变换

$y=f(x)\xrightarrow[a<0,\text{左移}|a|\text{个单位}]{a>0,\text{右移}a\text{个单位}}y=f(x-a)$；

$y=f(x)\xrightarrow[b<0,\text{下移}|b|\text{个单位}]{b>0,\text{上移}b\text{个单位}}y=f(x)+b$。

例如，设 $f(x)=x^2$，如图所示，分别作出 $y=f(x+1)$，$y=f(x-1)$，$y=f(x)+1$，$y=f(x)-1$ 的图象。

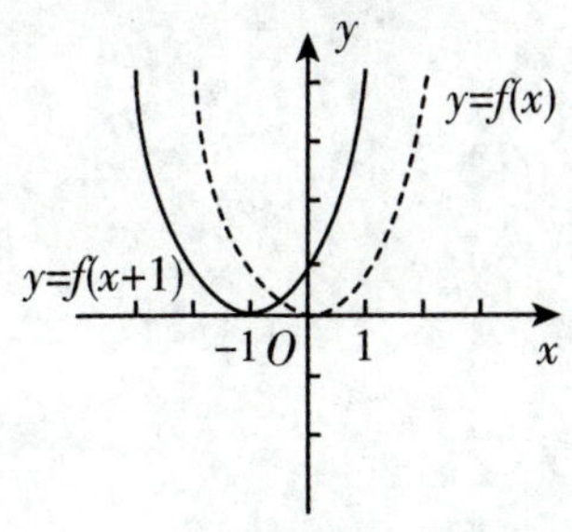

$y=f(x)$的图象向左平移一个单位长度

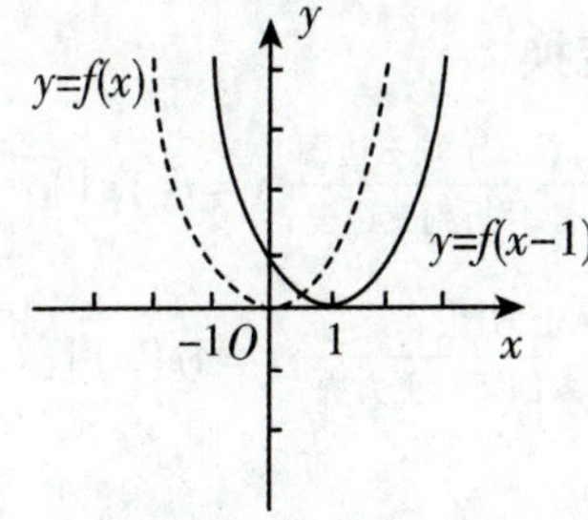

$y=f(x)$的图象向右平移一个单位长度

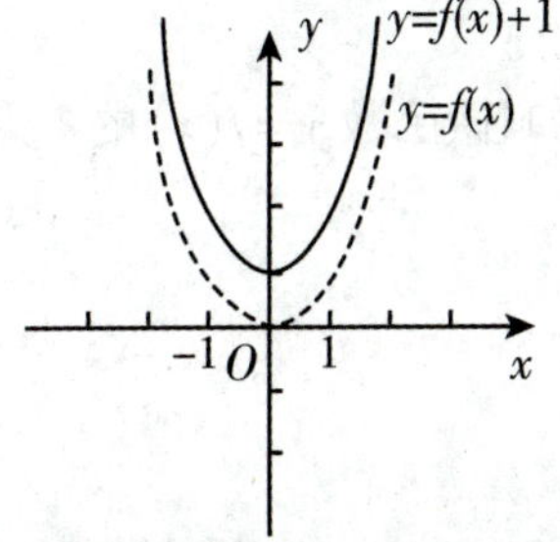

$y=f(x)$的图象向上平移一个单位长度

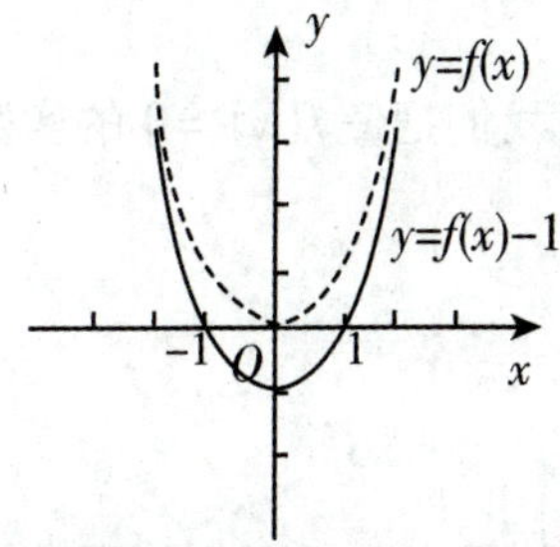

$y=f(x)$的图象向下平移一个单位长度

2. 函数图象的伸缩变换

$$y=f(x)\xrightarrow[\omega>1,\text{纵坐标不变,横坐标缩短为原来的}\frac{1}{\omega}]{0<\omega<1,\text{纵坐标不变,横坐标伸长为原来的}\frac{1}{\omega}\text{倍}}y=f(\omega x);$$

$$y=f(x)\xrightarrow[0<A<1,\text{横坐标不变,纵坐标缩短为原来的}A]{A>1,\text{横坐标不变,纵坐标伸长为原来的}A\text{倍}}y=Af(x)。$$

3. 函数图象的对称变换

$$y=f(x)\xrightarrow{\text{关于}x\text{轴对称}}y=-f(x);$$

$$y=f(x)\xrightarrow{\text{关于}y\text{轴对称}}y=f(-x);$$

$$y=f(x)\xrightarrow{\text{关于原点对称}}y=-f(-x)。$$

例如,设 $f(x)=\frac{1}{x}(x>0)$,如图所示,分别作出 $y=-f(x)$,$y=f(-x)$,$y=-f(-x)$ 的图象。

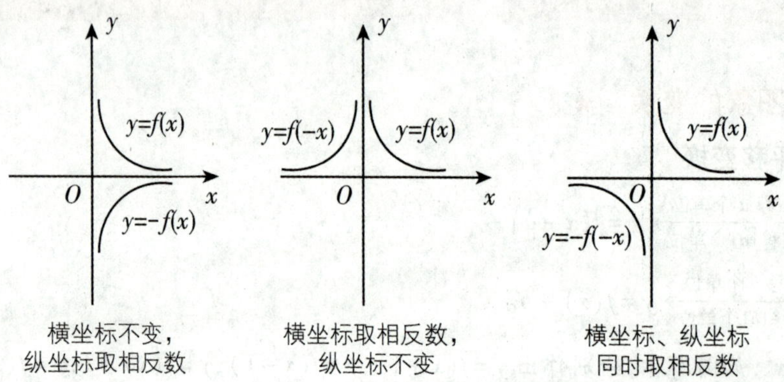

4. 函数图象的翻折变换

$$y=f(x)\xrightarrow[\text{将}y\text{轴右边的图象翻折到左边去}]{\text{去掉}y\text{轴左边图,保留}y\text{轴右边图}}y=f(|x|);$$

$$y=f(x)\xrightarrow[\text{将}x\text{轴下方的图象翻折到上方去}]{\text{保留}x\text{轴上方图}}y=|f(x)|。$$

考点2　函数与方程　★★

1. 函数的零点

(1)函数零点的定义

对于一般函数 $y=f(x)$,我们把使 $f(x)=0$ 的实数 x 叫做函数 $y=f(x)$ 的零点。

(2)三个等价关系

方程 $f(x)=0$ 有实数解⇔函数 $y=f(x)$ 有零点⇔函数 $y=f(x)$ 的图象与 x 轴有公共点。

(3)函数零点的分类

①变号零点:如图1所示,零点附近两侧的函数值异号;

②不变号零点:如图2所示,零点附近两侧的函数值同号。

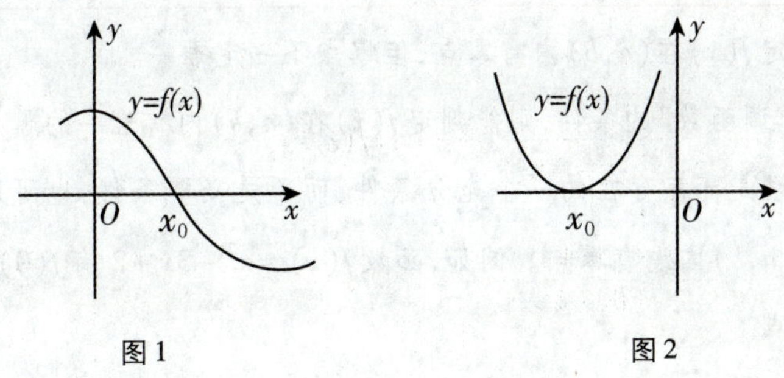

2. 二分法

(1)二分法的定义

对于在区间$[a,b]$上图象连续不断且$f(a)f(b)<0$的函数$y=f(x)$，通过不断地把函数的零点所在区间一分为二，使所得区间的两个端点逐步逼近零点，进而得到零点近似值的方法叫做二分法。

(2)用二分法求函数$y=f(x)$的零点x_0的近似值的步骤

第一步，确定零点x_0的初始区间$[a,b]$，验证$f(a)f(b)<0$。

第二步，求区间(a,b)的中点c。

第三步，计算$f(c)$并进一步确定零点所在的区间：

①若$f(c)=0$，则c就是函数的零点；

②若$f(a)f(c)<0$(此时$x_0\in(a,c)$)，则令$b=c$；

③若$f(c)f(b)<0$(此时$x_0\in(c,b)$)，则令$a=c$。

第四步，判断是否达到精确度ε：若$|a-b|<\varepsilon$，则得到零点近似值a(或b)。否则重复第二、第三、第四步。

3. 有关函数零点的结论

(1)若连续不断的函数$f(x)$在定义域上是单调函数，则$f(x)$至多有一个零点。

(2)连续不断的函数，其相邻两个零点之间的所有函数值保持同号。

(3)连续不断的函数图象通过零点后，函数值可能变号，也可能不变号。

4. 函数零点存在定理

如果函数$y=f(x)$在区间$[a,b]$上的图象是一条连续不断的曲线，且有$f(a)f(b)<0$，那么，函数$y=f(x)$在区间(a,b)内至少有一个零点，即存在$c\in(a,b)$，使得$f(c)=0$，这个c也就是方程$f(x)=0$的解。

考法大揭秘

函数零点问题

1. 利用函数零点存在定理判断零点所在区间

(1)函数$y=f(x)$在区间(a,b)内有零点必须同时满足：

①函数$f(x)$在区间$[a,b]$上的图象是一条连续不断的曲线；

②$f(a)f(b)<0$。

(2)根据该定理能确定$f(x)$在(a,b)内有零点，但零点不一定唯一。

(3)若增加“$f(x)$是单调函数”的条件，则能判定$f(x)$在(a,b)内有唯一的零点。

(4)函数零点存在定理是零点存在的一个充分条件，而不是必要条件，也可以说，若不满足该定理的条件，并不能说明函数在(a,b)内没有零点。例如，函数$f(x)=x^2-3x+2$有$f(0)\cdot f(3)>0$，但函数$f(x)$在区间$(0,3)$内有两个零点。

【题45】 给出三个区间$\left(0,\frac{1}{e^2}\right)$，$\left(\frac{1}{e^2},\frac{1}{e}\right)$，$\left(\frac{1}{e},1\right)$，则函数$f(x)=x+\ln x$的零点所在的一个区间是________。

解 因为函数$y=x$与函数$y=\ln x$都是增函数，所以函数$f(x)=x+\ln x$也为增函数，其定义域为$(0,+\infty)$，

当x趋近于0时，函数$f(x)$趋近于$-\infty$，

而$f(\frac{1}{e^2})=\frac{1}{e^2}+\ln\frac{1}{e^2}=\frac{1}{e^2}-2\ln e=\frac{1}{e^2}-2<0$，所以$f(x)$在区间$\left(0,\frac{1}{e^2}\right)$内没有零点，

因为$f(\frac{1}{e})=\frac{1}{e}+\ln\frac{1}{e}=\frac{1}{e}-1<0$，即$f(\frac{1}{e^2})\cdot f(\frac{1}{e})>0$，所以$f(x)$在区间$\left(\frac{1}{e^2},\frac{1}{e}\right)$内也没有零点，

因为$f(1)=1+\ln 1=1>0$，即$f(\frac{1}{e})\cdot f(1)<0$，

所以函数$f(x)=x+\ln x$的零点所在的一个区间是$\left(\frac{1}{e},1\right)$。

答案 $\left(\frac{1}{e},1\right)$

2. 函数零点(方程根)的个数的判断

(1)解方程法：令$f(x)=0$，如果有解，一般有几个解就有几个零点。

(2)利用函数零点存在定理：利用该定理不仅要求函数在$[a,b]$上的图象是连续不断的曲线，且$f(a)f(b)<0$，还必须结合函数的图象和性质(如单调性、奇偶性、周期性、对称性)才能确定函数有多少个零点。

(3)数形结合法：转化为两个函数图象的交点的个数问题，有几个交点就有几个不同的零点。

【题46】 函数$y=\begin{cases}x^2+2x-1, x\leqslant 0,\\ \lg x+2x-3, x>0\end{cases}$的零点的个数为________。

解 当$x\leqslant 0$时，$y=x^2+2x-1$，令$x^2+2x-1=0$，解得$x_1=-\sqrt{2}-1$，$x_2=\sqrt{2}-1$，

因为$x_2=\sqrt{2}-1>0$，所以当$x\leqslant 0$时，函数的零点为$x_1=-\sqrt{2}-1$；

当$x>0$时，$y=\lg x+2x-3$，易知函数$y=\lg x+2x-3$在$(0,+\infty)$上单调递增，

当$x=1$时，$y=2-3=-1<0$，当$x=2$时，$y=\lg 2+1>0$，

所以当$x>0$时，函数在区间$(1,2)$上有唯一零点，

综上所述，函数 $y=\begin{cases}x^2+2x-1, x\leqslant 0,\\ \lg x+2x-3, x>0\end{cases}$ 的零点的个数为 2。

答案　2

考点 3　函数模型

1. 应用函数模型解决实际问题的基本步骤

(1)审题：弄清题意，分清条件和结论，理顺数量关系，初步选择数学模型。

(2)建模：将自然语言转化为数学语言，将文字语言转化为符号语言，利用数学知识，建立相应的数学模型。

(3)解模：求解数学模型，得出数学结论。

(4)还原：将数学问题还原为实际问题。

2. 常见的函数模型

(1)一次函数模型：$f(x)=kx+b$（k,b 为常数，$k\neq 0$）；

(2)反比例函数模型：$f(x)=\dfrac{k}{x}$（k 为常数，$k\neq 0$）；

(3)二次函数模型：$f(x)=ax^2+bx+c$（a,b,c 为常数，$a\neq 0$）；

(4)指数型函数模型：$f(x)=ab^x+c$（a,b,c 为常数，$a\neq 0,b>0$，且 $b\neq 1$）；

(5)对数型函数模型：$f(x)=m\log_a x+n$（m,n,a 为常数，$m\neq 0,a>0$，且 $a\neq 1$）；

(6)幂指数型函数模型：$f(x)=ax^n+b$（a,b,n 为常数，$a\neq 0,n\neq 1$）；

(7)"对勾"函数模型：$f(x)=ax+\dfrac{b}{x}$（a,b 为常数，且 $ab>0$）；

(8)分段函数模型：很多实际问题中变量之间的关系，不能用同一个关系式给出，而是由几个不同的关系式构成分段函数，如出租车计价问题，动点在平面几何上的运动问题，水费问题等。

【题 47】【2023 江苏盐城盐都区，解答，6 分】某商品现在的售价为每件 50 元，每星期可卖出 200 件。市场调查反映：如调整价格，每涨价 1 元，每星期要少卖出 5 件；每降价 1 元，每星期可多卖出 25 件。

(1)设该商品每件定价为 x 元，每星期可卖出 y 件，分别求出当 $x>50$ 和 $x<50$ 时，y 与 x 的函数关系式；

(2)若该商品的进价为每件 30 元，如何定价才能使得每星期的利润最大？请说明理由。

解　(1)当 $x>50$ 时，$y=200-5(x-50)=-5x+450$；

当 $x<50$ 时，$y=200+25(50-x)=-25x+1450$。

(2)设该商品每件的定价为 x 元，每星期的利润为 W 元。

当 $x>50$ 时，$W=(x-30)(-5x+450)=-5x^2+600x-13500(50<x\leqslant 90)$，故当 $x=60$ 时，利润最大，$W_{max}=4500$；

当 $x<50$ 时，$W=(x-30)(-25x+1450)=-25x^2+2200x-43500(30\leqslant x<50)$，故当 $x=44$ 时，利润最

大，$W_{max}=4900$；

当 $x=50$ 时，$W=4000$。

因为 $4900>4500>4000$，所以该商品的定价为 44 元时，每星期的利润最大。

即时反思与复盘总结

我于________年____月____日完成了对本章的学习。

复盘一下，我对自己较肯定的地方是____________________

（足够努力/心态积极/方法得当……）

我觉得自己需要改进的地方是________________________

（懒惰懈怠/心情浮躁/方法不当……）

休息片刻，开启下一站征程！

第四章 三角函数与解三角形

考向分析

本章属于高中数学阶段的重点内容，在各地教师招聘考试中，常以单选、填空、判断、解答的形式考查。其中，山东、浙江、四川等地常考查三角恒等变换和正弦函数，题目较基础；湖南等地常以解答的形式考查三角函数的性质及解三角形，综合性较强，对考生数学运算和直观想象等核心素养的要求较高。现对本章考向分析如下：

高频考点	高频考向	常考题型	核心素养	考查热度
三角恒等变换	三角函数值的计算	单选、填空	数学运算	🔥
三角函数的图象与性质	三角函数的周期性	单选、填空	直观想象	🔥
函数 $y=A\sin(\omega x+\varphi)$	函数 $y=A\sin(\omega x+\varphi)$ 的性质	解答	直观想象、数学运算	🔥🔥
解三角形	利用正弦、余弦定理解三角形	判断、解答	数学运算	🔥🔥🔥

第一节 三角函数的定义

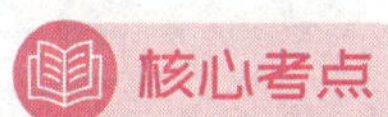

核心考点

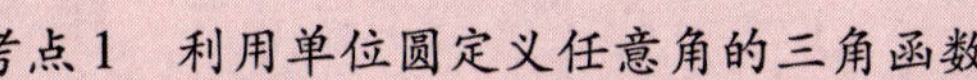

考点1 利用单位圆定义任意角的三角函数

考点2 利用角 α 终边上任意一点的坐标定义三角函数

考点3 常见角的三角函数值表 ★

考点1 利用单位圆定义任意角的三角函数

如图所示，设 α 是一个任意角，$\alpha\in\mathbf{R}$，它的终边 OP 与单位圆相交于点 $P(x,y)$。

(1) 把点 P 的纵坐标 y 叫做 α 的正弦函数，记作 $\sin\alpha$，即 $y=\sin\alpha$；

(2) 把点 P 的横坐标 x 叫做 α 的余弦函数，记作 $\cos\alpha$，即 $x=\cos\alpha$；

(3) 把点 P 的纵坐标与横坐标的比值 $\frac{y}{x}$ 叫做 α 的正切，记作 $\tan\alpha$，即 $\frac{y}{x}=\tan\alpha(x\neq0)$。

注：把点 P 的横坐标与纵坐标的比值 $\frac{x}{y}$ 叫做 α 的余切，记作 $\cot\alpha$，即 $\frac{x}{y}=\cot\alpha(y\neq0)$。

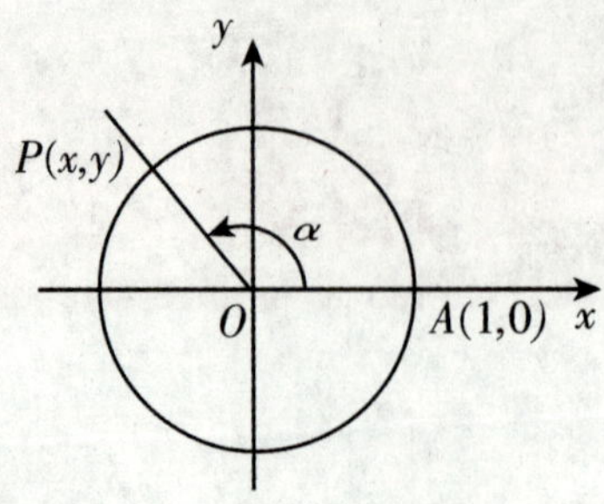

将正弦函数、余弦函数和正切函数统称为三角函数，通常将它们记为：

正弦函数：$y=\sin x, x\in \mathbf{R}$；

余弦函数：$y=\cos x, x\in \mathbf{R}$；

正切函数：$y=\tan x, x\neq \frac{\pi}{2}+k\pi\ (k\in \mathbf{Z})$。

考点2　利用角 α 终边上任意一点的坐标定义三角函数

如图，设 α 是一个任意角，α 的终边上任意一点 P（不与原点重合）的坐标是 $(x,y)\ (xy\neq 0)$，它与原点的距离是 $r\ (r=\sqrt{x^2+y^2}>0)$，那么：

(1) 比值 $\frac{y}{r}$ 叫做 α 的**正弦**，记作 $\sin\alpha$，即 $\sin\alpha=\frac{y}{r}$；

(2) 比值 $\frac{x}{r}$ 叫做 α 的**余弦**，记作 $\cos\alpha$，即 $\cos\alpha=\frac{x}{r}$；

(3) 比值 $\frac{y}{x}$ 叫做 α 的**正切**，记作 $\tan\alpha$，即 $\tan\alpha=\frac{y}{x}$。

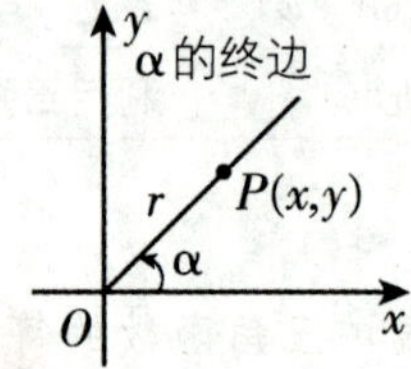

知识再拔高

余切、正割与余割函数

角 α 的余切：$\cot\alpha=\frac{1}{\tan\alpha}=\frac{x}{y}$；

角 α 的正割：$\sec\alpha=\frac{1}{\cos\alpha}=\frac{r}{x}$；

角 α 的余割：$\csc\alpha=\frac{1}{\sin\alpha}=\frac{r}{y}$；

当 α 的终边在 y 轴上，即 $\alpha=k\pi+\frac{\pi}{2}\ (k\in \mathbf{Z})$ 时，$\tan\alpha$，$\sec\alpha$ 没有意义；

当 α 的终边在 x 轴上，即 $\alpha=k\pi\ (k\in \mathbf{Z})$ 时，$\cot\alpha$，$\csc\alpha$ 没有意义。

考点3　常见角的三角函数值表　★

	0°	30°	45°	60°	90°	120°	135°	150°	180°	360°
$\sin\alpha$	0	$\frac{1}{2}$	$\frac{\sqrt{2}}{2}$	$\frac{\sqrt{3}}{2}$	1	$\frac{\sqrt{3}}{2}$	$\frac{\sqrt{2}}{2}$	$\frac{1}{2}$	0	0

续表

	0°	30°	45°	60°	90°	120°	135°	150°	180°	360°
$\cos\alpha$	1	$\frac{\sqrt{3}}{2}$	$\frac{\sqrt{2}}{2}$	$\frac{1}{2}$	0	$-\frac{1}{2}$	$-\frac{\sqrt{2}}{2}$	$-\frac{\sqrt{3}}{2}$	-1	1
$\tan\alpha$	0	$\frac{\sqrt{3}}{3}$	1	$\sqrt{3}$	不存在	$-\sqrt{3}$	-1	$-\frac{\sqrt{3}}{3}$	0	0
$\cot\alpha$	不存在	$\sqrt{3}$	1	$\frac{\sqrt{3}}{3}$	0	$-\frac{\sqrt{3}}{3}$	-1	$-\sqrt{3}$	不存在	不存在

【题 1】 已知角 α 的终边上有一点 $P(-\sqrt{3},m)$，且 $\sin\alpha=\frac{\sqrt{2}}{4}m\,(m>0)$，则 $m=$________，$\cos\alpha=$________。

解 因为点 $P(-\sqrt{3},m)$ 到原点的距离为 $\sqrt{(-\sqrt{3})^2+m^2}=\sqrt{3+m^2}$，且点 P 为角 α 的终边上一点，所以 $\sin\alpha=\frac{m}{\sqrt{3+m^2}}=\frac{\sqrt{2}}{4}m(m>0)$，解得 $m=\sqrt{5}$，所以 $\cos\alpha=\frac{-\sqrt{3}}{\sqrt{3+m^2}}=\frac{-\sqrt{3}}{\sqrt{3+5}}=-\frac{\sqrt{6}}{4}$。

答案 $\sqrt{5}$；$-\frac{\sqrt{6}}{4}$

考法大揭秘

由三角函数值的符号判断角终边的位置

不同象限中三角函数的符号：

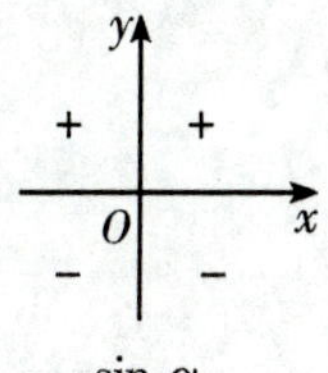

sin α

cos α

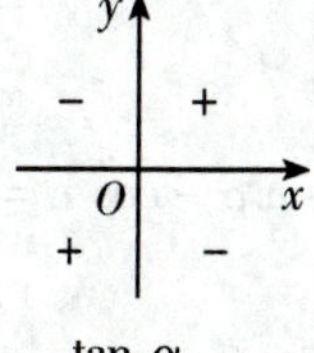

tan α

【题 2】 【2023 四川特岗，单，4 分】已知点 $M(\tan\alpha,-\cos\alpha)$ 在第三象限，则角 α 的终边在(　　)

A. 第一象限　　B. 第二象限　　C. 第三象限　　D. 第四象限

解 因为点 $M(\tan\alpha,-\cos\alpha)$ 在第三象限，所以 $\begin{cases}\tan\alpha<0,\\-\cos\alpha<0,\end{cases}$ 即 $\begin{cases}\tan\alpha<0,\\\cos\alpha>0,\end{cases}$ 则角 α 的终边在第四象限。

答案 D

第二节　同角三角函数的基本关系与诱导公式

考点1　同角三角函数的基本关系 ★★　　　考点2　三角函数的诱导公式 ★★

考点1　同角三角函数的基本关系 ★★

1. 商数关系

$$\tan\alpha=\frac{\sin\alpha}{\cos\alpha}\left(\alpha\neq k\pi+\frac{\pi}{2},k\in\mathbf{Z}\right)。$$

2. 平方关系

$$\sin^2\alpha+\cos^2\alpha=1。$$

考法大揭秘

同角三角函数的关系及其应用

(1)将 $\sin\alpha\pm\cos\alpha=m$ 等式两边同时平方，结合同角三角函数的平方关系，可以推出 $\sin\alpha\cos\alpha$ 的值。

【题3】　已知 $\sin\alpha-\cos\alpha=\frac{4}{3}$，则 $\sin\alpha\cos\alpha=$ (　　)

A. $-\frac{7}{9}$　　B. $-\frac{7}{18}$　　C. $\frac{7}{18}$　　D. $\frac{7}{9}$

解　将 $\sin\alpha-\cos\alpha=\frac{4}{3}$ 等式两边同时平方，得 $\sin^2\alpha-2\sin\alpha\cos\alpha+\cos^2\alpha=\frac{16}{9}$，由平方关系 $\sin^2\alpha+\cos^2\alpha=1$，得 $1-2\sin\alpha\cos\alpha=\frac{16}{9}$，则 $\sin\alpha\cos\alpha=-\frac{7}{18}$。

答案　B

(2)已知角的正弦(余弦)值，求余弦(正弦)和正切时，往往需要借助同角三角函数的商数关系，注意要根据所求角所在的象限判断三角函数的正负。

【题4】　已知 $\sin\alpha=-\frac{4}{5}$，求 $\cos\alpha$，$\tan\alpha$ 的值。

解　因为 $\sin\alpha<0$，且 $\sin\alpha\neq-1$，所以 α 是第三象限角或第四象限角，由 $\sin^2\alpha+\cos^2\alpha=1$，得 $\cos^2\alpha=1-\sin^2\alpha=1-\left(-\frac{4}{5}\right)^2=\frac{9}{25}$。

如果 α 是第三象限角，那么 $\cos\alpha<0$，所以 $\cos\alpha=-\sqrt{\frac{9}{25}}=-\frac{3}{5}$，$\tan\alpha=\frac{\sin\alpha}{\cos\alpha}=\frac{4}{3}$；

如果 α 是第四象限角，那么 $\cos\alpha>0$，所以 $\cos\alpha=\sqrt{\frac{9}{25}}=\frac{3}{5}$，$\tan\alpha=\frac{\sin\alpha}{\cos\alpha}=-\frac{4}{3}$。

考点2　三角函数的诱导公式　★★

诱导公式

1. 诱导公式

(1) 公式一

$$\sin(2k\pi+\alpha)=\sin\alpha(k\in\mathbf{Z});$$
$$\cos(2k\pi+\alpha)=\cos\alpha(k\in\mathbf{Z});$$
$$\tan(2k\pi+\alpha)=\tan\alpha(k\in\mathbf{Z})。$$

(2) 公式二

$$\sin(\pi+\alpha)=-\sin\alpha;$$
$$\cos(\pi+\alpha)=-\cos\alpha;$$
$$\tan(\pi+\alpha)=\tan\alpha。$$

(3) 公式三

$$\sin(-\alpha)=-\sin\alpha;$$
$$\cos(-\alpha)=\cos\alpha;$$
$$\tan(-\alpha)=-\tan\alpha。$$

(4) 公式四

$$\sin(\pi-\alpha)=\sin\alpha;$$
$$\cos(\pi-\alpha)=-\cos\alpha;$$
$$\tan(\pi-\alpha)=-\tan\alpha。$$

(5) 公式五

$$\sin\left(\frac{\pi}{2}-\alpha\right)=\cos\alpha;$$
$$\cos\left(\frac{\pi}{2}-\alpha\right)=\sin\alpha。$$

(6) 公式六

$$\sin\left(\frac{\pi}{2}+\alpha\right)=\cos\alpha;$$
$$\cos\left(\frac{\pi}{2}+\alpha\right)=-\sin\alpha。$$

2. 诱导公式的推广

$k\cdot\frac{\pi}{2}\pm\alpha,k\in\mathbf{Z}$ 的三角函数值：

(1) 当 k 为偶数时，得角 α 的同名三角函数值，前面加上一个把 α 看作锐角时原三角函数值的符号；

(2)当 k 为奇数时,得角 α 的异名三角函数值,前面加上一个把 α 看作锐角时原三角函数值的符号。概括为"奇变偶不变,符号看象限"。

奇变偶不变:其中的奇偶是指$\frac{\pi}{2}$的奇偶数倍,变与不变是指三角函数名称的变化,若变,则是正弦变余弦,余弦变正弦。

符号看象限:根据角的范围以及原三角函数在四个象限的正负来判断新三角函数值的符号。

例如:(1)$\sin(3\pi+\alpha)$,其中 3π 是$\frac{\pi}{2}$的 6 倍,即偶数倍,所以函数名不变,将 α 看作锐角,则 $3\pi+\alpha$ 在第三象限,所以 $\sin(3\pi+\alpha)$ 为负值,故 $\sin(3\pi+\alpha)=-\sin\alpha$;

(2)$\sin\left(\frac{7\pi}{2}+\alpha\right)$,其中$\frac{7\pi}{2}$是$\frac{\pi}{2}$的 7 倍,即奇数倍,所以函数名改变,将 α 看作锐角,则$\frac{7\pi}{2}+\alpha$ 在第四象限,所以 $\sin(\frac{7\pi}{2}+\alpha)$ 为负值,故 $\sin(\frac{7\pi}{2}+\alpha)=-\cos\alpha$。

考法大揭秘

诱导公式的应用

(1)利用公式一~公式四把任意角的三角函数转化为锐角三角函数的步骤:

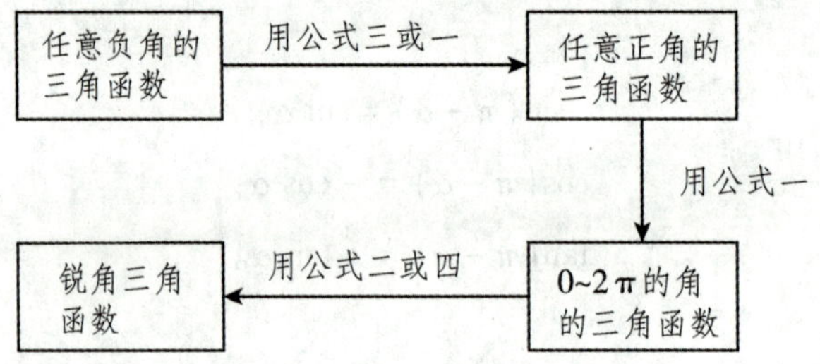

【题5】 求下列三角函数值:

(1)$\cos 315°$;(2)$\sin\frac{7\pi}{3}$;(3)$\sin\left(-\frac{16\pi}{3}\right)$;(4)$\tan(-2100°)$。

解 (1)$\cos 315°=\cos(360°-45°)=\cos(-45°)=\cos 45°=\frac{\sqrt{2}}{2}$。

(2)$\sin\frac{7\pi}{3}=\sin\left(2\pi+\frac{\pi}{3}\right)=\sin\frac{\pi}{3}=\frac{\sqrt{3}}{2}$。

(3)$\sin\left(-\frac{16\pi}{3}\right)=-\sin\frac{16\pi}{3}=-\sin\left(4\pi+\pi+\frac{\pi}{3}\right)=-\sin\left(\pi+\frac{\pi}{3}\right)=-\left(-\sin\frac{\pi}{3}\right)=\sin\frac{\pi}{3}=\frac{\sqrt{3}}{2}$。

(4)$\tan(-2100°)=-\tan 2100°=-\tan(6\times360°-60°)=-\tan(-60°)=\tan 60°=\sqrt{3}$。

(2)利用公式五或公式六,可以实现正弦函数与余弦函数的相互转化。

【题6】 若 $\sin\alpha=\frac{1}{3}$，则 $\cos\left(\frac{\pi}{2}+\alpha\right)=($　　$)$

A. $\frac{1}{3}$　　B. $-\frac{1}{3}$　　C. $\frac{2\sqrt{2}}{3}$　　D. $-\frac{2\sqrt{2}}{3}$

解　$\cos\left(\frac{\pi}{2}+\alpha\right)=-\sin\alpha=-\frac{1}{3}$。

答案　B

第三节　三角恒等变换

核心考点

考点1　三角函数的和、差角公式 ★★★	考点4　半角公式 ★
考点2　积化和差、和差化积公式 ★★	考点5　万能公式 ★
考点3　二倍角的正弦、余弦、正切公式 ★★★	考点6　辅助角公式及其常用结论 ★★★

考点1　三角函数的和、差角公式 ★★★

1. 两角和与差的正弦公式

$$\sin(\alpha+\beta)=\sin\alpha\cos\beta+\cos\alpha\sin\beta,$$
$$\sin(\alpha-\beta)=\sin\alpha\cos\beta-\cos\alpha\sin\beta。$$

2. 两角和与差的余弦公式

$$\cos(\alpha+\beta)=\cos\alpha\cos\beta-\sin\alpha\sin\beta,$$
$$\cos(\alpha-\beta)=\cos\alpha\cos\beta+\sin\alpha\sin\beta。$$

3. 两角和与差的正切公式及其变形

(1)两角和与差的正切公式

$$\tan(\alpha+\beta)=\frac{\tan\alpha+\tan\beta}{1-\tan\alpha\tan\beta},$$
$$\tan(\alpha-\beta)=\frac{\tan\alpha-\tan\beta}{1+\tan\alpha\tan\beta}。$$

(2)两角和与差的正切公式的变形

①$T_{(\alpha+\beta)}$ 的变形：

$$\tan\alpha+\tan\beta=\tan(\alpha+\beta)(1-\tan\alpha\tan\beta),$$
$$\tan\alpha\tan\beta=1-\frac{\tan\alpha+\tan\beta}{\tan(\alpha+\beta)}。$$

②$T_{(\alpha-\beta)}$的变形：

$$\tan\alpha-\tan\beta=\tan(\alpha-\beta)(1+\tan\alpha\tan\beta),$$

$$\tan\alpha\tan\beta=\frac{\tan\alpha-\tan\beta}{\tan(\alpha-\beta)}-1。$$

【题7】 已知 $\sin\alpha=-\frac{4}{5}$，α 是第四象限角，求 $\sin\left(\frac{\pi}{4}-\alpha\right)$，$\cos\left(\frac{\pi}{4}+\alpha\right)$，$\tan\left(\alpha-\frac{\pi}{4}\right)$的值。

解　因为 $\sin\alpha=-\frac{4}{5}$，且 α 是第四象限角，

所以 $\cos\alpha=\sqrt{1-\sin^2\alpha}=\sqrt{1-\left(-\frac{4}{5}\right)^2}=\frac{3}{5}$，

所以 $\tan\alpha=\frac{\sin\alpha}{\cos\alpha}=\frac{-\frac{4}{5}}{\frac{3}{5}}=-\frac{4}{3}$，

于是 $\sin\left(\frac{\pi}{4}-\alpha\right)=\sin\frac{\pi}{4}\cos\alpha-\cos\frac{\pi}{4}\sin\alpha=\frac{\sqrt{2}}{2}\times\frac{3}{5}-\frac{\sqrt{2}}{2}\times\left(-\frac{4}{5}\right)=\frac{7\sqrt{2}}{10}$；

$\cos\left(\frac{\pi}{4}+\alpha\right)=\cos\frac{\pi}{4}\cos\alpha-\sin\frac{\pi}{4}\sin\alpha=\frac{\sqrt{2}}{2}\times\frac{3}{5}-\frac{\sqrt{2}}{2}\times\left(-\frac{4}{5}\right)=\frac{7\sqrt{2}}{10}$；

$\tan\left(\alpha-\frac{\pi}{4}\right)=\frac{\tan\alpha-\tan\frac{\pi}{4}}{1+\tan\alpha\tan\frac{\pi}{4}}=\frac{-\frac{4}{3}-1}{1+\left(-\frac{4}{3}\right)\times1}=7$。

考点2　积化和差、和差化积公式　★★

1. 积化和差公式

$$\sin\alpha\cos\beta=\frac{1}{2}[\sin(\alpha+\beta)+\sin(\alpha-\beta)];$$

$$\cos\alpha\sin\beta=\frac{1}{2}[\sin(\alpha+\beta)-\sin(\alpha-\beta)];$$

$$\cos\alpha\cos\beta=\frac{1}{2}[\cos(\alpha+\beta)+\cos(\alpha-\beta)];$$

$$\sin\alpha\sin\beta=-\frac{1}{2}[\cos(\alpha+\beta)-\cos(\alpha-\beta)]。$$

2. 和差化积公式

$$\sin\alpha+\sin\beta=2\sin\frac{\alpha+\beta}{2}\cos\frac{\alpha-\beta}{2};$$

$$\sin\alpha-\sin\beta=2\cos\frac{\alpha+\beta}{2}\sin\frac{\alpha-\beta}{2};$$

$$\cos\alpha+\cos\beta=2\cos\frac{\alpha+\beta}{2}\cos\frac{\alpha-\beta}{2};$$

$$\cos\alpha-\cos\beta=-2\sin\frac{\alpha+\beta}{2}\sin\frac{\alpha-\beta}{2}。$$

【题8】 化简求值：$\sin\frac{5\pi}{12}\cos\frac{\pi}{12}$。

解 原式 $=\frac{1}{2}\left[\sin\left(\frac{5\pi}{12}+\frac{\pi}{12}\right)+\sin\left(\frac{5\pi}{12}-\frac{\pi}{12}\right)\right]$

$=\frac{1}{2}\left(\sin\frac{\pi}{2}+\sin\frac{\pi}{3}\right)$

$=\frac{1}{2}\times(1+\frac{\sqrt{3}}{2})$

$=\frac{1}{2}+\frac{\sqrt{3}}{4}$。

考点3 二倍角的正弦、余弦、正切公式 ★★★

$$\sin 2\alpha=2\sin\alpha\cos\alpha;$$

$$\cos 2\alpha=\cos^2\alpha-\sin^2\alpha=2\cos^2\alpha-1=1-2\sin^2\alpha;$$

$$\tan 2\alpha=\frac{2\tan\alpha}{1-\tan^2\alpha}。$$

【题9】【2023山东济南历城区，单，3分】若 $\tan\alpha=\frac{3\cos\alpha}{5-3\sin\alpha}$，则 $\sin\left(2\alpha+\frac{3\pi}{2}\right)=(\quad)$

A. $\frac{7}{25}$　　B. $-\frac{7}{25}$　　C. $\frac{24}{25}$　　D. $-\frac{24}{25}$

解 因为 $\tan\alpha=\frac{\sin\alpha}{\cos\alpha}=\frac{3\cos\alpha}{5-3\sin\alpha}$，则 $\sin\alpha(5-3\sin\alpha)=3\cos^2\alpha$，整理得 $5\sin\alpha=3(\sin^2\alpha+\cos^2\alpha)=3$，所以 $\sin\alpha=\frac{3}{5}$，故 $\sin\left(2\alpha+\frac{3\pi}{2}\right)=-\cos 2\alpha=-(1-2\sin^2\alpha)=-\left[1-2\times\left(\frac{3}{5}\right)^2\right]=-\frac{7}{25}$。

答案 B

考点4 半角公式 ★

$$\sin\frac{\alpha}{2}=\pm\sqrt{\frac{1-\cos\alpha}{2}};$$

$$\cos\frac{\alpha}{2}=\pm\sqrt{\frac{1+\cos\alpha}{2}};$$

$$\tan\frac{\alpha}{2}=\pm\sqrt{\frac{1-\cos\alpha}{1+\cos\alpha}}=\frac{1-\cos\alpha}{\sin\alpha}=\frac{\sin\alpha}{1+\cos\alpha}。$$

【题10】 已知 $\sin\theta=\frac{4}{5}$，且 $\frac{5\pi}{2}<\theta<3\pi$，求 $\cos\theta$ 和 $\tan\frac{\theta}{2}$ 的值。

解 $\because \sin\theta=\frac{4}{5}$，$\frac{5\pi}{2}<\theta<3\pi$，$\therefore \cos\theta=-\sqrt{1-\sin^2\theta}=-\frac{3}{5}$，

$\because \frac{5\pi}{4}<\frac{\theta}{2}<\frac{3\pi}{2}$，$\therefore \tan\frac{\theta}{2}>0$，

$$\therefore \tan\frac{\theta}{2}=\sqrt{\frac{1-\cos\theta}{1+\cos\theta}}=\sqrt{\frac{1-\left(-\frac{3}{5}\right)}{1+\left(-\frac{3}{5}\right)}}=2。$$

考点 5　万能公式　★

$$\sin\alpha=\frac{2\tan\frac{\alpha}{2}}{1+\tan^2\frac{\alpha}{2}};$$

$$\cos\alpha=\frac{1-\tan^2\frac{\alpha}{2}}{1+\tan^2\frac{\alpha}{2}};$$

$$\tan\alpha=\frac{2\tan\frac{\alpha}{2}}{1-\tan^2\frac{\alpha}{2}}。$$

考点 6　辅助角公式及其常用结论　★★★

1. 辅助角公式

$$a\sin\alpha+b\cos\alpha=\sqrt{a^2+b^2}\sin(\alpha+\varphi)\ (a,b\neq 0),$$

其中，φ 满足 $\tan\varphi=\frac{b}{a}\left(\cos\varphi=\frac{a}{\sqrt{a^2+b^2}},\sin\varphi=\frac{b}{\sqrt{a^2+b^2}}\right)$，$\varphi$ 所在象限由点 (a,b) 所在象限确定。

【题 11】　化简：(1) $2\sin x-2\sqrt{3}\cos x$；

(2) $\frac{\sqrt{2}}{4}\sin\left(\frac{\pi}{4}-x\right)-\frac{\sqrt{2}}{4}\cos\left(\frac{\pi}{4}-x\right)$。

解　(1) 原式 $=4\left(\frac{1}{2}\sin x-\frac{\sqrt{3}}{2}\cos x\right)$

$$=4\left(\sin x\cos\frac{\pi}{3}-\cos x\sin\frac{\pi}{3}\right)$$

$$=4\sin\left(x-\frac{\pi}{3}\right)。$$

(2) 原式 $=\frac{1}{2}\cdot\left[\sin\left(\frac{\pi}{4}-x\right)\cdot\frac{\sqrt{2}}{2}-\cos\left(\frac{\pi}{4}-x\right)\cdot\frac{\sqrt{2}}{2}\right]$

$$=\frac{1}{2}\cdot\left[\sin\left(\frac{\pi}{4}-x\right)\cos\frac{\pi}{4}-\cos\left(\frac{\pi}{4}-x\right)\sin\frac{\pi}{4}\right]$$

$$=\frac{1}{2}\cdot\sin\left(\frac{\pi}{4}-x-\frac{\pi}{4}\right)$$

$$=\frac{1}{2}\sin(-x)$$

$=-\frac{1}{2}\sin x$。

2. 常见的辅助角结论

(1) $\sin x+\cos x=\sqrt{2}\sin\left(x+\frac{\pi}{4}\right)$；$\sin x-\cos x=\sqrt{2}\sin\left(x-\frac{\pi}{4}\right)$。

(2) $\cos x+\sin x=\sqrt{2}\cos\left(x-\frac{\pi}{4}\right)$；$\cos x-\sin x=\sqrt{2}\cos\left(x+\frac{\pi}{4}\right)$。

(3) $\sin x+\sqrt{3}\cos x=2\sin\left(x+\frac{\pi}{3}\right)$；$\sin x-\sqrt{3}\cos x=2\sin\left(x-\frac{\pi}{3}\right)$。

(4) $\cos x+\sqrt{3}\sin x=2\cos\left(x-\frac{\pi}{3}\right)$；$\cos x-\sqrt{3}\sin x=2\cos\left(x+\frac{\pi}{3}\right)$。

(5) $\sqrt{3}\sin x+\cos x=2\sin\left(x+\frac{\pi}{6}\right)$；$\sqrt{3}\sin x-\cos x=2\sin\left(x-\frac{\pi}{6}\right)$。

(6) $\sqrt{3}\cos x+\sin x=2\cos\left(x-\frac{\pi}{6}\right)$；$\sqrt{3}\cos x-\sin x=2\cos\left(x+\frac{\pi}{6}\right)$。

考法大揭秘

三角恒等变换的应用

1. 给角求值

“给角求值”问题主要有以下三种解题思路：

(1)化为特殊角的三角函数值。

【题 12】 $\cos^2\frac{5\pi}{12}-\cos^2\frac{\pi}{12}=(\quad)$

A. $\frac{1}{2}$　　B. $-\frac{1}{2}$　　C. $\frac{\sqrt{3}}{2}$　　D. $-\frac{\sqrt{3}}{2}$

解 $\cos^2\frac{5\pi}{12}-\cos^2\frac{\pi}{12}=\cos^2\frac{5\pi}{12}-\cos^2\left(\frac{\pi}{2}-\frac{5\pi}{12}\right)=\cos^2\frac{5\pi}{12}-\sin^2\frac{5\pi}{12}=\cos\left(2\cdot\frac{5\pi}{12}\right)=\cos\frac{5\pi}{6}=-\frac{\sqrt{3}}{2}$。

答案 D

(2)化为正负相消的项，消去求值。

【题 13】 $\sin 375°-\cos 285°=$________。

解 $\sin 375°-\cos 285°=\sin(360°+15°)-\cos(360°-75°)$

$=\sin 15°-\cos(-75°)$

$=\sin 15°-\cos 75°$

$=\sin 15°-\cos(90°-15°)$

$=\sin 15°-\sin 15°$

$=0$。

答案 0

(3)化简分子、分母,使出现公约数,然后约分求值。

【题14】 $4\cos 50°-\tan 40°=$______。

解 原式 $=4\sin(90°-50°)-\dfrac{\sin 40°}{\cos 40°}$

$$=\frac{4\sin 40°\cos 40°}{\cos 40°}-\frac{\sin 40°}{\cos 40°}$$

$$=\frac{2\sin 80°}{\cos 40°}-\frac{\sin 40°}{\cos 40°}$$

$$=\frac{2\cos 10°}{\cos 40°}-\frac{\sin 40°}{\cos 40°}$$

$$=\frac{2\cos 10°-\sin(30°+10°)}{\cos 40°}$$

$$=\frac{2\cos 10°-\frac{1}{2}\cos 10°-\frac{\sqrt{3}}{2}\sin 10°}{\cos 40°}$$

$$=\frac{\frac{3}{2}\cos 10°-\frac{\sqrt{3}}{2}\sin 10°}{\cos 40°}$$

$$=\frac{\sqrt{3}\cos(30°+10°)}{\cos 40°}$$

$=\sqrt{3}$。

答案 $\sqrt{3}$

2. 给值(式)求值

(1)当"已知角"有两个时,"待求角"一般表示为两个"已知角"的和或差的形式。

【题15】 已知 $\tan(\alpha+\beta)=3,\tan(\alpha-\beta)=5$,求 $\tan 2\alpha,\tan 2\beta$ 的值。

思路分析:观察 $2\alpha,2\beta$ 与 $\alpha+\beta$ 和 $\alpha-\beta$ 的关系,可知 $(\alpha+\beta)+(\alpha-\beta)=2\alpha,(\alpha+\beta)-(\alpha-\beta)=2\beta$,所以就可以考虑用两角和与差的正切公式解决问题。

解 $\because \tan(\alpha+\beta)=3,\tan(\alpha-\beta)=5$,且 $(\alpha+\beta)+(\alpha-\beta)=2\alpha$,

$\therefore \tan 2\alpha=\tan[(\alpha+\beta)+(\alpha-\beta)]$

$$=\frac{\tan(\alpha+\beta)+\tan(\alpha-\beta)}{1-\tan(\alpha+\beta)\tan(\alpha-\beta)}$$

$$=\frac{3+5}{1-3\times 5}$$

$=-\dfrac{4}{7}$。

$\because (\alpha+\beta)-(\alpha-\beta)=2\beta$,

$\therefore \tan 2\beta = \tan[(\alpha+\beta)-(\alpha-\beta)]$

$= \dfrac{\tan(\alpha+\beta)-\tan(\alpha-\beta)}{1+\tan(\alpha+\beta)\tan(\alpha-\beta)}$

$= \dfrac{3-5}{1+3\times 5}$

$= -\dfrac{1}{8}$。

(2)当“已知角”只有一个时，关注“待求角”与“已知角”的和或差的关系，以及倍数关系。

【题 16】【2021 年 4 月浙江金华、诸暨，填空，3 分】已知角 $\alpha\in\left(-\dfrac{\pi}{2},0\right)$，$\sin\left(\alpha+\dfrac{\pi}{4}\right)=\dfrac{1}{3}$，则 $\cos 2\alpha=$________。

解　因为 $\alpha\in\left(-\dfrac{\pi}{2},0\right)$，且 $\sin\left(\alpha+\dfrac{\pi}{4}\right)=\dfrac{1}{3}$，所以 $\cos\left(\alpha+\dfrac{\pi}{4}\right)=\sqrt{1-\sin^2(\alpha+\dfrac{\pi}{4})}=\sqrt{1-(\dfrac{1}{3})^2}=\dfrac{2\sqrt{2}}{3}$，

所以 $\cos 2\alpha=\sin\left(2\alpha+\dfrac{\pi}{2}\right)=\sin 2\left(\alpha+\dfrac{\pi}{4}\right)=2\sin\left(\alpha+\dfrac{\pi}{4}\right)\cos\left(\alpha+\dfrac{\pi}{4}\right)=\dfrac{4\sqrt{2}}{9}$。

答案　$\dfrac{4\sqrt{2}}{9}$

(3)已知式子或待求式子若出现 $\sin A+\cos B$ 的形式，可考虑是否能利用辅助角公式化简后再求值。

【题 17】　已知 $\cos\left(\alpha-\dfrac{\pi}{6}\right)+\sin\alpha=\dfrac{4\sqrt{3}}{5}$，则 $\sin(\alpha+\dfrac{7\pi}{6})=$________。

解　由题知 $\cos\left(\alpha-\dfrac{\pi}{6}\right)+\sin\alpha=\dfrac{4\sqrt{3}}{5}$，

即 $\cos\alpha\cos\dfrac{\pi}{6}+\sin\alpha\sin\dfrac{\pi}{6}+\sin\alpha=\dfrac{4\sqrt{3}}{5}$

$\Rightarrow\dfrac{\sqrt{3}}{2}\cos\alpha+\dfrac{3}{2}\sin\alpha=\dfrac{4\sqrt{3}}{5}$

$\Rightarrow\sqrt{3}\left(\dfrac{1}{2}\cos\alpha+\dfrac{\sqrt{3}}{2}\sin\alpha\right)=\dfrac{4\sqrt{3}}{5}$

$\Rightarrow\sqrt{3}\sin\left(\alpha+\dfrac{\pi}{6}\right)=\dfrac{4\sqrt{3}}{5}$

$\Rightarrow\sin\left(\alpha+\dfrac{\pi}{6}\right)=\dfrac{4}{5}$，

所以 $\sin\left(\alpha+\dfrac{7\pi}{6}\right)=\sin\left(\pi+\alpha+\dfrac{\pi}{6}\right)=-\sin\left(\alpha+\dfrac{\pi}{6}\right)=-\dfrac{4}{5}$。

答案　$-\dfrac{4}{5}$

第四节　三角函数的图象与性质

核心考点

考点 1　三角函数的定义域和值域 ★

考点 2　三角函数的奇偶性和对称性 ★★

考点 3　三角函数的周期性 ★★

考点 4　三角函数的单调性和最值 ★★★

考点 1　三角函数的定义域和值域 ★

函数	$y=\sin x$	$y=\cos x$	$y=\tan x$
图象	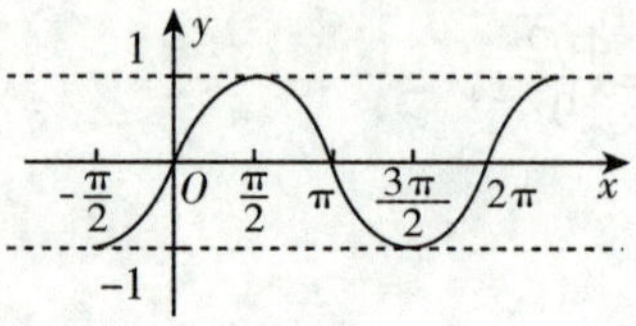	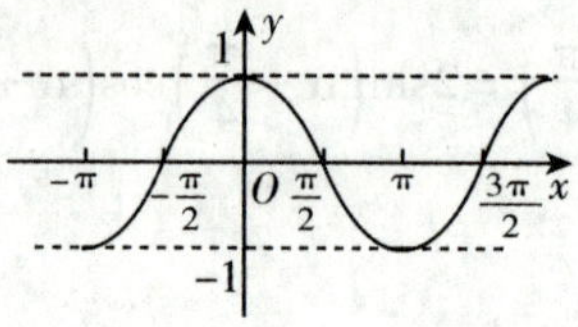	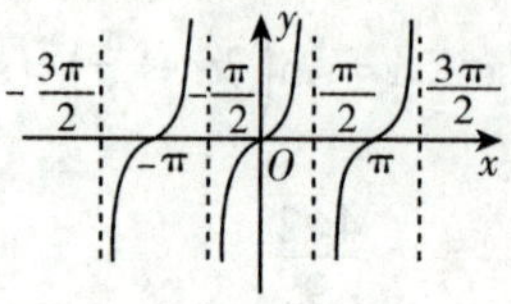
定义域	$\mathbf{R}$	$\mathbf{R}$	$\left\{x\mid x\in\mathbf{R},且\ x\neq k\pi+\frac{\pi}{2},k\in\mathbf{Z}\right\}$
值域	$[-1,1]$	$[-1,1]$	$\mathbf{R}$

【题 18】 求函数 $f(x)=-\tan\left(x+\frac{\pi}{6}\right)+2$ 的定义域。

解　自变量 x 的取值应满足 $x+\frac{\pi}{6}\neq k\pi+\frac{\pi}{2},k\in\mathbf{Z}$,

即 $x\neq k\pi+\frac{\pi}{2}-\frac{\pi}{6},k\in\mathbf{Z}\Rightarrow x\neq k\pi+\frac{\pi}{3},k\in\mathbf{Z}$,

所以函数 $f(x)=-\tan\left(x+\frac{\pi}{6}\right)+2$ 的定义域为 $\left\{x\,\middle|\,x\neq k\pi+\frac{\pi}{3},k\in\mathbf{Z}\right\}$。

考点 2　三角函数的奇偶性和对称性 ★★

函数	$y=\sin x$	$y=\cos x$	$y=\tan x$
图象	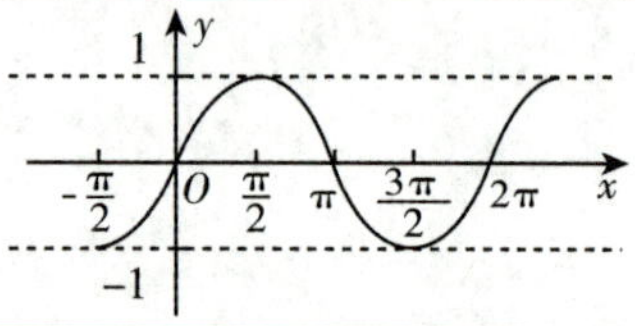	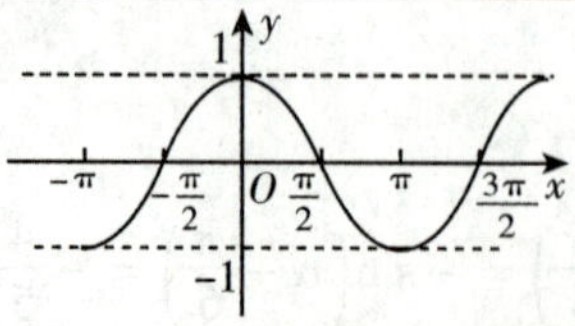	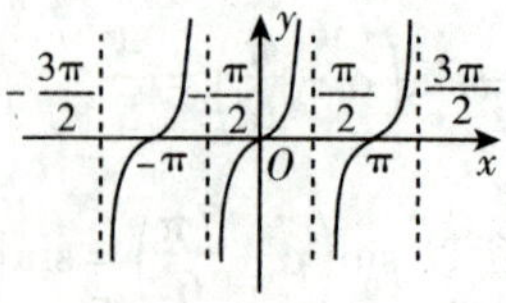
奇偶性	奇函数	偶函数	奇函数
对称轴	$x=k\pi+\frac{\pi}{2},k\in\mathbf{Z}$	$x=k\pi,k\in\mathbf{Z}$	无
对称中心	$(k\pi,0),k\in\mathbf{Z}$	$\left(k\pi+\frac{\pi}{2},0\right),k\in\mathbf{Z}$	$\left(\frac{k\pi}{2},0\right),k\in\mathbf{Z}$

【题 19】 函数 $y=x+\sin x$ 是________函数，$y=-\sin x\cos x$ 是________函数，函数 $y=|\sin x|+\cos x$ 是________函数。(填"奇"或"偶")

解 因为 $y=x$ 是奇函数，$y=\sin x$ 是奇函数，所以 $y=x+\sin x$ 是奇函数；

因为 $y=\sin x$ 是奇函数，所以 $y=-\sin x$ 也是奇函数，而 $y=\cos x$ 是偶函数，所以 $y=-\sin x\cos x$ 是奇函数；

因为 $y=|\sin x|$ 是偶函数，$y=\cos x$ 也是偶函数，所以 $y=|\sin x|+\cos x$ 是偶函数。

答案 奇；奇；偶

考点 3 三角函数的周期性 ★★

函数	$y=\sin x$	$y=\cos x$	$y=\tan x$
图象			
周期	$2k\pi(k\in\mathbf{Z}$，且 $k\neq0)$	$2k\pi(k\in\mathbf{Z}$，且 $k\neq0)$	$k\pi(k\in\mathbf{Z}$，且 $k\neq0)$
最小正周期	2π	2π	π

三角函数的单调性和最值

考点 4 三角函数的单调性和最值 ★★★

函数	$y=\sin x$	$y=\cos x$	$y=\tan x$
图象			
单调性	在 $\left[2k\pi-\frac{\pi}{2},2k\pi+\frac{\pi}{2}\right](k\in\mathbf{Z})$ 上单调递增； 在 $\left[2k\pi+\frac{\pi}{2},2k\pi+\frac{3\pi}{2}\right](k\in\mathbf{Z})$ 上单调递减	在 $[2k\pi-\pi,2k\pi](k\in\mathbf{Z})$ 上单调递增； 在 $[2k\pi,2k\pi+\pi](k\in\mathbf{Z})$ 上单调递减	在 $\left(k\pi-\frac{\pi}{2},k\pi+\frac{\pi}{2}\right)(k\in\mathbf{Z})$ 上单调递增
最值	当 $x=2k\pi+\frac{\pi}{2}(k\in\mathbf{Z})$ 时，y 取得最大值，$y_{max}=1$； 当 $x=2k\pi-\frac{\pi}{2}(k\in\mathbf{Z})$ 时，y 取得最小值，$y_{min}=-1$	当 $x=2k\pi(k\in\mathbf{Z})$ 时，y 取得最大值，$y_{max}=1$； 当 $x=2k\pi+\pi(k\in\mathbf{Z})$，$y$ 取得最小值，$y_{min}=-1$	无最值

第五节　函数 $y=A\sin(\omega x+\varphi)$

核心考点

考点1　函数 $y=A\sin(\omega x+\varphi)$ 的图象及变换　★★

考点2　函数 $y=A\sin(\omega x+\varphi)$ 和 $y=A\cos(\omega x+\varphi)$ $(A\neq0,\omega\neq0)$ 的性质　★★★

一般地，正弦曲线 $y=A\sin(\omega x+\varphi)$（其中 $A>0,\omega>0$）是周期为 $T=\frac{2\pi}{\omega}$ 的函数，A 称为振幅，φ 称为初相，ω 称为角频率，$\frac{1}{T}$ 称为频率。

考点1　函数 $y=A\sin(\omega x+\varphi)$ 的图象及变换　★★

1. A,ω,φ 对 $y=A\sin(\omega x+\varphi),x\in\mathbf{R}$ 的图象的影响

(1) φ 对 $y=\sin(x+\varphi),x\in\mathbf{R}$ 的图象的影响

①当 $\varphi>0$ 时，函数 $y=\sin(x+\varphi)$ 的图象，可以看作是把 $y=\sin x$ 图象上所有点向左平移 φ 个长度单位得到的；

②当 $\varphi<0$ 时，函数 $y=\sin(x+\varphi)$ 的图象，可以看作是把 $y=\sin x$ 图象上所有点向右平移 φ 个长度单位得到的。

(2) $A(A>0)$ 对 $y=A\sin(\omega x+\varphi),x\in\mathbf{R}$ 的图象的影响

①当 $A>1$ 时，函数 $y=A\sin(\omega x+\varphi)$ 的图象，可以看作是把 $y=\sin(\omega x+\varphi)$ 图象上所有点的纵坐标伸长到原来的 A 倍（横坐标不变）得到的；

②当 $0<A<1$ 时，函数 $y=A\sin(\omega x+\varphi)$ 的图象，可以看作是把 $y=\sin(\omega x+\varphi)$ 图象上所有点的纵坐标缩短到原来的 A 倍（横坐标不变）得到的。

(3) $\omega(\omega>0)$ 对 $y=\sin(\omega x+\varphi),x\in\mathbf{R}$ 的图象的影响

①当 $\omega>1$ 时，函数 $y=\sin(\omega x+\varphi)$ 的图象，可以看作是把 $y=\sin(x+\varphi)$ 图象上所有点的横坐标缩短到原来的 $\frac{1}{\omega}$（纵坐标不变）得到的；

②当 $0<\omega<1$ 时，函数 $y=\sin(\omega x+\varphi)$ 的图象，可以看作是把 $y=\sin(x+\varphi)$ 图象上所有点的横坐标伸长到原来的 $\frac{1}{\omega}$ 倍（纵坐标不变）得到的。

2. 函数 $y=A\sin(\omega x+\varphi)$ 图象的基本变换

由 $y=\sin x$ 的图象变换出 $y=A\sin(\omega x+\varphi)$ $(A>0,\omega>0)$ 的图象一般有两个方法：

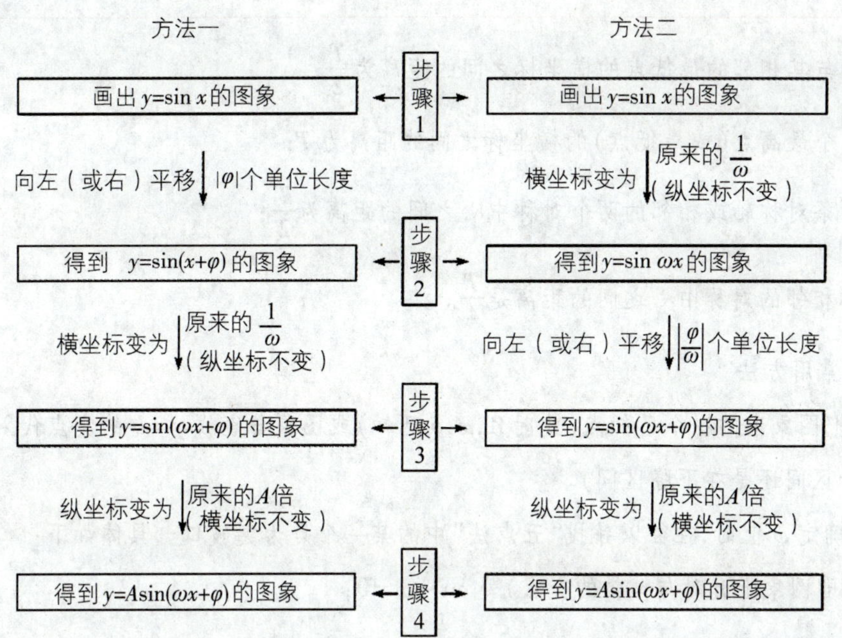

【题20】 将函数$f(x)=\sin(\omega x+\varphi)\left(\omega>0,-\frac{\pi}{2}\leqslant\varphi\leqslant\frac{\pi}{2}\right)$图象上每一点的横坐标缩短为原来的一半，纵坐标不变，再向右平移$\frac{\pi}{6}$个单位长度得到$y=\sin x$的图象，则$f\left(\frac{\pi}{6}\right)=$______。

解 把函数$y=\sin x$的图象向左平移$\frac{\pi}{6}$个单位长度得到$y=\sin\left(x+\frac{\pi}{6}\right)$的图象，再把函数$y=\sin\left(x+\frac{\pi}{6}\right)$图象上每一点的横坐标伸长为原来的2倍，纵坐标不变，得到函数$f(x)=\sin\left(\frac{1}{2}x+\frac{\pi}{6}\right)$的图象，所以$f\left(\frac{\pi}{6}\right)=\sin\left(\frac{1}{2}\times\frac{\pi}{6}+\frac{\pi}{6}\right)=\sin\frac{\pi}{4}=\frac{\sqrt{2}}{2}$。

答案 $\frac{\sqrt{2}}{2}$

考法大揭秘

求函数$y=A\sin(\omega x+\varphi)+b$的解析式

确定$y=A\sin(\omega x+\varphi)+b(A>0,\omega>0)$中参数的方法：

(1)求A,b：确定函数的最大值M和最小值m，则$A=\frac{M-m}{2}$，$b=\frac{M+m}{2}$；

(2)求ω：确定函数的最小正周期T，则$\omega=\frac{2\pi}{T}$。

常用确定最小正周期T值的方法如下：

①当$b=0$时，曲线与x轴的相邻两个交点之间的距离为$\frac{T}{2}$；

②最高点和与其相邻的最低点的横坐标之间的距离为$\frac{T}{2}$;

③相邻的两个最高点(或最低点)的横坐标之间的距离为T;

④相邻的两条对称轴或相邻的两个对称中心之间的距离为$\frac{T}{2}$;

⑤对称轴和相邻的对称中心之间的距离是$\frac{T}{4}$。

(3)求φ的常用方法

①代入法:把图象上的一个已知点(此时A,ω,b已知)或图象与直线$y=b$的交点代入求解(此时要注意交点是在上升区间还是在下降区间)。

②五点法:确定φ值时,往往以寻找"五点法"中的某一个点为突破口。具体如下:

"第一点"(即图象上升时与x轴的交点)处$\omega x+\varphi=0$;

"第二点"(即图象的"峰点")处$\omega x+\varphi=\frac{\pi}{2}$;

"第三点"(即图象下降时与x轴的交点)处$\omega x+\varphi=\pi$;

"第四点"(即图象的"谷点")处$\omega x+\varphi=\frac{3\pi}{2}$;

"第五点"处$\omega x+\varphi=2\pi$。

【题21】 如图是函数$y=A\sin(\omega x+\varphi)+b(A>0,\omega>0,|\varphi|\leqslant\pi)$的图象的一部分,它的振幅、周期、初相各是(　　)

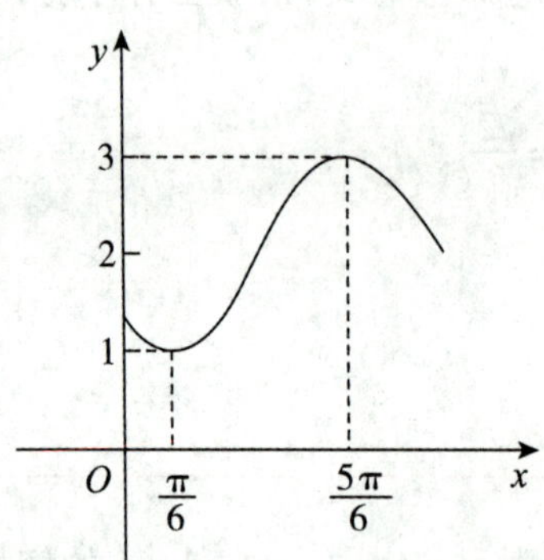

A. $A=3,T=\frac{4\pi}{3},\varphi=-\frac{\pi}{6}$　　B. $A=3,T=\frac{3\pi}{4},\varphi=\frac{3\pi}{4}$

C. $A=1,T=\frac{4\pi}{3},\varphi=-\frac{3\pi}{4}$　　D. $A=1,T=\frac{4\pi}{3},\varphi=-\frac{\pi}{6}$

解　由图象知,$A=\frac{3-1}{2}=1,b=\frac{3+1}{2}=2,\ T=2\times\left(\frac{5}{6}\pi-\frac{\pi}{6}\right)=\frac{4\pi}{3}$,所以$\omega=\frac{2\pi}{T}=\frac{3}{2}$,令$x=\frac{\pi}{6}$,则有$\frac{\pi}{6}\omega+\varphi=2k\pi-\frac{\pi}{2},k\in\mathbf{Z}$,则$\varphi=-\frac{3}{4}\pi+2k\pi,k\in\mathbf{Z}$,因为$|\varphi|\leqslant\pi$,所以令$k=0$,得$\varphi=-\frac{3}{4}\pi$。

答案　C

考点2　函数 $y=A\sin(\omega x+\varphi)$ 和 $y=A\cos(\omega x+\varphi)$ $(A\neq 0,\omega\neq 0)$ 的性质　★★★

函数	$y=A\sin(\omega x+\varphi)$	$y=A\cos(\omega x+\varphi)$
定义域	$\mathbf{R}$	$\mathbf{R}$
值域	$[-\lvert A\rvert,\lvert A\rvert]$	$[-\lvert A\rvert,\lvert A\rvert]$
单调性	当 $A>0$ 且 $\omega>0$ 时,将 $\omega x+\varphi$ 视为一个整体,利用 $y=\sin x$ 和 $y=\cos x$ 相应的单调区间求解; 当 $A<0$ 或 $\omega<0$ 时,可先借助诱导公式将 x 的系数化为正数,利用 $y=\sin x$ 和 $y=\cos x$ 相应的单调区间求解时,注意单调区间的变化	
奇偶性	当 $\varphi=k\pi(k\in\mathbf{Z})$ 时为奇函数; 当 $\varphi=k\pi+\frac{\pi}{2}(k\in\mathbf{Z})$ 时为偶函数	当 $\varphi=k\pi(k\in\mathbf{Z})$ 时为偶函数; 当 $\varphi=k\pi+\frac{\pi}{2}(k\in\mathbf{Z})$ 时为奇函数
周期性	最小正周期 $T=\frac{2\pi}{\lvert\omega\rvert}$	最小正周期 $T=\frac{2\pi}{\lvert\omega\rvert}$
对称性	将 $\omega x+\varphi$ 视为一个整体,利用 $y=\sin x$ 和 $y=\cos x$ 相应的对称轴、对称中心求解	

【题 22】【2023 四川特岗,解答,8 分】已知 $x=\frac{\pi}{6}$ 是函数 $f(x)=2\sin(2x+\varphi)-1$ 的对称轴,其中 $\varphi\in\left(-\frac{\pi}{2},\frac{\pi}{2}\right)$。

(1)求 φ 的值;

(2)当 $x\in\left(-\frac{\pi}{6},\frac{\pi}{3}\right)$ 时,求 $f(x)$ 的单调区间和值域。

解　(1)由题意知 $x=\frac{\pi}{6}$ 是函数 $f(x)=2\sin(2x+\varphi)-1$ 的对称轴,

则 $2\times\frac{\pi}{6}+\varphi=k\pi+\frac{\pi}{2},k\in\mathbf{Z}$,即 $\varphi=k\pi+\frac{\pi}{6},k\in\mathbf{Z}$,

又 $\varphi\in\left(-\frac{\pi}{2},\frac{\pi}{2}\right)$,所以 $\varphi=\frac{\pi}{6}$。

(2)由(1)可知 $f(x)=2\sin\left(2x+\frac{\pi}{6}\right)-1$,则当

$2x+\frac{\pi}{6}\in\left[2k\pi-\frac{\pi}{2},2k\pi+\frac{\pi}{2}\right](k\in\mathbf{Z})$,

即 $x\in\left[k\pi-\frac{\pi}{3},k\pi+\frac{\pi}{6}\right](k\in\mathbf{Z})$ 时,$f(x)$ 单调递增,

因为 $x\in\left(-\frac{\pi}{6},\frac{\pi}{3}\right)$,所以 $f(x)$ 的单调递增区间为 $\left(-\frac{\pi}{6},\frac{\pi}{6}\right)$。

而当 $2x+\frac{\pi}{6}\in\left[2k\pi+\frac{\pi}{2},2k\pi+\frac{3\pi}{2}\right](k\in\mathbf{Z})$,

即 $x\in\left[k\pi+\frac{\pi}{6},k\pi+\frac{2\pi}{3}\right](k\in\mathbf{Z})$ 时,$f(x)$ 单调递减,

因为 $x\in\left(-\frac{\pi}{6},\frac{\pi}{3}\right)$,所以 $f(x)$ 的单调递减区间为 $\left(\frac{\pi}{6},\frac{\pi}{3}\right)$。

故当 $x\in\left(-\frac{\pi}{6},\frac{\pi}{3}\right)$ 时，函数的最大值为 $f\left(\frac{\pi}{6}\right)=2\sin\left(2\times\frac{\pi}{6}+\frac{\pi}{6}\right)-1=1$，最小值为 $f\left(-\frac{\pi}{6}\right)=2\sin\left[2\times\left(-\frac{\pi}{6}\right)+\frac{\pi}{6}\right]-1=-2$，

所以 $f(x)$ 的值域为 $[-2,1]$。

【题23】【2022年6月浙江杭州，单，3分】函数 $f(x)=\sin\left(2x+\frac{\pi}{4}\right),x\in\mathbf{R}$ 的最小正周期是(　　)

A. 2π　　B. π　　C. $\frac{\pi}{2}$　　D. $\frac{\pi}{4}$

解　最小正周期 $T=\frac{2\pi}{2}=\pi$。

答案　B

考法大揭秘

$y=f(\omega x+\varphi)$ 结构的三角函数图象的对称中心和对称轴的求解方法

1. 整体求解法

(1) 求 $f(x)=A\sin(\omega x+\varphi)$ 图象的对称轴，只需令 $\omega x+\varphi=k\pi+\frac{\pi}{2}(k\in\mathbf{Z})$，求出 x；

求 $f(x)$ 图象的对称中心的横坐标，只需令 $\omega x+\varphi=k\pi(k\in\mathbf{Z})$，求出 x。

(2) 求 $f(x)=A\cos(\omega x+\varphi)$ 图象的对称轴，只需令 $\omega x+\varphi=k\pi(k\in\mathbf{Z})$，求出 x；

求 $f(x)$ 图象的对称中心的横坐标，只需令 $\omega x+\varphi=k\pi+\frac{\pi}{2}(k\in\mathbf{Z})$，求出 x。

(3) 求 $f(x)=A\tan(\omega x+\varphi)$ 图象的对称中心的横坐标，只需令 $\omega x+\varphi=\frac{k\pi}{2}(k\in\mathbf{Z})$，求出 x。

【题24】　求函数 $f(x)=3\sin(3x+\frac{\pi}{6})$ 的对称轴和对称中心。

解　对于函数 $f(x)=3\sin\left(3x+\frac{\pi}{6}\right)$，

令 $3x+\frac{\pi}{6}=k\pi+\frac{\pi}{2}(k\in\mathbf{Z})$，则 $3x=k\pi+\frac{\pi}{2}-\frac{\pi}{6}(k\in\mathbf{Z})\Rightarrow 3x=k\pi+\frac{\pi}{3}(k\in\mathbf{Z})\Rightarrow x=\frac{k\pi}{3}+\frac{\pi}{9}(k\in\mathbf{Z})$，

所以函数 $f(x)=3\sin\left(3x+\frac{\pi}{6}\right)$ 的对称轴为直线 $x=\frac{k\pi}{3}+\frac{\pi}{9}(k\in\mathbf{Z})$。

令 $3x+\frac{\pi}{6}=k\pi(k\in\mathbf{Z})$，则 $3x=k\pi-\frac{\pi}{6}(k\in\mathbf{Z})\Rightarrow x=\frac{k\pi}{3}-\frac{\pi}{18}(k\in\mathbf{Z})$，

所以函数 $f(x)=3\sin(3x+\frac{\pi}{6})$ 的对称中心为 $(\frac{k\pi}{3}-\frac{\pi}{18},0)(k\in\mathbf{Z})$。

2. 代入验证法

(1)函数$f(x)=A\sin(\omega x+\varphi)$(或$f(x)=A\cos(\omega x+\varphi)$)图象的对称轴恰好经过图象的最高点或最低点，所以$f(x_0)=\pm A \Leftrightarrow$直线$x=x_0$是函数$f(x)$的对称轴。

(2)函数$f(x)=A\sin(\omega x+\varphi)$(或$f(x)=A\cos(\omega x+\varphi)$)图象的对称中心是函数图象与$x$轴的交点，所以$f(x_0)=0 \Leftrightarrow (x_0,0)$是函数$f(x)$的对称中心；若函数$f(x)=A\tan(\omega x+\varphi)$，$f(x_0)=0 \Rightarrow (x_0,0)$是函数$f(x)$的对称中心，但$(x_0,0)$是函数$f(x)$的对称中心$\not\Rightarrow f(x_0)=0$。

在选择题中，有时利用代入验证法求解更为便捷。

【题25】 已知函数$f(x)=2\sin\left(4x+\frac{\pi}{6}\right)$，则( )

A. $f(x)$的最小正周期为π

B. $f(x)$的单调递增区间为$\left[\frac{k\pi}{2}-\frac{\pi}{6},\frac{k\pi}{2}+\frac{\pi}{12}\right](k\in\mathbf{Z})$

C. $f(x)$的图象关于直线$x=\frac{\pi}{6}$对称

D. $f(x)$的图象关于点$\left(\frac{\pi}{24},0\right)$中心对称

解 A项，因为$f(x)=2\sin\left(4x+\frac{\pi}{6}\right)$，所以$f(x)$的最小正周期为$T=\frac{2\pi}{4}=\frac{\pi}{2}$，故A项错误；

B项，令$-\frac{\pi}{2}+2k\pi\leqslant 4x+\frac{\pi}{6}\leqslant\frac{\pi}{2}+2k\pi,k\in\mathbf{Z}$，解得$\frac{k\pi}{2}-\frac{\pi}{6}\leqslant x\leqslant\frac{k\pi}{2}+\frac{\pi}{12},k\in\mathbf{Z}$，即$f(x)$的单调递增区间为$\left[\frac{k\pi}{2}-\frac{\pi}{6},\frac{k\pi}{2}+\frac{\pi}{12}\right](k\in\mathbf{Z})$，故B项正确；

C项，因为$f(\frac{\pi}{6})=2\sin\left(4\times\frac{\pi}{6}+\frac{\pi}{6}\right)=2\sin\frac{5\pi}{6}=1\neq\pm 2$，所以$f(x)$的图象不关于直线$x=\frac{\pi}{6}$对称，故C项错误；

D项，因为$f(\frac{\pi}{24})=2\sin\left(4\times\frac{\pi}{24}+\frac{\pi}{6}\right)=2\sin\frac{2\pi}{6}=2\sin\frac{\pi}{3}=\sqrt{3}\neq 0$，所以$f(x)$的图象不关于点$\left(\frac{\pi}{24},0\right)$中心对称，故D项错误。

答案 B

第六节　解三角形

核心考点

考点1　正弦定理　★★★

考点2　余弦定理　★★★

考点3　三角形常用面积公式　★★

考点1　正弦定理　★★★

正弦定理

1. 正弦定理

在△ABC中，各边和它所对角的正弦的比相等，即

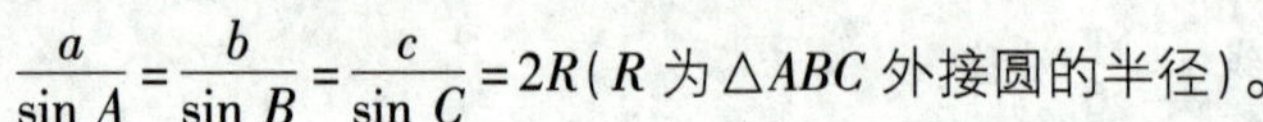

$$\frac{a}{\sin A}=\frac{b}{\sin B}=\frac{c}{\sin C}=2R\text{（}R\text{为}\triangle ABC\text{外接圆的半径）。}$$

2. 正弦定理的变形及推广

(1) 边化角：$a=2R\sin A, b=2R\sin B, c=2R\sin C$；

(2) 角化边：$\sin A=\frac{a}{2R}, \sin B=\frac{b}{2R}, \sin C=\frac{c}{2R}$；

(3) $a:b:c=\sin A:\sin B:\sin C$；

(4) $a\sin B=b\sin A, b\sin C=c\sin B, a\sin C=c\sin A, \frac{a+b+c}{\sin A+\sin B+\sin C}=2R$。

【题26】【2023安徽特岗，单，2分】在△ABC中，内角A,B,C所对的边分别是a,b,c，若$b\cos A-a\cos B=c, b=\sqrt{2}a$，则$\angle A=$（　　）

A. $\frac{\pi}{6}$　　B. $\frac{\pi}{4}$　　C. $\frac{\pi}{3}$　　D. $\frac{\pi}{2}$

解　因为$b\cos A-a\cos B=c$，所以由正弦定理可得$\sin B\cos A-\sin A\cos B=\sin(B-A)=\sin C=\sin(\pi-A-B)=\sin(A+B)$，因为$B-A\neq B+A$，所以$B-A+A+B=\pi$，所以$\angle B=\frac{\pi}{2}$，因为$b=\sqrt{2}a$，所以$\sin B=\sqrt{2}\sin A$，所以$\sin A=\frac{1}{\sqrt{2}}\sin B=\frac{\sqrt{2}}{2}$，所以$\angle A=\frac{\pi}{4}$。

答案　B

【题27】【2021浙江宁波，判断，1分】已知$\frac{a}{\cos A}=\frac{b}{\cos B}=\frac{c}{\cos C}$，则△$ABC$是等边三角形。　（　　）

解　由题意知，$\frac{a}{\cos A}=\frac{b}{\cos B}$，则$\sin A\cos B-\sin B\cos A=0$，即$\sin(A-B)=0$，$\because \angle A,\angle B\in(0,\pi)$，$\therefore \angle A=\angle B$，同理可得$\angle B=\angle C$，$\angle A=\angle C$，$\therefore$ △ABC是等边三角形。

答案　√

考法大揭秘

正弦定理的应用

1. 已知两角和任一边,解三角形

根据三角形的内角和定理求出另外一个角,再利用正弦定理求出另外两边。

【题28】 在$\triangle ABC$中,已知$\angle A=15°$,$\angle B=45°$,$c=3+\sqrt{3}$,则$a=$________,$b=$________,$\angle C=$________。

解 由三角形内角和定理,得

$\angle C=180°-(\angle A+\angle B)=180°-(15°+45°)=120°$,

由正弦定理可知$\frac{a}{\sin A}=\frac{c}{\sin C}=\frac{b}{\sin B}$,

则$a=\frac{c\sin A}{\sin C}=\frac{(3+\sqrt{3})\sin 15°}{\sin 120°}=\frac{(3+\sqrt{3})\sin(45°-30°)}{\sin 120°}$

$$=\frac{(3+\sqrt{3})\times\left(\frac{\sqrt{2}}{2}\times\frac{\sqrt{3}}{2}-\frac{\sqrt{2}}{2}\times\frac{1}{2}\right)}{\frac{\sqrt{3}}{2}}$$

$=\sqrt{2}$,

$b=\frac{c\sin B}{\sin C}=\frac{(3+\sqrt{3})\sin 45°}{\sin 120°}=\frac{(3+\sqrt{3})\times\frac{\sqrt{2}}{2}}{\frac{\sqrt{3}}{2}}=\sqrt{6}+\sqrt{2}$。

答案 $\sqrt{2}$;$\sqrt{6}+\sqrt{2}$;$120°$

2. 已知两边和其中一边的对角,解三角形

先利用正弦定理求出另一边的对角,进而求出其他的角和边。

【题29】 在$\triangle ABC$中,已知$\angle B=30°$,$b=\sqrt{2}$,$c=2$,则$a=$________。

解 由正弦定理可知$\frac{b}{\sin B}=\frac{c}{\sin C}$,则$\sin C=\frac{c\sin B}{b}=\frac{2\sin 30°}{\sqrt{2}}=\frac{\sqrt{2}}{2}$,

因为$c>b$,$\angle B=30°$,所以$30°<\angle C<180°$,所以$\angle C=45°$或$135°$,

当$\angle C=45°$时,$\angle A=180°-\angle C-\angle B=105°$,

此时$a=\frac{b\sin A}{\sin B}=\frac{\sqrt{2}\sin 105°}{\sin 30°}=\frac{\sqrt{2}\sin(45°+60°)}{\sin 30°}$

$$=\frac{\sqrt{2}\times(\frac{\sqrt{2}}{2}\times\frac{1}{2}+\frac{\sqrt{2}}{2}\times\frac{\sqrt{3}}{2})}{\frac{1}{2}}=\sqrt{3}+1;$$

当$\angle C=135°$时,$\angle A=180°-\angle C-\angle B=15°$,

$a=\frac{b\sin A}{\sin B}=\frac{\sqrt{2}\sin 15°}{\sin 30°}=\frac{\sqrt{2}\sin(60°-45°)}{\sin 30°}$

$=\frac{\sqrt{2}\times(\frac{\sqrt{3}}{2}\times\frac{\sqrt{2}}{2}-\frac{1}{2}\times\frac{\sqrt{2}}{2})}{\frac{1}{2}}=\sqrt{3}-1$。

综上所述，$a=\sqrt{3}+1$ 或 $\sqrt{3}-1$。

答案　$\sqrt{3}+1$ 或 $\sqrt{3}-1$

考点2　余弦定理　★★★

1. 余弦定理

三角形中任何一边的平方，等于其他两边平方的和减去这两边与它们夹角的余弦值的积的两倍，即

$$a^2=b^2+c^2-2bc\cos A;$$

$$b^2=a^2+c^2-2ac\cos B;$$

$$c^2=a^2+b^2-2ab\cos C。$$

2. 余弦定理的推论及变形

(1) 推论

$$\cos A=\frac{b^2+c^2-a^2}{2bc};$$

$$\cos B=\frac{a^2+c^2-b^2}{2ac};$$

$$\cos C=\frac{a^2+b^2-c^2}{2ab}。$$

(2) 变形

$$b^2+c^2-a^2=2bc\cos A;$$

$$a^2+c^2-b^2=2ac\cos B;$$

$$a^2+b^2-c^2=2ab\cos C。$$

考法大揭秘

余弦定理的应用

1. 已知两边和它们的夹角，解三角形

先用余弦定理求第三边，再用正弦定理或余弦定理求另一个角，最后用三角形内角和定理求第三个角。

【题30】　在△ABC 中，已知 $a=5,b=2,\angle C=\frac{\pi}{3}$，则 $\sin B=$________。

解　由余弦定理可知，

$c^2=a^2+b^2-2ab\cos C=25+4-2\times5\times2\times\frac{1}{2}=19$,所以 $c=\sqrt{19}$,

由正弦定理可知,

$$\sin B=\frac{b\sin C}{c}=\frac{2\times\frac{\sqrt{3}}{2}}{\sqrt{19}}=\frac{\sqrt{57}}{19}。$$

答案 $\frac{\sqrt{57}}{19}$

2. 已知三角形的三边,解三角形

先用余弦定理求出一个角,再用正弦定理或余弦定理求另一个角,最后用三角形内角和定理求第三个角。

【题 31】 在 $\triangle ABC$ 中,已知 $a=2$, $b=\sqrt{2}$, $c=\sqrt{3}+1$,则 $\angle A=$________, $\angle B=$________, $\angle C=$________。

解 由余弦定理可知,

$$\cos A=\frac{b^2+c^2-a^2}{2bc}=\frac{2+(\sqrt{3}+1)^2-4}{2\times\sqrt{2}\times(\sqrt{3}+1)}=\frac{2\times(\sqrt{3}+1)}{2\times\sqrt{2}\times(\sqrt{3}+1)}=\frac{\sqrt{2}}{2},$$

因为 $0<\angle A<\pi$,所以 $\angle A=\frac{\pi}{4}$,

$$\cos B=\frac{a^2+c^2-b^2}{2ac}=\frac{4+(\sqrt{3}+1)^2-2}{2\times2\times(\sqrt{3}+1)}=\frac{6+2\sqrt{3}}{4\times(\sqrt{3}+1)}=\frac{2\sqrt{3}\times(\sqrt{3}+1)}{4\times(\sqrt{3}+1)}=\frac{\sqrt{3}}{2},$$

因为 $0<\angle B<\pi$,所以 $\angle B=\frac{\pi}{6}$,

所以 $\angle C=\pi-\angle A-\angle B=\frac{7\pi}{12}$。

答案 $\frac{\pi}{4}$;$\frac{\pi}{6}$;$\frac{7\pi}{12}$

考点 3 三角形常用面积公式 ★★

(1) $S=\frac{1}{2}a\cdot h_a$ (h_a 表示边 a 上的高);

(2) $S=\frac{1}{2}ab\sin C=\frac{1}{2}ac\sin B=\frac{1}{2}bc\sin A$;

(3) $S=\frac{1}{2}r(a+b+c)$ (r 为三角形内切圆半径);

(4) $S=\frac{abc}{4R}$ (R 为三角形外接圆半径)。

考法大揭秘

与三角形周长、面积有关的问题

(1)对于面积公式 $S=\frac{1}{2}ab\sin C=\frac{1}{2}ac\sin B=\frac{1}{2}bc\sin A$，一般是已知哪一个角就使用哪一个公式；

(2)与面积有关的问题，有时要用正弦定理或余弦定理进行边和角的转化。

【题 32】【2023 四川特岗，单，4 分】在$\triangle ABC$中，$a=\sqrt{2}$，$b=2$，$\angle C=45°$，则$\triangle ABC$的面积等于(　　)

A. 1　　B. 2　　C. 4　　D. 无法确定

解　$S_{\triangle ABC}=\frac{1}{2}ab\sin C=\frac{1}{2}\times\sqrt{2}\times 2\times\sin 45°=1$。

答案　A

【题 33】【2023 湖南长沙湘江新区，解答，7 分】已知 $f(x)=1-4\sin x\cos x+2\cos\left(2x-\frac{\pi}{6}\right)$。

(1)求 $f(x)$ 的最小正周期和对称中心；

(2)$\triangle ABC$ 的三个角 A,B,C 所对的边分别为 a,b,c，且 $f\left(\frac{A}{2}\right)=1$，$\sin C=3\sin B$，$a=\sqrt{7}$，求$\triangle ABC$的面积。

解　(1)由题 $f(x)=1-4\sin x\cos x+2\cos\left(2x-\frac{\pi}{6}\right)=1-2\sin 2x+\sqrt{3}\cos 2x+\sin 2x=2\cos\left(2x+\frac{\pi}{6}\right)+1$，则函数 $f(x)$ 的最小正周期 $T=\frac{2\pi}{2}=\pi$，令 $2x+\frac{\pi}{6}=k\pi+\frac{\pi}{2}$，$k\in\mathbf{Z}$ 即 $x=\frac{\pi}{6}+\frac{k\pi}{2}$，$k\in\mathbf{Z}$，故 $f(x)$ 的对称中心为 $\left(\frac{\pi}{6}+\frac{k\pi}{2},0\right)$，$k\in\mathbf{Z}$。

(2)由(1)知，$f\left(\frac{A}{2}\right)=2\cos\left(A+\frac{\pi}{6}\right)+1=1$，解得 $\angle A=\frac{\pi}{3}$，因为 $\sin C=3\sin B$，所以由正弦定理得 $c=3b$，由余弦定理 $a^2=b^2+c^2-2bc\cos A$，得 $(\sqrt{7})^2=b^2+(3b)^2-2b\cdot 3b\cdot\cos\frac{\pi}{3}$，解得 $b=1$，则 $c=3$，于是 $S_{\triangle ABC}=\frac{1}{2}bc\sin A=\frac{3}{4}\sqrt{3}$。

即时反思与复盘总结

我于________年____月____日完成了对本章的学习。

复盘一下，我对自己较肯定的地方是____________________

(足够努力/心态积极/方法得当……)

我觉得自己需要改进的地方是____________________

(懒惰懈怠/心情浮躁/方法不当……)

休息片刻，开启下一站征程！

第五章 一元函数的导数及其应用

考向分析

本章属于高中数学阶段的重难点内容，在各地教师招聘考试中，常以单选、填空、解答的形式考查。其中，安徽、湖南、浙江等地常以单选、填空的形式考查导数的运算和导数的几何意义，难度中等，而导数的综合应用侧重以解答的形式进行考查，难度较高，且在各地的数学教师招聘考试中考查频率极高，对考生的数学抽象、直观想象与数学运算等核心素养要求较高。现对本章考向分析如下：

高频考点	高频考向	常考题型	核心素养	考查热度
导数的概念	利用导数的定义求函数在某处的导数	单选	数学运算	🔥
导数的运算	求函数的导数	单选、填空	数学抽象、数学运算	🔥🔥
导数的几何意义	求切线方程	单选、填空、解答	直观想象、数学运算	🔥🔥
导数与函数的单调性	利用导数求函数的单调性	解答	数学运算	🔥
导数与函数的极值	利用导数求函数的极值	单选、解答	直观想象、数学运算	🔥🔥
导数的综合应用	利用导数研究函数零点问题	多选、计算、解答	直观想象、数学运算	🔥🔥

第一节 变化率与导数、导数的计算

核心考点

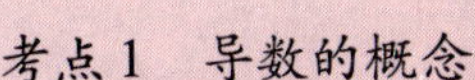

考点1 导数的概念

考点2 导数的运算 ★★

考点3 导数的几何意义 ★★★

考点1 导数的概念

1. 导数的定义

对于函数 $y=f(x)$，设自变量 x 从 x_0 变化到 $x_0+\Delta x$，相应地，函数值 y 就从 $f(x_0)$ 变化到 $f(x_0+\Delta x)$，这时 x 的变化量为 Δx，y 的变化量为

$$\Delta y=f(x_0+\Delta x)-f(x_0)。$$

把比值 $\frac{\Delta y}{\Delta x}$，即

$$\frac{\Delta y}{\Delta x}=\frac{f(x_0+\Delta x)-f(x_0)}{\Delta x}$$

叫做函数 $y=f(x)$ 从 x_0 到 $x_0+\Delta x$ 的平均变化率。

如果当 $\Delta x\to 0$ 时，平均变化率$\frac{\Delta y}{\Delta x}$无限趋近于一个确定的值，即$\frac{\Delta y}{\Delta x}$有极限，则称 $y=f(x)$ 在 $x=x_0$ 处可导，并把这个确定的值叫做 $y=f(x)$ 在 $x=x_0$ 处的导数（也称为瞬时变化率），记作$f'(x_0)$或 $y'|_{x=x_0}$，即

$$f'(x_0)=\lim_{\Delta x\to 0}\frac{\Delta y}{\Delta x}=\lim_{\Delta x\to 0}\frac{f(x_0+\Delta x)-f(x_0)}{\Delta x}。$$

2. 求函数 $y=f(x)$ 在 $x=x_0$ 处导数的步骤

第一步：求函数值的增量 $\Delta y=f(x_0+\Delta x)-f(x_0)$；

第二步：求平均变化率$\frac{\Delta y}{\Delta x}=\frac{f(x_0+\Delta x)-f(x_0)}{\Delta x}$；

第三步：取极限，得导数$f'(x_0)=\lim\limits_{\Delta x\to 0}\frac{\Delta y}{\Delta x}$。

【题 1】【2019 内蒙古鄂尔多斯东胜区，单，2 分】设 $f(x_0)=0$，且 $\lim\limits_{\Delta x\to 0}\frac{f(x_0+2\Delta x)}{\Delta x}=4$，则 $f'(x_0)=$（　　）

A. 4　　B. 2　　C. 1　　D. 0

解　$\lim\limits_{\Delta x\to 0}\frac{f(x_0+2\Delta x)}{\Delta x}=\lim\limits_{\Delta x\to 0}2\cdot\frac{f(x_0+2\Delta x)-f(x_0)}{2\Delta x}=2f'(x_0)=4$，所以$f'(x_0)=2$。故选 B。

答案　B

考点 2　导数的运算　★★

1. 基本初等函数的导数公式

(1) 若$f(x)=c$（c 为常数），则$f'(x)=0$。

(2) 若$f(x)=x^{\alpha}$（$\alpha\in\mathbf{R}$ 且 $\alpha\neq 0$），则$f'(x)=\alpha x^{\alpha-1}$。

(3) 若$f(x)=\sin x$，则$f'(x)=\cos x$。

(4) 若$f(x)=\cos x$，则$f'(x)=-\sin x$。

(5) 若$f(x)=a^x$（$a>0$，且 $a\neq 1$），则$f'(x)=a^x\ln a$；特别地，若$f(x)=e^x$，则$f'(x)=e^x$。

(6) 若$f(x)=\log_a x$（$a>0$，且 $a\neq 1$），则$f'(x)=\frac{1}{x\ln a}$；特别地，若$f(x)=\ln x$，则$f'(x)=\frac{1}{x}$。

(7) $(\arcsin x)'=\frac{1}{\sqrt{1-x^2}}$；$(\arccos x)'=-\frac{1}{\sqrt{1-x^2}}$。

(8) $(\tan x)'=\sec^2 x$；$(\cot x)'=-\csc^2 x$。

(9) $(\arctan x)'=\frac{1}{1+x^2}$；$(\operatorname{arccot} x)'=-\frac{1}{1+x^2}$。

(10) $(\sec x)'=\sec x\cdot\tan x$；$(\csc x)'=-\csc x\cdot\cot x$。

2. 导数的四则运算法则

(1)两个函数$f(x)$和$g(x)$的和(或差)的导数:

$$[f(x)\pm g(x)]'=f'(x)\pm g'(x)。$$

(2)两个函数$f(x)$和$g(x)$的乘积(或商)的导数:

$$[f(x)g(x)]'=f'(x)g(x)+f(x)g'(x);$$

$$\left[\frac{f(x)}{g(x)}\right]'=\frac{f'(x)g(x)-f(x)g'(x)}{[g(x)]^2}(g(x)\neq 0)。$$

【题2】 求下列函数的导数:

(1)$y=2x^3-3x^2+5$;(2)$y=2^x+\cos x$;(3)$y=x^3e^x$;(4)$y=\frac{\sin x+\cos x}{\cos x}$。

解 (1)$y'=(2x^3-3x^2+5)'=6x^2-6x$。

(2) $y'=(2^x+\cos x)'=(2^x)'+(\cos x)'=2^x\ln 2-\sin x$。

(3)$y'=(x^3e^x)'=(x^3)'e^x+(e^x)'x^3=3x^2e^x+x^3e^x=x^2e^x(3+x)$。

(4)$y'=\left(\frac{\sin x+\cos x}{\cos x}\right)'=\left(1+\frac{\sin x}{\cos x}\right)'=\left(\frac{\sin x}{\cos x}\right)'=\frac{(\sin x)'\cos x-(\cos x)'\sin x}{\cos^2 x}=\frac{\cos^2 x+\sin^2 x}{\cos^2 x}=\frac{1}{\cos^2 x}$。

3. 复合函数的导数

复合函数的导数

(1)复合函数的求导法则

复合函数$y=f(g(x))$的导数和函数$y=f(u)$,$u=g(x)$的导数间的关系为$y'_x=y'_u\cdot u'_x$,即y对x的导数等于y对u的导数与u对x的导数的乘积。

(2)复合函数的求导步骤

①分层:选择中间变量,写出它的内、外层函数;

②求导:分别求内、外层函数对应变量的导数;

③回代:把中间变量回代。

【题3】 【2021 山东青岛,单,2.5分】函数$y=e^{-2x}$的导函数为( )

A. $y=-2e^x$　　B. $y=-2e^{-2x}$

C. $y=2e^x$　　D. $y=2e^{-x}$

解 $y'=-2e^{-2x}$。

答案 B

【题4】 【2021 浙江绍兴,填空,3分】已知函数$y=\ln\tan x$,则$y'=$________。

解 $y'=\frac{1}{\tan x}\cdot(\tan x)'=\frac{1}{\tan x}\cdot\frac{1}{\cos^2 x}=\frac{1}{\sin x\cos x}=\frac{2}{\sin 2x}$。

答案 $\frac{2}{\sin 2x}$

【题5】 求下列函数的导数：

(1) $y=(3x+5)^3$；(2) $y=\ln(2x-1)$；(3) $y=\dfrac{2}{\sqrt{3x+1}}$。

解 (1) 函数 $y=(3x+5)^3$ 可以看作函数 $y=u^3$ 与 $u=3x+5$ 的复合函数，根据复合函数的求导法则，有 $y'_x=y'_u\cdot u'_x=(u^3)'\cdot(3x+5)'=3u^2\cdot 3=9u^2=9(3x+5)^2$。

(2) 函数 $y=\ln(2x-1)$ 可以看作函数 $y=\ln u$ 与 $u=2x-1$ 的复合函数，根据复合函数的求导法则，有 $y'_x=y'_u\cdot u'_x=(\ln u)'\cdot(2x-1)'=\dfrac{2}{u}=\dfrac{2}{2x-1}$。

(3) 函数 $y=\dfrac{2}{\sqrt{3x+1}}=2(3x+1)^{-\frac{1}{2}}$ 可以看作函数 $y=2u^{-\frac{1}{2}}$ 与 $u=3x+1$ 的复合函数，根据复合函数的求导法则，有 $y'_x=y'_u\cdot u'_x=(2u^{-\frac{1}{2}})'\cdot(3x+1)'=-u^{-\frac{3}{2}}\cdot 3=-3(3x+1)^{-\frac{3}{2}}$。

考点3 导数的几何意义 ★★★

1. 切线的定义

在曲线 $y=f(x)$ 上任取一点 $P(x,f(x))$，如果当点 $P(x,f(x))$ 沿着曲线 $y=f(x)$ 无限趋近于点 $P_0(x_0,f(x_0))$ 时，割线 PP_0 无限趋近于一个确定的位置，这个确定位置的直线 P_0T 称为曲线 $y=f(x)$ 在点 P_0 处的切线。

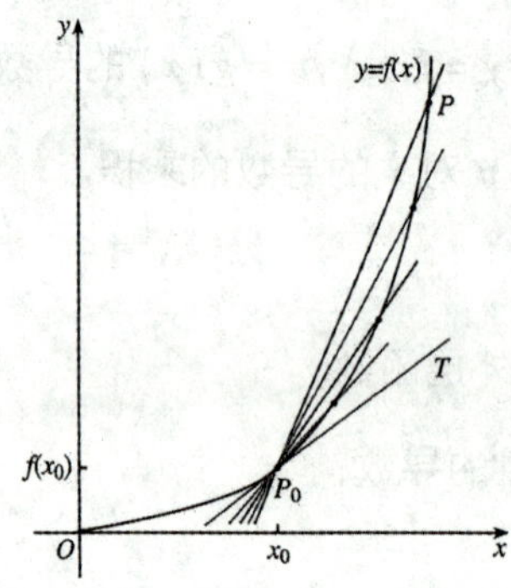

2. 函数在某点处的导数的几何意义

函数 $y=f(x)$ 在 $x=x_0$ 处的导数 $f'(x_0)$ 就是切线 P_0T 的斜率 k_0，即

$$k_0=\lim_{\Delta x\to 0}\frac{f(x_0+\Delta x)-f(x_0)}{\Delta x}=f'(x_0)。$$

3. 导函数的定义

从求函数 $y=f(x)$ 在 $x=x_0$ 处导数的变化过程可以看到，当 $x=x_0$ 时，$f'(x_0)$ 是一个唯一确定的数。这样，当 x 变化时，$y=f'(x)$ 就是 x 的函数，我们称它为 $y=f(x)$ 的导函数（简称导数）。$y=f(x)$ 的导函数有时也记作 y'，即

$$f'(x)=y'=\lim_{\Delta x\to 0}\frac{f(x+\Delta x)-f(x)}{\Delta x}。$$

考法大揭秘

与函数图象的切线有关的问题

(1)点 $P(x_0,y_0)$ 是切点时,即求函数 $y=f(x)$"在"点 x_0 处的切点。

①求出函数 $y=f(x)$ 在点 x_0 处的函数值 $f(x_0)$ 以及导数 $f'(x_0)$;

②写出切线方程 $y-f(x_0)=f'(x_0)(x-x_0)$;

③化为一般式。

【题6】【2023 湖南长沙湘江新区,单,2 分】函数 $y=e^{1-x}+2$ 在点(1,2)处的切线方程为( )

A. $x-y+1=0$　　B. $x-y-3=0$

C. $x+y-3=0$　　D. $x+y+1=0$

解　由题,函数 $y=e^{1-x}+2$ 的导数为 $y'=-e^{1-x}$,当 $x=1$ 时,$y'=-1$,即切线的斜率为 -1,则函数 $y=e^{1-x}+2$ 在点(1,2)处的切线方程为 $y-2=-(x-1)$,整理得 $x+y-3=0$。

答案　C

(2)求"过"某点与函数图象相切的直线方程,该点不一定是切点。

①设出切点坐标 $P'(x_1,f(x_1))$;

②写出过点 $P'(x_1,f(x_1))$ 的切线方程 $y-f(x_1)=f'(x_1)(x-x_1)$;

③将点 P 的坐标 (x_0,y_0) 代入切线方程,求出 x_1;

④将 x_1 的值代入方程 $y-f(x_1)=f'(x_1)(x-x_1)$,由此即可得过点 $P(x_0,y_0)$ 的切线方程。

【题7】　过曲线 $y=x^3-2x$ 上的点(1,-1)的切线方程为________。

解　设切点为 $P(x_0,y_0)$,则切线的斜率为 $y'|_{x=x_0}=3x_0^2-2$,

所以切线方程为 $y-y_0=(3x_0^2-2)(x-x_0)$,即 $y-(x_0^3-2x_0)=(3x_0^2-2)(x-x_0)$,

又知切线过点(1,-1),代入上述方程,得 $-1-(x_0^3-2x_0)=(3x_0^2-2)(1-x_0)$,

解得 $x_0=1$ 或 $x_0=-\frac{1}{2}$。

故所求切线方程为 $y-(1-2)=(3-2)(x-1)$ 或 $y-\left(-\frac{1}{8}+1\right)=\left(\frac{3}{4}-2\right)\left(x+\frac{1}{2}\right)$,

即 $x-y-2=0$ 或 $5x+4y-1=0$。

答案　$x-y-2=0$ 或 $5x+4y-1=0$

【题8】【2021 年 4 月浙江金华、诸暨,单,3 分】如果直线 $y=kx+2$ 与函数 $y=x(x^2-1)$ 相切,那么实数 $k=$( )

A. 2　　B. -1　　C. 1　　D. 4

解 易知直线 $y=kx+2$ 过点 $(0,2)$，由题知 $y=f(x)=x(x^2-1)=x^3-x$，则 $f'(x)=3x^2-1$。设直线与函数的切点为 (x_0,y_0)，故切线方程为 $y-y_0=(3x_0^2-1)(x-x_0)$，将 $(0,2)$ 代入切线方程，得 $2-y_0=(3x_0^2-1)(0-x_0)$，即 $y_0=3x_0^3-x_0+2$，又切点 (x_0,y_0) 在函数 $y=x(x^2-1)$ 的图象上，则 $y_0=x_0(x_0^2-1)=x_0^3-x_0$，所以 $x_0^3-x_0=3x_0^3-x_0+2$，解得 $x_0=-1$，$y_0=0$，代入 $y=kx+2$，解得 $k=2$。

答案 A

第二节 导数与函数的单调性、极值、最值

考点1 导数与函数的单调性 ★★

考点2 导数与函数的极值 ★★★

考点3 导数与函数的最大(小)值 ★

考点1 导数与函数的单调性 ★★

导数与函数的单调性

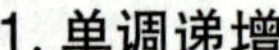

1. 单调递增

在区间 (a,b) 上，如果 $f'(x)>0$，那么函数 $y=f(x)$ 在区间 (a,b) 上单调递增。

2. 单调递减

在区间 (a,b) 上，如果 $f'(x)<0$，那么函数 $y=f(x)$ 在区间 (a,b) 上单调递减。

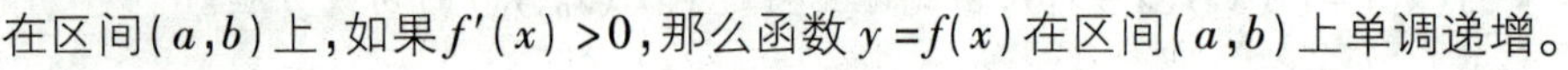

注：如果在某个区间 (a,b) 内恒有 $f'(x)=0$，那么函数 $y=f(x)$ 在这个区间上是一个常数函数。

考法大揭秘

利用导数研究函数的单调性

1. 利用导数 $f'(x)$ 求单调区间的步骤

(1) 确定函数 $f(x)$ 的定义域；

(2) 求导数 $f'(x)$；

(3) 解不等式 $f'(x)>0$，函数在解集与定义域的交集上为增函数；

(4) 解不等式 $f'(x)<0$，函数在解集与定义域的交集上为减函数。

【题9】 判断函数 $f(x)=\dfrac{x-1}{x}$ 的单调性。

解 易知函数 $f(x)=\dfrac{x-1}{x}$ 的定义域为 $(-\infty,0)\cup(0,+\infty)$，

对$f(x)$求导，得$f'(x)=\left(1-\frac{1}{x}\right)'=\frac{1}{x^2}$，

因为$f'(x)=\frac{1}{x^2}>0$在$(-\infty,0)\cup(0,+\infty)$上恒成立，

所以函数$f(x)=\frac{x-1}{x}$在区间$(-\infty,0)$，$(0,+\infty)$上单调递增。

2. 含参函数单调性问题

含参函数的单调性问题主要以两种形式呈现：

(1)判断含参函数的单调性；

(2)求含参函数的单调区间。

这两种形式通常都可以转化为求含参不等式的解集问题，要针对具体情况进行分类讨论，但要记得始终注意定义域与分类讨论的标准。

【题10】【2021年4月浙江金华、诸暨，解答，7分】(节选)已知函数$f(x)=\ln x-ax^2+3(a\in\mathbf{R}$且$a\neq0)$，求$f(x)$的单调递增区间。

解　$f'(x)=\frac{1}{x}-2ax=\frac{1-2ax^2}{x}(x>0,a\in\mathbf{R}$且$a\neq0)$。当$a<0$时，$f'(x)>0$恒成立，函数$f(x)$在定义域上单调递增；当$a>0$时，若$1-2ax^2>0$，即$0<x<\frac{\sqrt{2a}}{2a}$时，$f'(x)>0$，函数$f(x)$单调递增，若$1-2ax^2<0$，即$x>\frac{\sqrt{2a}}{2a}$时，$f'(x)<0$，函数$f(x)$单调递减。综上所述，当$a<0$时，函数$f(x)$的单调递增区间为$(0,+\infty)$；当$a>0$时，函数$f(x)$的单调递增区间为$\left(0,\frac{\sqrt{2a}}{2a}\right)$。

考点2　导数与函数的极值 ★★★

1. 极小值点与极小值

如图所示，函数$y=f(x)$在点$x=a$处的函数值$f(a)$比它在点$x=a$附近其他点的函数值都小，$f'(a)=0$，而且在点$x=a$附近的左侧$f'(x)<0$，右侧$f'(x)>0$，把a叫做函数$y=f(x)$的极小值点，$f(a)$叫做函数$y=f(x)$的极小值。

2. 极大值点与极大值

如图所示，函数$y=f(x)$在点$x=b$处的函数值$f(b)$比它在点$x=b$附近其他点的函数值都大，$f'(b)=0$，而且点$x=b$附近的左侧的$f'(x)>0$，右侧$f'(x)<0$，把b叫做函数$y=f(x)$的极大值点，$f(b)$叫做函数$y=f(x)$的极大值。

若函数$f(x)$在某区间内有极值，则函数$f(x)$在该区间内绝对不是单调函数；若函数$f(x)$在某区间内单调递减或单调递增，则函数$f(x)$在该区间内没有极值。

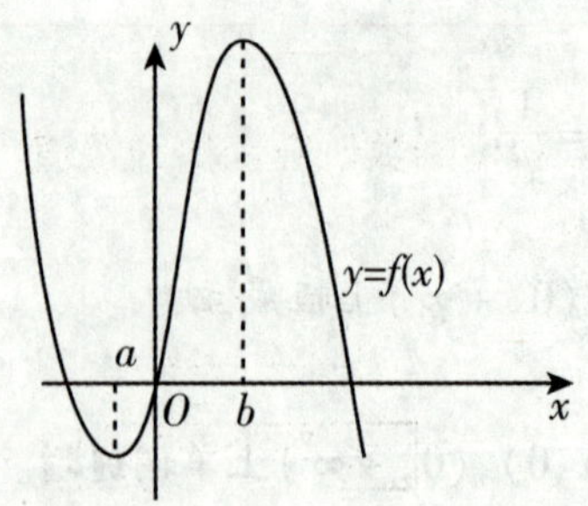

3. 可导函数极值存在的条件

可导函数 $y=f(x)$ 在点 $x=x_0$ 处取得极值的充要条件是 $f'(x_0)=0$，且在 x_0 的左侧与右侧 $f'(x)$ 的符号不同。

4. 求函数 $f(x)$ 极值的步骤

(1)确定函数 $f(x)$ 的定义域；

(2)求导数 $f'(x)$；

(3)求方程 $f'(x)=0$ 的全部实根，记为 $x_1<x_2<\cdots<x_n$，顺次将定义域分成若干个小开区间，并列表，当 x 变化时，$f'(x)$ 与 $f(x)$ 的值的变化情况如下：

x	$(-\infty,x_1)$	x_1	(x_1,x_2)	…	x_n	$(x_n,+\infty)$
$f'(x)$	>0(或<0)	0	<0(或>0)	…	0	>0(或<0)
$f(x)$	↗(或↘)	极大(或小)值	↘(或↗)	…	极小(或大)值	↗(或↘)

(4)检查 $f'(x)$ 的符号并由表格判断极值。

(1)如果 $f'(x)$ 的符号从 x_n 的左侧到右侧为由正变负，那么 $f(x_n)$ 是函数 $f(x)$ 的极大值；

(2)如果 $f'(x)$ 的符号从 x_n 的左侧到右侧为由负变正，那么 $f(x_n)$ 是函数 $f(x)$ 的极小值；

(3)如果 $f'(x)$ 在点 x_n 的左右两侧符号不变，那么 $f(x_n)$ 不是函数 $f(x)$ 的极值。

【题 11】 求函数 $f(x)=\frac{1}{3}x^3-\frac{1}{2}x^2-2x+1$ 的单调区间与极值。

解 函数 $f(x)=\frac{1}{3}x^3-\frac{1}{2}x^2-2x+1$ 的定义域为 $\mathbf{R}$，对 $f(x)$ 求导，得 $f'(x)=x^2-x-2=(x+1)(x-2)$，令 $f'(x)=0$，解得 $x=-1$ 或 $x=2$，$x=-1$ 和 $x=2$ 把函数的定义域划分成三个区间，$f'(x)$ 在各区间上的正负以及 $f(x)$ 的单调性如下表所示：

x	$(-\infty,-1)$	-1	$(-1,2)$	2	$(2,+\infty)$
$f'(x)$	>0	0	<0	0	>0
$f(x)$	↗	$\frac{13}{6}$	↘	$-\frac{7}{3}$	↗

所以函数 $f(x)$ 在 $(-\infty,-1)$ 和 $(2,+\infty)$ 上单调递增，在 $(-1,2)$ 上单调递减，极大值为 $f(-1)=\frac{13}{6}$，极小值为 $f(2)=-\frac{7}{3}$。

考法大揭秘

利用导数研究函数的极值

利用导数研究函数极值问题的步骤：

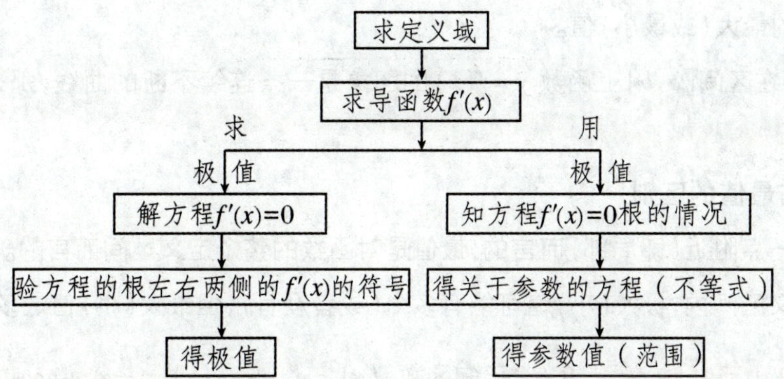

【题 12】【2023 山西特岗，单，3 分】若函数$f(x)=\frac{a}{x}+\frac{b}{x^2}+c\ln x(c\neq 0)$既有极大值也有极小值，则下列结论错误的是（ ）

A. $ab>0$　　B. $ac>0$　　C. $bc<0$　　D. $a^2+8bc>0$

解　由题可知函数$f(x)$的定义域为$(0,+\infty)$，且$f'(x)=-\frac{a}{x^2}-\frac{2b}{x^3}+\frac{c}{x}=\frac{cx^2-ax-2b}{x^3}$，由于函数$f(x)$既有极大值也有极小值，则$f'(x)=0$在$(0,+\infty)$上有两个不相等的实根，令$h(x)=cx^2-ax-2b$，即$h(x)=0$在$(0,+\infty)$上有两个不相等的实根，$\therefore\begin{cases}\Delta=a^2+8bc>0,\\ x_1+x_2=\frac{a}{c}>0,\\ x_1\cdot x_2=-\frac{2b}{c}>0,\end{cases}$ 即$\begin{cases}a^2+8bc>0,\\ ac>0,\\ bc<0,\end{cases}$ $\therefore a$与c同号，b与c异号，$\therefore ab<0$。

答案　A

【题 13】【2023 浙江宁波北仑区，计算，6 分】求$y=\arctan x-\arcsin\frac{x}{\sqrt{1+x^2}}+x^2$的极值。

解　令函数$y=f(x)$，定义域为$\mathbf{R}$，而$y'=f'(x)=(\arctan x)'-\left(\arcsin\frac{x}{\sqrt{1+x^2}}\right)'+(x^2)'=\frac{1}{1+x^2}-\frac{1}{\sqrt{1-\left(\frac{x}{\sqrt{1+x^2}}\right)^2}}\cdot\left(\frac{x}{\sqrt{1+x^2}}\right)'+2x=\frac{1}{1+x^2}-\frac{1}{\sqrt{1-\frac{x^2}{1+x^2}}}\cdot\frac{\sqrt{1+x^2}-x\left(\sqrt{1+x^2}\right)'}{\left(\sqrt{1+x^2}\right)^2}+2x=\frac{1}{1+x^2}-\frac{1}{\sqrt{\frac{1}{1+x^2}}}\cdot\frac{\sqrt{1+x^2}-x^2(1+x^2)^{-\frac{1}{2}}}{1+x^2}+2x=\frac{1}{1+x^2}-\sqrt{1+x^2}\cdot\frac{\sqrt{1+x^2}-x^2(1+x^2)^{-\frac{1}{2}}}{1+x^2}+2x=\frac{1}{1+x^2}-\frac{1+x^2-x^2}{1+x^2}+2x=\frac{1}{1+x^2}-\frac{1}{1+x^2}+2x=2x$，当$x\in(-\infty,0)$时，$f'(x)<0$，函数$y=f(x)$单调递减；当$x\in(0,+\infty)$时，$f'(x)>0$，函数$y=f(x)$单调递增，故函数$y=f(x)$在$x=0$处取得极小值，极小值为$f(0)=0$，无极大值。

考点3 导数与函数的最大(小)值 ★

1. 函数的最值

(1)若区间$[a,b]$上一点x_0对于该区间上任一点x,均有$f(x)\leqslant f(x_0)$(或$f(x)\geqslant f(x_0)$),则称$f(x_0)$为$f(x)$在区间$[a,b]$上的最大(或最小)值。

(2)一般地,如果在区间$[a,b]$上函数$y=f(x)$的图象是一条连续不断的曲线,那么它必有最大值和最小值。

2. 函数的极值与最值的区别

(1)极值是对某一点附近(即局部)而言的,最值是对函数的整个定义区间而言的。

(2)在函数的定义区间内,极大(小)值可能有多个(或者没有),但最大(小)值最多有一个。

【题14】【2022山西特岗,解答,8分】已知函数$f(x)=e^x-x,g(x)=\frac{a}{3}x^3+a\cos x(a>0)$。

(1)求$f(x)$的最小值;

(2)设$F(x)=f(x)+g(x)$,若$F(x)$在$(-\infty,+\infty)$上是增函数,求实数a的取值范围。

解 (1)由题意得,$f(x)=e^x-x$,故$f'(x)=e^x-1$,令$f'(x)=0$,解得$x=0$,$\therefore$当$x<0$时,$f'(x)<0$;当$x>0$时,$f'(x)>0$,故$f(x)$在$x=0$处取得最小值,即$f(x)_{\min}=f(0)=1$。

(2)若$F(x)=e^x-x+\frac{a}{3}x^3+a\cos x$是$\mathbf{R}$上的增函数,则满足$F'(x)\geqslant 0$即可,$F'(x)=e^x-1+ax^2-a\sin x$,令$r(x)=F'(x)=e^x-1+ax^2-a\sin x$,则$r'(x)=e^x+2ax-a\cos x$。令$h(x)=r'(x)$,则$h'(x)=e^x+2a+a\sin x=e^x+a(2+\sin x)>0$。

$\therefore r'(x)=e^x+2ax-a\cos x$在$\mathbf{R}$上是增函数。

①当$a=1$时,$r'(0)=0$,则当$x\in(-\infty,0)$时,$r'(x)<0$;当$x\in(0,+\infty)$时,$r'(x)>0$。

$\therefore r(x)$在$(-\infty,0)$上单调递减,在$(0,+\infty)$上单调递增。

$\therefore x=0$是$r(x)$的最小值点,即$r(x)\geqslant r(0)=0$,从而$F'(x)\geqslant 0$,故$F(x)$在$\mathbf{R}$上单调递增,满足题意。

②当$0<a<1$时,$r'(0)=1-a>0$,$r'\left(-\frac{1}{a}\right)=-2+e^{-\frac{1}{a}}-a\cos\left(-\frac{1}{a}\right)\leqslant -2+e^{-\frac{1}{a}}+a<0$,则存在$x_0\in\left(-\frac{1}{a},0\right)$,使得$r'(x_0)=0$,所以当$x\in(x_0,0)$时,$r'(x)>0$,所以$r(x)$在$(x_0,0)$上单调递增,从而在$(x_0,0)$上,$F'(x)=r(x)<r(0)=0$,不符合题意。

③当$a>1$时,$r'(0)=1-a<0$,$r'\left(\frac{\pi}{2}\right)=\pi a+e^{\frac{\pi}{2}}>0$,即存在$x_1\in\left(0,\frac{\pi}{2}\right)$,使得$r'(x_1)=0$,所以当$x\in(0,x_1)$时,$r'(x)<0$,从而$r(x)$在$(0,x_1)$上单调递减,所以在$(0,x_1)$上$r(x)<r(0)=0$,不符合题意。

综上所述,实数a的取值范围为$a=1$。

第三节　导数的综合应用

核心考点

考点1　利用导数研究函数零点问题　★★

考点2　利用导数解、证明不等式　★★

考点3　利用导数研究不等式问题　★★★

考点1　利用导数研究函数零点问题　★★

函数的零点个数即为函数图象与 x 轴交点的个数，解决此类问题可借助函数图象的特征，对于含参函数的零点个数，一般可从以下两个方面进行讨论：

(1)利用导数研究函数的单调性和极值，作出函数的大致图象，根据极值符号确定函数零点的个数；

(2)分离参数，将问题转化为求直线 $y=m$ 与函数 $y=f(x)$ 的图象的交点个数问题。

【题15】【2023山东济南历城区，多选，3分】设函数 $f(x)=\begin{cases}\dfrac{\ln x}{x},x>0,\\ e^{-x}-1,x\leqslant 0,\end{cases}$ 若关于 x 的方程 $f(x)-m=0(m\in\mathbf{R})$ 恰有三个不同的实数根，则 m 的取值可能是(　　)

A. $\dfrac{1}{2}$　　B. $\dfrac{1}{3}$

C. $\dfrac{1}{4}$　　D. $\dfrac{1}{e}$

解　当 $x>0$ 时，$f'(x)=\dfrac{(\ln x)'x-\ln x\cdot x'}{x^2}=\dfrac{1-\ln x}{x^2}$。当 $f'(x)=0$ 时，$x=e$，当 $x\in(e,+\infty)$ 时，$f'(x)<0$，$f(x)$ 单调递减，当 $x\in(0,e)$ 时，$f'(x)>0$，函数 $f(x)$ 单调递增，且 $f(e)=\dfrac{1}{e}$。当 $x\leqslant 0$ 时，$f(x)=e^{-x}-1$，可简单作出函数 $f(x)$ 的图象如下图所示。因为关于 x 的方程 $f(x)-m=0(m\in\mathbf{R})$ 恰有三个不同的实数根，即直线 $y=m$ 与函数 $f(x)$ 的图象有三个交点，则 $m\in\left(0,\dfrac{1}{e}\right)$，所以 m 的值可能为 $\dfrac{1}{3}$ 或 $\dfrac{1}{4}$。

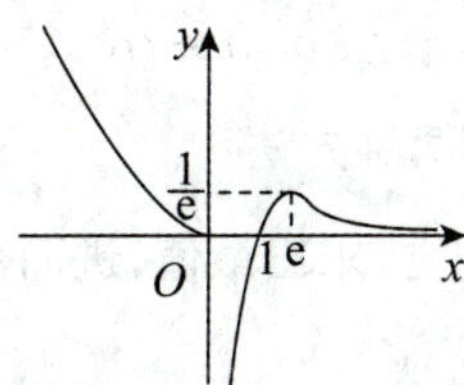

答案　BC

【题 16】【2023 浙江宁波北仑区,计算,8 分】设 $y=3x^4+4x^3-12x^2+k$ 有四个不同的实数根,求 k 的取值范围。

解 令 $f(x)=-3x^4-4x^3+12x^2$,则 $y=3x^4+4x^3-12x^2+k$ 有四个不同的实根,即直线 $y=k$ 与函数 $f(x)=-3x^4-4x^3+12x^2$ 的图象有四个不同交点,$f'(x)=-12x^3-12x^2+24x=12x(x+2)(1-x)$,令 $f'(x)=0$,解得 $x_1=-2,x_2=0,x_3=1$,当 $x\in(-\infty,-2)\cup(0,1)$ 时,$f'(x)>0$,当 $x\in(-2,0)\cup(1,+\infty)$ 时,$f'(x)<0$,故极大值为 $f(-2)=32,f(1)=5$,极小值为 $f(0)=0$,且当 $x\to\infty$ 时,$f(x)\to-\infty$,结合 $f(x)$ 的函数图象可知,若函数 $f(x)$ 的图象与直线 $y=k$ 有四个不同的交点,则 $0<k<5$,即函数 $y=3x^4+4x^3-12x^2+k$ 有四个不同的实数根时,k 的取值范围为 $(0,5)$。

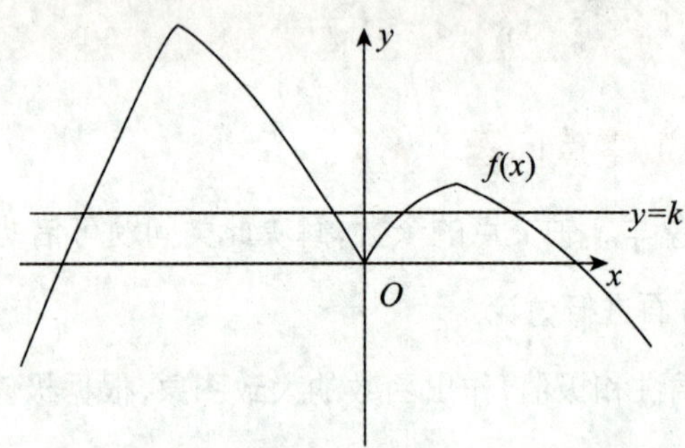

考点 2　利用导数解、证明不等式　★★

若证明 $f(x)<g(x),x\in(a,b)$,可以构造函数 $F(x)=f(x)-g(x),x\in(a,b)$,如果 $F'(x)<0$,即函数 $F(x)$ 在 (a,b) 上单调递减,若 $F(a)\leqslant0$,根据减函数的定义可知,当 $x\in(a,b)$ 时,函数 $F(x)<F(a)\leqslant0$,即 $f(x)-g(x)<0\Rightarrow f(x)<g(x),x\in(a,b)$。

【题 17】　函数 $f(x)$ 的定义域为 $\mathbf{R}$,$f(-1)=2$,对任意 $x\in\mathbf{R}$,$f'(x)>2$,则 $f(x)>2x+4$ 的解集为________。

解　令 $g(x)=f(x)-2x-4$,则 $g'(x)=f'(x)-2$,

因为对任意 $x\in\mathbf{R}$,$f'(x)>2$,所以 $f'(x)-2>0$,即 $g'(x)>0$,所以 $g(x)=f(x)-2x-4$ 在 $\mathbf{R}$ 上单调递增。

又因为 $f(-1)=2$,所以 $g(-1)=f(-1)-2\times(-1)-4=0$,所以 $g(x)>0\Leftrightarrow g(x)>g(-1)\Leftrightarrow x>-1$,所以 $f(x)>2x+4$ 的解集是 $(-1,+\infty)$。

答案　$(-1,+\infty)$

考点 3　利用导数研究不等式问题　★★★

1. 不等式恒成立问题

利用导数研究不等式恒成立问题一般有两种方法:

(1)构造函数,利用导数研究函数的单调性,求出最值,进而得出相应的含参不等式,从而求出参数的取值范围;

(2)分离变量,构造函数,直接把问题转化为函数的最值问题。

【题 18】【2023 山东济南历城区，解答，10 分】已知函数 $f(x)=(x^2+ax+1)e^x(a>0)$。

(1) 求函数 $f(x)$ 的单调区间；

(2) 若不等式 $f(x)\leqslant(2x^2+1)e^x+x$ 对于任意 $x\in[0,+\infty)$ 恒成立，求实数 a 的取值范围。

解 (1) 函数 $f(x)=(x^2+ax+1)e^x(a>0)$，则 $f'(x)=(x+1)(x+a+1)e^x$，令 $f'(x)=0$，解得 $x=-1$，或 $x=-1-a$，因为 $a>0$，所以 $-1-a<-1$，故当 $x<-1-a$ 或 $x>-1$ 时，$f'(x)>0$，当 $-1-a<x<-1$ 时，$f'(x)<0$，故函数 $f(x)$ 在区间 $(-\infty,-1-a)$ 和 $(-1,+\infty)$ 上单调递增；在 $(-1-a,-1)$ 上单调递减。

(2) $f(x)\leqslant(2x^2+1)e^x+x$ 在 $[0,+\infty)$ 上恒成立，即 $(x^2+ax+1)e^x\leqslant(2x^2+1)e^x+x$ 在 $[0,+\infty)$ 上恒成立。因为 $x\in[0,+\infty)$，整理得 $ae^x\leqslant xe^x+1$，即 $a\leqslant x+\frac{1}{e^x}$ 恒成立。设 $g(x)=x+\frac{1}{e^x}$，$x\in[0,+\infty)$，则 $g'(x)=1-\frac{1}{e^x}$，令 $g'(x)=0$，则 $x=0$，当 $x>0$ 时，$g'(x)>0$，$g(x)$ 在 $[0,+\infty)$ 上单调递增，故 $g(x)=x+\frac{1}{e^x}\geqslant g(0)=1$，若 $a\leqslant g(x)$ 恒成立，则 $a\leqslant1$，即 a 的取值范围为 $(0,1]$。

2. 存在型不等式问题

解决存在型问题时，往往需要分离出参数，转化为求函数的最值(值域)问题。若存在 x 使 $f(x)\leqslant a$(或 $f(x)\geqslant a$)，需 $f(x)_{\min}\leqslant a$(或 $f(x)_{\max}\geqslant a$)，注意与恒成立问题的区别。

【题 19】 已知函数 $f(x)=e^x+px-\frac{p}{x}-2\ln x$。

(1) 若 $p=2$，求曲线 $y=f(x)$ 在点 $(1,f(1))$ 处的切线方程；

(2) 设函数 $g(x)=e^x+\frac{2e}{x}$，若在 $[1,e]$ 上至少存在一点 x_0，使得 $f(x_0)>g(x_0)$ 成立，求实数 p 的取值范围。

解 (1) 当 $p=2$ 时，$y=f(x)=e^x+2x-\frac{2}{x}-2\ln x$，$f(1)=e$，$f'(x)=e^x+2+\frac{2}{x^2}-\frac{2}{x}$，$f'(1)=e+2$，所以曲线 $y=f(x)$ 在点 $(1,f(1))$ 处的切线方程为 $y=(e+2)(x-1)+e$，即 $y=(e+2)x-2$。

(2) 令 $F(x)=f(x)-g(x)=px-\frac{p+2e}{x}-2\ln x$，$x\in[1,e]$，则 $F'(x)=\frac{px^2-2x+p+2e}{x^2}$，$x\in[1,e]$。

当 $p=0$ 时，因为 $x\in[1,e]$，所以 $F'(x)=\frac{-2x+2e}{x^2}\geqslant0$，所以 $F(x)$ 在 $[1,e]$ 上单调递增，则 $F(x)_{\max}=F(e)=-4<0$，即 $f(x)<g(x)$ 在 $[1,e]$ 上恒成立，不符合题意；

当 $p<0$ 时，$F(x)=p\left(x-\frac{1}{x}\right)-\frac{2e}{x}-2\ln x$，因为 $x\in[1,e]$，所以 $x-\frac{1}{x}\geqslant0$，$\frac{2e}{x}>0$，$\ln x\geqslant0$，所以 $F(x)<0$，此时 $f(x)<g(x)$，不符合题意；

当 $p>0$ 时，因为 $x\in[1,e]$，所以 $F'(x)=\frac{p(x^2+1)+2(e-x)}{x^2}>0$，所以 $F(x)$ 在 $[1,e]$ 上单调递增，则 $F(x)_{\max}=F(e)=pe-\frac{p}{e}-4$，令 $F(x)_{\max}>0$，解得 $p>\frac{4e}{e^2-1}$，满足题意。

综上，当 $p>\frac{4e}{e^2-1}$ 时，在 $[1,e]$ 上至少存在一点 x_0，使得 $f(x_0)>g(x_0)$ 成立。

即时反思与复盘总结

我于________年____月____日完成了对本章的学习。

复盘一下，我对自己较肯定的地方是________________________

（足够努力/心态积极/方法得当……）

我觉得自己需要改进的地方是________________________

（懒惰懈怠/心情浮躁/方法不当……）

休息片刻，开启下一站征程！

第六章 数 列

考向分析

本章属于高中数学阶段的重点内容，在各地教师招聘考试中，常以单选、填空、解答的形式考查。其中，安徽、四川等地的考试中，题目相对比较基础，要求考生掌握相关公式与计算方法；山西、山东、广东等地的考试中，考查题型多样，且具有一定难度，对考生的数学运算、逻辑推理的核心素养要求较高。现对本章考向分析如下：

高频考点	高频考向	常考题型	核心素养	考查热度
数列的通项公式	求数列的通项公式	单选、填空、解答	数学运算、逻辑推理	🔥🔥🔥
等差数列的基本概念	等差数列基本量的求解	单选、填空、解答	数学运算、逻辑推理	🔥🔥
等差数列的性质	等差数列性质的应用	单选、填空、解答	数学运算	🔥🔥
等比数列的基本概念	等比数列基本量的求解	单选、填空、解答	数学运算、逻辑推理	🔥🔥
等比数列的性质	等比数列性质的应用	单选、填空	数学运算	🔥🔥
数列求和	求数列的前 n 项和	单选、填空、解答	数学运算、逻辑推理	🔥🔥🔥

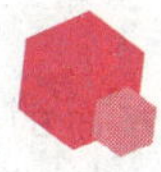

第一节 数列的概念与简单表示

核心考点

考点1 数列的定义

考点2 数列的通项公式 ★★

考点3 数列的前 n 项和 ★

考点1 数列的定义

按照一定顺序排列的一列数称为数列，数列中的每一个数叫做这个数列的项。

考点2 数列的通项公式 ★★

1. 通项公式

如果数列$\{a_n\}$($n\in\mathbf{N}_+$)的第 n 项与序号 n 之间的关系可以用一个公式 $a_n=f(n)$ 来表达，那么这个公式叫做这个数列的通项公式。

2. 数列的递推公式

如果已知数列$\{a_n\}$的第一项(或前几项),且从第二项(或某一项)开始的任一项a_n与它的前一项a_{n-1}(或前几项)间的关系可以用一个公式来表示,那么这个公式就叫做这个数列的递推公式。

【题1】【2019 广东广州增城区,单,1.6 分】已知数列$\{a_n\}$满足$a_{n+2}=\dfrac{1}{1-a_n}$,$a_1=-1$,则a_{2017}的值为( )

A. -1　　B. 1　　C. -2　　D. 2

解　由$a_{n+2}=\dfrac{1}{1-a_n}$,$a_1=-1$,可得$a_3=\dfrac{1}{2}$,$a_5=2$,$a_7=-1$,从而得数列$\{a_n\}$的奇数项是以3为周期循环的,第2017项是奇数项的第1009项,由$1009\div3=336\cdots\cdots1$,可得$a_{2017}=a_1=-1$。

答案　A

考点3　数列的前n项和　★

把数列$\{a_n\}$从第1项起到第n项止的各项之和,称为数列$\{a_n\}$的前n项和,记作S_n,即$S_n=a_1+a_2+\cdots+a_n$。

已知数列$\{a_n\}$的前n项和为S_n,则

$$a_n=\begin{cases}S_1, n=1,\\ S_n-S_{n-1}, n\geqslant2。\end{cases}$$

考法大揭秘

数列通项公式的常用求法

1. 由数列的前几项求数列的通项公式

根据所给数列的前几项求其通项公式时,需仔细观察分析,抓住以下几方面的特征,并对此进行归纳总结、联想,具体如下:

(1)观察、分析、比较,发现每项的数与其所对应的序号之间的关系,如平方关系、倍数关系等;

(2)对于分式形式的数列,分子分母分别找通项,需要重点注意分子、分母之间的关系;

(3)如果发现奇偶项是正负交替,可以用$(-1)^n$或$(-1)^{n+1}$进行调节;

(4)注意相邻项的变化特征和拆项后的特征;

(5)牢记特殊数列的通项公式,如$a_n=n^2$,$a_n=2^n$,$a_n=2n-1$,$a_n=n$,$a_n=\dfrac{10^n-1}{9}$等。

【题2】　根据数列的前几项,写出各数列的一个通项公式:

(1)$a,b,a,b,a,b,\cdots$(其中a,b为实数);

(2)$-\dfrac{3}{7},\dfrac{2}{5},-\dfrac{5}{13},\dfrac{3}{8},-\dfrac{7}{19},\dfrac{4}{11},\cdots$;

(3)$2,22,222,\cdots,\underbrace{22\cdots2}_{n个}$。

解 (1)原数列为摆动数列,奇数项是 a,偶数项是 b,所以数列的一个通项公式为 $a_n=\begin{cases}a,n\text{ 为奇数},\\ b,n\text{ 为偶数}。\end{cases}$

(2)观察可知原数列中奇数项的符号为负,偶数项的符号为正,间隔排列,故可用$(-1)^n$进行调节。取绝对值后分子、分母无明显规律,若对偶数项各项分子分母同乘2,该数列的分子规律为3,4,5,6,…,$n+2$,…,分母规律为7,10,13,16,…,$3n+4$,…,则原数列的通项公式为 $a_n=(-1)^n\dfrac{n+2}{3n+4}(n\in\mathbf{N}_+)$。

(3)解法一:$a_n=2\times10^{n-1}+2\times10^{n-2}+\cdots+2=2\times(10^{n-1}+10^{n-2}+\cdots+10^0)=2\times\dfrac{1\times(1-10^n)}{1-10}=\dfrac{2}{9}(10^n-1)(n\in\mathbf{N}_+)$。

解法二:原数列可变形为:$\dfrac{2}{9}\times9,\dfrac{2}{9}\times99,\cdots,\dfrac{2}{9}\times\underbrace{99\cdots9}_{n个}$,所以 $a_n=\dfrac{2}{9}(10^n-1)(n\in\mathbf{N}_+)$。

2. 由递推公式求通项公式

(1)累加法

当递推公式满足 $a_{n+1}-a_n=f(n)$ 时,可用累加法,即利用 $a_n=a_1+(a_2-a_1)+(a_3-a_2)+\cdots+(a_n-a_{n-1})(n\geqslant2,n\in\mathbf{N}_+)$来对问题进行求解。

【题3】 已知数列$\{a_n\}$的首项 $a_1=35$,且满足 $a_n-a_{n-1}=2n-1(n\in\mathbf{N}_+,n\geqslant2)$,求 a_n 的表达式。

解 因为数列$\{a_n\}$的首项 $a_1=35$,且满足 $a_n-a_{n-1}=2n-1(n\in\mathbf{N}_+,n\geqslant2)$,所以 $a_n=a_1+(a_2-a_1)+(a_3-a_2)+\cdots+(a_n-a_{n-1})=34+[1+3+5+\cdots+(2n-1)]=34+\dfrac{1}{2}n(1+2n-1)=34+n^2(n\geqslant2)$,当$n=1$时,$a_1=35$ 符合上式,故 $a_n=34+n^2(n\in\mathbf{N}_+)$。

(2)累乘法

当递推公式满足 $a_{n+1}=a_n\cdot f(n)$ 时,可用累乘法,即利用 $a_n=a_1\cdot\dfrac{a_2}{a_1}\cdot\dfrac{a_3}{a_2}\cdot\dfrac{a_4}{a_3}\cdot\cdots\cdot\dfrac{a_n}{a_{n-1}}(n\geqslant2,n\in\mathbf{N}_+)$来对问题进行求解。

【题4】 在数列$\{a_n\}$中,$a_1=1$,$(n+1)a_{n+1}=na_n$,求 a_n 的表达式。

解 由$(n+1)a_{n+1}=na_n$,且 $a_1=1$ 可知,$a_n\neq0$,所以$\dfrac{a_{n+1}}{a_n}=\dfrac{n}{n+1}$,$\therefore a_n=\dfrac{a_n}{a_{n-1}}\cdot\dfrac{a_{n-1}}{a_{n-2}}\cdot\cdots\cdot\dfrac{a_2}{a_1}\cdot a_1=\dfrac{n-1}{n}\cdot\dfrac{n-2}{n-1}\cdot\cdots\cdot\dfrac{2}{3}\cdot\dfrac{1}{2}\cdot1=\dfrac{1}{n}(n\geqslant2,n\in\mathbf{N}_+)$。

又 $a_1=1$ 符合此式,故 $a_n=\dfrac{1}{n}(n\in\mathbf{N}_+)$。

(3)构造辅助数列法

当递推公式满足 $a_{n+1}=ca_n+d(c\neq0$ 或 1,且 $d\neq0)$时,可用待定系数法构造辅助数列来求解。

方法如下：设 $a_{n+1}+\lambda=c(a_n+\lambda)$，则 $a_{n+1}=ca_n+(c-1)\lambda$，与 $a_{n+1}=ca_n+d$ 比较系数得 $(c-1)\lambda=d$，所以 $\lambda=\dfrac{d}{c-1}$，所以 $a_{n+1}+\dfrac{d}{c-1}=c\left(a_n+\dfrac{d}{c-1}\right)$，因此数列 $\left\{a_n+\dfrac{d}{c-1}\right\}$ 可构成以 $a_1+\dfrac{d}{c-1}$ 为首项，c 为公比的等比数列。

所以 $a_n+\dfrac{d}{c-1}=\left(a_1+\dfrac{d}{c-1}\right)\cdot c^{n-1}$，即 $a_n=\left(a_1+\dfrac{d}{c-1}\right)\cdot c^{n-1}-\dfrac{d}{c-1}$。

【题5】 已知数列$\{a_n\}$中，$a_1=2$，$a_{n+1}=\dfrac{1}{2}a_n+\dfrac{1}{2}$，求数列$\{a_n\}$的通项公式。

解 设 $a_{n+1}+\lambda=\dfrac{1}{2}(a_n+\lambda)$，则 $a_{n+1}=\dfrac{1}{2}a_n+\left(\dfrac{1}{2}-1\right)\lambda=\dfrac{1}{2}a_n-\dfrac{1}{2}\lambda$，与 $a_{n+1}=\dfrac{1}{2}a_n+\dfrac{1}{2}$ 比较系数得 $\lambda=-1$，则 $a_{n+1}-1=\dfrac{1}{2}(a_n-1)$，所以数列 $\{a_n-1\}$ 是以 $a_1-1=1$ 为首项，$\dfrac{1}{2}$ 为公比的等比数列，所以 $a_n-1=\left(\dfrac{1}{2}\right)^{n-1}$，故 $a_n=\left(\dfrac{1}{2}\right)^{n-1}+1$。

(4)倒数变换法

当递推公式满足 $a_{n+1}=\dfrac{a_n}{ka_n+b}$（其中 k,b 为常数）时，可用倒数变换法来求解。

【题6】 已知数列$\{a_n\}$中，$a_1=1$，$a_{n+1}=\dfrac{a_n}{2a_n+1}$，求数列$\{a_n\}$的通项公式。

思路分析：已知递推公式取倒数可证得 $\left\{\dfrac{1}{a_n}\right\}$ 是等差数列，从而易得通项公式。

解 易知 $a_n\neq0$，将 $a_{n+1}=\dfrac{a_n}{2a_n+1}$ 两边取倒数，得 $\dfrac{1}{a_{n+1}}=\dfrac{2a_n+1}{a_n}=2+\dfrac{1}{a_n}$，即 $\dfrac{1}{a_{n+1}}-\dfrac{1}{a_n}=2$，又因为 $\dfrac{1}{a_1}=1$，所以数列 $\left\{\dfrac{1}{a_n}\right\}$ 是首项为 1，公差为 2 的等差数列，所以 $\dfrac{1}{a_n}=1+2(n-1)=2n-1$，故 $a_n=\dfrac{1}{2n-1}$。

3. a_n 与 S_n 关系的应用

(1)已知 S_n 求 a_n

方法步骤如下：

①令 $n=1$ 确定 a_1；

②由 $a_n=S_n-S_{n-1}(n\geqslant2)$ 确定 a_n；

③对②中 $n=1$ 时的结果是否等于 a_1 进行判断；

④写出相应的通项公式（当③中的 a_1 符合①时，合在一起写；当③中的 a_1 不符合①时，写成分段的形式）。

【题7】 已知数列$\{a_n\}$的前 n 项和 $S_n=-n^2+n+1(n\in\mathbf{N}_+)$，求$\{a_n\}$的通项公式。

解 当 $n=1$ 时，$a_1=S_1=1$，

当 $n\geqslant2$ 时，$a_n=S_n-S_{n-1}=-n^2+n+1+(n-1)^2-(n-1)-1=-2n+2$。

经验证，$a_1=1$ 不符合 $a_n=-2n+2$，所以数列 a_n 的通项公式为 $a_n=\begin{cases}1, n=1,\\ -2n+2, n\geqslant 2。\end{cases}$

(2) 已知 S_n 和 a_n 的关系求 a_n

解决此类问题一般有两种方法，方法1：根据 $S_n-S_{n-1}=a_n$ 的关系式消去 S_n，建立 a_n 与 $a_{n-1}(n\geqslant 2)$（或 a_{n+1}）之间的关系求出 a_n；

方法2：由 $a_n=S_n-S_{n-1}$ 的关系式消去 a_n，建立 S_n 与 $S_{n-1}(n\geqslant 2)$（或 S_{n+1}）之间的关系求 S_n，进而求得 a_n。

【题8】【2021 安徽特岗，解答，7 分】已知数列 $\{a_n\}$ 的前 n 项和为 S_n，满足 $a_n=4S_n+1(n\in\mathbf{N}_+)$。

(1) 求 a_1；

(2) 求数列 $\{a_n\}$ 的通项公式。

解 (1) 当 $n=1$ 时，$a_1=4S_1+1=4a_1+1$，解得 $a_1=-\frac{1}{3}$。

(2) 当 $n\geqslant 2$ 时，由 $a_n=4S_n+1$ 可得 $a_{n-1}=4S_{n-1}+1$，即 $a_n-a_{n-1}=4S_n+1-(4S_{n-1}+1)=4(S_n-S_{n-1})=4a_n$，所以 $\frac{a_n}{a_{n-1}}=-\frac{1}{3}$，数列 $\{a_n\}$ 是以 $a_1=-\frac{1}{3}$ 为首项，公比为 $-\frac{1}{3}$ 的等比数列，其通项公式为 $a_n=\left(-\frac{1}{3}\right)^n$。

知识再拔高

数学归纳法

数学归纳法常用于证明某些与正整数 n 有关的命题。这里主要介绍第一数学归纳法。

用第一数学归纳法证明的步骤：

(1)（归纳奠基）证明当取第一个值 $n=n_0(n_0\in\mathbf{N}_+)$ 时命题成立；

(2)（归纳递推）假设 $n=k(k\in\mathbf{N}_+, k\geqslant n_0)$ 时命题成立，证明当 $n=k+1$ 时命题也成立；

(3) 下结论：命题对从 n_0 开始的所有正整数 n 都成立。

【题9】 已知数列 $\{a_n\}$ 满足 $a_1=0, 2a_{n+1}-a_na_{n+1}=1(n\in\mathbf{N}_+)$，试猜想数列 $\{a_n\}$ 的通项公式，并用数学归纳法加以证明。

思路分析：先将数列 $\{a_n\}$ 的递推关系 $2a_{n+1}-a_na_{n+1}=1$ 化为 $a_{n+1}=\frac{1}{2-a_n}(n\in\mathbf{N}_+)$，通过计算 a_2, a_3, a_4, a_5 的值，归纳其共性并作出猜想，再用数学归纳法进行证明。

解 由 $2a_{n+1}-a_na_{n+1}=1$，可得 $a_{n+1}=\frac{1}{2-a_n}(n\in\mathbf{N}_+)$，由 $a_1=0$，可得 $a_2=\frac{1}{2-0}=\frac{1}{2}$，

同理可得 $a_3=\frac{1}{2-a_2}=\frac{1}{2-\frac{1}{2}}=\frac{2}{3}$，$a_4=\frac{1}{2-a_3}=\frac{1}{2-\frac{2}{3}}=\frac{3}{4}$，$a_5=\frac{1}{2-a_4}=\frac{1}{2-\frac{3}{4}}=\frac{4}{5}$。

归纳上述结果，猜想 $a_n=\frac{n-1}{n}(n\in\mathbf{N}_+)$①。

下面用数学归纳法证明这个猜想：

(1)当 $n=1$ 时，①式左边 $=a_1=0$，右边 $=\frac{1-1}{1}=0$，猜想成立。

(2)假设当 $n=k(k>1,k\in\mathbf{N}_+)$ 时，①式成立，即 $a_k=\frac{k-1}{k}$，那么 $a_{k+1}=\frac{1}{2-a_k}=\frac{1}{2-\frac{k-1}{k}}=\frac{k}{k+1}=\frac{(k+1)-1}{k+1}$，即当 $n=k+1$ 时，猜想成立。

由(1)(2)可知，猜想对任何 $n\in\mathbf{N}_+$ 都成立。

【题10】【2020 天津南开区，解答，10 分】在无穷数列 $\{a_n\}$ 中，$a_1=1$，对于任意 $n\in\mathbf{N}_+$，都有 $a_n\in\mathbf{N}_+$，$a_n<a_{n+1}$。设 $m\in\mathbf{N}_+$，记使得 $a_n\leqslant m$ 成立的 n 的最大值为 b_m。

(1)设数列 $\{a_n\}$ 为 1,3,5,7,…，写出 b_1,b_2,b_3 的值；

(2)若 $\{b_n\}$ 为等差数列，求出所有可能的数列 $\{a_n\}$；

(3)设 $a_p=q$，$a_1+a_2+\cdots+a_p=A$，求 $b_1+b_2+\cdots+b_q$ 的值。(用 p,q,A 表示)

解 (1)由题意可知，数列 $\{a_n\}$ 是等差数列，公差为 2，则 $a_n=2n-1(n\in\mathbf{N}_+)$，$\because a_n\leqslant m$ 成立的 n 的最大值为 b_m，$\therefore$ 当 $m=1$ 时，$b_1=1$；当 $m=2$ 时，$b_2=1$；当 $m=3$ 时，$b_3=2$。

(2)由题意得，$1=a_1<a_2<a_3<\cdots<a_n<\cdots$，$\because a_n\in\mathbf{N}_+$，$\therefore a_n\geqslant n$，$\because$ 使得 $a_n\leqslant m$ 成立的 n 的最大值为 b_m，使得 $a_n\leqslant m+1$ 成立的 n 的最大值为 b_{m+1}，$\therefore b_1=1$，$b_m\leqslant b_{m+1}(m\in\mathbf{N}_+)$，设 $a_2=k$，则 $k\geqslant2$，假设 $k>2$，即 $a_2=k>2$，则当 $n\geqslant2$ 时，$a_n>2$；当 $n\geqslant3$ 时，$a_n\geqslant k+1$。$\therefore b_2=1$，$b_k=2$。$\because\{b_n\}$ 为等差数列，$\therefore$ 公差 $d=b_2-b_1=0$，$\therefore b_n=1$，这与 $b_k=2(k>2)$ 矛盾，$\therefore a_2=2$，又 $\because a_1<a_2<\cdots<a_n<\cdots$，$\therefore b_2=2$，由 $\{b_n\}$ 为等差数列，得 $b_n=n(n\in\mathbf{N}_+)$，$\because$ 使得 $a_n\leqslant m$ 成立的 n 的最大值为 b_m，$\therefore a_n\leqslant n$，$\because a_n\geqslant n$，$\therefore a_n=n$。

(3)假设 $a_2=k(k>1)$，$\because a_1<a_2<a_3<\cdots<a_n<\cdots$，$\therefore b_1=b_2=\cdots=b_{k-1}=1$，$b_k=2$，$\therefore$ 数列 $\{b_n\}$ 中等于 1 的项有 $k-1$ 个，即 a_2-a_1 个；设 $a_3=l(l>k)$，则 $b_k=b_{k+1}=\cdots=b_{l-1}=2$，且 $b_l=3$，$\therefore$ 数列 $\{b_n\}$ 中等于 2 的项有 $l-k$ 个，即 a_3-a_2 个，……以此类推，数列 $\{b_n\}$ 中等于 $p-1$ 的项有 a_p-a_{p-1} 个；$b_q=p$，

$\therefore b_1+b_2+\cdots+b_q=(a_2-a_1)+2(a_3-a_2)+\cdots+(p-1)(a_p-a_{p-1})+p=-a_1-a_2-\cdots-a_{p-1}+(p-1)a_p+p=pa_p+p-(a_1+a_2+\cdots+a_{p-1}+a_p)=p(q+1)-A$，即 $b_1+b_2+\cdots+b_q=p(q+1)-A$。

第二节 等差数列

核心考点

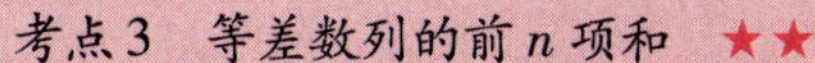

考点1 等差数列的基本概念 ★

考点2 等差数列的性质 ★★

考点3 等差数列的前 n 项和 ★★

考点1 等差数列的基本概念 ★

1. 定义

一般地，如果一个数列从第2项起，每一项与它的前一项的差都等于同一个常数，那么这个数列叫做等差数列，这个常数叫做等差数列的公差，公差通常用字母 d 表示。

2. 递推公式

$a_n - a_{n-1} = d(n \geqslant 2, n \in \mathbf{N}_+)$ 或者 $a_{n+1} - a_n = d(n \geqslant 1, n \in \mathbf{N}_+)$。公差 d 可以为正数、负数或零。

3. 等差数列的通项公式

$a_n = a_1 + (n-1)d$，或 $a_n = a_m + (n-m)d$，其中 a_n, a_m 必须是数列中的项。

4. 等差中项

如果三个数 x, A, y 组成等差数列，那么 A 叫做 x 和 y 的等差中项，且 $A = \frac{x+y}{2}$。

【题11】 记 S_n 是公差不为0的等差数列 $\{a_n\}$ 的前 n 项和，若 $a_2 = S_3, a_1a_3 = S_4$，则数列 $\{a_n\}$ 的公差为（　　）

A. 2　　B. -2　　C. 4　　D. -4

解　设数列 $\{a_n\}$ 公差为 d，由 $a_2 = S_3$，得 $a_1 + d = 3a_1 + 3d$，整理得 $a_1 = -d$，又由 $a_1a_3 = S_4$ 可得 $a_1(a_1+2d) = 4a_1 + 6d$，所以 $-d(-d+2d) = -4d + 6d$，解得 $d = -2$（$d = 0$ 舍去）。

答案　B

【题12】【2023四川特岗，填空，3分】已知 $\{a_n\}$ 是首项 $a_1 = 1$，公差 $d = 3$ 的等差数列，如果 $a_n = 2005$，则序号 n 等于________。

解　由题意得 $a_n = a_1 + (n-1)d = 1 + 3(n-1) = 3n - 2$，令 $3n - 2 = 2005$，解得 $n = 669$。

答案　669

【题13】【2021年5月山西特岗，单，3分】已知数列 $\{a_n\}$ 中，$a_1 = 1, a_2 = 3$，$\{b_n\}$ 是公差为2的等差数列，且 $b_n = a_{n+1} - a_n (n \in \mathbf{N}_+)$，则 $a_{10} =$（　　）

A. 91　　B. 90　　C. 46　　D. 45

解 $\{b_n\}$是公差为2的等差数列，$b_1=a_2-a_1=3-1=2$，所以$b_n=2+2(n-1)=2n$，$b_{10}=a_{11}-a_{10}=20$，$a_{10}=a_{10}-a_9+a_9-a_8+\cdots+a_2-a_1+a_1=b_9+b_8+\cdots+b_2+b_1+a_1=2\times9+2\times8+\cdots+2\times2+2\times1+1=2\times\frac{(1+9)\times9}{2}+1=91$。

答案 A

考点2 等差数列的性质 ★★

(1)若$k+l=m+n(k,l,m,n\in\mathbf{N}_+)$，则$a_k+a_l=a_m+a_n$。

(2)若$\{a_n\}$是等差数列，公差为d，则$\{a_{2n}\}$也是等差数列，公差为$2d$。

(3)若$\{a_n\}$，$\{b_n\}$是等差数列，则$\{pa_n+qb_n\}$也是等差数列。

(4)若$\{a_n\}$是等差数列，公差为d，则$a_k,a_{k+m},a_{k+2m},\cdots(k,m\in\mathbf{N}_+)$是公差为$md$的等差数列。

考法大揭秘

等差数列的判定方法

(1)定义法：$a_{n+1}-a_n=d$（常数）$\Leftrightarrow\{a_n\}$是等差数列。

(2)中项公式法：$2a_{n+1}=a_n+a_{n+2}(n\in\mathbf{N}_+)\Leftrightarrow\{a_n\}$是等差数列。

(3)通项公式法：$a_n=pn+q$（p,q为常数）$\Leftrightarrow\{a_n\}$是等差数列。

(4)前n项和公式法：$S_n=An^2+Bn$（A,B为常数）$\Leftrightarrow\{a_n\}$是等差数列。

【题14】 已知数列$\{a_n\}$满足$2a_n+(n-1)a_{n-1}=na_n+a_1(n\in\mathbf{N}_+$，且$n\geqslant2)$，证明：数列$\{a_n\}$为等差数列。

证明 $\because 2a_n+(n-1)a_{n-1}=na_n+a_1(n\geqslant2)$，$\therefore 2a_{n+1}+na_n=(n+1)a_{n+1}+a_1(n\geqslant2)$，两式相减并整理得$(n-1)a_{n+1}=(2n-2)a_n-(n-1)a_{n-1}$，$\therefore a_{n+1}+a_{n-1}=2a_n$，$n\geqslant2$，由等差数列的性质知，数列$\{a_n\}$为等差数列。

【题15】 各项均不为0的数列$\{a_n\}$满足$\frac{a_{n+1}(a_n+a_{n+2})}{2}=a_{n+2}a_n$，证明：数列$\left\{\frac{1}{a_n}\right\}$是等差数列。

证明 依题意得，$a_{n+1}a_n+a_{n+1}a_{n+2}=2a_{n+2}a_n$，两边同时除以$a_na_{n+1}a_{n+2}$，可得$\frac{1}{a_{n+2}}+\frac{1}{a_n}=\frac{2}{a_{n+1}}$，故数列$\left\{\frac{1}{a_n}\right\}$是等差数列。

考点3 等差数列的前n项和 ★★

等差数列的前n项和

1. 等差数列前n项和公式的推导

设等差数列$\{a_n\}$的前n项和为S_n，则$S_n=a_1+a_2+a_3+\cdots+a_n$，

而$a_2=a_1+d,a_3=a_1+2d,\cdots,a_n=a_1+(n-1)d$，

故$S_n=a_1+(a_1+d)+(a_1+2d)+\cdots+[a_1+(n-1)d]$①，

再把项的顺序反过来，S_n又可以表示为

$S_n = a_n + (a_n - d) + (a_n - 2d) + \cdots + [a_n - (n-1)d]$②。

①+②，得 $2S_n = (a_1 + a_n) + (a_1 + a_n) + \cdots + (a_1 + a_n) = n(a_1 + a_n)$，

所以 $S_n = \dfrac{n(a_1 + a_n)}{2}$，

还可以变形为 $S_n = na_1 + \dfrac{n(n-1)}{2}d$。

【题16】【2023安徽特岗，解答，5分】一座彩虹大桥的桥长1200米，桥的两侧有许多竖立的柱子，相邻的两根柱子之间相距50米，桥的一侧如下图所示。

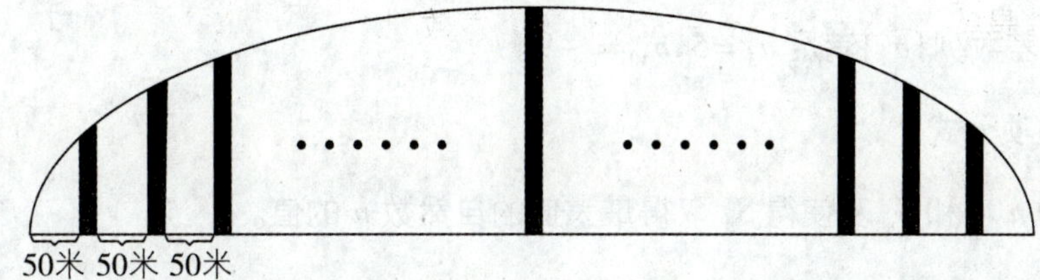

(1)桥的一侧共有多少根竖立的柱子？

(2)自最低的柱子上均匀地挂起4盏灯起，相邻的柱子上由低到高依次增加2盏灯，请计算桥的一侧的柱子上共挂多少盏灯？

解　(1)桥的一侧共有 $1200 \div 50 - 1 = 23$ 根竖立的柱子。

(2)由(1)知，桥的一侧共有23根竖立的柱子，那么第12根即为最中间的柱子，自两侧到中间，每根柱子上的灯的盏数是以4为首项，公差为2的等差数列，所以自最左侧数至第12根柱子上共挂了 $12 \times 4 + \dfrac{12 \times 11}{2} \times 2 = 180$ 盏灯，自最右侧数至第11根柱子上共挂了 $11 \times 4 + \dfrac{11 \times 10}{2} \times 2 = 154$ 盏灯，那么桥的一侧的柱子上共挂 $180 + 154 = 334$ 盏灯。

【题17】【2021广东广州花都区，解答，9分】已知正项等差数列$\{a_n\}$满足 $a_1 = 1, a_2{}^2 - 3a_2 - 10 = 0$。

(1)求数列$\{a_n\}$的通项公式；

(2)设数列$\{a_n\}$的前 n 项和为 S_n，$b_n = \dfrac{S_n}{n+c}$，$c = -\dfrac{1}{2}$，求数列$\{b_n\}$的前 n 项和 T_n。

解　(1)设等差数列$\{a_n\}$的公差为 d，则 $d > 0$，$a_2 = a_1 + d$。由题意得 $(a_1 + d)^2 - 3(a_1 + d) - 10 = 0$，即 $(1 + d)^2 - 3(1 + d) - 10 = 0$，解得 $d_1 = 4$，$d_2 = -3$（舍去）。故 $a_n = a_1 + (n-1)d = 1 + 4(n-1) = 4n - 3$。

(2)根据等差数列的前 n 项和公式得 $S_n = na_1 + \dfrac{n(n-1)}{2}d = 2n^2 - n$，则 $b_n = \dfrac{2n^2 - n}{n - \frac{1}{2}} = 2n$，所以数列$\{b_n\}$是以2为首项，以2为公差的等差数列，则 $T_n = nb_1 + \dfrac{n(n-1)}{2} \cdot d = n^2 + n$。

2. 等差数列前 n 项和的性质

(1)等差数列前 n 项和公式为 $S_n = \dfrac{n(a_1 + a_n)}{2}$，或 $S_n = na_1 + \dfrac{n(n-1)}{2}d$，也可以表示为 $S_n = An^2 + Bn$。

(2) $S_n, S_{2n}-S_n, S_{3n}-S_{2n}, \cdots$仍成等差数列。

(3) 在等差数列$\{a_n\}$中，$a_1>0, d<0$，则S_n存在最大值；若$a_1<0, d>0$，则S_n存在最小值。

(4) 若$\{a_n\}$，$\{b_n\}$都为等差数列，S_n，T_n分别为它们的前n项和，则$\frac{a_m}{b_m}=\frac{S_{2m-1}}{T_{2m-1}}$。

考法大揭秘

等差数列前 n 项和的最值问题

1. 二次函数法求最值

把等差数列的前n项和S_n，看作关于n的二次函数，根据二次函数的性质求最值。

【题18】 设等差数列$\{a_n\}$满足$a_3=5, a_{10}=-9$。

(1) 求$\{a_n\}$的通项公式；

(2) 求$\{a_n\}$的前n项和S_n及使得S_n取得最大值的自然数n的值。

解 (1) 设等差数列$\{a_n\}$的公差为d，由$a_n=a_1+(n-1)d$及$a_3=5, a_{10}=-9$可以得到$a_1+2d=5$，$a_1+9d=-9$，解得$\begin{cases}a_1=9,\\ d=-2,\end{cases}$所以数列$\{a_n\}$的通项公式为$a_n=11-2n, n\in\mathbf{N}_+$。

(2) 由(1)知，$S_n=na_1+\frac{n(n-1)}{2}d=9n-n(n-1)=10n-n^2=-(n-5)^2+25, n\in\mathbf{N}_+$，所以当$n=5$时，$S_n$取得最大值。

2. 通项公式法求最值

一般地，在等差数列$\{a_n\}$中，若$a_1>0$，且$S_p=S_q(p\neq q)$，则

(1) 若$p+q$为偶数，则当$n=\frac{p+q}{2}$时，S_n最大；

(2) 若$p+q$为奇数，则当$n=\frac{p+q+1}{2}$或$n=\frac{p+q-1}{2}$时，S_n最大。

【题19】 在等差数列$\{a_n\}$中，$a_1=29, S_{10}=S_{20}$，则数列$\{a_n\}$前n项和S_n的最大值为________。

解 因为$a_1=29>0, S_{10}=S_{20}$，所以当$n=\frac{10+20}{2}=15$时，S_n取得最大值，

设等差数列$\{a_n\}$的公差为d，

那么$S_{10}=10a_1+\frac{10\times9}{2}d=290+45d, S_{20}=20a_1+\frac{20\times19}{2}d=580+190d$，

由$S_{10}=S_{20}$可得$290+45d=580+190d$，解得$d=-2$，

所以数列$\{a_n\}$前n项和S_n的最大值为$S_{15}=15\times29+\frac{15\times14}{2}\times(-2)=225$。

答案 225

3. 项的符号法求最值

(1)当 $a_1>0,d<0$ 时,满足 $\begin{cases}a_n\geqslant 0,\\ a_{n+1}\leqslant 0\end{cases}$ 的项数 n 使得 S_n 取得最大值;

(2)当 $a_1<0,d>0$ 时,满足 $\begin{cases}a_n\leqslant 0,\\ a_{n+1}\geqslant 0\end{cases}$ 的项数 n 使得 S_n 取得最小值。

【题20】【2023 湖南长沙湘江新区,单,2 分】等差数列 $\{a_n\}$ 的前 n 项和为 S_n,且满足 $(n+1)S_n<nS_{n+1}(n\in\mathbf{N}^*)$,$\frac{a_8}{a_7}<-1$,则(　　)

A. S_n 的最大值为 S_8

B. S_n 的最小值为 S_8

C. S_n 的最大值为 S_7

D. S_n 的最小值为 S_7

解　设等差数列 $\{a_n\}$ 的公差为 d,因为 $(n+1)S_n<nS_{n+1}$,所以 $S_n<nS_{n+1}-nS_n=na_{n+1}$,即 $na_1+\frac{n(n-1)d}{2}<na_1+n^2d$,整理得 $(n^2+n)d>0$,则 $d>0$,所以等差数列 $\{a_n\}$ 为递增数列。因为 $\frac{a_8}{a_7}<-1<0$,所以 $a_7<0,a_8>0$,故 S_n 的最小值为 S_7。

答案　D

【题21】　已知等差数列 $\{a_n\}$ 的通项公式为 $a_n=9-2n$,则其前 n 项和 S_n 取得最大值时,$n=$________。

解　当 $a_n=9-2n\geqslant 0$ 时,$n\leqslant\frac{9}{2}$,因为 n 为正整数,所以当 S_n 取得最大值时,n 为 4。

答案　4

【题22】　公差为 d 的等差数列 $\{a_n\}$ 的前 n 项和为 S_n,若 $S_{2023}<S_{2021}<S_{2022}$,则下列选项不正确的是(　　)

A. $d<0$

B. $a_n<0$ 时,n 的最小值为 2022

C. S_n 有最大值

D. $S_n>0$ 时,n 的最大值为 4043

解　因为 $S_{2021}<S_{2022}$,所以 $a_{2022}=S_{2022}-S_{2021}>0$,因为 $S_{2023}<S_{2022}$,所以 $a_{2023}=S_{2023}-S_{2022}<0$,所以在等差数列中 $d=a_{2023}-a_{2022}<0$,A 项正确;因为 $a_{2022}>0,a_{2023}<0$,所以当 $a_n<0$ 时,n 的最小值为 2023,B 项错误;因为 $d<0,a_{2022}>0,a_{2023}<0$,所以当 $n=2022$ 时,S_n 有最大值,C 项正确;因为 $S_{2023}<S_{2021}$,所以 $S_{2023}-S_{2021}<0$,即 $a_{2023}+a_{2022}<0$,且 $a_{2022}>0$,所以 $S_{4043}=a_1+a_2+\cdots+a_{4043}=\frac{4043(a_1+a_{4043})}{2}=\frac{4043\times 2\times a_{2022}}{2}=4043\times a_{2022}>0$,而 $S_{4044}=a_1+a_2+\cdots+a_{4044}=\frac{4044(a_1+a_{4044})}{2}=\frac{4044}{2}\times(a_{2022}+a_{2023})<0$,D 项正确。

答案　B

第三节　等比数列

核心考点

考点 1　等比数列的基本概念　★

考点 2　等比数列的性质　★★

考点 3　等比数列的前 n 项和　★★

考点 1　等比数列的基本概念　★

1. 定义

一般地,如果一个数列从第 2 项起,每一项与它的前一项的比都等于同一个常数,那么这个数列叫做等比数列,这个常数叫做等比数列的公比,公比通常用字母 $q(q\neq 0)$ 表示,$q=\dfrac{a_n}{a_{n-1}}(n\geqslant 2,n\in\mathbf{N}_+)$ 或者 $q=\dfrac{a_{n+1}}{a_n}(n\geqslant 1,n\in\mathbf{N}_+)$。

2. 通项公式

$$a_n=a_1q^{n-1},\text{或 } a_n=a_m\cdot q^{n-m}(n,m\in\mathbf{N}^+)$$

3. 等比中项

如果 a,G,b 成等比数列,则 G 叫做 a 和 b 的等比中项,即 $\dfrac{G}{a}=\dfrac{b}{G}\Rightarrow G^2=ab$。

【题 23】【2023 四川特岗,解答,8 分】在等比数列 $\{a_n\}$ 中,$a_2=3,a_5=81$。

(1) 求 a_n;

(2) 设 $b_n=\log_3 a_n$,求数列 $\{b_n\}$ 的前 n 项和 S_n。

解　(1) 设等比数列 $\{a_n\}$ 的公比为 q,依题意得 $\begin{cases}a_1q=3,\\a_1q^4=81,\end{cases}$ 解得 $\begin{cases}a_1=1,\\q=3,\end{cases}$ 因此,$a_n=a_1q^{n-1}=3^{n-1}$。

(2) 因为 $b_n=\log_3 a_n=n-1$,易知数列 $\{b_n\}$ 为等差数列,且 $b_1=0$,所以数列 $\{b_n\}$ 的前 n 项和 $S_n=\dfrac{n(b_1+b_n)}{2}=\dfrac{n(n-1)}{2}=\dfrac{n^2-n}{2}$。

考点 2　等比数列的性质　★★

(1) 设 $a_n=a_1q^{n-1}(a_1,q\neq 0)$。当 $q>1,a_1>0$ 或 $0<q<1,a_1<0$ 时,$\{a_n\}$ 是递增数列;当 $q>1,a_1<0$ 或 $0<q<1,a_1>0$ 时,$\{a_n\}$ 是递减数列;当 $q=1$ 时,$\{a_n\}$ 是常数列;当 $q<0$ 时,$\{a_n\}$ 是摆动数列。

(2)数列$\{a_n\}$为等比数列，则

①$a_1a_n=a_2a_{n-1}=a_3a_{n-2}=\cdots=a_{\frac{n+1}{2}}^2$($n$为奇数)；

②$a_1a_n=a_2a_{n-1}=a_3a_{n-2}=\cdots=a_{\frac{n}{2}}a_{\frac{n+2}{2}}$($n$为偶数)。

(3)数列$\{a_n\}$为等比数列，若$m,n,p,k\in\mathbf{N}_+$，且$m+n=p+k$，则$a_ma_n=a_pa_k$。

(4)等比数列中连续几项之积构成的新数列仍然是等比数列。

(5)若数列$\{a_n\}$和$\{b_n\}$均为等比数列，公比分别为q_1,q_2，则$\left\{\frac{1}{a_n}\right\}$，$\{ka_n\}(k\in\mathbf{R},k\neq0)$，$\{|a_n|\}$，$\{ma_nb_n\}$和$\left\{m\frac{a_n}{b_n}\right\}$仍为等比数列，且公比分别为$\frac{1}{q_1},q_1,|q_1|,q_1q_2,\frac{q_1}{q_2}$，其中$m$是不为零的常数。

(6)等比数列的通项公式为$a_n=a_1q^{n-1}(a_1,q\neq0)$或$a_n=a_mq^{n-m}(a_m,q\neq0)$，也可以表示为$a_n=c\cdot q^n$，其中$c=\frac{a_1}{q}$，$q$为公比。

【题24】 若等比数列$\{a_n\}$的各项均为正数，且$a_{10}a_{11}+a_9a_{12}=2e^5$，则$\ln a_1+\ln a_2+\cdots+\ln a_{20}=$(　　)

A. 10　　B. 50　　C. -50　　D. 20

解　因为$\{a_n\}$为等比数列，所以可得$a_{10}a_{11}=a_9a_{12}=\cdots=a_1a_{20}=e^5$，于是$\ln a_1+\ln a_2+\cdots+\ln a_{20}=\ln(a_1a_2\cdots a_{20})$，而$a_1a_2\cdots a_{20}=(a_1a_{20})^{10}=e^{50}$，因此$\ln a_1+\ln a_2+\cdots+\ln a_{20}=\ln e^{50}=50$。

答案　B

【题25】【2021广东广州天河区，单，1.47分】已知a_1,a_2,a_3,b_1,b_2,b_3均为实数，且$-3,a_1,a_2,a_3,1$成等差数列，$1,b_1,b_2,b_3,16$成等比数列，则$\frac{a_3^2-a_1^2}{b_1b_3-b_2}$的值为(　　)

A. $-\frac{1}{3}$　　B. -1或$-\frac{1}{3}$

C. $\frac{1}{3}$　　D. 1或$\frac{1}{3}$

解　由$-3,a_1,a_2,a_3,1$成等差数列，得$2a_2=a_1+a_3=-3+1=-2$，则$a_2=-1$，$a_3-a_1=a_2-(-3)=2$，由$1,b_1,b_2,b_3,16$成等比数列，得$b_2^2=b_1b_3=1\times16=16$，则$b_2=4$或$-4$(舍去)，所以$\frac{a_3^2-a_1^2}{b_1b_3-b_2}=\frac{(a_3+a_1)(a_3-a_1)}{b_1b_3-b_2}=\frac{(-2)\times2}{16-4}=-\frac{1}{3}$。

答案　A

【题26】 已知等比数列$\{a_n\}$中，$a_2=1$，则其前3项的和S_3的取值范围是(　　)

A. $(-\infty,-1]$　　B. $(-\infty,0)\cup(1,+\infty)$

C. $[3,+\infty)$　　D. $(-\infty,-1]\cup[3,+\infty)$

解　因为等比数列$\{a_n\}$中，$a_2=1$，设公比为q，所以$S_3=a_1+a_2+a_3=a_2\left(1+q+\frac{1}{q}\right)=1+q+\frac{1}{q}$，当$q>0$

时，$S_3=1+q+\frac{1}{q}\geqslant 1+2\sqrt{q\cdot\frac{1}{q}}=3$；当 $q<0$ 时，$S_3=1-\left(-q-\frac{1}{q}\right)\leqslant 1-2\sqrt{(-q)\cdot\left(-\frac{1}{q}\right)}=-1$。综上，知 S_3 的取值范围是 $(-\infty,-1]\cup[3,+\infty)$，故选项 D 正确。

答案　D

考法大揭秘

等比数列的判定方法

(1)定义法：$\frac{a_{n+1}}{a_n}=q$（q 是不为 0 的常数，$n\in\mathbf{N}_+$）$\Leftrightarrow\{a_n\}$ 是等比数列。

(2)通项公式法：$a_n=cq^n$（c,q 均是不为 0 的常数，$n\in\mathbf{N}_+$）$\Leftrightarrow\{a_n\}$ 是等比数列。

(3)中项公式法：$a_{n+1}^2=a_n\cdot a_{n+2}$（$a_n\times a_{n+1}\times a_{n+2}\neq 0,n\in\mathbf{N}_+$）$\Leftrightarrow\{a_n\}$ 是等比数列。

(4)前 n 项和公式法：$S_n=\frac{a_1}{q-1}q^n-\frac{a_1}{q-1}=kq^n-k$（$k=\frac{a_1}{q-1}$ 是不为零的常数，且 $q\neq 0,q\neq 1$）$\Leftrightarrow\{a_n\}$ 是等比数列。

【题 27】　在数列 $\{a_n\}$ 中，$a_1=1,a_{n+1}=2a_n+1$，证明：数列 $\{a_n+1\}$ 是等比数列。

证明　$\because a_{n+1}=2a_n+1,\therefore a_{n+1}+1=2a_n+2=2(a_n+1)$，则 $\frac{a_{n+1}+1}{a_n+1}=2$，又 $a_1=1,\therefore a_1+1=2$，故数列 $\{a_n+1\}$ 是首项为 2，公比为 2 的等比数列。

考点 3　等比数列的前 n 项和　★★

1. 等比数列前 n 项和公式的推导

(1)当 $q=1$ 时，$S_n=na_1$；

(2)（错位相减法）当 $q\neq 1$ 时，由数列的前 n 项和定义，得

$S_n=a_1+a_2+\cdots+a_n=a_1+a_1q+\cdots+a_1q^{n-1}$，

$qS_n=a_1q+a_1q^2+\cdots+a_1q^n$，

两式相减，得 $(1-q)S_n=a_1-a_1q^n=a_1(1-q^n)$，

所以 $S_n=\frac{a_1(1-q^n)}{1-q}$。

综上，$S_n=\begin{cases}na_1,q=1,\\ \frac{a_1(1-q^n)}{1-q},q\neq 1。\end{cases}$

2. 等比数列前 n 项和的性质

(1)等比数列的前 n 项和为 $S_n=\begin{cases}na_1,q=1,\\ \frac{a_1(1-q^n)}{1-q},q\neq 1,\end{cases}$ 也可以表示为 $S_n=k-k\cdot q^n$，这里 q 为公比，且$q\neq 0$，

$q\neq1,k=\dfrac{a_1}{1-q}$。

(2) $S_n,S_{2n}-S_n,S_{3n}-S_{2n},\cdots$仍成等比数列。

【题 28】【2023 湖南长沙望城区,单,2.5 分】如图所示,每张骨牌完全倒下后只会碰倒它后面的两张骨牌,若每张骨牌完全倒下需要 0.1 秒,则从推第一张牌开始,0.6 秒内会倒下(　　)张骨牌。

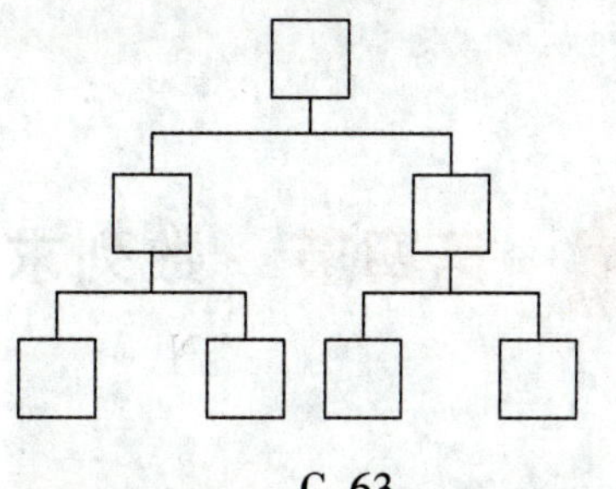

A. 31　　B. 96　　C. 63　　D. 127

解　由题意得,每次倒下的牌的数量构成首项为 1,公比为 2 的等比数列,则 $S_n=\dfrac{1\times(1-2^n)}{1-2}=2^n-1$,因为每张骨牌完全倒下需要 0.1 秒,所以从推第一张牌开始,0.6 秒内会倒下的骨牌数是 $n=6$ 时 S_n 的值,$S_6=\dfrac{1\times(1-2^6)}{1-2}=63$,故从推第一张牌开始,0.6 秒内会倒下 63 张骨牌。

答案　C

【题 29】【2023 湖南长沙湘江新区,单,2 分】关于等差数列和等比数列,下列说法正确的是(　　)

A. 若$\{a_n\}$为等差数列,且$a_m+a_n=a_s+a_t(m,n,s,t\in\mathbf{N}^*)$,则$m+n=s+t$

B. 若S_n为等差数列$\{a_n\}$的前n项和,则$S_m,S_{2m}-S_m,S_{3m}-S_{2m}$也为等差数列

C. 若S_n为等比数列$\{a_n\}$的前n项和,则$S_m,S_{2m}-S_m,S_{3m}-S_{2m}$也为等比数列

D. 若$\{a_n\}$为等比数列,且$a_m\cdot a_n=a_s\cdot a_t(m,n,s,t\in\mathbf{N}^*)$,则$m+n=s+t$

解　A 选项,设等差数列$\{a_n\}$为常数列,不妨设$a_n=1$,则$a_1+a_2=a_3+a_4=2$,但$1+2\neq3+4$,故错误。

B 选项,设等差数列$\{a_n\}$的首项为a_1,公差为d,则$S_{2m}-S_m=S_m+m^2d,S_{3m}-S_{2m}=S_{2m}-S_m+m^2d$,所以$2(S_{2m}-S_m)=S_m+(S_{3m}-S_{2m})$,故$S_m,S_{2m}-S_m,S_{3m}-S_{2m}$也为等差数列,正确。

C 选项,设$a_n=(-1)^n$,则$S_2=a_1+a_2=0,S_4-S_2=a_3+a_4=0,S_6-S_4=a_6+a_5=0$,故$S_m,S_{2m}-S_m,S_{3m}-S_{2m}$不是等比数列,错误。

D 选项,设等比数列$\{a_n\}$的公比为q,则$a_m\cdot a_n=a_1^2q^{m+n-2},a_s\cdot a_t=a_1^2q^{s+t-2}$,当$q=1$时,$a_m\cdot a_n=a_1^2$,$a_s\cdot a_t=a_1^2$,此时$a_m\cdot a_n=a_s\cdot a_t$,但$m+n=s+t$不一定成立,错误。

答案　B

【题 30】【2022 山西特岗,单,3 分】有一首童谣:"玲珑塔上琉璃灯。沙弥点灯向上行,首层掌灯共三盏,明灯层层更倍增。小僧掌灯到塔顶,心中默数灯几重。玲珑塔上灯火数,三百八十一盏明。灯映湖心点点红,但问塔顶几盏灯?"童谣中的玲珑塔的顶层灯的盏数为(　　)

A. 96　　B. 144　　C. 192　　D. 231

解 由条件可得玲珑塔的灯的盏数从首层到顶层为等比数列，则可列方程求玲珑塔的顶层灯的盏数。设其首层灯盏数为 a_1，公比 q，顶层灯盏数为 a_n，前 n 项和为 S_n。由已知可得 $a_1=3,q=2,S_n=381$，由等比数列的前 n 项和公式可得 $S_n=\frac{a_1-a_nq}{1-q}=\frac{3-2a_n}{1-2}=2a_n-3=381$，所以 $a_n=192$，故玲珑塔的顶层灯的盏数为 192。

答案 C

第四节 数列求和

核心考点

考点 1 分组法求和 ★★	考点 3 裂项相消法求和 ★★
考点 2 错位相减法求和 ★★★	考点 4 倒序相加法求和 ★★

考点 1 分组法求和 ★★

1. 步骤

(1) 定通项公式：即根据已知条件求出数列的通项公式；

(2) 巧拆分：即根据通项公式特征，将其分解为几个可以直接求和的数列；

(3) 分别求和：即分别求出各个数列的和；

(4) 组合：即把拆分后每个数列的和进行组合，可求得原数列的和。

2. 使用条件

(1) 若 $a_n=b_n\pm c_n$，且 $\{b_n\}$，$\{c_n\}$ 为等差或等比数列，可采用分组法求 $\{a_n\}$ 的前 n 项和；

(2) 通项公式为 $a_n=\begin{cases}b_n,n\text{ 为奇数},\\c_n,n\text{ 为偶数}\end{cases}$ 的数列，其中数列 $\{b_n\}$，$\{c_n\}$ 是等比或等差数列，可采用分组法求和。

【题 31】 数列 $\{a_n\}$ 的通项公式为 $a_n=2n-1$，若 $b_n=a_n+q^{a_n}(q>0)$，求数列 $\{b_n\}$ 的前 n 项和 S_n。

解 由 $a_n=2n-1$ 得 $b_n=2n-1+q^{2n-1}$，

当 $q>0$ 且 $q\neq1$ 时，$S_n=[1+3+5+7+\cdots+(2n-1)]+(q^1+q^3+q^5+q^7+\cdots+q^{2n-1})=n^2+\frac{q(1-q^{2n})}{1-q^2}$；当 $q=1$ 时，$b_n=2n$，则 $S_n=n(n+1)$，所以 $S_n=\begin{cases}n(n+1),q=1,\\n^2+\frac{q(1-q^{2n})}{1-q^2},q>0\text{ 且 }q\neq1。\end{cases}$

考点 2　错位相减法求和　★★★

1. 步骤

(1)巧拆分:即根据通项公式将已知式分解为等差数列和等比数列乘积的形式;

(2)确定等差、等比数列的通项公式;

(3)构差式:即写出 S_n 的表达式,然后两边同时乘等比数列的公比得到另外一个式子(前 n 项和 $S_n=\cdots$①,$qS_n=\cdots$②),两式作差(①-②);

(4)求和:根据差式的特征准确求和。

2. 使用条件

(1)等差数列×等比数列(或者$\frac{等差数列}{等比数列}$);

(2)一次函数×指数函数(或者$\frac{一次函数}{指数函数}$);

注:等差数列的通项公式类似于关于 n 的一次函数,等比数列的通项公式类似于指数函数。

【题 32】【2023 山西特岗,解答,8 分】已知 S_n 为等差数列$\{a_n\}$的前 n 项和,$a_3=7,2S_3-3S_2=6$。

(1)求$\{a_n\}$的通项公式;

(2)求数列$\{2^n\cdot a_n\}$的前 n 项和 T_n。

解　(1)设等差数列$\{a_n\}$的公差为 d,则$\begin{cases}a_3=a_1+2d=7,\\2S_3-3S_2=2\times\left[3a_1+\frac{3\times(3-1)}{2}d\right]-3\times\left[2a_1+\frac{2\times(2-1)}{2}d\right]=6,\end{cases}$解得$\begin{cases}a_1=3,\\d=2,\end{cases}$所以等差数列$\{a_n\}$的通项公式为 $a_n=3+2\times(n-1)=2n+1$。

(2)令 $b_n=2^n\cdot a_n$,由(1)可知,$b_n=(2n+1)\cdot 2^n$,则

$T_n=3\times2^1+5\times2^2+7\times2^3+\cdots+(2n-1)\cdot2^{n-1}+(2n+1)\cdot2^n$　①,

$2T_n=3\times2^2+5\times2^3+7\times2^4+\cdots+(2n-1)\cdot2^n+(2n+1)\cdot2^{n+1}$　②,

①-②,得

$$\begin{aligned}-T_n&=6+2\times2^2+2\times2^3+\cdots+2\times2^{n-1}+2\times2^n-(2n+1)\cdot2^{n+1}\\&=6+2\times(2^2+2^3+\cdots+2^{n-1}+2^n)-(2n+1)\cdot2^{n+1}\\&=6+2\times\frac{4\times(1-2^{n-1})}{1-2}-(2n+1)\cdot2^{n+1}\\&=6-8\times(1-2^{n-1})-(2n+1)\cdot2^{n+1}\\&=-2+2\times2^{n+1}-(2n+1)\cdot2^{n+1}\\&=-2+(1-2n)\cdot2^{n+1},\end{aligned}$$

故数列$\{2^n\cdot a_n\}$的前 n 项和 $T_n=2+(2n-1)\cdot2^{n+1}$。

【题 33】【2023 山东济南历城区,解答,8 分】已知各项均为正数的数列$\{a_n\}$,其前 n 项和为 S_n,满足

$a_1=3, S_n=\frac{1}{3}a_n^2-S_{n-1}(n\geqslant 2)$。

(1)求数列$\{a_n\}$的通项公式;

(2)设$b_n=\frac{a_n}{4^n}$,记数列$\{b_n\}$的前 n 项和为 T_n,证明:$T_n<\frac{4}{3}$。

解 (1)因为 $S_n=\frac{1}{3}a_n^2-S_{n-1}$,所以 $S_{n-1}+a_n=\frac{1}{3}a_n^2-S_{n-1}$,所以 $2S_{n-1}+a_n=\frac{1}{3}a_n^2$ ①,$2S_n+a_{n+1}=\frac{1}{3}a_{n+1}^2$ ②,

②-①得 $2a_n+a_{n+1}-a_n=\frac{1}{3}a_{n+1}^2-\frac{1}{3}a_n^2$,所以 $3(a_n+a_{n+1})=a_{n+1}^2-a_n^2$,所以 $3(a_n+a_{n+1})=(a_{n+1}+a_n)(a_{n+1}-a_n)$,因为数列$\{a_n\}$的各项均为正数,所以 $a_{n+1}-a_n=3$。

因为 $S_n=\frac{1}{3}a_n^2-S_{n-1}$,所以 $S_2=a_1+a_2=\frac{1}{3}a_2^2-S_1=\frac{1}{3}a_2^2-a_1$,因为 $a_1=3, a_2>0$,所以 $a_2=6$,所以 $a_2-a_1=6-3=3$,符合上式,所以数列 $a_n=3+3(n-1)=3n$。

(2)$b_n=\frac{a_n}{4^n}=\frac{3n}{4^n}$,所以 $T_n=b_1+b_2+\cdots+b_n=\frac{3\times 1}{4^1}+\frac{3\times 2}{4^2}+\cdots+\frac{3n}{4^n}$ ③,

③$\times\frac{1}{4}$,得$\frac{1}{4}T_n=\frac{1}{4}b_1+\frac{1}{4}b_2+\cdots+\frac{1}{4}b_n=\frac{3\times 1}{4^2}+\frac{3\times 2}{4^3}+\cdots+\frac{3n}{4^{n+1}}$ ④,

③-④,得$\frac{3}{4}T_n=\frac{3\times 1}{4^1}+\frac{3\times(2-1)}{4^2}+\frac{3\times(3-2)}{4^3}+\cdots+\frac{3\times[n-(n-1)]}{4^n}-\frac{3n}{4^{n+1}}=\frac{3}{4^1}+\frac{3}{4^2}+\frac{3}{4^3}+\cdots+\frac{3}{4^n}-\frac{3n}{4^{n+1}}=\frac{\frac{3}{4}\times\left[1-\left(\frac{1}{4}\right)^n\right]}{1-\frac{1}{4}}-\frac{3n}{4^{n+1}}=1-\left(\frac{1}{4}\right)^n-\frac{3n}{4^{n+1}}$,

所以 $T_n=\left[1-\left(\frac{1}{4}\right)^n-\frac{3n}{4^{n+1}}\right]\times\frac{4}{3}=\frac{4}{3}-\frac{1}{3\times 4^{n-1}}-\frac{n}{4^n}$,因为 n 为正整数,所以 $T_n<\frac{4}{3}$。

考点 3　裂项相消法求和　★★

裂项相消法求和

1. 步骤

(1)定通项公式:即根据已知条件求出数列的通项公式;

(2)巧裂项:即根据通项公式特征准确裂项,将其表示为两项之差的形式;

(3)消项求和:即把握消项的规律,准确求和。

2. 使用特征

(1)分式:分母可以写成两个因式相乘;

(2)检验:检验是否可以裂项。

3. 常见的裂项相消方法

(1)$\frac{1}{n(n+k)}=\frac{1}{k}\left(\frac{1}{n}-\frac{1}{n+k}\right)$;

(2) $\frac{1}{n(n+1)(n+2)}=\frac{1}{2}\left[\frac{1}{n(n+1)}-\frac{1}{(n+1)(n+2)}\right]$;

(3) $\frac{1}{\sqrt{n}+\sqrt{n+k}}=\frac{1}{k}(\sqrt{n+k}-\sqrt{n})$;

(4) $\log_a\left(1+\frac{1}{n}\right)=\log_a(n+1)-\log_a n$;

(5) $\frac{2^n}{(2^n-1)(2^{n+1}-1)}=\frac{1}{2^n-1}-\frac{1}{2^{n+1}-1}$。($k$为非零常数)

【题 34】【2023 浙江杭州,填空,4 分】已知数列$\{a_n\}$满足$a_n=\frac{1}{n+2}$,设数列$\left\{\frac{a_n}{n}\right\}$的前$n$项和$S_n$,则$S_9=$________。

解 因为$\frac{a_n}{n}=\frac{1}{n(n+2)}=\frac{1}{2}\left(\frac{1}{n}-\frac{1}{n+2}\right)$,所以

$$S_n=\frac{a_1}{1}+\frac{a_2}{2}+\cdots+\frac{a_n}{n}=\frac{1}{2}\times\left(\frac{1}{1}-\frac{1}{3}\right)+\frac{1}{2}\times\left(\frac{1}{2}-\frac{1}{4}\right)+\frac{1}{2}\times\left(\frac{1}{3}-\frac{1}{5}\right)+\cdots+\frac{1}{2}\times\left(\frac{1}{n}-\frac{1}{n+2}\right)$$

$$=\frac{1}{2}\times\left(\frac{1}{1}-\frac{1}{3}+\frac{1}{2}-\frac{1}{4}+\frac{1}{3}-\frac{1}{5}+\cdots+\frac{1}{n}-\frac{1}{n+2}\right)=\frac{1}{2}\times\left(\frac{3}{2}-\frac{1}{n+1}-\frac{1}{n+2}\right)$$

$$=\frac{3}{4}-\frac{2n+3}{2(n+2)(n+1)},$$

所以$S_9=\frac{3}{4}-\frac{2\times9+3}{2(9+2)(9+1)}=\frac{36}{55}$。

答案 $\frac{36}{55}$

【题 35】【2023 安徽特岗,解答,5 分】设数列$\{a_n\}$的前n项和为S_n,$a_1=3$,$a_{n+1}=2S_n+3(n\in\mathbf{N}_+)$。

(1)求数列$\{a_n\}$的通项公式;

(2)设$b_n=1+\log_{\sqrt{3}}a_n$,求证:数列$\left\{\frac{1}{b_nb_{n+1}}\right\}$的前$n$项和$T_n<\frac{1}{6}$。

解 (1)因为$a_{n+1}=2S_n+3(n\in\mathbf{N}_+)$,所以$a_n=2S_{n-1}+3(n\geqslant2)$,

两式相减得$a_{n+1}-a_n=2a_n$,即$a_{n+1}=3a_n(n\geqslant2)$,

因为$a_1=3$,$a_2=2a_1+3=9=3a_1$符合上式,

所以数列$\{a_n\}$是以3为首项,3为公比的等比数列,通项公式为$a_n=3^n$。

(2)由(1)知$a_n=3^n$,所以$b_n=1+\log_{\sqrt{3}}a_n=1+\log_{\sqrt{3}}3^n=1+2n$,

所以$\frac{1}{b_nb_{n+1}}=\frac{1}{(2n+1)(2n+3)}=\frac{1}{2}\left(\frac{1}{2n+1}-\frac{1}{2n+3}\right)$,

所以$T_n=\frac{1}{2}\times\left[\left(\frac{1}{3}-\frac{1}{5}\right)+\left(\frac{1}{5}-\frac{1}{7}\right)+\cdots+\left(\frac{1}{2n+1}-\frac{1}{2n+3}\right)\right]=\frac{1}{2}\times\left(\frac{1}{3}-\frac{1}{2n+3}\right)=\frac{1}{6}-\frac{1}{2(2n+3)}<\frac{1}{6}$,即所证成立。

考点 4　倒序相加法求和　★★

一个数列$\{a_n\}$，如果与首末两项等距的两项之和等于首末两项之和，可采用把数列正着写和倒着写再相加来求和，例如等差数列前 n 项和公式的推导方法。

【题 36】　设$f(x)=\frac{4^x}{4^x+2}$，$f\left(\frac{1}{11}\right)+f\left(\frac{2}{11}\right)+f\left(\frac{3}{11}\right)\cdots+f\left(\frac{10}{11}\right)=$（　　）

A. 4　　B. 5　　C. 6　　D. 10

解　$f(x)+f(1-x)=\frac{4^x}{4^x+2}+\frac{4^{1-x}}{4^{1-x}+2}=\frac{4^x}{4^x+2}+\frac{4}{4+2\cdot 4^x}=\frac{4^x}{4^x+2}+\frac{2}{2+4^x}=1$，故

$f\left(\frac{1}{11}\right)+f\left(\frac{2}{11}\right)+f\left(\frac{3}{11}\right)+\cdots+f\left(\frac{10}{11}\right)=\left[f\left(\frac{1}{11}\right)+f\left(\frac{10}{11}\right)\right]+\left[f\left(\frac{2}{11}\right)+f\left(\frac{9}{11}\right)\right]+\cdots+\left[f\left(\frac{5}{11}\right)+f\left(\frac{6}{11}\right)\right]=5\times 1=5$。

答案　B

常见数列的前 n 项和：

(1)$1+2+3+\cdots+n=\frac{n(n+1)}{2}$；

(2)$2+4+6+\cdots+2n=n^2+n$；

(3)$1+3+5+\cdots+(2n-1)=n^2$；

(4)$1^2+2^2+3^2+\cdots+n^2=\frac{1}{6}n(n+1)(2n+1)$。

即时反思与复盘总结

我于________年____月____日完成了对本章的学习。

复盘一下，我对自己较肯定的地方是________________

（足够努力/心态积极/方法得当……）

我觉得自己需要改进的地方是________________

（懒惰懈怠/心情浮躁/方法不当……）

休息片刻，开启下一站征程！

第七章　平面向量

考向分析

本章属于高中数学阶段的基础内容，在各地教师招聘考试中，江苏、浙江、山东、四川等地常以判断、单选的形式考查，题目整体较为基础。平面向量有时也与平面解析几何知识结合考查，对考生的直观想象、数学运算能力要求较高。现对本章考向分析如下：

高频考点	高频考向	常考题型	核心素养	考查热度
平面向量的线性运算	利用平面向量的线性运算解题	单选	直观想象、数学运算	🔥
平面向量的基本定理	平面向量的基本定理的应用	判断	数学抽象	🔥
平面向量共线的坐标表示	平面向量共线坐标表示的应用	填空	数学运算	🔥
平面向量的数量积的概念	向量的投影	单选	直观想象、数学运算	🔥
平面向量的数量积的性质	平面向量的位置关系、求平面向量的模	单选	数学运算	🔥🔥🔥
平面向量的数量积的坐标表示				

第一节　平面向量的概念及线性运算

核心考点

考点1　平面向量的有关概念

考点2　平面向量的线性运算　★

考点3　相等向量与共线向量　★★

考点1　平面向量的有关概念

向量的定义	既有大小又有方向的量叫做向量，记作：$\overrightarrow{AB}$或 $\boldsymbol{a}$
向量的模	向量的大小叫做向量的长度（或称模），记作：$\lvert\overrightarrow{AB}\rvert$或$\lvert\boldsymbol{a}\rvert$
零向量	长度为 0 的向量叫做零向量，记作：$\mathbf{0}$。零向量的方向是任意的
平行向量	方向相同或相反的非零向量，记作：$\overrightarrow{AB}/\!/\overrightarrow{CD}$。平行向量也叫共线向量，规定 $\mathbf{0}/\!/\boldsymbol{a}$

续表

单位向量	长度为 1 个单位的向量
相等向量	长度相等且方向相同的向量。两个向量相等与向量起点的位置无关
相反向量	与 $\boldsymbol{a}$ 长度相等、方向相反的向量叫做 $\boldsymbol{a}$ 的相反向量,记作:$-\boldsymbol{a}$。规定 $\boldsymbol{0}=-\boldsymbol{0}$。$\overrightarrow{AB}=-\overrightarrow{BA}$
向量的三要素	起点、方向、长度

【题 1】 对于非零向量 $\boldsymbol{a},\boldsymbol{b}$,下列选项中一定能使 $\frac{\boldsymbol{a}}{|\boldsymbol{a}|}+\frac{\boldsymbol{b}}{|\boldsymbol{b}|}=\boldsymbol{0}$ 成立的是(　　)

A. $\boldsymbol{a}=2023\boldsymbol{b}$　　B. $\boldsymbol{a}/\!/\boldsymbol{b}$

C. $\boldsymbol{a}=-2023\boldsymbol{b}$　　D. $\boldsymbol{a}\perp\boldsymbol{b}$

解 $\frac{\boldsymbol{a}}{|\boldsymbol{a}|}$表示与非零向量 $\boldsymbol{a}$ 同向的单位向量,$\frac{\boldsymbol{b}}{|\boldsymbol{b}|}$表示与非零向量 $\boldsymbol{b}$ 同向的单位向量,故要使$\frac{\boldsymbol{a}}{|\boldsymbol{a}|}+\frac{\boldsymbol{b}}{|\boldsymbol{b}|}=\boldsymbol{0}$ 成立,须使向量 $\boldsymbol{a},\boldsymbol{b}$ 反向。当 $\boldsymbol{a}=-2023\boldsymbol{b}$ 时,向量 $\boldsymbol{a},\boldsymbol{b}$ 反向,此时$\frac{\boldsymbol{a}}{|\boldsymbol{a}|}+\frac{\boldsymbol{b}}{|\boldsymbol{b}|}=\boldsymbol{0}$ 成立。

答案 C

考点 2 平面向量的线性运算 ★

	定义	运算法则(或几何意义)	运算律
向量的加法	求两个向量和的运算	三角形法则: 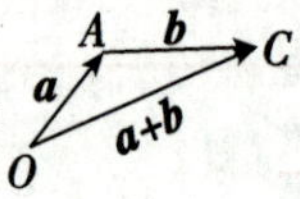 平行四边形法则: 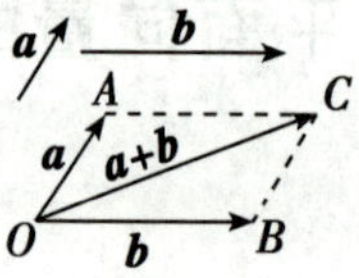 (当两向量平行时,此法则不适用)	(1)交换律:$\boldsymbol{a}+\boldsymbol{b}=\boldsymbol{b}+\boldsymbol{a}$; $\boldsymbol{a}+\boldsymbol{0}=\boldsymbol{0}+\boldsymbol{a}=\boldsymbol{a}$。 (2)结合律:$(\boldsymbol{a}+\boldsymbol{b})+\boldsymbol{c}=\boldsymbol{a}+(\boldsymbol{b}+\boldsymbol{c})$
向量的减法	求两个向量差的运算	(1)三角形法则: 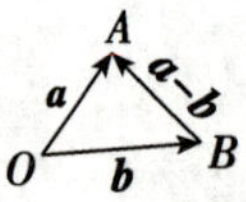 (2)平行四边形法则: 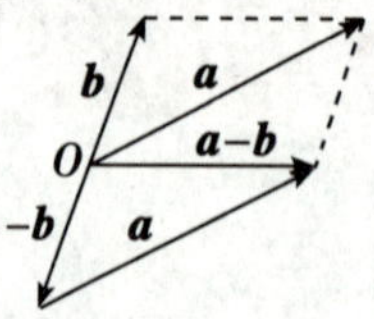	$\boldsymbol{a}-\boldsymbol{b}=\boldsymbol{a}+(-\boldsymbol{b})$
向量的数乘	实数 λ 和向量 $\boldsymbol{a}$ 的乘积是一个向量,记作 $\lambda\boldsymbol{a}$	规定:$|\lambda\boldsymbol{a}|=|\lambda||\boldsymbol{a}|$ 当 $\lambda>0$ 时,$\lambda\boldsymbol{a}$ 的方向与 $\boldsymbol{a}$ 的方向相同; 当 $\lambda<0$ 时,$\lambda\boldsymbol{a}$ 的方向与 $\boldsymbol{a}$ 的方向相反; 当 $\lambda=0$ 时,$\lambda\boldsymbol{a}=\boldsymbol{0}$	(1)结合律:$\lambda(\mu\boldsymbol{a})=(\lambda\mu)\boldsymbol{a}$ (2)分配律: $(\lambda+\mu)\boldsymbol{a}=\lambda\boldsymbol{a}+\mu\boldsymbol{a}$; $\lambda(\boldsymbol{a}+\boldsymbol{b})=\lambda\boldsymbol{a}+\lambda\boldsymbol{b}$($\lambda,\mu$ 是实数)

【题2】 如图,设 D,E,F 分别为 $\triangle ABC$ 的三边 BC,CA,AB 的中点,则$\overrightarrow{EB}+\overrightarrow{FC}=$ (　　)

A. $\overrightarrow{AD}$　　　　B. $\overrightarrow{AB}$

C. $\overrightarrow{BC}$　　　　D. $\frac{1}{2}\overrightarrow{BC}$

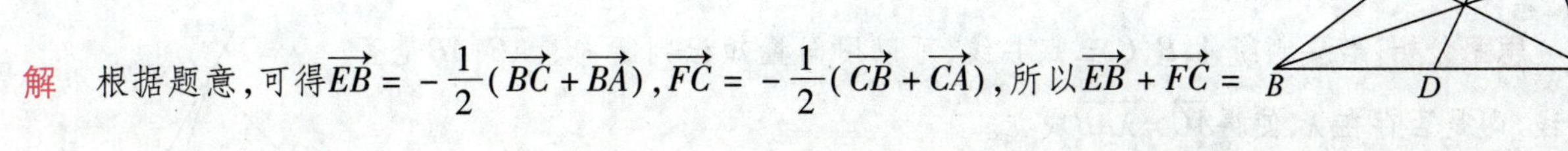

解　根据题意,可得$\overrightarrow{EB}=-\frac{1}{2}(\overrightarrow{BC}+\overrightarrow{BA})$,$\overrightarrow{FC}=-\frac{1}{2}(\overrightarrow{CB}+\overrightarrow{CA})$,所以$\overrightarrow{EB}+\overrightarrow{FC}=-\frac{1}{2}(\overrightarrow{BC}+\overrightarrow{BA})-\frac{1}{2}(\overrightarrow{CB}+\overrightarrow{CA})=\frac{1}{2}\overrightarrow{AB}+\frac{1}{2}\overrightarrow{AC}=\overrightarrow{AD}$。

答案　A

【题3】 【2023 江苏盐城盐都区,单,2 分】如图,在平行四边形 $ABCD$ 中,已知$\overrightarrow{AB}=\boldsymbol{a}$,$\overrightarrow{AD}=\boldsymbol{b}$,点 E 为 AB 的中点,则$\frac{1}{2}\boldsymbol{a}+\boldsymbol{b}=$ (　　)

A. $\overrightarrow{EC}$　　　　B. $\overrightarrow{CE}$

C. $\overrightarrow{ED}$　　　　D. $\overrightarrow{DE}$

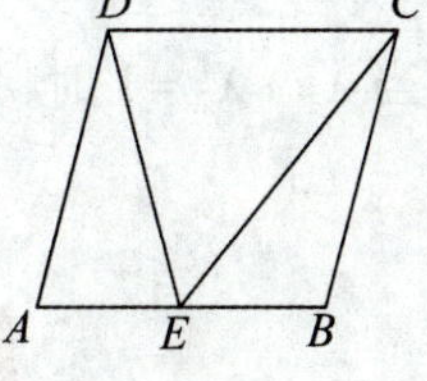

解　在平行四边形 $ABCD$ 中,已知$\overrightarrow{AD}=\overrightarrow{BC}=\boldsymbol{b}$,$\overrightarrow{AB}=\boldsymbol{a}$,因为点 E 为 AB 的中点,

$\therefore \overrightarrow{EB}=\frac{1}{2}\overrightarrow{AB}=\frac{1}{2}\boldsymbol{a}$,则$\frac{1}{2}\boldsymbol{a}+\boldsymbol{b}=\overrightarrow{EB}+\overrightarrow{BC}=\overrightarrow{EC}$。

答案　A

考点3　相等向量与共线向量　★★

1. 相等向量

长度相等且方向相同的向量叫做相等向量,记作

$$\boldsymbol{a}=\boldsymbol{b}。$$

注:任意两个相等的非零向量,都可用同一条有向线段表示,且与有向线段的起点无关。

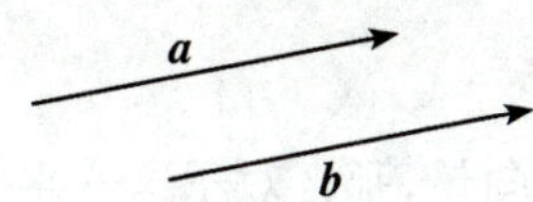

2. 共线向量

(1)定义

方向相同或相反的非零向量叫做平行向量,记作 $\boldsymbol{a}/\!/\boldsymbol{b}$。平行向量也叫共线向量。

(2)规定

零向量与任意向量平行,即对于任意向量 $\boldsymbol{a}$,都有 $\boldsymbol{0}/\!/\boldsymbol{a}$。

(3)定理

向量 $\boldsymbol{a}(\boldsymbol{a}\neq\boldsymbol{0})$ 与 $\boldsymbol{b}$ 共线的充要条件是存在唯一一个实数 λ,使得 $\boldsymbol{b}=\lambda\boldsymbol{a}$。

【题4】 如图,已知任意两个非零向量 $\boldsymbol{a},\boldsymbol{b}$,试作$\overrightarrow{OA}=\boldsymbol{a}+\boldsymbol{b}$,$\overrightarrow{OB}=\boldsymbol{a}+2\boldsymbol{b}$,$\overrightarrow{OC}=\boldsymbol{a}+3\boldsymbol{b}$,试证明 A,B,C 三

点共线。

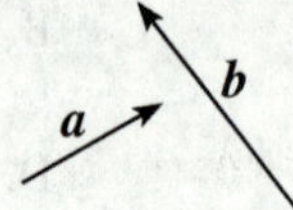

思路分析：若要判断 A,B,C 三点共线，可以用向量知识判断向量$\overrightarrow{AC}$，$\overrightarrow{AB}$是否共线，即是否存在 λ，使得$\overrightarrow{AC}=\lambda\overrightarrow{AB}$成立。

证明　如图，作向量$\overrightarrow{OA}$，$\overrightarrow{OB}$，$\overrightarrow{OC}$，因为$\overrightarrow{AB}=\overrightarrow{OB}-\overrightarrow{OA}=\boldsymbol{a}+2\boldsymbol{b}-(\boldsymbol{a}+\boldsymbol{b})=\boldsymbol{b}$，$\overrightarrow{AC}=\overrightarrow{OC}-\overrightarrow{OA}=\boldsymbol{a}+3\boldsymbol{b}-(\boldsymbol{a}+\boldsymbol{b})=2\boldsymbol{b}$，所以$\overrightarrow{AC}=2\overrightarrow{AB}$，由共线向量基本定理可知 A,B,C 三点共线。

3. 三点共线定理

若$\overrightarrow{OA}$，$\overrightarrow{OB}$是平面内不共线的向量，则存在实数 λ_1，λ_2 使得$\overrightarrow{OC}=\lambda_1\overrightarrow{OA}+\lambda_2\overrightarrow{OB}$，当 $\lambda_1+\lambda_2=1$ 时，A,B,C 三点共线，特别地，当 $\lambda_1=\lambda_2=\frac{1}{2}$时，$C$ 是 AB 的中点。

第二节　平面向量的基本定理及坐标表示

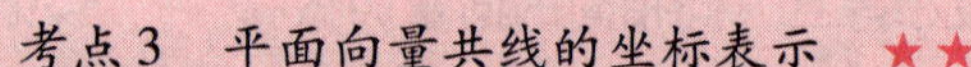

考点 1　平面向量的基本定理　★

考点 2　平面向量的坐标运算　★★

考点 3　平面向量共线的坐标表示　★★

考点 1　平面向量的基本定理　★

如果 $\boldsymbol{e}_1$，$\boldsymbol{e}_2$ 是同一平面内的两个不共线向量，那么对于这一平面内的任意向量 $\boldsymbol{a}$，有且只有一对实数 λ_1，λ_2，使 $\boldsymbol{a}=\lambda_1\boldsymbol{e}_1+\lambda_2\boldsymbol{e}_2$。其中，不共线的向量 $\boldsymbol{e}_1$，$\boldsymbol{e}_2$ 叫做表示这一平面内所有向量的一组基底。

【题 5】【2021 浙江宁波，判断，1 分】已知 $\boldsymbol{a},\boldsymbol{b}$ 为不共线的向量，则 $2\boldsymbol{a}-3\boldsymbol{b}$，$4\boldsymbol{a}-6\boldsymbol{b}$ 可以作为平面向量的一组基底。(　　)

解　$\boldsymbol{a},\boldsymbol{b}$ 为不共线的向量，$2(2\boldsymbol{a}-3\boldsymbol{b})=4\boldsymbol{a}-6\boldsymbol{b}$，故 $2\boldsymbol{a}-3\boldsymbol{b}$ 和 $4\boldsymbol{a}-6\boldsymbol{b}$ 共线，因此不能作为平面向量的一组基底。

答案　×

考点 2　平面向量的坐标运算　★★

设 $\boldsymbol{a}=(x_1,y_1)$，$\boldsymbol{b}=(x_2,y_2)$，则向量的加法、减法、数乘运算的坐标表示为：

$$\boldsymbol{a}+\boldsymbol{b}=(x_1+x_2,y_1+y_2);$$

$$\boldsymbol{a}-\boldsymbol{b}=(x_1-x_2,y_1-y_2);$$

$$\lambda\boldsymbol{a}=(\lambda x_1,\lambda y_1)。$$

【题6】 设向量$\boldsymbol{a}=(1,1)$，$\boldsymbol{b}=(3,-2)$，则$3\boldsymbol{a}-2\boldsymbol{b}=($ $)$

A. $(-3,7)$　　B. $(0,7)$　　C. $(3,5)$　　D. $(-3,5)$

解 $3\boldsymbol{a}=(3,3)$，$2\boldsymbol{b}=(6,-4)$，则$3\boldsymbol{a}-2\boldsymbol{b}=(3-6,3+4)=(-3,7)$。

答案 A

考点3 平面向量共线的坐标表示 ★★

设$\boldsymbol{a}=(x_1,y_1)$，$\boldsymbol{b}=(x_2,y_2)$，其中$\boldsymbol{b}\neq\boldsymbol{0}$，则向量$\boldsymbol{a}$，$\boldsymbol{b}$共线的充要条件是$x_1y_2-x_2y_1=0$。特别地，若$x_2$，$y_2\neq0$，则$\boldsymbol{a}/\!/\boldsymbol{b}\Leftrightarrow\frac{x_1}{x_2}=\frac{y_1}{y_2}$。

【题7】【2023浙江杭州，填空，4分】已知向量$\boldsymbol{a}=(1,2)$，$\boldsymbol{b}=(x,1-y)$，且$\boldsymbol{a}/\!/\boldsymbol{b}$，若实数$x$，$y$均为正数，则$\frac{2}{x}+\frac{1}{y}$的最小值是________。

解 因为$\boldsymbol{a}/\!/\boldsymbol{b}$，所以$1\cdot(1-y)-2x=0$，即$2x+y=1$，所以$\frac{2}{x}+\frac{1}{y}=\left(\frac{2}{x}+\frac{1}{y}\right)(2x+y)=5+\frac{2y}{x}+\frac{2x}{y}\geqslant 5+2\sqrt{\frac{2y}{x}\cdot\frac{2x}{y}}=9$，当且仅当$\frac{2y}{x}=\frac{2x}{y}$，即$y=x=\frac{1}{3}$时取等号。

答案 9

【题8】 已知向量$\boldsymbol{a}=(1,m)$，$\boldsymbol{b}=(-1,1)$，$\boldsymbol{c}=(3,0)$，若$\boldsymbol{a}/\!/(\boldsymbol{b}+\boldsymbol{c})$，则$m=($ $)$

A. -1　　B. $\frac{1}{2}$　　C. 2　　D. -2

解 $\boldsymbol{b}+\boldsymbol{c}=(-1+3,1+0)=(2,1)$，因为$\boldsymbol{a}/\!/(\boldsymbol{b}+\boldsymbol{c})$，所以$1\times1-2\times m=0$，解得$m=\frac{1}{2}$。

答案 B

【题9】【2019内蒙古鄂尔多斯东胜区，单，2分】已知平面向量$\boldsymbol{a}=(1,3)$，$\boldsymbol{b}=(\sin\alpha,\cos\alpha)$，且$\boldsymbol{a}/\!/\boldsymbol{b}$，则$\tan\alpha=($ $)$

A. 3　　B. -3　　C. $\frac{1}{3}$　　D. $-\frac{1}{3}$

解 因为$\boldsymbol{a}/\!/\boldsymbol{b}$，所以$\cos\alpha-3\sin\alpha=0$，则$\tan\alpha=\frac{1}{3}$。

答案 C

第三节　平面向量的数量积

核心考点

考点1　两个向量的夹角	考点4　平面向量的数量积的坐标表示　★★
考点2　平面向量的数量积的概念　★	考点5　平面向量的数量积的运算律
考点3　平面向量的数量积的性质　★	

考点1　两个向量的夹角

已知两个非零向量 $\boldsymbol{a},\boldsymbol{b}$,如图,$O$ 是平面上的任意一点,作 $\overrightarrow{OA}=\boldsymbol{a},\overrightarrow{OB}=\boldsymbol{b}$,则 $\angle AOB=\theta(0\leqslant\theta\leqslant\pi)$ 叫做向量 $\boldsymbol{a}$ 与 $\boldsymbol{b}$ 的夹角,记作 $\langle\boldsymbol{a},\boldsymbol{b}\rangle$。

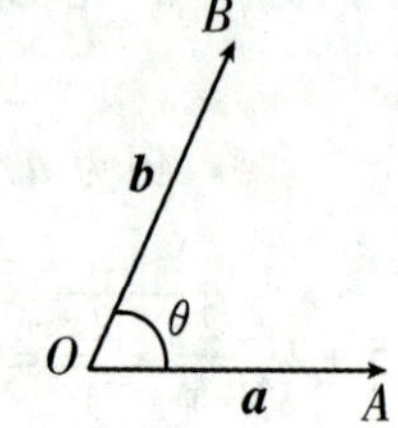

(1)当 $\theta=0$ 时,$\boldsymbol{a}$ 与 $\boldsymbol{b}$ 同向;

(2)当 $\theta=\pi$ 时,$\boldsymbol{a}$ 与 $\boldsymbol{b}$ 反向;

(3)当 $\theta=\dfrac{\pi}{2}$ 时,$\boldsymbol{a}$ 与 $\boldsymbol{b}$ 垂直。

考点2　平面向量的数量积的概念　★

定义	设两个非零向量 $\boldsymbol{a},\boldsymbol{b}$ 的夹角为 θ,则 $\|\boldsymbol{a}\|\|\boldsymbol{b}\|\cos\theta$ 叫做 $\boldsymbol{a}$ 与 $\boldsymbol{b}$ 的数量积(或内积),记作 $\boldsymbol{a}\cdot\boldsymbol{b}$
投影	$\|\boldsymbol{a}\|\cos\theta$ 叫做向量 $\boldsymbol{a}$ 在 $\boldsymbol{b}$ 方向上的投影; $\|\boldsymbol{b}\|\cos\theta$ 叫做向量 $\boldsymbol{b}$ 在 $\boldsymbol{a}$ 方向上的投影
几何意义	数量积 $\boldsymbol{a}\cdot\boldsymbol{b}$ 等于 $\boldsymbol{a}$ 的长度 $\|\boldsymbol{a}\|$ 与 $\boldsymbol{b}$ 在 $\boldsymbol{a}$ 的方向上的投影 $\|\boldsymbol{b}\|\cos\theta$ 的乘积

【题10】【2023山东济南历城区,单,3分】已知平面向量 $\boldsymbol{a},\boldsymbol{b}$ 满足:$|\boldsymbol{b}|=\sqrt{3},\boldsymbol{a}\cdot\boldsymbol{b}=6$,则向量 $\boldsymbol{a}$ 在 $\boldsymbol{b}$ 方向上的投影向量为(　　)

A. $\boldsymbol{b}$　　B. $2\boldsymbol{b}$　　C. $2\sqrt{3}\boldsymbol{b}$　　D. $6\boldsymbol{b}$

解　因为 $|\boldsymbol{b}|=\sqrt{3},\boldsymbol{a}\cdot\boldsymbol{b}=|\boldsymbol{a}||\boldsymbol{b}|\cos\theta=6$,所以向量 $\boldsymbol{a}$ 在 $\boldsymbol{b}$ 方向上的投影为 $|\boldsymbol{a}|\cos\theta=\dfrac{6}{|\boldsymbol{b}|}=\dfrac{6}{\sqrt{3}}=2\sqrt{3}$,向量 $\boldsymbol{a}$ 在 $\boldsymbol{b}$ 方向上的投影向量为 $\dfrac{2\sqrt{3}\boldsymbol{b}}{|\boldsymbol{b}|}=2\boldsymbol{b}$。

答案　B

考点3　平面向量的数量积的性质　★

已知非零向量 $\boldsymbol{a},\boldsymbol{b}$,它们的夹角是 θ,$\boldsymbol{e}$ 是单位向量,$\boldsymbol{e}$ 与 $\boldsymbol{a}$ 的夹角为 α,则

(1) $\boldsymbol{a}\cdot\boldsymbol{e}=|\boldsymbol{a}|\cos\alpha$。

(2) $\boldsymbol{a}\perp\boldsymbol{b}\Leftrightarrow\boldsymbol{a}\cdot\boldsymbol{b}=0$。

(3) 当 $\boldsymbol{a}$ 与 $\boldsymbol{b}$ 同向时，$\boldsymbol{a}\cdot\boldsymbol{b}=|\boldsymbol{a}||\boldsymbol{b}|$；当 $\boldsymbol{a}$ 与 $\boldsymbol{b}$ 反向时，$\boldsymbol{a}\cdot\boldsymbol{b}=-|\boldsymbol{a}||\boldsymbol{b}|$。

特别地，$\boldsymbol{a}\cdot\boldsymbol{a}=|\boldsymbol{a}|^2$ 或 $|\boldsymbol{a}|=\sqrt{\boldsymbol{a}\cdot\boldsymbol{a}}$。

(4) $\cos\theta=\dfrac{\boldsymbol{a}\cdot\boldsymbol{b}}{|\boldsymbol{a}|\cdot|\boldsymbol{b}|}$。

(5) $|\boldsymbol{a}\cdot\boldsymbol{b}|\leqslant|\boldsymbol{a}||\boldsymbol{b}|$（由 $|\cos\theta|\leqslant1$ 得到，当且仅当 $\boldsymbol{a}/\!/\boldsymbol{b}$ 时，等号成立）。

【题 11】 【2022 湖南长沙长沙县，单，3.5 分】已知向量 $\boldsymbol{a}=(-1,x-2)$，$\boldsymbol{b}=(2x,1)$，若 $\boldsymbol{a}\perp\boldsymbol{b}$，则 $x=$（　　）

A. 2　　B. -2　　C. $\sqrt{17}$　　D. $\dfrac{2}{3}$

解　因为 $\boldsymbol{a}\perp\boldsymbol{b}$，所以 $\boldsymbol{a}\cdot\boldsymbol{b}=-2x+x-2=0$，解得 $x=-2$。

答案　B

考点 4　平面向量的数量积的坐标表示　★★

(1) 已知非零向量 $\boldsymbol{a}=(x_1,y_1)$，$\boldsymbol{b}=(x_2,y_2)$，则 $\boldsymbol{a}\cdot\boldsymbol{b}=x_1x_2+y_1y_2$。

(2) 若 $\boldsymbol{a}=(x,y)$，则 $|\boldsymbol{a}|^2=x^2+y^2$ 或 $|\boldsymbol{a}|=\sqrt{x^2+y^2}$。

(3) 如果表示向量 $\boldsymbol{a}$ 的有向线段的起点和终点的坐标分别为 (x_1,y_1)，(x_2,y_2)，则 $\boldsymbol{a}=(x_2-x_1,y_2-y_1)$，$|\boldsymbol{a}|=\sqrt{(x_2-x_1)^2+(y_2-y_1)^2}$。

(4) 设 $\boldsymbol{a}=(x_1,y_1)$，$\boldsymbol{b}=(x_2,y_2)$，则 $\boldsymbol{a}\perp\boldsymbol{b}\Leftrightarrow x_1x_2+y_1y_2=0$。

(5) 设 $\boldsymbol{a},\boldsymbol{b}$ 都是非零向量，$\boldsymbol{a}=(x_1,y_1)$，$\boldsymbol{b}=(x_2,y_2)$，θ 是 $\boldsymbol{a}$ 与 $\boldsymbol{b}$ 的夹角，则 $\cos\theta=\dfrac{\boldsymbol{a}\cdot\boldsymbol{b}}{|\boldsymbol{a}||\boldsymbol{b}|}=\dfrac{x_1x_2+y_1y_2}{\sqrt{x_1^2+y_1^2}\sqrt{x_2^2+y_2^2}}$。

考法大揭秘

平面向量相关问题的解题策略

1. 求平面向量的模

$|\boldsymbol{a}\pm\boldsymbol{b}|=\sqrt{(\boldsymbol{a}\pm\boldsymbol{b})^2}=\sqrt{\boldsymbol{a}^2\pm2\boldsymbol{a}\cdot\boldsymbol{b}+\boldsymbol{b}^2}=\sqrt{|\boldsymbol{a}|^2\pm2|\boldsymbol{a}||\boldsymbol{b}|\cos\langle\boldsymbol{a},\boldsymbol{b}\rangle+|\boldsymbol{b}|^2}$。

【题 12】 【2023 四川特岗，单，4 分】已知向量 $\boldsymbol{a}=(1,2)$，向量 $\boldsymbol{b}=(-1,1)$，则 $|2\boldsymbol{a}+\boldsymbol{b}|=$（　　）

A. 5　　B. $3\sqrt{3}$　　C. $\sqrt{26}$　　D. $2\sqrt{7}$

解　因为 $2\boldsymbol{a}+\boldsymbol{b}=(2\times1-1,2\times2+1)=(1,5)$，所以 $|2\boldsymbol{a}+\boldsymbol{b}|=\sqrt{1^2+5^2}=\sqrt{26}$。

答案　C

【题 13】 【2023 山西特岗，单，3 分】已知向量 $\boldsymbol{a}=(2,1)$，$\boldsymbol{b}=(-2,4)$，则 $|\boldsymbol{a}-\boldsymbol{b}|=$（　　）

A. 3　　B. 4　　C. 5　　D. 6

解　因为 $\boldsymbol{a}-\boldsymbol{b}=(4,-3)$，所以 $|\boldsymbol{a}-\boldsymbol{b}|=\sqrt{4^2+(-3)^2}=5$。

答案　C

【题 14】【2021 山东青岛,单,2.5 分】已知向量 $\boldsymbol{a},\boldsymbol{b}$ 满足 $\boldsymbol{a}\cdot\boldsymbol{b}=1,|\boldsymbol{a}|=|\boldsymbol{b}|=1$,则 $|2\boldsymbol{a}-\boldsymbol{b}|=($ $)$

A. 0　　B. 1　　C. 2　　D. 3

解　$(2\boldsymbol{a}-\boldsymbol{b})^2=4|\boldsymbol{a}|^2+|\boldsymbol{b}|^2-4\boldsymbol{a}\cdot\boldsymbol{b}=1$,故 $|2\boldsymbol{a}-\boldsymbol{b}|=1$。

答案　B

2. 平面向量的夹角问题

求夹角问题,往往利用向量的夹角公式:设 $\boldsymbol{a}=(x_1,y_1),\boldsymbol{b}=(x_2,y_2)$,则 $\cos\langle\boldsymbol{a},\boldsymbol{b}\rangle=\dfrac{\boldsymbol{a}\cdot\boldsymbol{b}}{|\boldsymbol{a}||\boldsymbol{b}|}=\dfrac{x_1x_2+y_1y_2}{\sqrt{x_1^2+y_1^2}\sqrt{x_2^2+y_2^2}}$,或结合三角函数的知识,如利用三角形面积公式 $S=\dfrac{1}{2}ab\sin C$ 求出 $\sin C$ 的值。

【题 15】【2023 湖南长沙湘江新区,单,2 分】向量 $|\boldsymbol{a}|=2,|\boldsymbol{b}|=3,\boldsymbol{a}\cdot\boldsymbol{b}=-4$,则向量 $\boldsymbol{b}$ 和向量 $\boldsymbol{a}+\boldsymbol{b}$ 的夹角的正弦值为(　　)

A. $\dfrac{\sqrt{5}}{3}$　　B. $\dfrac{1}{3}$　　C. $\dfrac{2\sqrt{3}}{3}$　　D. $\dfrac{2}{3}$

解　因为 $|\boldsymbol{a}|=2,|\boldsymbol{b}|=3,\boldsymbol{a}\cdot\boldsymbol{b}=-4$,所以 $|\boldsymbol{a}+\boldsymbol{b}|=\sqrt{\boldsymbol{a}^2+2\boldsymbol{a}\cdot\boldsymbol{b}+\boldsymbol{b}^2}=\sqrt{4-8+9}=\sqrt{5}$,所以 $\cos\langle\boldsymbol{b},\boldsymbol{a}+\boldsymbol{b}\rangle=\dfrac{\boldsymbol{b}\cdot(\boldsymbol{a}+\boldsymbol{b})}{|\boldsymbol{b}|\cdot|\boldsymbol{a}+\boldsymbol{b}|}=\dfrac{\boldsymbol{a}\cdot\boldsymbol{b}+|\boldsymbol{b}|^2}{|\boldsymbol{b}|\cdot|\boldsymbol{a}+\boldsymbol{b}|}=\dfrac{-4+9}{3\sqrt{5}}=\dfrac{\sqrt{5}}{3}$,所以 $\sin\langle\boldsymbol{b},\boldsymbol{a}+\boldsymbol{b}\rangle=\sqrt{1-\left(\dfrac{\sqrt{5}}{3}\right)^2}=\dfrac{2}{3}$。

答案　D

【题 16】　已知向量 $\boldsymbol{a}=(1,\sqrt{3})$,向量 $\boldsymbol{b}=(-2,2\sqrt{3})$,向量 $\boldsymbol{a}$ 与 $\boldsymbol{b}$ 的夹角为 θ,则 $\cos\theta=($　　$)$

A. $\dfrac{1}{6}$　　B. $\dfrac{1}{4}$　　C. $\dfrac{1}{3}$　　D. $\dfrac{1}{2}$

解　$\cos\theta=\dfrac{\boldsymbol{a}\cdot\boldsymbol{b}}{|\boldsymbol{a}||\boldsymbol{b}|}=\dfrac{1\times(-2)+\sqrt{3}\times2\sqrt{3}}{\sqrt{1^2+(\sqrt{3})^2}\times\sqrt{(-2)^2+(2\sqrt{3})^2}}=\dfrac{1}{2}$。

答案　D

3. 平面向量的垂直

设 $\boldsymbol{a}=(x_1,y_1),\boldsymbol{b}=(x_2,y_2)$,则 $\boldsymbol{a}\perp\boldsymbol{b}\Leftrightarrow x_1x_2+y_1y_2=0$。

【题 17】【2023 浙江杭州,单,3 分】已知向量 $\boldsymbol{a}=(1,4),\boldsymbol{b}=(-8,x)$,若 $\boldsymbol{a}\perp\boldsymbol{b}$,则 $\boldsymbol{b}\cdot(\boldsymbol{a}-\boldsymbol{b})=($　　$)$

A. -68　　B. -28　　C. 32　　D. 0

解　因为 $\boldsymbol{a}\perp\boldsymbol{b}$,所以 $\boldsymbol{a}\cdot\boldsymbol{b}=1\times(-8)+4x=0$,解得 $x=2$,所以 $\boldsymbol{b}=(-8,2)$,所以 $\boldsymbol{a}-\boldsymbol{b}=(9,2)$,所以 $\boldsymbol{b}\cdot(\boldsymbol{a}-\boldsymbol{b})=(-8)\times9+2\times2=-68$。

答案　A

【题 18】　已知向量 $\boldsymbol{a}=(1,m),\boldsymbol{b}=(3,-2)$,且 $(\boldsymbol{a}+\boldsymbol{b})\perp\boldsymbol{b}$,则 $m=($　　$)$

A. -8　　B. -6　　C. 6　　D. 8

解　$\boldsymbol{a}+\boldsymbol{b}=(4,m-2)$,$\because(\boldsymbol{a}+\boldsymbol{b})\perp\boldsymbol{b}$,$\therefore(\boldsymbol{a}+\boldsymbol{b})\cdot\boldsymbol{b}=4\times3+(m-2)\times(-2)=-2m+16=0$,解得 $m=8$。

答案　D

考点5　平面向量的数量积的运算律

(1)$\lambda(\boldsymbol{a}\cdot\boldsymbol{b})=(\lambda\boldsymbol{a})\cdot\boldsymbol{b}=\boldsymbol{a}\cdot(\lambda\boldsymbol{b}),\lambda\in\mathbf{R}$;

(2)$\boldsymbol{a}\cdot\boldsymbol{b}=\boldsymbol{b}\cdot\boldsymbol{a}$(交换律);

(3)$(\boldsymbol{a}+\boldsymbol{b})\cdot\boldsymbol{c}=\boldsymbol{a}\cdot\boldsymbol{c}+\boldsymbol{b}\cdot\boldsymbol{c}$(分配律)。

注:平面向量的数量积不满足:

①消去律,即$\boldsymbol{a}\cdot\boldsymbol{b}=\boldsymbol{a}\cdot\boldsymbol{c}\nRightarrow\boldsymbol{b}=\boldsymbol{c}$;

②乘法结合律,即$(\boldsymbol{a}\cdot\boldsymbol{b})\cdot\boldsymbol{c}$不一定等于$\boldsymbol{a}\cdot(\boldsymbol{b}\cdot\boldsymbol{c})$。

第四节　平面向量的应用

核心考点

考点1　平面向量在平面几何中的应用　★

考点2　平面向量在三角函数中的应用　★★

考点3　平面向量在平面解析几何中的应用　★★

考点1　平面向量在平面几何中的应用　★

设$\boldsymbol{a}=(x_1,y_1),\boldsymbol{b}=(x_2,y_2)$,

(1)常用共线向量基本定理,证明线线平行或点共线问题。

$$\boldsymbol{a}/\!/\boldsymbol{b}\Leftrightarrow\boldsymbol{a}=\lambda\boldsymbol{b}(\boldsymbol{b}\neq0)\Leftrightarrow x_1y_2-x_2y_1=0。$$

(2)常用平面向量数量积的运算性质,证明垂直问题。

$$\boldsymbol{a}\perp\boldsymbol{b}\Leftrightarrow x_1x_2+y_1y_2=0。$$

(3)常用夹角公式,求解夹角问题。

$$\cos\langle\boldsymbol{a},\boldsymbol{b}\rangle=\frac{\boldsymbol{a}\cdot\boldsymbol{b}}{|\boldsymbol{a}||\boldsymbol{b}|}=\frac{x_1x_2+y_1y_2}{\sqrt{x_1^2+y_1^2}\sqrt{x_2^2+y_2^2}}。$$

(4)常用向量模的公式,求线段长度问题。

$$|\boldsymbol{a}|=\sqrt{x_1^2+y_1^2},|AB|=\sqrt{(x_B-x_A)^2+(y_B-y_A)^2}。$$

【题19】　如图,在平行四边形$ABCD$中,已知$AD=1,AB=2$,对角线$BD=2$,求对角线AC的长。

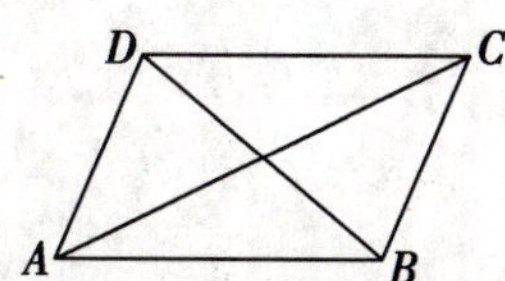

解　设$\overrightarrow{AD}=\boldsymbol{a},\overrightarrow{AB}=\boldsymbol{b}$,则有$\overrightarrow{BD}=\boldsymbol{a}-\boldsymbol{b},\overrightarrow{AC}=\boldsymbol{a}+\boldsymbol{b}$,

$\because|\overrightarrow{BD}|=|\boldsymbol{a}-\boldsymbol{b}|=\sqrt{|\boldsymbol{a}|^2-2\boldsymbol{a}\cdot\boldsymbol{b}+|\boldsymbol{b}|^2}=\sqrt{5-2\boldsymbol{a}\cdot\boldsymbol{b}}$,又$BD=2$,

即$|\overrightarrow{BD}|^2=5-2\boldsymbol{a}\cdot\boldsymbol{b}=4,\therefore2\boldsymbol{a}\cdot\boldsymbol{b}=1$,

$\therefore |\overrightarrow{AC}|^2=|\boldsymbol{a}+\boldsymbol{b}|^2=|\boldsymbol{a}|^2+2\boldsymbol{a}\cdot\boldsymbol{b}+|\boldsymbol{b}|^2=1+1+4=6$，$\therefore |\overrightarrow{AC}|=\sqrt{6}$，即对角线 AC 的长为$\sqrt{6}$。

考点2 平面向量在三角函数中的应用 ★★

利用向量的数量积求解三角形。

【题20】 在$\triangle ABC$中，$AB=3$，$AC=2$，$BC=\sqrt{10}$，则$\overrightarrow{BA}\cdot\overrightarrow{AC}=$(　　)

A. $-\frac{3}{2}$　　B. $-\frac{2}{3}$　　C. $\frac{2}{3}$　　D. $\frac{3}{2}$

解 由余弦定理得 $\cos A=\frac{AB^2+AC^2-BC^2}{2AB\cdot AC}=\frac{9+4-10}{12}=\frac{1}{4}$，则$\overrightarrow{AB}\cdot\overrightarrow{AC}=|\overrightarrow{AB}|\cdot|\overrightarrow{AC}|\cdot\cos A=3\times2\times\frac{1}{4}=\frac{3}{2}$。故$\overrightarrow{BA}\cdot\overrightarrow{AC}=-\overrightarrow{AB}\cdot\overrightarrow{AC}=-\frac{3}{2}$。

答案 A

考点3 平面向量在平面解析几何中的应用 ★★

(1)以向量为工具研究平面解析几何中的坐标、性质、长度等问题。

(2)以向量为工具研究平面解析几何中常见的轨迹方程问题。

【题21】 已知双曲线$\frac{x^2}{2}-\frac{y^2}{b^2}=1(b>0)$的左、右焦点分别是 F_1，F_2，其中一条渐近线方程为 $y=x$，点 $P(\sqrt{3},y_0)$在双曲线上，则$\overrightarrow{PF_1}\cdot\overrightarrow{PF_2}=$(　　)

A. -12　　B. -2　　C. 0　　D. 4

解 由渐近线方程为 $y=x$ 知双曲线是等轴双曲线，$\therefore$ 双曲线方程是 $x^2-y^2=2$，易求得两焦点坐标分别是$F_1(-2,0)$和 $F_2(2,0)$，$\because$ 点 $P(\sqrt{3},y_0)$在双曲线上，代入双曲线方程可知点 P 坐标为$(\sqrt{3},1)$或$(\sqrt{3},-1)$，不妨取点 $P(\sqrt{3},1)$，则 $\overrightarrow{PF_1}=(-2-\sqrt{3},-1)$，$\overrightarrow{PF_2}=(2-\sqrt{3},-1)$，$\therefore \overrightarrow{PF_1}\cdot\overrightarrow{PF_2}=(-2-\sqrt{3},-1)\cdot(2-\sqrt{3},-1)=-(2+\sqrt{3})(2-\sqrt{3})+1=0$。

答案 C

我于________年____月____日完成了对本章的学习。

复盘一下，我对自己较肯定的地方是____________________

(足够努力/心态积极/方法得当……)

我觉得自己需要改进的地方是____________________

(懒惰懈怠/心情浮躁/方法不当……)

休息片刻，开启下一站征程！

第八章 复 数

考向分析

本章属于高中数学的基础章节，也是各地教师招聘考试中的常考内容，特点为内容基础，需要识记的知识较多。在考试中常以单项选择题、填空题的形式考查。现对本章考向分析如下：

高频考点	高频考向	常考题型	核心素养	考查热度
复数的概念	给定复数求参数值	单选、填空	数学运算	🔥🔥
复数的几何意义	判断复数在复平面内所对应点的象限	单选、填空	直观想象、数学运算	🔥🔥🔥
复数的运算	复数的四则运算	单选、填空	数学运算	🔥🔥🔥

核心考点

考点1　复数的概念　★★

考点2　复数的几何意义　★

考点3　复数的运算　★★

考点1　复数的概念　★★

1. 复数的定义

(1)形如 $a+bi(a,b\in\mathbf{R})$ 的数叫做复数，a 叫做复数的实部，b 叫做复数的虚部，i 叫做虚数单位。

(2)全体复数构成的集合叫做复数集，通常用大写字母 $\mathbf{C}$ 表示，即 $\mathbf{C}=\{z|z=a+bi,a,b\in\mathbf{R}\}$，显然实数集是复数集的真子集，即 $\mathbf{R}\subsetneqq\mathbf{C}$，复数集是实数集的扩充。

(3)复数 $a+bi(a,b\in\mathbf{R})$，$\begin{cases}\text{若 } b=0\text{，是实数；}\\ \text{若 } b\neq0\text{，是虚数}\begin{cases}\text{若 } a=0\text{，是纯虚数，}\\ \text{若 } a\neq0\text{，是非纯虚数。}\end{cases}\end{cases}$

2. 复数相等

$$a+bi=c+di\Leftrightarrow a=c \text{ 且 } b=d(a,b,c,d\in\mathbf{R})。$$

3. 复数的模

向量 $\overrightarrow{OZ}$ 的模叫做复数 $z=a+bi$ 的模或绝对值，记作 $|z|$ 或 $|a+bi|$，即

$$|z|=|a+bi|=\sqrt{a^2+b^2}\text{，其中 } a,b\in\mathbf{R}。$$

【题 1】 【2023 浙江金华,填空,4 分】已知 i 是虚数单位,若复数 z 满足 $z+\mathrm{i}=\frac{1}{1+\mathrm{i}}$,则 $|z|=$________。

解 由 $z+\mathrm{i}=\frac{1}{1+\mathrm{i}}$,得 $z=\frac{1}{1+\mathrm{i}}-\mathrm{i}=\frac{1-\mathrm{i}(1+\mathrm{i})}{1+\mathrm{i}}=\frac{2-\mathrm{i}}{1+\mathrm{i}}=\frac{(2-\mathrm{i})(1-\mathrm{i})}{(1+\mathrm{i})(1-\mathrm{i})}=\frac{1-3\mathrm{i}}{2}$,$\therefore$ $|z|=\sqrt{\left(\frac{1}{2}\right)^2+\left(-\frac{3}{2}\right)^2}=\frac{\sqrt{10}}{2}$。

答案 $\frac{\sqrt{10}}{2}$

4. 共轭复数

一般地,当两个复数的实部相等,虚部互为相反数时,这两个复数叫做互为共轭复数。复数 z 的共轭复数用 $\bar{z}$ 表示,即如果 $z=a+b\mathrm{i}$,那么 $\bar{z}=a-b\mathrm{i}$。

【题 2】 【2021 安徽统考,单,4 分】设复数 $z=\frac{\mathrm{i}}{1-\mathrm{i}}$(i 是虚数单位),则 z 的共轭复数为( )

A. $-\frac{1}{2}-\frac{1}{2}\mathrm{i}$ B. $\frac{1}{2}+\frac{1}{2}\mathrm{i}$

C. $-\frac{1}{2}+\frac{1}{2}\mathrm{i}$ D. $\frac{1}{2}-\frac{1}{2}\mathrm{i}$

解 $z=\frac{\mathrm{i}}{1-\mathrm{i}}=\frac{\mathrm{i}(1+\mathrm{i})}{(1-\mathrm{i})(1+\mathrm{i})}=\frac{-1+\mathrm{i}}{2}=-\frac{1}{2}+\frac{1}{2}\mathrm{i}$,则 $\bar{z}=-\frac{1}{2}-\frac{1}{2}\mathrm{i}$。

答案 A

考点 2 复数的几何意义 ★

1. 复平面

建立直角坐标系来表示复数的平面叫做复平面,x 轴叫做实轴,y 轴叫做虚轴。实轴上的点都表示实数,除了原点外,虚轴上的点都表示纯虚数。

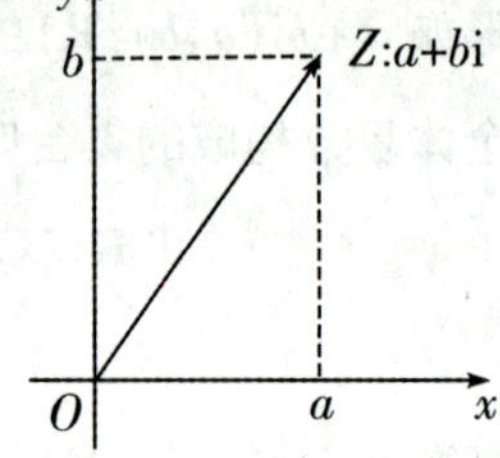

2. 复数与复平面内的点的关系

复数 $z=a+b\mathrm{i}\xleftrightarrow{\text{一一对应}}$复平面内的点 $Z(a,b)$ $(a,b\in\mathbf{R})$。

3. 复数与复平面内的向量的关系

复数 $z=a+b\mathrm{i}$ $(a,b\in\mathbf{R})\xleftrightarrow{\text{一一对应}}$平面向量$\overrightarrow{OZ}$。

【题 3】 【2023 山东济南历城区,单,3 分】已知 i 是虚数单位,复数 z 满足 $z\cdot(2+\mathrm{i})=8-\mathrm{i}$,则 z 的对应点在复平面内位于( )

A. 第一象限 B. 第二象限 C. 第三象限 D. 第四象限

解 由题意可得,$z=\frac{8-\mathrm{i}}{2+\mathrm{i}}=\frac{(8-\mathrm{i})(2-\mathrm{i})}{(2+\mathrm{i})(2-\mathrm{i})}=\frac{8\times2-8\mathrm{i}-2\mathrm{i}+\mathrm{i}^2}{2^2-\mathrm{i}^2}=\frac{15-10\mathrm{i}}{5}=3-2\mathrm{i}$,则 z 在复平面内的对应点 $(3,-2)$ 位于第四象限。

答案 D

【题4】【2020 福建,单,4 分】复数 z 满足 $z=\frac{2-i}{i}$(i 为虚数),则 z 在复平面内所对应的点位于(　　)

A. 第一象限　　B. 第二象限

C. 第三象限　　D. 第四象限

解　$z=\frac{2-i}{i}=\frac{(2-i)i}{i^2}=-1-2i$,则 z 在复平面内所对应的点为 $(-1,-2)$。故选 C。

答案　C

【题5】【2020 山东烟台莱阳,单,2 分】设复数 z 满足 $|z-3i|=2$,z 在复平面内对应的点为 $M(x,y)$,则 M 点的轨迹为(　　)

A. $(x-3)^2+y^2=4$　　B. $x^2+(y-3)^2=4$

C. $(x+3)^2+y^2=4$　　D. $x^2+(y+3)^2=4$

解　由题意可设 $z=x+yi$,则有 $|z-3i|=|x+(y-3)i|=2$,所以 $x^2+(y-3)^2=4$。

答案　B

考点3　复数的运算　★★

设 $z_1=a+bi$,$z_2=c+di$,$a,b,c,d\in\mathbf{R}$,则

复数的加法	$z_1+z_2=(a+c)+(b+d)i$
复数的减法	$z_1-z_2=(a-c)+(b-d)i$
复数的乘法	$z_1\cdot z_2=(ac-bd)+(ad+bc)i$
复数的除法	$\frac{z_1}{z_2}=\frac{a+bi}{c+di}=\frac{(a+bi)(c-di)}{c^2+d^2}=\frac{ac+bd}{c^2+d^2}+\frac{bc-ad}{c^2+d^2}i$
复数 i 的乘方	对任意的 $n\in\mathbf{N}_+$,$i^1=i$,$i^2=-1$,$i^3=-i$,$i^4=1$,…,$i^{4n+1}=i$,$i^{4n+2}=-1$,$i^{4n+3}=-i$,$i^{4n+4}=1$

【题6】【2023 四川特岗,单,4 分】已知复数 $z=2+\frac{1}{2-i}$,则复数 z 的虚部为(　　)

A. $-\frac{1}{5}$　　B. $-\frac{1}{5}i$　　C. $\frac{1}{5}$　　D. $\frac{1}{5}i$

解　$z=2+\frac{1}{2-i}=2+\frac{2+i}{(2+i)(2-i)}=2+\frac{2+i}{5}=\frac{12}{5}+\frac{1}{5}i$,故虚部为 $\frac{1}{5}$。

答案　C

【题7】【2023 山西特岗,单,3 分】已知复数 $z=\frac{3+2i}{i}$,其中 i 为虚数单位,则 z 的虚部等于(　　)

A. 2　　B. -2　　C. 3　　D. -3

解　因为 $z=\frac{3+2i}{i}=\frac{3i+2i^2}{i^2}=\frac{-2+3i}{-1}=2-3i$,所以 z 的虚部为 -3。

答案　D

【题8】【2022湖南长沙长沙县，单，3.5分】已知 i 为虚数单位，则$\left(\frac{1+i}{1-i}\right)^{2022}=($　　$)$

A. i　　B. -1　　C. $-i$　　D. 1

解　因为$\frac{1+i}{1-i}=\frac{(1+i)^2}{(1-i)(1+i)}=i$，所以$\left(\frac{1+i}{1-i}\right)^{2022}=(i^4)^{505}\cdot i^2=-1$。

答案　B

即时反思与复盘总结

我于________年____月____日完成了对本章的学习。

复盘一下，我对自己较肯定的地方是____________________

（足够努力/心态积极/方法得当……）

我觉得自己需要改进的地方是____________________

（懒惰懈怠/心情浮躁/方法不当……）

休息片刻，开启下一站征程！

第九章　算法初步与推理证明

考向分析

本章属于高中数学的基础章节，在各地教师招聘考试中，江西、福建、天津等地常以单选的形式考查，要求考生识记相关概念，掌握基本的逻辑推理能力。现对本章考向分析如下：

高频考点	高频考向	常考题型	核心素养	考查热度
程序框图	利用程序框图求值	单选	数学运算、逻辑推理	🔥
推理	判断推理的类别	单选	——	🔥
证明	判断证明方法	单选	——	🔥

第一节　算法初步

核心考点

考点1　算法　　考点2　程序框图 ★

考点1　算法

1. 算法的相关概念

(1) 定义

算法可以理解为由基本运算及规定的运算顺序所构成的完整的解题步骤，或者看成按照要求设计好的有限的确切的计算序列，并且这样的步骤或序列能够解决一类问题。

(2) 特点

算法具有明确性、有效性、有限性、数据输入、信息输出、不唯一性的特点。

2. 基本算法语句

(1) 赋值语句：在程序运行时给变量赋值的语句，一般格式：变量 = 表达式。

注意：

①一个语句只能给一个变量赋值；

②将一个变量的值赋值给另一个变量时，前一个变量的值保持不变；

③可先后给一个变量赋多个不同的值，但变量的取值只与最后一次赋值有关。

(2)条件语句：计算机按照条件进行分析、比较、判断，并且按照判断后的不同情况进行不同的操作处理如“比较数之间的大小”“判断数是否为偶数”。

(3)循环语句：变量一般需要进行一定的初始化操作，并且循环语句在循环过程中需要有“结束”的机会，循环过程中循环条件成立对应的变量值需要有改变。

(4)输入语句：实现算法的输入信息功能。一般格式：INPUT“提示内容”；变量。

(5)输出语句：实现算法的输出结果功能。一般格式：PRINT“提示内容”；表达式。

考点2 程序框图 ★

1. 定义

程序框图又称流程图，是一种用程序框、流程线及文字说明来表示算法的图形。

2. 基本逻辑结构

(1)顺序结构

顺序结构描述的是最简单的算法结构，语句与语句之间，框与框之间按从上到下的顺序进行。

下图中，语句1和语句2是依次执行的，只有在执行完语句1指定的操作后，才能接着执行语句2所指定的操作。

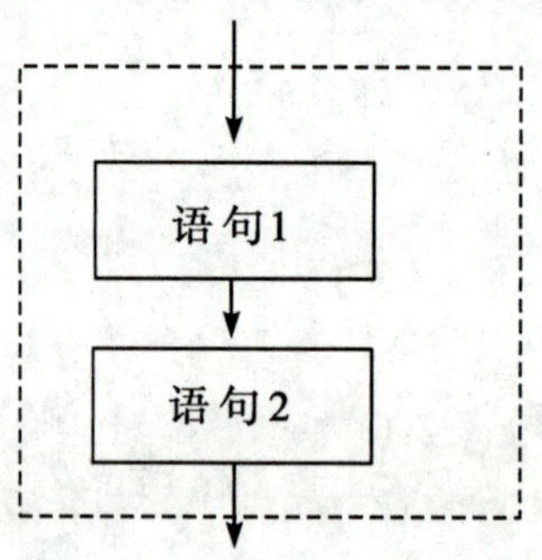

(2)条件分支结构

条件分支结构要求进行逻辑判断，并根据判断结果进行不同情况的处理，它是依据指定条件选择执行不同指令的控制结构。

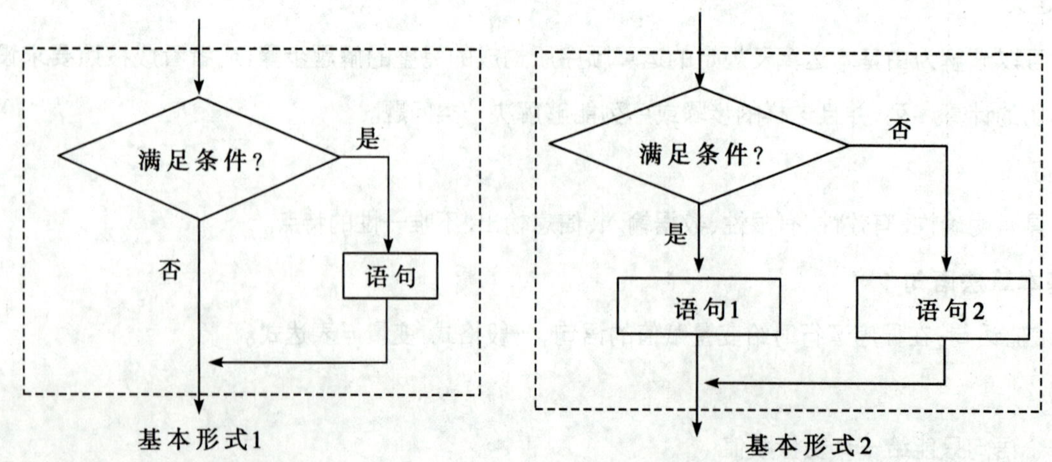

(3)循环结构

根据指定条件决定是否重复执行一条或多条指令的控制结构称为循环结构。

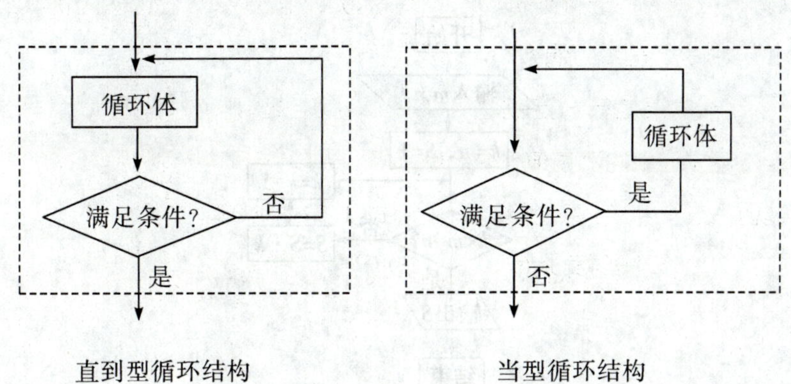

直到型循环结构　　当型循环结构

①直到型循环结构:在执行了一次循环体后,对条件进行判断,如果条件不满足,就继续执行循环体,直到条件满足时终止循环。

②当型循环结构:在每次执行循环体前,对条件进行判断,如果条件满足,就执行循环体,否则终止循环。

3. 常用图形符号

图形符号	名称	符号表示的意义
	起、止框	框图的开始或结束
	输入、输出框	数据的输入或者结果的输出
	处理框	赋值、执行计算语句、结果的传送
	判断框	根据给定条件判断
	流程线	流程进行的方向
	连接点	连接另一页或另一部分的框图
	注释图	帮助理解框图

【题1】【2019天津津南区、北辰区,单,3分】当 $m=5$,$n=2$ 时,执行如图所示的程序框图,输出的 S 值为( )

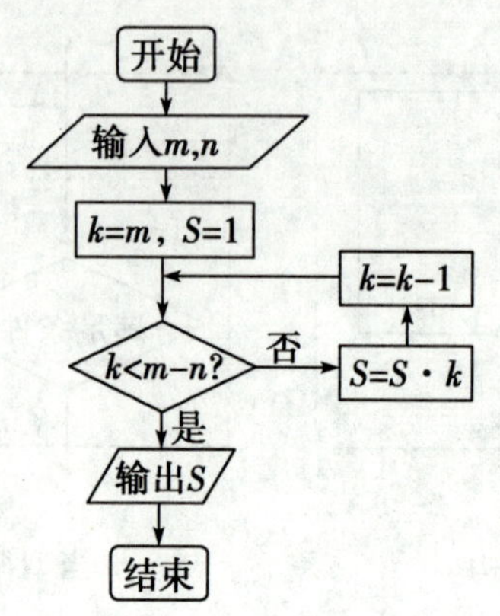

A. 20　　B. 42　　C. 60　　D. 180

解　当 $m=5$,$n=2$ 时,$m-n=5-2=3$,$k=m=5$,$S=1$,进入判断框,$k=5$,不满足 $k<m-n$,执行"$S=S\cdot k$",得 $S=1\times5=5$,执行"$k=k-1$",得 $k=5-1=4$;再次进入判断框,$k=4$,不满足 $k<m-n$,执行"$S=S\cdot k$",得 $S=5\times4=20$,执行"$k=k-1$",得 $k=4-1=3$;再次进入判断框,$k=3$,不满足 $k<m-n$,执行"$S=S\cdot k$",得 $S=20\times3=60$,执行"$k=k-1$",得 $k=3-1=2$;再次进入判断框,$k=2$,满足 $k<m-n$,执行"输出 S",此时 $S=60$。故选C。

答案　C

第二节　推理与证明

核心考点

考点1　推理 ★　　考点2　证明 ★

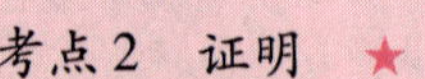

考点1　推理 ★

1. 推理的定义

推理是由一个或几个已知的判断做出一个新判断的思维形式。

任何推理都是由前提和结论两部分组成的。前提是推理过程中所依据的已有判断,它告诉人们已知的知识是什么。推理的前提可以是一个,也可以是几个。结论是根据前提所做出的判断,它告诉人们推出的知识是什么。

2. 推理的类别

由于划分的标准不同，推理可以分成许多种类。数学中常用的推理有演绎推理和合情推理。

(1) 演绎推理

定义	从一般性的原理出发，推出某个特殊情况下的结论，把这种推理称为演绎推理	
特点	演绎推理是由一般到特殊的推理	
模式："三段论"是演绎推理的一般模式	"三段论"的结构	①大前提——已知的一般原理； ②小前提——所研究的特殊情况； ③结论——根据一般原理，对特殊情况做出的判断
	"三段论"的表示	①大前提——M 是 P； ②小前提——S 是 M； ③结论——S 是 P

注：联言推理和选言推理属于演绎推理。

(2) 合情推理

	归纳推理	类比推理
定义	由某类事物的部分对象具有某些特征，推出该类事物的全部对象都具有这些特征的推理，或者由个别的事实概括出一般结论的推理	由两类对象具有某些类似特征和其中一类对象的某些已知特征，推出另一类对象也具有某些已知特征的推理
特点	是由部分到整体、由个别到一般的推理	是由特殊到特殊的推理
一般步骤	①通过观察个别情况发现某些相同性质； ②从已知的相同性质中推出一个明确表述的一般性命题(猜想)	①找出两类事物之间的相似性或一致性； ②用一类事物的性质去推测另一类事物的性质，得出一个明确的命题(猜想)
共性	归纳推理和类比推理都是根据已有的事实，经过观察、分析、比较、联想，再进行归纳、类比，然后提出猜想的推理，我们把它们统称为合情推理	

【题2】【2022 福建，单，4 分】由"平面内不共线的 3 个点确定一个圆"猜测"空间中不共面的 4 个点确定一个球"，这种推理方式是(　　)

A. 关系推理　　　　B. 联言推理

C. 类比推理　　　　D. 归纳推理

解　由“平面内不共线的3个点确定一个圆”类比联想出“空间中不共面的4个点确定一个球”，是类比推理。

答案　C

【题3】【2021江西，单，1分】(　　)推理用于探索思路。

A. 演绎　　　　B. 逻辑

C. 合情　　　　D. 归纳

解　合情推理是根据已有的事实，经过观察、分析、比较、联想，再进行归纳，类比，然后提出猜想的推理。演绎推理是从已有的事实(包括定义、公理、定理等)和确定的规则(包括运算的定义、法则、顺序等)出发，按照逻辑推理的法则进行证明和计算。在解决问题的过程中，合情推理用于探索思路，发现结论；演绎推理用于证明结论。

答案　C

【题4】【2019福建，单，4分】在推导梯形面积公式时，学生通过用两个一样的三角形拼成平行四边形推导出三角形的面积公式产生联想，也用两个一样的梯形拼成平行四边形推导出梯形的面积公式。这种推理方式是(　　)

A. 归纳推理　　　　B. 类比推理

C. 联言推理　　　　D. 关系推理

解　类比推理是根据两个或两类对象有部分属性相同或相似，从而推出它们的其他属性也相同或相似的推理。本题中通过类比三角形面积公式的推导过程来推导梯形的面积公式的推理是类比推理。

答案　B

考点2　证明　★

1. 直接证明

直接证明是从命题的条件与结论出发，根据已知的定义、公理、定理，直接推证结论的真实性，常用的直接证明的方法有综合法与分析法。

(1)综合法

利用已知条件和某些数学定义、公理、定理等，经过一系列的推理论证，最后推导出所要证明的结论成立。

框图表示：$\boxed{P\Rightarrow Q_1}\rightarrow\boxed{Q_1\Rightarrow Q_2}\rightarrow\boxed{Q_2\Rightarrow Q_3}\rightarrow\cdots\boxed{Q_n\Rightarrow Q}$(其中$P$表示已知条件、已有的定义、定理、公理等，$Q$表示所要证明的结论)。

文字语言：因为……，所以……(或由……得……)

要点：顺推证法；由因导果。

【题5】 求证：$\frac{1}{\log_5 19}+\frac{2}{\log_3 19}+\frac{3}{\log_2 19}<2$。

证明 $\because \log_a b=\frac{1}{\log_b a}$，$\therefore$ 左边 $=\log_{19}5+2\log_{19}3+3\log_{19}2=\log_{19}5+\log_{19}3^2+\log_{19}2^3=\log_{19}(5\times 3^2\times 2^3)=$ $\log_{19}360$。$\because \log_{19}360<\log_{19}361=2$，$\therefore \frac{1}{\log_5 19}+\frac{2}{\log_3 19}+\frac{3}{\log_2 19}<2$。

(2)分析法

从要证明的结论出发，逐步寻找使它成立的充分条件，直至最后，把要证明的结论归结为判定一个明显成立的条件(已知条件、定理、定义、公理等)为止。

框图表示：$\boxed{Q\Rightarrow P_1}\to\boxed{P_1\Rightarrow P_2}\to\boxed{P_2\Rightarrow P_3}\to\cdots$ 得到一个明显成立的条件(其中 P 表示已知条件、已有的定义、定理、公理等，Q 表示所要证明的结论)。

文字语言：要证……，只需证……，即证……。

要点：逆推证法；执果索因。

【题6】【2016 福建，单，4 分】分析法是(　　)

A. 从结论出发，逐步寻找充分条件的证明方法

B. 由因导果的证明方法

C. 每步推理都是寻找必要条件的证明方法

D. 从已知条件出发，推导出结论成立的证明方法

解 分析法是由果索因的证明方法，是一个由需知逐步推向已知结果的过程。

答案 A

【题7】 求证：$\sqrt{3}+\sqrt{7}<2\sqrt{5}$。

证明 要证 $\sqrt{3}+\sqrt{7}<2\sqrt{5}$，只需证 $(\sqrt{3}+\sqrt{7})^2<(2\sqrt{5})^2$，即证 $10+2\sqrt{21}<20$，整理得 $\sqrt{21}<5$。

$\because 21<25$ 成立，$\therefore \sqrt{3}+\sqrt{7}<2\sqrt{5}$ 成立。

2. 间接证明

一般地，假设原命题不成立，经过正确的推理，最后得出矛盾，由此说明假设错误，从而证明原命题成立的证明方法叫做反证法。反证法是一种间接证明的方法。

反证法的关键是在正确的推理下得出矛盾，这个矛盾是与已知条件矛盾，或与假设矛盾，或与定义、公理、定理、事实矛盾等。

【题8】 求证：质数有无穷多个。

证明 假设质数只有有限多个。

设全体质数为 $p_1,p_2,\cdots,p_n$，令 $p=p_1p_2\cdot\cdots\cdot p_n$。

显然，p 与 $p+1$ 的最大公约数是1，那么根据质因数分解定理可知，$p+1$ 要么是一个质数，要么是含有 $p_1, p_2, \cdots, p_n$之外的质因数。

这表明，除质数 $p_1, p_2, \cdots p_n$之外还有质数。

因此，假设质数只有有限多个不成立，即质数有无穷多个。

即时反思与复盘总结

我于________年____月____日完成了对本章的学习。

复盘一下，我对自己较肯定的地方是______________________

（足够努力/心态积极/方法得当……）

我觉得自己需要改进的地方是__________________________

（懒惰懈怠/心情浮躁/方法不当……）

休息片刻，开启下一站征程！

第十章 立体几何与空间向量

考向分析

本章属于高中数学阶段的重难点内容，在各地教师招聘考试中，江西、安徽、四川等地常以单选、填空的形式考查几何体的表面积与体积，题目相对基础，山西、浙江一般以解答题的形式考查空间中的角，难度较高。本章内容对考生的直观想象能力要求较高。现对本章考向分析如下：

高频考点	高频考向	常考题型	核心素养	考查热度
简单几何体的表面积与体积	求简单几何体的表面积与体积	单选、填空、解答	直观想象、数学运算	🔥🔥
立体几何的三视图	根据三视图求立体几何的表面积或体积	单选	直观想象、数学运算	🔥
空间直线、平面的平行	证明线、面平行	解答	直观想象	🔥🔥
空间直线、平面的垂直	证明线、面垂直	解答	直观想象	🔥🔥
空间向量的应用	求异面直线所成的角、直线与平面所成的角、二面角	解答	直观想象、数学运算	🔥🔥🔥

第一节 空间几何体

核心考点

考点1 基本立体图形 ★

考点2 简单几何体的表面积与体积 ★★★

考点3 立体图形的三视图与直观图 ★★

考点1 基本立体图形 ★

1. 棱柱、棱锥、棱台

名称	棱柱	棱锥	棱台
图形	F' E' A' D' B' C' 侧棱 侧面 底面 F E A D B C 顶点	S 顶点 侧棱 侧面 底面 F E A D B C	O F' E' A' D' B' C' 侧棱 侧面 底面 F E A D B C 顶点

名称	棱柱	棱锥	棱台
定义	有两个面互相平行，其余各面都是四边形，并且相邻两个四边形的公共边都互相平行，由这些面所围成的多面体叫做棱柱	有一个面是多边形，其余各面都是有一个公共顶点的三角形，由这些面所围成的多面体叫做棱锥	用一个平行于棱锥底面的平面去截棱锥，底面和截面之间那部分多面体叫做棱台
分类	(1)以底面多边形的边数为标准分为三棱柱、四棱柱、五棱柱等；(2)以侧棱是否与底面垂直分为直棱柱和斜棱柱；(3)底面是正多边形的直棱柱叫做正棱柱	(1)以底面多边形的边数为标准分为三棱锥、四棱锥、五棱锥等；(2)底面是正多边形，并且顶点与底面中心的连线垂直于底面的棱锥叫做正棱锥	以底面多边形的边数为标准分为三棱台、四棱台、五棱台等
结构特征	(1)底面互相平行且全等；(2)侧面都是平行四边形；(3)侧棱都相等，且互相平行	(1)底面是多边形；(2)侧面都是三角形；(3)各侧面有一个公共顶点	(1)上、下底面互相平行，且是相似图形；(2)各侧面为梯形；(3)各侧棱的延长线交于一点

2. 圆柱、圆锥、圆台

名称	圆柱	圆锥	圆台
图形	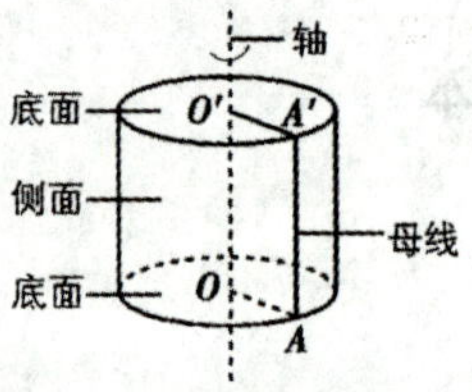 轴 底面 O' A' 侧面 母线 底面 O A	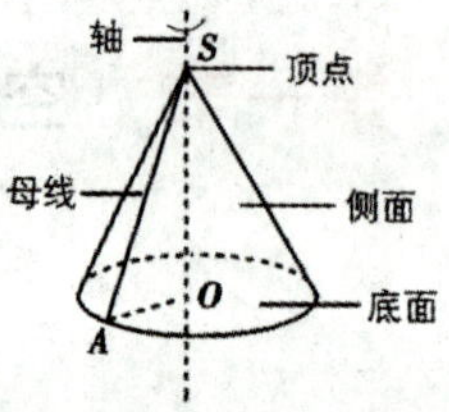 轴 S 顶点 母线 侧面 O 底面 A	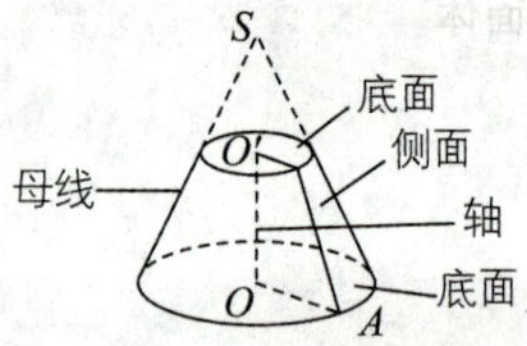 S 底面 O' 侧面 母线 轴 底面 O A
定义	以矩形的一边所在直线为旋转轴，其余三边旋转一周形成的面所围成的旋转体叫做圆柱	以直角三角形的一条直角边所在直线为旋转轴，其余两边旋转一周形成的面所围成的旋转体叫做圆锥	用平行于圆锥底面的平面去截圆锥，底面与截面之间的部分叫做圆台
结构特征	(1)两底面互相平行； (2)母线平行于圆柱的轴； (3)侧面展开图是一个矩形	(1)底面是圆； (2)母线交于圆锥的顶点； (3)侧面展开图是一个扇形	两底面互相平行

3. 球

(1)定义

如图，半圆以它的直径所在直线为旋转轴，旋转一周形成的曲面叫做球面，球面所围成的旋转体叫做球体，简称球。半圆的圆心叫做球的球心；连接球心和球面上任意一点的线段叫做球的半径；连接球面上两点并且经过球心的线段叫做球的直径。

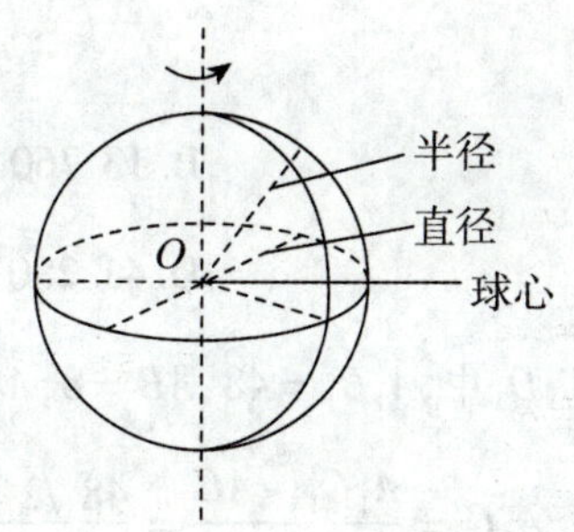

(2)球的截面性质

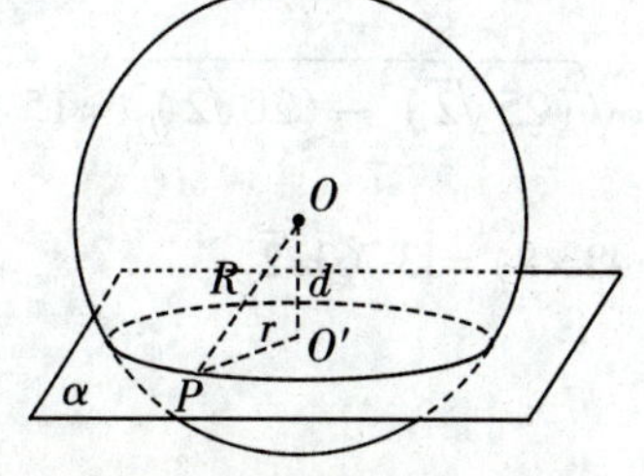

用一个平面去截一个球,截面是圆面。球的截面有如下性质:

①球心和截面圆心的连线垂直于截面。

②球心到截面的距离 d 与球的半径 R 及截面的半径 r 有下面的关系:$r=\sqrt{R^2-d^2}$。

(i)当 $d=0$ 时,截面过球心,此时截面面积最大。球面被经过球心的平面截得的圆叫做大圆。

(ii)当 $d=R$ 时,平面与球相切。

(iii)当 $0<d<R$ 时,平面截球面所得的圆叫做小圆。即不过球心的平面截球面所得的圆叫做小圆。

考点 2 简单几何体的表面积与体积 ★★★

1. 棱柱、棱锥、棱台的表面积和体积

多面体	图形	侧面积与表面积	体积
棱柱	h 直棱柱的侧面展开图为矩形	$S_{直棱柱侧}=Ch$(C 是底面周长,h 是高);$S_{表}=S_{侧}+2S_{底}$	$V=Sh$(S 是底面面积,h 是高)
棱锥	h' 侧面展开 h' 正棱锥的侧面展开图是若干全等的等腰三角形	$S_{正棱锥侧}=\frac{1}{2}Ch'$(C 是底面周长,h'是斜高);$S_{表}=S_{侧}+S_{底}$	$V=\frac{1}{3}Sh$(S 是底面面积,h 是棱锥的高)
棱台	h' 侧面展开 h' 正棱台的侧面展开图是若干全等的等腰梯形	$S_{正棱台侧}=\frac{1}{2}(C+C')h'$($C'$,$C$ 分别是上、下底面的周长,h'是斜高);$S_{表}=S_{侧}+S_{上底}+S_{下底}$	$V=\frac{1}{3}h(S'+\sqrt{S'S}+S)$($S'$,$S$ 分别是上、下底面的面积,h 是棱台的高)

【题 1】【2022 浙江宁波,单,2 分】已知正四棱台的上底面边长为 48,下底面边长为 8,侧棱长为$25\sqrt{2}$,

则该正四棱台的体积为(　　)

A. $11\ 840\sqrt{2}$　　B. $13\ 760\sqrt{2}$

C. $35\ 520\sqrt{2}$　　D. $41\ 280\sqrt{2}$

解　如图,在正四棱台 $ABCD-A_1B_1C_1D_1$ 中,$A_1B_1=48$,$AB=8$,$AA_1=25\sqrt{2}$,连接 AC,A_1C_1,则 $AC=8\sqrt{2}$,$A_1C_1=48\sqrt{2}$,过点 A 作 $AG\perp A_1C_1$,则 $A_1G=\frac{A_1C_1-AC}{2}=\frac{48\sqrt{2}-8\sqrt{2}}{2}=20\sqrt{2}$,$AG=\sqrt{AA_1{}^2-A_1G^2}=\sqrt{(25\sqrt{2})^2-(20\sqrt{2})^2}=15\sqrt{2}$,所以该正四棱台的体积为 $V=\frac{1}{3}h(S_1+S_2+\sqrt{S_1S_2})=\frac{1}{3}\times15\sqrt{2}\times(48^2+8^2+48\times8)=13\ 760\sqrt{2}$。

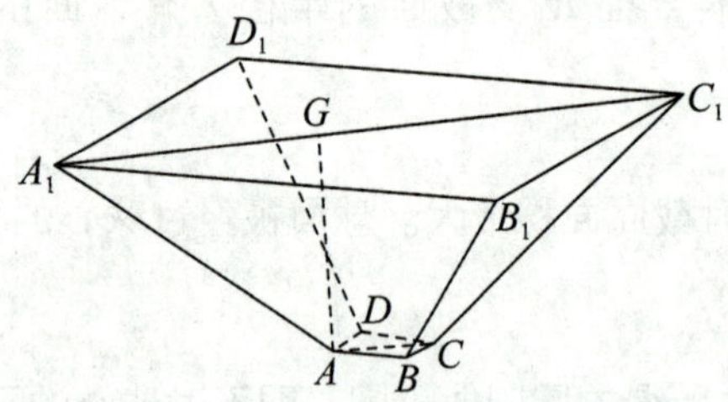

答案　B

【题2】【2021 安徽,单,4 分】如图,已知三棱锥 $P-ABC$ 中,$PA\perp$ 底面 ABC,若 $\triangle ABC$ 是边长为 2 的正三角形,$\angle ABP=60°$,则三棱锥 $P-ABC$ 的体积为(　　)

A. 1　　B. 2　　C. 3　　D. 4

解　$V_{P-ABC}=\frac{1}{3}\times PA\times S_{\triangle ABC}=\frac{1}{3}\times2\times\sqrt{3}\times\frac{1}{2}\times2\times2\times\sin60°=2$。

答案　B

2. 圆柱、圆锥、圆台、球的表面积和体积

旋转体	图形	侧面积与表面积	体积
圆柱		圆柱的侧面展开图是矩形,(1)侧面积:$S_{圆柱侧}=2\pi rl$;(2)表面积:$S_{圆柱}=2\pi r^2+2\pi rl=2\pi r(r+l)$	$V=Sh$(S 为底面面积,h 为高)
圆锥		圆锥的侧面展开图是扇形,(1)侧面积:$S_{圆锥侧}=\pi rl$;(2)表面积:$S_{圆锥}=\pi r^2+\pi rl=\pi r(r+l)$	$V=\frac{1}{3}Sh$(S 为底面面积,h 为高)

续表

旋转体	图形	侧面积与表面积	体积
圆台		圆台的侧面展开图是扇环,(1)侧面积:$S_{圆台侧}=\pi(r+r')l$;(2)表面积:$S_{圆台}=\pi(r'^2+r^2+r'l+rl)$	$V=\frac{1}{3}(S'+\sqrt{S'S}+S)h$($S'$,$S$分别为上、下底面的面积,$h$为圆台的高)
球		半径为R的球的表面积$S=4\pi R^2$	半径为R的球的体积$V=\frac{4}{3}\pi R^3$

【题3】【2023湖南长沙望城区,单,2.5分】一个底面半径为3分米,高为5分米的圆锥形容器中盛满水(容器水平正放,锥顶朝上),水底浸有一个底面半径为5厘米的圆柱形铁块,若将铁块取出,水面下降10厘米,则圆柱形铁块的高为(　　)厘米。

A. 5.0　　B. 4.8　　C. 4.6　　D. 4.5

解　3分米=30厘米,5分米=50厘米,设水面下降部分的小圆锥半径为r_1厘米,高为10厘米,根据三角形的相似性,则$\frac{r_1}{10}=\frac{30}{50}$,因此$r_1=6$,而小圆锥的体积与圆柱形铁块的体积相等,设铁块的高为h厘米,则$\frac{1}{3}\times\pi\times6^2\times10=\pi\times5^2\times h$,解得$h=4.8$。

答案　B

【题4】【2023四川特岗,单,4分】圆锥的底面半径为2,母线长为$\sqrt{13}$,则圆锥的体积是(　　)

A. 3π　　B. 4π　　C. 8π　　D. 12π

解　根据圆锥的结构特征,可知圆锥的高为$\sqrt{(\sqrt{13})^2-2^2}=3$,则圆锥的体积是$\frac{1}{3}\times3\times2^2\times\pi=4\pi$。

答案　B

【题5】【2022安徽,解答,8分】如图,在一个底面直径为20 cm,高为30 cm的透明圆柱体容器中,装有10 cm深的水(容器的厚度不计),把一个长和宽都是8 cm,高为20 cm的长方体铁块竖直放入水中,使其底面与容器底面接触。求铁块露出水面部分的高度。(π取3.14)

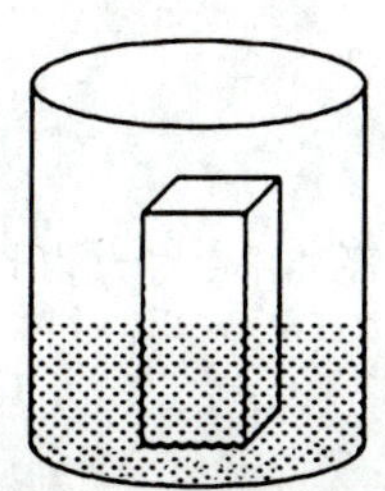

解　设铁块放入容器中后，此时水面的高度为 h cm，则 $10^2\pi\times10+8\times8\times h=10^2\pi h$，解得 $h=12.56$，故铁块露出水面部分的高度为 $20-12.56=7.44$ cm。

考法大揭秘

几何体内切、外接球问题的常用解法

1. 几何体外接球问题的常用解法

(1)构造正(长)方体，将其转化为正(长)方体的外接球问题；

(2)作出适当的截面(通常过球心或切点)，将空间问题转化为平面问题后再求解；

(3)利用圆心与截面圆心的连线垂直于截面来确定球心所在直线。

【题6】　已知一个正方体的所有顶点在一个球面上，若这个正方体的表面积为18，则这个球的体积为________。

解　设这个正方体的棱长为 a，由题意可知 $6a^2=18$，所以 $a=\sqrt{3}$，所以这个正方体外接球的半径 $R=\frac{\sqrt{3}}{2}a=\frac{3}{2}$，所以这个正方体外接球的体积 $V=\frac{4}{3}\pi R^3=\frac{4\pi}{3}\times\left(\frac{3}{2}\right)^3=\frac{9\pi}{2}$。

答案　$\frac{9\pi}{2}$

【题7】　**【2022 山西特岗，单，3 分】**已知 A,B,C 为球 O 的球面上的三个点，$\odot O_1$ 为 $\triangle ABC$ 的外接圆，若 $\odot O_1$ 的面积为 4π，$AB\perp AC$，$OO_1=\frac{1}{2}BC$，则球 O 的表面积为(　　)

A. 16π　　B. 32π　　C. 36π　　D. 64π

解　因为 $\odot O_1$ 的面积为 4π，所以 $\odot O_1$ 的半径为2，即 $O_1B=2$，则 $BC=4$，又因为 $OO_1=\frac{1}{2}BC$，所以 $OO_1=2$，所以球 O 的半径为 $\sqrt{OO_1{}^2+O_1B^2}=\sqrt{2^2+2^2}=2\sqrt{2}$。故球 O 的表面积为 $4\pi R^2=4\pi\times(2\sqrt{2})^2=32\pi$。

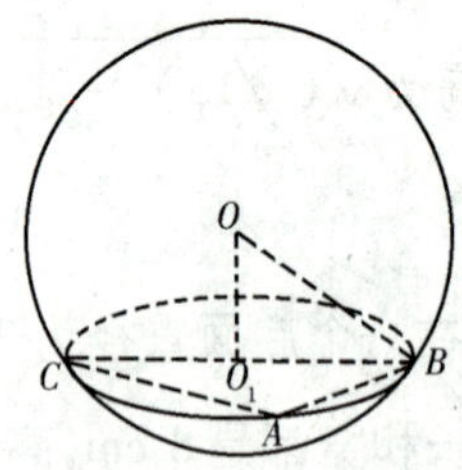

答案　B

2. 几何体内切球问题的常用解法

(1)用体积分割法求内切球半径

内切球的球心到几何体的每个切面的距离相等，均为内切球的半径 r，球心与几何体各顶点的连线可以将几何体分割为几个高为 r 的棱锥。

(2)作出合适的截面(通常过球心或切点),转化为平面问题。

(3)若球内切于正方体,则切点为正方体各个面的中心,正方体的棱长等于内切球的直径。

【题8】【2023 湖南长沙湘江新区,填空,2.5 分】正四面体有一个内切球,球与该正四面体的四个面都相切,记该正四面体的体积为 V_1,内切球的体积为 V_2,则$\frac{V_1}{V_2}=$________。

解 设正四面体的棱长为 a,则正四面体的体积 $V_1=\frac{\sqrt{2}}{12}a^3$,设内切球的半径为 r,则 $4\times\frac{1}{3}\times\frac{\sqrt{3}}{4}a^2\times r=V_1=\frac{\sqrt{2}}{12}a^3$,解得 $r=\frac{\sqrt{6}}{12}a$,所以 $V_2=\frac{4}{3}\pi r^3=\frac{\sqrt{6}a^3\pi}{216}$,所以$\frac{V_1}{V_2}=\frac{6\sqrt{3}}{\pi}$。

答案 $\frac{6\sqrt{3}}{\pi}$

【题9】【2021 安徽特岗,单,5 分】已知球 O 是正方体 $ABCD-A'B'C'D'$的内切球,若 $OA=\sqrt{3}$,则球 O 的表面积为(　　)

A. π　　B. 2π　　C. 4π　　D. 8π

解 正方体内切球球心位于正方体的体对角线上,因为 $OA=\sqrt{3}$,所以正方体的体对角线为 $2OA=2\sqrt{3}$。设正方体的边长为 a,则 $3a^2=(2\sqrt{3})^2$,解得 $a=2$,因为球内切于正方体,所以球 O 的半径 $r=2\times\frac{1}{2}=1$,故球 O 的表面积为 $4\pi r^2=4\pi$。

答案 C

【题10】【2021 山西吕梁孝义,单,2.47 分】已知某正四棱锥(棱长均相等)的侧面积为 $16\sqrt{3}$,则该四棱锥内切球的直径为(　　)

A. $\sqrt{6}-\sqrt{2}$　　B. $\sqrt{6}-\sqrt{3}$　　C. $2(\sqrt{6}-\sqrt{2})$　　D. $2(\sqrt{6}-\sqrt{3})$

解 如图,O 为底面中心,M 为四棱锥 $P-ABCD$ 内切球的球心,设正四棱锥的棱长为 a,则 $S_{\triangle PAB}=\frac{\sqrt{3}}{4}a^2=\frac{1}{4}\times16\sqrt{3}$,所以 $a=4$,所以 $OB=2\sqrt{2}$,$OP=\sqrt{BP^2-OB^2}=\sqrt{16-8}=2\sqrt{2}$,因为球 M 内切于四棱锥 $P-ABCD$,所以 $OM=MN$,设内切球半径为 R,则在 $\triangle PMN$ 中,$PM^2=MN^2+PN^2$,因为 $\triangle OMQ\cong\triangle NMQ$,所以 $NQ=OQ=\frac{1}{2}AB=2$,而 $PQ=2\sqrt{3}$,且在 $\mathrm{Rt}\triangle PMN$ 中,$(2\sqrt{2}-R)^2=R^2+(2\sqrt{3}-2)^2$,解得 $R=\sqrt{6}-\sqrt{2}$,故该四棱锥内切球的直径为 $2R=2(\sqrt{6}-\sqrt{2})$。

答案 C

考点3 立体图形的三视图与直观图 ★★

1. 三视图的概念

将物体在三个相互垂直的平面内作垂直投影所得的三个图形,称为三视图。分别为主(正)视图、侧

(左)视图和俯视图。

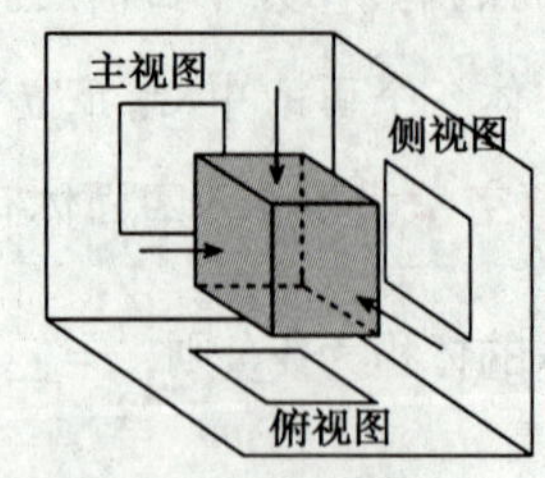

【题 11】【2023 江西,单,1 分】如图,主视图正确的是(　　)

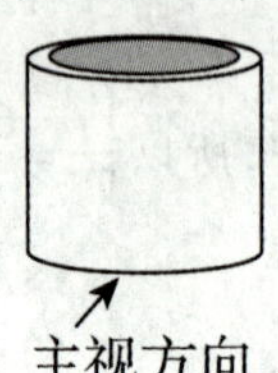

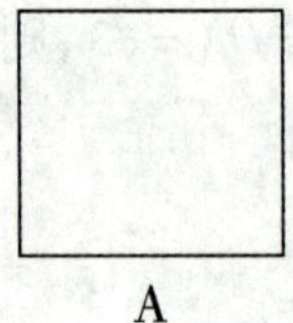
A

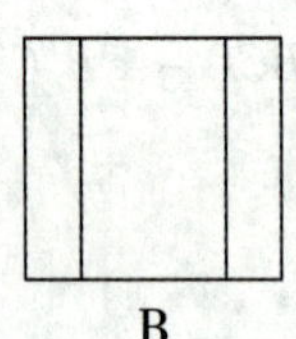
B

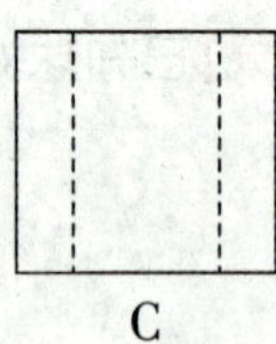
C

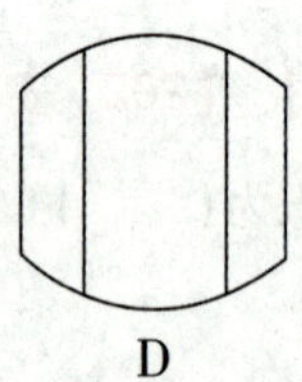
D

解　从物体的前面看得到的视图是主视图,看得见的轮廓线的投影画实线,看不见的轮廓线的投影画虚线。

答案　C

2. 通过三视图确定几何体原图

(1)直接法

适用情况:由三视图比较容易推出原图。

解题步骤:直接利用三视图的作图规则,不断调整,画出原图。

【题 12】【2023 安徽特岗,单,2 分】某几何体的三视图如图所示,则该几何体的体积为(　　)

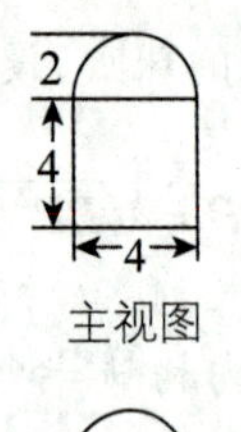

主视图

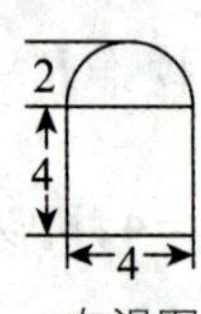

左视图

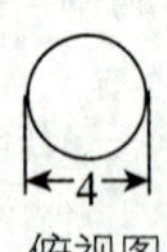

俯视图

A. 16π　　B. $\frac{64\pi}{3}$　　C. $\frac{80\pi}{3}$　　D. 27π

解　由三视图可知,该几何体是由半径为 2 的球的一半和高为 4、底面半径为 2 的圆柱组成的,故该几何体的体积为 $\frac{1}{2}\times\frac{4}{3}\times\pi\times2^3+4\times2^2\times\pi=\frac{64\pi}{3}$。

答案　B

【题13】【2023 湖南长沙湘江新区,单,2 分】由 n 个小正方体组成的立体图形,其主视图与俯视图如图所示,则 n 的最大值为(　　)

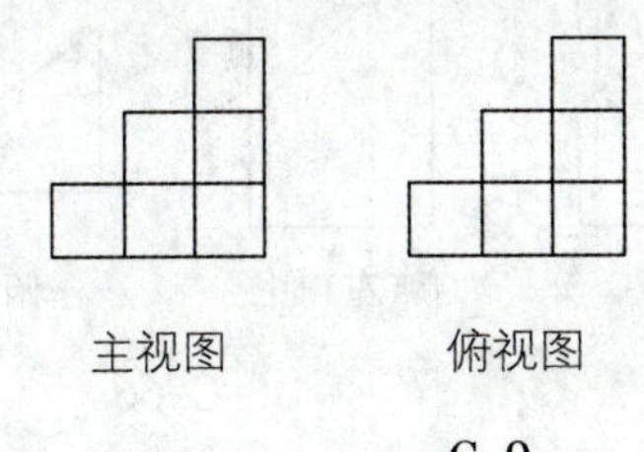

A. 14　　B. 13　　C. 9　　D. 15

解　若使小正方体的个数最多,则要在满足三视图的基础上,最大限度地增加小正方体的个数,个数最多为 $1+2+2+3+3+3=14$ 个。

答案　A

(2)拼凑法

适用情况:从三视图中比较容易找到原图。

解题步骤:①画出正视图;②平移俯视图到恰当的位置(长对正,高平齐),使它和正视图在一起;③把侧视图顺时针旋转 90°再平移到恰当的位置(高平齐,宽相等),使它和正视图、俯视图在一起;④调整它们的位置,找到顶点,找到原图。

【题14】　某三棱锥的三视图如图所示,则该三棱锥的体积为(　　)

A. 60　　B. 30

C. 20　　D. 10

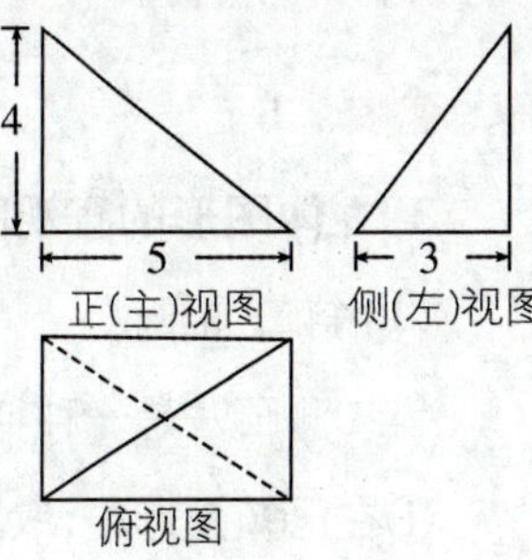

思路分析:利用拼凑法找原图时,关键是第 4 步,结合三视图找到原几何体的顶点,若解题熟练,也可直接画出原图。

解　如图,图中围成的几何体 $P-ABC$ 即为所求三棱锥,该几何体的体积是 $V=\frac{1}{3}\times\frac{1}{2}\times5\times3\times4=10$。

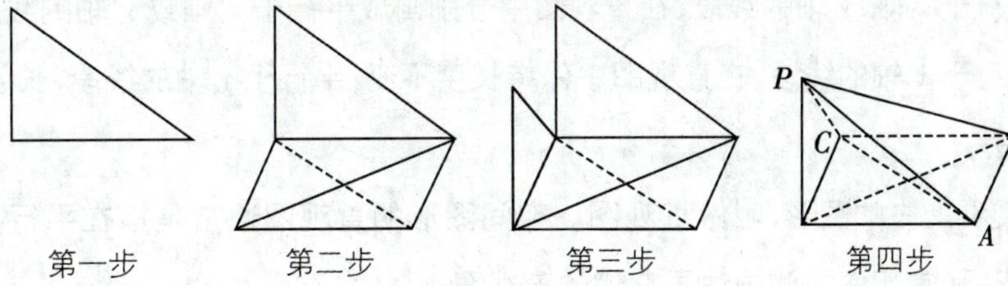

答案　D

(3)模型法

适用情况:观察三视图不容易得出原图。

解题步骤:①画出一个长方体、正方体或其他几何体;②补点;③结合三视图排除某些点;④确定一下那些排除的点附近的点是否是几何体的顶点;⑤结合实线、虚线和确定的点找到几何体的顶点,从而找到符合三视图的原图。

【题15】 某几何体的三视图如图所示,则该几何体的表面积是( )

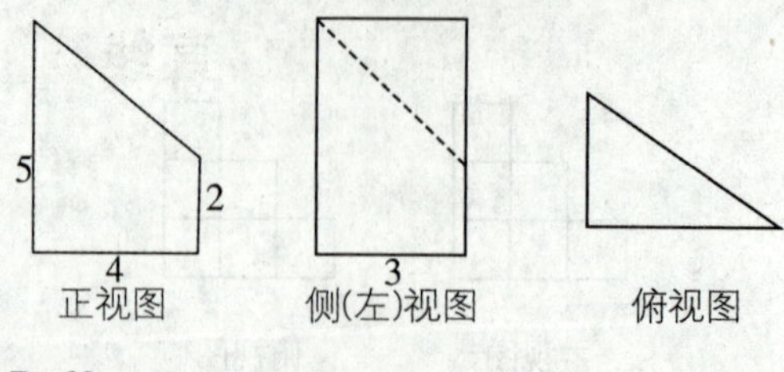

A. 54　　B. 60　　C. 66　　D. 72

解　如图,画一个长4宽3高5的长方体$ABGC-DNMF$,在长方体的边BN,GM上靠近点B,点G的$\frac{2}{5}$处作点E,点O,根据正视图可排除点M,N,根据侧视图与俯视图可排除点O,点G,则该几何体的原图是图中的几何体$ABC—DEF$,共有5个面,底面$S_{\triangle ABC}=\frac{1}{2}\times 3\times 4=6$,垂直于底面的三个面面积分别为$S_{四边形ACFD}=3\times 5=15$,$S_{四边形BEFC}=\frac{(2+5)\times\sqrt{3^2+4^2}}{2}=\frac{35}{2}$,$S_{四边形ABED}=\frac{(2+5)\times 4}{2}=14$,剩下的一个面是一个直角边长分别为$DF=3$,$DE=\sqrt{DN^2+EN^2}=\sqrt{4^2+3^2}=5$的直角三角形,$S_{\triangle DEF}=\frac{1}{2}\times 3\times 5=\frac{15}{2}$,所以表面积为$S=S_{\triangle ABC}+S_{四边形ACFD}+S_{四边形BEFC}+S_{四边形ABED}+S_{\triangle DEF}=6+15+\frac{35}{2}+14+\frac{15}{2}=60$。

答案　B

3. 立体图形的直观图

(1)斜二测画法

斜二测画法是一种特殊的平行投影画法。斜二测画法的步骤如下:

①在已知图形中,取互相垂直的x轴和y轴,两轴相交于点O,画直观图时,把它们画成对应的x'轴和y'轴,两轴相交于点O',且使$\angle x'O'y'=45°$(或$135°$),它们确定的平面表示水平面;

②已知图形中平行于x轴、y轴的线段,在直观图中分别画成平行于x'轴或y'轴的线段;

③已知图形中平行于x轴的线段,在直观图中保持长度不变;平行于y轴的线段,长度变为原来的一半。

(2)直观图的画法

一个物体,从直观看上去的图形,叫做直观图。空间图形的直观图通常是指在平行投影下画出的空间图形。水平放置的多边形常用斜二测画法画它们的直观图。

画立体图形的直观图时,主要有以下几个步骤:①画轴;②画底面(采用斜二测画法);③画侧棱。画z'轴,z'轴过点O',且与x'轴的夹角为$90°$,并画高线(与原图高线相等,画正棱锥时只需要画侧棱即可);④连线成图,擦去辅助线,被遮线用虚线表示。

斜二测画法中得到的直观图面积与原图形的面积之比为$\frac{\sqrt{2}}{4}:1$。

第二节　空间点、直线与平面

考点 1　平面的基本性质及推论　★

考点 2　空间点、直线、平面之间的位置关系　★★

考点 3　空间直线、平面的平行　★★★

考点 4　空间直线、平面的垂直　★★★

考点 5　空间中的角　★★

考点 6　空间中的距离　★

考点 1　平面的基本性质及推论　★

	基本事实 1	基本事实 2	基本事实 3
文字语言	过不在一条直线上的三个点，有且只有一个平面	如果一条直线上的两个点在同一个平面内，那么这条直线在这个平面内	如果两个不重合的平面有一个公共点，那么它们有且只有一条过该点的公共直线
图形语言			
符号语言	A,B,C 三点不共线⇒有且只有一个平面 α，使 $A\in\alpha,B\in\alpha,C\in\alpha$	$A\in l,B\in l$，且 $A\in\alpha,B\in\alpha\Rightarrow l\subset\alpha$	$P\in\alpha$，且 $P\in\beta\Rightarrow\alpha\cap\beta=l$，且 $P\in l$

利用基本事实 1 和基本事实 2，再结合“两点确定一条直线”，可以得到下面三个推论：

推论 1：经过一条直线和这条直线外一点，有且只有一个平面。

推论 2：经过两条相交直线，有且只有一个平面。

推论 3：经过两条平行直线，有且只有一个平面。

考点 2　空间点、直线、平面之间的位置关系　★★

1. 空间中直线与直线的位置关系

不同在任何一个平面内的两条直线叫做异面直线。于是，空间中两条直线的位置关系有三种：

- 共面直线
  - 相交直线：在同一平面内，有且只有一个公共点；
  - 平行直线：在同一平面内，没有公共点；
- 异面直线：不同在任何一个平面内，没有公共点。

2. 空间中直线与平面的位置关系

位置关系	直线在平面内	直线与平面相交	直线与平面平行
公共点个数	有无数个公共点	有且只有一个公共点	没有公共点
图形语言			
符号语言	$a\subset\alpha$	$a\cap\alpha=A$	$a/\!/\alpha$

注：当直线与平面相交或平行时，直线不在平面内，也称为直线在平面外。

3. 空间中平面与平面的位置关系

位置关系	两个平面平行——没有公共点	两个平面相交——有一条公共直线
图形语言		
符号语言	$\alpha/\!/\beta$	$\alpha\cap\beta=l$

【题16】 若直线 l_1 和 l_2 是异面直线，l_1 在平面 α 内，l_2 在平面 β 内，l 是平面 α 和平面 β 的交线，则下列命题正确的是(　　)

A. l 与 l_1,l_2 都不相交　　　　B. l 与 l_1,l_2 都相交

C. l 至多与 l_1,l_2 中一条相交　　　　D. l 至少与 l_1,l_2 中一条相交

解　A 项，如图 1 所示，l_2 与 l 相交，故错误；B 项，如图 1 所示，$l_1/\!/l$，l_1 与 l 不相交，故错误；C 项，如图 2 所示，l 分别与 l_1,l_2 相交，故错误；D 项，假设 l 与 l_1,l_2 都不相交，因为 l_1 与 l 共面，且 l_2 与 l 共面，所以 $l_1/\!/l/\!/l_2$，这与题目中的 l_1 和 l_2 是异面直线矛盾，故 l 至少与 l_1,l_2 中一条相交，正确。

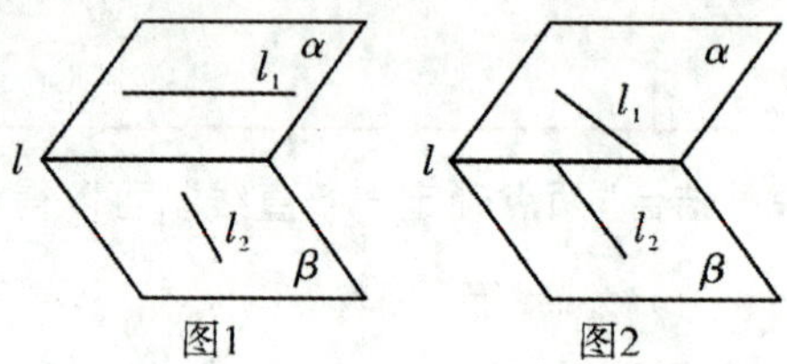

图1　　图2

答案　D

考点3　空间直线、平面的平行　★★★

1. 直线与直线平行

(1) 平行公理

基本事实4：平行于同一条直线的两条直线平行。即 $a/\!/b,b/\!/c\Rightarrow a/\!/c$。

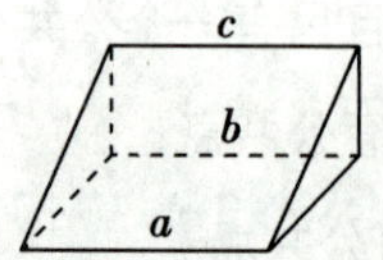

(2)等角定理

文字语言：如果空间中两个角的两条边分别对应平行，那么这两个角相等或互补。

符号语言：在$\angle AOB$与$\angle A'O'B'$中，若$OA /\!/ O'A'$，$OB /\!/ O'B'$，则$\angle AOB=\angle A'O'B'$或$\angle AOB+\angle A'O'B'=180°$。

2. 直线与平面平行

定理	文字语言	图形语言	符号语言
判定定理	如果平面外一条直线与此平面内的一条直线平行，那么该直线与此平面平行		$\left.\begin{cases} l\not\subset\alpha, \\ a\subset\alpha, \\ l /\!/ a \end{cases}\right.\Rightarrow l /\!/ \alpha$
性质定理	一条直线与一个平面平行，如果过该直线的平面与此平面相交，那么该直线与交线平行		$\left.\begin{cases} \alpha\cap\beta=b, \\ l\subset\beta, \\ l /\!/ \alpha \end{cases}\right.\Rightarrow l /\!/ b$

3. 平面与平面平行

定理	文字语言	图形语言	符号语言
判定定理	如果一个平面内的两条相交直线与另一个平面平行，那么这两个平面平行		$\left.\begin{cases} a\subset\alpha, b\subset\alpha, \\ a\cap b=P, \\ a /\!/ \beta, b /\!/ \beta \end{cases}\right.\Rightarrow\alpha /\!/ \beta$
性质定理	两个平面平行，如果另一个平面与这两个平面相交，那么两条交线平行。		$\left.\begin{cases} \beta\cap\gamma=b, \\ \alpha\cap\gamma=a, \\ \alpha /\!/ \beta \end{cases}\right.\Rightarrow a /\!/ b$

考法大揭秘

空间直线、平面的平行的证明

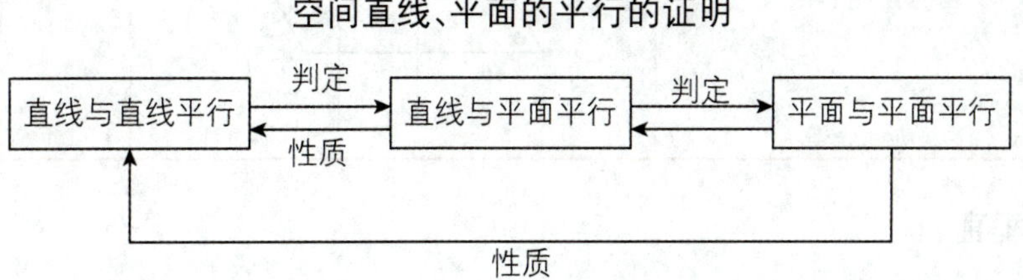

【题17】 如图所示，在正方体$ABCD-A_1B_1C_1D_1$中，侧面的对角线AB_1，BC_1上分别有两点E，F，且$B_1E=C_1F$，求证：$EF /\!/$平面$ABCD$。

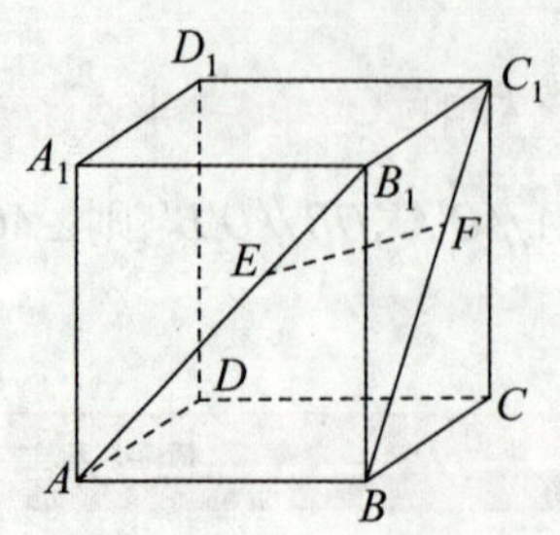

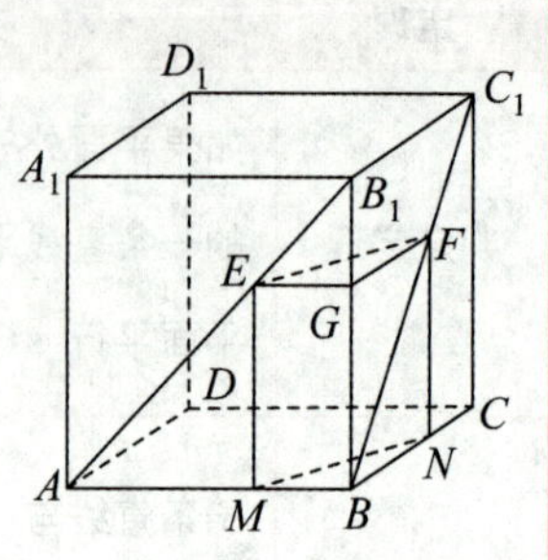

证明 如图，作 $EM\perp AB$ 于点 M，$FN\perp BC$ 于点 N，连接 MN。$\because BB_1\perp$ 平面 $ABCD$，$\therefore BB_1\perp AB$，$BB_1\perp BC$，$\therefore EM/\!/BB_1$，$FN/\!/BB_1$，$\therefore EM/\!/FN$。又 $\because B_1E=C_1F$，$AB_1=BC_1$，$\therefore AE=BF$，易证 $EM=FN$，故四边形 $MNFE$ 是平行四边形，$\therefore EF/\!/MN$，又 $\because EF\not\subset$ 平面 $ABCD$，$MN\subset$ 平面 $ABCD$，$\therefore EF/\!/$ 平面 $ABCD$。

考点 4　空间直线、平面的垂直 ★★★

1. 直线与平面垂直

(1) 定义

一般地，如果直线 l 与平面 α 内的任意一条直线都垂直，就说直线 l 与平面 α 互相垂直，记作 $l\perp\alpha$。

(2) 判定定理和性质定理

定理	文字语言	图形语言	符号语言
判定定理	如果一条直线与一个平面内的两条相交直线都垂直，那么该直线与此平面垂直		$\left.\begin{array}{l}a,b\subset\alpha,\\a\cap b=O,\\l\perp a,\\l\perp b\end{array}\right\}\Rightarrow l\perp\alpha$
性质定理	垂直于同一个平面的两条直线平行		$\left.\begin{array}{l}a\perp\alpha,\\b\perp\alpha\end{array}\right\}\Rightarrow a/\!/b$

2. 平面与平面垂直

(1) 定义

一般地，两个平面相交，如果它们所成的二面角是直二面角，就说这两个平面互相垂直。平面 α 与 β 垂直，记作 $\alpha\perp\beta$。

(2) 判定定理和性质定理

定理	文字语言	图形语言	符号语言
判定定理	如果一个平面过另一个平面的垂线，那么这两个平面垂直		$\begin{cases} l\subset\beta \\ l\perp\alpha \end{cases}\Rightarrow\alpha\perp\beta$
性质定理	两个平面垂直，如果一个平面内有一直线垂直于这两个平面的交线，那么这条直线与另一个平面垂直		$\begin{cases} \alpha\perp\beta \\ l\subset\beta \\ \alpha\cap\beta=a \\ l\perp a \end{cases}\Rightarrow l\perp\alpha$

【题 18】【2023 山西特岗，单，3 分】已知 m,n,l 为三条不同的直线，α,β 为两个不同的平面，则下列命题中正确的是（　　）

A. $m\perp\alpha,m\perp n\Rightarrow n/\!/\alpha$　　B. $l\perp\beta,\alpha\perp\beta\Rightarrow l/\!/\alpha$

C. $\alpha/\!/\beta,l\perp\alpha\Rightarrow l\perp\beta$　　D. $\alpha\perp\beta,m\subset\alpha,n\subset\beta\Rightarrow m/\!/n$

解　选项 A，由 $m\perp\alpha,m\perp n$，可得 $n/\!/\alpha$ 或 $n\subset\alpha$，故错误；选项 B，由 $l\perp\beta,\alpha\perp\beta$，可得 $l/\!/\alpha$ 或 $l\subset\alpha$，故错误；选项 C，由 $\alpha/\!/\beta,l\perp\alpha$，可得 $l\perp\beta$，故正确；选项 D，由 $\alpha\perp\beta,m\subset\alpha,n\subset\beta$，可得 $m/\!/n$ 或 $m\perp n$ 或 m 与 n 为异面直线，故错误。

答案　C

【题 19】【2021 山西忻州定襄县，单，2 分】已知 a,b 为两条不同的直线，α,β 为两个不同的平面，下列命题中：①若 $a/\!/b,b\subset\alpha$，则 $a/\!/\alpha$；②若 $a/\!/\alpha,b\subset\alpha$，则 $a/\!/b$；③若 $\alpha\perp\beta,a\subset\alpha$，则 $a\perp\beta$；④若 $\alpha/\!/\beta,a\subset\alpha,b\subset\beta$，则 $a/\!/b$。其中正确命题的个数是（　　）

A. 0　　B. 1　　C. 2　　D. 3

解　若 $a/\!/b,b\subset\alpha$，则 $a/\!/\alpha$ 或 $a\subset\alpha$，所以①不正确；若 $a/\!/\alpha,b\subset\alpha$，则 $a/\!/b$ 或 a 与 b 是异面直线，所以②不正确；若 $\alpha\perp\beta,a\subset\alpha$，则 $a\perp\beta$ 或 $a/\!/\beta$，也有可能是相交但不垂直，所以③不正确；若 $\alpha/\!/\beta,a\subset\alpha,b\subset\beta$，则 $a/\!/b$ 或 a 与 b 是异面直线，所以④不正确。所以正确命题的个数是 0。

答案　A

考法大揭秘

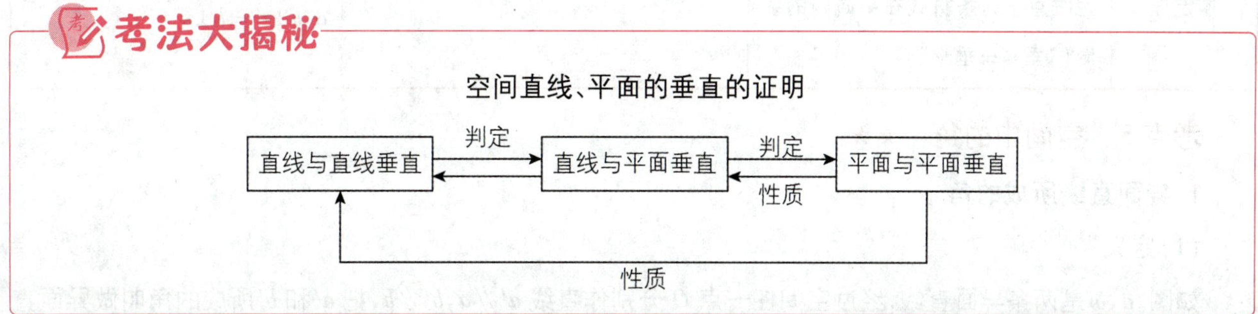

【题20】 如图，已知 $PA \perp$ 平面 ABC，平面 $PAB \perp$ 平面 PBC，求证：$BC \perp$ 平面 PAB。

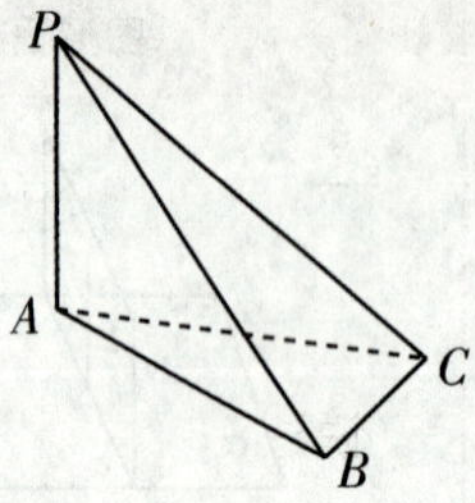

思路分析：要证明 $BC \perp$ 平面 PAB，需要证明 BC 与平面 PAB 内两条相交的直线垂直。由已知条件易知 $BC \perp PA$，过点 A 作 PB 的垂线 AE，利用两平面垂直的性质定理可以证出 $BC \perp AE$。

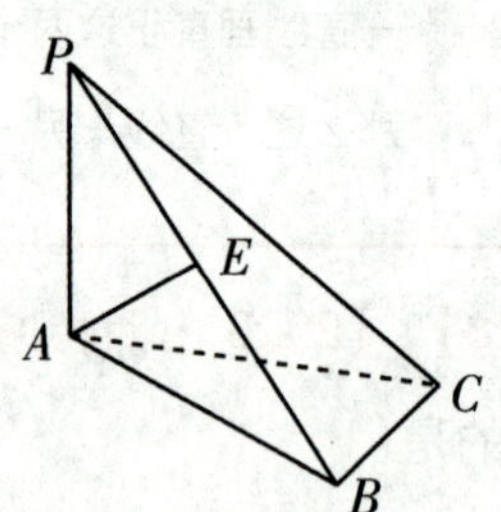

证明 如图所示，过点 A 作 $AE \perp PB$，垂足为 E。

$\because$ 平面 $PAB \perp$ 平面 PBC，平面 $PAB \cap$ 平面 $PBC = PB$，

$\therefore AE \perp$ 平面 PBC，

$\because BC \subset$ 平面 PBC，

$\therefore AE \perp BC$。

$\because PA \perp$ 平面 ABC，$BC \subset$ 平面 ABC，

$\therefore PA \perp BC$，

又 $\because PA \cap AE = A$，

$\therefore BC \perp$ 平面 PAB。

3. 三垂线定理及其逆定理

定理	文字语言	图形语言	符号语言
三垂线定理	在一个平面内的一条直线，如果和穿过这个平面的一条斜线在这个平面内的射影垂直，那么它也和这条斜线垂直（“垂影⇒垂斜”）	P, a, A, b, a′, α, O	a'为 a 在平面 α 内的射影，$b \subset \alpha$，$b \perp a' \Rightarrow b \perp a$
三垂线定理的逆定理	如果平面内一条直线和穿过该平面的一条斜线垂直，那么这条直线也垂直于这条斜线在平面内的射影（“垂斜⇒垂影”）		a'为 a 在平面 α 内的射影，$b \subset \alpha$，$b \perp a \Rightarrow b \perp a'$

考点5 空间中的角 ★★

1. 异面直线所成的角

（1）定义

如图，a，b 是两条异面直线，经过空间任一点 O 分别作直线 $a' /\!/ a$，$b' /\!/ b$，把 a'和 b'所成的角叫做异面直

线 a 与 b 所成的角(或夹角)。

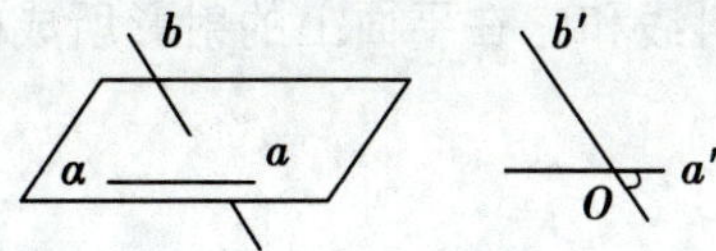

(2)直线与直线垂直

如果两条异面直线所成的角是直角,那么就说这两条异面直线互相垂直。直线 a 与直线 b 垂直,记作 $a\perp b$。

(3)范围

当两条直线 a,b 相互平行时,规定它们所成的角为 0°,所以空间两条直线所成角 α 的取值范围是 $0°\leqslant\alpha\leqslant90°$。

【题21】【2023 山西特岗,解答,8 分】如图,在三棱锥 $P-ABC$ 中,$PA\perp$底面 ABC,D 是 PC 的中点。已知 $\angle BAC=90°$,$AB=2$,$AC=2\sqrt{3}$,$PA=2$。

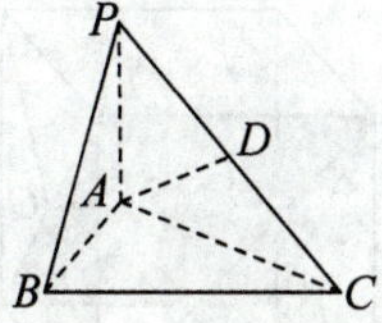

(1)求三棱锥 $P-ABC$ 的体积;

(2)求异面直线 BC 与 AD 所成角的余弦值。

解 (1)由题意得 $S_{\triangle ABC}=\frac{1}{2}\times2\times2\sqrt{3}=2\sqrt{3}$,所以三棱锥 $P-ABC$ 的体积 $V_{P-ABC}=\frac{1}{3}S_{\triangle ABC}\cdot PA=\frac{1}{3}\times2\sqrt{3}\times2=\frac{4}{3}\sqrt{3}$。

(2)如图所示,取 PB 的中点 E,连接 DE,AE,则 $ED/\!/BC$,所以 $\angle ADE$(或其补角)是异面直线 BC 与 AD 所成的角。在 $\text{Rt}\triangle ABC$ 中,$BC=\sqrt{AB^2+AC^2}=4$,易知 $DE=\frac{1}{2}BC=2$,又因为 $PA\perp$底面 ABC,所以 $PA\perp AB$,在 $\text{Rt}\triangle PAB$ 中,$PB=\sqrt{PA^2+AB^2}=2\sqrt{2}$,因为点 E 为 PB 的中点,所以 $AE=\frac{1}{2}PB=\sqrt{2}$,同理 $AD=\frac{1}{2}PC=2$,所以 $\cos\angle ADE=\frac{DE^2+AD^2-AE^2}{2DE\cdot AD}=\frac{2^2+2^2-(\sqrt{2})^2}{2\times2\times2}=\frac{3}{4}$。故异面直线 BC 与 AD 所成角的余弦值为 $\frac{3}{4}$。

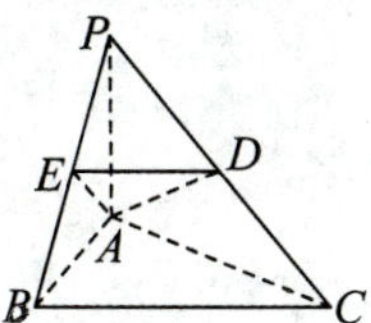

2. 直线与平面所成的角

(1)定义

如图,一条直线 l 与一个平面 α 相交,但不与这个平面垂直,这条直线叫做这个平面的斜线,斜线和平面

的交点 A 叫做斜足。过斜线上斜足以外的一点 P 向平面 α 引垂线 PO，过垂足 O 和斜足 A 的直线 AO 叫做斜线在这个平面上的射影。平面的一条斜线和它在平面上的射影所成的角，叫做这条直线和这个平面所成的角。

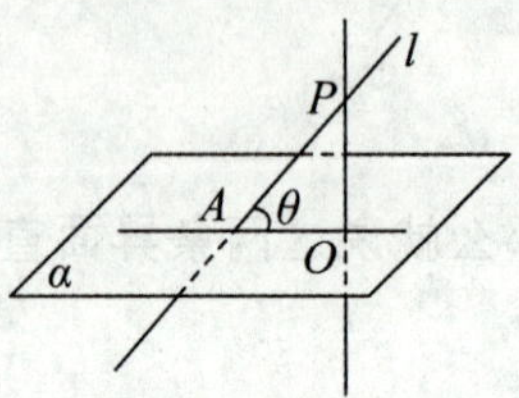

(2)范围

一条直线垂直于平面，则它们所成的角是 90°；一条直线和平面平行，或在平面内，则它们所成的角是 0°。直线与平面所成的角 θ 的取值范围是 $0°\leqslant\theta\leqslant90°$。

【题22】 如图，在正方体 $ABCD-A_1B_1C_1D_1$ 中，求直线 A_1B 和平面 A_1DCB_1 所成的角。

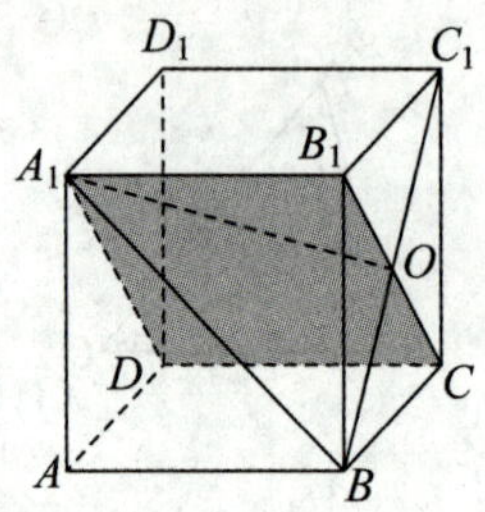

思路分析：关键是找出直线 A_1B 在平面 A_1DCB_1 上的射影。

解 如图，连接 BC_1，BC_1 与 B_1C 相交于点 O，连接 A_1O。

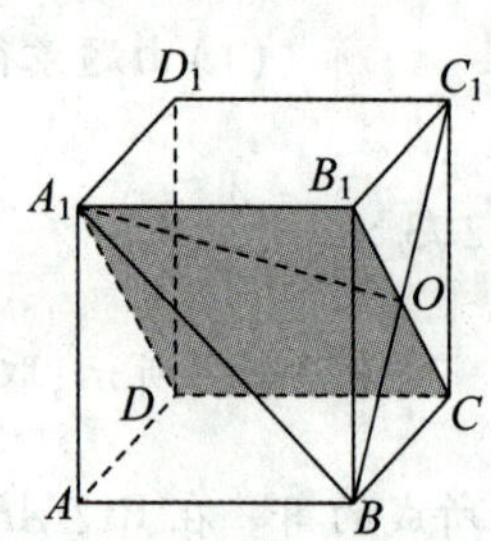

$\because A_1B_1\perp B_1C_1$，$A_1B_1\perp B_1B$，$B_1C_1\cap B_1B=B_1$，

$\therefore A_1B_1\perp$ 平面 BCC_1B_1，

$\therefore A_1B_1\perp BC_1$，

又 $BC_1\perp B_1C$，

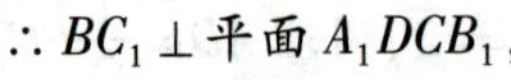

$\therefore BC_1\perp$ 平面 A_1DCB_1，

$\therefore A_1O$ 为斜线 A_1B 在平面 A_1DCB_1 上的射影，$\angle BA_1O$ 为 A_1B 和平面 A_1DCB_1 所成的角，

设正方体的棱长为 a，

在 $\mathrm{Rt}\triangle A_1BO$ 中，$A_1B=\sqrt{2}a$，$BO=\dfrac{\sqrt{2}}{2}a$，

$\therefore BO=\dfrac{1}{2}A_1B$，

$\therefore \angle BA_1O=30°$，

$\therefore$ 直线 A_1B 和平面 A_1DCB_1 所成的角为 30°。

3. 二面角

(1)定义

如图,从一条直线出发的两个半平面所组成的图形叫做二面角。这条直线叫做二面角的棱,这两个半平面叫做二面角的面。棱为 AB,面分别为 α,β 的二面角记作二面角 $\alpha-AB-\beta$。有时为了方便,也可在 α,β 内(棱以外的半平面部分)分别取点 P,Q,将这个二面角记作二面角 $P-AB-Q$。如果棱记作 l,那么这个二面角记作二面角 $\alpha-l-\beta$ 或二面角 $P-l-Q$。

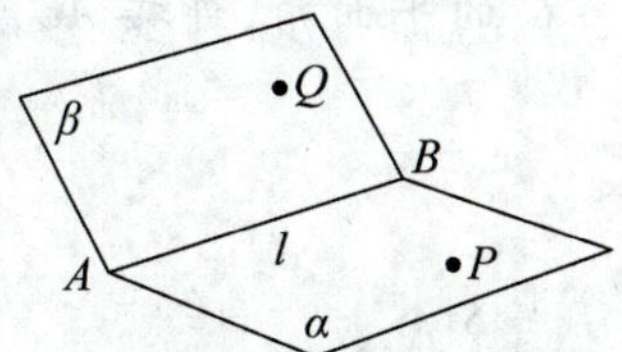

(2)二面角的平面角

如图,在二面角 $\alpha-l-\beta$ 的棱 l 上任取一点 O,以点 O 为垂足,在半平面 α 和 β 内分别作垂直于棱 l 的射线 OA 和 OB,则射线 OA 和 OB 构成的 $\angle AOB$ 叫做二面角的平面角。

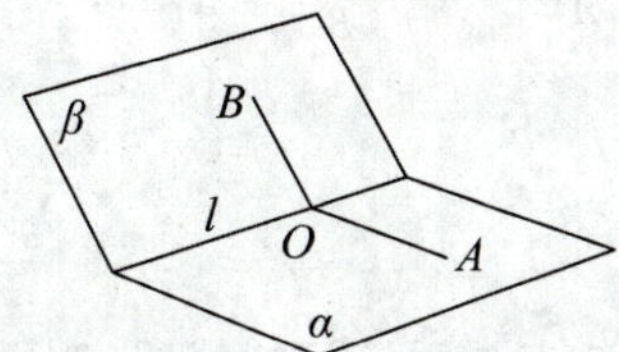

(3)范围

二面角的大小可以用它的平面角来度量,二面角的平面角是多少度,就说这个二面角是多少度。平面角是直角的二面角叫做直二面角。二面角的平面角 α 的取值范围是 $0°\leqslant\alpha\leqslant180°$。

【题23】【2023年5月浙江杭州,解答,10分】如图所示,在四棱锥 $S-ABCD$ 中,已知底面 $ABCD$ 为直角梯形,且 $AB/\!/CD,AD\perp CD,SD\perp$ 底面 $ABCD,AB=AD=1,DC=SD=2,E$ 为棱 SB 上的一点,平面 $EDC\perp$ 平面 SBC。

(1)证明:$SE=2EB$;

(2)求二面角 $A-DE-C$ 的余弦值。

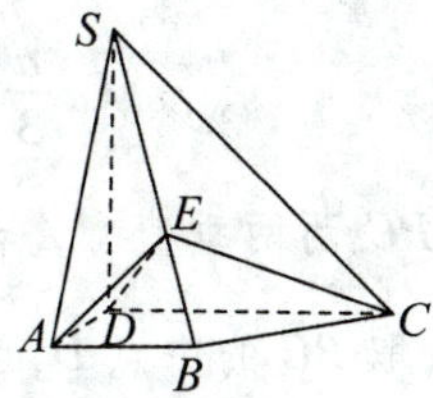

解 (1)如图,连接 BD,取 DC 的中点 G,连接 BG,由此知 $DG=GC=BG=1$,即 $\triangle DBC$ 为直角三角形,故 $BC\perp BD$,又 $SD\perp$ 平面 $ABCD$,故 $BC\perp SD$,所以 $BC\perp$ 平面 BDS,$BC\perp DE$,作 $BK\perp EC$,垂足为 K,因为平面 $EDC\perp$ 平面 SBC,故 $BK\perp$ 平面 EDC,$BK\perp DE$,DE 与平面 SBC 内的两条相交直线 BK,BC 都垂直,$DE\perp$ 平面 $SBC,DE\perp EC,DE\perp SB,SB=\sqrt{SD^2+DB^2}=\sqrt{6},DE=\dfrac{SD\cdot DB}{SB}=\dfrac{2}{\sqrt{3}},EB=\sqrt{DB^2-DE^2}=\dfrac{\sqrt{6}}{3},SE=SB-EB=$

$\frac{2\sqrt{6}}{3}$,所以 $SE=2EB$。

(2)由 $SA=\sqrt{SD^2+AD^2}=\sqrt{5}$,$AB=1$,$SE=2EB$,$AB\perp SA$,知 $AE=\sqrt{\left(\frac{1}{3}SA\right)^2+\left(\frac{2}{3}AB\right)^2}=1$,又 $AD=1$,故 $\triangle ADE$ 为等腰三角形。取 ED 的中点 F,连接 AF,则 $AF\perp DE$,$AF=\sqrt{AD^2-DF^2}=\frac{\sqrt{6}}{3}$,连接 FG,则 $FG/\!/EC$,$FG\perp DE$,所以 $\angle AFG$ 是二面角 $A-DE-C$ 的平面角,连接 AG,$AG=\sqrt{2}$,$FG=\sqrt{DG^2-DF^2}=\frac{\sqrt{6}}{3}$,所以 $\cos\angle AFG=\frac{AF^2+FG^2-AG^2}{2AF\cdot FG}=-\frac{1}{2}$。

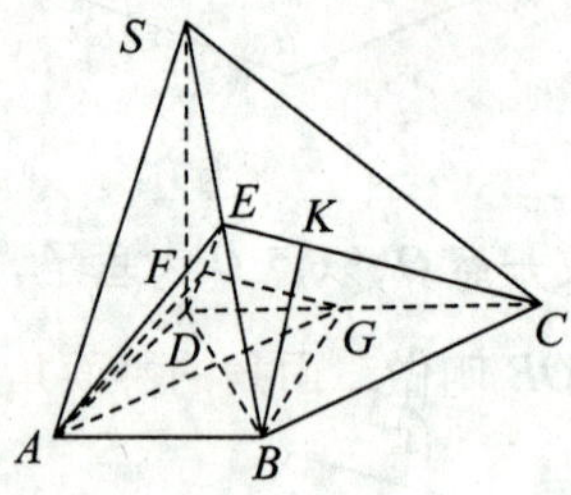

考点6 空间中的距离 ★

1. 空间中点到平面的距离

过一点作垂直于已知平面的直线,则该点与垂足间的线段,叫做这个点到该平面的垂线段,垂线段的长度叫做这个点到该平面的距离。

2. 空间中直线到平面的距离

一条直线与一个平面平行时,这条直线上任意一点到这个平面的距离叫做这条直线到这个平面的距离。

3. 空间中两平行平面间的距离

如果两个平面平行,那么其中一个平面内的任意一点到另一个平面的距离都相等,这个距离叫做这两个平行平面间的距离。

【题24】 在四面体 $P-ABC$ 中,PA,PB,PC 两两垂直,设 $PA=PB=PC=a$,则点 P 到平面 ABC 的距离为( )

A. $\frac{\sqrt{6}}{3}a$　　B. $\frac{\sqrt{3}}{3}a$　　C. $\frac{a}{3}$　　D. $\sqrt{6}$

解　在四面体 $P-ABC$ 中,因为 PA,PB,PC 两两垂直,$PA=PB=PC=a$,所以 $AB=AC=BC=\sqrt{2}a$,即 $\triangle ABC$ 为等边三角形,如图,取 BC 的中点 D,连接 AD,易知 $AD\perp BC$,作 $PO\perp$ 平面 ABC,则点 O 在 AD 上,因为 $AD=\sqrt{AB^2-BD^2}=\sqrt{(\sqrt{2}a)^2-\left(\frac{\sqrt{2}}{2}a\right)^2}=\frac{\sqrt{6}}{2}a$,所以 $AO=\frac{2}{3}\times\frac{\sqrt{6}}{2}a=\frac{\sqrt{6}}{3}a$,所以点 P 到平面 ABC 的距离 $PO=\sqrt{AP^2-AO^2}=\sqrt{a^2-\left(\frac{\sqrt{6}}{3}a\right)^2}=\frac{\sqrt{3}}{3}a$。

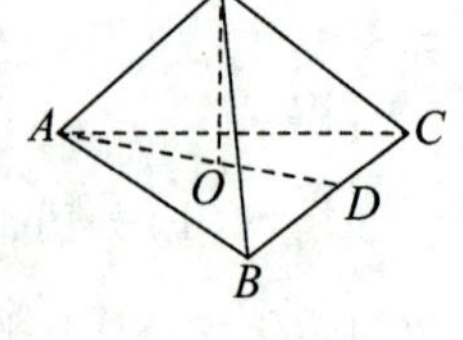

答案　B

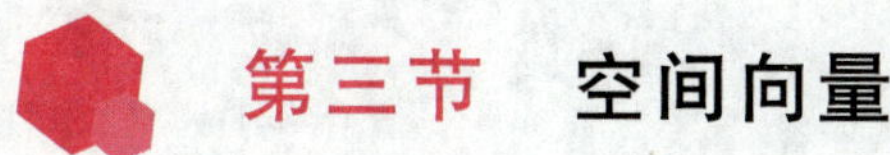

第三节　空间向量

考点1　空间直角坐标系

考点2　空间向量的坐标表示及运算　★

考点3　空间向量的运算　★

考点4　空间向量的数量积　★★

考点5　空间向量的应用　★★★

考点1　空间直角坐标系

过空间某一个定点 O 作三条互相垂直的数轴，它们都以 O 为原点，具有相同的单位长度。这三条数轴分别为 x 轴(横轴)、y 轴(纵轴)、z 轴(竖轴)，统称为坐标轴。如图，这样的三个坐标轴构成的坐标系称为空间直角坐标系 $O-xyz$。三条坐标轴中的任意两条都可以确定一个平面，称为坐标平面。它们分别为 xOy 平面、yOz 平面、xOz 平面。

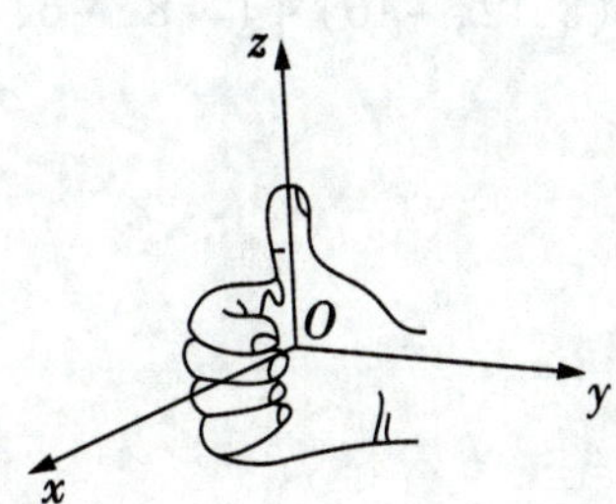

考点2　空间向量的坐标表示及运算　★

1. 空间向量的坐标表示

在三维坐标系中，分别取与 x 轴、y 轴、z 轴方向相同的 3 个单位向量 $\boldsymbol{i},\boldsymbol{j},\boldsymbol{k}$ 作为一组基底。若 $\boldsymbol{a}$ 为该坐标系内的任意向量，以坐标原点 O 为起点作$\overrightarrow{OP}=\boldsymbol{a}$。

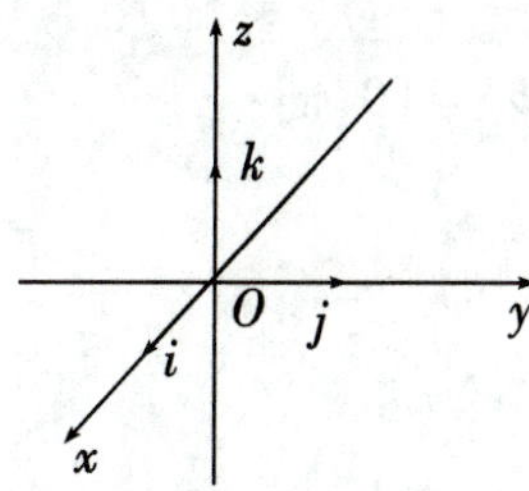

由空间向量基本定理知，有且只有一组实数(x,y,z)，使得$\boldsymbol{a}=\overrightarrow{OP}=x\boldsymbol{i}+y\boldsymbol{j}+z\boldsymbol{k}$，把实数对$(x,y,z)$叫做向量 $\boldsymbol{a}$ 的坐标，记作 $\boldsymbol{a}=(x,y,z)$。这就是空间向量 $\boldsymbol{a}$ 的坐标表示，其中(x,y,z)就是点 P 的坐标，$\overrightarrow{OP}$称为点 P

的位置向量。

2. 空间向量的坐标运算

设 $\boldsymbol{a}=(x_1,y_1,z_1)$，$\boldsymbol{b}=(x_2,y_2,z_2)$，则

(1) $\boldsymbol{a}\pm\boldsymbol{b}=(x_1\pm x_2,y_1\pm y_2,z_1\pm z_2)$；

(2) $\lambda\boldsymbol{a}=(\lambda x_1,\lambda y_1,\lambda z_1)$；

(3) $\boldsymbol{a}\cdot\boldsymbol{b}=x_1x_2+y_1y_2+z_1z_2$；

(4) $|\boldsymbol{a}|=\sqrt{\boldsymbol{a}\cdot\boldsymbol{a}}=\sqrt{x_1^2+y_1^2+z_1^2}$；

(5) $\cos\langle\boldsymbol{a},\boldsymbol{b}\rangle=\dfrac{\boldsymbol{a}\cdot\boldsymbol{b}}{|\boldsymbol{a}||\boldsymbol{b}|}=\dfrac{x_1x_2+y_1y_2+z_1z_2}{\sqrt{x_1^2+y_1^2+z_1^2}\cdot\sqrt{x_2^2+y_2^2+z_2^2}}$；

(6) $\boldsymbol{a}/\!/\boldsymbol{b}\Leftrightarrow\dfrac{x_1}{x_2}=\dfrac{y_1}{y_2}=\dfrac{z_1}{z_2}$；$\boldsymbol{a}\perp\boldsymbol{b}\Leftrightarrow x_1x_2+y_1y_2+z_1z_2=0$。

【题25】 已知 $\boldsymbol{a}=(2,3,-4)$，$\boldsymbol{b}=(-4,-3,-2)$，$\boldsymbol{b}=\dfrac{1}{2}\boldsymbol{x}-2\boldsymbol{a}$，则 $\boldsymbol{x}$ 等于（　　）

A. $(0,3,-6)$　　　　B. $(0,6,-20)$

C. $(0,6,-6)$　　　　D. $(6,6,-6)$

解　由 $\boldsymbol{b}=\dfrac{1}{2}\boldsymbol{x}-2\boldsymbol{a}$，得 $\boldsymbol{x}=4\boldsymbol{a}+2\boldsymbol{b}=(8,12,-16)+(-8,-6,-4)=(0,6,-20)$。

答案　B

考点3　空间向量的运算　★

(1) $\boldsymbol{a}+\boldsymbol{b}=\boldsymbol{b}+\boldsymbol{a}$；

(2) $(\boldsymbol{a}+\boldsymbol{b})+\boldsymbol{c}=\boldsymbol{a}+(\boldsymbol{b}+\boldsymbol{c})$；

(3) $\lambda(\mu\boldsymbol{a})=\mu(\lambda\boldsymbol{a})=(\lambda\mu)\boldsymbol{a}$；

(4) $(\lambda+\mu)\boldsymbol{a}=\lambda\boldsymbol{a}+\mu\boldsymbol{a}$，$\lambda(\boldsymbol{a}+\boldsymbol{b})=\lambda\boldsymbol{a}+\lambda\boldsymbol{b}$。

考点4　空间向量的数量积　★★

1. 运算性质

(1) $\boldsymbol{a}\cdot\boldsymbol{b}=|\boldsymbol{a}||\boldsymbol{b}|\cos\langle\boldsymbol{a},\boldsymbol{b}\rangle$，规定 $\langle\boldsymbol{a},\boldsymbol{b}\rangle\in[0,\pi]$；

(2) $\boldsymbol{a}\perp\boldsymbol{b}\Leftrightarrow\boldsymbol{a}\cdot\boldsymbol{b}=0$；$|\boldsymbol{a}|^2=\boldsymbol{a}\cdot\boldsymbol{a}$。

2. 运算律

(1) $\lambda\boldsymbol{a}\cdot\boldsymbol{b}=\lambda(\boldsymbol{a}\cdot\boldsymbol{b})=\boldsymbol{a}\cdot(\lambda\boldsymbol{b})$；

(2) $\boldsymbol{a}\cdot\boldsymbol{b}=\boldsymbol{b}\cdot\boldsymbol{a}$；

(3) $\boldsymbol{a}\cdot(\boldsymbol{b}+\boldsymbol{c})=\boldsymbol{a}\cdot\boldsymbol{b}+\boldsymbol{a}\cdot\boldsymbol{c}$。

【题26】 设两向量 $\boldsymbol{a}=(1,-2,2)$，$\boldsymbol{b}=(0,-3,4)$ 的夹角为 θ，则 $\sin 2\theta=(\quad)$

A. $\frac{28}{225}$　　B. $\frac{\sqrt{29}}{225}$

C. $\frac{28\sqrt{29}}{225}$　　D. $-\frac{28\sqrt{29}}{225}$

解　由题意知，$\cos\theta=\frac{\boldsymbol{a}\cdot\boldsymbol{b}}{|\boldsymbol{a}|\cdot|\boldsymbol{b}|}=\frac{1\times0+(-2)\times(-3)+2\times4}{\sqrt{1^2+(-2)^2+2^2}\times\sqrt{0^2+(-3)^2+4^2}}=\frac{14}{15}>0$，则 $\theta\in\left(0,\frac{\pi}{2}\right)$，$\sin\theta=\sqrt{1-\cos^2\theta}=\frac{\sqrt{29}}{15}$，故 $\sin 2\theta=2\sin\theta\cos\theta=\frac{28\sqrt{29}}{225}$。

答案　C

考点5　空间向量的应用　★★★

1. 利用空间向量证平行关系

(1)证明空间中两直线平行

如图，设 $\boldsymbol{u}_1,\boldsymbol{u}_2$ 分别是直线 l_1,l_2 的方向向量，由方向向量的定义可知，如果两条直线平行，那么它们的方向向量一定平行；反过来，如果两条直线的方向向量平行，那么这两条直线也平行。所以

$$l_1 /\!/ l_2 \Leftrightarrow \boldsymbol{u}_1 /\!/ \boldsymbol{u}_2 \Leftrightarrow \exists \lambda\in\mathbf{R}\text{，使得 } \boldsymbol{u}_1=\lambda\boldsymbol{u}_2\text{。}$$

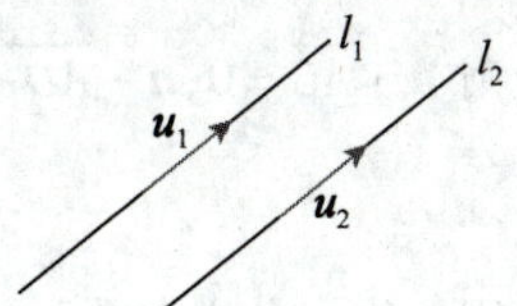

【题27】 如图，在四面体 $A-BCD$ 中，E 是 BC 的中点，直线 AD 上是否存在点 F，使得 $AE /\!/ CF$？

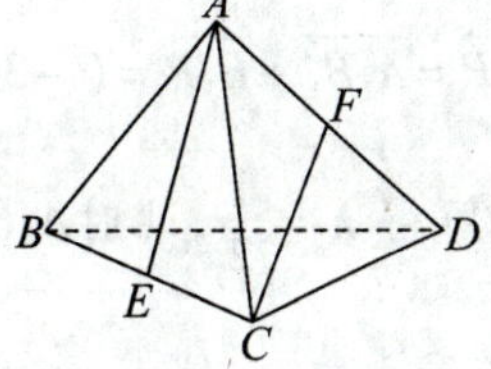

解　设在直线 AD 上存在点 F，满足 $\overrightarrow{AF}=\lambda\overrightarrow{AD}(0\leqslant\lambda\leqslant1)$，取一组基底 $\{\overrightarrow{CD},\overrightarrow{CB},\overrightarrow{CA}\}$，设 $\overrightarrow{CD}=\boldsymbol{a}$，$\overrightarrow{CB}=\boldsymbol{b}$，$\overrightarrow{CA}=\boldsymbol{c}$，$\because E$ 为 BC 的中点，$\therefore\overrightarrow{EA}=\overrightarrow{CA}-\overrightarrow{CE}=\boldsymbol{c}-\frac{1}{2}\boldsymbol{b}$，$\overrightarrow{CF}=\overrightarrow{CA}+\overrightarrow{AF}=\boldsymbol{c}+\lambda\overrightarrow{AD}=\boldsymbol{c}+\lambda(\overrightarrow{CD}-\overrightarrow{CA})=\boldsymbol{c}+\lambda(\boldsymbol{a}-\boldsymbol{c})=\lambda\boldsymbol{a}+(1-\lambda)\boldsymbol{c}$。假设直线 AD 上存在点 F，使得 $AE /\!/ CF$，则 $\overrightarrow{CF}=m\overrightarrow{EA}$，$\therefore\lambda\boldsymbol{a}+(1-\lambda)\boldsymbol{c}=m\left(\boldsymbol{c}-\frac{1}{2}\boldsymbol{b}\right)=m\boldsymbol{c}-\frac{1}{2}m\boldsymbol{b}$，$\therefore\begin{cases}\lambda=0,\\1-\lambda=m,\\0=-\frac{1}{2}m,\end{cases}$ 方程组无解，$\therefore$ 直线 AD 上不存在点 F，使得 $AE /\!/ CF$。

(2) 证明线面平行

如图，设 $\boldsymbol{u}$ 是直线 l 的方向向量，$\boldsymbol{n}$ 是平面 α 的法向量，$l\not\subset\alpha$，则

$$l /\!/ \alpha \Leftrightarrow \boldsymbol{u}\perp\boldsymbol{n} \Leftrightarrow \boldsymbol{u}\cdot\boldsymbol{n}=0。$$

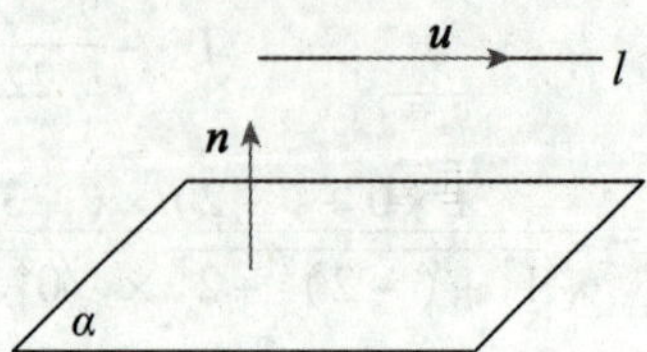

【题 28】 如图，在长方体 $ABCD-A_1B_1C_1D_1$ 中，$AB=4$，$BC=3$，$CC_1=2$。线段 B_1C 上是否存在点 P，使得 $A_1P /\!/$ 平面 ACD_1？

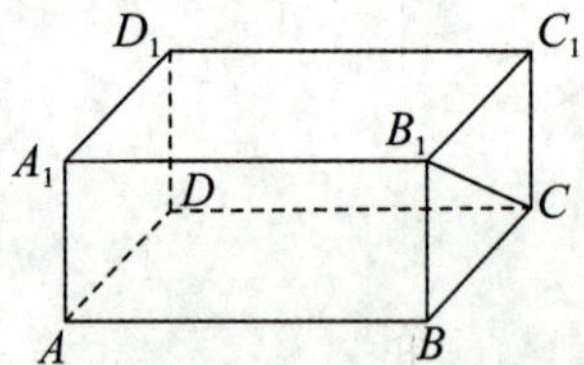

解 以 D 为原点，DA，DC，DD_1 所在直线分别为 x 轴、y 轴、z 轴，建立如图所示的空间直角坐标系，则 $A(3,0,0)$，$C(0,4,0)$，$D_1(0,0,2)$，所以 $\overrightarrow{AC}=(-3,4,0)$，$\overrightarrow{AD_1}=(-3,0,2)$。

设 $\boldsymbol{n}=(x,y,z)$ 是平面 ACD_1 的法向量，则 $\boldsymbol{n}\cdot\overrightarrow{AC}=0$，$\boldsymbol{n}\cdot\overrightarrow{AD_1}=0$，即 $\begin{cases}-3x+4y=0,\\-3x+2z=0,\end{cases}$ 解得 $\begin{cases}x=\dfrac{2}{3}z,\\y=\dfrac{1}{2}z,\end{cases}$ 取 $z=6$，则 $x=4$，$y=3$，所以 $\boldsymbol{n}=(4,3,6)$ 是平面 ACD_1 的一个法向量。

由 $A_1(3,0,2)$，$C(0,4,0)$，$B_1(3,4,2)$，得 $\overrightarrow{A_1B_1}=(0,4,0)$，$\overrightarrow{B_1C}=(-3,0,-2)$，设点 P 满足 $\overrightarrow{B_1P}=\lambda\overrightarrow{B_1C}$ $(0\leqslant\lambda\leqslant1)$，则 $\overrightarrow{B_1P}=(-3\lambda,0,-2\lambda)$，所以 $\overrightarrow{A_1P}=\overrightarrow{A_1B_1}+\overrightarrow{B_1P}=(-3\lambda,4,-2\lambda)$。

令 $\boldsymbol{n}\cdot\overrightarrow{A_1P}=0$，得 $-12\lambda+12-12\lambda=0$，解得 $\lambda=\dfrac{1}{2}$，此时 $A_1P\not\subset$ 平面 ACD_1，这样的点 P 存在。所以，当 $\overrightarrow{B_1P}=\dfrac{1}{2}\overrightarrow{B_1C}$，即 P 为 B_1C 的中点时，$A_1P /\!/$ 平面 ACD_1。

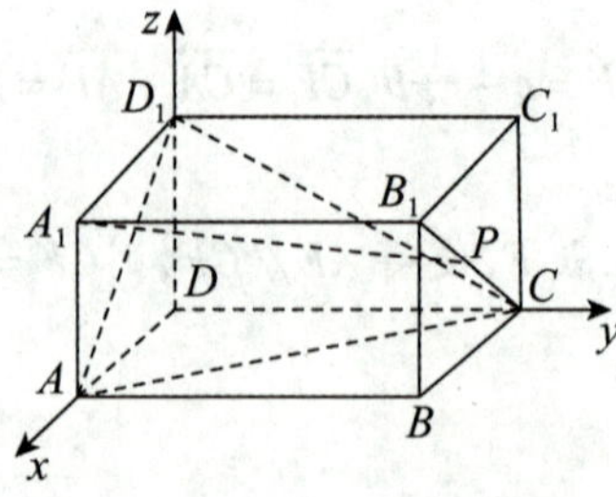

(3) 证明面面平行

如图，设 $\boldsymbol{n}_1$，$\boldsymbol{n}_2$ 分别是平面 α，β 的法向量，则

$\alpha /\!/ \beta \Leftrightarrow \boldsymbol{n}_1 /\!/ \boldsymbol{n}_2 \Leftrightarrow \exists \lambda \in \mathbf{R}$，使得 $\boldsymbol{n}_1 = \lambda \boldsymbol{n}_2$。

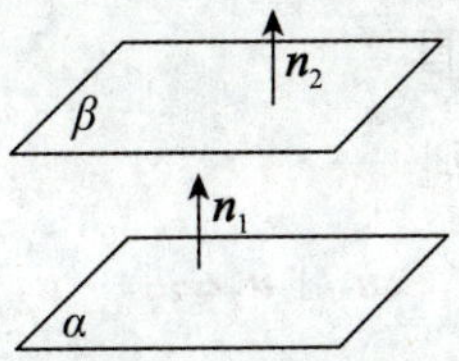

【题29】 在三棱柱 $ABC-A_1B_1C_1$ 中，侧棱垂直于底面，在底面 ABC 中，$\angle ABC=90°$，D 是 BC 上一点，且 $A_1B /\!/$ 平面 AC_1D，D_1 为 B_1C_1 的中点，求证：平面 $A_1BD_1 /\!/$ 平面 AC_1D。

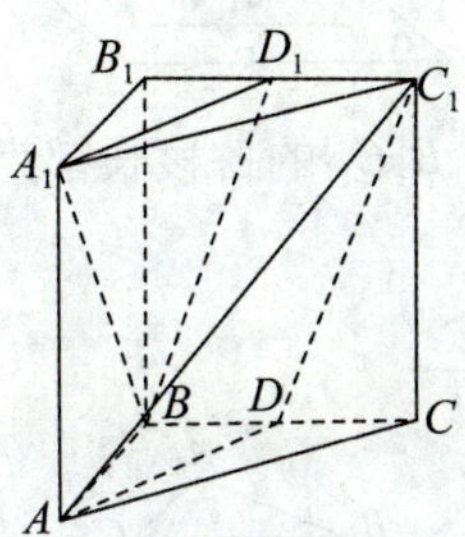

证明 如图，以点 B 为坐标原点建立空间直角坐标系，设 $AB=a$，$BC=2b$，$BB_1=c$，则 $B(0,0,0)$，$A(a,0,0)$，$C_1(0,2b,c)$，$B_1(0,0,c)$，$A_1(a,0,c)$，$D_1(0,b,c)$，所以 $\overrightarrow{AC_1}=(-a,2b,c)$，$\overrightarrow{BA_1}=(a,0,c)$，$\overrightarrow{BD_1}=(0,b,c)$，设 $D(0,y_0,0)(0\leqslant y_0\leqslant 2b)$，所以 $\overrightarrow{AD}=(-a,y_0,0)$。设平面 AC_1D 的法向量为 $\boldsymbol{m}=(x_1,y_1,z_1)$，则 $\begin{cases}\boldsymbol{m}\cdot\overrightarrow{AD}=0,\\ \boldsymbol{m}\cdot\overrightarrow{AC_1}=0,\end{cases}$ 即 $\begin{cases}-ax_1+y_0y_1=0,\\ -ax_1+2by_1+cz_1=0,\end{cases}$ 取 $y_1=a$，则 $x_1=y_0$，$z_1=\dfrac{ay_0-2ab}{c}$，则 $\boldsymbol{m}=\left(y_0,a,\dfrac{ay_0-2ab}{c}\right)$，又∵ $A_1B /\!/$ 平面 AC_1D，∴ $\boldsymbol{m}\cdot\overrightarrow{BA_1}=ay_0+c\cdot\dfrac{ay_0-2ab}{c}=0$，解得 $y_0=b$，∴ 平面 AC_1D 的一个法向量为 $\boldsymbol{m}=\left(b,a,-\dfrac{ab}{c}\right)$。

设平面 A_1BD_1 的法向量为 $\boldsymbol{n}=(x_2,y_2,z_2)$，则 $\begin{cases}\boldsymbol{n}\cdot\overrightarrow{BA_1}=0,\\ \boldsymbol{n}\cdot\overrightarrow{BD_1}=0,\end{cases}$ 即 $\begin{cases}ax_2+cz_2=0,\\ by_2+cz_2=0,\end{cases}$ 取 $z_2=1$，则 $x_2=-\dfrac{c}{a}$，$y_2=-\dfrac{c}{b}$，则平面 A_1BD_1 的一个法向量为 $\boldsymbol{n}=\left(-\dfrac{c}{a},-\dfrac{c}{b},1\right)$，所以 $\boldsymbol{n}=-\dfrac{c}{ab}\boldsymbol{m}$，所以 $\boldsymbol{m} /\!/ \boldsymbol{n}$，故平面 $A_1BD_1 /\!/$ 平面 AC_1D。

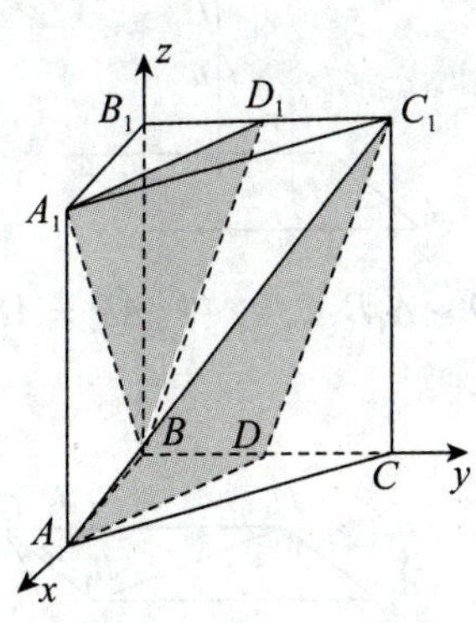

2. 利用空间向量证垂直关系

一般地，直线与直线垂直，就是两直线的方向向量垂直；直线与平面垂直，就是直线的方向向量与平面的法向量平行;平面与平面垂直,就是两平面的法向量垂直。

(1)利用空间向量证明空间中两直线垂直

设直线 l_1,l_2 的方向向量分别为 $\boldsymbol{u}_1,\boldsymbol{u}_2$,则

$$l_1\perp l_2\Leftrightarrow \boldsymbol{u}_1\perp \boldsymbol{u}_2\Leftrightarrow \boldsymbol{u}_1\cdot \boldsymbol{u}_2=0。$$

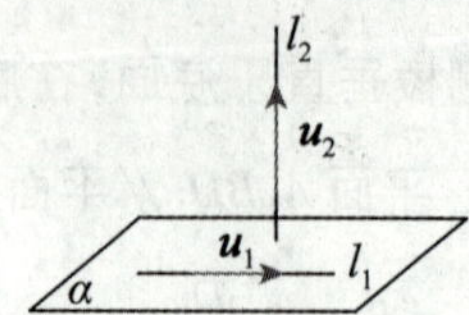

【题 30】 如图,已知正三棱柱 $ABC-A_1B_1C_1$ 的各棱长都为 1,M 是 BC 的中点,N 是侧棱 CC_1 上一点,且 $CN=\frac{1}{4}CC_1$,求证:$AB_1\perp MN$。

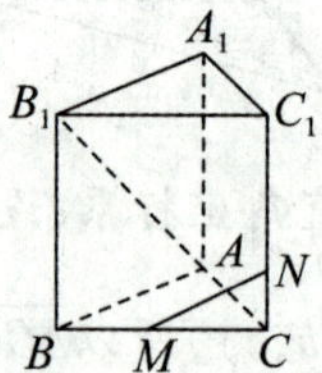

证明 设 $\overrightarrow{AB}=\boldsymbol{a},\overrightarrow{AC}=\boldsymbol{b},\overrightarrow{AA_1}=\boldsymbol{c}$,连接 AM,AN,由已知条件和正三棱柱的性质可得 $|\boldsymbol{a}|=|\boldsymbol{b}|=|\boldsymbol{c}|=1$,$\boldsymbol{a}\cdot\boldsymbol{c}=\boldsymbol{b}\cdot\boldsymbol{c}=0$,$\overrightarrow{AB_1}=\boldsymbol{a}+\boldsymbol{c}$,$\overrightarrow{AM}=\frac{1}{2}(\boldsymbol{a}+\boldsymbol{b})$,$\overrightarrow{AN}=\boldsymbol{b}+\frac{1}{4}\boldsymbol{c}$,$\therefore\overrightarrow{MN}=\overrightarrow{AN}-\overrightarrow{AM}=\boldsymbol{b}+\frac{1}{4}\boldsymbol{c}-\frac{1}{2}(\boldsymbol{a}+\boldsymbol{b})=-\frac{1}{2}\boldsymbol{a}+\frac{1}{2}\boldsymbol{b}+\frac{1}{4}\boldsymbol{c}$,$\therefore\overrightarrow{AB_1}\cdot\overrightarrow{MN}=(\boldsymbol{a}+\boldsymbol{c})\cdot\left(-\frac{1}{2}\boldsymbol{a}+\frac{1}{2}\boldsymbol{b}+\frac{1}{4}\boldsymbol{c}\right)=-\frac{1}{2}\boldsymbol{a}^2+\frac{1}{2}\boldsymbol{a}\cdot\boldsymbol{b}+\frac{1}{4}\boldsymbol{a}\cdot\boldsymbol{c}-\frac{1}{2}\boldsymbol{a}\cdot\boldsymbol{c}+\frac{1}{2}\boldsymbol{b}\cdot\boldsymbol{c}+\frac{1}{4}\boldsymbol{c}^2=-\frac{1}{2}+\frac{1}{2}\times1\times1\times\cos60°+0-0+0+\frac{1}{4}=0$,$\therefore\overrightarrow{AB_1}\perp\overrightarrow{MN}$,即 $AB_1\perp MN$。

(2)利用空间向量证明线面垂直

如图,设直线 l 的方向向量为 $\boldsymbol{u}$,平面 α 的法向量为 $\boldsymbol{n}$,则

$$l\perp\alpha\Leftrightarrow\boldsymbol{u}/\!/\boldsymbol{n}\Leftrightarrow\exists\lambda\in\mathbf{R},使得\ \boldsymbol{u}=\lambda\boldsymbol{n}。$$

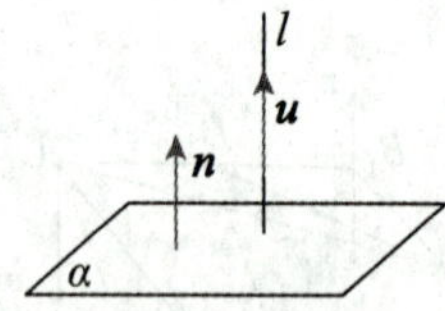

【题 31】 如图,在平行六面体 $ABCD-A_1B_1C_1D_1$ 中,$AD=AB=AA_1=1$,$\angle A_1AB=\angle A_1AD=\angle BAD=60°$,求证:直线 $A_1C\perp$ 平面 BDD_1B_1。

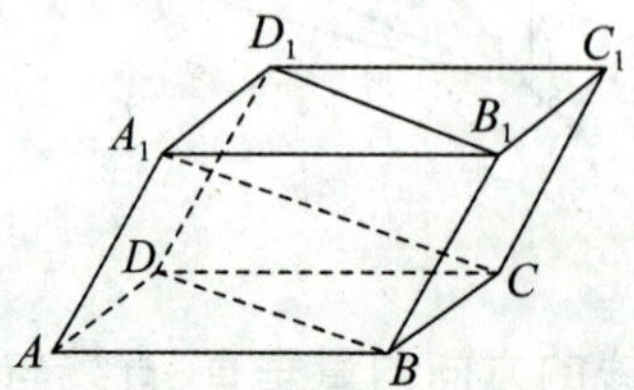

证明　设$\overrightarrow{AB}=\boldsymbol{a},\overrightarrow{AD}=\boldsymbol{b},\overrightarrow{AA_1}=\boldsymbol{c}$，$\{\boldsymbol{a},\boldsymbol{b},\boldsymbol{c}\}$为空间的一个基底，则$\overrightarrow{A_1C}=\boldsymbol{a}+\boldsymbol{b}-\boldsymbol{c}$，$\overrightarrow{BD}=\boldsymbol{b}-\boldsymbol{a}$，$\overrightarrow{BB_1}=\boldsymbol{c}$，因为$AB=AD=AA_1=1$，$\angle A_1AB=\angle A_1AD=\angle BAD=60^\circ$，所以$\boldsymbol{a}^2=\boldsymbol{b}^2=\boldsymbol{c}^2=1$，$\boldsymbol{a}\cdot\boldsymbol{b}=\boldsymbol{b}\cdot\boldsymbol{c}=\boldsymbol{c}\cdot\boldsymbol{a}=\frac{1}{2}$。在平面$BDD_1B_1$上，取$\overrightarrow{BD},\overrightarrow{BB_1}$为基向量，则对于平面$BDD_1B_1$上任意一点$P$，存在唯一的有序实数对$(\lambda,\mu)$，使得$\overrightarrow{BP}=\lambda\overrightarrow{BD}+\mu\overrightarrow{BB_1}$，所以$\overrightarrow{A_1C}\cdot\overrightarrow{BP}=\lambda\overrightarrow{A_1C}\cdot\overrightarrow{BD}+\mu\overrightarrow{A_1C}\cdot\overrightarrow{BB_1}=\lambda(\boldsymbol{a}+\boldsymbol{b}-\boldsymbol{c})\cdot(\boldsymbol{b}-\boldsymbol{a})+\mu(\boldsymbol{a}+\boldsymbol{b}-\boldsymbol{c})\cdot\boldsymbol{c}=0$，所以$\overrightarrow{A_1C}$是平面$BDD_1B_1$的法向量，所以$A_1C\perp$平面$BDD_1B_1$。

(3)利用空间向量证明面面垂直

如图，设平面α,β的法向量分别为$\boldsymbol{n}_1,\boldsymbol{n}_2$，则

$$\alpha\perp\beta\Leftrightarrow\boldsymbol{n}_1\perp\boldsymbol{n}_2\Leftrightarrow\boldsymbol{n}_1\cdot\boldsymbol{n}_2=0。$$

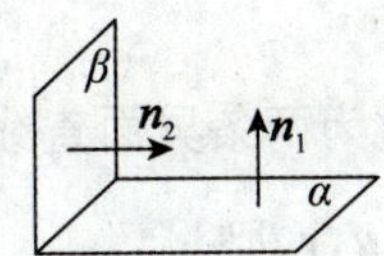

3. 利用空间向量研究空间距离

(1)用向量法求空间两点间距离

设$P_1(x_1,y_1,z_1)$，$P_2(x_2,y_2,z_2)$，则$|P_1P_2|=\sqrt{(x_2-x_1)^2+(y_2-y_1)^2+(z_2-z_1)^2}$。

【题32】　在空间直角坐标系$Oxyz$中，$P(2,0,-4)$，$Q(-1,2,1)$，M是OP的中点，则$QM=$(　　)

A. $\sqrt{38}$　　B. $\frac{\sqrt{38}}{2}$

C. $\sqrt{17}$　　D. $\frac{\sqrt{17}}{2}$

解　因为M是OP的中点，所以$M(1,0,-2)$，则$QM=\sqrt{(1+1)^2+(0-2)^2+(-2-1)^2}=\sqrt{17}$。

答案　C

(2)用向量法求空间点线距离

如图，已知直线l的单位方向向量为$\boldsymbol{u}$，A是直线l上的定点，P是直线l外一点，设$\overrightarrow{AP}=\boldsymbol{a}$，则向量$\overrightarrow{AP}$在直线$l$上的投影向量$\overrightarrow{AQ}=(\boldsymbol{a}\cdot\boldsymbol{u})\boldsymbol{u}$。点$P$到直线$l$的距离

$$PQ=\sqrt{\left|\overrightarrow{AP}\right|^2-\left|\overrightarrow{AQ}\right|^2}=\sqrt{\boldsymbol{a}^2-(\boldsymbol{a}\cdot\boldsymbol{u})^2}。$$

(3)利用法向量求点到面的距离

如图，设$\boldsymbol{n}$是平面α的法向量，A是平面α内的定点，P是平面α外一点。过点P作平面α的垂线l，交

平面 α 于点 Q，则 $\boldsymbol{n}$ 是直线 l 的方向向量，且点 P 到平面 α 的距离就是$\overrightarrow{AP}$在直线 l 上的投影向量$\overrightarrow{QP}$的长度。因此

$$PQ=\left|\overrightarrow{AP}\cdot\frac{\boldsymbol{n}}{|\boldsymbol{n}|}\right|=\left|\frac{\overrightarrow{AP}\cdot\boldsymbol{n}}{|\boldsymbol{n}|}\right|=\frac{|\overrightarrow{AP}\cdot\boldsymbol{n}|}{|\boldsymbol{n}|}。$$

4. 利用空间向量研究空间角

(1) 求异面直线所成角

一般地，两条异面直线所成的角，可以转化为两条异面直线的方向向量的夹角来求得。也就是说，若异面直线 l_1,l_2 所成的角为 θ，其方向向量分别为 $\boldsymbol{u},\boldsymbol{v}$，则

$$\cos\theta=|\cos\langle\boldsymbol{u},\boldsymbol{v}\rangle|=\left|\frac{\boldsymbol{u}\cdot\boldsymbol{v}}{|\boldsymbol{u}||\boldsymbol{v}|}\right|=\frac{|\boldsymbol{u}\cdot\boldsymbol{v}|}{|\boldsymbol{u}||\boldsymbol{v}|}。$$

【题 33】【2021 年 4 月浙江金华、诸暨，解答，4 分】在三棱柱 $ABC-A_1B_1C_1$ 中，$AB\perp BC$，四边形 BCC_1B_1 为正方形，$BC=4$，$AB=2$，D_1 是 B_1C_1 的中点，求异面直线 AD_1 与 A_1C_1 所成角的余弦值。

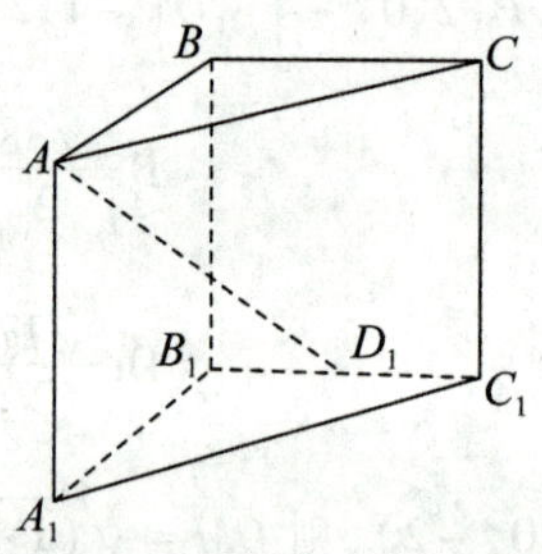

解　因为在三棱柱 $ABC-A_1B_1C_1$ 中，$A_1B_1\perp B_1C_1$，四边形 BCC_1B_1 为正方形，四边形 ABB_1A_1 为矩形，以 B_1 为原点，B_1A_1，B_1C_1，B_1B 所在直线分别为 x 轴、y 轴、z 轴，建立如图所示的空间直角坐标系，所以 $A(2,0,4)$，$D_1(0,2,0)$，$A_1(2,0,0)$，$C_1(0,4,0)$，则$\overrightarrow{AD_1}=(-2,2,-4)$，$\overrightarrow{A_1C_1}=(-2,4,0)$，设异面直线 AD_1 与 A_1C_1 所成的角为 θ，则 $\cos\theta=\dfrac{|\overrightarrow{AD_1}\cdot\overrightarrow{A_1C_1}|}{|\overrightarrow{AD_1}||\overrightarrow{A_1C_1}|}=\dfrac{12}{2\sqrt{6}\cdot2\sqrt{5}}=\dfrac{\sqrt{30}}{10}$。

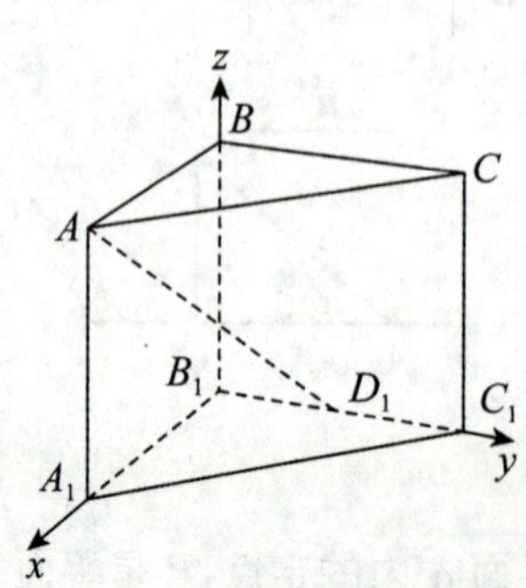

(2)求直线与平面所成角

直线与平面所成的角，可以转化为求直线的方向向量与平面的法向量的夹角。如图，直线 AB 与平面 α 相交于点 B，设直线 AB 与平面 α 所成的角为 θ，直线 AB 的方向向量为 $\boldsymbol{u}$，平面 α 的法向量为 $\boldsymbol{n}$，则

$$\sin\theta=|\cos\langle\boldsymbol{u},\boldsymbol{n}\rangle|=\left|\frac{\boldsymbol{u}\cdot\boldsymbol{n}}{|\boldsymbol{u}||\boldsymbol{n}|}\right|=\frac{|\boldsymbol{u}\cdot\boldsymbol{n}|}{|\boldsymbol{u}||\boldsymbol{n}|}。$$

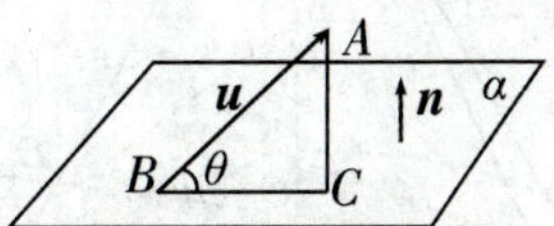

【题34】【2022山西特岗，解答，8分】如图，S 为圆锥顶点，O 为圆锥底面的圆心，AD 为底面直径，$AS=AD$，$\triangle ABC$ 是底面的内接正三角形，P 为 SO 上一点，$PO=\frac{\sqrt{6}}{6}SO$。

(1)证明：$PA\perp$ 平面 PBC；

(2)求直线 PD 与平面 PBC 所成角的正弦值。

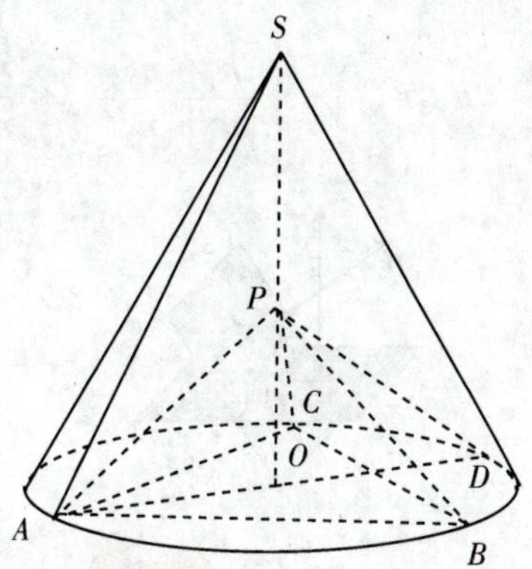

解 (1)设 $SO=a$，则 $PO=\frac{\sqrt{6}}{6}a$，$\because SA=AD$，$\therefore$ 在 $\mathrm{Rt}\triangle SOA$ 中，$OA=\frac{1}{2}AD=\frac{1}{2}SA$，$\therefore SO=\sqrt{3}AO$，$\therefore AO=\frac{\sqrt{3}}{3}a$，$\therefore PA=\sqrt{PO^2+AO^2}=\frac{\sqrt{2}}{2}a$，$\therefore PB=PC=PA=\frac{\sqrt{2}}{2}a$。$\because$ $\odot O$ 是正 $\triangle ABC$ 的外接圆，所以 $\frac{AB}{\sin 60^\circ}=2AO$，$\therefore AB=2\cdot\frac{\sqrt{3}}{3}a\cdot\frac{\sqrt{3}}{2}=a$，$\therefore$ 在 $\triangle PAB$ 中，$PA^2+PB^2=AB^2$，$\therefore PA\perp PB$，在 $\triangle PAC$ 中，$PA^2+PC^2=AC^2$，$\therefore PA\perp PC$。又因为 $PB\cap PC=P$，$PB\subset$ 平面 PBC，$PC\subset$ 平面 PBC，$\therefore PA\perp$ 平面 PBC。

(2)以 O 为坐标原点，$\overrightarrow{OD}$ 方向为 y 轴正方向，$|\overrightarrow{OD}|$ 为单位长度，建立如图所示的空间直角坐标系。设 $D(0,1,0)$，则 $P(0,0,\frac{\sqrt{2}}{2})$，$C(-\frac{\sqrt{3}}{2},\frac{1}{2},0)$，$B(\frac{\sqrt{3}}{2},\frac{1}{2},0)$，$A(0,-1,0)$，$D(0,1,0)$，则 $\overrightarrow{PD}=(0,1,-\frac{\sqrt{2}}{2})$，由(1)知 $PA\perp$ 平面 PBC，$\therefore\overrightarrow{PA}=(0,-1,-\frac{\sqrt{2}}{2})$ 为平面 PBC 的一个法向量，设 PD 与平面 PBC 所成角为 θ，则

$$\sin\theta=\left|\frac{\overrightarrow{PD}\cdot\overrightarrow{PA}}{|\overrightarrow{PD}|\cdot|\overrightarrow{PA}|}\right|=\frac{1}{3}。$$

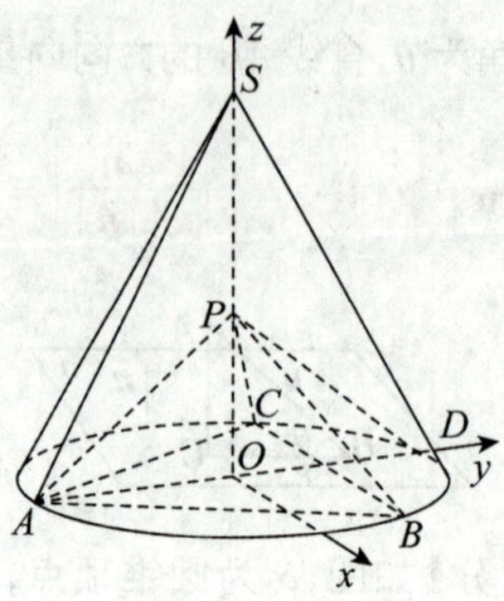

(3)求二面角的平面角

如图,平面 α 与平面 β 相交,形成四个二面角,我们把这四个二面角中不大于 90°的二面角称为平面 α 与平面 β 的夹角。设 $\boldsymbol{n}_1,\boldsymbol{n}_2$ 分别是平面 α,β 的法向量,则平面 α 与平面 β 的夹角即向量 $\boldsymbol{n}_1$ 和 $\boldsymbol{n}_2$ 的夹角或其补角。设平面 α 与平面 β 的夹角为 θ,则

$$\cos\theta=|\cos\langle\boldsymbol{n}_1,\boldsymbol{n}_2\rangle|=\left|\frac{\boldsymbol{n}_1\cdot\boldsymbol{n}_2}{|\boldsymbol{n}_1||\boldsymbol{n}_2|}\right|=\frac{|\boldsymbol{n}_1\cdot\boldsymbol{n}_2|}{|\boldsymbol{n}_1||\boldsymbol{n}_2|}。$$

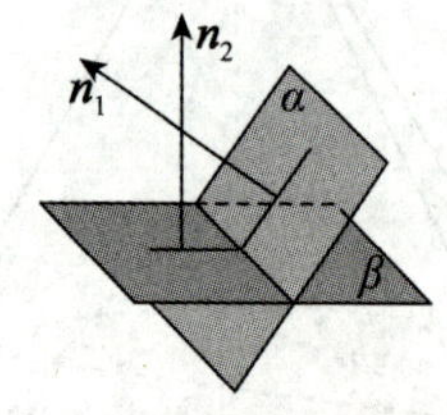

(1)当法向量 $\boldsymbol{n}_1,\boldsymbol{n}_2$ 的方向同时指向二面角的内侧或外侧时,如图所示,二面角 θ 等于法向量 $\boldsymbol{n}_1,\boldsymbol{n}_2$ 的夹角的补角 $\pi-\langle\boldsymbol{n}_1,\boldsymbol{n}_2\rangle$,此时

$$\cos\theta=\cos(\pi-\langle\boldsymbol{n}_1,\boldsymbol{n}_2\rangle)=-\cos\langle\boldsymbol{n}_1,\boldsymbol{n}_2\rangle=-\frac{\boldsymbol{n}_1\cdot\boldsymbol{n}_2}{|\boldsymbol{n}_1||\boldsymbol{n}_2|};$$

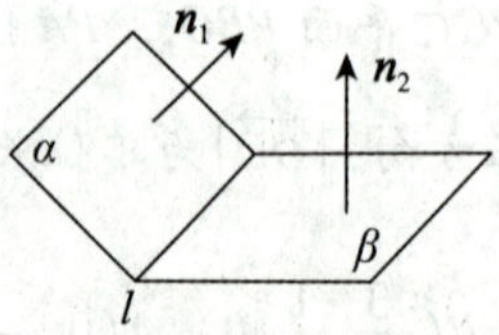

(2)当法向量 $\boldsymbol{n}_1,\boldsymbol{n}_2$ 的方向分别指向二面角的内侧和外侧时,如图所示,二面角 θ 等于法向量 $\boldsymbol{n}_1,\boldsymbol{n}_2$ 的夹角 $\langle\boldsymbol{n}_1,\boldsymbol{n}_2\rangle$,此时

$$\cos\theta=\cos\langle \boldsymbol{n}_1,\boldsymbol{n}_2\rangle=\frac{\boldsymbol{n}_1\cdot\boldsymbol{n}_2}{|\boldsymbol{n}_1||\boldsymbol{n}_2|}。$$

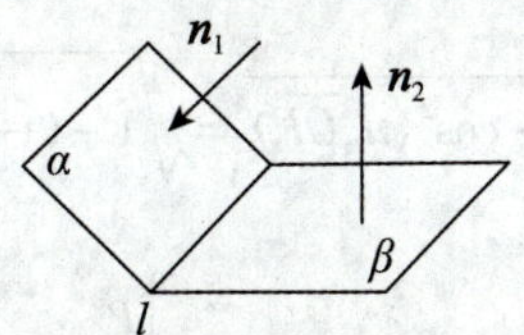

【题35】【2023浙江金华永康,解答,6分】如图,四边形 $ABCD$ 为正方形,点 E,F 分别为 CD,BC 的中点,将 $\triangle DAE$ 沿 AE 向上翻折,平面 $PAE\perp$ 平面 $ABCD$。

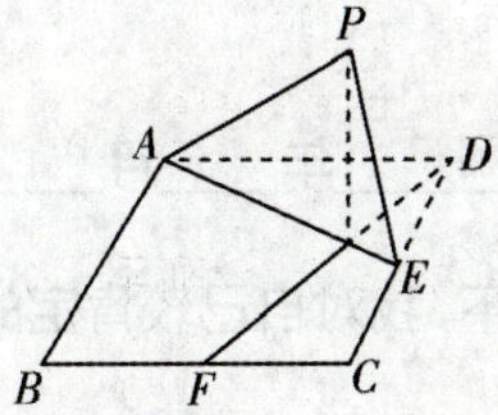

(1)求证:$DF\perp$ 平面 PAE;

(2)求二面角 $A-PE-C$ 的正弦值。

解 (1)证明:$\because$ 四边形 $ABCD$ 是正方形,点 E,F 分别为 CD,BC 的中点,$\therefore \begin{cases}AD=DC,\\ \angle ADE=\angle DCF=90°,\\ DE=CF,\end{cases}$

$\therefore \triangle ADE\cong\triangle DCF$(SAS),$\therefore \angle CDF=\angle DAE$,$\therefore \angle CDF+\angle DEA=\angle DAE+\angle DEA=90°$,$\therefore AE\perp DF$,设 $AE\cap DF=O$,$\because$ 平面 $PAE\perp$ 平面 $ABCD$,且平面 $PAE\cap$ 平面 $ABCD=AE$,又 $DF\subset$ 平面 $ABCD$,$DF\perp AE$,$\therefore DF\perp$ 平面 PAE。

(2)不妨设正方形 $ABCD$ 的边长为 $2\sqrt{5}$,由(1)知,$DF\perp AE$,因为 $\triangle PAE$ 是由 $\triangle DAE$ 翻折得到,所以 $PO\perp AE$,又平面 $PAE\perp$ 平面 $ABCD$,所以 $PO\perp$ 平面 $ABCD$,所以 AE,DF,PO 两两垂直,故建立如图所示的空间直角坐标系。在 $\mathrm{Rt}\triangle DFC$ 中,$DF=\sqrt{DC^2+FC^2}=\sqrt{DC^2+\left(\frac{BC}{2}\right)^2}=\sqrt{(2\sqrt{5})^2+(\sqrt{5})^2}=5$,因为 $\angle EOD=90°$,所以 $\sin\angle FDC=\frac{OE}{DE}=\frac{FC}{DF}$,即 $\frac{OE}{\sqrt{5}}=\frac{\sqrt{5}}{5}$,解得 $OE=1$,则 $PO=OD=\sqrt{DE^2-OE^2}=\sqrt{5-1}=2$,$OF=DF-DO=5-2=3$,则 $O(0,0,0)$,$E(0,1,0)$,$F(3,0,0)$,$C(2,2,0)$,$P(0,0,2)$,则 $\overrightarrow{OF}=(3,0,0)$,$\overrightarrow{PE}=(0,1,-2)$,$\overrightarrow{PC}=(2,2,-2)$。设平面 CEP 的法向量为 $\boldsymbol{u}=(x,y,z)$,则 $\begin{cases}\overrightarrow{PC}\cdot\boldsymbol{u}=0,\\ \overrightarrow{PE}\cdot\boldsymbol{u}=0,\end{cases}$ 即 $\begin{cases}2x+2y-2z=0,\\ y-2z=0,\end{cases}$ 令 $x=-1$,得 $y=$

$2, z=1$，即$\boldsymbol{u}=(-1,2,1)$。又$\overrightarrow{OF}$是平面PAE的一个法向量，且$\cos\langle \boldsymbol{u},\overrightarrow{OF}\rangle=\dfrac{\boldsymbol{u}\cdot\overrightarrow{OF}}{|\boldsymbol{u}||\overrightarrow{OF}|}=\dfrac{-3}{\sqrt{6}\times 3}=-\dfrac{\sqrt{6}}{6}$，所以二面角$A-PE-C$的正弦值为$\sin\langle \boldsymbol{u},\overrightarrow{OF}\rangle=\sqrt{1-\cos^2\langle \boldsymbol{u},\overrightarrow{OF}\rangle}=\sqrt{1-(-\dfrac{\sqrt{6}}{6})^2}=\dfrac{\sqrt{30}}{6}$。

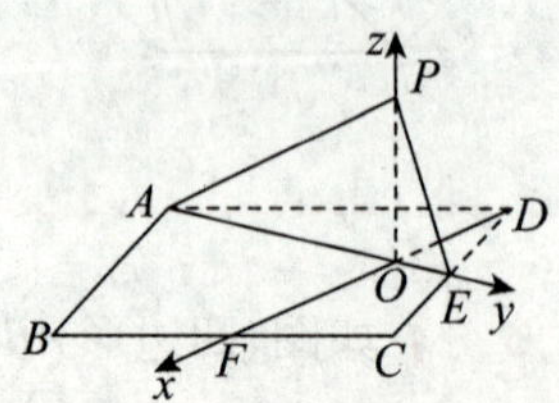

即时反思与复盘总结

我于________年____月____日完成了对本章的学习。

复盘一下，我对自己较肯定的地方是________________

（足够努力/心态积极/方法得当……）

我觉得自己需要改进的地方是________________

（懒惰懈怠/心情浮躁/方法不当……）

休息片刻，开启下一站征程！

第十一章 平面解析几何

考向分析

本章属于高中数学阶段的重难点内容，在各地教师招聘考试中，常以判断、单选、填空、解答的形式考查。其中，山东、重庆等地一般以单选的形式考查圆锥曲线的性质，题目难度中等；浙江、安徽、山西等地侧重于以解答的形式考查圆锥曲线的综合应用，难度偏高，对考生的直观想象、数学运算能力要求较高。现对本章考向分析如下：

高频考点	高频考向	常考题型	核心素养	考查热度
直线与圆、圆与圆的位置关系	判断直线与圆的位置关系	判断、单选、填空	直观想象、逻辑推理、数学运算	🔥🔥
椭圆的标准方程和几何性质	求椭圆的标准方程或离心率	单选、填空	直观想象、数学运算	🔥🔥
双曲线的标准方程和几何性质	求双曲线的标准方程或离心率	单选	直观想象、数学运算	🔥🔥
抛物线的标准方程和几何性质	求抛物线的方程	单选、解答	直观想象、数学运算	🔥🔥🔥
弦长问题	求弦长	解答	直观想象、数学运算	🔥
定点与定值问题	证明定点与定值问题	解答	直观想象、数学运算	🔥🔥🔥

第一节 直线的方程

核心考点

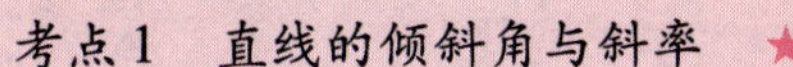

考点1 直线的倾斜角与斜率 ★

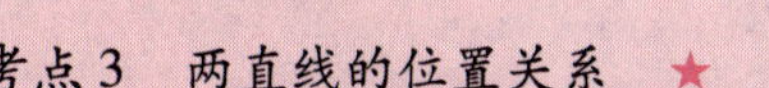

考点3 两直线的位置关系 ★

考点2 直线的方程 ★★

考点4 直线的交点坐标与距离公式 ★

考点1 直线的倾斜角与斜率 ★

1. 倾斜角

(1) 定义

当直线 l 与 x 轴相交时，以 x 轴为基准，x 轴正向与直线 l 向上的方向之间所成的角 α 叫做直线 l 的倾斜角($0°\leqslant\alpha<180°$)。

规定：当直线 l 与 x 轴平行或重合时，它的倾斜角为 $0°$。

(2)计算公式

直线 l 的倾斜角 α 与直线 l 上的两点 $P_1(x_1,y_1)$,$P_2(x_2,y_2)$($x_1\neq x_2$)的坐标有如下关系:

$$\tan\alpha=\frac{y_2-y_1}{x_2-x_1}。①$$

2. 斜率

(1)定义

一条直线的倾斜角 α 的正切值叫做这条直线的斜率。斜率通常用小写字母 k 表示,即

$$k=\tan\alpha(\alpha\neq 90°)。②$$

注:倾斜角是90°的直线没有斜率,倾斜角不是90°的直线都有斜率。

(2)计算公式

如果直线经过两点 $P_1(x_1,y_1)$,$P_2(x_2,y_2)$($x_1\neq x_2$),那么由①②可得如下的斜率公式:

$$k=\frac{y_2-y_1}{x_2-x_1}。$$

注:当直线平行于 y 轴或与 y 轴重合时,此公式不成立。

【题1】 在下列四个命题中,正确的有________个。

(1)在坐标平面内的任何一条直线都有倾斜角和斜率;

(2)直线倾斜角的取值范围为[0,180°);

(3)若直线的倾斜角为 α,则此直线的斜率为 $k=\tan\alpha$;

(4)若直线向上的方向与 y 轴正方向所成角为 α,则直线的倾斜角为 $90°-\alpha$ 或 $90°+\alpha$。

思路分析:根据倾斜角与斜率的定义对各个命题逐一进行判断即可。

解 由于直线的倾斜角为90°时,其斜率不存在,故(1)(3)均错误;由倾斜角的定义可知直线倾斜角的范围为[0°,180°),故(2)错误;对于(4),当 $\alpha=0°$ 时,直线的倾斜角为 $90°+\alpha=90°$,符合题意;当直线向上的部分在 y 轴左侧时,直线的倾斜角为 $90°+\alpha$,当直线向上的部分在 y 轴右侧时,直线的倾斜角为 $90°-\alpha$,符合题意;当 $\alpha=90°$ 时,直线的倾斜角为 $90°-\alpha=0°$,符合题意,故(4)正确。综上,正确的命题有1个。

答案 1

考点2 直线的方程 ★★

1. 直线的点斜式方程

(1)定义

方程 $y-y_0=k(x-x_0)$ 由直线上一个定点 (x_0,y_0) 及该直线的斜率 k 确定,叫做直线的点斜式方程。

注:当直线 l 的倾斜角为90°时,由于 $\tan 90°$ 无意义,直线没有斜率,这时直线 l 与 y 轴平行或重合,它的方程不能用点斜式表示,此时它的方程为 $x-x_0=0$,即 $x=x_0$。

(2)斜截式方程

点斜式的一种特殊情况:如果斜率为 k 的直线 l 过点 $P_0(0,b)$,这时 P_0 是直线 l 与 y 轴的交点,代入直

线的点斜式方程，得

$$y-b=k(x-0)\text{，即 }y=kx+b,$$

称为斜截式方程，其中 k 是直线的斜率，b 是直线在 y 轴上的截距。

2. 直线的两点式方程

当 $x_1 \neq x_2$ 时，经过两点 $P_1(x_1,y_1)$，$P_2(x_2,y_2)$ 的直线的斜率 $k=\frac{y_2-y_1}{x_2-x_1}$。任取 P_1，P_2 中的一点，例如，取点 $P_1(x_1,y_1)$，由直线的点斜式方程，得

$$y-y_1=\frac{y_2-y_1}{x_2-x_1}(x-x_1),$$

当 $y_2 \neq y_1$ 时，上式可写为

$$\frac{y-y_1}{y_2-y_1}=\frac{x-x_1}{x_2-x_1}。$$

这就是经过两点 $P_1(x_1,y_1)$，$P_2(x_2,y_2)$（其中 $x_1 \neq x_2$，$y_1 \neq y_2$）的直线方程，叫做直线的两点式方程。

3. 直线的一般式方程

把关于 x，y 的二元一次方程

$$Ax+By+C=0\text{（其中 }A,B\text{ 不同时为 }0\text{）}$$

叫做直线的一般式方程。

考点3　两直线的位置关系　★

两直线的位置关系

设直线 $l_1: y=k_1x+b_1$ 或 $A_1x+B_1y+C_1=0$；直线 $l_2: y=k_2x+b_2$ 或 $A_2x+B_2y+C_2=0$，则直线 l_1 与 l_2 的位置关系如下：

1. 平行

(1) $k_1=k_2$，且 $b_1 \neq b_2$。

(2) $A_1B_2-A_2B_1=0$，且 $A_1C_2-A_2C_1 \neq 0$。

【题2】　直线 $l_1: ax+2y+a=0$ 与直线 $l_2: 2x+ay-a=0$ 互相平行，则实数 $a=$（　　）

A. -4　　B. 4　　C. -2　　D. 2

解　∵ 直线 $l_1: ax+2y+a=0$ 与直线 $l_2: 2x+ay-a=0$ 互相平行，∴ $a \neq 0$，且 $\frac{2}{a}=\frac{a}{2}\neq\frac{-a}{a}$，则实数 $a=2$。

答案　D

2. 重合

(1) $k_1=k_2$，且 $b_1=b_2$。

(2) $A_1B_2-A_2B_1=0$，且 $A_1C_2-A_2C_1=0$。

3. 相交

(1) $k_1 \neq k_2$。

(2) $A_1B_2-A_2B_1 \neq 0$。

4. 垂直

(1) $k_1 \cdot k_2 = -1$。

(2) $A_1A_2 + B_1B_2 = 0$。

【题3】 若直线 $x+(a-1)y+1=0$ 与直线 $ax+2y-1=0$ 互相垂直，则实数 $a=$（ ）

A. $\frac{3}{2}$　　B. $\frac{2}{3}$　　C. -1　　D. 2

解 ∵直线 $x+(a-1)y+1=0$ 与直线 $ax+2y-1=0$ 互相垂直，∴$a+2(a-1)=0$，解得 $a=\frac{2}{3}$。

答案 B

考点4 直线的交点坐标与距离公式 ★

1. 直线的交点坐标

已知两条直线

$$l_1: A_1x + B_1y + C_1 = 0,$$

$$l_2: A_2x + B_2y + C_2 = 0$$

相交，设这两条直线的交点为 P，则点 P 既在直线 l_1 上，也在直线 l_2 上，所以点 P 的坐标是方程组

$$\begin{cases} A_1x + B_1y + C_1 = 0, \\ A_2x + B_2y + C_2 = 0 \end{cases}$$

的解。解这个方程组就可以得到这两条直线的交点坐标。

2. 两点间的距离公式

设 $P_1(x_1,y_1)$，$P_2(x_2,y_2)$，则 P_1，P_2 两点之间的距离为 $|P_1P_2| = \sqrt{(x_2-x_1)^2+(y_2-y_1)^2}$。

3. 点到直线的距离公式

点 (x_0,y_0) 到直线 $Ax+By+C=0$ 的距离 $d=\frac{|Ax_0+By_0+C|}{\sqrt{A^2+B^2}}$。

4. 两条平行直线间的距离公式

两条平行直线 $Ax+By+C_1=0$ 与 $Ax+By+C_2=0$ 间的距离 $d=\frac{|C_1-C_2|}{\sqrt{A^2+B^2}}$。

【题4】 已知直线 $3x+4y-3=0$ 与直线 $6x+my+14=0$ 平行，则它们之间的距离是（ ）

A. 1　　B. 2　　C. $\frac{1}{2}$　　D. 4

解 由题意得 $\frac{6}{3}=\frac{m}{4}\neq\frac{14}{-3}$，解得 $m=8$，所以直线 $6x+my+14=0$ 可化为 $3x+4y+7=0$，则两平行直线之间的距离 $d=\frac{|-3-7|}{\sqrt{3^2+4^2}}=2$。

答案 B

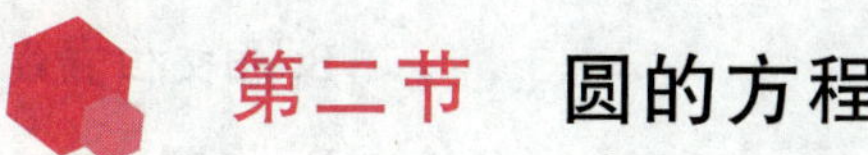

第二节 圆的方程

核心考点

考点1 圆的方程 ★　　考点3 圆与圆的位置关系 ★

考点2 直线与圆的位置关系 ★★

考点1 圆的方程 ★

1. 圆的标准方程

$(x-a)^2+(y-b)^2=r^2$,表示以点$A(a,b)$为圆心、r为半径的圆的方程。

2. 圆的一般方程

$x^2+y^2+Dx+Ey+F=0(D^2+E^2-4F>0)$,圆心坐标为$\left(-\frac{D}{2},-\frac{E}{2}\right)$,半径长为$\frac{1}{2}\sqrt{D^2+E^2-4F}$。

注:对于$x^2+y^2+Dx+Ey+F=0$,当$D^2+E^2-4F>0$时,表示圆;当$D^2+E^2-4F=0$时,表示点$\left(-\frac{D}{2},-\frac{E}{2}\right)$,当$D^2+E^2-4F<0$时,什么图形都不表示。

考点2 直线与圆的位置关系 ★★

1. 直线与圆的位置关系

(1)直线与圆相交,有两个公共点;

(2)直线与圆相切,只有一个公共点;

(3)直线与圆相离,没有公共点。

2. 直线与圆的位置关系的判定方法

(1) 代数法 $\xrightarrow[\text{得到一元二次方程}]{\text{联立方程组消去}x(\text{或}y)}$ $\begin{cases}\Delta>0\Leftrightarrow\text{相交},\\ \Delta=0\Leftrightarrow\text{相切},\\ \Delta<0\Leftrightarrow\text{相离}。\end{cases}$

(2) 几何法 $\xrightarrow[\text{圆的半径为}r]{\text{圆心到直线的距离为}d}$ $\begin{cases}d<r\Leftrightarrow\text{相交},\text{弦长}l=2\sqrt{r^2-d^2},\\ d=r\Leftrightarrow\text{相切},\\ d>r\Leftrightarrow\text{相离}。\end{cases}$

注:若直线恒过定点且定点在圆内,可判断直线与圆相交。此方法常用于动直线与圆的位置关系的判定。

【题5】 圆$(x-1)^2+(y+2)^2=6$与直线$2x+y-5=0$的位置关系是(　　)

A. 相切　　　　B. 相交但直线不过圆心

C. 相交过圆心　　　　D. 相离

思路分析:直线与圆的位置关系很少应用代数法,绝大多数可转化为判断圆心到直线的距离与半径的大小问题。

解　由题意可得圆的圆心为$(1,-2)$,半径为$\sqrt{6}$,而圆心到直线$2x+y-5=0$的距离为$d=\frac{|2\times1-2-5|}{\sqrt{2^2+1}}=\sqrt{5}<\sqrt{6}$,所以直线与圆相交,而圆心$(1,-2)$代入直线方程$2x+y-5=0$不成立,故直线不过圆心。

答案　B

在平面直角坐标系中,要判断直线$l:Ax+By+C=0$与圆$C:(x-a)^2+(y-b)^2=r^2$的位置关系,以及相交时直线被圆所截得的弦长,一般有两种方法。

(1)可联立它们的方程,通过判断方程组$\begin{cases}Ax+By+C=0,\\(x-a)^2+(y-b)^2=r^2\end{cases}$的解的个数,得出直线与圆的公共点的个数,进而判断直线与圆的位置关系。若相交,可以由方程组解得两交点坐标,利用两点间距离公式求得弦长。

(2)根据圆的方程求得圆心坐标与半径r,从而求得圆心到直线的距离d,通过比较d与r的大小,判断直线与圆的位置关系。若相交,则可利用勾股定理求得弦长。

【题6】 【2021安徽统考,填空,4分】直线$y=kx+1(k\in\mathbf{R})$与圆$(x-1)^2+(y+1)^2=9$的位置关系是________。

解　直线$y=kx+1$过定点$(0,1)$,圆$(x-1)^2+(y+1)^2=9$的圆心为$(1,-1)$,半径为3,定点到圆心的距离$d=\sqrt{(1-0)^2+(-1-1)^2}=\sqrt{5}<3$,故定点在圆内,所以该直线与圆相交。

答案　相交

考法大揭秘

切线、弦长问题

1. 切线问题

(1)求过圆上的一点(x_0,y_0)的切线方程

先求切点与圆心连线的斜率k,由垂直关系知切线斜率为$-\frac{1}{k}$,由点斜式方程可求切线方程。若切线斜率不存在,则由图形写出切线方程$x=x_0$。

(2)求过圆外一点(x_0,y_0)的圆的切线方程

①几何方法

当斜率存在时,设为k,切线方程为$y-y_0=k(x-x_0)$,即$kx-y+y_0-kx_0=0$,由圆心到直线的距离等于半径,即可得出切线方程。

②代数方法

当斜率存在时,设为k,切线方程为$y-y_0=k(x-x_0)$,即$y=kx-kx_0+y_0$,代入圆的方程,得到一个关于x的一元二次方程,由$\Delta=0$,求得k,切线方程即可求出。

【题7】 过点$P(2,1)$作圆$O:x^2+y^2=1$的切线l,求切线l的方程。

思路分析:如图,点$P(2,1)$位于圆O外,经过圆外一点有两条直线与这个圆相切。可设切线方程为$y-1=k(x-2)$,k为斜率。由直线与圆相切可求出k的值。

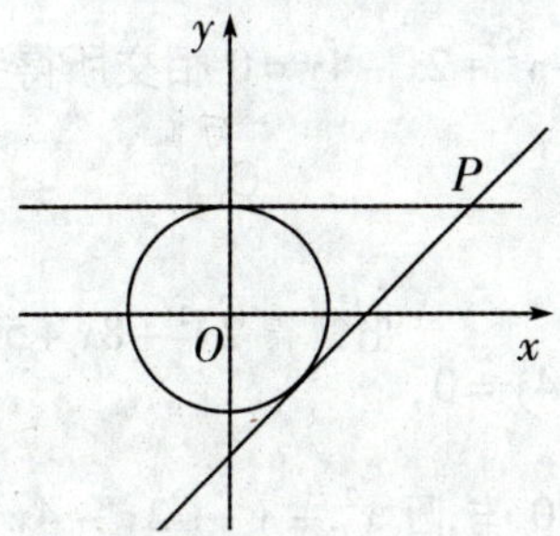

解法一 设切线l的斜率为k,则切线l的方程为$y-1=k(x-2)$,即$kx-y+1-2k=0$。

由圆心$(0,0)$到切线l的距离等于圆的半径1,得$\frac{|1-2k|}{\sqrt{k^2+1}}=1$,

解得$k=0$或$k=\frac{4}{3}$。

因此,所求切线l的方程为$y=1$或$4x-3y-5=0$。

解法二 设切线l的斜率为k,则切线l的方程为$y-1=k(x-2)$。

因为直线l与圆相切,所以方程组$\begin{cases}y-1=k(x-2),\\x^2+y^2=1\end{cases}$只有一组解。

消去y,得$(k^2+1)x^2+(2k-4k^2)x+4k^2-4k=0$。(1)

因为方程(1)只有一个解,所以$\Delta=(2k-4k^2)^2-4(k^2+1)(4k^2-4k)=4k^2(1-2k)^2-16k(k^2+1)(k-1)=0$,

解得$k=0$或$k=\frac{4}{3}$,

所以,所求切线l的方程为$y=1$或$4x-3y-5=0$。

2. 弦长问题

直线l被圆C截得的弦AB的长的求法有两种:

(1)几何法

如图，由弦心距、半径及半弦构成 Rt$\triangle AOG$，求出$|AG|=\sqrt{r^2-OG^2}$，进而求出$|AB|=2|AG|$。

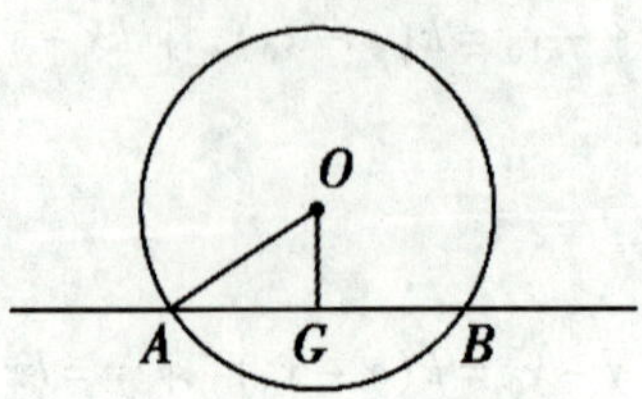

(2)代数法

①求出交点坐标，利用两点间距离公式求两交点间的距离，即弦长；

②利用韦达定理，用弦长公式$|AB|=\sqrt{1+k^2}|x_1-x_2|=\sqrt{1+k^2}\cdot\sqrt{(x_1+x_2)^2-4x_1x_2}$(斜率为$k$的直线$l$与圆$C$交于$A(x_1,y_1)$，$B(x_2,y_2)$两点)。

【题8】 直线$x+y+1=0$与圆$x^2+y^2+2x-4y=0$相交所得弦长为(　　)

A. $\sqrt{3}$　　B. $2\sqrt{3}$　　C. 1　　D. 2

解法一　联立方程组$\begin{cases}x+y+1=0,\\x^2+y^2+2x-4y=0,\end{cases}$化简得$2x^2+8x+5=0$，设交点横坐标分别为$x_1,x_2$，则$x_1+x_2=-4$，$x_1x_2=\frac{5}{2}$，故直线$x+y+1=0$与圆$x^2+y^2+2x-4y=0$相交所得弦长为$\sqrt{1+(-1)^2}\cdot\sqrt{(x_1+x_2)^2-4x_1x_2}=\sqrt{2}\times\sqrt{(-4)^2-4\times\frac{5}{2}}=2\sqrt{3}$。

解法二　圆的方程可化作$(x+1)^2+(y-2)^2=5$，其圆心为$(-1,2)$，半径为$\sqrt{5}$。又圆心到直线的距离为$d=\frac{|-1+2+1|}{\sqrt{2}}=\sqrt{2}$，于是弦长为$2\sqrt{(\sqrt{5})^2-(\sqrt{2})^2}=2\sqrt{3}$。

答案　B

【题9】【2021 山东青岛，单，2.5 分】直线$x-y+2=0$被圆$(x+1)^2+(y-1)^2=2$截得的弦长为(　　)

A. $\sqrt{2}$　　B. $2\sqrt{2}$　　C. $3\sqrt{2}$　　D. $4\sqrt{2}$

解　由题意得圆心坐标为$(-1,1)$，半径为$\sqrt{2}$，圆心到直线的距离为$\frac{|-1-1+2|}{\sqrt{2}}=0$，所以该直线过圆心，故截得的弦长为直径，长度为$2\sqrt{2}$。

答案　B

考点3　圆与圆的位置关系　★

设圆O_1:$(x-a_1)^2+(y-b_1)^2={r_1}^2(r_1>0)$，圆$O_2$:$(x-a_2)^2+(y-b_2)^2={r_2}^2(r_2>0)$，两圆的圆心距为$d$。

位置关系	图示	公共点	数量关系	两圆方程联立组成方程组的解的情况
外离	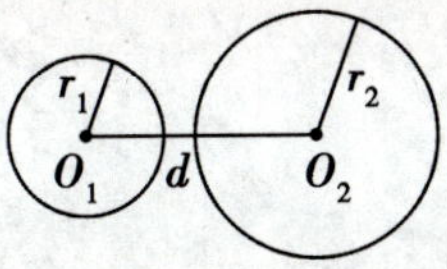	无	$d>r_1+r_2$	无解
外切	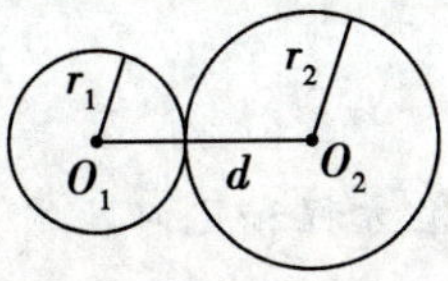	一个切点	$d=r_1+r_2$	一组实数解
相交		两个交点	$\|r_1-r_2\|<d<r_1+r_2$	两组不同的实数解
内切		一个切点	$d=\|r_1-r_2\|(r_1\neq r_2)$	一组实数解
内含		无	$0\leqslant d<\|r_1-r_2\|(r_1\neq r_2)$	无解

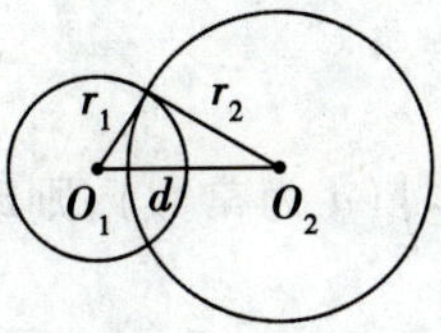

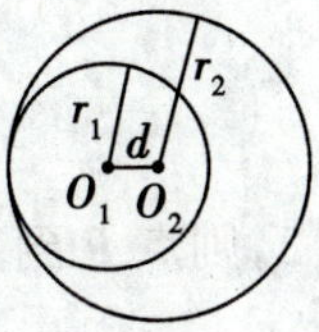

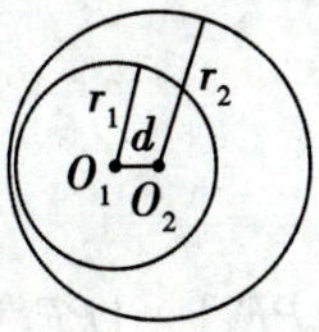

【题 10】【2023 四川特岗,单,4 分】圆 $C_1:(x-1)^2+y^2=4$ 与圆 $C_2:(x-2)^2+(y+1)^2=1$ 的位置关系为(　　)

A. 相交　　B. 内切　　C. 外切　　D. 相离

解　圆 C_1 的圆心坐标为(1,0),半径为 $r_1=2$,圆 C_2 的圆心坐标为(2,-1),半径为 $r_2=1$,则两圆的圆心距为 $|C_1C_2|=\sqrt{(2-1)^2+(-1-0)^2}=\sqrt{2}$,又 $r_1+r_2=3$,$|r_1-r_2|=1$,而 $1<\sqrt{2}<2$,故圆 C_1 与圆 C_2 相交。

答案　A

第三节　椭　圆

核心考点

考点1　椭圆的定义　★　　　　考点2　椭圆的标准方程和几何性质　★★

考点1　椭圆的定义　★

定义Ⅰ:若 F_1,F_2是两定点,P 为动点,且$|PF_1|+|PF_2|=2a>|F_1F_2|$($a$ 为常数),则动点 P 的轨迹是椭圆。

定义Ⅱ:若 F 为定点,l 为定直线(点 F 不在直线 l 上),动点 P 到定点 F 的距离与到定直线 l 的距离之比为常数 $e(0<e<1)$,则动点 P 的轨迹是椭圆。

【题11】 已知椭圆$\frac{x^2}{25}+\frac{y^2}{16}=1$上一点 P 到椭圆的一个焦点的距离是3,则点 P 到另一个焦点的距离为(　　)

A. 2　　　　B. 3

C. 5　　　　D. 7

解　设椭圆$\frac{x^2}{25}+\frac{y^2}{16}=1$的左、右焦点分别为 F_1,F_2,由椭圆的定义可得$|PF_1|+|PF_2|=2a=10$,点 P 到椭圆的一个焦点的距离是3,则点 P 到另一个焦点的距离为7。

答案　D

【题12】【2023山西特岗,单,3分】已知 F_1,F_2 是椭圆 $C:\frac{x^2}{9}+\frac{y^2}{4}=1$ 的两个焦点,点 M 在 C 上,则$|MF_1|\cdot|MF_2|$的最大值为(　　)

A. 13　　　　B. 12

C. 9　　　　D. 6

解　由椭圆的定义可得$|MF_1|+|MF_2|=2a=6$,所以$|MF_1|\cdot|MF_2|\leqslant\left(\frac{|MF_1|+|MF_2|}{2}\right)^2=9$,当且仅当$|MF_1|=|MF_2|=3$时等号成立,所以$|MF_1|\cdot|MF_2|$的最大值为9。

答案　C

考点 2　椭圆的标准方程和几何性质　★★

标准方程		$\frac{x^2}{a^2}+\frac{y^2}{b^2}=1(a>b>0)$	$\frac{y^2}{a^2}+\frac{x^2}{b^2}=1(a>b>0)$
图形			
几何性质	范围	$-a\leqslant x\leqslant a,-b\leqslant y\leqslant b$	$-b\leqslant x\leqslant b,-a\leqslant y\leqslant a$
	对称性	对称轴:坐标轴;对称中心:(0,0)	
	顶点	$A_1(-a,0),A_2(a,0),B_1(0,-b),B_2(0,b)$	$A_1(0,-a),A_2(0,a),B_1(-b,0),B_2(b,0)$
	轴	长轴 A_1A_2 的长为 $2a$,短轴 B_1B_2 的长为 $2b$	
	焦距	$\vert F_1F_2\vert=2c(c>0)$	
	准线	$x=\pm\frac{a^2}{c}$	$y=\pm\frac{a^2}{c}$
	焦半径	$\vert PF_1\vert=a+ex_0,\vert PF_2\vert=a-ex_0$	$\vert PF_1\vert=a+ey_0,\vert PF_2\vert=a-ey_0$
	离心率	$e=\frac{c}{a},e\in(0,1)$	
	a,b,c 的关系	$c^2=a^2-b^2$	

【题 13】　若椭圆的长轴长与短轴长之比为 2,它的一个焦点是 $(2\sqrt{15},0)$,则椭圆的标准方程是________。

解　由题可知,椭圆的焦点在 x 轴上,故设椭圆的标准方程为 $\frac{x^2}{a^2}+\frac{y^2}{b^2}=1$,由题设条件知 $a=2b,c=2\sqrt{15}$,又 $a^2=b^2+c^2$,可得 $4b^2=b^2+60$,解得 $b^2=20$,所以 $a^2=4b^2=80$,所以椭圆的标准方程为 $\frac{x^2}{80}+\frac{y^2}{20}=1$。

答案　$\frac{x^2}{80}+\frac{y^2}{20}=1$

【题 14】　【2021 山西特岗,单,3 分】已知 F_1,F_2 是椭圆 $\frac{x^2}{a^2}+\frac{y^2}{b^2}=1(a>b>0)$ 的左右焦点,点 P 是椭圆上位于第一象限内的一点,经过点 P 与 $\triangle PF_1F_2$ 的内切圆圆心 I 的直线交 x 轴于点 Q,且 $\overrightarrow{PI}=2\overrightarrow{IQ}$,则该椭圆的离心率为(　　)

A. $\frac{1}{4}$　　　　B. $\frac{1}{3}$

C. $\frac{1}{2}$　　　　D. $\frac{2}{3}$

解　因为$\triangle PF_1F_2$内切圆的圆心为点I,则点I是$\triangle PF_1F_2$角平分线的交点,由角平分线定理可得$\frac{|PI|}{|IQ|}=\frac{|PF_1|+|PF_2|}{|F_1Q|+|F_2Q|}=\frac{2a}{2c}=\frac{1}{e}=2$,所以椭圆的离心率$e=\frac{1}{2}$。

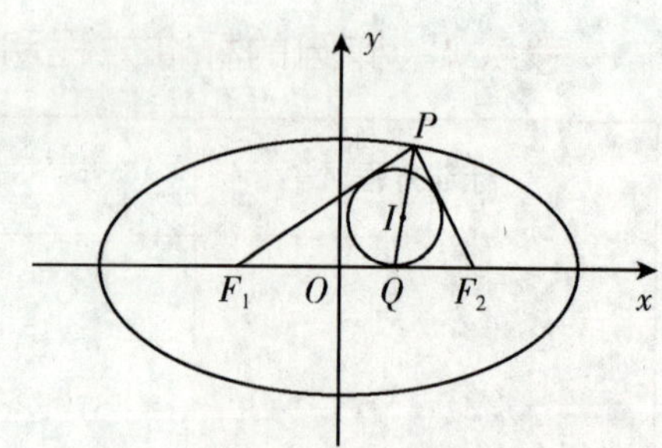

答案　C

第四节　双曲线

考点1　双曲线的定义　★

考点2　双曲线的标准方程和几何性质　★★

考点3　等轴双曲线与共轭双曲线

考点1　双曲线的定义　★

双曲线的定义

定义Ⅰ:若F_1,F_2是两定点,P为动点,且$||PF_1|-|PF_2||=2a<|F_1F_2|$($a$为常数),则动点$P$的轨迹是双曲线。

定义Ⅱ:若动点P到定点F与定直线l的距离之比为常数$e(e>1)$,则动点P的轨迹是双曲线。

【题15】　过双曲线$x^2-y^2=8$的左焦点F_1有一条弦PQ在左支上,若$|PQ|=7$,F_2是双曲线的右焦点,则$\triangle PF_2Q$的周长是(　　)

A. 28　　B. $14-8\sqrt{2}$　　C. $14+8\sqrt{2}$　　D. $8\sqrt{2}$

解　由双曲线定义知$|PF_2|-|PF_1|=4\sqrt{2}$,$|QF_2|-|QF_1|=4\sqrt{2}$,所以$|PF_2|+|QF_2|-(|PF_1|+|QF_1|)=8\sqrt{2}$,又$|PF_1|+|QF_1|=|PQ|=7$,所以$|PF_2|+|QF_2|=7+8\sqrt{2}$,所以$\triangle PF_2Q$的周长为$14+8\sqrt{2}$。

答案　C

【题16】　【2023山西特岗,填空,3分】设F_1,F_2是双曲线$C:\frac{x^2}{a^2}-\frac{y^2}{b^2}=1(a>0,b>0)$的左、右焦点,离心率为$\sqrt{5}$,$P$是$C$上一点,且$F_1P\perp F_2P$,若$\triangle PF_1F_2$的面积为4,则$a=$________。

解　$\because e=\frac{c}{a}=\sqrt{5}$,$\therefore c=\sqrt{5}a$,根据双曲线的定义可得$||PF_1|-|PF_2||=2a$,$\because PF_1\perp PF_2$,$\therefore S_{\triangle PF_1F_2}=\frac{1}{2}|PF_1|\cdot|PF_2|=4$,即$|PF_1|\cdot|PF_2|=8$,又$\because |PF_1|^2+|PF_2|^2=(2c)^2$,$\therefore (|PF_1|-|PF_2|)^2+2|PF_1|\cdot|PF_2|=4c^2$,即$4a^2+16=4c^2$,将$c=\sqrt{5}a$代入,解得$a=1$。

答案　1

考点 2　双曲线的标准方程和几何性质　★★

标准方程		$\frac{x^2}{a^2}-\frac{y^2}{b^2}=1(a>0,b>0)$	$\frac{y^2}{a^2}-\frac{x^2}{b^2}=1(a>0,b>0)$
图形			
几何性质	范围	$x\geqslant a$ 或 $x\leqslant -a,y\in\mathbf{R}$	$y\leqslant -a$ 或 $y\geqslant a,x\in\mathbf{R}$
	对称性	对称轴:坐标轴;对称中心:原点	
	顶点	$A_1(-a,0),A_2(a,0)$	$A_1(0,-a),A_2(0,a)$
	渐近线	$y=\pm\frac{b}{a}x$	$y=\pm\frac{a}{b}x$
	准线	$x=\pm\frac{a^2}{c}$	$y=\pm\frac{a^2}{c}$
	焦半径	$\lvert PF_1\rvert=\lvert ex_0+a\rvert,\lvert PF_2\rvert=\lvert ex_0-a\rvert$	$\lvert PF_1\rvert=\lvert ey_0+a\rvert,\lvert PF_2\rvert=\lvert ey_0-a\rvert$
	离心率	$e=\frac{c}{a},e\in(1,+\infty)$	
	a,b,c 的关系	$c^2=a^2+b^2$	
	实虚轴	线段 A_1A_2 叫做双曲线的实轴,它的长 $\lvert A_1A_2\rvert=2a$;线段 B_1B_2 叫做双曲线的虚轴,它的长 $\lvert B_1B_2\rvert=2b$(a 叫做双曲线的实半轴长,b 叫做双曲线的虚半轴长)	

【题 17】【2022 山西特岗,单,3 分】已知双曲线 $M:\frac{x^2}{a^2}-\frac{y^2}{b^2}=1(a>0,b>0)$ 的离心率为 $\sqrt{3}$,AB 为过双曲线右焦点的一条弦,且 AB 长度的最小值为 4,则双曲线 M 的方程为(　　)

A. $\frac{x^2}{2}-y^2=1$　　　　B. $x^2-\frac{y^2}{2}=1$

C. $\frac{x^2}{2}-\frac{y^2}{4}=1$　　　　D. $\frac{x^2}{4}-\frac{y^2}{8}=1$

解　由题意得,当 AB 长度最小时,AB 过焦点且垂直 x 轴,可列方程 $\begin{cases}\frac{c^2}{a^2}-\frac{4}{b^2}=1,\\ e=\frac{c}{a}=\sqrt{3},\end{cases}$ 解得 $\begin{cases}a^2=1,\\ b^2=2,\end{cases}$ 故双曲线 M 的方程为 $x^2-\frac{y^2}{2}=1$。

答案　B

【题 18】【2020 浙江绍兴(三区),单,3 分】双曲线$\frac{x^2}{16}-\frac{y^2}{9}=1$的焦点坐标是(　　)

A. $(0,5),(0,-5)$　　B. $(5,0),(-5,0)$

C. $(0,\sqrt{7}),(0,-\sqrt{7})$　　D. $(\sqrt{7},0),(-\sqrt{7},0)$

解　由题可知双曲线的焦点在 x 轴上,且 $c^2=16+9=25$,故焦点坐标为$(5,0),(-5,0)$。

答案　B

若双曲线渐近线方程为 $y=\pm\frac{b}{a}x \Leftrightarrow \frac{x}{a}\pm\frac{y}{b}=0$,可设双曲线方程为$\frac{x^2}{a^2}-\frac{y^2}{b^2}=\lambda(\lambda\neq0)$;若双曲线与双曲线$\frac{x^2}{a^2}-\frac{y^2}{b^2}=1$有公共渐近线,可设双曲线方程为$\frac{x^2}{a^2}-\frac{y^2}{b^2}=\lambda(\lambda>0$,焦点在 x 轴上;$\lambda<0$,焦点在 y 轴上)。

考点 3　等轴双曲线与共轭双曲线

1. 等轴双曲线

实轴和虚轴等长的双曲线称为等轴双曲线,它的两条渐近线互相垂直,离心率 $e=\sqrt{2}$。

2. 共轭双曲线

如果一双曲线的实轴及虚轴分别为另一双曲线的虚轴及实轴,则它们互为共轭双曲线。它们有相同的渐近线,并且 4 个焦点共圆,它们的离心率 e_1,e_2 满足关系式$\frac{1}{e_1^2}+\frac{1}{e_2^2}=1$。

【题 19】【2020 山东威海环翠区,判断,0.48 分】共轭双曲线的离心率分别为 e_1 和 e_2,则 e_1 和 e_2 的关系为$\frac{1}{e_1^2+e_2^2}=1$。(　　)

解　因为 $e_1=\frac{c}{a},e_2=\frac{c}{b}$,所以$\frac{1}{e_1^2+e_2^2}=\frac{1}{\left(\frac{c}{a}\right)^2+\left(\frac{c}{b}\right)^2}=\frac{a^2b^2}{c^4}\neq1$。

答案　×

考法大揭秘

求离心率的值或范围的方法

1. 求离心率的方法

(1)定义法

①当题中出现焦点三角形三边关系或 a,c 易求时,利用定义 $e=\frac{c}{a}$ 来求。

【题 20】【2020 福建,单,4 分】椭圆 E 的长轴长、焦距和双曲线$\frac{x^2}{9}-\frac{y^2}{4}=1$的焦距、实轴长相同,则椭圆 E 的离心率为(　　)

A. $\frac{2\sqrt{13}}{3}$　　B. $\frac{\sqrt{5}}{3}$　　C. $\frac{3\sqrt{13}}{13}$　　D. $\frac{2\sqrt{5}}{5}$

解　在双曲线$\frac{x^2}{9}-\frac{y^2}{4}=1$中，$c=\sqrt{9+4}=\sqrt{13}$，$a=\sqrt{9}=3$，则在椭圆$E$中，$a=\sqrt{13}$，$c=3$，故椭圆$E$的离心率$e=\frac{c}{a}=\frac{3\sqrt{13}}{13}$。

答案　C

②利用离心率的变形来求：

椭圆离心率的变形：$e=\frac{c}{a}=\sqrt{\frac{c^2}{a^2}}=\frac{c}{\sqrt{b^2+c^2}}=\sqrt{1-\left(\frac{b}{a}\right)^2}=\frac{1}{\sqrt{1+\left(\frac{b}{c}\right)^2}}$；

双曲线离心率的变形：$e=\frac{c}{a}=\sqrt{\frac{c^2}{a^2}}=\frac{c}{\sqrt{c^2-b^2}}=\sqrt{1+\left(\frac{b}{a}\right)^2}=\frac{1}{\sqrt{1-\left(\frac{b}{c}\right)^2}}$。

【题21】　**【2023湖南长沙湘江新区，单，2分】**双曲线$\frac{x^2}{a^2}-\frac{y^2}{b^2}=1(a>0,b>0)$的一条渐近线与圆$(x-2)^2+y^2=4$相交，所截得的弦长为$2\sqrt{2}$，则该双曲线的离心率为(　　)

A. $\sqrt{2}$　　B. $\sqrt{3}$　　C. 2　　D. $\sqrt{2}$

解　由题可知，圆$(x-2)^2+y^2=4$的圆心为$(2,0)$，半径$r=2$，设渐近线方程为$bx\pm ay=0$，其被圆所截得的弦长为$2\sqrt{2}$，则弦长的一半为$\sqrt{2}$，因为圆的半径为2，所以可得圆心$(2,0)$到渐近线的距离$d=\frac{|2b|}{\sqrt{a^2+b^2}}=\sqrt{2^2-(\sqrt{2})^2}=\sqrt{2}$，即$\frac{2b}{c}=\sqrt{2}$，即$\frac{4b^2}{c^2}=\frac{4(c^2-a^2)}{c^2}=2$，即$\frac{a^2}{c^2}=\frac{1}{2}$，所以离心率$e=\frac{c}{a}=\sqrt{2}$。

答案　A

【题22】　已知椭圆$C:\frac{x^2}{a^2}+\frac{y^2}{b^2}=1(a>b>0)$的左、右顶点分别为$A_1,A_2$，且以线段$A_1A_2$为直径的圆与直线$bx-ay+2ab=0$相切，则椭圆$C$的离心率为________。

解　由题意可得，以线段A_1A_2为直径的圆的半径为a，∴原点到直线$bx-ay+2ab=0$的距离$d=\frac{|2ab|}{\sqrt{a^2+b^2}}=a$，∴$3b^2=a^2$，故椭圆的离心率$e=\frac{c}{a}=\sqrt{\frac{c^2}{a^2}}=\sqrt{\frac{a^2-b^2}{a^2}}=\sqrt{\frac{3b^2-b^2}{3b^2}}=\sqrt{\frac{2}{3}}=\frac{\sqrt{6}}{3}$。

答案　$\frac{\sqrt{6}}{3}$

(2)构造关于a,c的齐次式，列方程求解

根据条件及几何图形建立a,b,c满足的关系式，化为关于a,c的齐次方程(特别是齐二次方程)，再将等式两边同时除以a的n次方(通常是二次方)，从而转化为关于e的方程，解方程即可，注意e的取值范围。

【题23】【2020 山东烟台莱阳,单,2 分】已知点 P 是以 F_1,F_2 为左、右焦点的双曲线$\frac{x^2}{a^2}-\frac{y^2}{b^2}=1$ $(a>0,b>0)$右支上一点,且满足$\overrightarrow{PF_1}\cdot\overrightarrow{PF_2}=0$,$\tan\angle PF_1F_2=\frac{5}{12}$,则此双曲线的离心率为(　　)

A. $\frac{13}{7}$　　B. $\frac{7}{13}$　　C. $\frac{17}{13}$　　D. $\frac{13}{17}$

解　因为$\overrightarrow{PF_1}\cdot\overrightarrow{PF_2}=0$,所以 $PF_1\perp PF_2$,所以$\tan\angle PF_1F_2=\frac{|PF_2|}{|PF_1|}=\frac{5}{12}$,即$|PF_2|=\frac{5}{12}|PF_1|$,又$|PF_1|-|PF_2|=2a$,则$|PF_1|=\frac{24}{7}a$,$|PF_2|=\frac{10}{7}a$,因为$|F_1F_2|=2c$,所以$\left(\frac{24}{7}a\right)^2+\left(\frac{10}{7}a\right)^2=(2c)^2$,解得$\frac{c}{a}=\frac{13}{7}$,即双曲线的离心率为$\frac{13}{7}$。

答案　A

2. 求离心率的范围

一般来说,求双曲线的离心率的取值范围,通常可以考虑几何性质,利用线段的长度、角的大小等关系求解。注意求解后结合双曲线离心率的范围,综合得出 e 的范围。

【题24】　已知双曲线$\frac{x^2}{a^2}-\frac{y^2}{b^2}=1$ 与直线 $y=2x$ 有交点,则此双曲线离心率的取值范围为(　　)

A. $(1,\sqrt{5})$　　B. $(1,\sqrt{5}]$　　C. $(\sqrt{5},+\infty)$　　D. $[\sqrt{5},+\infty)$

解　双曲线的一条渐近线方程为 $y=\frac{b}{a}x$,则由题意得$\frac{b}{a}>2$,$e=\frac{c}{a}=\sqrt{1+\left(\frac{b}{a}\right)^2}>\sqrt{1+4}=\sqrt{5}$,即双曲线离心率的取值范围是$(\sqrt{5},+\infty)$。

答案　C

第五节　抛物线

核心考点

考点 1　抛物线的定义　★

考点 2　抛物线的标准方程和几何性质　★★★

考点 3　与焦点弦有关的常用结论　★★

考点 1　抛物线的定义　★

平面内与一个定点 F 和一条定直线 l(l 不经过点 F)距离相等的点的轨迹叫做抛物线。

考点2　抛物线的标准方程与几何性质　★★★

标准方程	$y^2=2px$ $(p>0)$	$y^2=-2px$ $(p>0)$	$x^2=2py$ $(p>0)$	$x^2=-2py$ $(p>0)$
	p 的几何意义：焦点 F 到准线 l 的距离			
图形				
顶点	$O(0,0)$			
对称轴	x 轴		y 轴	
焦点	$F\left(\frac{p}{2},0\right)$	$F\left(-\frac{p}{2},0\right)$	$F\left(0,\frac{p}{2}\right)$	$F\left(0,-\frac{p}{2}\right)$
离心率	$e=1$			
准线	$x=-\frac{p}{2}$	$x=\frac{p}{2}$	$y=-\frac{p}{2}$	$y=\frac{p}{2}$
范围	$x\geqslant 0,y\in\mathbf{R}$	$x\leqslant 0,y\in\mathbf{R}$	$y\geqslant 0,x\in\mathbf{R}$	$y\leqslant 0,x\in\mathbf{R}$
开口方向	向右	向左	向上	向下

【题25】【2023安徽特岗,单,2分】已知抛物线 $y=2x^2$，其焦点坐标和准线方程分别为(　　)

A. $\left(\frac{1}{8},0\right)$，$x=-\frac{1}{8}$　　B. $\left(\frac{1}{4},0\right)$，$x=-\frac{1}{4}$

C. $\left(0,\frac{1}{8}\right)$，$y=-\frac{1}{8}$　　D. $\left(0,\frac{1}{4}\right)$，$y=-\frac{1}{4}$

解　将抛物线 $y=2x^2$ 化为标准方程，得 $x^2=\frac{1}{2}y$，则抛物线的焦点在 y 轴上，焦点坐标为 $\left(0,\frac{1}{8}\right)$，准线方程为 $y=-\frac{1}{8}$。

答案　C

【题26】【2022浙江宁波,单,2分】已知抛物线 $C:x^2=2py(p>0)$ 上的一点 M 到焦点的距离为9，到 x 轴的距离为6，则 $p=$(　　)

A. 3　　B. 4　　C. 6　　D. 8

解　由抛物线 $C:x^2=2py(p>0)$ 可知，抛物线的准线为 $y=-\frac{p}{2}$，因为点 M 到 x 轴的距离为6，所以点 M 到抛物线的准线的距离为 $6+\frac{p}{2}$，又因为点 M 到焦点的距离为9，且点 M 到焦点的距离等于其到准线的距离，所以 $6+\frac{p}{2}=9$，解得 $p=6$。

答案　C

【题27】【2023 湖南长沙湘江新区,解答,11 分】已知 $A(0,-3)$,$B(-4,0)$,抛物线的解析式 $y=ax^2+(1-3a)x+1-4a(a\neq0)$。

(1)求证:不论 a 为何值,抛物线与 x 轴始终有交点;

(2)若抛物线经过点 A,点 P 在抛物线上,且 $2\angle PAO=\angle ABO$,求此时点 P 的坐标;

(3)当 $-1\leqslant x\leqslant4$ 时,$0\leqslant y\leqslant5$,求 a 的取值范围。

解 (1)证明:对于方程 $ax^2+(1-3a)x+1-4a=0$,$\because a\neq0$,$\therefore$ 该方程为一元二次方程,判别式 $\Delta=(1-3a)^2-4\times a\times(1-4a)=(5a-1)^2\geqslant0$,即方程始终有解,因此不论 a 为何值,抛物线与 x 轴始终有交点。

(2)已知抛物线过点 $A(0,-3)$,则 $1-4a=3$,解得 $a=1$,故抛物线解析式为 $y=x^2-2x-3$,在 $\mathrm{Rt}\triangle ABO$ 中,易知 $OB=4$,$OA=3$,$\therefore AB=\sqrt{OA^2+OB^2}=5$,如图,作 $\angle OBA$ 的平分线交 y 轴于点 E,$\therefore\angle OBE=\frac{1}{2}\angle OBA$,由题可知 $\angle OBA=2\angle PAO$,$\therefore\angle OBE=\angle PAO$,过点 E 作 $EF\perp AB$,垂足为 F,易知 $OE=OF$,$\because BE=BE$,$\therefore \mathrm{Rt}\triangle BOE\cong\mathrm{Rt}\triangle BFE(\mathrm{HL})$,$\therefore EF=EO$,$BO=BF=4$,$\therefore AF=AB-BF=1$,在 $\mathrm{Rt}\triangle EFA$ 中,$AF^2+EF^2=EA^2$,即 $1+OE^2=(3-OE)^2$,解得 $OE=\frac{4}{3}$,$\therefore\tan\angle OBE=\tan\angle PAO=\frac{OE}{OB}=\frac{1}{3}$,设 AP 交 x 轴于点 G,在 $\mathrm{Rt}\triangle OGA$ 中,$\tan\angle PAO=\frac{OG}{OA}=\frac{1}{3}$,$\therefore OG=1$,$\therefore$ 点 G 的坐标为 $(1,0)$ 或 $(-1,0)$。

当点 G 的坐标为 $(-1,0)$ 时,点 P 与点 G 重合,则点 P 的坐标为 $(-1,0)$;当点 G 的坐标为 $(1,0)$ 时,直线 PA 的解析式为 $y=3x-3$,联立直线与抛物线方程,可得 $\begin{cases}y=3x-3,\\y=x^2-2x-3,\end{cases}$ 解得 $\begin{cases}x=0,\\y=-3\end{cases}$(舍去)或 $\begin{cases}x=5,\\y=12,\end{cases}$ 则点 P 的坐标为 $(5,12)$。

综上所述,点 P 的坐标为 $(-1,0)$ 或 $(5,12)$。

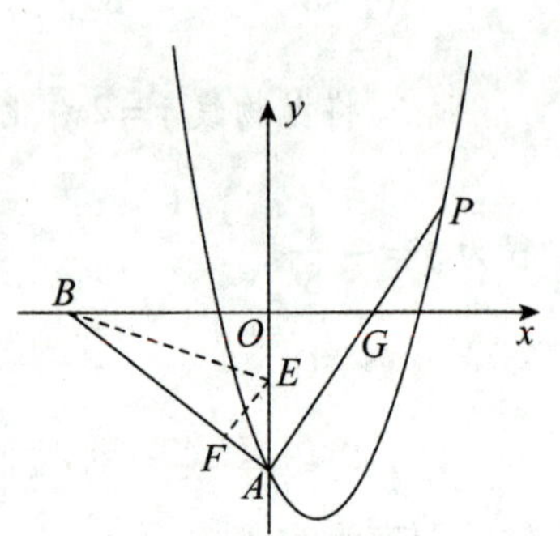

(3)由题可知,抛物线 $y=ax^2+(1-3a)x+1-4a(a\neq0)$ 的对称轴为 $x=\frac{3a-1}{2a}$,当 $x=-1$ 时,代入抛物线解得 $y=0$;当 $x=4$ 时,代入抛物线解得 $y=5$,$\because$ 当 $-1\leqslant x\leqslant4$ 时,$0\leqslant y\leqslant5$,$\therefore y$ 随着 x 的增大而增大,当 $a<0$ 时,$\frac{3a-1}{2a}\geqslant4$,解得 $-\frac{1}{5}\leqslant a<0$;当 $a>0$ 时,$\frac{3a-1}{2a}\leqslant-1$,解得 $0<a\leqslant\frac{1}{5}$。

综上所述,a 的取值范围是 $\left(-\frac{1}{5},0\right)\cup\left(0,\frac{1}{5}\right)$。

考点3 与焦点弦有关的常用结论 ★★

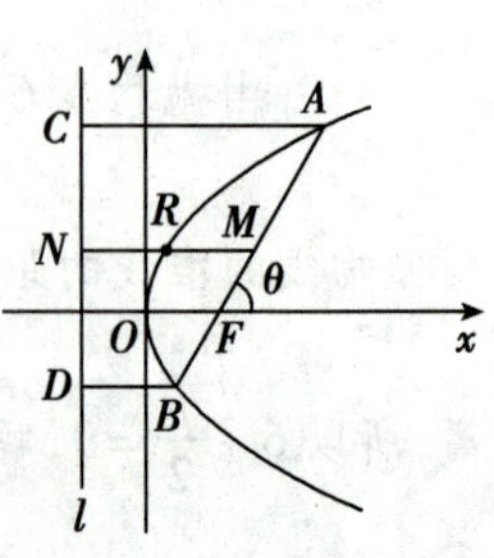

如图,AB 为抛物线 $y^2=2px(p>0)$ 的焦点弦,$A(x_1,y_1)$,$B(x_2,y_2)$,焦点 $F\left(\frac{p}{2},0\right)$,准线 $l:x=-\frac{p}{2}$,$AC\perp l$,$BD\perp l$,且 M,N 分别为 AB,CD 的中点,R 为 MN 与抛物线的交点。

(1)抛物线的焦点弦的性质

①焦点弦的长$|AB|=x_1+x_2+p=\frac{2p}{\sin^2\theta}$($\theta$为$AB$的倾斜角);

②$y_1y_2=-p^2,x_1x_2=\frac{p^2}{4}$;

③MN为梯形$ABDC$的中位线,则$|MN|=\frac{1}{2}(|AC|+|BD|)=\frac{1}{2}(|AF|+|BF|)=\frac{1}{2}|AB|$;

④以AB为直径的圆与抛物线的准线相切;

⑤$\frac{1}{|AF|}+\frac{1}{|BF|}=\frac{2}{p}$。

(2)焦半径的长

抛物线$y^2=2px(p>0)$的焦半径的长$|AF|=x_1+\frac{p}{2},|BF|=x_2+\frac{p}{2}$。

【题28】【2020山东威海环翠区,单,1.02分】已知F是抛物线$y^2=x$的焦点,A,B是该抛物线上的两点,$|AF|+|BF|=3$,则线段AB的中点到抛物线准线的距离为( )

A. $\frac{3}{4}$　　B. $\frac{3}{2}$　　C. 2　　D. 3

解　由抛物线的性质可知$F\left(\frac{1}{4},0\right)$,准线方程为$x=-\frac{1}{4}$,设$A(x_1,y_1),B(x_2,y_2)$,根据抛物线的定义可得$|AF|+|BF|=x_1+x_2+\frac{1}{2}=3$,则$x_1+x_2=\frac{5}{2}$,所以线段$AB$的中点的横坐标为$\frac{5}{4}$,故线段$AB$的中点到抛物线准线的距离为$\frac{5}{4}+\frac{1}{4}=\frac{3}{2}$。

答案　B

第六节　直线与圆锥曲线

核心考点

考点1　轨迹方程问题　★	考点4　中点弦问题　★★
考点2　直线与圆锥曲线的位置关系　★★	考点5　最值问题　★
考点3　弦长问题　★★	考点6　定点与定值问题　★★★

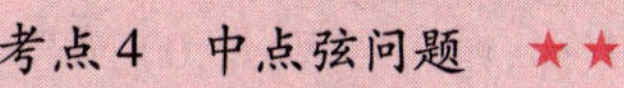

考点1　轨迹方程问题　★

1.定义法求轨迹方程

(1)在利用圆锥曲线的定义求轨迹方程时,若所求的轨迹符合某种圆锥曲线的定义,则根据该曲线的标准方程，写出所求的轨迹方程。

(2)利用定义法求轨迹方程时，还要看轨迹是否是完整的圆、椭圆、双曲线、抛物线，如果不是完整的曲线，则应对其中的变量 x 或 y 进行限制。

【题29】 已知点 P 到点 $\left(\frac{1}{2},0\right)$ 的距离比它到直线 $x=-\frac{5}{2}$ 的距离小2。求动点 P 的轨迹方程。

解 由题可知，动点 P 到点 $\left(\frac{1}{2},0\right)$ 的距离与它到直线 $x=-\frac{1}{2}$ 的距离相等，所以动点 P 的轨迹是以点 $\left(\frac{1}{2},0\right)$ 为焦点的抛物线，即动点 P 的轨迹方程为 $y^2=2x$。

2. 直接法求轨迹方程

直接法求曲线方程时最关键的就是把几何条件或等量关系翻译为代数方程，要注意翻译的等价性。通常将步骤简记为建系设点、列式、代换、化简、证明这五个步骤，但最后的证明可以省略。如果给出了直角坐标系则可省去建系这一步，求出曲线的方程后还需注意检验方程的纯粹性和完备性。

【题30】 已知定点 A,B，且 $|AB|=2a$。如果动点 P 到点 A 的距离与到点 B 的距离之比为 2:1，求点 P 的轨迹。

解 取 AB 所在的直线为 x 轴，从 A 到 B 为正方向，以 AB 的中点 O 为原点，以 AB 的中垂线为 y 轴，建立平面直角坐标系，则 $A(-a,0)$，$B(a,0)$。设 $P(x,y)$，因为 $\frac{|PA|}{|PB|}=\frac{2}{1}$，即 $\frac{\sqrt{(x+a)^2+y^2}}{\sqrt{(x-a)^2+y^2}}=2$，化简整理可得 $3x^2+3y^2-10ax+3a^2=0$，即 $\left(x-\frac{5}{3}a\right)^2+y^2=\frac{16}{9}a^2$，故动点 P 的轨迹是以 $C\left(\frac{5}{3}a,0\right)$ 为圆心，$\frac{4}{3}a$ 为半径的圆。

3. 相关点法(代入法)求轨迹方程

第一步：设出所求动点坐标 $P(x,y)$；

第二步：寻求所求动点 $P(x,y)$ 与已知动点 $Q(x',y')$ 的关系；

第三步：建立 P,Q 两坐标间的关系，并用 x,y 表示出 x',y'；

第四步：将 x',y' 代入已知曲线方程中化简求解。

【题31】 设 O 为坐标原点，动点 M 在椭圆 $C:\frac{x^2}{2}+y^2=1$ 上，过 M 作 x 轴的垂线，垂足为 N，点 P 满足 $\overrightarrow{NP}=\sqrt{2}\overrightarrow{NM}$。求点 P 的轨迹方程。

解 设 $P(x,y)$，$M(x_0,y_0)$，则 $N(x_0,0)$，$\overrightarrow{NP}=(x-x_0,y)$，$\overrightarrow{NM}=(0,y_0)$，由 $\overrightarrow{NP}=\sqrt{2}\overrightarrow{NM}$ 得 $x_0=x$，$y_0=\frac{\sqrt{2}}{2}y$。因为 $M(x_0,y_0)$ 在 C 上，所以 $\frac{x_0^2}{2}+y_0^2=1$，故 $\frac{x^2}{2}+\left(\frac{\sqrt{2}}{2}y\right)^2=1$，化简得 $x^2+y^2=2$，因此点 P 的轨迹方程为 $x^2+y^2=2$。

考点2 直线与圆锥曲线的位置关系 ★★

直线与圆锥曲线的位置关系

联立直线方程与圆锥曲线方程，消 y(或消 x)得到一个关于变量 x(或变量 y)的一元方

程 $ax^2+bx+c=0$(或 $ay^2+by+c=0$)。

(1)当 $a\neq0$ 时,设一元二次方程 $ax^2+bx+c=0$ 的判别式为 Δ,

则$\begin{cases}\Delta>0\Leftrightarrow 直线与圆锥曲线 C 相交;\\ \Delta=0\Leftrightarrow 直线与圆锥曲线 C 相切;\\ \Delta<0\Leftrightarrow 直线与圆锥曲线 C 相离。\end{cases}$

(2)当 $a=0,b\neq0$ 时,即得到一个一次方程,则直线 l 与圆锥曲线 C 相交,且只有一个交点,此时,若 C 为双曲线,则直线 l 与双曲线的渐近线平行;若 C 为抛物线,则直线 l 与抛物线的对称轴平行或重合。

注:联立直线与圆锥曲线的方程消元后,应注意讨论二次项系数是否为零。

【题 32】 已知直线 $l:y=2x+m$,椭圆 $C:\frac{x^2}{4}+\frac{y^2}{2}=1$。试问当 m 取何值时,直线 l 与椭圆 C:

(1)有两个不重合的公共点;

(2)有且只有一个公共点;

(3)没有公共点。

解 将直线 l 的方程与椭圆 C 的方程联立,得方程组$\begin{cases}y=2x+m,\\ \frac{x^2}{4}+\frac{y^2}{2}=1,\end{cases}$消去 y,整理得 $9x^2+8mx+2m^2-4=0$ ①,$\Delta=(8m)^2-4\times9\times(2m^2-4)=-8m^2+144$。

(1)当 $\Delta>0$,即 $-3\sqrt{2}<m<3\sqrt{2}$ 时,方程①有两个不同的实数根,可知原方程组有两组不同的实解,这时直线 l 与椭圆 C 有两个不重合的公共点。

(2)当 $\Delta=0$,即 $m=\pm3\sqrt{2}$ 时,方程①有两个相同的实数根,可知原方程组有两组相同的实数解,这时直线 l 与椭圆 C 有两个互相重合的公共点,即直线 l 与椭圆 C 有且只有一个公共点。

(3)当 $\Delta<0$,即 $m<-3\sqrt{2}$ 或 $m>3\sqrt{2}$ 时,方程①没有实数根,可知原方程组没有实数解,这时直线 l 与椭圆 C 没有公共点。

【题 33】 【2023 浙江杭州,解答,10 分】已知椭圆 $C:\frac{x^2}{a^2}+\frac{y^2}{b^2}=1(a>b>0)$ 的离心率为$\frac{\sqrt{3}}{2}$,且准线方程为 $x=\pm\frac{4\sqrt{3}}{3}$。

(1)求椭圆 C 的方程;

(2)已知直线 $l:y=kx+1$ 与椭圆 C 交于 A,B 两点,O 为坐标原点。若$\triangle OAB$ 为直角三角形,求 k 的值。

解 (1)根据题意,椭圆 C 的离心率 $e=\frac{c}{a}=\frac{\sqrt{3}}{2}$,椭圆 C 的准线方程为 $x=\pm\frac{a^2}{c}=\pm\frac{4\sqrt{3}}{3}$,联立两式,解得 $c=\sqrt{3},a=2$,故 $b=\sqrt{a^2-c^2}=\sqrt{4-3}=1$,所以椭圆 C 的方程为$\frac{x^2}{4}+y^2=1$。

(2)直线 $l:y=kx+1$ 恒过定点$(0,1)$,而点$(0,1)$也是椭圆 C 与 y 轴的一个交点,设点 B 坐标为$(0,1)$,

点 A 坐标为(x_1,y_1)，因为$\triangle OAB$为直角三角形，则$\angle ABO$不可能等于$90°$，而当$\angle BAO$为$90°$时，点A在以OB为直径的圆上，但这个圆与椭圆C的交点只有点B，故$\angle BAO$也不可能为$90°$；当$\angle AOB=90°$时，点A在x轴上，且点A是椭圆C与x轴的交点，可得A是$(2,0)$或$(-2,0)$，则$k=\frac{1-0}{0-2}=-\frac{1}{2}$或$k=\frac{1-0}{0-(-2)}=\frac{1}{2}$，

故当$\triangle OAB$为直角三角形时，k的值为$\frac{1}{2}$或$-\frac{1}{2}$。

【题 34】【2022 安徽统考，解答，8 分】平面直角坐标系xOy中，双曲线C：$\frac{x^2}{a^2}-\frac{y^2}{b^2}=1(a>0,b>0)$的右焦点为$F$，点$A(2,3)$在双曲线$C$上，且$AF\perp x$轴。

(1)求双曲线C的方程；

(2)过点A作直线l，若直线l与双曲线C只有一个公共点，求直线l的斜率。

解　(1)$\because AF\perp x$轴，$\therefore$点F的坐标为$(2,0)$，故$c=2$，将点A的坐标代入联立可得$\begin{cases}\frac{2^2}{a^2}-\frac{3^2}{b^2}=1,\\a^2+b^2=4,\end{cases}$解得$\begin{cases}a^2=1,\\b^2=3,\end{cases}$故双曲线$C$的方程为$x^2-\frac{y^2}{3}=1$。

(2)当斜率不存在时，即直线过点A与x轴垂直，不符合题意；

当直线斜率存在时，由题意，可设直线l的方程为$y=kx+m$，A点代入可得$y=kx+3-2k$，联立方程$\begin{cases}y=kx+3-2k,\\x^2-\frac{y^2}{3}=1,\end{cases}$化简可得$(3-k^2)x^2-(6k-4k^2)x-(4k^2-12k+12)=0$，

当$3-k^2=0$，即$k=\pm\sqrt{3}$时，$6k-4k^2\neq0$，该方程为一元一次方程，有一个解，符合题意；

当$3-k^2\neq0$时，即$k\neq\pm\sqrt{3}$时，该方程为一元二次方程，由题意知其有一个解，即$\Delta=(6k-4k^2)^2+4(3-k^2)(4k^2-12k+12)=0$，解得$k=2$。

综上所述，k的值为$\pm\sqrt{3}$或2。

考点 3　弦长问题　★★

设斜率为$k(k\neq0)$的直线l与圆锥曲线C相交于A,B两点，设$A(x_1,y_1)$，$B(x_2,y_2)$，则$|AB|=\sqrt{1+k^2}|x_1-x_2|=\sqrt{1+k^2}\cdot\sqrt{(x_1+x_2)^2-4x_1x_2}=\sqrt{1+\frac{1}{k^2}}|y_1-y_2|=\sqrt{1+\frac{1}{k^2}}\cdot\sqrt{(y_1+y_2)^2-4y_1y_2}$。

注：利用弦长公式求弦长时要注意斜率k不存在的情形，若k不存在，可直接求交点坐标再求弦长；涉及焦点弦长时要注意圆锥曲线定义的应用。

【题 35】　已知双曲线C：$\frac{x^2}{a^2}-\frac{y^2}{b^2}=1(a>0,b>0)$的离心率为$\sqrt{3}$，点$(\sqrt{3},0)$是双曲线的一个顶点。

(1)求双曲线的方程；

(2)经过双曲线右焦点 F_2 作倾斜角为 30°的直线，直线与双曲线交于不同的两点 A,B，求 $|AB|$。

解 (1)因为双曲线 $C:\frac{x^2}{a^2}-\frac{y^2}{b^2}=1(a>0,b>0)$ 的离心率为 $\sqrt{3}$，点 $(\sqrt{3},0)$ 是双曲线的一个顶点，所以

$$\begin{cases}\frac{c}{a}=\sqrt{3},\\ a=\sqrt{3},\end{cases}$$ 解得 $c=3$，又 $b^2=c^2-a^2=6$，所以双曲线的方程为 $\frac{x^2}{3}-\frac{y^2}{6}=1$。

(2)双曲线 $\frac{x^2}{3}-\frac{y^2}{6}=1$ 的右焦点为 $F_2(3,0)$，所以经过双曲线右焦点 F_2 且倾斜角为 30°的直线方程为

$y=\frac{\sqrt{3}}{3}(x-3)$，联立 $\begin{cases}\frac{x^2}{3}-\frac{y^2}{6}=1,\\ y=\frac{\sqrt{3}}{3}(x-3),\end{cases}$ 得 $5x^2+6x-27=0$，设 $A(x_1,y_1)$，$B(x_2,y_2)$，则 $x_1+x_2=-\frac{6}{5}$，$x_1x_2=-\frac{27}{5}$，所以 $|AB|=\sqrt{1+\frac{1}{3}}\times\sqrt{\left(-\frac{6}{5}\right)^2-4\times\left(-\frac{27}{5}\right)}=\frac{16\sqrt{3}}{5}$。

考点 4 中点弦问题 ★★

(1)处理有关中点弦及对应直线斜率关系的问题时，常用“点差法”，步骤如下：

①设点：设出弦的两端点坐标；

②代入：代入圆锥曲线方程；

③作差：两式相减，再用平方差公式把上式展开；

④整理：转化为斜率与中点坐标的关系式，然后求解。

(2)使用“点差法”的常见题型有：求中点弦方程、求(过定点、平行弦)弦中点轨迹、垂直平分线问题。由于“点差法”具有不等价性，所以在使用时要考虑判别式 Δ 是否为正数。

【题 36】 已知椭圆 $E:\frac{x^2}{a^2}+\frac{y^2}{b^2}=1(a>b>0)$ 的离心率为 $\frac{1}{2}$，点 A,B 分别为椭圆 E 的左、右顶点，点 C 在 E 上，且 $\triangle ABC$ 面积的最大值为 $2\sqrt{3}$。

(1)求椭圆 E 的方程；

(2)设 F 为 E 的左焦点，点 D 在直线 $x=-4$ 上，过 F 作 DF 的垂线交椭圆 E 于 M,N 两点。证明：直线 OD 平分线段 MN。

解 (1)由题意得 $\begin{cases}e=\frac{c}{a}=\frac{1}{2},\\ ab=2\sqrt{3},\\ a^2=b^2+c^2,\end{cases}$ 解得 $\begin{cases}a=2,\\ b=\sqrt{3},\end{cases}$ 故椭圆 E 的方程为 $\frac{x^2}{4}+\frac{y^2}{3}=1$。

(2)证明：设 $M(x_1,y_1)$，$N(x_2,y_2)$，$D(-4,n)$，线段 MN 的中点为 $P(x_0,y_0)$，则 $2x_0=x_1+x_2$，$2y_0=y_1+y_2$，由(1)可得 $F(-1,0)$，则直线 DF 的斜率为 $k_{DF}=\frac{n-0}{-4-(-1)}=-\frac{n}{3}$，当 $n=0$ 时，直线 MN 的斜率不存

在，根据椭圆的对称性可知 OD 平分线段 MN；当 $n\neq0$ 时，直线 MN 的斜率 $k_{MN}=\frac{3}{n}=\frac{y_1-y_2}{x_1-x_2}$，因为点 M,N 在椭圆 E 上，所以 $\begin{cases}\frac{x_1^2}{4}+\frac{y_1^2}{3}=1,\\ \frac{x_2^2}{4}+\frac{y_2^2}{3}=1,\end{cases}$ 整理得 $\frac{(x_1+x_2)(x_1-x_2)}{4}+\frac{(y_1+y_2)(y_1-y_2)}{3}=0$，又 $2x_0=x_1+x_2$，$2y_0=y_1+y_2$，所以 $\frac{y_0}{x_0}=-\frac{n}{4}$，即直线 OP 的斜率为 $k_{OP}=-\frac{n}{4}$，因为直线 OD 的斜率为 $k_{OD}=-\frac{n}{4}$，所以直线 OD 平分线段 MN。

考点5 最值问题 ★

1. 圆锥曲线中的最值问题的分类

一是涉及距离、面积的最值以及与之相关的一些问题；二是求直线或圆锥曲线中几何元素的最值以及这些元素存在最值时求解与之有关的一些问题。

2. 最值问题的两类解法技巧

(1) 几何法：若题目的条件和结论能明显体现几何特征及意义，则考虑利用图形性质来解决。

(2) 代数法：若题目的条件和结论能体现一种明确的函数关系，则可先建立起目标函数，再求这个函数的最值，最值常用基本不等式法、配方法及导数法求解。

【题37】 已知动圆过定点 $(2,0)$，且在 y 轴上截得的弦长为 4，设动圆圆心的轨迹为 H，点 $E(m,0)$ $(m>0)$ 为一个定点，过点 E 作斜率分别为 k_1,k_2 的两条直线交 H 于点 A,B,C,D，且 M,N 分别是线段 AB,CD 的中点。

(1) 求轨迹 H 的方程；

(2) 若 $m=1$，且过点 E 的两条直线相互垂直，求 $\triangle EMN$ 的面积的最小值。

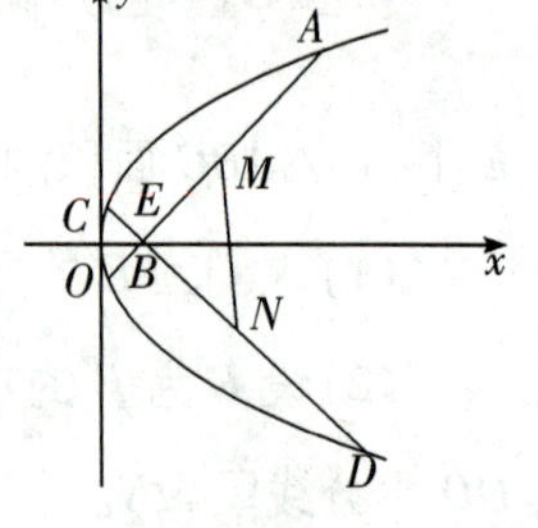

解 (1) 设动圆圆心的坐标为 (x,y)，由题意可以得到 $\sqrt{(x-2)^2+y^2}=\sqrt{x^2+4}$，化简得 $y^2=4x$，所以动圆圆心的轨迹 H 的方程为 $y^2=4x$。

(2) 当 $m=1$ 时，$E(1,0)$ 为抛物线 $y^2=4x$ 的焦点，因为 $AB\perp CD$，所以 $k_1k_2=-1$，设直线 AB 的方程为 $y=k_1(x-1)$，$A(x_1,y_1)$，$B(x_2,y_2)$，联立 $\begin{cases}y=k_1(x-1),\\ y^2=4x,\end{cases}$ 得 $k_1y^2-4y-4k_1=0$，则 $y_1+y_2=\frac{4}{k_1}$，$y_1y_2=-4$，所以 $x_1+x_2=\frac{y_1+y_2}{k_1}+2=\frac{4}{k_1^2}+2$，易知线段 AB 的中点 M 的坐标为 $\left(\frac{x_1+x_2}{2},\frac{y_1+y_2}{2}\right)$，即 $M\left(\frac{2}{k_1^2}+1,\frac{2}{k_1}\right)$，同理可得 $N(2k_1^2+1,-2k_1)$，所以 $S_{\triangle EMN}=\frac{1}{2}|EM|\cdot|EN|=\frac{1}{2}\sqrt{\left(\frac{2}{k_1^2}\right)^2+\left(\frac{2}{k_1}\right)^2}\cdot\sqrt{(2k_1^2)^2+(-2k_1)^2}=2\sqrt{k_1^2+\frac{1}{k_1^2}+2}\geqslant2\sqrt{2+2}=4$，当且仅当 $k_1^2=\frac{1}{k_1^2}$，即 $k_1=\pm1$ 时，$\triangle EMN$ 的面积取得最小值 4。

考点6 定点与定值问题 ★★★

定点、定值问题一般涉及曲线过定点、与曲线上的动点有关的定值问题以及与圆锥曲线有关的弦长、面积、横(纵)坐标等的定值问题。

1. 定点问题的常见解法

(1)假设定点坐标,根据题意选择参数,建立一个直线系或曲线系方程,而该方程与参数无关,故得到一个关于定点坐标的方程组,以这个方程组的解为坐标的点即为所求定点;

(2)从特殊位置入手,找出定点,再证明该点适合题意。

2. 定值问题的常见解法

(1)从特殊入手,求出定值,再证明这个值与变量无关;

(2)直接推理、计算,并在计算推理的过程中消去变量,从而得到定值。

【题38】【2023湖南长沙湘江新区,解答,9分】已知圆 $C:x^2+y^2-4x=0$,点 P 为直线 $l:x+y+4=0$ 上的一动点,过点 P 作圆 C 的两条切线 PA,PB,切点分别为 A,B。

(1)点 P 在什么位置时,四边形 $PACB$ 的面积最小,求出其最小值;

(2)求证:过点 A,B,C 三点的圆必过定点,并求出所有定点坐标。

解 (1)由圆 $C:(x-2)^2+y^2=4$,可得圆心 $C(2,0)$,半径为 $r=2$,由题可知,$\angle CBP=\angle CAP=90°$,$\because PC=PC,CB=CA=2$,$\therefore \triangle CBP\cong\triangle CAP(\mathrm{HL})$,$\therefore S_{四边形PACB}=2S_{\triangle CPB}=2\times\frac{1}{2}\times PB\times BC=2PB$,当圆心 $C(2,0)$ 与点 P 的距离最小,即 $CP\perp l$ 时,切线长 PA 与 PB 最小,四边形 $PACB$ 面积最小,圆心到直线的距离 $d=\frac{|2+0+4|}{\sqrt{1^2+1^2}}=3\sqrt{2}$,此时 $PB=\sqrt{d^2-r^2}=\sqrt{14}$,所以 $S_{四边形PACB}=2PB=2\sqrt{14}$。

(2)证明:易知,过点 A,B,C 三点的圆是以 PC 为直径的圆,记为圆 M,设 $P(m,-m-4)$,点 $Q(x,y)$ 为圆 M 上除去点 A,B,C,P 外的任意一点,连接 PQ,CQ,由圆的性质可知 $PQ\perp CQ$,而 $\overrightarrow{PQ}=(x-m,y+m+4)$,$\overrightarrow{CQ}=(x-2,y)$,$\therefore \overrightarrow{PQ}\cdot\overrightarrow{CQ}=(x-m)(x-2)+y(y+m+4)=x^2+y^2-2x+4y+m(-x+y+2)=0$,即 $\begin{cases}x^2+y^2-2x+4y=0,\\-x+y+2=0,\end{cases}$ 解得 $\begin{cases}x=-1,\\y=-3,\end{cases}$ 或 $\begin{cases}x=2,\\y=0,\end{cases}$ 故所求圆必过定点 $(-1,-3)$ 或 $(2,0)$。

【题39】【2023江苏南京,解答,12分】已知双曲线 $C:\frac{x^2}{a^2}-\frac{y^2}{b^2}=1(a>0,b>0)$ 的中心为原点,左、右焦点分别为 F_1,F_2,直线 l 是 C 的右准线。

(1)若 C 的离心率为 2,以线段 F_1F_2 为直径的圆被直线 $ax+by-ab=0$ 截得的弦长为 $2\sqrt{13}$,求 C 的方程;

(2)若点 P 在 l 上,点 Q 在 C 上,$PF_2\perp QF_2$,求证:直线 PQ 与 OQ 的斜率之积是定值。

解 (1)设双曲线 C 的焦距为 $2c$,即 $F_1F_2=2c$。由题意得,以线段 F_1F_2 为直径的圆的方程为 $x^2+y^2=c^2$,设此圆的半径为 r,此圆心到直线 $ax+by-ab=0$ 的距离为 d,被直线 $ax+by-ab=0$ 截得的弦长为

$2\sqrt{r^2-d^2}$，其中 $r=c,d=\dfrac{|-ab|}{\sqrt{a^2+b^2}}$，$\therefore 2\sqrt{c^2-d^2}=2\sqrt{c^2-\dfrac{a^2b^2}{a^2+b^2}}=2\sqrt{13}$，又 $e=\dfrac{c}{a}=2$，且 $a^2+b^2=c^2$，解得 $a=2,c=4,b=2\sqrt{3}$，$\therefore$ 双曲线 C 的方程为 $\dfrac{x^2}{4}-\dfrac{y^2}{12}=1$。

(2)证明：双曲线 C 的右准线方程为 $l:x=\dfrac{a^2}{c}$，$F_1(-c,0)$，$F_2(c,0)$，设 $P\left(\dfrac{a^2}{c},m\right)$，$Q(x_0,y_0)$，$\overrightarrow{PF_2}=\left(c-\dfrac{a^2}{c},-m\right)$，$\overrightarrow{QF_2}=(c-x_0,-y_0)$，

$\because PF_2\perp QF_2$，$\therefore \overrightarrow{PF_2}\cdot\overrightarrow{QF_2}=\left(c-\dfrac{a^2}{c}\right)(c-x_0)+(-m)(-y_0)=0$，即 $c^2-cx_0-a^2+\dfrac{a^2x_0}{c}+my_0=b^2-cx_0+\dfrac{a^2x_0}{c}+my_0=0$。而 $my_0=-b^2+cx_0-\dfrac{a^2x_0}{c}$，$y_0^2=\left(\dfrac{x_0^2}{a^2}-1\right)\cdot b^2=\dfrac{b^2x_0^2}{a^2}-b^2$，

$$\therefore k_{PQ}\cdot k_{OQ}=\frac{m-y_0}{\dfrac{a^2}{c}-x_0}\cdot\frac{y_0}{x_0}=\frac{(m-y_0)y_0}{\dfrac{a^2x_0}{c}-x_0^2}=\frac{my_0-y_0^2}{\dfrac{a^2x_0}{c}-x_0^2}=\frac{-b^2+cx_0-\dfrac{a^2x_0}{c}-\dfrac{b^2x_0^2}{a^2}+b^2}{\dfrac{a^2x_0}{c}-x_0^2}=\frac{cx_0-\dfrac{a^2x_0}{c}-\dfrac{b^2x_0^2}{a^2}}{\dfrac{a^2x_0}{c}-x_0^2}=$$

$$\frac{c-\dfrac{a^2}{c}-\dfrac{b^2x_0}{a^2}}{\dfrac{a^2}{c}-x_0}=\frac{\dfrac{c^2}{c}-\dfrac{a^2}{c}-\dfrac{b^2x_0}{a^2}}{\dfrac{a^2}{c}-x_0}=\frac{\dfrac{b^2}{c}-\dfrac{b^2x_0}{a^2}}{\dfrac{a^2}{c}-x_0}=\frac{\dfrac{a^2}{c}\cdot\dfrac{b^2}{a^2}-\dfrac{b^2x_0}{a^2}}{\dfrac{a^2}{c}-x_0}=\frac{b^2}{a^2},$$

$\therefore$ 直线 PQ 与 OQ 的斜率之积是定值。

【题40】【2022 山西特岗，解答，8 分】已知椭圆 $E:\dfrac{x^2}{a^2}+\dfrac{y^2}{b^2}=1(a>b>0)$ 的左、右焦点分别为 F_1,F_2，椭圆 E 上的点到一个焦点的最大距离为3，过 F_1 的直线 l 交椭圆 E 于 A,B 两点，当 $l\perp x$ 轴时，$|AB|=\dfrac{3a}{2}$。

(1)求椭圆 E 的方程；

(2)记椭圆的右顶点为 T，直线 AT,BT 分别交直线 $x=6$ 于 C,D 两点，求证：以 CD 为直径的圆恒过定点，并求出定点坐标。

解 (1)$\because$ 椭圆 E 上的点到一个焦点的最大距离为3，所以 $a+c=3$ ①，当 $l\perp x$ 轴时，设 $F_1(-c,0)$，$A(-c,y_1)$，$B(-c,y_2)$，因为 A,B 两点都在椭圆上，所以 $\dfrac{c^2}{a^2}+\dfrac{y^2}{b^2}=1$，即 $y^2=b^2\left(1-\dfrac{c^2}{a^2}\right)=\dfrac{b^4}{a^2}$，所以 $y_1=\dfrac{b^2}{a}$，$y_2=\dfrac{-b^2}{a}$，此时 $|AB|=\dfrac{2b^2}{a}=\dfrac{3}{2}a$，则 $4b^2=3a^2$ ②，联立①②可得 $a=2,c=1,b=\sqrt{3}$。故椭圆 E 的方程为 $\dfrac{x^2}{4}+\dfrac{y^2}{3}=1$。

(2)①当直线 l 的斜率不存在时，$A\left(-1,\dfrac{3}{2}\right)$，$B\left(-1,-\dfrac{3}{2}\right)$，$T(2,0)$，直线 AT 的方程为 $y=-\dfrac{1}{2}x+1$，C 点的坐标为 $(6,-2)$，直线 BT 的方程为 $y=\dfrac{1}{2}x-1$，D 点的坐标为 $(6,2)$，故以 CD 为直径的圆的方程为

$(x-6)^2+y^2=4$，由椭圆的对称性知，若以 CD 为直径的圆恒过定点，则定点在 x 轴上。令 $y=0$，得 $x=4$ 或 $x=8$。即圆恒过点 $(4,0)$，$(8,0)$。

②当直线 l 的斜率存在时，设直线 l 的方程为 $y=k(x+1)$，设 $A(x_1,y_1)$，$B(x_2,y_2)$，$T(2,0)$，联立 $\begin{cases}\dfrac{x^2}{4}+\dfrac{y^2}{3}=1,\\ y=k(x+1),\end{cases}$ 化简可得 $(3+4k^2)x^2+8k^2x+4k^2-12=0$，由韦达定理可得，$x_1+x_2=\dfrac{-8k^2}{3+4k^2}$，$x_1x_2=\dfrac{4k^2-12}{3+4k^2}$，

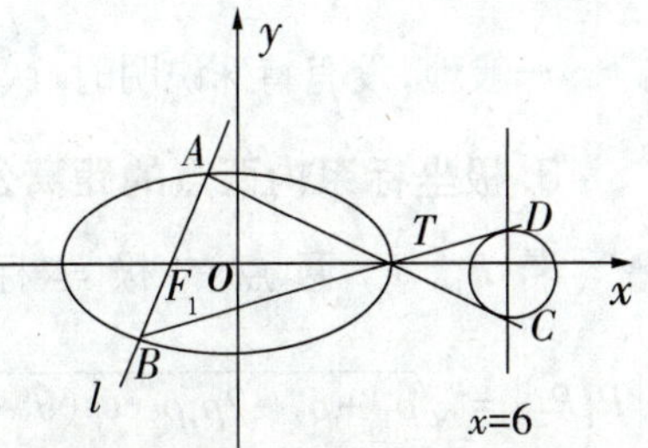

直线 AT 的方程为 $y=\dfrac{y_1}{x_1-2}(x-2)$，$C$ 点的坐标为 $\left(6,\dfrac{4y_1}{x_1-2}\right)$，同理 D 点坐标为 $\left(6,\dfrac{4y_2}{x_2-2}\right)$，故以 CD 为直径的圆的方程为 $(x-6)(x-6)+\left(y-\dfrac{4y_1}{x_1-2}\right)\left(y-\dfrac{4y_2}{x_2-2}\right)=0$。令 $y=0$，则 $x^2-12x+36+\dfrac{16y_1y_2}{x_1x_2-2(x_1+x_2)+4}=0$，

而 $\dfrac{16y_1y_2}{x_1x_2-2(x_1+x_2)+4}=\dfrac{16k(x_1+1)k(x_2+1)}{x_1x_2-2(x_1+x_2)+4}=\dfrac{16k^2\left(\dfrac{4k^2-12}{3+4k^2}+\dfrac{-8k^2}{3+4k^2}+1\right)}{\dfrac{4k^2-12}{3+4k^2}-2\cdot\dfrac{-8k^2}{3+4k^2}+4}=-4$，则有 $x^2-12x+32=0$，解得 $x=4$ 或 $x=8$。即圆过点 $(4,0)$，$(8,0)$。

综上所述，以 CD 为直径的圆恒过定点 $(4,0)$，$(8,0)$。

第七节　坐标系与参数方程

核心考点

考点1　极坐标系　★

考点2　参数方程　★

考点1　极坐标系　★

1. 极坐标系的概念

在平面内取一个定点 O，叫做极点，自极点 O 引一条射线 Ox，叫做极轴，再选定一个长度单位、一个角度单位(通常取弧度)及其正方向(通常取逆时针方向)，这样就建立了一个极坐标系。

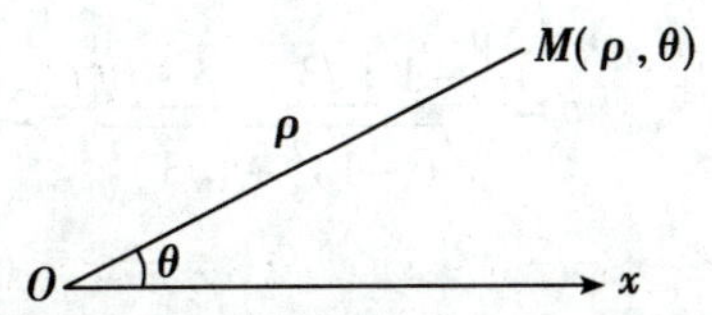

2. 点的极坐标

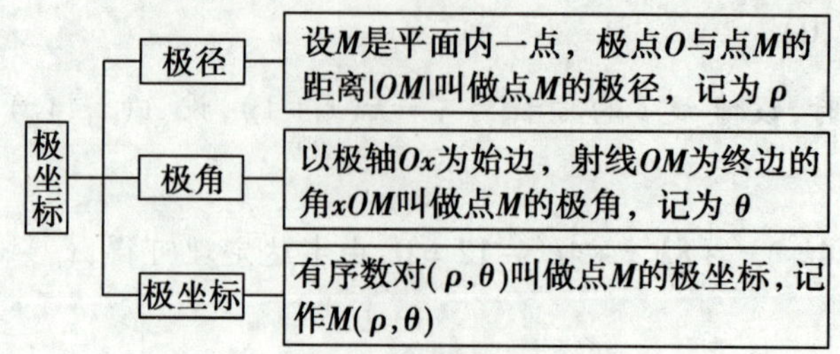

一般地，没有特殊说明时，认为$\rho \geqslant 0$，θ取任意实数。

3. 极坐标系内两点的距离公式

若P_1，P_2两点的极坐标分别为(ρ_1, θ_1)，(ρ_2, θ_2)（不妨设$\rho > 0$，$\theta \in [0, 2\pi)$），则$|P_1P_2| = \sqrt{\rho_1^2 + \rho_2^2 - 2\rho_1\rho_2\cos(\theta_1 - \theta_2)}$。

4. 极坐标与直角坐标的互化

（1）互化的前提条件

直角坐标系的原点与极点重合，x轴正半轴与极轴重合，两个坐标系长度单位一致。

（2）互化的公式

$\begin{cases} x = \rho\cos\theta, \\ y = \rho\sin\theta \end{cases}$ 或 $\begin{cases} \rho^2 = x^2 + y^2, \\ \tan\theta = \dfrac{y}{x}(x \neq 0)。 \end{cases}$

考法大揭秘

极坐标转化为直角坐标的方法

1. 当极坐标中含有$\sin\theta$，$\cos\theta$时，可将方程两边同乘ρ，凑成$\rho\sin\theta$，$\rho\cos\theta$的项，以便代入互化公式化为直角坐标。

2. 当极坐标中只有ρ时，把ρ换成$\sqrt{x^2 + y^2}$，或者将ρ变成ρ^2，再变成$x^2 + y^2$，之后整理方程。

【题 41】 在极坐标系中，曲线C的极坐标方程为$\rho\sin\left(\theta - \dfrac{\pi}{6}\right) = 3$，点$A\left(2, \dfrac{\pi}{3}\right)$到曲线$C$上点的距离的最小值$AP_0 =$________。

解 曲线C的极坐标方程为$\rho\sin\left(\theta - \dfrac{\pi}{6}\right) = 3$，即$\rho\sin\theta\cos\dfrac{\pi}{6} - \rho\cos\theta\sin\dfrac{\pi}{6} = 3$，它的直角坐标方程为$\sqrt{3}y - x - 6 = 0$，点$\left(2, \dfrac{\pi}{3}\right)$的直角坐标为$\left(2\cos\dfrac{\pi}{3}, 2\sin\dfrac{\pi}{3}\right)$，即$A(1, \sqrt{3})$，则$A$到曲线$C$上点的距离的最小值$AP_0$为点$A$到直线$-x + \sqrt{3}y - 6 = 0$的距离，即$d = \dfrac{|-1 + \sqrt{3} \times \sqrt{3} - 6|}{\sqrt{(-1)^2 + (\sqrt{3})^2}} = 2$。

答案 2

5. 常见曲线的极坐标方程

曲线	图形	极坐标方程
圆心在极点，半径为 r 的圆	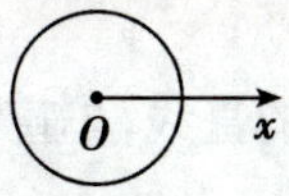	$\rho=r(0\leqslant\theta<2\pi)$
圆心为 $(r,0)$，半径为 r 的圆	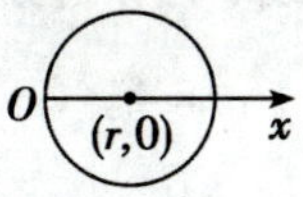	$\rho=2r\cos\theta\left(-\frac{\pi}{2}\leqslant\theta<\frac{\pi}{2}\right)$
圆心为 $\left(r,\frac{\pi}{2}\right)$，半径为 r 的圆	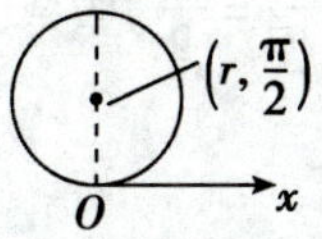	$\rho=2r\sin\theta(0\leqslant\theta<\pi)$
过极点，倾斜角为 α 的直线	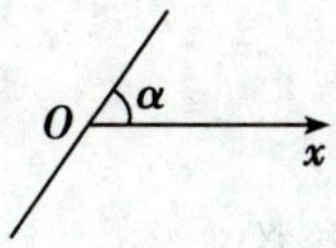	$\theta=\alpha(\rho\in\mathbf{R})$ 或 $\theta=\alpha+\pi(\rho\in\mathbf{R})$
过点 $(a,0)$，与极轴垂直的直线	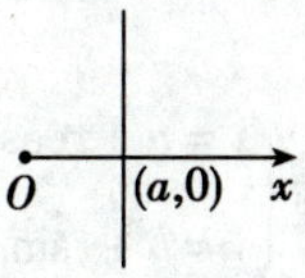	$\rho\cos\theta=a\left(-\frac{\pi}{2}<\theta<\frac{\pi}{2}\right)$
过点 $\left(a,\frac{\pi}{2}\right)$，与极轴平行的直线	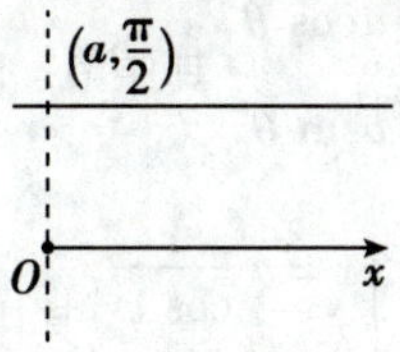	$\rho\sin\theta=a(0<\theta<\pi)$

考点2　参数方程　★

1. 参数方程的概念

一般地，在平面直角坐标系中，如果曲线上任意一点的坐标 x,y 都是某个变数 t 的函数 $\begin{cases}x=f(t),\\y=g(t),\end{cases}$ 并且对于 t 的每一个允许值，由这个方程组所确定的点 $M(x,y)$ 都在这条曲线上，那么这个方程组就叫做这条曲线的参数方程，联系变量 x,y 的变数 t 叫做参变数，简称参数。

2. 参数方程和普通方程的互化

(1) 参数方程化为普通方程的过程实际就是消参的过程。$\begin{cases}x=f(t),\\y=g(t)\end{cases}$ (t 为参数) $\xrightarrow{\text{消参}}F(x,y)=0$。

注：在消参过程中注意变量 x,y 取值范围的一致性，必须根据参数的取值范围，确定 $f(t)$ 和 $g(t)$ 的值域，从而取得 x,y 的取值范围。

(2) 普通方程化为参数方程需要引入参数。

【题42】【2019 广东广州增城区，解答，7 分】已知直线 l: $\begin{cases}x=2-\frac{1}{2}t,\\y=-1+\frac{1}{2}t\end{cases}$ (t 为参数)，圆 C 的参数方程为

$C:\begin{cases}x=2\cos\theta,\\y=2\sin\theta\end{cases}$（$\theta$为参数）。

（1）求直线 l 与圆 C 的普通方程；

（2）过圆 C 上的任意一点 P 作一条与直线 l 垂直的直线，与直线 l 交于点 Q，试求 $|PQ|$ 的最大值。

解 （1）由直线 l 的参数方程消去参数 t 可得，直线 l 的普通方程为 $y=-x+1$，由圆 C 的参数方程可得 $x^2+y^2=4\cos^2\theta+4\sin^2\theta=4$，即得圆 C 的普通方程为 $x^2+y^2=4$。

（2）因为 $PQ\perp l$，圆心 $(0,0)$ 到直线 l 的距离 $d=\frac{1}{\sqrt{2}}=\frac{\sqrt{2}}{2}$，当点 P,Q 在圆 C 的直径上，且在圆心的两侧时，$|PQ|$ 取得最大值，即 $|PQ|_{\max}=\frac{\sqrt{2}}{2}+2$。

3. 常见曲线的参数方程

（1）直线的参数方程为 $\begin{cases}x=x_0+t\cos\alpha,\\y=y_0+t\sin\alpha,\end{cases}$ 其中 t 为参数。

（2）以 $A(a,b)$ 为圆心、r 为半径的圆的参数方程为 $\begin{cases}x=a+r\cos\theta,\\y=b+r\sin\theta,\end{cases}$ $\theta\in[0,2\pi)$。

（3）椭圆 $\frac{x^2}{a^2}+\frac{y^2}{b^2}=1(a>b>0)$ 的参数方程：$\begin{cases}x=a\cos\theta,\\y=b\sin\theta,\end{cases}$ 其中 $\theta\in[0,2\pi)$。

（4）双曲线 $\frac{x^2}{a^2}-\frac{y^2}{b^2}=1(a>0,b>0)$ 的参数方程：$\begin{cases}x=a\frac{1}{\cos\varphi},\\y=b\tan\varphi,\end{cases}$ 其中 φ 是参数，$0\leqslant\varphi<2\pi,\varphi\neq\frac{\pi}{2},\varphi\neq\frac{3\pi}{2}$。

（5）抛物线 $y^2=2px(p>0)$ 的参数方程：$\begin{cases}x=2pt^2,\\y=2pt\end{cases}$（$t$ 为参数，$t\in\mathbf{R}$），其中参数 $t=\frac{1}{\tan\alpha}(\alpha\neq0)$。

即时反思与复盘总结

我于________年____月____日完成了对本章的学习。

复盘一下，我对自己较肯定的地方是____________________

（足够努力/心态积极/方法得当……）

我觉得自己需要改进的地方是____________________

（懒惰懈怠/心情浮躁/方法不当……）

休息片刻，开启下一站征程！

第十二章　计数原理

考向分析

本章属于高中数学阶段的重点内容，在各地教师招聘考试中，浙江、山东、山西、湖南等地常以单选、填空的形式考查排列与组合、二项式定理，题目难度中等，对考生的逻辑推理、数学运算能力要求较高。现对本章考向分析如下：

高频考点	高频考向	常考题型	核心素养	考查热度
分类加法计数原理	用分类加法计数原理解题	单选	数学抽象、逻辑推理、数学运算	🔥
分步乘法计数原理	用分步乘法计数原理解题	单选	数学抽象、逻辑推理、数学运算	🔥
排列与组合	排列与组合问题	单选、填空	数据分析、数学运算	🔥🔥🔥
二项式定理的公式	求二项展开式的系数	单选、填空	数学抽象、逻辑推理、数学运算	🔥🔥🔥

第一节　分类加法计数原理与分步乘法计数原理

核心考点

考点1　分类加法计数原理　★★　　　　考点2　分步乘法计数原理　★★

考点1　分类加法计数原理　★★

做一件事情，完成它可以有 n 类办法，在第一类办法中有 m_1 种不同的方法，在第二类办法中有 m_2 种不同的方法，……，在第 n 类办法中有 m_n 种不同的方法。那么完成这件事共有

$$N=m_1+m_2+\cdots+m_n$$

种不同的方法。

【题1】 有4位教师在同一年级的4个班中各教一个班的数学，在数学检测时要求每位教师不能在本班监考，则监考的方法有(　　)

A. 8种　　B. 9种　　C. 10种　　D. 11种

解　设四位监考教师分别为A、B、C、D，所教班级分别为a、b、c、d，假设A监考b，则余下三人监考剩下的三个班，共有3种不同方法，同理A监考c、d时，也分别有3种不同方法，由分类加法计数原理可得共有 $3+3+3=9$(种)不同的监考方法。

答案　B

考点2　分步乘法计数原理　★★

做一件事情，完成它需要分成 **n** **个步骤**，第一步有 m_1 种不同的方法，第二步有 m_2 种不同的方法，……，第 n 步有 m_n 种不同的方法，那么完成这件事有

$$N=m_1\cdot m_2\cdot\cdots\cdot m_n$$

种不同的方法。

【题2】　现有6名同学去听同时进行的5个课外知识讲座，每名同学可自由选择其中一个讲座，不同选法的种数是(　　)

A. 5^6　　　　B. 6^5

C. $\frac{5\times6\times5\times4\times3\times2}{2}$　　　　D. $6\times5\times4\times3\times2$

解　因为每个人自由选择其中1个讲座，有5种选择，一共有6人，所以共有 5^6 种不同的选法。

答案　A

考法大揭秘

分类与分步计数原理的综合应用

1. 类中有步

例如，完成一件事情有两类方案，方案一共有三步，方案二共有两步，

(1)方案一的三步中，

完成步骤1：有 a 种方法；

完成步骤2：有 b 种方法；

完成步骤3：有 c 种方法，

那么利用方案一完成这件事有 abc 种方法。

(2)方案二的两步中，

完成步骤1：有 m 种方法；

完成步骤2：有 n 种方法，

那么利用方案二完成这件事有 mn 种方法。

所以完成这件事共有$(abc+mn)$种方法。

【题3】　中国有十二生肖，又叫十二属相，每一个人的出生年份对应了十二种动物(鼠、牛、虎、兔、龙、蛇、马、羊、猴、鸡、狗、猪)中的一种，现有十二生肖的吉祥物各一个，三位同学依次选一个作为礼物，甲同学喜欢牛和马，乙同学喜欢牛、狗和羊，丙同学哪个吉祥物都喜欢，如果让三位同学选取礼物都满意，则选法有(　　)

A. 30种　　B. 50种　　C. 60种　　D. 90种

解　①甲同学选择牛，乙有2种选法，丙有10种选法，选法有 $1\times2\times10=20$(种)；②甲同学选择马，乙有3种选法，丙有10种选法，选法有 $1\times3\times10=30$(种)，所以共有 $20+30=50$(种)选法。

答案　B

2. 步中有类

例如,完成一件事情共需要两步,第一步共有两类方案,第二步共有三类方案,

(1)第一步的两类方案中,

方案1:有 a 种方法;

方案2:有 b 种方法,

那么第一步可采取的方法有 $(a+b)$ 种。

(2)第二步的三类方案中,

方案1:有 m 种方法;

方案2:有 n 种方法;

方案3:有 q 种方法,

那么第二步可采取的方法有 $(m+n+q)$ 种。

所以完成这件事共有 $(a+b)(m+n+q)$ 种方法。

【题4】 在一次百米决赛中,共有8名运动员参加了这次决赛,其中甲、乙两位运动员必须在1~8号跑道中的1,2,3号跑道,那么安排这8名运动员的跑道共有______种方法。

解 分两步安排这8名运动员。

第一步,安排甲、乙两名运动员,因为甲、乙两名运动员必须在1,2,3号跑道,所以有:①甲1号,乙2号;②甲1号,乙3号;③甲2号,乙1号;④甲2号,乙3号;⑤甲3号,乙1号;⑥甲3号,乙2号,共6种情况。

第二步,安排剩下6名运动员在余下的6个跑道,有 $6\times5\times4\times3\times2\times1=720$(种)安排方式。

所以安排这8名运动员的跑道共有 $720\times6=4320$(种)方法。

答案 4320

第二节 排列与组合

考点1 排列与组合的概念

考点2 排列数与组合数 ★★

考点3 排列数与组合数的公式及性质 ★★★

考点1 排列与组合的概念

<table>
<tr><th>名称</th><th colspan="2">定义</th></tr>
<tr><td>排列</td><td rowspan="2">从 n 个不同元素中取出 $m(m\leqslant n)$ 个元素</td><td>按照一定的顺序排成一列</td></tr>
<tr><td>组合</td><td>合成一组</td></tr>
</table>

考点 2　排列数与组合数　★★

1. 排列数的定义

从 n 个不同元素中取出 $m(m\leqslant n)$ 个元素的所有不同排列的个数叫做从 n 个不同元素中取出 m 个元素的排列数，用 A_n^m 表示。

2. 组合数的定义

从 n 个不同元素中取出 $m(m\leqslant n)$ 个元素的所有不同组合的个数叫做从 n 个不同元素中取出 m 个元素的组合数，用 C_n^m 表示。

考点 3　排列数与组合数的公式及性质　★★★

公式	(1) $A_n^m=n(n-1)(n-2)\cdots(n-m+1)=\frac{n!}{(n-m)!}$； (2) $C_n^m=\frac{A_n^m}{A_m^m}=\frac{n(n-1)(n-2)\cdots(n-m+1)}{m!}=\frac{n!}{m!\ (n-m)!}$
性质	(1) $0!=1$，$A_n^n=n!$； (2) $C_n^0=C_n^n=1$，$C_n^m=C_n^{n-m}$，$C_{n+1}^m=C_n^m+C_n^{m-1}$

考法大揭秘

排列与组合问题的解题策略

1. 排列问题

(1)对于有限制条件的排列问题，分析问题时有位置分析法、元素分析法，在实际进行排列时一般采用特殊元素优先原则，即先安排有限制条件的元素或有限制条件的位置，对于分类过多的问题可以采用间接法。

(2)对相邻问题采用捆绑法、不相邻问题采用插空法、定序问题采用倍缩法是解决有限制条件的排列问题的常用方法。

【题 5】　7 种不同的花种在排成一列的相同的 7 个花盆里，若两种葵花都不种在正中间，也不种在两端的花盆里，则有________种不同的种法。

解　在不受限制的 4 个花盆中先种两种不同的葵花，共有 A_4^2 种种法，再种其他花有 A_5^5 种种法。由分步计数原理得共有 $A_4^2A_5^5=1440$ 种种法。

答案　1440

【题 6】　3 位男生和 3 位女生共 6 位同学排成一排，若男生甲不站两端，且 3 位女生中有且仅有 2 位女生相邻，则不同的排法共有(　　)种。

A. 360　　B. 288　　C. 216　　D. 144

解　先考虑 3 位女生中有且只有 2 位相邻的排列，从 3 位女生中选 2 位(这 2 位全排列)捆绑在一起($C_3^2A_2^2$)，3 位男生相当于 3 个隔板(全排列 A_3^3)，形成 4 个空位，因为有且只有 2 位女生相邻，则从这 4 个空位中选 2 个空位并进行全排列(A_4^2)，则共有 $C_3^2A_2^2A_3^3A_4^2=432$ 种排法；而 3 位女生中有且仅有 2 位相邻且男生甲在两端的排法有 $2C_3^2A_2^2A_3^2A_2^2=144$ 种。∴ 不同的排列方法共有 $432-144=288$ 种。

答案　B

2. 组合问题

(1)“含有”或“不含有”某些元素的组合题型。“含”，则先将这些元素取出，再由另外元素补足；“不含”，则先将这些元素剔除，再从剩下的元素中去选取。

(2)“至少”或“最多”含有几个元素的题型，考虑逆向思维，用间接法处理。

【题7】　从4台甲型和5台乙型电视机中任取3台，其中至少要甲型和乙型电视机各一台，则不同的取法共有(　　)

A. 140种　　B. 80种　　C. 70种　　D. 35种

解法一　反向思考，至少各一台的反面就是只取一种型号而不取另一种型号，故不同的取法共有 $C_9^3-C_4^3-C_5^3=70$ 种。

解法二　至少要甲型和乙型电视机各一台可分两种情况：甲型1台、乙型2台，甲型2台、乙型1台，故不同的取法有 $C_4^1C_5^2+C_4^2C_5^1=70$ 种。

答案　C

3. 排列组合的综合问题

(1)利用先选后排法解决问题的三个步骤

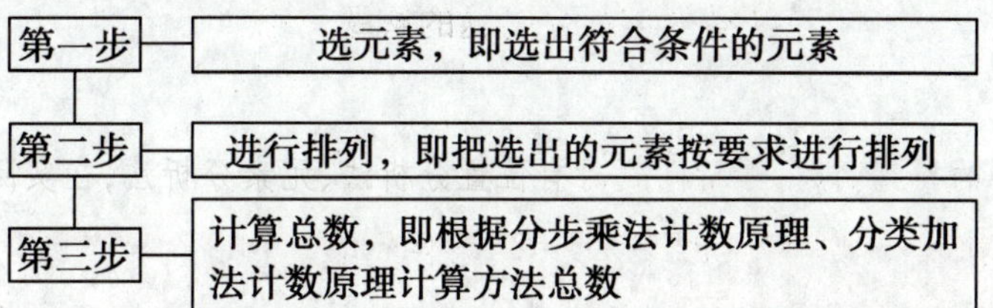

【题8】　一个班有6名战士，其中正、副班长各1人。现从中选4人完成4种不同的任务，每人完成一种任务，且正、副班长有且只有1人参加，则不同的选法有________种。

解　①从正、副班长中选一人，有 C_2^1 种选法；②从其余4名战士中选3人，有 C_4^3 种选法；③给选出的4人分配4种不同任务，有 A_4^4 种分配方法。由分步计数原理得不同的选法共有 $C_2^1C_4^3A_4^4=192$ 种。

答案　192

(2)分组分配问题

①不同元素的分配问题，往往是先分组再分配。

解决方法：

第一步，分组，区分均匀分组(包括局部均匀分组)和非均匀分组。凡均匀分组，其分组方法数为“既选又除”(“除”即除以 $r!$，r 为均匀分组的组数，以消除重复)；凡不均匀分组，其分组方法数为“只选不除”。

第二步，考虑是否将分组结果再分配给人。若否，则计数结果到第一步停止；若是，则再考虑是否乘分配人数的全排列。

②对于相同元素的“分配”问题，常用的方法是采用“隔板法”。

【题9】【2023浙江金华,填空,2分】现有5名干部即将被分配到4个区,每个区不超过2人,且每个区都要有人去,则共有________种分配方式。

解 先从5名干部中选出2名作为一个整体,有C_5^2种方式,再将其与其他3名干部随机分配到4个区,有A_4^4种方式,则共有$C_5^2A_4^4=240$种分配方式。

答案 240

【题10】 某学校派出5名优秀教师去边远地区的三所中学进行教学交流,每所中学至少要派一名教师,则不同的分配方法有(　　)

A. 80种　　B. 90种　　C. 120种　　D. 150种

解 有两类情况:①其中一所学校3名教师,另两所学校各1名教师的分法有$C_5^3A_3^3=60$(种);②其中一所学校1名教师,另两所学校各2名教师的分法有$\frac{C_5^1C_4^2A_3^3}{A_2^2}=90$(种),所以共有$60+90=150$种。

答案 D

第三节 二项式定理

核心考点

考点1 二项式定理的公式 ★★★

考点2 二项式$(a+b)^n$的展开式系数的性质 ★★

考点1 二项式定理的公式 ★★★

1. 二项式定理

$(a+b)^n=C_n^0a^n+C_n^1a^{n-1}b+C_n^2a^{n-2}b^2+\cdots+C_n^ra^{n-r}b^r+\cdots+C_n^nb^n$。

知识再拔高

我国北宋数学家贾宪创立"增乘开方法",他提出的"开方作法本源图",现在就叫"贾宪三角",它实际上是由整指数二项式$(a+b)^n(n=0,1,2,\cdots)$的展开式的系数由上到下排成的三角数表。贾宪的增乘开方法,是中算史上第一次完整的可推广到任意次方的开方程序,是开方技术的重大改进。

2. 二项式$(a+b)^n$的展开式的通项公式

$T_{r+1}=C_n^ra^{n-r}b^r(r=0,1,2,\cdots,n)$。

【题 11】【2023 山东济南历城区，填空，3 分】在$\left(4x^2-\frac{1}{\sqrt{x}}\right)^5$的展开式中，$x^5$的系数为________。（用数字作答）

解　在二项式$\left(4x^2-\frac{1}{\sqrt{x}}\right)^5$的展开式中，$T_{r+1}=C_5^r(4x^2)^{5-r}\left(-\frac{1}{\sqrt{x}}\right)^r=C_5^r\cdot 4^{5-r}\cdot(-1)^r x^{10-\frac{5}{2}r}$，当$10-\frac{5}{2}r=5$，即$r=2$时，$x^5$的系数为$C_5^2\times 4^{5-2}\times(-1)^2=640$。

答案　640

【题 12】【2023 浙江宁波北仑区，填空，2 分】$\left(2\sqrt{x}-\frac{1}{x}\right)^6$的常数项为________。

解　由题可知，$\left(2\sqrt{x}-\frac{1}{x}\right)^6$展开式的通项为$C_6^r(2\sqrt{x})^{6-r}\left(-\frac{1}{x}\right)^r=(-1)^r2^{6-r}C_6^r x^{3-\frac{3}{2}r}$，令$3-\frac{3}{2}r=0$，得$r=2$，故其常数项为$(-1)^2\times 2^{6-2}\times C_6^2=240$。

答案　240

（1）对形如$(ax+b)^n$，$(ax^2+bx+c)^m(a,b,c\in\mathbf{R})$的式子求其展开式的各项系数之和，常用赋值法。

（2）若$f(x)=a_0+a_1x+a_2x^2+\cdots+a_nx^n$，则$f(x)$展开式中各项系数之和为$f(1)$，奇数项系数之和为$a_0+a_2+a_4+\cdots=\frac{f(1)+f(-1)}{2}$，偶数项系数之和为$a_1+a_3+a_5+\cdots=\frac{f(1)-f(-1)}{2}$。

（3）二项展开式中各项的二项式系数为$C_n^r(r=0,1,2,\cdots,n)$，它只与各项的项数有关，而与a,b的值无关；而各项的系数则不仅与各项的项数有关，而且也与a,b的值有关。在某些二项展开式（如a,b是系数为1的单项式）中，各项的系数与二项式系数是相等的。

【题 13】【2023 山西特岗，单，3 分】已知$(2x-1)^4=a_4x^4+a_3x^3+a_2x^2+a_1x+a_0$，则$a_0+a_2+a_4=$（　　）

A. 40　　B. 41　　C. −40　　D. −41

解法一　令$x=1$，得$a_4+a_3+a_2+a_1+a_0=(2\times 1-1)^4=1$；

令$x=-1$，得$a_4-a_3+a_2-a_1+a_0=[2\times(-1)-1]^4=81$，

两式相加，得$2(a_0+a_2+a_4)=82$，则$a_0+a_2+a_4=41$。

解法二　$\because (2x-1)^4=a_4x^4+a_3x^3+a_2x^2+a_1x+a_0$，

$\therefore a_0+a_2+a_4=C_4^4+C_4^2\cdot 2^2+C_4^0\cdot 2^4=1+24+16=41$。

答案　B

考点 2　二项式$(a+b)^n$的展开式系数的性质　★★

（1）在二项展开式中，与首末两项“等距离”的两项的二项式系数相等，即有$C_n^r=C_n^{n-r}$。

(2) 如果二项式的幂指数是偶数，中间一项即第 $\frac{n}{2}+1$ 项的二项式系数最大，为 $C_n^{\frac{n}{2}}$；如果二项式的幂指数是奇数，中间两项的二项式系数相等且最大，它们是第 $\frac{n+1}{2}$ 项和第 $\frac{n+1}{2}+1$ 项，即 $C_n^{\frac{n-1}{2}}=C_n^{\frac{n+1}{2}}$。

(3) 二项式奇数项系数的和等于二项式偶数项系数的和，即 $C_n^0+C_n^2+C_n^4+\cdots=C_n^1+C_n^3+C_n^5+\cdots=2^{n-1}$。

(4) 设 $f(x)=a_0+a_1x+a_2x^2+a_3x^3+\cdots+a_nx^n$，则 $a_0+a_1+a_2+a_3+\cdots+a_n=f(1)$；$a_0-a_1+a_2-a_3+\cdots+(-1)^na_n=f(-1)$。

【题 14】【2022 湖南长沙，填空，3.5 分】若 $\left(x^2-\frac{2}{x}\right)^n$ 的二项展开式的二项式系数之和是 64，则 $n=$________。

解　由题意，得 $C_n^0+C_n^1+\cdots+C_n^n=2^n=64$，解得 $n=6$。

答案　6

【题 15】【2022 山西特岗，填空，3 分】二项式 $(2x^2-1)^5$ 的展开式中，各项系数之和为________。

解　当 $x=1$ 时，二项式的值即为各项系数之和，即 $(2\times1^2-1)^5=1$。

答案　1

即时反思与复盘总结

我于________年____月____日完成了对本章的学习。

复盘一下，我对自己较肯定的地方是________________

（足够努力/心态积极/方法得当……）

我觉得自己需要改进的地方是________________

（懒惰懈怠/心情浮躁/方法不当……）

休息片刻，开启下一站征程！

第十三章 概率与统计

考向分析

本章属于高中数学阶段的重点内容，在各地教师招聘考试中，山东、山西、广东、江西等地常以单选的形式考查古典概型，题目难度中等，浙江、山东等地常以解答的形式考查离散型随机变量的分布列及其期望，具有一定难度，对考生的数据分析、数学运算能力要求较高。现对本章考向分析如下：

高频考点	高频考向	常考题型	核心素养	考查热度
古典概型	概率的计算	单选、解答	数据分析、数学运算	🔥🔥
离散型随机变量及其分布列	求离散型随机变量的分布列	解答	数据分析、数学运算	🔥
离散型随机变量的数字特征	求数学期望	单选、判断、解答	数据分析、数学运算	🔥🔥🔥
二项分布	二项分布的应用	单选、填空、解答	数据分析、数学抽象、数学运算	🔥🔥🔥
超几何分布	求概率	填空、解答	数学抽象、数据分析、数学运算	🔥🔥
正态分布	根据正态分布求概率	单选	数据分析、数学运算	🔥🔥
频率分布直方图	频率分布直方图的应用	单选、解答	数据分析、数学运算	🔥🔥

第一节 随机事件与概率、古典概型

核心考点

考点1 随机事件的概念

考点2 概率 ★

考点3 古典概型 ★★★

考点1 随机事件的概念

1. 事件及其分类

(1)随机事件

一般地，随机试验中的每个随机事件都可以用这个试验的样本空间的子集来表示。为了叙述方便，将样本空间Ω的子集称为随机事件，简称事件，并把只包含一个样本点的事件称为基本事件。随机事件一般用大写字母$A,B,C,\cdots$表示。在每次试验中，当且仅当A中某个样本点出现时，称为事件A发生。

(2)必然事件

Ω作为自身的子集，包含了所有的样本点，在每次试验中总有一个样本点发生，所以Ω总会发生，称Ω为必然事件。

(3)不可能事件

空集$\varnothing$不包含任何样本点，在每次试验中都不会发生，称$\varnothing$为不可能事件。

2. 事件的关系和运算

事件的关系和运算	含义	符号表示	图示
包含	A发生导致B发生	$A\subseteq B$	
并事件(和事件)	A与B至少一个发生	$A\cup B$或$A+B$	
交事件(积事件)	A与B同时发生	$A\cap B$或AB	
互斥(互不相容)	A与B不能同时发生	$A\cap B=\varnothing$	
互为对立	A与B有且仅有一个发生	$A\cap B=\varnothing,A\cup B=\Omega$	

注:(1)对立事件必互斥，但互斥事件未必对立。

(2)事件的差:$A-B$称为A与B的差事件，表示事件A发生而B不发生。$P(A-B)=P(A\overline{B})=P(A)-P(AB)$。

【题1】 假设A与B为互不相容事件，则下列等式正确的是(　　)

A. $P(AB)=1$　　　　B. $P(AB)=0$

C. $P(AB)=P(A)P(B)$　　　　D. $P(AB)=P(A)+P(B)$

解　因为A与B为互不相容事件，所以A与B不能同时发生，则$A\cap B=\varnothing$，即$P(AB)=0$。

答案　B

考点2　概率 ★

1. 定义

对随机事件发生可能性大小的度量(数值)称为事件的概率,事件 A 的概率用 $P(A)$ 表示。

2. 基本性质

(1)对任意的事件 A,都有 $P(A)\geqslant 0$。

(2)必然事件的概率为1,不可能事件的概率为0,即 $P(\Omega)=1$,$P(\varnothing)=0$。

(3)如果事件 A 与事件 B 互斥,那么 $P(A\cup B)=P(A)+P(B)$。

(4)如果事件 A 与事件 B 互为对立事件,那么 $P(B)=1-P(A)$,$P(A)=1-P(B)$。

(5)如果 $A\subseteq B$,那么 $P(A)\leqslant P(B)$。

(6)设 A,B 是一个随机试验中的两个事件,我们有 $P(A\cup B)=P(A)+P(B)-P(A\cap B)$。

【题2】　若 A,B 为互斥事件,$P(A)=0.4$,$P(A\cup B)=0.7$,则 $P(B)=$________。

解　因为 A,B 为互斥事件,所以 $P(A\cup B)=P(A)+P(B)$,故 $P(B)=P(A\cup B)-P(A)=0.7-0.4=0.3$。

答案　0.3

考点3　古典概型 ★★★

1. 概念

具有以下两个特征的试验称为古典概型试验,其数学模型称为古典概率模型,简称古典概型。

(1)有限性:样本空间的样本点只有有限个;

(2)等可能性:每个样本点发生的可能性相等。

2. 概率计算公式

一般地,设试验 E 是古典概型,样本空间 Ω 包含 n 个样本点,事件 A 包含其中的 k 个样本点,则定义事件 A 的概率

$$P(A)=\frac{k}{n}=\frac{n(A)}{n(\Omega)}。$$

其中,$n(A)$ 和 $n(\Omega)$ 分别表示事件 A 和样本空间 Ω 包含的样本点个数。

【题3】　【2023年5月浙江杭州,单,3分】一个盒子中装有标有数字1,2,3,4,5,6的小球各1个,从中同时任意摸取3个小球,每个小球被取出来的可能性相等,则取出来的3个小球中数字最大的为5的概率是(　　)

A. $\frac{1}{5}$　　B. $\frac{1}{4}$　　C. $\frac{3}{10}$　　D. $\frac{2}{5}$

解　从6个球中任意取3个球有 $C_6^3=20$ 种取法,若要使取出来的3个小球中数字最大的为5,可先取出数字为5的小球,再从标有数字1,2,3,4的小球中任取2个,有 $C_4^2=6$ 种取法,所以取出来的3个小球中数字最大的为5的概率是 $\frac{6}{20}=\frac{3}{10}$。

答案　C

【题4】【2023 江苏南京,单,3 分】一只不透明的口袋内有大小、形状完全相同的 9 个小球,其中红球、黄球和白球各 3 个,从口袋内无放回地抽取 2 个球,则这 2 个球颜色不同的概率为(　　)

A. $\frac{3}{4}$　　B. $\frac{2}{3}$　　C. $\frac{1}{2}$　　D. $\frac{1}{3}$

解　依题意,这 2 个球颜色不同包含的基本事件个数为 $C_9^1 \cdot C_6^1 = 54$ 种,而基本事件的总数为 $C_9^1 \cdot C_8^1 = 72$ 种,故这 2 个球颜色不同的概率为 $\frac{54}{72} = \frac{3}{4}$。

答案　A

【题5】【2022 安徽统考,单,4 分】从 1,2,4,8,16 这 5 个数中随机抽取 2 个,则其中一个数是另一个数的两倍的概率为(　　)

A. $\frac{3}{10}$　　B. $\frac{2}{5}$　　C. $\frac{1}{2}$　　D. $\frac{3}{5}$

解　从该组数据中随机抽出 2 个数有 $C_5^2 = 10$ 种方法,其中一个数是另一个数的两倍有(1,2)(2,4)(4,8)(8,16)这 4 种情况,则所求概率为 $\frac{4}{10} = \frac{2}{5}$。

答案　B

【题6】　袋子中有 5 个大小质地完全相同的球,其中 2 个红球、3 个黄球,从中不放回地依次随机摸出 2 个球,求下列事件的概率:

(1) A =“第一次摸到红球”;

(2) B =“第二次摸到红球”;

(3) AB =“两次都摸到红球”。

解　将两个红球编号为 1,2,三个黄球编号为 3,4,5。第一次摸球时有 5 种等可能的结果,对应第一次摸球的每个可能结果,第二次摸球时都有 4 种等可能的结果。将两次摸球的结果配对,组成 20 种等可能的结果,如下表所示:

第一次	第二次				
	1	2	3	4	5
1	×	(1,2)	(1,3)	(1,4)	(1,5)
2	(2,1)	×	(2,3)	(2,4)	(2,5)
3	(3,1)	(3,2)	×	(3,4)	(3,5)
4	(4,1)	(4,2)	(4,3)	×	(4,5)
5	(5,1)	(5,2)	(5,3)	(5,4)	×

(1)第一次摸到红球的可能结果有 8 种(表中第 1,2 行),即

$A = \{(1,2),(1,3),(1,4),(1,5),(2,1),(2,3),(2,4),(2,5)\}$,

所以 $P(A) = \frac{8}{20} = \frac{2}{5}$。

(2)第二次摸到红球的可能结果也有 8 种(表中第 1,2 列),即

$B=\{(2,1),(3,1),(4,1),(5,1),(1,2),(3,2),(4,2),(5,2)\}$,

所以 $P(B)=\frac{8}{20}=\frac{2}{5}$。

(3)事件 AB 包含 2 个可能结果,即 $AB=\{(1,2),(2,1)\}$,所以 $P(AB)=\frac{2}{20}=\frac{1}{10}$。

第二节　离散型随机变量的分布列及其数字特征

考点 1　离散型随机变量及其分布列　★★★

考点 2　离散型随机变量的数字特征　★★★

考点 1　离散型随机变量及其分布列　★★★

1. 随机变量

(1)定义

一般地,对于随机试验样本空间 Ω 中的每个样本点 ω,都有唯一的实数 $X(\omega)$ 与之对应,我们称 X 为随机变量。

(2)离散型随机变量

可能取值为有限个或可以一一列举的随机变量,我们称为离散型随机变量。

(3)字母表示

通常用大写英文字母表示随机变量,例如 X,Y,Z;用小写英文字母表示随机变量的取值,例如,x,y,z。

2. 离散型随机变量的分布列

(1)概念

一般地,设离散型随机变量 X 的可能取值为 $x_1,x_2,\cdots,x_n$,我们称 X 取每一个值 x_i 的概率

$$P(X=x_i)=p_i,i=1,2,\cdots,n$$

为 X 的概率分布列,简称分布列。用表格的形式表示如下:

X	x_1	x_2	$\cdots$	x_n
P	p_1	p_2	$\cdots$	p_n

(2)性质①$p_i\geqslant 0,i=1,2,\cdots,n$;②$p_1+p_2+\cdots+p_n=1$。

考法大揭秘

离散型随机变量的分布列的应用

求离散型随机变量 X 的分布列的步骤：

(1)理解 X 的意义，写出 X 可能取的全部值；

(2)求 X 取每个值的概率；

(3)写出 X 的分布列。

注：求离散型随机变量的分布列的关键是求出随机变量各个取值所对应的概率，在求解时，要注意应用计数原理、概率模型等知识。

【题7】 端午节吃粽子是我国的传统习俗，设一盘中装有 10 个粽子，其中豆沙粽 2 个，肉粽 3 个，白粽 5 个，这三种粽子的外观完全相同，从中任意选取 3 个。

(1)求三种粽子各取到 1 个的概率；

(2)设 X 表示取到的豆沙粽个数，求 X 的分布列。

解 (1)令 A 表示事件“三种粽子各取到 1 个”，则由古典概型的概率计算公式得 $P(A)=\frac{C_2^1C_3^1C_5^1}{C_{10}^3}=\frac{30}{120}=\frac{1}{4}$。

(2)由题意得，X 的所有可能取值为 0,1,2，则

$P(X=0)=\frac{C_8^3}{C_{10}^3}=\frac{56}{120}=\frac{7}{15}$，$P(X=1)=\frac{C_2^1C_8^2}{C_{10}^3}=\frac{2\times 28}{120}=\frac{7}{15}$，$P(X=2)=\frac{C_2^2C_8^1}{C_{10}^3}=\frac{8}{120}=\frac{1}{15}$。

综上可知，X 的分布列为：

X	0	1	2
P	$\frac{7}{15}$	$\frac{7}{15}$	$\frac{1}{15}$

考点 2 离散型随机变量的数字特征 ★★★

1. 离散型随机变量的均值

(1)均值的定义

一般地，若离散型随机变量 X 的分布列为

X	x_1	x_2	…	x_n
P	p_1	p_2	…	p_n

则称

$$E(X)=x_1p_1+x_2p_2+\cdots+x_np_n=\sum_{i=1}^{n}x_ip_i$$

为随机变量 X 的均值或数学期望。均值综合了随机变量的取值和取值的概率，反映了随机变量取值的平均

水平。

(2)均值的性质

①$E(c)=c$(c为常数);

②$E(aX+b)=aE(X)+b$,其中a,b为常数;

③$E(X\pm Y)=E(X)\pm E(Y)$;

④若X,Y相互独立,则$E(XY)=E(X)E(Y)$。

【题8】 某射手射击所得环数ξ的分布列如下:

ξ	7	8	9	10
P	x	0.1	0.3	y

已知ξ的均值$E(\xi)=8.9$,则y的值为(　　)

A. 0.4　　B. 0.6　　C. 0.7　　D. 0.9

解　由题意得$\begin{cases}7x+0.8+2.7+10y=8.9,\\ x+y+0.1+0.3=1,\end{cases}$解得$\begin{cases}x=0.2,\\ y=0.4。\end{cases}$

答案　A

2. 离散型随机变量的方差

(1)方差的定义

设离散型随机变量X的分布列为

X	x_1	x_2	$\cdots$	x_n
P	p_1	p_2	$\cdots$	p_n

考虑X所有可能取值x_i与$E(X)$的偏差的平方$(x_1-E(X))^2,(x_2-E(X))^2,\cdots,(x_n-E(X))^2$。因为$X$取每个值的概率不尽相同,所以我们用偏差平方关于取值概率的加权平均,来度量随机变量X取值与其均值$E(X)$的偏离程度。我们称

$$D(X)=(x_1-E(X))^2p_1+(x_2-E(X))^2p_2+\cdots+(x_n-E(X))^2p_n=\sum_{i=1}^{n}(x_i-E(X))^2p_i$$

为随机变量X的方差,并称$\sqrt{D(X)}$为随机变量X的标准差,记为$\sigma(X)$。

(2)方差的性质

①$D(c)=0$(c为常数);

②$D(aX+b)=a^2D(X)$,a为常数;

③设X,Y是两个随机变量,则有$D(X+Y)=D(X)+D(Y)+2E\{[X-E(X)][Y-E(Y)]\}$。

特别地,若X,Y相互独立,则有$D(X+Y)=D(X)+D(Y)$。

【题9】 已知随机变量ξ的分布列如下:

ξ	-1	0	1
P	$\frac{1}{6}$	$\frac{1}{3}$	$\frac{1}{2}$

并且$\eta=4\xi+3$,则方差$D(\eta)=$(　　)

A. $\frac{26}{3}$ B. $\frac{80}{9}$ C. 9 D. $\frac{55}{6}$

解 由 $E(\xi)=-1\times\frac{1}{6}+0\times\frac{1}{3}+1\times\frac{1}{2}=\frac{1}{3}$，得 $D(\xi)=\frac{1}{6}\times\left(-1-\frac{1}{3}\right)^2+\frac{1}{3}\times\left(0-\frac{1}{3}\right)^2+\frac{1}{2}\times\left(1-\frac{1}{3}\right)^2=\frac{5}{9}$，所以 $D(\eta)=D(4\xi+3)=16D(\xi)=16\times\frac{5}{9}=\frac{80}{9}$。

答案 B

【题 10】【2023 湖南长沙湘江新区，解答，8 分】树人中学为了增强学生体质，提高学习效率，开展投篮趣味比赛，规定每次投篮的结果只有“命中”和“不命中”两种，“命中”一次积 5 分，“不命中”一次扣 5 分。某学生投篮“命中”的概率为 $\frac{3}{4}$，“不命中”的概率为 $\frac{1}{4}$，每次投篮命中与否互不影响，记这位学生投篮 n 次后的总分为 a_n。

(1) 求这位学生投篮 6 次的总分为 10 且没有负分的概率（即 $a_6=10$，且 $a_i\geqslant 0(i=1,2,3)$）；

(2) 若 $X=|a_5|$，求 X 的分布列和期望。

解 (1) 若使这位学生投篮 6 次的总分为 10，则一定有 4 次命中，2 次没有命中，又没有负分，故第一次投篮一定命中。

当第二次投篮命中时，剩下的 4 次投篮之中，任意 2 次命中，皆符合题意，此时的概率 $P_1=\frac{3}{4}\times\frac{3}{4}\times C_4^2\times\left(\frac{3}{4}\right)^2\times\left(\frac{1}{4}\right)^2=\frac{243}{2048}$；

当第二次投篮不命中时，第三次投篮一定命中，则剩下的 3 次投篮之中，任意 2 次命中，皆符合题意，此时的概率 $P_2=\frac{3}{4}\times\frac{1}{4}\times\frac{3}{4}\times C_3^2\times\left(\frac{3}{4}\right)^2\times\frac{1}{4}=\frac{243}{4096}$。

故这位学生投篮 6 次的总分为 10，且没有负分的概率为 $P=P_1+P_2=\frac{729}{4096}$。

(2) 由题可知，X 的可能取值为 5，15，25。

$P(X=5)=C_5^2\times\left(\frac{3}{4}\right)^2\times\left(\frac{1}{4}\right)^3+C_5^3\times\left(\frac{3}{4}\right)^3\times\left(\frac{1}{4}\right)^2=\frac{45}{128}$；

$P(X=15)=C_5^4\times\left(\frac{3}{4}\right)^4\times\frac{1}{4}+C_5^1\times\frac{3}{4}\times\left(\frac{1}{4}\right)^4=\frac{105}{256}$；

$P(X=25)=C_5^5\times\left(\frac{3}{4}\right)^5+C_5^0\times\left(\frac{1}{4}\right)^5=\frac{61}{256}$。

故 X 的分布列为：

X	5	15	25
$P(X)$	$\frac{45}{128}$	$\frac{105}{256}$	$\frac{61}{256}$

数学期望 $E(X)=5\times\frac{45}{128}+15\times\frac{105}{256}+25\times\frac{61}{256}=\frac{1775}{128}$。

【题 11】【2023 浙江金华,解答,5 分】某滑雪场公示收费标准,其中滑雪不超过 1 小时的部分免费,超过 1 小时但不超过 3 小时的部分按 30 元/小时收费,超过 3 小时的部分按 40 元/小时收费(不满 1 小时的按 1 小时算)。甲在该滑雪场的滑雪时间在 1 小时内的概率为$\frac{1}{12}$,超过 1 小时但不超过 3 小时的概率为$\frac{2}{3}$,超过 3 小时的概率为$\frac{1}{4}$。甲在每个小时内的时间段离开的概率相等,且总的滑雪时间不超过 5 小时。

(1)若甲滑雪 4 个小时,需要多少费用?

(2)求甲滑雪所用的资金的期望值。

解 (1)甲滑雪 4 小时,需要$(4-3)\times40+(3-1)\times30=100$(元)。

(2)设甲滑雪所用资金为 X,则 X 的所有可能取值为 0,30,60,100,140。

$P(X=0)=\frac{1}{12}$;

$P(X=30)=P(X=60)=\frac{2}{3}\times\frac{1}{2}=\frac{1}{3}$;

$P(X=100)=P(X=140)=\frac{1}{4}\times\frac{1}{2}=\frac{1}{8}$。

所以 X 的分布列为:

X	0	30	60	100	140
$P(X)$	$\frac{1}{12}$	$\frac{1}{3}$	$\frac{1}{3}$	$\frac{1}{8}$	$\frac{1}{8}$

$E(X)=0\times\frac{1}{12}+30\times\frac{1}{3}+60\times\frac{1}{3}+100\times\frac{1}{8}+140\times\frac{1}{8}=10+20+\frac{25}{2}+\frac{35}{2}=60$。

知识再拔高

协方差及相关系数

量 $E\{[X-E(X)][Y-E(Y)]\}$ 称为随机变量 X 与 Y 的协方差,记为 $\mathrm{Cov}(X,Y)$,即 $\mathrm{Cov}(X,Y)=E\{[X-E(X)][Y-E(Y)]\}$。而 $\rho_{XY}=\frac{\mathrm{Cov}(X,Y)}{\sqrt{D(X)}\sqrt{D(Y)}}$ 称为随机变量 X 与 Y 的相关系数。

对于任意两个随机变量 X 和 Y,下列等式成立:

$$D(X+Y)=D(X)+D(Y)+2\mathrm{Cov}(X,Y),$$

将 $\mathrm{Cov}(X,Y)$ 的定义式展开,易得

$$\mathrm{Cov}(X,Y)=E(XY)-E(X)E(Y)。$$

【题 12】【2021 浙江宁波,判断,1 分】随机变量 X,Y 互相独立,则 $D(X+Y)=D(X)+D(Y)$。( )

解 相互独立的随机变量 X,Y 满足 $E(XY)=E(X)E(Y)$,所以它们的协方差 $\mathrm{Cov}(X,Y)=E(XY)-E(X)E(Y)=0$,故 $D(X+Y)=D(X)+D(Y)+2\mathrm{Cov}(X,Y)=D(X)+D(Y)$。

答案 √

第三节　条件概率与全概率、二项分布、超几何分布

核心考点

考点1　条件概率与全概率公式　　　考点3　二项分布　★★★

考点2　事件的相互独立性　★★　　　考点4　超几何分布　★★★

考点1　条件概率与全概率公式

1. 条件概率

(1)定义

一般地，设 A,B 为两个随机事件，且 $P(A)>0$，我们称

$$P(B|A)=\frac{P(AB)}{P(A)}$$

为在事件 A 发生的条件下，事件 B 发生的条件概率，简称条件概率。

(2)性质

①$0\leqslant P(B|A)\leqslant 1$；

②如果 B 和 C 是两个互斥事件，则 $P(B\cup C|A)=P(B|A)+P(C|A)$；

③设 $\overline{B}$ 和 B 互为对立事件，则 $P(\overline{B}|A)=1-P(B|A)$。

(3)概率的乘法公式

由条件概率的定义，对任意两个事件 A 与 B，若 $P(A)>0$，则

$$P(AB)=P(A)P(B|A)。$$

我们称上式为概率的乘法公式。

【题13】【2023 湖南长沙湘江新区，填空，2.5 分】已知 A,B 为两个随机事件，且 $P(A)=0.6,P(\overline{B})=0.2,P(B|\overline{A})=\frac{1}{3}$，则 $P(A|B)=$________。

解　由题可知，$P(\overline{A})=1-P(A)=0.4=\frac{2}{5}$，$P(B)=1-P(\overline{B})=0.8=\frac{4}{5}$，所以 $P(\overline{A}B)=P(B|\overline{A})\times P(\overline{A})=\frac{2}{15}$，则 $P(\overline{A}|B)=\frac{P(\overline{A}B)}{P(B)}=\frac{1}{6}$，所以 $P(A|B)=1-P(\overline{A}|B)=\frac{5}{6}$。

答案　$\frac{5}{6}$

【题14】　在5道试题中有3道代数题和2道几何题，每次从中随机抽出1道题，抽出的题不再放

回。求:

(1)第 1 次抽到代数题且第 2 次抽到几何题的概率;

(2)在第 1 次抽到代数题的条件下,第 2 次抽到几何题的概率。

思路分析:如果把“第 1 次抽到代数题”和“第 2 次抽到几何题”作为两个事件,那么问题(1)就是积事件的概率,问题(2)就是条件概率。可以先求积事件的概率,再用条件概率公式求条件概率;也可以先求条件概率,再用乘法公式求积事件的概率。

解法一 (1)设 A=“第 1 次抽到代数题”,B=“第 2 次抽到几何题”,则“第 1 次抽到代数题且第 2 次抽到几何题”就是事件 AB。从 5 道试题中每次不放回地随机抽取 2 道,试验的样本空间 Ω 包含 20 个等可能的样本点,即 $n(\Omega)=\mathrm{A}_5^2=5\times4=20$。因为 $n(AB)=\mathrm{A}_3^1\times\mathrm{A}_2^1=3\times2=6$,所以 $P(AB)=\frac{n(AB)}{n(\Omega)}=\frac{6}{20}=\frac{3}{10}$。

(2)“在第 1 次抽到代数题的条件下,第 2 次抽到几何题”的概率就是在事件 A 发生的条件下,事件 B 发生的概率。显然 $P(A)=\frac{3}{5}$,利用条件概率公式,得 $P(B|A)=\frac{P(AB)}{P(A)}=\frac{\frac{3}{10}}{\frac{3}{5}}=\frac{1}{2}$。

解法二 (1)设 A=“第 1 次抽到代数题”,B=“第 2 次抽到几何题”,则“第 1 次抽到代数题且第 2 次抽到几何题”就是事件 AB。已知第 1 次抽到代数题,这时还余下 4 道试题,其中代数题和几何题各 2 道,易得 $P(B|A)=\frac{1}{2}$。又 $P(A)=\frac{3}{5}$,利用乘法公式可得 $P(AB)=P(A)P(B|A)=\frac{3}{5}\times\frac{1}{2}=\frac{3}{10}$。

(2)由(1)可知所求概率为 $\frac{1}{2}$。

2. 全概率公式

一般地,设 $A_1,A_2,\cdots,A_n$ 是一组两两互斥的事件,$A_1\cup A_2\cup\cdots\cup A_n=\Omega$,且 $P(A_i)>0,i=1,2,\cdots,n$,则对任意的事件 $B\subseteq\Omega$,有

$$P(B)=\sum_{i=1}^{n}P(A_i)P(B|A_i)。$$

我们称上面的公式为全概率公式。

【题 15】 某学校有 A、B 两家餐厅,王同学第 1 天午餐时随机地选择一家餐厅用餐。如果第 1 天去 A 餐厅,那么第 2 天去 A 餐厅的概率为 0.6;如果第 1 天去 B 餐厅,那么第 2 天去 A 餐厅的概率为 0.8。计算王同学第 2 天去 A 餐厅用餐的概率。

思路分析:第 2 天去哪家餐厅用餐的概率受第 1 天在哪家餐厅用餐的影响,可根据第 1 天可能去的餐厅,将样本空间表示为“第 1 天去 A 餐厅”和“第 1 天去 B 餐厅”两个互斥事件的并,利用全概率公式求解。

解 设 A_1=“第 1 天去 A 餐厅用餐”,B_1=“第 1 天去 B 餐厅用餐”,A_2=“第 2 天去 A 餐厅用餐”,则 $\Omega=A_1\cup B_1$,且 A_1 与 B_1 互斥。根据题意得 $P(A_1)=P(B_1)=0.5,P(A_2|A_1)=0.6,P(A_2|B_1)=0.8$,由全概率公式,得 $P(A_2)=P(A_1)P(A_2|A_1)+P(B_1)P(A_2|B_1)=0.5\times0.6+0.5\times0.8=0.7$。故王同学第 2 天去 A 餐厅用餐的概率为 0.7。

考点2　事件的相互独立性　★★

1. 定义

对任意两个事件 A 与 B，如果

$$P(AB)=P(A)P(B)$$

成立，则称事件 A 与事件 B 相互独立，简称独立。

2. 性质

(1) 如果事件 A 与 B 相互独立，那么 A 与 $\overline{B}$，$\overline{A}$ 与 B，$\overline{A}$ 与 $\overline{B}$ 也都相互独立。

(2) 必然事件 Ω，不可能事件 $\varnothing$ 与任意事件相互独立。

【题16】　设事件 A,B 相互独立，$P(B)=0.5$，$P(A-B)=0.3$，则 $P(B-A)=(\quad)$

A. 0.1　　B. 0.2　　C. 0.3　　D. 0.4

解　因为 $P(A-B)=P(A)-P(AB)=P(A)-P(A)P(B)=P(A)-0.5P(A)=0.5P(A)=0.3$，所以 $P(A)=0.6$，故 $P(B-A)=P(B)-P(AB)=P(B)-P(A)P(B)=0.5-0.6\times0.5=0.2$。

答案　B

【题17】【2023 山西特岗，解答，10 分】现有甲、乙两人进行乒乓球比赛，比赛采用 7 局 4 胜制，每局为 11 分制，每赢一球得 1 分。

(1) 已知某局比赛中双方比分为 8:8，此时甲先连续发球 2 次，然后乙连续发球 2 次，甲发球时甲得分的概率为 $\frac{3}{5}$，乙发球时乙得分的概率为 $\frac{1}{2}$，各球的结果相互独立，求该局比赛甲以 11:9 获胜的概率；

(2) 已知在本场比赛中，前两局甲获胜，在后续比赛中，每局比赛甲获胜的概率为 $\frac{2}{3}$，乙获胜的概率为 $\frac{1}{3}$，且每局比赛的结果相互独立。两人又进行了 X 局后比赛结束，求 X 的分布列与数学期望。

解　(1) 在比分为 8:8 后甲先发球的情况下，甲以 11:9 赢下此局分三种情况：

①后四球胜方依次为甲、乙、甲、甲，概率为 $P_1=\frac{3}{5}\times\frac{2}{5}\times\frac{1}{2}\times\frac{1}{2}=\frac{3}{50}$；

②后四球胜方依次为乙、甲、甲、甲，概率为 $P_2=\frac{2}{5}\times\frac{3}{5}\times\frac{1}{2}\times\frac{1}{2}=\frac{3}{50}$；

③后四球胜方依次为甲、甲、乙、甲，概率为 $P_3=\frac{3}{5}\times\frac{3}{5}\times\frac{1}{2}\times\frac{1}{2}=\frac{9}{100}$。

所以所求事件概率为 $P_1+P_2+P_3=\frac{3}{50}+\frac{3}{50}+\frac{9}{100}=\frac{21}{100}$。

(2) 由题意可知比赛采用 7 局 4 胜制，且前两局甲获胜，所以随机变量 X 的所有可能取值为 2,3,4,5。

$P(X=2)=\frac{2}{3}\times\frac{2}{3}=\frac{4}{9}$，

$P(X=3)=C_2^1\times\frac{1}{3}\times\frac{2}{3}\times\frac{2}{3}=\frac{8}{27}$，

$P(X=4)=C_3^1\times\frac{1}{3}\times\frac{2}{3}\times\frac{1}{3}\times\frac{2}{3}+\left(\frac{1}{3}\right)^4=\frac{13}{81}$，

$P(X=5)=C_4^1\times\frac{2}{3}\times\left(\frac{1}{3}\right)^3=\frac{8}{81}$。

所以 X 的分布列为：

X	2	3	4	5
P	$\frac{4}{9}$	$\frac{8}{27}$	$\frac{13}{81}$	$\frac{8}{81}$

数学期望 $E(X)=2\times\frac{4}{9}+3\times\frac{8}{27}+4\times\frac{13}{81}+5\times\frac{8}{81}=\frac{236}{81}$。

考点3　二项分布　★★★

1. 伯努利试验

(1)定义

只包含两个可能结果的试验叫做伯努利试验。

(2) n 重伯努利试验

将一个伯努利试验独立地重复进行 n 次所组成的随机试验称为 n 重伯努利试验。

具有如下特征：

①同一个伯努利试验重复做 n 次；②各次试验的结果相互独立。

2. 二项分布

(1)定义

一般地，在 n 重伯努利试验中，设每次试验中事件 A 发生的概率为 $p(0<p<1)$，用 X 表示事件 A 发生的次数，则 X 的分布列为

$$P(X=k)=C_n^k p^k(1-p)^{n-k},k=0,1,2,\cdots,n。$$

如果随机变量 X 的分布列具有上式的形式，则称随机变量 X 服从二项分布，记作 $X\sim B(n,p)$。

(2)二项分布的均值和方差

如果 $X\sim B(n,p)$，那么 $E(X)=np,D(X)=np(1-p)$。

考法大揭秘

二项分布问题

利用独立重复试验概率公式可以简化求概率的过程，但需要注意检查该概率模型是否满足公式 $P(X=k)=C_n^k p^k(1-p)^{n-k}$ 的三个条件：

(1)在一次试验中某事件 A 发生的概率是一个常数 p；

(2) n 次试验不仅是在完全相同的情况下进行的重复试验，而且各次试验的结果是相互独立的；

(3)该公式表示 n 次试验中事件 A 恰好发生了 k 次的概率。

【题18】【2023湖南长沙湘江新区,单,2分】接种疫苗是预防和控制传染病的最经济、最有效的公共卫生干预措施。根据实验数据,在接种疫苗后,有80%的概率不会感染此病毒。如果一家四口人全部接种了疫苗,那么至多一个人感染的概率为(　　)

A. $\frac{512}{625}$　　B. $\frac{256}{625}$　　C. $\frac{113}{625}$　　D. $\frac{1}{625}$

解　由题意可知,感染人数 X 符合二项分布 $X \sim B\left(4,\frac{1}{5}\right)$,则最多1人被感染的概率为 $P=P(X=1)+P(X=0)=C_4^1\times\frac{1}{5}\times\left(\frac{4}{5}\right)^3+C_4^0\times\left(\frac{4}{5}\right)^4=\frac{512}{625}$。

答案　A

【题19】　将一枚质地均匀的硬币重复抛掷10次,则恰好出现5次正面朝上的概率为________。

思路分析:抛掷一枚质地均匀的硬币,出现"正面朝上"和"反面朝上"两种结果且可能性相等,这是一个10重伯努利试验。因此,正面朝上的次数服从二项分布。

解　设 A="正面朝上",则 $P(A)=0.5$。用 X 表示事件 A 发生的次数,则 $X\sim B(10,0.5)$,恰好出现5次正面朝上等价于 $X=5$,于是 $P(X=5)=C_{10}^5\times0.5^{10}=\frac{252}{1024}=\frac{63}{256}$。

答案　$\frac{63}{256}$

【题8】【2023山东济南历城区,解答,9分】某电子科技公司最近上线了一款电子产品,该电子产品的系统 H 由3个不同的电子元件组成。各个电子元件能正常工作的概率均为 $\frac{2}{3}$,且每个电子元件能否正常工作相互独立。若系统 H 中有超过一半的电子元件正常工作,则 H 可以正常工作,该电子产品就可以正常使用,否则就需要报废换新。

(1)求系统 H 正常工作的概率;

(2)记该电子产品的系统 H 中电子元件能正常工作的个数为 ξ,求 ξ 的分布列和数学期望。

解　(1)系统 H 正常工作的概率为 $P=C_3^2\times\left(\frac{2}{3}\right)^2\times\left(\frac{1}{3}\right)+C_3^3\times\left(\frac{2}{3}\right)^3=\frac{12}{27}+\frac{8}{27}=\frac{20}{27}$。

(2)由题知 ξ 的可能取值为0,1,2,3,则 $P(\xi=0)=C_3^0\times\left(\frac{1}{3}\right)^3=\frac{1}{27}$;$P(\xi=1)=C_3^1\times\left(\frac{2}{3}\right)\times\left(\frac{1}{3}\right)^2=\frac{2}{9}$;

$P(\xi=2)=C_3^2\times\left(\frac{2}{3}\right)^2\times\left(\frac{1}{3}\right)=\frac{12}{27}=\frac{4}{9}$;$P(\xi=3)=C_3^3\times\left(\frac{2}{3}\right)^3=\frac{8}{27}$。

ξ	0	1	2	3
$P(\xi)$	$\frac{1}{27}$	$\frac{2}{9}$	$\frac{4}{9}$	$\frac{8}{27}$

$E(\xi)=0\times\frac{1}{27}+1\times\frac{2}{9}+2\times\frac{4}{9}+3\times\frac{8}{27}=2$。

考点4 超几何分布 ★★★

一般地，假设一批产品共有 N 件，其中有 M 件次品。从 N 件产品中随机抽取 n 件(不放回)，用 X 表示抽取的 n 件产品中的次品数，则 X 的分布列为

$$P(X=k)=\frac{C_M^k C_{N-M}^{n-k}}{C_N^n}, k=m,m+1,m+2,\cdots,r。$$

其中 $n,N,M\in\mathbf{N}_+,M\leqslant N,n\leqslant N,m=\max\{0,n-N+M\},r=\min\{n,M\}$。如果随机变量 X 的分布列具有上式的形式，那么称随机变量 X 服从超几何分布。

【题21】 从50名学生中随机选出5名学生代表，则甲被选中的概率为________。

解 设 X 表示选出的5名学生中含甲的人数(只能取0或1)，则 X 服从超几何分布，且 $N=50,M=1,n=5$。因此甲被选中的概率为 $P(X=1)=\frac{C_1^1 C_{49}^4}{C_{50}^5}=\frac{1}{10}$。

答案 $\frac{1}{10}$

【题22】 某厂生产的产品在出厂前都要做质量检测，每一件一等品都能通过检测，每一件二等品通过检测的概率为 $\frac{2}{3}$。现有10件产品，其中6件是一等品，4件是二等品。

(1)随机选取1件产品，求能够通过检测的概率；

(2)随机选取3件产品，其中一等品的件数记为 X，求 X 的分布列。

解 (1)依题意，设“随机选取一件产品，能够通过检测”的事件为 A，则 $P(A)=\frac{6}{10}+\frac{4}{10}\times\frac{2}{3}=\frac{13}{15}$。

(2)由题可知，X 所有可能的取值为0,1,2,3，

$P(X=0)=\frac{C_4^3 C_6^0}{C_{10}^3}=\frac{1}{30}$，$P(X=1)=\frac{C_4^2 C_6^1}{C_{10}^3}=\frac{3}{10}$，$P(X=2)=\frac{C_4^1 C_6^2}{C_{10}^3}=\frac{1}{2}$，$P(X=3)=\frac{C_4^0 C_6^3}{C_{10}^3}=\frac{1}{6}$。

所以 X 的分布列为：

X	0	1	2	3
P	$\frac{1}{30}$	$\frac{3}{10}$	$\frac{1}{2}$	$\frac{1}{6}$

第四节 连续型随机变量及其概率密度

核心考点

考点1 连续型随机变量的概率密度
考点2 连续型随机变量的概率计算
考点3 连续型随机变量的期望与方差
考点4 均匀分布
考点5 正态分布 ★★

考点1 连续型随机变量的概率密度

1. 定义

如果对于随机变量 X 的分布函数 $F(x)$，存在非负函数 $f(x)$，使对于任意实数 x 有

$$F(x)=\int_{-\infty}^{x}f(t)\,\mathrm{d}t,$$

则称 X 为连续型随机变量，其中函数 $f(x)$ 称为 X 的概率密度函数，简称概率密度。

2. 性质

(1) $f(x)\geqslant 0$；

(2) $\int_{-\infty}^{+\infty}f(x)\,\mathrm{d}x=1$；

(3) $P\{a<X\leqslant b\}=F(b)-F(a)=\int_{a}^{b}f(x)\,\mathrm{d}x$；

(4) 若 $f(x)$ 在点 x 处连续，则有 $F'(x)=f(x)$。

考点2 连续型随机变量的概率计算

由概率密度的定义，可得 $P\{a<X\leqslant b\}=P\{X\leqslant b\}-P\{X\leqslant a\}=\int_{-\infty}^{b}f(x)\,\mathrm{d}x-\int_{-\infty}^{a}f(x)\,\mathrm{d}x=\int_{a}^{b}f(x)\,\mathrm{d}x$。

由此可见，要计算连续型随机变量 X 落在区间 $(a,b]$ 上的概率，可转化为计算概率密度 $f(x)$ 在 $[a,b]$ 上的定积分，如图所示。

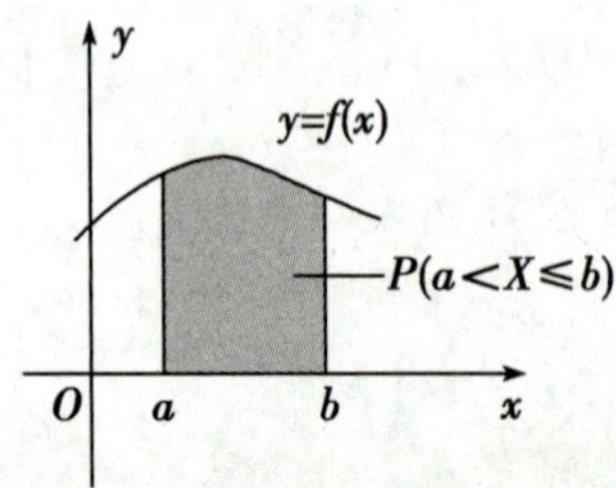

对连续型随机变量 X 来说，它取任一指定实数值 a 的概率 $P\{X=a\}=0$。

$P\{a\leqslant X<b\}=P\{a\leqslant X\leqslant b\}=P\{a<X\leqslant b\}=P\{a<X<b\}=\int_a^b f(x)\,\mathrm{d}x$。

考点3　连续型随机变量的期望与方差

1. 连续型随机变量的期望

设连续型随机变量 X 的概率密度为 $f(x)$，若积分 $\int_{-\infty}^{+\infty}xf(x)\,\mathrm{d}x$ 绝对收敛，则称积分 $\int_{-\infty}^{+\infty}xf(x)\,\mathrm{d}x$ 的值为随机变量 X 的数学期望，记作 $E(X)$ 或 EX，即 $EX=\int_{-\infty}^{+\infty}xf(x)\,\mathrm{d}x$。

2. 连续型随机变量的方差

设连续型随机变量的概率密度为 $f(x)$，则 $DX=E(X-EX)^2=\int_{-\infty}^{+\infty}(x-EX)^2f(x)\,\mathrm{d}x$。

考点4　均匀分布

如果 X 的概率密度为 $\varphi(x)=\begin{cases}\dfrac{1}{b-a},a\leqslant x\leqslant b,\\0,\text{其他},\end{cases}$ 则称 X 在 $[a,b]$ 上服从均匀分布，记为 $X\sim U(a,b)$。其分布函数为 $f(x)=\begin{cases}0,x<a,\\\dfrac{x-a}{b-a},a\leqslant x\leqslant b,\\1,x>b。\end{cases}$

若 $[x_1,x_2]$ 是 $[a,b]$ 的任一子区间，则 $P(x_1\leqslant x\leqslant x_2)=\dfrac{x_2-x_1}{b-a}$。这表明 x 落在 $[a,b]$ 的子区间的概率只与子区间的长度有关，而与子区间的位置无关，因此，落在 $[a,b]$ 的长度相等的子区间内的可能性是相等的。

均匀分布的期望 $E(X)=\dfrac{a+b}{2}$，方差 $D(X)=\dfrac{(b-a)^2}{12}$。

考点5　正态分布　★★

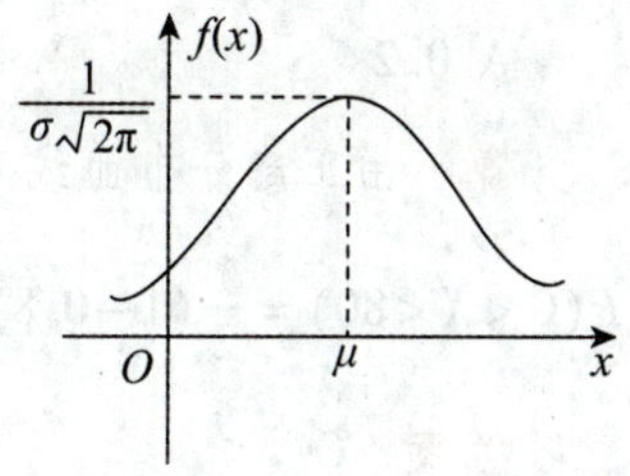

1. 正态曲线

设函数 $f(x)=\dfrac{1}{\sigma\sqrt{2\pi}}\mathrm{e}^{-\frac{(x-\mu)^2}{2\sigma^2}},x\in\mathbf{R}$，其中 $\mu\in\mathbf{R},\sigma>0$ 为参数。我们称 $f(x)$ 为正态密度函数，称它的图象为正态密度曲线，简称正态曲线。

2. 正态分布

若随机变量 X 的概率分布密度函数为 $f(x)=\dfrac{1}{\sigma\sqrt{2\pi}}\mathrm{e}^{-\frac{(x-\mu)^2}{2\sigma^2}}$，则称随机变量 X 服从正态分布，记为 $X\sim N(\mu,\sigma^2)$。

特别地，当 $\mu=0,\sigma=1$ 时，称随机变量 X 服从标准正态分布。

3. 正态曲线的特征

(1) 曲线位于 x 轴上方，与 x 轴不相交。

(2) 曲线是单峰的，它关于直线 $x=\mu$ 对称。

(3) 曲线在 $x=\mu$ 处达到峰值 $\frac{1}{\sigma\sqrt{2\pi}}$。

(4) 当 $|x|$ 无限增大时，曲线无限接近 x 轴。

(5) 曲线与 x 轴之间围成的面积为 1。

(6) 当 σ 一定时，曲线的位置由 μ 确定，曲线随着 μ 的变化而沿 x 轴平移，如图 1 所示。

(7) 当 μ 一定时，曲线的形状由 σ 确定，σ 越小，曲线越"瘦高"，表示总体的分布越集中；σ 越大，曲线越"矮胖"，表示总体的分布越分散，如图 2 所示。

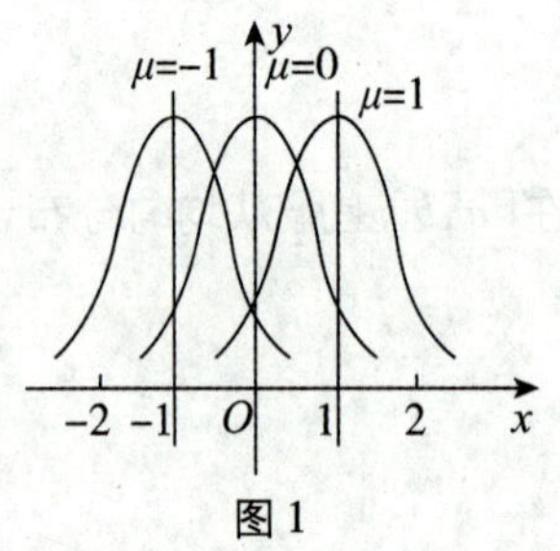

图 1

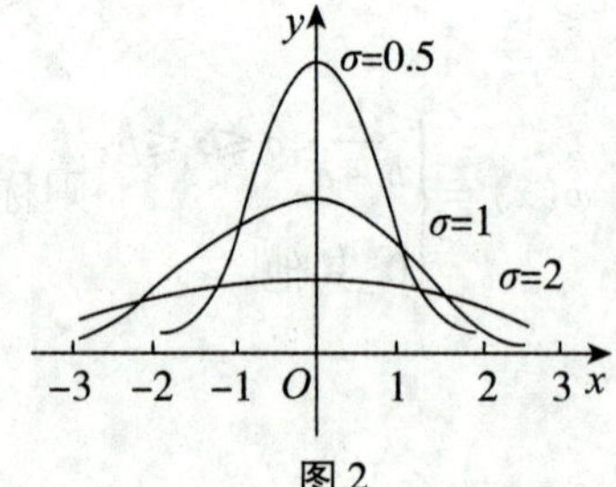

图 2

【题 23】 已知随机变量 ξ 服从正态分布 $N(2,\sigma^2)$，且 $P(\xi<4)=0.8$，则 $P(0<\xi<2)=$ (　　)

A. 0.2　　B. 0.3　　C. 0.4　　D. 0.6

解　因为均值为 2，所以 $P(2<\xi<4)=0.8-0.5=0.3$，进而由正态分布图象的对称性知，$P(0<\xi<2)=0.3$。

答案　B

【题 24】【2020 山东烟台牟平区，单，2 分】 在某次联考测试中，学生数学成绩 $X\sim N(100,\sigma^2)(\sigma>0)$，若 $P(80<X<120)=0.8$，则 $P(0<X<80)=$ (　　)

A. 0.2　　B. 0.15　　C. 0.1　　D. 0.05

解　由正态分布曲线可知，对称轴为 $X=100$，$\because P(80<X<120)=0.8$，$\therefore$ 由正态分布的性质可知，$P(0<X<80)=\frac{1}{2}(1-0.8)=0.1$。

答案　C

第五节　统计与统计案例

核心考点

考点1　随机抽样　★

考点2　频率分布直方图　★★

考点3　一元线性回归模型与独立性检验　★

考点1　随机抽样　★

1. 简单随机抽样

一般地，设一个总体含有N(N为正整数)个个体，从中逐个抽取$n(1\leqslant n<N)$个个体作为样本，如果抽取是放回的，且每次抽取时总体内的各个个体被抽到的概率都相等，我们把这样的抽样方法叫做放回简单随机抽样；如果抽取是不放回的，且每次抽取时总体内未进入样本的各个个体被抽到的概率都相等，我们把这样的抽样方法叫做不放回简单随机抽样。放回简单随机抽样和不放回简单随机抽样统称为简单随机抽样。

2. 分层随机抽样

一般地，按一个或多个变量把总体划分成若干个子总体，每个个体属于且仅属于一个子总体，在每个子总体中独立地进行简单随机抽样，再把所有子总体中抽取的样本合在一起作为总样本，这样的抽样方法称为分层随机抽样，每一个子总体称为层。在分层随机抽样中，如果每层样本量都与层的大小成比例，那么称这种样本量的分配方式为比例分配。

【题25】【2019湖南衡阳耒阳，单，2分】总体由编号01，02，03，…，49，50的50个个体组成，利用随机数表(以下摘取了数表第1行和第2行)选取5个个体，选取方法是从随机数表第1行的第9列和第10列数字开始由左向右读取，则选出来的第4个个体的编号是(　　)

66 67 40 67 14　　64 05 71 95 86　　11 05 65 09 68　　76 83 20 37 90

57 16 00 11 66　　14 90 84 45 11　　75 73 88 05 90　　52 27 41 14 86

A. 05　　B. 09　　C. 11　　D. 20

解　由题意，从随机数表第1行的第9列和第10列数字开始，由左到右依次选取两个数字，其中小于或等于50的编号依次为14，05，11，05(重复，舍去)，09，20，所以选出的第4个个体编号是09。

答案　B

考点2　频率分布直方图　★★

1. 基础概念

(1)纵轴表示$\dfrac{频率}{组距}$；

(2)频率:数据落在各小组内的频率用各长方形的面积表示;

(3)各小长方形的面积总和等于1。

2. 分布折线图与总体密度曲线

(1)分布折线图

连接频率分布直方图中各小长方形上端的中点,就得到频率分布折线图。

(2)总体密度曲线

随着样本容量的增加,作图时所分的组数增加,组距减小,相应的频率分布折线图就会越来越接近于一条光滑的曲线,统计中称之为总体密度曲线,它能够更加精细地反映出总体的分布规律。

3. 频率分布直方图的作图步骤

(1)求极差;

(2)确定组距和组数;

(3)将数据分组;

(4)列频率分布表;

(5)画频率分布直方图。

注:在频率分布直方图中,中位数是把频率分布直方图分成两个面积相等部分的平行于 y 轴的直线横坐标;每个小矩形面积乘小矩形底边中点的横坐标之和对应平均数。

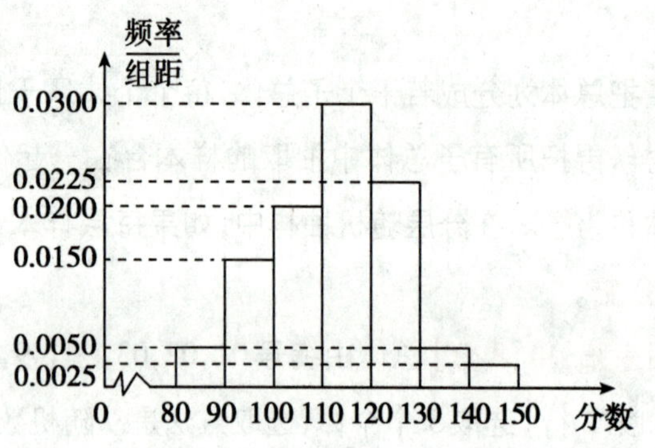

某班数学成绩频率分布直方图

【题26】【2023山西特岗,单,3分】下面是某地连续11天的复工复产指数折线图,下列说法正确的是(　　)

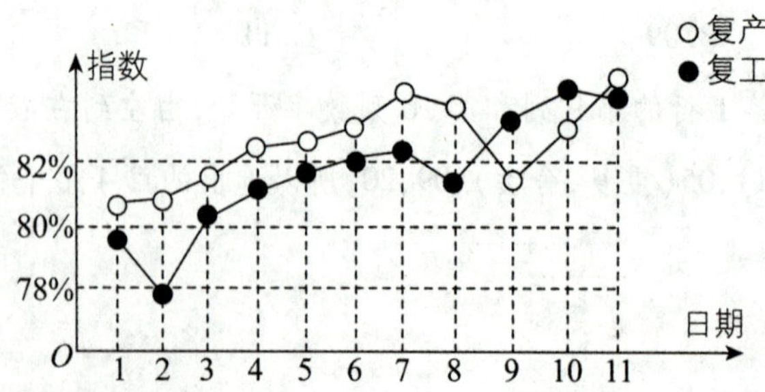

A. 这11天复工指数和复产指数均逐日增加

B. 这11天期间,复产指数增量大于复工指数的增量

C. 这 11 天复工复产指数均超过 80%

D. 第 9 天至第 11 天复产指数增量大于复工指数的增量

解　由图可知，这 11 天复工指数和复产指数有增有减，A 项错误；由图可知，第 1 天的复产指数与复工指数的差大于第 11 天的复产指数与复工指数的差，所以这 11 天期间，复产指数增量小于复工指数的增量，B 项错误；由图可知，只有第 3 天至第 11 天复工复产指数均超过 80%，C 项错误；由折线图知，第 9 天至第 11 天复产指数增量大于复工指数的增量，D 项正确。

答案　D

【题 27】 2023 年 3 月 26 日是全国中小学生安全教育日，某学校为加强学生的安全意识，组织了全校 1500 名学生参加安全知识竞赛，从中抽取了部分学生成绩（得分取正整数，满分为 100 分）进行统计。请根据尚未完成的频率分布表和频数分布直方图，解答下列问题：

频率分布表

分数段	频数	频率
50.5 ~ 60.5	16	0.08
60.5 ~ 70.5	40	0.2
70.5 ~ 80.5	50	0.25
80.5 ~ 90.5	m	0.35
90.5 ~ 100.5	24	n

频数分布直方图

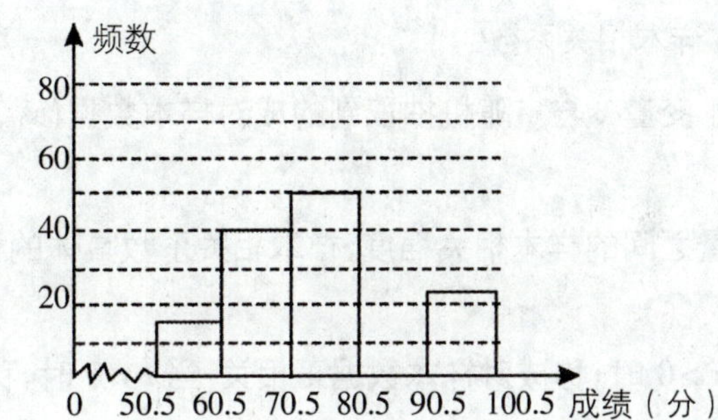

(1) 这次抽取了________名学生的竞赛成绩进行统计，其中 $m=$________，$n=$________；

(2) 补全频数分布直方图；

(3) 若成绩在 70 分以下（含 70 分）的学生为安全意识不强，有待进一步加强安全教育，则该校安全意识不强的学生约有多少人？

解　(1) 200；70；0.12。

解析过程：抽取的学生数为 $16\div 0.08=200$；$m=200-16-40-50-24=70$；$n=24\div 200=0.12$。

(2) 补全的频数分布直方图如下图。

频数分布直方图

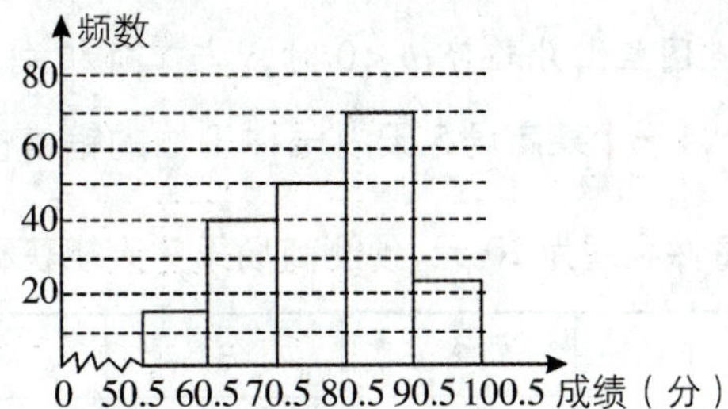

(3) $1500\times\frac{16+40}{200}=420$（人），故该校安全意识不强的学生约有 420 人。

考点3　一元线性回归模型与独立性检验　★

1. 变量的相关关系

(1)相关关系

两个变量有关系,但又没有确切到可由其中的一个去精确地决定另一个的程度,这种关系称为相关关系。

(2)正相关与负相关

从整体上看,当一个变量的值增加时,另一个变量的相应值也呈现增加的趋势,我们就称这两个变量正相关;当一个变量的值增加时,另一个变量的相应值呈现减小的趋势,则称这两个变量负相关。

(3)线性相关

一般地,如果两个变量的取值呈现正相关或负相关,而且散点落在一条直线附近,我们就称这两个变量线性相关。

2. 线性回归分析

(1)样本相关系数

对于变量 x 与 y 随机抽取到的成对样本数据 $(x_1,y_1),(x_2,y_2),\cdots,(x_n,y_n)$,利用样本相关系数 r 来衡量两个变量之间的样本相关程度,样本相关系数具体的计算公式为 $r=\dfrac{\sum\limits_{i=1}^{n}(x_i-\bar{x})(y_i-\bar{y})}{\sqrt{\sum\limits_{i=1}^{n}(x_i-\bar{x})^2}\sqrt{\sum\limits_{i=1}^{n}(y_i-\bar{y})^2}}$。

当 $r>0$ 时,称成对样本数据正相关;当 $r<0$ 时,称成对样本数据负相关。

当 $|r|$ 越接近 1 时,成对样本数据的线性相关程度越强;当 $|r|$ 越接近 0 时,成对样本数据的线性相关程度越弱。

(2)一元线性回归模型

设具有线性相关关系的两个变量 x,y 的一组观察值为 $(x_i,y_i)(i=1,\cdots,n)$,则经验回归方程 $\hat{y}=\hat{b}x+\hat{a}$ 的系数为:

$$\hat{b}=\frac{\sum\limits_{i=1}^{n}x_iy_i-n\overline{x}\overline{y}}{\sum\limits_{i=1}^{n}x_i^2-n\overline{x}^2},\hat{a}=\overline{y}-\hat{b}\overline{x},$$

其中 $\overline{x}=\dfrac{1}{n}\sum\limits_{i=1}^{n}x_i,\overline{y}=\dfrac{1}{n}\sum\limits_{i=1}^{n}y_i,(\overline{x},\overline{y})$ 称为样本点的中心。

注:$\hat{b}>0$ 时,y 与 x 正相关,散点图呈上升趋势;$\hat{b}<0$ 时,y 与 x 负相关,散点图呈下降趋势。

【题 28】【2021 河南许昌,单,4 分】某商场 5 天内一种 T 恤的销售情况如下表,求得销售量 y 关于天数 x 的回归方程 $\hat{y}=22x+\hat{a}$,已知每件利润为 20 元,预测商场第 7 天能获利(　　)元。

第 x 天	1	2	3	4	5
销售量 y(件)	17	38	59	80	106

A. 2900　　B. 2960　　C. 3000　　D. 3400

解　由题意可知 $\hat{a}=\bar{y}-22\bar{x}$，且 $\bar{x}=\dfrac{1+2+3+4+5}{5}=3$，$\bar{y}=\dfrac{17+38+59+80+106}{5}=60$，解得 $\hat{a}=-6$，当 $\hat{x}=7$ 时，$\hat{y}=154-6=148$，此时利润为 $20\times148=2960$（元）。

答案　B

3. 独立性检验

假设有两个分类变量 X,Y，它们的取值分别为 $\{x_1,x_2\}$ 和 $\{y_1,y_2\}$，其样本频数列联表（称为2×2列联表）为

	y_1	y_2	合计
x_1	a	b	$a+b$
x_2	c	d	$c+d$
合计	$a+c$	$b+d$	$a+b+c+d$

构造一个随机变量 $\chi^2=\dfrac{n(ad-bc)^2}{(a+b)(c+d)(a+c)(b+d)}$，其中 $n=a+b+c+d$ 为样本容量。

基于小概率值 α 的检验规则是：

当 $\chi^2\geqslant x_\alpha$ 时，我们就推断 H_0 不成立，即认为 X 和 Y 不独立，该推断犯错误的概率不超过 α；

当 $\chi^2<x_\alpha$ 时，我们没有充分证据推断 H_0 不成立，可以认为 X 和 Y 独立。

这种利用 χ^2 的取值推断分类变量 X 和 Y 是否独立的方法称为 χ^2 独立性检验，简称独立性检验。

注：H_0 为零假设或原假设；x_α 为 α 的临界值。

【题29】【2022 江苏扬州，解答，10 分】为了了解某种疫苗的效果，实验室随机抽取了 120 只小白鼠进行试验，所得数据如下表所示：

	被感染	未被感染	总计
未注射疫苗	22	y	60
注射疫苗	x	50	60
总计	32	t	120

从注射疫苗的小白鼠中随机抽取 2 只，记感染的小白鼠的只数为 ξ。

(1) 求出表中 x,y,t 的值，并求出 ξ 的分布列和期望；

(2) 根据参考公式，求 χ^2 的值；（结果精确到小数点后三位）

(3) 你觉得是否已有 99% 的把握认为该疫苗有效？请说明理由。

附：$\chi^2=\dfrac{n(ad-bc)^2}{(a+b)(c+d)(a+c)(b+d)}$

α	0.15	0.1	0.05	0.025	0.010	0.005
χ_α	2.072	2.706	3.841	5.024	6.635	7.879

解 (1)由表可得 $x=60-50=10$，$t=120-32=88$，$y=88-50=38$。ξ 的所有可能取值为0，1，2，那么

$P(\xi=0)=\frac{C_{50}^{2}}{C_{60}^{2}}=\frac{245}{354}$，$P(\xi=1)=\frac{C_{50}^{1}C_{10}^{1}}{C_{60}^{2}}=\frac{50}{177}$，$P(\xi=2)=\frac{C_{10}^{2}}{C_{60}^{2}}=\frac{3}{118}$，$\xi$ 的分布列为：

ξ	0	1	2
$P(\xi)$	$\frac{245}{354}$	$\frac{50}{177}$	$\frac{3}{118}$

数学期望 $E(\xi)=0\times\frac{245}{354}+1\times\frac{50}{177}+2\times\frac{3}{118}=\frac{118}{354}=\frac{1}{3}$。

(2) $\chi^2=\frac{120\times(22\times50-10\times38)^2}{32\times88\times60\times60}=\frac{135}{22}\approx6.136$。

(3)因为 $5.024<\chi^2\approx6.136<6.635$，由表格可知，没有99%的把握认为该疫苗有效。

即时反思与复盘总结

我于________年____月____日完成了对本章的学习。

复盘一下，我对自己较肯定的地方是____________________

(足够努力/心态积极/方法得当……)

我觉得自己需要改进的地方是____________________

(懒惰懈怠/心情浮躁/方法不当……)

休息片刻，开启下一站征程！

大学数学知识

SHAN XIANG

内容导学

- 教师招聘考试大学数学知识部分，共两章。
- 第一章主要是高等数学的重要内容，与高中数学联系紧密，考查题型多为单项选择题、填空题、解答题。
- 第二章主要是线性代数的基础内容，考查题型多为单项选择题、解答题。
- 本部分内容在不同地区的教师招聘考试中，考频与考查重点都存在较为明显的差异，建议考生根据所在地区的实际考情，合理安排复习重点。

第一章 高等数学

考向分析

本章属于大学数学阶段的基础内容，在各地教师招聘考试中，常以单选、填空、解答的形式考查。其中，浙江、安徽等地常以单选、填空、解答的形式考查极限的计算、间断点的分类与积分的运算，试题难度较低，山东等地常以单选、解答的形式考查函数的求导与微分中值定理，试题难度中等，对考生的数学运算能力要求较高。现对本章考向分析如下：

高频考点	高频考向	常考题型	考查热度
洛必达法则	极限的计算	解答	🔥
极限存在准则与两个重要极限	函数极限的计算	填空	🔥
函数的间断点	判断函数的间断点的类型	单选	🔥
导数的概念	可导的充要条件	单选	🔥
函数极值的第二充分条件	判断函数极值点	单选	🔥
函数的微分	函数可微的充要条件	解答	🔥
微分中值定理	罗尔定理	解答	🔥
定积分的概念与性质	定积分的计算	单选、解答	🔥🔥
定积分的应用	求平面图形的面积及旋转体的体积	填空	🔥🔥

第一节 函数与极限

核心考点

考点1 极限的定义

考点2 极限的基本性质 ★

考点3 无穷小与无穷大 ★★

考点4 极限运算法则 ★★★

考点5 极限存在准则与两个重要极限 ★★★

考点6 洛必达法则 ★★★

考点7 函数的连续性 ★

考点8 函数的间断点 ★

考点1 极限的定义

1. 数列的极限

(1) 数列极限的定义

设$\{x_n\}$为一数列，如果存在常数a，对于任意给定的正数ε(不论它多么小)，总存在正整数N，使得

当 $n>N$ 时，不等式 $|x_n-a|<\varepsilon$ 都成立，那么就称常数 a 是数列 $\{x_n\}$ 的极限，或者称数列 $\{x_n\}$ 收敛于 a，记为

$$\lim_{n\to\infty}x_n=a,\text{或 } x_n\to a(n\to\infty)。$$

(2)常见的数列极限

①$\lim\limits_{n\to\infty}\sqrt[n]{a}=1(a>0)$；

②$\lim\limits_{n\to\infty}\sqrt[n]{n}=1$；

③$\lim\limits_{n\to\infty}\dfrac{a^n}{n!}=0$；

④$\lim\limits_{n\to\infty}\dfrac{1}{\sqrt[n]{n!}}=0$；

⑤$\lim\limits_{n\to\infty}\dfrac{1}{n^a}=0(a>0)$；

⑥$\lim\limits_{n\to\infty}C=C$（$C$ 是常数）；

⑦$\lim\limits_{n\to\infty}a^n=\begin{cases}0,|a|<1,\\1,a=1,\\\text{不存在},|a|>1\text{ 或 }a=-1。\end{cases}$

2. 函数的极限

(1)自变量趋于有限值时函数的极限

设函数 $f(x)$ 在点 x_0 的某一去心邻域内有定义。如果存在常数 A，对于任意给定的正数 ε（不论它多么小），总存在正数 δ，使得当 x 满足不等式 $0<|x-x_0|<\delta$ 时，对应的函数值 $f(x)$ 都满足不等式 $|f(x)-A|<\varepsilon$，那么常数 A 就叫做函数 $f(x)$ 当 $x\to x_0$ 时的极限，记作

$$\lim_{x\to x_0}f(x)=A\text{ 或 }f(A)\to A(\text{当 }x\to x_0)。$$

(2)自变量趋于无穷大时函数的极限

设函数 $f(x)$ 当 $|x|$ 大于某一正数时有定义。如果存在常数 A，对于任意给定的正数 ε（不论它多么小），总存在着正数 X，使得当 x 满足不等式 $|x|>X$ 时，对应的函数值 $f(x)$ 都满足不等式 $|f(x)-A|<\varepsilon$，那么常数 A 就叫做函数 $f(x)$ 当 $x\to\infty$ 时的极限，记作

$$\lim_{x\to\infty}f(x)=A\text{ 或 }f(A)\to A(\text{当 }x\to\infty)。$$

3. 单侧极限

(1)左极限

对于 $\forall\varepsilon>0$，$\exists\delta>0$，使得当 $0<x_0-x<\delta$ 时，总有 $|f(x)-A|<\varepsilon$，则称 A 为当 $x\to x_0$ 时函数 $f(x)$ 的左极限，记作

$$\lim_{x\to x_0^-}f(x)=A\text{ 或 }f(x_0^-)=A。$$

(2)右极限

对于 $\forall\varepsilon>0$，$\exists\delta>0$，使得当 $0<x-x_0<\delta$ 时，总有 $|f(x)-A|<\varepsilon$，则称 A 为当 $x\to x_0$ 时函数 $f(x)$ 的右极

限，记作

$$\lim_{x \to x_0^+} f(x) = A \text{ 或 } f(x_0^+) = A。$$

定理：$\lim\limits_{x \to x_0} f(x) = A$ 的充要条件是 $\lim\limits_{x \to x_0^-} f(x) = \lim\limits_{x \to x_0^+} f(x) = A$。

考点2　极限的基本性质　★

1. 收敛数列的性质

（1）数列极限的唯一性

如果数列 $\{x_n\}$ 收敛，那么它的极限唯一。

（2）收敛数列的有界性

如果数列 $\{x_n\}$ 收敛，那么数列 $\{x_n\}$ 一定有界。

（3）收敛数列的保号性

①定理：如果 $\lim\limits_{n \to \infty} x_n = a$，且 $a > 0$（或 $a < 0$），那么存在正整数 $N > 0$，当 $n > N$ 时，都有 $x_n > 0$（或 $x_n < 0$）。

②推论：如果数列 $\{x_n\}$ 从某项起有 $x_n \geqslant 0$（或 $x_n \leqslant 0$），且 $\lim\limits_{n \to \infty} x_n = a$，那么 $a \geqslant 0$（或 $a \leqslant 0$）。

（4）收敛数列与其子数列间的关系

如果数列 $\{x_n\}$ 收敛于 a，那么它的任一子数列也收敛，且极限也是 a。

2. 函数极限的性质

（1）函数极限的唯一性

如果 $\lim\limits_{x \to x_0} f(x)$ 存在，那么这极限唯一。

（2）函数极限的局部有界性

如果 $\lim\limits_{x \to x_0} f(x) = A$，那么存在常数 $M > 0$ 和 $\delta > 0$，使得当 $0 < |x - x_0| < \delta$ 时，有 $|f(x)| \leqslant M$。

（3）函数极限的局部保号性

如果 $\lim\limits_{x \to x_0} f(x) = A$，且 $A > 0$（或 $A < 0$），那么存在常数 $\delta > 0$，使得当 $0 < |x - x_0| < \delta$ 时，有 $f(x) > 0$（或 $f(x) < 0$）。

考点3　无穷小与无穷大　★★

1. 无穷小与无穷大的概念

（1）定义

①无穷小

如果函数 $f(x)$ 当 $x \to x_0$（或 $x \to \infty$）时的极限为零，那么称函数 $f(x)$ 为当 $x \to x_0$（或 $x \to \infty$）时的无穷小。

注：无穷小量是变量，是针对具体变化过程而言的；零是特殊的无穷小量，但无穷小量不一定是零；无穷小量不是很小很小的数，而是自变量在某个变化过程中，极限为零的变量。

②无穷大

设函数 $f(x)$ 在 x_0 的某一去心邻域内有定义（或 $|x|$ 大于某一正数时有定义）。如果对于任意给定的正数 M（不论它多么大），总存在正数 δ（或正数 X），只要 x 适合不等式 $0 < |x - x_0| < \delta$（或 $|x| > X$），对应的函

数值$f(x)$总满足不等式$|f(x)|>M$，那么称函数$f(x)$是当$x\to x_0$（或$x\to\infty$）时的无穷大。

③定理

在自变量的同一变化过程中，如果$f(x)$为无穷大，那么$\frac{1}{f(x)}$为无穷小；反之，如果$f(x)$为无穷小，且$f(x)\neq 0$，那么$\frac{1}{f(x)}$为无穷大。

(2)运算法则

①有限个无穷小之和仍是无穷小。

②无穷小与有界函数的乘积是无穷小。

③有限个无穷小的乘积仍是无穷小。

④常数与无穷小的乘积是无穷小。

2. 无穷小的比较

设当$x\to x_0$时，$f(x)$与$g(x)$均为无穷小量，且$g(x)\neq 0$，则无穷小量阶的类别如下：

类别	定义
等价无穷小	$\lim\limits_{x\to x_0}\frac{f(x)}{g(x)}=1$，记作$f(x)\sim g(x)\ (x\to x_0)$
高阶无穷小	$\lim\limits_{x\to x_0}\frac{f(x)}{g(x)}=0$，称$f$为$g$的高阶无穷小，或称$g$为$f$的低阶无穷小，记作$f(x)=o(g(x))\ (x\to x_0)$
同阶无穷小	$\lim\limits_{x\to x_0}\frac{f(x)}{g(x)}=c\neq 0$时，$f$与$g$必为同阶无穷小
k阶无穷小	若$\lim\limits_{x\to x_0}\frac{f(x)}{g^k(x)}=c\neq 0\ (k>0)$，称$f(x)$为$g(x)$的$k$阶无穷小

3. 等价无穷小的代换

(1)等价无穷小代换定理

在自变量x的同一变化过程中，$\alpha_1(x),\alpha_2(x),\beta_1(x),\beta_2(x)$都是无穷小量，且$\alpha_1(x)\sim\alpha_2(x)$，$\beta_1(x)\sim\beta_2(x)$，如果$\lim\frac{\alpha_2(x)}{\beta_2(x)}=A$，则

$$\lim\frac{\alpha_1(x)}{\beta_1(x)}=\lim\frac{\alpha_2(x)}{\beta_2(x)}=A。$$

(2)常用等价无穷小

当$x\to 0$时，有（其中$a>0,a\neq 1,\alpha\neq 0$）

①$\sin x\sim x,\arcsin x\sim x,\tan x\sim x,\arctan x\sim x$；

②$e^x-1\sim x,a^x-1\sim x\ln a$；

③$(1+x)^\alpha-1\sim\alpha x,\ln(1+x)\sim x$；

④$1-\cos x\sim\frac{1}{2}x^2,x-\sin x\sim\frac{1}{6}x^3,x-\ln(1+x)\sim\frac{1}{2}x^2$。

【题1】【2023浙江金华，单，3分】$\lim\limits_{x\to 0}\frac{\arcsin x}{(1+x)^2-1}=$（　　）

A. 0　　B. $\frac{1}{2}$　　C. 1　　D. 2

解 $\lim\limits_{x\to 0}\frac{\arcsin x}{(1+x)^2-1}=\lim\limits_{x\to 0}\frac{x}{2x}=\frac{1}{2}$。（等价无穷小的替换）

答案 B

考点4 极限运算法则 ★★★

1. 数列极限的四则运算法则

设数列$\{a_n\}$，$\{b_n\}$，当$\lim\limits_{n\to\infty}a_n=a$，$\lim\limits_{n\to\infty}b_n=b$时，有：

(1) $\lim\limits_{n\to\infty}(a_n\pm b_n)=a\pm b$；

(2) $\lim\limits_{n\to\infty}(a_n\cdot b_n)=a\cdot b$；

(3) 当$b_n\neq 0$，且$b\neq 0$时，$\lim\limits_{n\to\infty}\frac{a_n}{b_n}=\frac{a}{b}$；

(4) $\lim\limits_{n\to\infty}(C\cdot a_n)=Ca$（$C$为常数）。

2. 函数极限的四则运算法则

若$\lim f(x)=A$，$\lim g(x)=B$，

(1) $\lim[f(x)\pm g(x)]=\lim f(x)\pm\lim g(x)=A\pm B$；

(2) $\lim[f(x)\cdot g(x)]=\lim f(x)\cdot\lim g(x)=A\cdot B$；

(3) 若$B\neq 0$，则$\lim\frac{f(x)}{g(x)}=\frac{\lim f(x)}{\lim g(x)}=\frac{A}{B}$；

(4) $\lim[cf(x)]=c\lim f(x)=cA$（$c$为常数）；

(5) $\lim[f(x)]^n=[\lim f(x)]^n=A^n$。

注：以上运算法则对$x\to x_0$及$x\to\infty$都是成立的。

3. 复合函数的极限运算法则

设函数$y=f[g(x)]$是由函数$u=g(x)$与函数$y=f(u)$复合而成，$f[g(x)]$在点x_0的某去心邻域内有定义，若$\lim\limits_{x\to x_0}g(x)=u_0$，$\lim\limits_{u\to u_0}f(u)=A$，且存在$\delta_0>0$，当$x\in\mathring{U}(x_0,\delta_0)$时，有$g(x)\neq u_0$，则

$$\lim_{x\to x_0}f[g(x)]=\lim_{u\to u_0}f(u)=A。$$

极限的运算注意以下几点：

(1) 若$\lim\limits_{x\to x_0}f(x)$存在，$\lim\limits_{x\to x_0}g(x)$不存在，则

①$\lim\limits_{x\to x_0}[f(x)\pm g(x)]$一定不存在；

②$\lim\limits_{x\to x_0}f(x)\cdot g(x)$，$\lim\limits_{x\to x_0}\frac{f(x)}{g(x)}$可能存在，也可能不存在。

(2)若$\lim\limits_{x\to x_0}f(x)=A\neq0$，$\lim\limits_{x\to x_0}g(x)=\infty$，则$\lim\limits_{x\to x_0}f(x)\cdot g(x)=\infty$。

(3)若$f(x)$有界，$\lim\limits_{x\to x_0}g(x)=\infty$，则$\lim\limits_{x\to x_0}[f(x)\pm g(x)]=\infty$。

考点5 极限存在准则与两个重要极限 ★★★

1. 极限存在准则

(1)数列极限的夹逼准则

如果数列$\{x_n\}$，$\{y_n\}$及$\{z_n\}$满足下列条件：

①从某项起，即$\exists n_0\in\mathbf{N}_+$，当$n>n_0$时，有$y_n\leqslant x_n\leqslant z_n$；

②$\lim\limits_{n\to\infty}y_n=a$，$\lim\limits_{n\to\infty}z_n=a$，

那么数列$\{x_n\}$的极限存在，且$\lim\limits_{n\to\infty}x_n=a$。

(2)函数极限的夹逼准则

如果①当$x\in\mathring{U}(x_0,r)$(或$|x|>M$)时，$g(x)\leqslant f(x)\leqslant h(x)$；

② $\lim\limits_{\substack{x\to x_0\\(x\to\infty)}}g(x)=A$，$\lim\limits_{\substack{x\to x_0\\(x\to\infty)}}h(x)=A$，

那么$\lim\limits_{\substack{x\to x_0\\(x\to\infty)}}f(x)$存在，且等于$A$。

2. 单调有界准则及其应用

(1)单调有界准则

单调有界数列必有极限。即单调增加(或减少)，且有上界(或下界)的数列$\{x_n\}$必有极限。

注：这里的单调增加(减少)只要求单调不减(不增)就够了。

(2)两个重要极限

①$\lim\limits_{x\to0}\dfrac{\sin x}{x}=1$；

②$\lim\limits_{x\to\infty}\left(1+\dfrac{1}{x}\right)^x=\mathrm{e}$。

(3)两个重要极限的推论

①$\lim\dfrac{\sin[f(x)]}{f(x)}=1$，其中$\lim f(x)=0$；

②$\lim\left(1+\dfrac{1}{f(x)}\right)^{f(x)}=\mathrm{e}$，其中$\lim f(x)=\infty$；

③$\lim[1+f(x)]^{\frac{1}{f(x)}}=\mathrm{e}$，其中$\lim f(x)=0$。

考点6 洛必达法则 ★★★

1. 定理1

设

(1)当$x\to a$时，函数$f(x)$及$F(x)$都趋于零；

(2) 在点 a 的某去心邻域内，$f'(x)$ 及 $F'(x)$ 都存在，且 $F'(x)\neq0$；

(3) $\lim\limits_{x\to a}\dfrac{f'(x)}{F'(x)}$ 存在（或为无穷大），则

$$\lim_{x\to a}\frac{f(x)}{F(x)}=\lim_{x\to a}\frac{f'(x)}{F'(x)}。$$

2. 定理 2

设

(1) 当 $x\to\infty$ 时，函数 $f(x)$ 及 $F(x)$ 都趋于零；

(2) 当 $|x|>N$ 时 $f'(x)$ 与 $F'(x)$ 都存在，且 $F'(x)\neq0$；

(3) $\lim\limits_{x\to\infty}\dfrac{f'(x)}{F'(x)}$ 存在（或为无穷大），则

$$\lim_{x\to\infty}\frac{f(x)}{F(x)}=\lim_{x\to\infty}\frac{f'(x)}{F'(x)}。$$

注：若 $\lim\limits_{x\to x_0}\dfrac{f(x)}{F(x)}$ 存在，当 $x\to x_0$ 时，$F(x)\to0$，则必有 $f(x)\to0$，否则 $\lim\limits_{x\to x_0}\dfrac{f(x)}{F(x)}=\infty$，极限不存在。

考法大揭秘

极限的计算

1. 数列极限的计算

(1) 分式型，主要看分子和分母的最高次数。若分子、分母的最高次数相同，则极限等于最高次项的系数之比即当 $a_0\neq0,b_0\neq0,k$ 和 l 为非负整数时，有

$$\lim_{n\to\infty}\frac{a_0n^k+a_1n^{k-1}+\cdots+a_k}{b_0n^l+b_1n^{l-1}+\cdots+b_l}=\begin{cases}\dfrac{a_0}{b_0},k=l,\\0,k<l,\\\infty,k>l。\end{cases}$$

【题 2】 $\lim\limits_{n\to\infty}\dfrac{3n^2+2n}{n^2+3n+1}=$__________。

解　分子、分母的最高次数都为 2，则极限等于最高次项的系数之比，即原式 $=3$。

答案　3

(2) 指数型（$\dfrac{0}{0}$ 和 $\dfrac{\infty}{\infty}$ 型），通过变式（如通分、约分）使得各式有极限。

【题 3】 $\lim\limits_{n\to\infty}\dfrac{(-2)^n+3^n}{(-2)^{n+1}-3^{n+1}}=$__________。

解　约分，则原式 $=\lim\limits_{n\to\infty}\dfrac{\left(-\dfrac{2}{3}\right)^n+1}{(-2)\cdot\left(-\dfrac{2}{3}\right)^n-3}=-\dfrac{1}{3}$。

答案　$-\dfrac{1}{3}$

(3)根式型($\infty-\infty$型),通过有理化变形使得各式有极限。

【题4】 $\lim\limits_{n\to\infty}(\sqrt{4n^2+3}-2n)=$________。

解 原式 $=\lim\limits_{n\to\infty}\dfrac{(\sqrt{4n^2+3}-2n)(\sqrt{4n^2+3}+2n)}{\sqrt{4n^2+3}+2n}=\lim\limits_{n\to\infty}\dfrac{3}{\sqrt{4n^2+3}+2n}=0$。

答案 0

(4)利用夹逼准则

【题5】 $\lim\limits_{n\to\infty}\sqrt[n]{1+\dfrac{1}{2}+\cdots+\dfrac{1}{n}}=$________。

解 $1\leqslant\sqrt[n]{1+\dfrac{1}{2}+\cdots+\dfrac{1}{n}}\leqslant\sqrt[n]{\underbrace{1+1+\cdots+1}_{n个1}}=\sqrt[n]{n}$,

$\because\lim\limits_{n\to\infty}\sqrt[n]{n}=1$,由夹逼准则得 $\lim\limits_{n\to\infty}\sqrt[n]{1+\dfrac{1}{2}+\cdots+\dfrac{1}{n}}=1$。

答案 1

2. 函数极限的计算

(1)对于极限式中含有 $\sqrt{a}\pm\sqrt{b}$(或 $a\pm\sqrt{b}$)的题型,在求极限之前先用 $\sqrt{a}\mp\sqrt{b}$(或 $a\mp\sqrt{b}$)分别乘分子、分母从而使根式有理化,再求极限。

【题6】 $\lim\limits_{x\to0}\dfrac{\sqrt{x+a}-\sqrt{a}}{x}=$________。

解 $\lim\limits_{x\to0}\dfrac{\sqrt{x+a}-\sqrt{a}}{x}=\lim\limits_{x\to0}\dfrac{(\sqrt{x+a}-\sqrt{a})(\sqrt{x+a}+\sqrt{a})}{x(\sqrt{x+a}+\sqrt{a})}=\lim\limits_{x\to0}\dfrac{1}{\sqrt{x+a}+\sqrt{a}}=\dfrac{1}{2\sqrt{a}}=\dfrac{\sqrt{a}}{2a}$。

答案 $\dfrac{\sqrt{a}}{2a}$

(2)利用等价无穷小因式替换

【题7】 $\lim\limits_{x\to0}\dfrac{(1+x^2)^{\frac{1}{6}}-1}{\cos x-1}=$________。

解 当 $x\to0$ 时,$(1+x^2)^{\frac{1}{6}}-1\sim\dfrac{1}{6}x^2$,$\cos x-1\sim-\dfrac{1}{2}x^2$,则

原式 $=\dfrac{\frac{1}{6}x^2}{-\frac{1}{2}x^2}=-\dfrac{1}{3}$。

答案 $-\dfrac{1}{3}$

(3)利用两个重要极限

【题8】 计算 $\lim\limits_{x\to0}\dfrac{2\sin^2x-\sin 2x}{x(\cos x-\sin x)}=$________。

解　$\lim\limits_{x\to 0}\dfrac{2\sin^2 x-\sin 2x}{x(\cos x-\sin x)}=\lim\limits_{x\to 0}\dfrac{2\sin^2 x-2\sin x\cos x}{x(\cos x-\sin x)}=\lim\limits_{x\to 0}\dfrac{2\sin x(\sin x-\cos x)}{x(\cos x-\sin x)}=-\lim\limits_{x\to 0}\dfrac{2\sin x}{x}=-2$。

答案　-2

【题 9】【2023 安徽特岗,填空,2 分】$\lim\limits_{x\to\infty}\left(\dfrac{x-2}{x+3}\right)^x=$________。

解　$\lim\limits_{x\to\infty}\left(\dfrac{x-2}{x+3}\right)^x=\lim\limits_{x\to\infty}\left(\dfrac{x+3-5}{x+3}\right)^x=\lim\limits_{x\to\infty}\left(1+\dfrac{-5}{x+3}\right)^{\frac{x+3}{-5}\cdot\frac{-5}{x+3}\cdot x}=\lim\limits_{x\to\infty}e^{\frac{-5}{x+3}\cdot x}=e^{\lim\limits_{x\to\infty}\frac{-5x}{x+3}}=e^{-5}$。

答案　e^{-5}

(4)利用洛必达法则

用洛必达法则求极限时,应注意条件是否满足,只要有一条不满足,就不能应用洛必达法则。即验证所求极限是否为“$\dfrac{0}{0}$”型或“$\dfrac{\infty}{\infty}$”型;若条件符合,洛必达法则可连续使用,但每次使用之前都需要注意是否满足条件。

【题 10】$\lim\limits_{x\to 0}\dfrac{\ln(1+x^2)-\ln(1+\sin^2 x)}{x\sin^3 x}=$________。

解　当 $x\to 0$ 时,$\sin^3 x\sim x^3$,$\ln(1+x)\sim x$,则

原式 $=\lim\limits_{x\to 0}\dfrac{\ln\left(\dfrac{1+x^2}{1+\sin^2 x}\right)}{x^4}=\lim\limits_{x\to 0}\dfrac{\ln\left(1+\dfrac{x^2-\sin^2 x}{1+\sin^2 x}\right)}{x^4}=\lim\limits_{x\to 0}\dfrac{\dfrac{x^2-\sin^2 x}{1+\sin^2 x}}{x^4}=\lim\limits_{x\to 0}\left(\dfrac{x^2-\sin^2 x}{x^4}\cdot\dfrac{1}{1+\sin^2 x}\right)=\lim\limits_{x\to 0}\dfrac{x^2-\sin^2 x}{x^4}\cdot\lim\limits_{x\to 0}\dfrac{1}{1+\sin^2 x}=\lim\limits_{x\to 0}\dfrac{x^2-\sin^2 x}{x^4}=\lim\limits_{x\to 0}\dfrac{x+\sin x}{x}\cdot\lim\limits_{x\to 0}\dfrac{x-\sin x}{x^3}=2\lim\limits_{x\to 0}\dfrac{x-\sin x}{x^3}\xlongequal{\text{洛必达法则}}2\lim\limits_{x\to 0}\dfrac{1-\cos x}{3x^2}\xlongequal{\text{洛必达法则}}2\lim\limits_{x\to 0}\dfrac{\sin x}{6x}=\dfrac{1}{3}$。

答案　$\dfrac{1}{3}$

【题 11】【2023 浙江金华永康,解答,6 分】已知 $f'(x)=\dfrac{1}{\sqrt{x^2+1}}$,$g'(x)=\dfrac{1}{x+1}$,且 $f(0)=g(0)=0$,试求 $\lim\limits_{x\to 0}\left[\dfrac{1}{f(x)}-\dfrac{1}{g(x)}\right]$。

解　已知 $f'(x)=\dfrac{1}{\sqrt{x^2+1}}$,$g'(x)=\dfrac{1}{x+1}$,所以 $\lim\limits_{x\to 0}f'(x)=\lim\limits_{x\to 0}g'(x)=1$。因为 $f'(0)=1$,即 $\lim\limits_{x\to 0}\dfrac{f(x)-f(0)}{x-0}=\lim\limits_{x\to 0}\dfrac{f(x)}{x}=1$,所以 $\lim\limits_{x\to 0}f(x)=0$,同理可得 $\lim\limits_{x\to 0}g(x)=0$,且 $f''(x)=-\dfrac{x}{(x^2+1)^{\frac{3}{2}}}$,$g''(x)=-\dfrac{1}{(x+1)^2}$,

则 $\lim\limits_{x\to 0}f''(x)=0$,$\lim\limits_{x\to 0}g''(x)=-1$,由洛必达法则,可得

$$\lim_{x\to 0}\left[\frac{1}{f(x)}-\frac{1}{g(x)}\right]=\lim_{x\to 0}\frac{g(x)-f(x)}{f(x)g(x)}$$

$$=\lim_{x\to 0}\frac{g'(x)-f'(x)}{f'(x)g(x)+f(x)g'(x)}$$

$$=\lim_{x\to 0}\frac{g''(x)-f''(x)}{f''(x)g(x)+2f'(x)g'(x)+f(x)g''(x)}$$

$$=\frac{-1-0}{0+2+0}=-\frac{1}{2}。$$

考点 7　函数的连续性　★

1. 函数连续性的定义

(1) 函数在某点处连续的定义

函数在某点处连续	定义 1	设函数 $y=f(x)$ 在点 x_0 的某一邻域内有定义，如果 $\lim_{\Delta x\to 0}\Delta y=\lim_{\Delta x\to 0}[f(x_0+\Delta x)-f(x_0)]=0$，那么就称函数 $y=f(x)$ 在点 x_0 连续
	定义 2	设函数 $y=f(x)$ 在点 x_0 的某一邻域内有定义，如果 $\lim_{x\to x_0}f(x)=f(x_0)$，那么就称函数 $f(x)$ 在点 x_0 连续
单侧连续	左连续	如果 $\lim_{x\to x_0^-}f(x)=f(x_0^-)$ 存在且等于 $f(x_0)$，即 $f(x_0^-)=f(x_0)$，就说函数 $f(x)$ 在点 x_0 左连续
	右连续	如果 $\lim_{x\to x_0^+}f(x)=f(x_0^+)$ 存在且等于 $f(x_0)$，即 $f(x_0^+)=f(x_0)$，就说函数 $f(x)$ 在点 x_0 右连续

考法大揭秘

函数连续性的判断方法

(1) 函数 $f(x)$ 在点 x_0 连续，表示以下三个条件同时满足：

①函数 $f(x)$ 在点 x_0 有定义；

② $\lim_{x\to x_0}f(x)$ 存在；

③ $\lim_{x\to x_0}f(x)=f(x_0)$。

(2) 判断函数在某一点连续的充要条件是：函数在该点既是右连续，又是左连续。

【题 12】　若函数 $f(x)=\begin{cases}e^{2x}-1, x\geqslant 0,\\ \ln a, x<0\end{cases}$ 在 $x=0$ 处连续，则 $a=$ (　)

A. e^2　　B. e　　C. 2　　D. 1

解　若函数在 $x=0$ 处连续，则 $\lim_{x\to 0^+}(e^{2x}-1)=0=\lim_{x\to 0^-}\ln a$，所以 $a=1$。

答案　D

(2)区间上函数的连续性

在区间上每一点都连续的函数，叫做在该区间上的连续函数，或者说函数在该区间上连续。如果区间包括端点，那么函数在右端点连续是指左连续，在左端点连续是指右连续。

2. 闭区间上连续函数的性质

(1)有界性定理

闭区间$[a,b]$上的连续函数$f(x)$必在区间$[a,b]$上有界。

(2)最值定理

闭区间上的连续函数在该区间上必取得它的最大值和最小值。

(3)零点定理

设函数$f(x)$在闭区间$[a,b]$上连续，且$f(a)$与$f(b)$异号(即$f(a)f(b)<0$)，则在开区间(a,b)内至少有一点ξ，使$f(\xi)=0$。

(4)介值定理

设函数$f(x)$在闭区间$[a,b]$上连续，且在这区间的端点取不同的函数值$f(a)=A$及$f(b)=B$，则对于A与B之间的任意一个数C，在开区间(a,b)内至少有一点ξ，使得$f(\xi)=C(a<\xi<b)$。

考点8　函数的间断点　★

1. 间断点的定义

设函数$f(x)$在点x_0的某去心邻域内有定义。在此前提下，如果函数$f(x)$有下列三种情形之一：

(1)在$x=x_0$没有定义；

(2)虽在$x=x_0$有定义，但$\lim\limits_{x \to x_0} f(x)$不存在；

(3)虽在$x=x_0$有定义，且$\lim\limits_{x \to x_0} f(x)$存在，但$\lim\limits_{x \to x_0} f(x) \neq f(x_0)$，

那么函数$f(x)$在点x_0为不连续，而点x_0称为函数$f(x)$的不连续点或间断点。

2. 间断点的类型

设x_0是函数$f(x)$的间断点，则间断点的分类如下：

类型		定义	图象
第一类间断点($\lim\limits_{x \to x_0^-} f(x)$，$\lim\limits_{x \to x_0^+} f(x)$均存在)	可去间断点	若$\lim\limits_{x \to x_0} f(x)=A$，而$f$在点$x_0$无定义，或有定义但$f(x_0) \neq A$	可去型
	跳跃间断点	$\lim\limits_{x \to x_0^-} f(x)$与$\lim\limits_{x \to x_0^+} f(x)$存在，但不相等	跳跃型

续表

类型		定义	图象
第二类间断点（$\lim\limits_{x\to x_0^-}f(x)$，$\lim\limits_{x\to x_0^+}f(x)$ 至少有一个不存在）	无穷间断点	$\lim\limits_{x\to x_0^-}f(x)$，$\lim\limits_{x\to x_0^+}f(x)$ 至少有一个为无穷	无穷型
	振荡间断点	$\lim\limits_{x\to x_0}f(x)$ 不存在	

【题 13】【2020 浙江绍兴(三区)，单，3 分】点 $x=1$ 是函数 $f(x)=\dfrac{x^2-1}{x^2-3x+2}$ 的（　　）

A. 第一类可去间断点　　B. 第二类间断点

C. 第一类但不可去间断点　　D. 连续点

解　因为 $f(x)=\dfrac{x^2-1}{x^2-3x+2}=\dfrac{(x+1)(x-1)}{(x-1)(x-2)}$，$\lim\limits_{x\to1^+}\dfrac{(x+1)(x-1)}{(x-1)(x-2)}=\lim\limits_{x\to1^-}\dfrac{(x+1)(x-1)}{(x-1)(x-2)}=-2$，即 $\lim\limits_{x\to1^+}f(x)=\lim\limits_{x\to1^-}f(x)=-2$，且当 $x=1$ 时，函数 $f(x)$ 无定义，所以 $x=1$ 是函数 $f(x)$ 的第一类可去间断点。

答案　A

第二节　导数与微分

核心考点

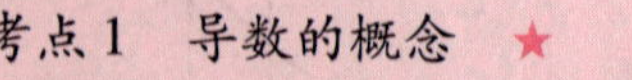

考点 1　导数的概念　★　　考点 4　微分中值定理　★★★

考点 2　导数的计算　★★　　考点 5　曲线的凹凸性与拐点　★★★

考点 3　函数的微分　★★　　考点 6　函数极值的第二充分条件　★★★

考点 1　导数的概念　★

1. 导数的定义

设函数 $y=f(x)$ 在点 x_0 的某邻域内有定义，当自变量 x 在 x_0 处取得增量 Δx（点 $x_0+\Delta x$ 仍在该邻域内）

时，相应地，因变量取得增量 $\Delta y=f(x_0+\Delta x)-f(x_0)$；如果 Δy 与 Δx 之比当 $\Delta x\to 0$ 时的极限存在，那么称函数 $y=f(x)$ 在点 x_0 处可导，并称这个极限为函数 $y=f(x)$ 在点 x_0 处的导数，记为 $f'(x_0)$，即

$$f'(x_0)=\lim_{\Delta x\to 0}\frac{\Delta y}{\Delta x}=\lim_{\Delta x\to 0}\frac{f(x_0+\Delta x)-f(x_0)}{\Delta x},$$

也可记作 $y'\Big|_{x=x_0}$，$\frac{\mathrm{d}y}{\mathrm{d}x}\Big|_{x=x_0}$ 或 $\frac{\mathrm{d}f(x)}{\mathrm{d}x}\Big|_{x=x_0}$。

注：函数不连续一定不可导，可导一定连续，但连续函数不一定都是可导的。

2. 单侧导数

(1) 如果 $\lim\limits_{\Delta x\to 0^+}\frac{f(x_0+\Delta x)-f(x_0)}{\Delta x}$ 存在，则称此极限是 $y=f(x)$ 在 x_0 点的右导数，记作 $f'_+(x_0)$；

(2) 如果 $\lim\limits_{\Delta x\to 0^-}\frac{f(x_0+\Delta x)-f(x_0)}{\Delta x}$ 存在，则称此极限是 $y=f(x)$ 在 x_0 点的左导数，记作 $f'_-(x_0)$。

3. 可导的充要条件

$f(x)$ 在 x_0 处可导 $\Leftrightarrow f(x)$ 在 x_0 处左、右导数均存在且相等，即 $f'(x_0)=f'_+(x_0)=f'_-(x_0)$。

【题 14】【2023 安徽特岗，单，2 分】设函数 $f(x)=\begin{cases}2x+b, x<0,\\ ae^x, x\geqslant 0\end{cases}$ 在 $x=0$ 处可导，则 a,b 分别为（　　）

A. 1，1　　B. 1，2　　C. 2，1　　D. 2，2

解　若函数 $f(x)$ 在 $x=0$ 处可导，那么函数在 $x=0$ 必连续，所以 $\begin{cases}\lim\limits_{x\to 0^+}f(x)=\lim\limits_{x\to 0^-}f(x)=f(0),\\ f_+{}'(0)=f_-{}'(0)=f'(0)。\end{cases}$ 因为 $f(x)=\begin{cases}2x+b, x<0,\\ ae^x, x\geqslant 0,\end{cases}$ 所以 $f'(x)=\begin{cases}2, x<0,\\ ae^x, x\geqslant 0,\end{cases}$ 于是有 $\begin{cases}a=b,\\ a=2,\end{cases}$ 解得 $\begin{cases}a=2,\\ b=2。\end{cases}$

答案　D

考点 2　导数的计算　★★

1. 反函数的导数

如果函数 $x=f(y)$ 在区间 I_y 内单调、可导且 $f'(y)\neq 0$，那么它的反函数 $y=f^{-1}(x)$ 在区间 $I_x=\{x\mid x=f(y), y\in I_y\}$ 内也可导，且

$$[f^{-1}(x)]'=\frac{1}{f'(y)}\text{或}\frac{\mathrm{d}y}{\mathrm{d}x}=\frac{1}{\frac{\mathrm{d}x}{\mathrm{d}y}}。$$

2. 复合函数的导数

如果 $u=g(x)$ 在点 x 可导，而 $y=f(u)$ 在点 $u=g(x)$ 可导，那么复合函数 $y=f[g(x)]$ 在点 x 可导，且其导数为 $\frac{\mathrm{d}y}{\mathrm{d}x}=f'(u)\cdot g'(x)$ 或 $\frac{\mathrm{d}y}{\mathrm{d}x}=\frac{\mathrm{d}y}{\mathrm{d}u}\cdot\frac{\mathrm{d}u}{\mathrm{d}x}$。

3. 隐函数的导数

(1) 一般地，如果变量 x 和 y 满足一个方程 $F(x,y)=0$，在一定的条件下，当 x 取某区间内的任一值时，相应

地总有满足这个方程的唯一的 y 值存在，那么就说方程 $F(x,y)=0$ 在该区间内确定了一个隐函数。

(2)其导数可通过等式两边直接对 x 求导，将 y 作为中间变量，按复合函数求导法则得出 y'。

4. 二阶导数的定义及求法

一般地，函数 $y=f(x)$ 的导数叫做一阶导数，而 $y'=f'(x)$ 仍然是 x 的函数。若再求导(如果存在)$(y')'=[f'(x)]'$，则称它为 $y=f(x)$ 的二阶导数，记为 y'', $f''(x)$, $\frac{d^2y}{dx^2}$。

例如，$y=x^n$，则 $y'=nx^{n-1}$；$y''=n(n-1)x^{n-2}$。

注：导数的四则运算法则见本书第三部分第四章"一元函数的导数及其应用"。

考点3　函数的微分　★★

1. 微分的定义

设函数 $y=f(x)$ 在某区间内有定义，x_0 及 $x_0+\Delta x$ 在这区间内，如果函数的增量

$$\Delta y=f(x_0+\Delta x)-f(x_0)$$

可表示为

$$\Delta y=A\Delta x+o(\Delta x),$$

其中 A 是不依赖于 Δx 的常数，那么称函数 $y=f(x)$ 在点 x_0 是可微的，而 $A\Delta x$ 叫做函数 $y=f(x)$ 在点 x_0 相应于自变量增量 Δx 的微分，记作 dy，即

$$dy=A\Delta x。$$

知识再拔高

函数可微的充要条件

函数 $f(x)$ 在点 x_0 可微的充分必要条件是函数 $f(x)$ 在点 x_0 可导，且当 $f(x)$ 在点 x_0 可微时，其微分一定是

$$dy=f'(x_0)\Delta x。$$

【题15】【2020 浙江绍兴(三区)，解答，6 分】若 $f(x)=\begin{cases} b(1+\sin x)+a+2, x\geqslant 0, \\ e^{ax}-1, x<0 \end{cases}$ 处处可微，求 a,b 的值。

解　由题意可知，$f(x)$ 处处可微，则 $f(x)$ 处处可导，所以函数 $f(x)$ 的左导数等于右导数，即 $f_+'(0)=b\cos x=b=f_-'(0)=ae^{ax}=a$，所以 $a=b$，又由于 $f(x)$ 在 $x=0$ 连续，故 $\lim\limits_{x\to 0^+}f(x)=\lim\limits_{x\to 0^-}f(x)=f(0)$，即 $\lim\limits_{x\to 0^-}(e^{ax}-1)=0=f(0)=a+b+2$，所以 $a=b=-1$。

2. 基本初等函数的微分公式与微分运算法则

(1)基本初等函数的微分公式

$dC=0$(C 为常数)　　　　$d(x^a)=ax^{a-1}dx$

$d(\log_a x)=\frac{dx}{x\ln a}(a>0,且 a\neq 1)$　　$d(\ln x)=\frac{dx}{x}$

$d(a^x)=a^x\ln a dx(a>0,且 a\neq 1)$　　$d(e^x)=e^x dx$

$d(\sin x)=\cos x dx$　　$d(\cos x)=-\sin x dx$

$d(\tan x)=\sec^2 x dx$　　$d(\cot x)=-\csc^2 x dx$

$d(\arcsin x)=\frac{dx}{\sqrt{1-x^2}}$　　$d(\arccos x)=-\frac{dx}{\sqrt{1-x^2}}$

$d(\arctan x)=\frac{dx}{1+x^2}$　　$d(\text{arccot}\, x)=-\frac{dx}{1+x^2}$

(2)微分的四则运算法则

①$d[f(x)\pm g(x)]=df(x)\pm dg(x)$;

②$d[f(x)\cdot g(x)]=g(x)df(x)+f(x)dg(x)$;

③$d\left[\frac{f(x)}{g(x)}\right]=\frac{g(x)df(x)-f(x)dg(x)}{g^2(x)}(g(x)\neq 0)$。

(3)复合函数的微分法则

设 $y=f(u)$ 和 $u=g(x)$ 都可导,则复合函数 $y=f[g(x)]$ 的微分为

$$dy=y'_x dx=f'(u)g'(x)dx。$$

由于 $g'(x)dx=du$,所以复合函数 $y=f[g(x)]$ 的微分公式也可以写成

$$dy=f'(u)du \text{ 或 } dy=y'_u du。$$

【题16】 设方程 $x=y^y$ 确定 y 是 x 的函数,求$\frac{dy}{dx}$。

思路分析:方程中含有幂指函数 y^y,可采用将方程化为指数形式 $x=e^{y\ln y}$ 或对方程两边取自然对数 $\ln x=\ln y^y\Rightarrow \ln x=y\ln y$,然后对方程两边同时求导或微分解决问题。

解法一　方程两边同时取自然对数得 $\ln x=y\ln y$,两边对 x 求导,有

$\frac{1}{x}=y'\ln y+y\cdot\frac{1}{y}\cdot y'$,所以 $y'=\frac{1}{x}\cdot\frac{1}{\ln y+1}=\frac{1}{x(\ln y+1)}$,

即$\frac{dy}{dx}=\frac{1}{x(\ln y+1)}$。

解法二　方程两边同时取自然对数得 $\ln x=y\ln y$,两边微分,有

$\frac{1}{x}dx=\ln y dy+y d\ln y$,变形得 $dy=\frac{1}{x(\ln y+1)}dx$,

所以$\frac{dy}{dx}=\frac{1}{x(\ln y+1)}$。

考点4　微分中值定理　★★★

1. 罗尔定理

如果函数 $f(x)$ 满足:

(1)在闭区间$[a,b]$上连续;

(2)在开区间(a,b)内可导;

(3)在区间端点处的函数值相等,即$f(a)=f(b)$,那么在(a,b)内至少有一点$\xi(a<\xi<b)$,使得

$$f'(\xi)=0。$$

2. 拉格朗日中值定理

如果函数$f(x)$满足:

(1)在闭区间$[a,b]$上连续;

(2)在开区间(a,b)内可导,那么在(a,b)内至少有一点$\xi(a<\xi<b)$,使等式

$$f(b)-f(a)=f'(\xi)(b-a)$$

成立。

3. 柯西中值定理

如果函数$f(x)$,$g(x)$满足:

(1)在闭区间$[a,b]$上连续;

(2)在开区间(a,b)内可导;

(3)对任一$x\in(a,b)$,$g'(x)\neq0$,那么在(a,b)内至少有一点ξ,使等式

$$\frac{f(b)-f(a)}{g(b)-g(a)}=\frac{f'(\xi)}{g'(\xi)}$$

成立。

在运用微分中值定理时,要注意分清每个定理的使用条件。

(1)罗尔中值定理的条件为:在闭区间上连续,在开区间内可导,且区间的两个端点处的函数值相等;

(2)拉格朗日中值定理的条件为:在闭区间上连续,在开区间内可导;

(3)柯西中值定理的条件为:两个函数均在闭区间上连续,在开区间内可导,且在定义区间上,作分母的导数不为0。

【题17】【2019山东菏泽,解答,8分】设函数$f(x)$在闭区间$[0,1]$上连续,在开区间$(0,1)$内可导,且$f(0)=0,f(1)=\frac{1}{2}$。证明:存在$\xi\in(0,1)$,使得$f'(\xi)=\xi$。

证明　构造函数$F(x)=f(x)-\frac{1}{2}x^2$,$\because f(x)$在闭区间$[0,1]$上连续,在开区间$(0,1)$内可导,且$f(0)=0,f(1)=\frac{1}{2}$,$\therefore F(0)=f(0)-0=0,F(1)=f(1)-\frac{1}{2}=0$,即$F(0)=F(1)$,由罗尔定理知,存在$\xi\in(0,1)$,使得$F'(\xi)=f'(\xi)-\xi=0$,即$f'(\xi)=\xi$。

考点5 曲线的凹凸性与拐点 ★★★

1. 曲线的凹凸性

(1) 定义

设 $f(x)$ 在区间 I 上连续，

①如果对 I 上任意两点 x_1,x_2 恒有

$$f\left(\frac{x_1+x_2}{2}\right)<\frac{f(x_1)+f(x_2)}{2},$$

那么称 $f(x)$ 在 I 上的图形是(向上)凹的(或凹弧)；

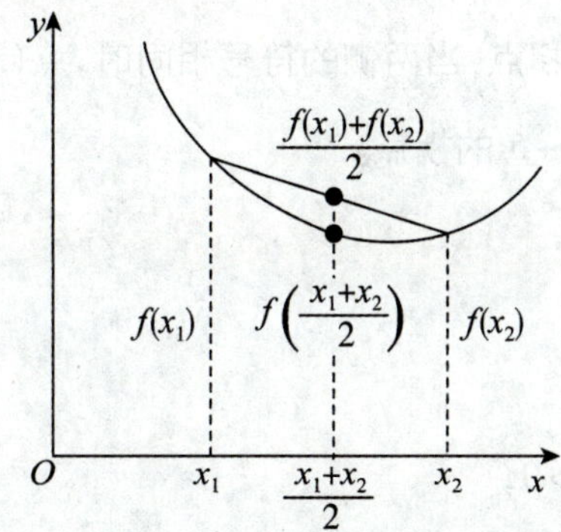

②如果对 I 上任意两点 x_1,x_2 恒有

$$f\left(\frac{x_1+x_2}{2}\right)>\frac{f(x_1)+f(x_2)}{2},$$

那么称 $f(x)$ 在 I 上的图形是(向上)凸的(或凸弧)。

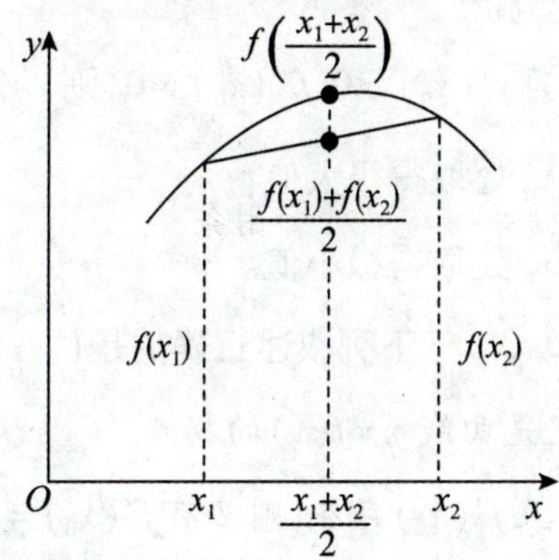

(2) 曲线凹凸性的判定定理

设 $f(x)$ 在 $[a,b]$ 上连续，在 (a,b) 内具有一阶和二阶导数，那么

①若在 (a,b) 内 $f''(x)>0$，则 $f(x)$ 在 $[a,b]$ 上的图形是凹的；

②若在 (a,b) 内 $f''(x)<0$，则 $f(x)$ 在 $[a,b]$ 上的图形是凸的。

【题18】 判定曲线 $y=x^3$ 的凹凸性。

解 因为 $y'=3x^2,y''=6x$，

当 $x<0$ 时，$y''<0$，所以曲线在 $(-\infty,0]$ 内为凸弧；

当 $x>0$ 时，$y''>0$，所以曲线在 $[0,+\infty)$ 内为凹弧。

2. 曲线的拐点

(1)定义

一般地,设 $y=f(x)$ 在区间 I 上连续,x_0 是 I 内的点。如果曲线 $y=f(x)$ 在经过点 $(x_0,f(x_0))$ 时,曲线的凹凸性改变了,那么就称点 $(x_0,f(x_0))$ 为这个曲线的拐点。

(2)判定区间 I 上的连续曲线 $y=f(x)$ 的拐点的步骤

①求 $f''(x)$;

②令 $f''(x)=0$,解出这个方程在区间 I 内的实根,并求出在区间 I 内 $f''(x)$ 不存在的点;

③对于②中求出的每一个实根或二阶导数不存在的点 x_0,检查 $f''(x)$ 在 x_0 左、右两侧邻近的符号,那么当两侧的符号相反时,点 $(x_0,f(x_0))$ 是拐点;当两侧的符号相同时,点 $(x_0,f(x_0))$ 不是拐点。

【题 19】 求曲线 $y=x^3-5x^2+3x+5$ 的拐点。

解 $y'=3x^2-10x+3,y''=6x-10$,

令 $y''=0$,解得 $x=\frac{5}{3}$。

当 $x<\frac{5}{3}$ 时,$y''<0$;当 $x>\frac{5}{3}$ 时,$y''>0$,

当 $x=\frac{5}{3}$ 时,$y=\left(\frac{5}{3}\right)^3-5\times\left(\frac{5}{3}\right)^2+3\times\frac{5}{3}+5=\frac{125}{27}-\frac{125}{9}+5+5=\frac{20}{27}$,

所以曲线 $y=x^3-5x^2+3x+5$ 的拐点为 $\left(\frac{5}{3},\frac{20}{27}\right)$。

考点 6 函数极值的第二充分条件 ★★★

设函数 $f(x)$ 在 x_0 处具有二阶导数且 $f'(x_0)=0,f''(x_0)\neq0$,则

(1)当 $f''(x_0)<0$ 时,函数 $f(x)$ 在 x_0 处取得极大值;

(2)当 $f''(x_0)>0$ 时,函数 $f(x)$ 在 x_0 处取得极小值。

【题 20】 【2019 山东潍坊诸城,单,3 分】下列叙述正确的是( )

A. 若 $f''(x_0)=0$,则 $(x_0,f(x_0))$ 一定是曲线 $y=f(x)$ 的拐点

B. 若 $x=x_0$ 是函数 $f(x)$ 的极值点,且 $f'(x_0)$ 存在,则必有 $f'(x_0)=0$

C. 若 $f'(x_0)=0$,则 $x=x_0$ 必是函数 $f(x)$ 的极值点

D. 函数 $f(x)$ 在 $[a,b]$ 上取得最大值,则该最大值一定是 $f(x)$ 在 (a,b) 内的极大值

解 A 项为曲线取得拐点的必要条件,而非充要条件,如函数 $f(x)=x$ 的二阶导数恒等于 0,但该函数没有拐点;B 项为费马定理;C 项,若 $f'(x_0)=0$,则点 x_0 为函数 $f(x)$ 的驻点,但不一定为极值点,如函数 $f(x)=x^3$ 在 $x=0$ 处的一阶导数为 0,但函数在 $\mathbf{R}$ 上单调递增,$x=0$ 不是函数的极值点;D 项,函数 $f(x)$ 的最大值可能在端点处取得,如函数 $f(x)=x$,在区间 $[0,1]$ 上严格单调递增,在 $x=1$ 处取得最大值,但 $f(x)=x$ 在区间 $(0,1)$ 内不存在极大值。

答案 B

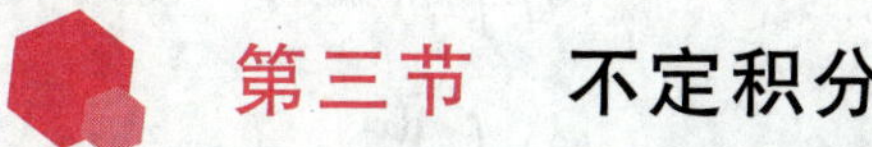

第三节 不定积分

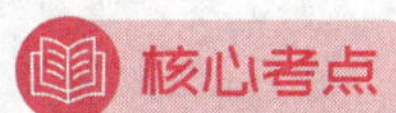

考点1 原函数与不定积分的概念 ★★
考点2 基本积分公式(C为常数) ★★
考点3 不定积分的性质 ★★
考点4 换元积分法 ★★★
考点5 分部积分法 ★★★

考点1 原函数与不定积分的概念 ★★

1. 原函数

(1)定义

如果在区间I上,可导函数$F(x)$的导函数为$f(x)$,即对任一$x\in I$,都有

$$F'(x)=f(x)\text{或}\mathrm{d}F(x)=f(x)\mathrm{d}x,$$

那么函数$F(x)$就称为$f(x)$(或$f(x)\mathrm{d}x$)在区间I上的一个原函数。

(2)原函数存在定理

如果函数$f(x)$在区间I上连续,那么在区间I上存在可导函数$F(x)$,使对任一$x\in I$都有

$$F'(x)=f(x)。$$

简单地说就是:连续函数一定有原函数。

2. 不定积分的概念

在区间I上,函数$f(x)$的带有任意常数项的原函数称为$f(x)$(或$f(x)\mathrm{d}x$)在区间I上的不定积分,记作

$$\int f(x)\mathrm{d}x。$$

其中记号$\int$称为积分号,$f(x)$称为被积函数,$f(x)\mathrm{d}x$称为被积表达式,x称为积分变量。

【题21】 求$\int x^2\mathrm{d}x$。

解 由于$\left(\frac{x^3}{3}\right)'=x^2$,所以$\frac{x^3}{3}$是$x^2$的一个原函数,因此$\int x^2\mathrm{d}x=\frac{x^3}{3}+C$。

考点2 基本积分公式(C为常数) ★★

(1) $\int \mathrm{d}x=x+C$;

(2) $\int k\mathrm{d}x=kx+C$(k为常数);

(3) $\int x^a\mathrm{d}x=\frac{1}{a+1}x^{a+1}+C(a\neq -1)$;

(4) $\int \frac{1}{x}\mathrm{d}x=\ln|x|+C$;

(5) $\int \cos x\mathrm{d}x=\sin x+C$;

(6) $\int \sin x\mathrm{d}x=-\cos x+C$;

(7) $\int \frac{\mathrm{d}x}{\cos^2 x}=\int \sec^2 x\mathrm{d}x=\tan x+C$;

(8) $\int \frac{\mathrm{d}x}{\sin^2 x}=\int \csc^2 x\mathrm{d}x=-\cot x+C$;

(9) $\int \sec x\tan x\mathrm{d}x=\sec x+C$;

(10) $\int \frac{1}{1+x^2}\mathrm{d}x=\arctan x+C$;

(11) $\int \frac{1}{\sqrt{1-x^2}}\mathrm{d}x=\arcsin x+C$;

(12) $\int \mathrm{e}^x\mathrm{d}x=\mathrm{e}^x+C$;

(13) $\int a^x\mathrm{d}x=\frac{1}{\ln a}a^x+C(a>0,且\ a\neq1)$。

【题22】 求$\int \frac{\mathrm{d}x}{x\cdot\sqrt[3]{x}}$。

解 $\int \frac{\mathrm{d}x}{x\cdot\sqrt[3]{x}}=\int x^{-\frac{4}{3}}\mathrm{d}x=-3x^{-\frac{1}{3}}+C=-\frac{3}{\sqrt[3]{x}}+C$。

【题23】 求$\int(\mathrm{e}^x-3\cos x)\mathrm{d}x$。

解 $\int(\mathrm{e}^x-3\cos x)\mathrm{d}x=\int \mathrm{e}^x\mathrm{d}x-3\int \cos x\mathrm{d}x=\mathrm{e}^x-3\sin x+C$。

考点3 不定积分的性质 ★★

(1) 设函数$f(x)$及$g(x)$的原函数存在,则

$$\int[f(x)+g(x)]\mathrm{d}x=\int f(x)\mathrm{d}x+\int g(x)\mathrm{d}x。$$

(2) 设函数$f(x)$及$g(x)$的原函数存在,k为非零常数,则

$$\int kf(x)\mathrm{d}x=k\int f(x)\mathrm{d}x。$$

考点4 换元积分法 ★★★

1. 第一换元积分法(凑微分)

设$f(u)$具有原函数,$u=\varphi(x)$可导,则$\int f[\varphi(x)]\varphi'(x)\mathrm{d}x=\left[\int f(u)\mathrm{d}u\right]_{u=\varphi(x)}$。

常见的凑微分法的归类:

(1) $\int f(ax+b)\mathrm{d}x=\frac{1}{a}\int f(ax+b)\mathrm{d}(ax+b)(a\neq0)$;

(2) $\int \frac{1}{x}f(\ln x+b)\mathrm{d}x=\int f(\ln x+b)\mathrm{d}(\ln x+b)$;

(3) $\int f(\sin x)\cos x\mathrm{d}x=\int f(\sin x)\mathrm{d}(\sin x)$;

(4) $\int f(\cos x)\sin x\mathrm{d}x=-\int f(\cos x)\mathrm{d}(\cos x)$;

(5) $\int \frac{1}{\cos^2 x}f(\tan x)\mathrm{d}x=\int f(\tan x)\mathrm{d}(\tan x)$。

2. 第二换元积分法

设 $x=\psi(t)$ 是单调的可导函数，并且 $\psi'(t)\neq 0$。又设 $f[\psi(t)]\psi'(t)$ 具有原函数，则有换元公式：

$$\int f(x)\mathrm{d}x=\left[\int f[\psi(t)]\psi'(t)\mathrm{d}t\right]_{t=\psi^{-1}(x)},$$

其中 $\psi^{-1}(x)$ 是 $x=\psi(t)$ 的反函数。

【题 24】 求 $\int\sqrt{a^2-x^2}\mathrm{d}x(a>0)$。

解 设 $x=a\sin t$，有 $\mathrm{d}x=a\cos t\mathrm{d}t$，则 $t=\arcsin\frac{x}{a}$。$\int\sqrt{a^2-x^2}\mathrm{d}x=\int\sqrt{a^2-a^2\sin^2 t}\cdot a\cos t\mathrm{d}t=a^2\int\cos^2 t\mathrm{d}t=\frac{a^2}{2}\int(1+\cos 2t)\mathrm{d}t=\frac{a^2}{2}\left(\int\mathrm{d}t+\int\cos 2t\mathrm{d}t\right)=\frac{a^2}{2}\left(t+\frac{1}{2}\sin 2t\right)+C=\frac{a^2}{2}t+\frac{a^2}{4}\sin 2t+C=\frac{a^2}{2}\arcsin\frac{x}{a}+\frac{x}{2}\sqrt{a^2-x^2}+C$。

考点 5 分部积分法 ★★★

计算公式：$\int u\mathrm{d}v=uv-\int v\mathrm{d}u$，其中 u,v 为 x 的可导函数。

在分部积分法中 u,v 的选择一般采用“反对幂三指”法，即当积分式中出现反三角函数、对数函数、幂函数、三角函数、指数函数这几个类型的函数相乘时，取 u 的顺序就按这个方法进行，排在前面的就被当作 u。

【题 25】【2021 浙江绍兴，解答，5 分】计算：$\int x\mathrm{e}^x\mathrm{d}x$。

解 $\int x\mathrm{e}^x\mathrm{d}x=\int x\mathrm{d}\mathrm{e}^x=x\mathrm{e}^x-\int\mathrm{e}^x\mathrm{d}x=x\mathrm{e}^x-\mathrm{e}^x+C$。

【题 26】 求 $\int(x^2+1)\mathrm{e}^{2x}\mathrm{d}x$。

解 $\int(x^2+1)\mathrm{e}^{2x}\mathrm{d}x=\frac{1}{2}\int(x^2+1)\mathrm{d}\mathrm{e}^{2x}=\frac{1}{2}(x^2+1)\mathrm{e}^{2x}-\frac{1}{2}\int 2x\mathrm{e}^{2x}\mathrm{d}x=\frac{1}{2}(x^2+1)\mathrm{e}^{2x}-\int x\mathrm{e}^{2x}\mathrm{d}x=\frac{1}{2}(x^2+1)\mathrm{e}^{2x}-\frac{1}{2}\int x\mathrm{d}\mathrm{e}^{2x}=\frac{1}{2}(1+x^2)\mathrm{e}^{2x}-\frac{1}{2}x\mathrm{e}^{2x}+\frac{1}{4}\mathrm{e}^{2x}+C=\left(\frac{1}{2}x^2-\frac{1}{2}x+\frac{3}{4}\right)\mathrm{e}^{2x}+C$。

第四节 定积分

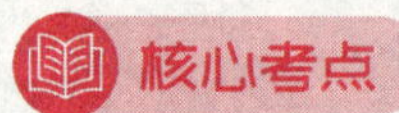

考点1 定积分的概念与性质 ★★ 考点2 定积分的应用 ★★★

考点1 定积分的概念与性质 ★★

1. 定积分的定义

(1) 定义

设函数$f(x)$在$[a,b]$上有界，在$[a,b]$中任意插入若干个分点

$$a = x_0 < x_1 < x_2 < \cdots < x_{n-1} < x_n = b,$$

把区间$[a,b]$分成n个小区间

$$[x_0,x_1],[x_1,x_2],\cdots,[x_{n-1},x_n],$$

各个小区间的长度依次为

$$\Delta x_1 = x_1 - x_0, \Delta x_2 = x_2 - x_1, \cdots, \Delta x_n = x_n - x_{n-1}。$$

在每个小区间$[x_{i-1},x_i]$上任取一点$\xi_i(x_{i-1} \leqslant \xi_i \leqslant x_i)$，作函数值$f(\xi_i)$与小区间长度$\Delta x_i$的乘积$f(\xi_i)\Delta x_i(i = 1,2,\cdots,n)$，并作出和

$$S = \sum_{i=1}^{n} f(\xi_i)\Delta x_i。$$

记$\lambda = \max\{\Delta x_1, \Delta x_2, \cdots, \Delta x_n\}$，如果当$\lambda \to 0$时，这和的极限总存在，且与闭区间$[a,b]$的分法及点$\xi_i$的取法无关，那么称这个极限$I$为函数$f(x)$在区间$[a,b]$上的定积分（简称积分），记作$\int_a^b f(x)\mathrm{d}x$，即

$$\int_a^b f(x)\mathrm{d}x = I = \lim_{\lambda \to 0} \sum_{i=1}^{n} f(\xi_i)\Delta x_i,$$

其中$f(x)$叫做被积函数，$f(x)\mathrm{d}x$叫做被积表达式，x叫做积分变量，a叫做积分下限，b叫做积分上限，$[a,b]$叫做积分区间。

(2) 定理

① 设$f(x)$在区间$[a,b]$上连续，则$f(x)$在$[a,b]$上可积。

② 设$f(x)$在区间$[a,b]$上有界，且只有有限个间断点，则$f(x)$在$[a,b]$上可积。

2. 定积分的几何意义

$\int_a^b f(x)\mathrm{d}x$表示由曲线$y=f(x)$及直线$x=a,x=b,y=0$所围成的曲边梯形的面积。在x轴$(y=0)$上方

的面积取正值，在 x 轴（$y=0$）下方的面积取负值。

设函数 $f(x)$ 在区间 $[a,b]$ 上是连续函数，如图所示，则 $\int_a^b f(x)\mathrm{d}x = A_1 - A_2 + A_3$。

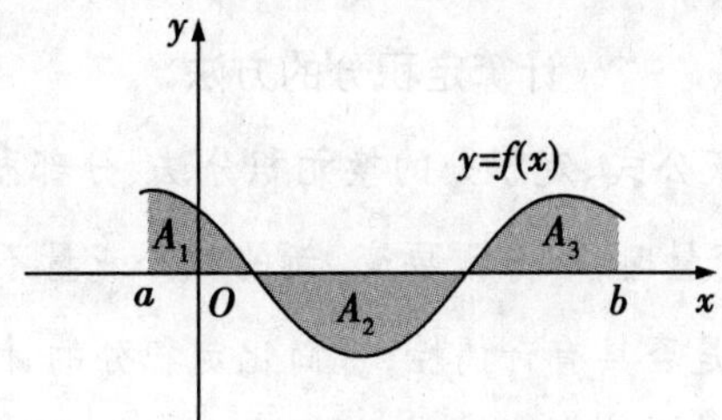

定积分的几何意义

3. 牛顿—莱布尼茨公式

设 $f(x)$ 在 $[a,b]$ 上连续，$F(x)$ 是 $f(x)$ 的任意一个原函数，即 $F'(x)=f(x)$，那么

$$\int_a^b f(x)\mathrm{d}x = F(x)\Big|_a^b = F(b) - F(a),$$

这个公式叫做牛顿 — 莱布尼茨公式。

4. 定积分的性质

规定：当 $a=b$ 时，$\int_a^b f(x)\mathrm{d}x = 0$；

当 $a>b$ 时，$\int_a^b f(x)\mathrm{d}x = -\int_b^a f(x)\mathrm{d}x$。

（1）若 $f(x)$ 在 $[a,b]$ 上可积，则 $kf(x)$ 在 $[a,b]$ 上也可积，且有 $\int_a^b kf(x)\mathrm{d}x = k\int_a^b f(x)\mathrm{d}x$（$k$ 为常数）。

（2）若 $f(x)$，$g(x)$ 在 $[a,b]$ 上可积，则 $f(x) \pm g(x)$ 在 $[a,b]$ 上也可积，且 $\int_a^b [f(x) \pm g(x)]\mathrm{d}x = \int_a^b f(x)\mathrm{d}x \pm \int_a^b g(x)\mathrm{d}x$。

（3）若 $f(x)$，$g(x)$ 在 $[a,b]$ 上可积，则 $f(x)\cdot g(x)$ 在 $[a,b]$ 上也可积。

（4）若 $f(x)$ 在 $[a,b]$ 上可积，则 $|f(x)|$ 在 $[a,b]$ 上也可积。

（5）若 $a<c<b$，$f(x)$ 在 $[a,c]$，$[c,b]$ 上可积，则 $f(x)$ 在 $[a,b]$ 上也可积，且 $\int_a^b f(x)\mathrm{d}x = \int_a^c f(x)\mathrm{d}x + \int_c^b f(x)\mathrm{d}x$。反之，若 $f(x)$ 在 $[a,b]$ 上可积，则 $f(x)$ 在 $[a,c]$，$[c,b]$ 上也同时可积，并且上面的等式成立。

（6）若在区间 $[a,b]$ 上，$f(x) \geqslant 0$，则 $\int_a^b f(x)\mathrm{d}x \geqslant 0$（$a<b$）。

（7）若 $f(x)$ 在 $[a,b]$ 上可积，则 $\left|\int_a^b f(x)\mathrm{d}x\right| \leqslant \int_a^b |f(x)|\mathrm{d}x$（$a<b$）。

（8）定积分中值定理

若函数 $f(x)$ 在积分区间 $[a,b]$ 上连续，则在 $[a,b]$ 上至少存在一点 ξ，使下式成立：

$$\int_a^b f(x)\mathrm{d}x = f(\xi)(b-a)\ (a \leqslant \xi \leqslant b)。$$

(9) 设$f(x)$ 在$[a,b]$ 上可积，作 $F(x)=\int_a^x f(t)\mathrm{d}t$，则 $F(x)$ 是$[a,b]$ 上的连续函数。

考法大揭秘

计算定积分的方法

(1)常用方法有牛顿—莱布尼茨公式、定积分的换元积分法、分部积分法。要注意在应用定积分的换元积分法时，当积分式中引入新的变量时，积分限要变，新的积分变量不写出时，积分限不变。

(2) 计算之前先验证被积函数是否具有奇偶性，可简化定积分的计算。设$f(x)$ 在$[-a,a]$ $(a>0)$ 上连续，则有$\begin{cases}\int_{-a}^{a}f(x)\mathrm{d}x=2\int_0^a f(x)\mathrm{d}x, f(x)\text{ 是偶函数；}\\ \int_{-a}^{a}f(x)\mathrm{d}x=0, f(x)\text{ 是奇函数。}\end{cases}$

(3) $\int_a^{a+T}f(x)\mathrm{d}x=\int_0^T f(x)\mathrm{d}x$，$f(x)$ 是周期为 T 的连续函数。

(4) 被积函数是分段函数时，应分段求积分；被积函数含有绝对值符号时，先去掉绝对值符号再分段积分。

【题 27】【2021 浙江台州(天台、仙居、三门、临海)，单，1.6 分】$\int_0^1(\mathrm{e}^x+2x)\mathrm{d}x=($　　$)$

A. 1　　B. $\frac{1}{\mathrm{e}}$　　C. e　　D. e − 1

解　$\int_0^1(\mathrm{e}^x+2x)\mathrm{d}x=(\mathrm{e}^x+x^2)\Big|_0^1=\mathrm{e}+1-1=\mathrm{e}$。

答案　C

【题 28】【2023 浙江金华永康，解答，6 分】求定积分$\int_0^{\frac{\pi}{2}}\frac{x+\sin x}{1+\cos x}\mathrm{d}x$。

解　由$\int\frac{x+\sin x}{1+\cos x}\mathrm{d}x=\int\frac{x}{1+\cos x}\mathrm{d}x+\int\frac{\sin x}{1+\cos x}\mathrm{d}x=2\int\frac{x}{2\cos^2\frac{x}{2}}\mathrm{d}\left(\frac{x}{2}\right)+\int\frac{2\sin\frac{x}{2}\cos\frac{x}{2}}{2\cos^2\frac{x}{2}}\mathrm{d}x=$

$\int\frac{x}{\cos^2\frac{x}{2}}\mathrm{d}\left(\frac{x}{2}\right)+\int\tan\frac{x}{2}\mathrm{d}x=\int x\mathrm{d}\tan\frac{x}{2}+\int\tan\frac{x}{2}\mathrm{d}x=x\tan\frac{x}{2}-\int\tan\frac{x}{2}\mathrm{d}x+\int\tan\frac{x}{2}\mathrm{d}x=x\tan\frac{x}{2}+C$，

得$\int_0^{\frac{\pi}{2}}\frac{x+\sin x}{1+\cos x}\mathrm{d}x=\left(x\tan\frac{x}{2}\right)\Big|_0^{\frac{\pi}{2}}=\frac{\pi}{2}\tan\frac{\pi}{4}-0=\frac{\pi}{2}$。

5. 变限积分

(1) 变限积分的定义

设f 在$[a,b]$上可积，根据定积分的性质，对任何 $x\in[a,b]$，f 在$[a,x]$上也可积。则由 $\Phi(x)=\int_a^x f(t)\mathrm{d}t, a\leqslant$

$x \leqslant b$ 定义了一个以积分上限 x 为自变量的函数,称为变上限的定积分。类似地,可以定义变下限积分。

(2)变限积分的求导公式

$$\frac{\mathrm{d}}{\mathrm{d}x}\int_a^x f(t)\,\mathrm{d}t = f(x),a \leqslant x \leqslant b,\text{其中} f(x) \text{在}[a,b]\text{上连续。}$$

【题 29】【2021 年 4 月浙江金华、诸暨,单,3 分】已知函数 $f(x)$ 在 $(-\infty,+\infty)$ 内连续,$f(0)=1$,$F(x)=\int_0^x f(-t)\,\mathrm{d}t$,则 $F(x)$ 的导函数是( )

A. 0　　B. $-f(-x)$　　C. $f(-x)$　　D. $f(x)$

解　$F'(x)=\left[\int_0^x f(-t)\mathrm{d}t\right]'=\left[\int_0^{-x} f(u)\mathrm{d}(-u)\right]'=-\left[\int_0^{-x} f(u)\mathrm{d}u\right]'=-[f(-x)\cdot(-x)'-f(0)\cdot(0)']=-[-f(-x)]=f(-x)$。

答案　C

考点 2　定积分的应用　★★★

1. 平面图形的面积

(1)由连续曲线 $y=f(x)(f(x)\geqslant 0)$ 和 x 轴,以及直线 $x=a,x=b(a<b)$ 所围成的曲边梯形面积为

$$A=\int_a^b f(x)\,\mathrm{d}x,$$

如果 $f(x)$ 在 $[a,b]$ 上不都是非负的,则所围成的曲边梯形面积为

$$A=\int_a^b |f(x)|\,\mathrm{d}x。$$

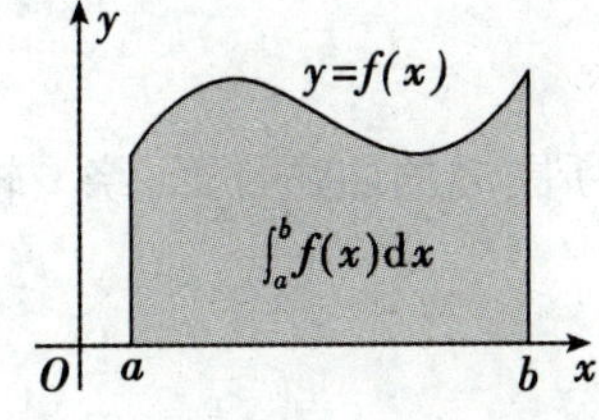

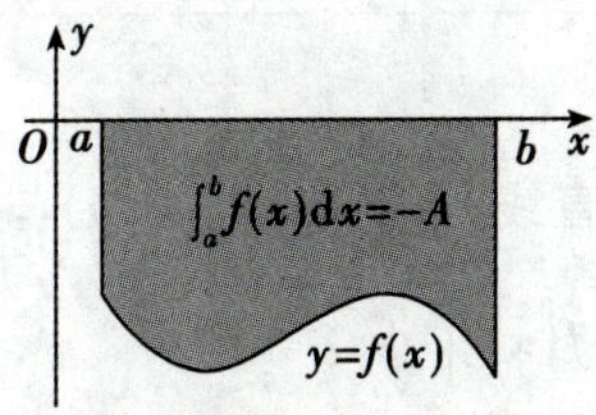

(2)若一块图形由连续曲线 $y=f_1(x),y=f_2(x)$ 以及 $x=a,x=b(a<b)$ 所围成,且在 $[a,b]$ 上 $f_1(x)\leqslant f_2(x)$,则其围成区域的面积为

$$A=\int_a^b [f_2(x)-f_1(x)]\,\mathrm{d}x。$$

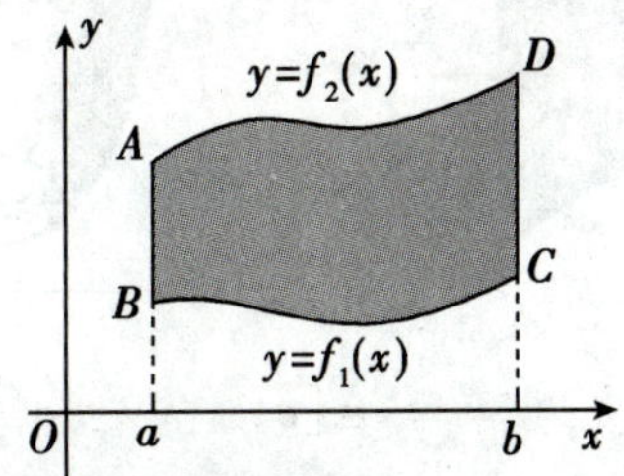

考法大揭秘

利用定积分求由曲线围成的平面图形面积的方法、步骤

(1)画草图,求出曲线的交点坐标;

(2)将曲边形面积转化为曲边梯形面积;

(3)确定被积函数及积分区间;

(4)计算定积分,求出面积。

【题30】【2023安徽特岗,填空,2分】由曲线 $y=x^2$,直线 $x=1$,$y=4$ 所围成的在第一象限的图形的面积 $S=$______。

解　由曲线 $y=x^2$,直线 $x=1$,$y=4$ 所围成的在第一象限的图形的面积是图中阴影部分的面积,所以该面积为直线 $x=1$,$y=4$ 与坐标轴围成的长方形的面积减去曲线 $y=x^2$,直线 $x=1$,与 x 轴所围成的面积,即 $S=1\times4-\int_0^1 x^2\mathrm{d}x=4-\frac{1}{3}x^3\Big|_0^1=\frac{11}{3}$。

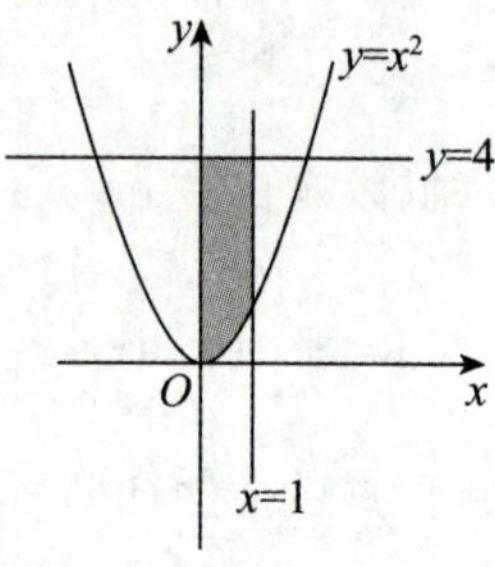

答案　$\frac{11}{3}$

2. 旋转体的体积

(1)由曲线 $y=f(x)$,直线 $x=a$,$x=b(a<b)$ 与 x 轴所围成的曲边梯形,绕 x 轴旋转一周而成的旋转体(图1)的体积为 $V=\int_a^b\pi\left[f(x)\right]^2\mathrm{d}x$ 。

(2)由曲线 $x=\varphi(y)$,直线 $y=c$,$y=d(c<d)$ 与 y 轴所围成的曲边梯形,绕 y 轴旋转一周而成的旋转体(图2)的体积为 $V=\pi\int_c^d\left[\varphi(y)\right]^2\mathrm{d}y$。

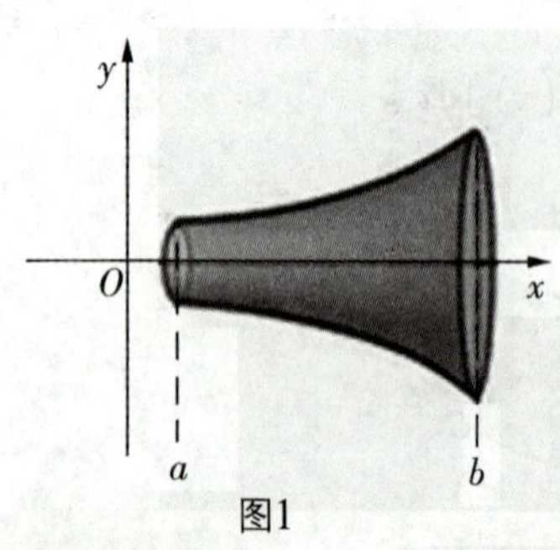

图1

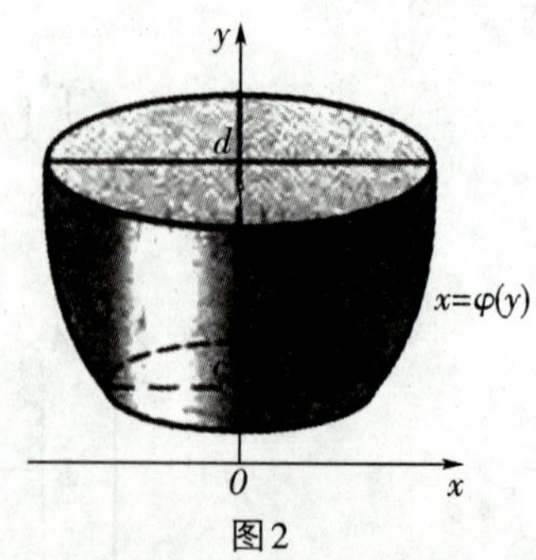

图2

【题31】【2020 浙江绍兴(三区),填空,2 分】曲线 $y=\sin x(0\leqslant x\leqslant \pi)$ 与 x 轴围成的图形绕 x 轴旋转一周所得旋转体的体积是________。

解 $V=\int_0^{\pi}(\pi\cdot\sin^2 x)\mathrm{d}x=\frac{\pi}{2}\int_0^{\pi}(1-\cos 2x)\mathrm{d}x=\frac{\pi}{2}\left(x-\frac{1}{2}\sin 2x\right)\Big|_0^{\pi}=\frac{\pi^2}{2}$。

答案 $\frac{\pi^2}{2}$

第五节 无穷级数

考点1 常数项级数的概念

考点2 常数项级数的性质 ★

考点3 正项级数及其审敛法 ★★

考点4 交错级数及其审敛法 ★

考点5 绝对收敛与条件收敛 ★

考点6 幂级数 ★★

考点1 常数项级数的概念

给定一个数列 $u_1,u_2,u_3,\cdots,u_n,\cdots$,将各项依次相加,简记为 $\sum\limits_{i=1}^{\infty}u_i$,即 $\sum\limits_{i=1}^{\infty}u_i=u_1+u_2+u_3+\cdots+u_i+\cdots$,称此式为常数项无穷级数或常数项级数(简称级数),其中第 n 项 u_n 叫做级数的一般项,级数的前 n 项和 $S_n=\sum\limits_{i=1}^{n}u_i=u_1+u_2+u_3+\cdots+u_n$,称为级数的部分和。

如果 $\lim\limits_{n\to\infty}S_n=S$ 存在,则称无穷级数收敛,并称 S 为级数的和,记作 $S=\sum\limits_{i=1}^{\infty}u_i$,称差 $r_n=S-S_n=u_{n+1}+u_{n+2}+\cdots$ 为级数的余项;如果 $\lim\limits_{n\to\infty}S_n$ 不存在,则称无穷级数发散。

【题32】 证明级数 $1+2+3+\cdots+n+\cdots$ 是发散的。

证明 该级数的部分和为 $S_n=1+2+3+\cdots+n=\frac{n(1+n)}{2}$,

因为 $\lim\limits_{n\to\infty}S_n=\lim\limits_{n\to\infty}\frac{n(1+n)}{2}=\infty$,所以所给级数是发散的。

考点2 常数项级数的性质 ★

(1)设常数 $C\neq 0$,则 $\sum\limits_{n=1}^{\infty}u_n$ 与 $\sum\limits_{n=1}^{\infty}Cu_n$ 有相同的敛散性。

(2)设有两个级数 $\sum\limits_{n=1}^{\infty}u_n$ 与 $\sum\limits_{n=1}^{\infty}v_n$,

①若 $\sum\limits_{n=1}^{\infty}u_n=S$, $\sum\limits_{n=1}^{\infty}v_n=\sigma$,则 $\sum\limits_{n=1}^{\infty}(u_n\pm v_n)=S\pm\sigma$;

②若 $\sum_{n=1}^{\infty} u_n$ 收敛，$\sum_{n=1}^{\infty} v_n$ 发散，则 $\sum_{n=1}^{\infty}(u_n \pm v_n)$ 发散；

③若 $\sum_{n=1}^{\infty} u_n$，$\sum_{n=1}^{\infty} v_n$ 均发散，则 $\sum_{n=1}^{\infty}(u_n \pm v_n)$ 的敛散性不确定。

(3)添加或去掉有限项不影响一个级数的敛散性。

(4)设级数 $\sum_{n=1}^{\infty} u_n$ 收敛，则对其各项任意加括号后所得新级数仍收敛于原级数的和。

考点3　正项级数及其审敛法　★★

正项级数 $\sum_{n=1}^{\infty} u_n$ 收敛的充分必要条件是：它的部分和数列 $\{S_n\}$ 有界。

1. 比较审敛法

若 $0 \leqslant u_n \leqslant v_n$，则 $\sum_{n=1}^{\infty} v_n$ 收敛 $\Rightarrow \sum_{n=1}^{\infty} u_n$ 收敛；$\sum_{n=1}^{\infty} u_n$ 发散 $\Rightarrow \sum_{n=1}^{\infty} v_n$ 发散。

(1)比较审敛法的极限形式

设 $\sum_{n=1}^{\infty} u_n$ 及 $\sum_{n=1}^{\infty} v_n (v_n \neq 0)$ 均为正项级数，且 $\lim\limits_{n\to\infty}\frac{u_n}{v_n}=A(0 \leqslant A \leqslant +\infty)$，

①若 $0<A<+\infty$，级数 $\sum_{n=1}^{\infty} u_n$ 与 $\sum_{n=1}^{\infty} v_n$ 的敛散性相同；

②若 $A=0$，且 $\sum_{n=1}^{\infty} v_n$ 收敛时，$\sum_{n=1}^{\infty} u_n$ 也收敛；

③若 $A=+\infty$，且 $\sum_{n=1}^{\infty} v_n$ 发散时，$\sum_{n=1}^{\infty} u_n$ 也发散。

(2)常用的比较级数

①几何级数 $\sum_{n=1}^{\infty} ar^{n-1}=\begin{cases}\frac{a}{1-r}, & |r|<1,\\ \text{发散}, & |r| \geqslant 1。\end{cases}$

②P－级数 $\sum_{n=1}^{\infty}\frac{1}{n^P}\begin{cases}\text{收敛}, P>1,\\ \text{发散}, P \leqslant 1。\end{cases}$

2. 比值审敛法(达朗贝尔判别法)

设 $\sum_{n=1}^{\infty} u_n(u_n>0)$，如果 $\lim\limits_{n\to\infty}\frac{u_{n+1}}{u_n}=\rho$，当 $\rho>1$(或 $\lim\limits_{n\to\infty}\frac{u_{n+1}}{u_n}=\infty$)时，$\sum_{n=1}^{\infty} u_n$ 发散；$\rho=1$ 时，此法失效；$\rho<1$ 时，$\sum_{n=1}^{\infty} u_n$ 收敛。

注：适用于 u_n 中含有 $n!$ 或关于 n 的若干连乘积的情况。

【题33】　关于级数 $\sum_{n=0}^{\infty} u_n$，其中一般项 $u_n=\frac{2^{n+1}}{3^n}$，则下列选项中不正确的是(　　)

A. 一般项趋于0　　B. 该级数收敛

C. 该级数发散　　D. 级数和为6

解 $\lim\limits_{n\to\infty}\frac{u_{n+1}}{u_n}=\frac{2^{n+2}}{3^{n+1}}\cdot\frac{3^n}{2^{n+1}}=\frac{2}{3}<1$，故级数 $\sum\limits_{n=0}^{\infty}u_n$ 收敛，故 C 项错误。

答案 C

3. 根值审敛法（柯西判别法）

设 $\sum\limits_{n=1}^{\infty}u_n(u_n\geqslant 0)$，$\lim\limits_{n\to\infty}\sqrt[n]{u_n}=\begin{cases}\rho>1\text{，级数发散，}\\ \rho=1\text{，方法失效，}\\ \rho<1\text{，级数收敛。}\end{cases}$

注：适用于 u_n 中含有以 n 为指数幂的因素。

考点 4　交错级数及其审敛法　★

若级数的各项符号正负相间，即 $u_1-u_2+u_3-u_4+\cdots+(-1)^{n-1}u_n+\cdots(u_n>0,n=1,2,\cdots)$，称其为**交错级数**，记为 $\sum\limits_{n=1}^{\infty}(-1)^{n-1}u_n$。

对于交错级数，有下面常用的审敛法：

（莱布尼茨定理）若交错级数 $\sum\limits_{n=1}^{\infty}(-1)^{n-1}u_n$ 满足条件：

(1) $u_n\geqslant u_{n+1}(n=1,2,3,\cdots)$；

(2) $\lim\limits_{n\to\infty}u_n=0$，

则级数收敛，且其和 $S\leqslant u_1$，其余项 r_n 的绝对值 $|r_n|\leqslant u_{n+1}$。

考点 5　绝对收敛与条件收敛　★

(1) 绝对收敛

对任意项级数 $\sum\limits_{n=1}^{\infty}u_n$，若 $\sum\limits_{n=1}^{\infty}|u_n|$ 收敛，则称原级数 $\sum\limits_{n=1}^{\infty}u_n$ **绝对收敛**。

(2) 条件收敛

如果级数 $\sum\limits_{n=1}^{\infty}u_n$ 收敛，而级数 $\sum\limits_{n=1}^{\infty}|u_n|$ 发散，那么称级数 $\sum\limits_{n=1}^{\infty}u_n$ **条件收敛**。

(3) 如果级数 $\sum\limits_{n=1}^{\infty}u_n$ 绝对收敛，那么级数 $\sum\limits_{n=1}^{\infty}u_n$ 必定收敛。

考点 6　幂级数　★★

1. 函数项级数的概念

设 $u_n(x)(n=1,2,3,\cdots)$ 为定义在区间 I 上的函数列，称 $\sum\limits_{n=1}^{\infty}u_n(x)=u_1(x)+u_2(x)+\cdots+u_n(x)+\cdots$ 为定义在区间 I 上的**函数项级数**。

对 $x_0\in I$，若常数项级数 $\sum\limits_{n=1}^{\infty}u_n(x_0)$ 收敛，称 x_0 为**收敛点**，所有收敛点的全体称为**收敛域**。

在收敛域上，函数项级数的和是 x 的函数 $S(x)$，称它为级数的**和函数**，并写成 $S(x)=\sum\limits_{n=1}^{\infty}u_n(x)$。

2. 幂级数及其收敛性

(1) 幂级数的定义

如右形式的函数项级数：$\sum\limits_{n=0}^{\infty}a_n(x-x_0)^n=a_0+a_1(x-x_0)+\cdots+a_n(x-x_0)^n+\cdots$，称为**幂级数**，其中 a_n

$(n=0,1,2,\cdots)$为常数。

当 $x_0=0$ 时，$\sum\limits_{n=0}^{\infty}a_n(x-x_0)^n=\sum\limits_{n=0}^{\infty}a_nx^n$ 称为最简幂级数。

(2)幂级数的收敛性

若幂级数 $\sum\limits_{n=0}^{\infty}a_nx^n$ 在 $x=x_0(x_0\neq 0)$ 时收敛，则对满足不等式 $|x|<|x_0|$ 的一切 x，幂级数都绝对收敛。反之，若当 $x=x_0$ 时该幂级数发散，则对满足不等式 $|x|>|x_0|$ 的一切 x，该幂级数也发散。

3. 收敛半径与收敛域

幂级数 $\sum\limits_{n=0}^{\infty}a_nx^n$ 的收敛域是以原点为中心的区间，用 $\pm R$ 表示幂级数收敛与发散的分界点，

(1) $R=0$ 时，幂级数仅在 $x=0$ 收敛；

(2) $R=+\infty$ 时，幂级数在 $(-\infty,+\infty)$ 收敛；

(3) $0<R<+\infty$ 时，幂级数在 $(-R,R)$ 收敛；在 $[-R,R]$ 外发散；$x=\pm R$ 可能收敛也可能发散。R 称为收敛半径，$(-R,R)$ 称为收敛区间。$(-R,R)$ 加上收敛的端点称为收敛域。

4. 收敛半径与系数的关系

若幂级数 $\sum\limits_{n=0}^{\infty}a_nx^n$ 的系数满足 $\lim\limits_{n\to\infty}\left|\dfrac{a_{n+1}}{a_n}\right|=\rho$，则

(1) 当 $\rho\neq 0$ 时，$R=\dfrac{1}{\rho}$；

(2) 当 $\rho=0$ 时，$R=+\infty$；

(3) 当 $\rho=+\infty$ 时，$R=0$。

据此可知，$\sum\limits_{n=0}^{\infty}a_nx^n$ 的收敛半径为 $R=\lim\limits_{n\to\infty}\left|\dfrac{a_n}{a_{n+1}}\right|$。

即时反思与复盘总结

我于________年____月____日完成了对本章的学习。

复盘一下，我对自己较肯定的地方是________________________

（足够努力/心态积极/方法得当……）

我觉得自己需要改进的地方是________________________

（懒惰懈怠/心情浮躁/方法不当……）

休息片刻，开启下一站征程！

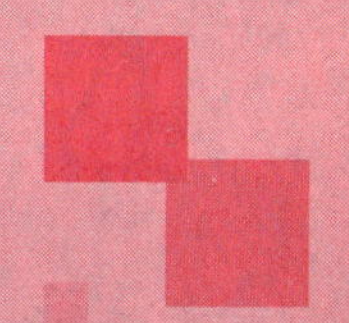

第二章 线性代数

考向分析

本章属于大学数学阶段的基础内容，在各地教师招聘考试中，常以单选、解答的形式考查。其中，浙江等地常以单选、解答的形式考查矩阵的运算、矩阵的秩和线性方程组，而其他地方对本章知识考查较少，试题一般较为基础，但对考生的数学运算能力要求较高。现对本章考向分析如下：

高频考点	高频考向	常考题型	考查热度
矩阵的秩	求矩阵的秩	单选	🔥
线性方程组	求线性方程组的解	解答	🔥🔥

第一节 行列式

核心考点

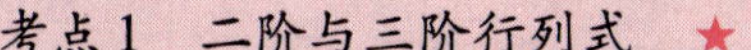

考点1 二阶与三阶行列式 ★
考点2 全排列和对换
考点3 n 阶行列式 ★
考点4 行列式的性质 ★★
考点5 行列式按行(列)展开 ★★

考点1 二阶与三阶行列式 ★

1. 二元线性方程组与二阶行列式

用消元法解二元线性方程组

$$\begin{cases} a_{11}x_1 + a_{12}x_2 = b_1, \\ a_{21}x_1 + a_{22}x_2 = b_2, \end{cases} \quad (1)$$

为消去未知数 x_2，以 a_{22} 与 a_{12} 分别乘上列两方程的两端，然后两个方程相减，得

$$(a_{11}a_{22} - a_{12}a_{21})x_1 = b_1a_{22} - a_{12}b_2;$$

类似地，消去 x_1，得

$$(a_{11}a_{22} - a_{12}a_{21})x_2 = a_{11}b_2 - b_1a_{21}。$$

当 $a_{11}a_{22} - a_{12}a_{21} \neq 0$ 时，求得方程组(1)的解为

$$x_1=\frac{b_1a_{22}-a_{12}b_2}{a_{11}a_{22}-a_{12}a_{21}},x_2=\frac{a_{11}b_2-b_1a_{21}}{a_{11}a_{22}-a_{12}a_{21}}。\qquad(2)$$

(2)式中的分子、分母都是四个数分两对相乘再相减而得,其中分母 $a_{11}a_{22}-a_{12}a_{21}$ 是由方程组(1)的四个系数确定的,把这四个数按它们在方程组(1)中的位置,排成二行二列(横排称行、竖排称列)的数表

$$\begin{matrix} a_{11} & a_{12} \\ a_{21} & a_{22}, \end{matrix}\qquad(3)$$

表达式 $a_{11}a_{22}-a_{12}a_{21}$ 称为数表(3)所确定的二阶行列式,并记作

$$\begin{vmatrix} a_{11} & a_{12} \\ a_{21} & a_{22} \end{vmatrix}。(4)$$

数 $a_{ij}(i=1,2;j=1,2)$ 称为行列式(4)的元素或元。元素 a_{ij} 的第一个下标 i 称为行标,表明该元素位于第 i 行;第二个下标 j 称为列标,表明该元素位于第 j 列。位于第 i 行第 j 列的元素称为行列式(4)的 (i,j) 元。

上述二阶行列式的定义,可用对角线法则来记忆。参看下图,把 a_{11} 到 a_{22} 的实连线称为主对角线,a_{12} 到 a_{21} 的虚连线称为副对角线,于是二阶行列式便是主对角线上的两元素之积减去副对角线上两元素之积所得的差。

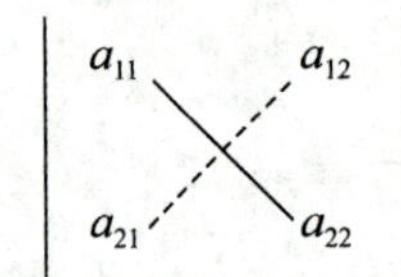

【题1】 行列式 $D=\begin{vmatrix} 12 & -2 \\ 1 & 1 \end{vmatrix}=$________。

解 根据对角线法则,有 $D=12\times1-(-2\times1)=14$。

答案 14

2. 三阶行列式

设有 9 个数排成 3 行 3 列的数表

$$\begin{matrix} a_{11} & a_{12} & a_{13} \\ a_{21} & a_{22} & a_{23} \\ a_{31} & a_{32} & a_{33}, \end{matrix}\qquad(1)$$

记

$$\begin{vmatrix} a_{11} & a_{12} & a_{13} \\ a_{21} & a_{22} & a_{23} \\ a_{31} & a_{32} & a_{33} \end{vmatrix}$$

$$=a_{11}a_{22}a_{33}+a_{12}a_{23}a_{31}+a_{13}a_{21}a_{32}-a_{11}a_{23}a_{32}-a_{12}a_{21}a_{33}-a_{13}a_{22}a_{31},\qquad(2)$$

(2)式称为数表(1)所确定的三阶行列式。

上述定义表明三阶行列式含 6 项，每项均为不同行不同列的三个元素的乘积再冠以正负号，其规律遵循下图所示的对角线法则：图中有三条实线看做是平行于主对角线的连线，三条虚线看做是平行于副对角线的连线，实线上三元素的乘积冠正号，虚线上三元素的乘积冠负号。

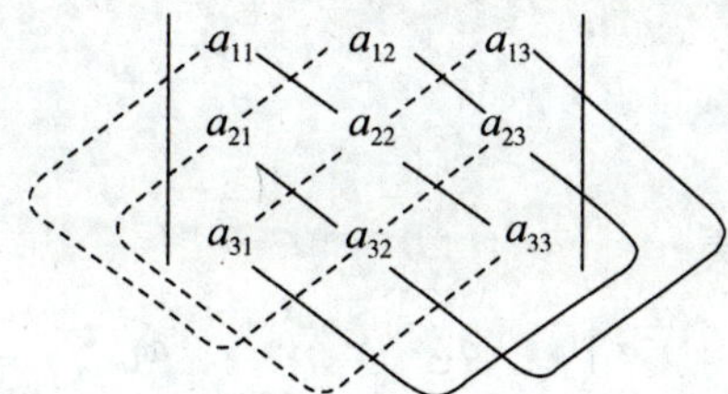

【题2】 行列式$\begin{vmatrix} 1 & 2 & -4 \\ -2 & 2 & 1 \\ -3 & 4 & -2 \end{vmatrix}$= ________。

解 按对角线法则，有 $D=1\times2\times(-2)+2\times1\times(-3)+(-4)\times(-2)\times4-1\times1\times4-2\times(-2)\times(-2)-(-4)\times2\times(-3)=-4-6+32-4-8-24=-14$。

答案 -14

考点2 全排列和对换

1. 排列及其逆序数

(1) 全排列

把 n 个不同的元素排成一列，叫做这 n 个元素的全排列（也简称排列）。

n 个不同元素的所有排列的种数，通常用 P_n 表示，$P_n=n\cdot(n-1)\cdot\cdots\cdot3\cdot2\cdot1=n!$。

例如，用 1,2,3 三个数字作排列，排列总数 $P_3=3\cdot2\cdot1=6$，它们分别是 123,231,312,132,213,321。

(2) 逆序数

对于 n 个不同的元素，先规定各元素之间有一个标准次序（例如，n 个不同的自然数，可规定由小到大为标准次序），于是在这 n 个元素的任一排列中，当某一对元素的先后次序与标准次序不同时，就说它构成 1 个逆序。一个排列中所有逆序的总数叫做这个排列的逆序数。

逆序数为奇数的排列叫做奇排列，逆序数为偶数的排列叫做偶排列。

【题3】 排列 32514 的逆序数是________。

解 不妨用 $t_i(i=1,2,3,4,5)$ 表示逆序数，在排列 32514 中：

3 排在首位，逆序数 $t_1=0$；

2 的前面比 2 大的数有一个(3)，则逆序数 $t_2=1$；

5 是最大数，逆序数 $t_3=0$；

1 的前面比 1 大的数有三个(3,2,5)，则逆序数 $t_4=3$；

4 的前面比 4 大的数有一个(5)，则逆序数 $t_5=1$，

故这个排列的逆序数为 $0+1+0+3+1=5$。

答案 5

2. 对换

在排列中，将任意两个元素对调，其余的元素不动，这种作出新排列的手续叫做对换。将相邻两个元素对换，叫做相邻对换。

考点3　n 阶行列式　★

1. n 阶行列式的定义

设有 n^2 个数，排成 n 行 n 列的数表

$$\begin{matrix} a_{11} & a_{12} & \cdots & a_{1n} \\ a_{21} & a_{22} & \cdots & a_{2n} \\ & \cdots\cdots\cdots & & \\ a_{n1} & a_{n2} & \cdots & a_{nn}, \end{matrix}$$

作出表中位于不同行不同列的 n 个数的乘积，并冠以符号 $(-1)^t$，得到形如

$$(-1)^t a_{1p_1}a_{2p_2}\cdots a_{np_n} \qquad (1)$$

的项，其中 $p_1p_2\cdots p_n$ 为自然数 $1,2,\cdots,n$ 的一个排列，t 为这个排列的逆序数。由于这样的排列共有 $n!$ 个，因而形如(1)式的项共有 $n!$ 项。所有这 $n!$ 项的代数和

$$\sum(-1)^t a_{1p_1}a_{2p_2}\cdots a_{np_n}$$

称为 n 阶行列式，记作

$$D=\begin{vmatrix} a_{11} & a_{12} & \cdots & a_{1n} \\ a_{21} & a_{22} & \cdots & a_{2n} \\ \vdots & \vdots & & \vdots \\ a_{n1} & a_{n2} & \cdots & a_{nn} \end{vmatrix},$$

简记作 $\det(a_{ij})$，其中数 a_{ij} 为行列式 D 的 (i,j) 元。

2. 三角形行列式

(1) 主对角线以下(上)的元素都为 0 的行列式叫做上(下)三角形行列式；特别，主对角线以下和以上的元素都为 0 的行列式叫做对角行列式。

上(下)三角形行列式等于其主对角线(从左上角到右下角这条对角线)上元素的乘积，即

$$\begin{vmatrix} a_{11} & a_{12} & \cdots & a_{1n} \\ 0 & a_{22} & \cdots & a_{2n} \\ \vdots & \vdots & & \vdots \\ 0 & 0 & \cdots & a_{nn} \end{vmatrix}=\begin{vmatrix} a_{11} & 0 & \cdots & 0 \\ a_{21} & a_{22} & \cdots & 0 \\ \vdots & \vdots & & \vdots \\ a_{n1} & a_{n2} & \cdots & a_{nn} \end{vmatrix}=a_{11}a_{22}\cdots a_{nn}。$$

(2) 副对角线(从左下角到右上角这条对角线)三角形行列式的值：$\begin{vmatrix} a_{11} & \cdots & a_{1,n-1} & a_{1n} \\ a_{21} & \cdots & a_{2,n-1} & 0 \\ \vdots & & \vdots & \vdots \\ a_{n1} & \cdots & 0 & 0 \end{vmatrix}=$

$$\begin{vmatrix} 0 & \cdots & 0 & a_{1n} \\ 0 & \cdots & a_{2,n-1} & a_{2n} \\ \vdots & & \vdots & \vdots \\ a_{n1} & \cdots & a_{n,n-1} & a_{nn} \end{vmatrix} = (-1)^{\frac{n(n-1)}{2}} a_{1n}a_{2,n-1}\cdots a_{n1}。$$

考点 4　行列式的性质　★★

$$D = \begin{vmatrix} a_{11} & a_{12} & \cdots & a_{1n} \\ a_{21} & a_{22} & \cdots & a_{2n} \\ \vdots & \vdots & & \vdots \\ a_{n1} & a_{n2} & \cdots & a_{nn} \end{vmatrix}, D^{\mathrm{T}} = \begin{vmatrix} a_{11} & a_{21} & \cdots & a_{n1} \\ a_{12} & a_{22} & \cdots & a_{n2} \\ \vdots & \vdots & & \vdots \\ a_{1n} & a_{2n} & \cdots & a_{nn} \end{vmatrix},$$

行列式 D^{T} 称为行列式 D 的转置行列式。

(1)行列式与它的转置行列式相等。

(2)对换行列式的两行(列),行列式变号。

推论　如果行列式有两行(列)完全相同,则此行列式等于零。

(3)行列式的某一行(列)中所有的元素都乘同一数 k,等于用数 k 乘此行列式。

推论　行列式中某一行(列)的所有元素的公因子可以提到行列式记号的外面。

(4)行列式中如果有两行(列)元素成比例,则此行列式等于零。

(5)若行列式的某一行(列)的元素都是两数之和,例如第 i 行的元素都是两数之和:

$$D = \begin{vmatrix} a_{11} & a_{12} & \cdots & a_{1n} \\ \vdots & \vdots & & \vdots \\ a_{i1}+a'_{i1} & a_{i2}+a'_{i2} & \cdots & a_{in}+a'_{in} \\ \vdots & \vdots & & \vdots \\ a_{n1} & a_{n2} & \cdots & a_{nn} \end{vmatrix},$$

则 D 等于下列两个行列式之和:

$$D = \begin{vmatrix} a_{11} & a_{12} & \cdots & a_{1n} \\ \vdots & \vdots & & \vdots \\ a_{i1} & a_{i2} & \cdots & a_{in} \\ \vdots & \vdots & & \vdots \\ a_{n1} & a_{n2} & \cdots & a_{nn} \end{vmatrix} + \begin{vmatrix} a_{11} & a_{12} & \cdots & a_{1n} \\ \vdots & \vdots & & \vdots \\ a'_{i1} & a'_{i2} & \cdots & a'_{in} \\ \vdots & \vdots & & \vdots \\ a_{n1} & a_{n2} & \cdots & a_{nn} \end{vmatrix}。$$

(6)把行列式的某一行(列)的各元素乘同一数然后加到另一行(列)对应的元素上去,行列式的值不变。

例如,以数 k 乘第 i 行加到第 j 行上(记作 $r_j + kr_i$),有

$$\begin{vmatrix} a_{11} & a_{12} & \cdots & a_{1n} \\ \vdots & \vdots & & \vdots \\ a_{i1} & a_{i2} & \cdots & a_{in} \\ \vdots & \vdots & & \vdots \\ a_{j1} & a_{j2} & \cdots & a_{jn} \\ \vdots & \vdots & & \vdots \\ a_{n1} & a_{n2} & \cdots & a_{nn} \end{vmatrix} \xlongequal{r_j+kr_i} \begin{vmatrix} a_{11} & a_{12} & \cdots & a_{1n} \\ \vdots & \vdots & & \vdots \\ a_{i1} & a_{i2} & \cdots & a_{in} \\ \vdots & \vdots & & \vdots \\ a_{j1}+ka_{i1} & a_{j2}+ka_{i2} & \cdots & a_{jn}+ka_{in} \\ \vdots & \vdots & & \vdots \\ a_{n1} & a_{n2} & \cdots & a_{nn} \end{vmatrix} (i\neq j)。$$

（以数 k 乘第 i 列加到第 j 列上，记作 c_j+kc_i。）

【题 4】 行列式$\begin{vmatrix} 4 & 1 & 2 & 4 \\ 1 & 2 & 0 & 2 \\ 10 & 5 & 2 & 0 \\ 0 & 1 & 1 & 7 \end{vmatrix}=$________。

解 $$\begin{vmatrix} 4 & 1 & 2 & 4 \\ 1 & 2 & 0 & 2 \\ 10 & 5 & 2 & 0 \\ 0 & 1 & 1 & 7 \end{vmatrix} \xlongequal{r_1\leftrightarrow r_2} -\begin{vmatrix} 1 & 2 & 0 & 2 \\ 4 & 1 & 2 & 4 \\ 10 & 5 & 2 & 0 \\ 0 & 1 & 1 & 7 \end{vmatrix} \xlongequal[r_3-10r_1]{r_2-4r_1} -\begin{vmatrix} 1 & 2 & 0 & 2 \\ 0 & -7 & 2 & -4 \\ 0 & -15 & 2 & -20 \\ 0 & 1 & 1 & 7 \end{vmatrix} \xlongequal{r_2\leftrightarrow r_4} \begin{vmatrix} 1 & 2 & 0 & 2 \\ 0 & 1 & 1 & 7 \\ 0 & -15 & 2 & -20 \\ 0 & -7 & 2 & -4 \end{vmatrix}$$

$$\xlongequal[r_4+7r_2]{r_3+15r_2} \begin{vmatrix} 1 & 2 & 0 & 2 \\ 0 & 1 & 1 & 7 \\ 0 & 0 & 17 & 85 \\ 0 & 0 & 9 & 45 \end{vmatrix} = 17\times 9\begin{vmatrix} 1 & 2 & 0 & 2 \\ 0 & 1 & 1 & 7 \\ 0 & 0 & 1 & 5 \\ 0 & 0 & 1 & 5 \end{vmatrix} = 0。$$

答案 0

【题 5】 计算 $D=\begin{vmatrix} 3 & 1 & 1 & 1 \\ 1 & 3 & 1 & 1 \\ 1 & 1 & 3 & 1 \\ 1 & 1 & 1 & 3 \end{vmatrix}$。

解 这个行列式的特点是各列 4 个数之和都是 6。把第 2,3,4 行同时加到第 1 行，提出公因子 6，然后各行减去第一行：

$$D\xlongequal{r_1+r_2+r_3+r_4} \begin{vmatrix} 6 & 6 & 6 & 6 \\ 1 & 3 & 1 & 1 \\ 1 & 1 & 3 & 1 \\ 1 & 1 & 1 & 3 \end{vmatrix} \xlongequal{r_1\div 6} 6\begin{vmatrix} 1 & 1 & 1 & 1 \\ 1 & 3 & 1 & 1 \\ 1 & 1 & 3 & 1 \\ 1 & 1 & 1 & 3 \end{vmatrix} \xlongequal[r_4-r_1]{r_2-r_1 \\ r_3-r_1} 6\begin{vmatrix} 1 & 1 & 1 & 1 \\ 0 & 2 & 0 & 0 \\ 0 & 0 & 2 & 0 \\ 0 & 0 & 0 & 2 \end{vmatrix} = 6\times 1\times 2\times 2\times 2 = 48。$$

考点 5 行列式按行(列)展开 ★★

在 n 阶行列式中，把 (i,j) 元 a_{ij} 所在的第 i 行和第 j 列划去后，留下来的 $n-1$ 阶行列式叫做 (i,j) 元 a_{ij} 的余子式，记作 M_{ij}；记

$$A_{ij}=(-1)^{i+j}M_{ij},$$

A_{ij}叫做(i,j)元a_{ij}的代数余子式。

例如，行列式$D=\begin{vmatrix} a_{11} & a_{12} & a_{13} & a_{14} \\ a_{21} & a_{22} & a_{23} & a_{24} \\ a_{31} & a_{32} & a_{33} & a_{34} \\ a_{41} & a_{42} & a_{43} & a_{44} \end{vmatrix}$中$(3,2)$元$a_{32}$的余子式和代数余子式分别为

$$M_{32}=\begin{vmatrix} a_{11} & a_{13} & a_{14} \\ a_{21} & a_{23} & a_{24} \\ a_{41} & a_{43} & a_{44} \end{vmatrix},$$

$$A_{32}=(-1)^{3+2}M_{32}=-M_{32}。$$

引理 一个n阶行列式，如果其中第i行所有元素除(i,j)元a_{ij}外都为零，那么这行列式等于a_{ij}与它的代数余子式的乘积，即

$$D=a_{ij}A_{ij}。$$

定理 行列式等于它的任一行（列）的各元素与其对应的代数余子式乘积之和，即

$$D=a_{i1}A_{i1}+a_{i2}A_{i2}+\cdots+a_{in}A_{in}\quad(i=1,2,\cdots,n)$$

或

$$D=a_{1j}A_{1j}+a_{2j}A_{2j}+\cdots+a_{nj}A_{nj}\quad(j=1,2,\cdots,n)。$$

推论 行列式某一行（列）的元素与另一行（列）的对应元素的代数余子式乘积之和等于零。即

$$a_{i1}A_{j1}+a_{i2}A_{j2}+\cdots+a_{in}A_{jn}=0,i\neq j$$

或

$$a_{1i}A_{1j}+a_{2i}A_{2j}+\cdots+a_{ni}A_{nj}=0,i\neq j。$$

【题6】 行列式$\begin{vmatrix} 1 & 2 & 3 \\ 2 & -1 & 0 \\ 1 & 3 & -1 \end{vmatrix}$的值为________。

解 $\begin{vmatrix} 1 & 2 & 3 \\ 2 & -1 & 0 \\ 1 & 3 & -1 \end{vmatrix}=\begin{vmatrix} 1 & 2 & 3 \\ 0 & -5 & -6 \\ 0 & 1 & -4 \end{vmatrix}=1\times(-1)^{1+1}\begin{vmatrix} -5 & -6 \\ 1 & -4 \end{vmatrix}=(-5)\times(-4)-1\times(-6)=26$。

答案 26

【题7】 计算$D=\begin{vmatrix} 3 & 1 & -1 & 2 \\ -5 & 1 & 3 & -4 \\ 2 & 0 & 1 & -1 \\ 1 & -5 & 3 & -3 \end{vmatrix}=$________。

思路分析:可以直接用行列式按行(列)展开法则计算;也可以先进行 $c_1 \leftrightarrow c_2$,把 a_{11} 换成 1,从而利用运算 $r_i - a_{i1}r_1$,即可把 $a_{i1}(i=2,3,4)$ 变为 0,以此类推,将 D 化为三角形行列式后计算。

解法一　保留 a_{33},把第 3 行其余元素变为 0,然后按第 3 行展开,

$$D \xlongequal[c_4+c_3]{c_1-2c_3} \begin{vmatrix} 5 & 1 & -1 & 1 \\ -11 & 1 & 3 & -1 \\ 0 & 0 & 1 & 0 \\ -5 & -5 & 3 & 0 \end{vmatrix} = (-1)^{3+3}\begin{vmatrix} 5 & 1 & 1 \\ -11 & 1 & -1 \\ -5 & -5 & 0 \end{vmatrix} \xlongequal{r_2+r_1} \begin{vmatrix} 5 & 1 & 1 \\ -6 & 2 & 0 \\ -5 & -5 & 0 \end{vmatrix} =$$

$$(-1)^{1+3}\begin{vmatrix} -6 & 2 \\ -5 & -5 \end{vmatrix} \xlongequal{c_1-c_2} \begin{vmatrix} -8 & 2 \\ 0 & -5 \end{vmatrix} = 40。$$

解法二　$$D \xlongequal{c_1\leftrightarrow c_2} -\begin{vmatrix} 1 & 3 & -1 & 2 \\ 1 & -5 & 3 & -4 \\ 0 & 2 & 1 & -1 \\ -5 & 1 & 3 & -3 \end{vmatrix} \xlongequal[r_4+5r_1]{r_2-r_1} -\begin{vmatrix} 1 & 3 & -1 & 2 \\ 0 & -8 & 4 & -6 \\ 0 & 2 & 1 & -1 \\ 0 & 16 & -2 & 7 \end{vmatrix} \xlongequal{r_2\leftrightarrow r_3} \begin{vmatrix} 1 & 3 & -1 & 2 \\ 0 & 2 & 1 & -1 \\ 0 & -8 & 4 & -6 \\ 0 & 16 & -2 & 7 \end{vmatrix} \xlongequal[r_4-8r_2]{r_3+4r_2}$$

$$\begin{vmatrix} 1 & 3 & -1 & 2 \\ 0 & 2 & 1 & -1 \\ 0 & 0 & 8 & -10 \\ 0 & 0 & -10 & 15 \end{vmatrix} \xlongequal[r_4\div 5]{r_3\div 2} 10\begin{vmatrix} 1 & 3 & -1 & 2 \\ 0 & 2 & 1 & -1 \\ 0 & 0 & 4 & -5 \\ 0 & 0 & -2 & 3 \end{vmatrix} \xlongequal{r_4+\frac{1}{2}r_3} 10\begin{vmatrix} 1 & 3 & -1 & 2 \\ 0 & 2 & 1 & -1 \\ 0 & 0 & 4 & -5 \\ 0 & 0 & 0 & \frac{1}{2} \end{vmatrix} = 10\times 1\times 2\times 4\times \frac{1}{2} = 40。$$

答案　40

第二节　矩　阵

核心考点

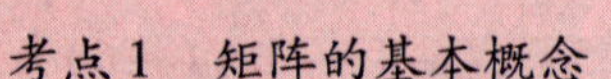

考点 1　矩阵的基本概念　★	考点 4　矩阵分块法　★★★
考点 2　矩阵的运算　★★	考点 5　矩阵的初等变换　★★★
考点 3　逆矩阵　★★	考点 6　矩阵的秩　★★

考点 1　矩阵的基本概念　★

1. 定义

由 $m\times n$ 个数 $a_{ij}(i=1,2,\cdots,m;j=1,2,\cdots,n)$ 排成的 m 行 n 列的数表

$$\begin{matrix} a_{11} & a_{12} & \cdots & a_{1n} \\ a_{21} & a_{22} & \cdots & a_{2n} \\ \vdots & \vdots & & \vdots \\ a_{m1} & a_{m2} & \cdots & a_{mn} \end{matrix}$$

称为 m 行 n 列矩阵，简称 $m\times n$ 矩阵。为表示它是一个整体，总是加一个括弧，并用大写黑体字母表示它，记作

$$\boldsymbol{A}=\begin{pmatrix} a_{11} & a_{12} & \cdots & a_{1n} \\ a_{21} & a_{22} & \cdots & a_{2n} \\ \vdots & \vdots & & \vdots \\ a_{m1} & a_{m2} & \cdots & a_{mn} \end{pmatrix},$$

这 $m\times n$ 个数称为矩阵 $\boldsymbol{A}$ 的元素，简称为元，数 a_{ij} 位于矩阵 $\boldsymbol{A}$ 的第 i 行第 j 列，称为矩阵 $\boldsymbol{A}$ 的 (i,j) 元。以数 a_{ij} 为 (i,j) 元的矩阵可简记作 (a_{ij}) 或 $(a_{ij})_{m\times n}$。$m\times n$ 矩阵 $\boldsymbol{A}$ 也记作 $\boldsymbol{A}_{m\times n}$。

矩阵是由数构成的一种数表，而行列式是按一定的运算法则所确定的一个数，数表与数是两个不同的概念。要理解矩阵的概念，注意矩阵与行列式的联系与区别，二者不要混淆。当 $\boldsymbol{A}\neq\boldsymbol{B}$ 时，$|\boldsymbol{A}|$ 与 $|\boldsymbol{B}|$ 可能相等也可能不等，由 $\boldsymbol{A}\neq\boldsymbol{B}\nRightarrow|\boldsymbol{A}|\neq|\boldsymbol{B}|$。

2. 几种常见的矩阵

(1) n 阶矩阵

如果矩阵 $\boldsymbol{A}$ 的行数和列数都为 n，称其为 n 阶矩阵或 n 阶方阵，也可记作 $\boldsymbol{A}_n$，n 叫做 $\boldsymbol{A}$ 的阶数。

(2) 行矩阵和列矩阵

只有一行的矩阵 $\boldsymbol{A}=(a_1\ a_2\cdots\ a_n)$ 称为行矩阵，又称行向量。

只有一列的矩阵 $\boldsymbol{B}=\begin{pmatrix} b_1 \\ b_2 \\ \vdots \\ b_m \end{pmatrix}$ 称为列矩阵，又称列向量。

(3) 同型矩阵

两个行数、列数都相等的矩阵，叫做同型矩阵。

(4) 矩阵相等

对应元素相等的同型矩阵是相等矩阵。

(5)负矩阵

$$-\boldsymbol{A}=\begin{pmatrix} -a_{11} & -a_{12} & \cdots & -a_{1n} \\ -a_{21} & -a_{22} & \cdots & -a_{2n} \\ \vdots & \vdots & & \vdots \\ -a_{m1} & -a_{m2} & \cdots & -a_{mn} \end{pmatrix}$$ 称为矩阵 $\boldsymbol{A}$ 的负矩阵，且 $\boldsymbol{A}+(-\boldsymbol{A})=\boldsymbol{O}$。

(6)对角矩阵

一个主对角线之外的元素都是零的方阵，称为对角矩阵(或对角阵)。

(7)单位矩阵

形如 $\begin{pmatrix} 1 & 0 & \cdots & 0 \\ 0 & 1 & \cdots & 0 \\ \vdots & \vdots & & \vdots \\ 0 & 0 & \cdots & 1 \end{pmatrix}$ 的矩阵称为**单位矩阵**，即主对角线上的元素都是 1，其他元素都是 0 的方阵。

(8)零矩阵

元素全为零的矩阵称为零矩阵，记作 $\boldsymbol{O}$。

注：不同阶数的零矩阵是不相等的。

考点 2　矩阵的运算　★★

1. 矩阵的加法

(1)定义

设有两个 $m\times n$ 矩阵 $\boldsymbol{A}=(a_{ij})$ 和 $\boldsymbol{B}=(b_{ij})$，那么矩阵 $\boldsymbol{A}$ 与 $\boldsymbol{B}$ 的和记作 $\boldsymbol{A}+\boldsymbol{B}$，规定为

$$\boldsymbol{A}+\boldsymbol{B}=\begin{pmatrix} a_{11}+b_{11} & a_{12}+b_{12} & \cdots & a_{1n}+b_{1n} \\ a_{21}+b_{21} & a_{22}+b_{22} & \cdots & a_{2n}+b_{2n} \\ \vdots & \vdots & & \vdots \\ a_{m1}+b_{m1} & a_{m2}+b_{m2} & \cdots & a_{mn}+b_{mn} \end{pmatrix}。$$

注：只有当两个矩阵是同型矩阵，即行数、列数相同时，这两个矩阵才可以进行加法运算。(减法类似)

(2)矩阵加法运算规律

设 $\boldsymbol{A},\boldsymbol{B},\boldsymbol{C}$ 都是 $m\times n$ 矩阵：

①$\boldsymbol{A}+\boldsymbol{B}=\boldsymbol{B}+\boldsymbol{A}$；

②$(\boldsymbol{A}+\boldsymbol{B})+\boldsymbol{C}=\boldsymbol{A}+(\boldsymbol{B}+\boldsymbol{C})$。

2. 数与矩阵相乘

(1)定义

数乘矩阵就是把矩阵的每个元素都乘上这个数，即

$$A=\begin{pmatrix} a_{11} & a_{12} & \cdots & a_{1n} \\ a_{21} & a_{22} & \cdots & a_{2n} \\ \vdots & \vdots & & \vdots \\ a_{m1} & a_{m2} & \cdots & a_{mn} \end{pmatrix}，则\ kA=\begin{pmatrix} ka_{11} & ka_{12} & \cdots & ka_{1n} \\ ka_{21} & ka_{22} & \cdots & ka_{2n} \\ \vdots & \vdots & & \vdots \\ ka_{m1} & ka_{m2} & \cdots & ka_{mn} \end{pmatrix}。$$

(2)数乘矩阵运算规律

设 $\boldsymbol{A},\boldsymbol{B}$ 为 $m\times n$ 矩阵，λ,μ 为数：

①$(\lambda\mu)\boldsymbol{A}=\lambda(\mu\boldsymbol{A})$；

②$(\lambda+\mu)\boldsymbol{A}=\lambda\boldsymbol{A}+\mu\boldsymbol{A}$；

③$\lambda(\boldsymbol{A}+\boldsymbol{B})=\lambda\boldsymbol{A}+\lambda\boldsymbol{B}$。

3. 矩阵与矩阵相乘

(1)定义

设 $\boldsymbol{A}=(a_{ij})$ 是一个 $m\times s$ 矩阵，$\boldsymbol{B}=(b_{ij})$ 是一个 $s\times n$ 矩阵，那么规定矩阵 $\boldsymbol{A}$ 与矩阵 $\boldsymbol{B}$ 的乘积是一个 $m\times n$ 矩阵 $\boldsymbol{C}=\boldsymbol{AB}=(c_{ij})$，其中 $c_{ij}=a_{i1}b_{1j}+a_{i2}b_{2j}+\cdots+a_{is}b_{sj}=\sum\limits_{k=1}^{s}a_{ik}b_{kj}(i=1,2,\cdots,m;j=1,2,\cdots,n)$。

注：只有当第一个矩阵(左矩阵)的列数等于第二个矩阵(右矩阵)的行数时，两个矩阵才能相乘。

小香课堂

行列式与矩阵都满足数乘运算，数乘行列式是行列式的某一行或某一列元素乘这个数，数乘矩阵是把矩阵的每个元素都乘这个数。

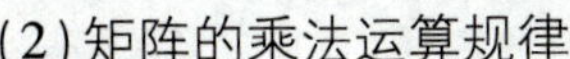

(2)矩阵的乘法运算规律

①$(\boldsymbol{AB})\boldsymbol{C}=\boldsymbol{A}(\boldsymbol{BC})$；

②$\boldsymbol{A}(\boldsymbol{B}+\boldsymbol{C})=\boldsymbol{AB}+\boldsymbol{AC}$，$(\boldsymbol{B}+\boldsymbol{C})\boldsymbol{A}=\boldsymbol{BA}+\boldsymbol{CA}$；

③$\lambda(\boldsymbol{AB})=(\lambda\boldsymbol{A})\boldsymbol{B}=\boldsymbol{A}(\lambda\boldsymbol{B})$(其中 λ 为数)；

④矩阵的乘法不适合交换律：$\boldsymbol{AB}\neq\boldsymbol{BA}$。

【题8】 矩阵 $\boldsymbol{A}=\begin{pmatrix} 1 & -1 \\ 1 & -1 \end{pmatrix}$，$\boldsymbol{B}=\begin{pmatrix} 1 & 1 \\ 1 & 1 \end{pmatrix}$，则 $\boldsymbol{AB}=$ ________。

解 $\boldsymbol{AB}=\begin{pmatrix} 1 & -1 \\ 1 & -1 \end{pmatrix}\begin{pmatrix} 1 & 1 \\ 1 & 1 \end{pmatrix}=\begin{pmatrix} 1\times1+(-1)\times1 & 1\times1+(-1)\times1 \\ 1\times1+(-1)\times1 & 1\times1+(-1)\times1 \end{pmatrix}=\begin{pmatrix} 0 & 0 \\ 0 & 0 \end{pmatrix}$。

答案 $\begin{pmatrix} 0 & 0 \\ 0 & 0 \end{pmatrix}$

【题9】 求矩阵 $\boldsymbol{A}=\begin{pmatrix} 4 & -1 & 2 & 1 \\ 1 & 1 & 0 & 3 \\ 0 & 3 & 1 & 4 \end{pmatrix}$，$\boldsymbol{B}=\begin{pmatrix} 1 & 2 \\ 0 & 1 \\ 3 & 0 \\ -1 & 2 \end{pmatrix}$ 的乘积 $\boldsymbol{AB}$。

解　因为 $\boldsymbol{A}$ 是 3×4 矩阵，$\boldsymbol{B}$ 是 4×2 矩阵，$\boldsymbol{A}$ 的列数等于 $\boldsymbol{B}$ 的行数，所以矩阵 $\boldsymbol{A}$ 与 $\boldsymbol{B}$ 可以相乘，其乘积 $\boldsymbol{AB}=\boldsymbol{C}$ 是一个 3×2 矩阵。

$$\boldsymbol{C}=\boldsymbol{AB}=\begin{pmatrix}4&-1&2&1\\1&1&0&3\\0&3&1&4\end{pmatrix}\begin{pmatrix}1&2\\0&1\\3&0\\-1&2\end{pmatrix}$$

$$=\begin{pmatrix}4\times1+(-1)\times0+2\times3+1\times(-1)&4\times2+(-1)\times1+2\times0+1\times2\\1\times1+1\times0+0\times3+3\times(-1)&1\times2+1\times1+0\times0+3\times2\\0\times1+3\times0+1\times3+4\times(-1)&0\times2+3\times1+1\times0+4\times2\end{pmatrix}$$

$$=\begin{pmatrix}9&9\\-2&9\\-1&11\end{pmatrix}。$$

4. 矩阵的转置

(1)转置矩阵的定义

把矩阵 $\boldsymbol{A}$ 的行换成同序数的列得到一个新矩阵，叫做 $\boldsymbol{A}$ 的转置矩阵，记作 $\boldsymbol{A}^{\mathrm{T}}$。例如，矩阵 $\boldsymbol{A}=\begin{pmatrix}1&2&0\\3&-1&1\end{pmatrix}$的转置矩阵为 $\boldsymbol{A}^{\mathrm{T}}=\begin{pmatrix}1&3\\2&-1\\0&1\end{pmatrix}$。

(2)矩阵转置的运算规律

①$(\boldsymbol{A}^{\mathrm{T}})^{\mathrm{T}}=\boldsymbol{A}$；

②$(\boldsymbol{A}+\boldsymbol{B})^{\mathrm{T}}=\boldsymbol{A}^{\mathrm{T}}+\boldsymbol{B}^{\mathrm{T}}$；

③$(k\boldsymbol{A})^{\mathrm{T}}=k\boldsymbol{A}^{\mathrm{T}}$；

④$(\boldsymbol{AB})^{\mathrm{T}}=\boldsymbol{B}^{\mathrm{T}}\boldsymbol{A}^{\mathrm{T}}$；

⑤$|\boldsymbol{A}|=|\boldsymbol{A}^{\mathrm{T}}|$。

【题10】　已知 $\boldsymbol{A}=\begin{pmatrix}2&0&-1\\1&3&2\end{pmatrix}$，$\boldsymbol{B}=\begin{pmatrix}1&7&-1\\4&2&3\\2&0&1\end{pmatrix}$，求$(\boldsymbol{AB})^{\mathrm{T}}$。

解法一　因为 $\boldsymbol{AB}=\begin{pmatrix}2&0&-1\\1&3&2\end{pmatrix}\begin{pmatrix}1&7&-1\\4&2&3\\2&0&1\end{pmatrix}=\begin{pmatrix}0&14&-3\\17&13&10\end{pmatrix}$，

所以$(\boldsymbol{AB})^{\mathrm{T}}=\begin{pmatrix}0&17\\14&13\\-3&10\end{pmatrix}$。

解法二 $(AB)^T = B^T A^T = \begin{pmatrix} 1 & 4 & 2 \\ 7 & 2 & 0 \\ -1 & 3 & 1 \end{pmatrix}\begin{pmatrix} 2 & 1 \\ 0 & 3 \\ -1 & 2 \end{pmatrix} = \begin{pmatrix} 0 & 17 \\ 14 & 13 \\ -3 & 10 \end{pmatrix}$。

5. 对称矩阵

设 A 为 n 阶方阵，如果满足 $A^T = A$，即 $a_{ij} = a_{ji}(i,j=1,2,\cdots,n)$，那么称 A 为对称矩阵，简称对称阵。例如，$\begin{pmatrix} 1 & 2 & 5 \\ 2 & 2 & 3 \\ 5 & 3 & 9 \end{pmatrix}$为对阵矩阵。

注：对称矩阵的元素以对角线为对称轴对应相等。如果 $A^T = -A$，则称矩阵 A 是反对称的，即反对称矩阵 $A=(a_{ij})$ 中的元素满足 $a_{ij} = -a_{ji}(i,j=1,2,\cdots,n)$。

6. 方阵的行列式

(1) 方阵的行列式的定义

由 n 阶方阵 A 的元素所构成的行列式(各元素的位置不变)，称为方阵 A 的行列式，记作 $\det A$ 或 $|A|$。

(2) 方阵的行列式的运算规律

① $|A^T| = |A|$；

② $|\lambda A| = \lambda^n |A|$；

③ $|AB| = |A||B|$。

方阵与行列式是两个不同的概念，n 阶方阵是 n^2 个数按一定方式排成的数表，而 n 阶行列式是这些数(也就是数表 A)按一定的运算法则所确定的一个数。

【题 11】 【2020 浙江台州黄岩区，单，2 分】设矩阵 A 为 n 阶方阵，且 $|A| = 3$，则 $|-A| =$ ( )

A. $3n$　　B. 3^{-n}　　C. $-3n$　　D. $(-1)^n 3$

解 根据 n 阶方阵的运算规律 $|\lambda A| = \lambda^n |A|$，可得 $|-A| = (-1)^n |A| = (-1)^n 3$。

答案 D

【题 12】 已知 A,B 都是三阶矩阵，且行列式 $|A| = |B| = 3$，则行列式 $|3AB| =$ ________。

解 因为 A,B 都是三阶矩阵，所以 $|3AB| = 3^3|AB| = 3^3|A||B| = 3^3 \times 3 \times 3 = 243$。

答案 243

7. 伴随矩阵

(1) 伴随矩阵的定义

行列式 $|A|$ 的各个元素的代数余子式 A_{ij} 所构成的如下的矩阵

$$A^* = \begin{pmatrix} A_{11} & A_{21} & \cdots & A_{n1} \\ A_{12} & A_{22} & \cdots & A_{n2} \\ \vdots & \vdots & & \vdots \\ A_{1n} & A_{2n} & \cdots & A_{nn} \end{pmatrix},$$

称为矩阵 A 的伴随矩阵，简称伴随阵。

(2)伴随矩阵的运算规律

①$AA^* = A^*A = |A|E$;

②$|A^*| = |A|^{n-1}$。

考点3 逆矩阵 ★★

1.逆矩阵的定义

对于 n 阶矩阵 A,如果有一个 n 阶矩阵 B,使

$$AB = BA = E,$$

则称 B 是 A 的逆矩阵(简称逆阵),并称 A 可逆,A 的逆矩阵记作 A^{-1}。

2.逆矩阵的性质

(1)若矩阵 A 可逆,则 $|A| \neq 0$。

(2)若 $|A| \neq 0$,则矩阵 A 可逆,且

$$A^{-1} = \frac{1}{|A|}A^*,$$

其中 A^* 为矩阵 A 的伴随矩阵。

推论 若 $AB = E$(或 $BA = E$),则 $B = A^{-1}$。

注:当 $|A| = 0$ 时,A 称为奇异矩阵,否则称为非奇异矩阵。由上面两定理可知:A 是可逆矩阵的充分必要条件是 $|A| \neq 0$,即可逆矩阵就是非奇异矩阵。

3.逆矩阵的运算规律

(1)若 A 可逆,则 A^{-1} 亦可逆,且 $(A^{-1})^{-1} = A$;

(2)若 A 可逆,数 $\lambda \neq 0$,则 λA 可逆,且 $(\lambda A)^{-1} = \frac{1}{\lambda}A^{-1}$;

(3)若 A,B 为同阶矩阵且均可逆,则 AB 亦可逆,且 $(AB)^{-1} = B^{-1}A^{-1}$。

【题13】 设 A,B 都是 n 阶矩阵,且 $|A| = 3$,$|B| = 2$,则 $\left|\frac{1}{3}A^*B^{-1}\right| =$ ________。

解 因为 $|kA| = k^n|A|$,$|A^*| = |A|^{n-1}$,$|B^{-1}| = \frac{1}{|B|}$,

所以 $\left|\frac{1}{3}A^*B^{-1}\right| = \frac{1}{3^n}|A^*||B^{-1}| = \frac{1}{3^n}\cdot|A|^{n-1}\cdot\frac{1}{|B|} = \frac{1}{3^n}\times 3^{n-1}\times\frac{1}{2} = \frac{1}{3}\times\frac{1}{2} = \frac{1}{6}$。

答案 $\frac{1}{6}$

【题14】 求方阵 $A = \begin{pmatrix} 1 & 2 & 3 \\ 2 & 2 & 1 \\ 3 & 4 & 3 \end{pmatrix}$ 的逆矩阵。

解 $|A| = \begin{vmatrix} 1 & 2 & 3 \\ 2 & 2 & 1 \\ 3 & 4 & 3 \end{vmatrix} = \begin{vmatrix} 1 & 2 & 3 \\ 0 & -2 & -5 \\ 0 & -2 & -6 \end{vmatrix} = \begin{vmatrix} 1 & 2 & 3 \\ 0 & -2 & -5 \\ 0 & 0 & -1 \end{vmatrix} = 2$,即 $|A| \neq 0$,则 A^{-1} 存在。再计算 $|A|$ 的余

子式 $M_{11}=2, M_{12}=3, M_{13}=2, M_{21}=-6, M_{22}=-6, M_{23}=-2, M_{31}=-4, M_{32}=-5, M_{33}=-2$，得 $A^*=$

$$\begin{pmatrix} M_{11} & -M_{21} & M_{31} \\ -M_{12} & M_{22} & -M_{32} \\ M_{13} & -M_{23} & M_{33} \end{pmatrix}=\begin{pmatrix} 2 & 6 & -4 \\ -3 & -6 & 5 \\ 2 & 2 & -2 \end{pmatrix},$$

所以 $A^{-1}=\frac{1}{|A|}A^*=\begin{pmatrix} 1 & 3 & -2 \\ -\frac{3}{2} & -3 & \frac{5}{2} \\ 1 & 1 & -1 \end{pmatrix}$。

【题 15】 设 $A=\begin{pmatrix} 1 & 2 & 3 \\ 2 & 2 & 1 \\ 3 & 4 & 3 \end{pmatrix}, B=\begin{pmatrix} 2 & 1 \\ 5 & 3 \end{pmatrix}, C=\begin{pmatrix} 1 & 3 \\ 2 & 0 \\ 3 & 1 \end{pmatrix}$，求矩阵 X 使其满足 $AXB=C$。

解　若 A^{-1}, B^{-1} 存在，则用 A^{-1} 左乘 $AXB=C$，B^{-1} 右乘 $AXB=C$，

有 $A^{-1}AXBB^{-1}=A^{-1}CB^{-1}$，即 $X=A^{-1}CB^{-1}$。

又 $|A|\neq 0$，而 $|B|=2\times 3-5\times 1=1\neq 0$，则 A, B 都可逆，且

$$A^{-1}=\begin{pmatrix} 1 & 3 & -2 \\ -\frac{3}{2} & -3 & \frac{5}{2} \\ 1 & 1 & -1 \end{pmatrix}, B^{-1}=\begin{pmatrix} 3 & -1 \\ -5 & 2 \end{pmatrix},$$

所以 $X=A^{-1}CB^{-1}=\begin{pmatrix} 1 & 3 & -2 \\ -\frac{3}{2} & -3 & \frac{5}{2} \\ 1 & 1 & -1 \end{pmatrix}\begin{pmatrix} 1 & 3 \\ 2 & 0 \\ 3 & 1 \end{pmatrix}\begin{pmatrix} 3 & -1 \\ -5 & 2 \end{pmatrix}=\begin{pmatrix} 1 & 1 \\ 0 & -2 \\ 0 & 2 \end{pmatrix}\begin{pmatrix} 3 & -1 \\ -5 & 2 \end{pmatrix}=\begin{pmatrix} -2 & 1 \\ 10 & -4 \\ -10 & 4 \end{pmatrix}$。

考点 4　矩阵分块法　★★★

1. 分块矩阵的概念

对于行数和列数较高的矩阵 A，运算时常采用分块法，使大矩阵的运算化成小矩阵的运算。将矩阵 A 用若干条纵线和横线分成许多个小矩阵，每一个小矩阵称为 A 的子块，以子块为元素的形式上的矩阵称为分块矩阵。

例如，将 3×4 矩阵

$$A=\begin{pmatrix} a_{11} & a_{12} & a_{13} & a_{14} \\ a_{21} & a_{22} & a_{23} & a_{24} \\ a_{31} & a_{32} & a_{33} & a_{34} \end{pmatrix}$$

分成子块的分法很多，下面举出一种分块形式：

$$\left(\begin{array}{cc:cc} a_{11} & a_{12} & a_{13} & a_{14} \\ a_{21} & a_{22} & a_{23} & a_{24} \\ \hdashline a_{31} & a_{32} & a_{33} & a_{34} \end{array}\right)$$

可记为

$$\boldsymbol{A}=\begin{pmatrix} \boldsymbol{A}_{11} & \boldsymbol{A}_{12} \\ \boldsymbol{A}_{21} & \boldsymbol{A}_{22} \end{pmatrix},$$

其中 $\boldsymbol{A}_{11}=\begin{pmatrix} a_{11} & a_{12} \\ a_{21} & a_{22} \end{pmatrix}$,$\boldsymbol{A}_{12}=\begin{pmatrix} a_{13} & a_{14} \\ a_{23} & a_{24} \end{pmatrix}$,$\boldsymbol{A}_{21}=(a_{31},a_{32})$,$\boldsymbol{A}_{22}=(a_{33},a_{34})$,

即 $\boldsymbol{A}_{11},\boldsymbol{A}_{12},\boldsymbol{A}_{21},\boldsymbol{A}_{22}$ 为 $\boldsymbol{A}$ 的子块,而 $\boldsymbol{A}$ 形式上成为以这些子块为元的分块矩阵。

2. 分块矩阵的运算

(1) $\begin{pmatrix} \boldsymbol{A}_1 & \boldsymbol{A}_2 \\ \boldsymbol{A}_3 & \boldsymbol{A}_4 \end{pmatrix}+\begin{pmatrix} \boldsymbol{B}_1 & \boldsymbol{B}_2 \\ \boldsymbol{B}_3 & \boldsymbol{B}_4 \end{pmatrix}=\begin{pmatrix} \boldsymbol{A}_1+\boldsymbol{B}_1 & \boldsymbol{A}_2+\boldsymbol{B}_2 \\ \boldsymbol{A}_3+\boldsymbol{B}_3 & \boldsymbol{A}_4+\boldsymbol{B}_4 \end{pmatrix}$;

(2) $\begin{pmatrix} \boldsymbol{A} & \boldsymbol{B} \\ \boldsymbol{C} & \boldsymbol{D} \end{pmatrix}\begin{pmatrix} \boldsymbol{X} & \boldsymbol{Y} \\ \boldsymbol{Z} & \boldsymbol{W} \end{pmatrix}=\begin{pmatrix} \boldsymbol{AX}+\boldsymbol{BZ} & \boldsymbol{AY}+\boldsymbol{BW} \\ \boldsymbol{CX}+\boldsymbol{DZ} & \boldsymbol{CY}+\boldsymbol{DW} \end{pmatrix}$;

(3) $\begin{pmatrix} \boldsymbol{A} & \boldsymbol{B} \\ \boldsymbol{C} & \boldsymbol{D} \end{pmatrix}^{\mathrm{T}}=\begin{pmatrix} \boldsymbol{A}^{\mathrm{T}} & \boldsymbol{C}^{\mathrm{T}} \\ \boldsymbol{B}^{\mathrm{T}} & \boldsymbol{D}^{\mathrm{T}} \end{pmatrix}$;

(4) 若 $\boldsymbol{B},\boldsymbol{C}$ 分别是 m 阶与 s 阶可逆矩阵,则

$$\begin{pmatrix} \boldsymbol{B} & \boldsymbol{O} \\ \boldsymbol{O} & \boldsymbol{C} \end{pmatrix}^{-1}=\begin{pmatrix} \boldsymbol{B}^{-1} & \boldsymbol{O} \\ \boldsymbol{O} & \boldsymbol{C}^{-1} \end{pmatrix};\begin{pmatrix} \boldsymbol{O} & \boldsymbol{B} \\ \boldsymbol{C} & \boldsymbol{O} \end{pmatrix}^{-1}=\begin{pmatrix} \boldsymbol{O} & \boldsymbol{C}^{-1} \\ \boldsymbol{B}^{-1} & \boldsymbol{O} \end{pmatrix}。$$

【题16】 设 $\boldsymbol{A}=\begin{pmatrix} 5 & 0 & 0 \\ 0 & 3 & 1 \\ 0 & 2 & 1 \end{pmatrix}$,求 $\boldsymbol{A}^{-1}$。

解 因为 $\boldsymbol{A}=\left(\begin{array}{c:cc} 5 & 0 & 0 \\ \hdashline 0 & 3 & 1 \\ 0 & 2 & 1 \end{array}\right)=\begin{pmatrix} \boldsymbol{A}_1 & \boldsymbol{O} \\ \boldsymbol{O} & \boldsymbol{A}_2 \end{pmatrix}$,

$\boldsymbol{A}_1=(5)$,$\boldsymbol{A}_1^{-1}=\left(\frac{1}{5}\right)$,$\boldsymbol{A}_2=\begin{pmatrix} 3 & 1 \\ 2 & 1 \end{pmatrix}$,$\boldsymbol{A}_2^{-1}=\begin{pmatrix} 1 & -1 \\ -2 & 3 \end{pmatrix}$,

所以 $\boldsymbol{A}^{-1}=\begin{pmatrix} \boldsymbol{A}_1^{-1} & \boldsymbol{O} \\ \boldsymbol{O} & \boldsymbol{A}_2^{-1} \end{pmatrix}=\begin{pmatrix} \frac{1}{5} & 0 & 0 \\ 0 & 1 & -1 \\ 0 & -2 & 3 \end{pmatrix}$。

【题 17】【2023 浙江金华,解答,6 分】已知 $|A| = \begin{vmatrix} 0 & 1 & 0 & 0 \\ 0 & 0 & \frac{1}{2} & 0 \\ 0 & 0 & 0 & \frac{1}{3} \\ \frac{1}{4} & 0 & 0 & 0 \end{vmatrix}$,求行列式 $|A|$ 所有元素的代数余子式之和。

解　由于 $A^* = (A_{ij})$,只要能求出 A 的伴随矩阵,就可求出 $\sum A_{ij}$。

因为 $A^* = |A| A^{-1}$,而 $|A| = \frac{1}{4} \cdot (-1)^{4+1} \cdot \frac{1}{3!} = -\frac{1}{4!}$,

对矩阵 A 进行分块,有 $A = \begin{pmatrix} O & A_2 \\ A_1 & O \end{pmatrix}$,

其中 $A_1 = \left(\frac{1}{4}\right)$,$A_2 = \begin{pmatrix} 1 & 0 & 0 \\ 0 & \frac{1}{2} & 0 \\ 0 & 0 & \frac{1}{3} \end{pmatrix}$,

则 $|A_2| = \begin{vmatrix} 1 & 0 & 0 \\ 0 & \frac{1}{2} & 0 \\ 0 & 0 & \frac{1}{3} \end{vmatrix} = \frac{1}{6}$,$A_2^* = \begin{pmatrix} \frac{1}{6} & 0 & 0 \\ 0 & \frac{1}{3} & 0 \\ 0 & 0 & \frac{1}{2} \end{pmatrix}$,所以 $A_2^{-1} = \frac{A_2^*}{|A_2|} = \begin{pmatrix} 1 & 0 & 0 \\ 0 & 2 & 0 \\ 0 & 0 & 3 \end{pmatrix}$,

且 $A_1^{-1} = (4)$,所以 $A^{-1} = \begin{pmatrix} O & A_2 \\ A_1 & O \end{pmatrix}^{-1} = \begin{pmatrix} O & A_1^{-1} \\ A_2^{-1} & O \end{pmatrix} = \begin{pmatrix} 0 & 0 & 0 & 4 \\ 1 & 0 & 0 & 0 \\ 0 & 2 & 0 & 0 \\ 0 & 0 & 3 & 0 \end{pmatrix}$,

从而 $A^* = |A| A^{-1} = -\frac{1}{4!} \begin{pmatrix} 0 & 0 & 0 & 4 \\ 1 & 0 & 0 & 0 \\ 0 & 2 & 0 & 0 \\ 0 & 0 & 3 & 0 \end{pmatrix}$,故 $\sum A_{ij} = -\frac{1}{4!}(1+2+3+4) = -\frac{5}{12}$。

考点 5　矩阵的初等变换　★★★

1. 矩阵的初等行变换的定义

下面三种变换称为矩阵的初等行变换:

(1) 对换两行(对换 i,j 两行,记作 $r_i \leftrightarrow r_j$);

(2) 以数 $k \neq 0$ 乘某一行中的所有元(第 i 行乘 k,记作 $r_i \times k$);

(3)把某一行所有元的 k 倍加到另一行对应的元上去(第 j 行的 k 倍加到第 i 行上,记作 r_i+kr_j)。

把定义中的"行"换成"列",即得矩阵的初等列变换的定义(所用记号是把"r"换成"c")。

矩阵的初等行变换与初等列变换,统称初等变换。

2. 矩阵等价

(1)矩阵等价的定义

如果矩阵 $\boldsymbol{A}$ 经有限次初等变换变成矩阵 $\boldsymbol{B}$,就称矩阵 $\boldsymbol{A}$ 与 $\boldsymbol{B}$ 等价,记作 $\boldsymbol{A}\sim\boldsymbol{B}$。

(2)矩阵等价的性质

①反身性:$\boldsymbol{A}\sim\boldsymbol{A}$;

②对称性:若 $\boldsymbol{A}\sim\boldsymbol{B}$,则 $\boldsymbol{B}\sim\boldsymbol{A}$;

③传递性:若 $\boldsymbol{A}\sim\boldsymbol{B},\boldsymbol{B}\sim\boldsymbol{C}$,则 $\boldsymbol{A}\sim\boldsymbol{C}$。

3. 初等矩阵

(1)初等矩阵的定义

由单位矩阵 $\boldsymbol{E}$ 经过一次初等变换得到的矩阵称为初等矩阵。

例如,3 阶单位矩阵作如下初等变换:

$$\boldsymbol{E}_{(1,2)}=\begin{pmatrix}0&1&0\\1&0&0\\0&0&1\end{pmatrix},\text{即 }\boldsymbol{E}\text{ 一、二两行互换(或一、二两列互换)},$$

$$\boldsymbol{E}_{(12(3))}=\begin{pmatrix}1&3&0\\0&1&0\\0&0&1\end{pmatrix},\text{即以 3 乘 }\boldsymbol{E}\text{ 的第 2 行加到第 1 行上(或以 3 乘 }\boldsymbol{E}\text{ 的第 1 列加到第 2 列上)},$$

$$\boldsymbol{E}_{(3(-2))}=\begin{pmatrix}1&0&0\\0&1&0\\0&0&-2\end{pmatrix},\text{即 }\boldsymbol{E}\text{ 第三行乘 }-2\text{(或第三列乘 }-2\text{)},$$

均是初等矩阵。

(2)初等矩阵的性质

设 $\boldsymbol{A}$ 是一个 $m\times n$ 矩阵,对 $\boldsymbol{A}$ 施行一次初等行变换,相当于在 $\boldsymbol{A}$ 的左边乘相应的 m 阶初等矩阵;对 $\boldsymbol{A}$ 施行一次初等列变换,相当于在 $\boldsymbol{A}$ 的右边乘相应的 n 阶初等矩阵。

4. 矩阵的初等变换的基本性质

设 $\boldsymbol{A}$ 与 $\boldsymbol{B}$ 为 $m\times n$ 矩阵,那么

(1)$\boldsymbol{A}\overset{r}{\sim}\boldsymbol{B}$ 的充分必要条件是存在 m 阶可逆矩阵 $\boldsymbol{P}$,使 $\boldsymbol{PA}=\boldsymbol{B}$;

(2)$\boldsymbol{A}\overset{c}{\sim}\boldsymbol{B}$ 的充分必要条件是存在 n 阶可逆矩阵 $\boldsymbol{Q}$,使 $\boldsymbol{AQ}=\boldsymbol{B}$;

(3)$\boldsymbol{A}\sim\boldsymbol{B}$ 的充分必要条件是存在 m 阶可逆矩阵 $\boldsymbol{P}$ 及 n 阶可逆矩阵 $\boldsymbol{Q}$,使 $\boldsymbol{PAQ}=\boldsymbol{B}$。

推论 方阵 $\boldsymbol{A}$ 可逆的充分必要条件是 $\boldsymbol{A}\overset{r}{\sim}\boldsymbol{E}$。

考法大揭秘

初等变换法求逆矩阵

1. 设 $\boldsymbol{A}$ 为 n 阶可逆矩阵，则 $(\boldsymbol{A} \mid \boldsymbol{E}) \xrightarrow{\text{行}} (\boldsymbol{E} \mid \boldsymbol{A}^{-1})$。

【题 18】 设 $\boldsymbol{A}=\begin{pmatrix}0 & -2 & 1\\ 3 & 0 & -2\\ -2 & 3 & 0\end{pmatrix}$，证明 $\boldsymbol{A}$ 可逆，并求 $\boldsymbol{A}^{-1}$。

解 因为 $|\boldsymbol{A}|=\begin{vmatrix}0 & -2 & 1\\ 3 & 0 & -2\\ -2 & 3 & 0\end{vmatrix}=1\neq 0$，所以矩阵 $\boldsymbol{A}$ 可逆。$(\boldsymbol{A},\boldsymbol{E})=$

$$\begin{pmatrix}0 & -2 & 1 & 1 & 0 & 0\\ 3 & 0 & -2 & 0 & 1 & 0\\ -2 & 3 & 0 & 0 & 0 & 1\end{pmatrix}\xrightarrow[r_1\leftrightarrow r_2]{r_3\times 3+r_2\times 2}\begin{pmatrix}3 & 0 & -2 & 0 & 1 & 0\\ 0 & -2 & 1 & 1 & 0 & 0\\ 0 & 9 & -4 & 0 & 2 & 3\end{pmatrix}\xrightarrow{r_3\times 2+r_2\times 9}\begin{pmatrix}3 & 0 & -2 & 0 & 1 & 0\\ 0 & -2 & 1 & 1 & 0 & 0\\ 0 & 0 & 1 & 9 & 4 & 6\end{pmatrix}$$

$$\xrightarrow[r_2-r_3]{r_1+2r_3}\begin{pmatrix}3 & 0 & 0 & 18 & 9 & 12\\ 0 & -2 & 0 & -8 & -4 & -6\\ 0 & 0 & 1 & 9 & 4 & 6\end{pmatrix}\xrightarrow[r_2\div(-2)]{r_1\div 3}\begin{pmatrix}1 & 0 & 0 & 6 & 3 & 4\\ 0 & 1 & 0 & 4 & 2 & 3\\ 0 & 0 & 1 & 9 & 4 & 6\end{pmatrix},$$

即 $\boldsymbol{A}^{-1}=\begin{pmatrix}6 & 3 & 4\\ 4 & 2 & 3\\ 9 & 4 & 6\end{pmatrix}$。

2. 设 $\boldsymbol{A}$ 为 n 阶可逆矩阵，$\boldsymbol{B}$ 为 $n\times s$ 矩阵，则 $(\boldsymbol{A} \mid \boldsymbol{B}) \xrightarrow{\text{行}} (\boldsymbol{E} \mid \boldsymbol{A}^{-1}\boldsymbol{B})$。

【题 19】 求解矩阵方程 $\boldsymbol{AX}=\boldsymbol{B}$，其中 $\boldsymbol{A}=\begin{pmatrix}2 & 1 & -3\\ 1 & 2 & -2\\ -1 & 3 & 2\end{pmatrix}$，$\boldsymbol{B}=\begin{pmatrix}1 & -1\\ 2 & 0\\ -2 & 5\end{pmatrix}$。

解 由 $(\boldsymbol{A}|\boldsymbol{B})=\begin{pmatrix}2 & 1 & -3 & 1 & -1\\ 1 & 2 & -2 & 2 & 0\\ -1 & 3 & 2 & -2 & 5\end{pmatrix}\xrightarrow[r_3+r_1]{\substack{r_1\leftrightarrow r_2\\ r_2-2r_1}}\begin{pmatrix}1 & 2 & -2 & 2 & 0\\ 0 & -3 & 1 & -3 & -1\\ 0 & 5 & 0 & 0 & 5\end{pmatrix}$

$$\xrightarrow[r_3+3r_2]{\substack{r_3\leftrightarrow r_2\\ r_2\div 5}}\begin{pmatrix}1 & 2 & -2 & 2 & 0\\ 0 & 1 & 0 & 0 & 1\\ 0 & 0 & 1 & -3 & 2\end{pmatrix}\xrightarrow{r_1-2r_2+2r_3}\begin{pmatrix}1 & 0 & 0 & -4 & 2\\ 0 & 1 & 0 & 0 & 1\\ 0 & 0 & 1 & -3 & 2\end{pmatrix}=(\boldsymbol{E}|\boldsymbol{A}^{-1}\boldsymbol{B}),$$

可见 $\boldsymbol{A}\xrightarrow{\text{行}}\boldsymbol{E}$，因此 $\boldsymbol{A}$ 可逆，用 $\boldsymbol{A}^{-1}$ 左乘 $\boldsymbol{AX}=\boldsymbol{B}$，等号两侧得 $\boldsymbol{A}^{-1}\boldsymbol{AX}=\boldsymbol{A}^{-1}\boldsymbol{B}$，

所以 $\boldsymbol{X}=\boldsymbol{A}^{-1}\boldsymbol{B}=\begin{pmatrix}-4 & 2\\ 0 & 1\\ -3 & 2\end{pmatrix}$，即为所给矩阵方程的唯一解。

考点6 矩阵的秩 ★★

1. 定义

设在矩阵 $\boldsymbol{A}$ 中有一个不等于0的 r 阶子式 D，且所有 $r+1$ 阶子式（如果存在的话）全等于0，那么 D 称为矩阵 $\boldsymbol{A}$ 的最高阶非零子式，数 r 称为矩阵 $\boldsymbol{A}$ 的秩，记作 $R(\boldsymbol{A})$。规定零矩阵的秩等于0。

矩阵的行向量组的秩叫做矩阵的行秩；矩阵的列向量组的秩叫做矩阵的列秩。矩阵的行秩等于列秩等于矩阵的秩。

例如，矩阵 $\boldsymbol{A}=\begin{pmatrix}1&2&5&-3&1\\0&2&2&0&3\\0&0&0&3&1\end{pmatrix}$ 中有三阶子式 $\begin{vmatrix}1&2&-3\\0&2&0\\0&0&3\end{vmatrix}=6\neq0$，且 $\boldsymbol{A}$ 中没有4阶子式，即 $\boldsymbol{A}$ 中非零子式的最高阶数为3阶，所以 $R(\boldsymbol{A})=3$。

2. 性质

(1) $R(\boldsymbol{A})=r\Leftrightarrow\boldsymbol{A}$ 中有 r 阶子式不为0，任何 $r+1$ 阶子式（若存在）必全为0；

$R(\boldsymbol{A})<r\Leftrightarrow\boldsymbol{A}$ 中每一个 r 阶子式全为0；

$R(\boldsymbol{A})\geqslant r\Leftrightarrow\boldsymbol{A}$ 中有某个 r 阶子式不为0，

特别地，$R(\boldsymbol{A})=0\Leftrightarrow\boldsymbol{A}=\boldsymbol{O}$。$\boldsymbol{A}\neq\boldsymbol{O}\Leftrightarrow R(\boldsymbol{A})\geqslant1$。

(2) 对于 n 阶矩阵 $\boldsymbol{A}$，由于 $\boldsymbol{A}$ 的 n 阶子式只有一个 $|\boldsymbol{A}|$，故当 $|\boldsymbol{A}|\neq0$ 时，$R(\boldsymbol{A})=n$，当 $|\boldsymbol{A}|=0$ 时，$R(\boldsymbol{A})<n$。可见可逆矩阵的秩等于矩阵的阶数，不可逆矩阵的秩小于矩阵的阶数。因此，可逆矩阵又称满秩矩阵，不可逆矩阵（奇异矩阵）又称降秩矩阵。

3. 与矩阵秩有关的重要公式

(1) 若 $\boldsymbol{A}$ 是 $m\times n$ 矩阵，则 $0\leqslant R(\boldsymbol{A})\leqslant\min\{m,n\}$。

(2) $R(\boldsymbol{A})=R(\boldsymbol{A}^{\mathrm{T}})$；

(3) $R(\boldsymbol{A}+\boldsymbol{B})\leqslant R(\boldsymbol{A})+R(\boldsymbol{B})$；

(4) $R(k\boldsymbol{A})=R(\boldsymbol{A}),k\neq0$；

(5) $R(\boldsymbol{AB})\leqslant\min\{R(\boldsymbol{A}),R(\boldsymbol{B})\}$；

(6) 矩阵的初等变换不改变矩阵的秩，即有

$$\text{若 }\boldsymbol{A}\sim\boldsymbol{B}\text{，则 }R(\boldsymbol{A})=R(\boldsymbol{B})\text{。}$$

(7) 若 $\boldsymbol{A}$ 可逆，则 $R(\boldsymbol{AB})=R(\boldsymbol{B})$；若 $\boldsymbol{B}$ 可逆，则 $R(\boldsymbol{AB})=R(\boldsymbol{A})$；

(8) $\boldsymbol{A}$ 是 $m\times n$ 矩阵，$\boldsymbol{B}$ 是 $n\times p$ 矩阵，若 $\boldsymbol{AB}=\boldsymbol{O}$，则 $R(\boldsymbol{A})+R(\boldsymbol{B})\leqslant n$。

知识再拔高

行阶梯形矩阵与行最简形矩阵

1. 行阶梯形矩阵

从第一行画出一条阶梯线，线的下方元素都为零，每个台阶只有一行，台阶数即是非零行的行数；阶梯线的竖线（每段竖线的长度为一行）后面的第一个元素为非零元素，也是非零行的第一个非零元。

具有这样特点的矩阵叫做行阶梯形矩阵。如下图所示。

$$\begin{pmatrix} 1 & 2 & 3 & 4 \\ 0 & 5 & 6 & 7 \\ 0 & 0 & 1 & 8 \end{pmatrix}$$

例如，$\begin{pmatrix} 2 & 1 & 3 \\ 0 & 0 & 0 \\ 0 & 0 & 5 \end{pmatrix}$，$\begin{pmatrix} 1 & 3 & -2 \\ 0 & 1 & 4 \\ 0 & 2 & 5 \end{pmatrix}$都不是行阶梯形矩阵；

$\begin{pmatrix} 1 & 2 & 0 & 3 \\ 0 & 1 & -1 & 5 \\ 0 & 0 & 0 & 6 \end{pmatrix}$，$\begin{pmatrix} 3 & 0 & 1 & -4 \\ 0 & 0 & 2 & 7 \\ 0 & 0 & 0 & 0 \end{pmatrix}$是行阶梯形矩阵。

2. 行最简形矩阵

行阶梯形矩阵非零行的第一个非零元素均为1，且这些非零元素所在列的其他元素都为0，具有这样特点的矩阵叫做行最简形矩阵。如下图所示。

$$\begin{pmatrix} 1 & 0 & 0 \\ 0 & 1 & 0 \\ 0 & 0 & 1 \end{pmatrix}$$

例如，$\begin{pmatrix} 1 & 0 & 3 & 1 \\ 0 & 1 & 1 & 0 \\ 0 & 0 & 0 & 1 \end{pmatrix}$，$\begin{pmatrix} 1 & 1 & 2 & 0 \\ 0 & 1 & 3 & 0 \\ 0 & 0 & 0 & 1 \end{pmatrix}$，$\begin{pmatrix} 1 & -1 & 0 & 0 \\ 0 & 2 & 1 & 0 \\ 0 & 0 & 0 & 1 \end{pmatrix}$都不是行最简形矩阵；

$\begin{pmatrix} 1 & 0 & -1 & 0 \\ 0 & 1 & 2 & 0 \\ 0 & 0 & 0 & 1 \end{pmatrix}$，$\begin{pmatrix} 1 & 0 & 0 & 2 \\ 0 & 0 & 1 & 3 \\ 0 & 0 & 0 & 0 \end{pmatrix}$是行最简形矩阵。

考法大揭秘

矩阵的秩的三种求法

(1)利用初等变换将矩阵化为阶梯形矩阵，由于阶梯形矩阵的秩就是其非零行(或列)的个数，而初等变换不改变矩阵的秩，故变换后的阶梯形矩阵中非零行(或列)的个数就是原矩阵的秩。(常用)

(2)计算矩阵的各阶子式，从阶数最高的子式开始，找到不等于零的子式中阶数最大的一个子式，则这个子式的阶数就是矩阵的秩。

(3)如果是低阶方阵可以求出对应行列式的值，如果行列式不为零，那么矩阵满秩。

【题20】【2023浙江金华,单,3分】矩阵$A=\begin{pmatrix}5&0&1&2&1\\0&4&1&3&1\\0&5&2&-1&1\\0&0&0&0&1\end{pmatrix}$的秩为( )

A. 1　　B. 2　　C. 3　　D. 4

解　对矩阵A进行初等行变换，$A=\begin{pmatrix}5&0&1&2&1\\0&4&1&3&1\\0&5&2&-1&1\\0&0&0&0&1\end{pmatrix}\longrightarrow\begin{pmatrix}5&0&1&2&0\\0&4&1&3&0\\0&5&2&-1&0\\0&0&0&0&1\end{pmatrix}\longrightarrow$

$\begin{pmatrix}5&0&1&2&0\\0&20&5&15&0\\0&20&8&-4&0\\0&0&0&0&1\end{pmatrix}\longrightarrow\begin{pmatrix}5&0&1&2&0\\0&20&5&15&0\\0&0&3&-19&0\\0&0&0&0&1\end{pmatrix}\longrightarrow\begin{pmatrix}3&0&0&5&0\\0&12&3&9&0\\0&0&3&-19&0\\0&0&0&0&1\end{pmatrix}\longrightarrow$

$\begin{pmatrix}3&0&0&5&0\\0&12&0&28&0\\0&0&3&-19&0\\0&0&0&0&1\end{pmatrix}\longrightarrow\begin{pmatrix}1&0&0&\frac{5}{3}&0\\0&1&0&\frac{7}{3}&0\\0&0&1&-\frac{19}{3}&0\\0&0&0&0&1\end{pmatrix}$。$R(A)=4$。

答案　D

【题21】　矩阵$\begin{pmatrix}1&2&6\\0&3&5\\0&0&4\end{pmatrix}\begin{pmatrix}1&1&1\\-1&2&3\\0&3&4\end{pmatrix}$的秩为________。

解　因为$\begin{pmatrix}1&2&6\\0&3&5\\0&0&4\end{pmatrix}$是满秩矩阵，所以$\begin{pmatrix}1&2&6\\0&3&5\\0&0&4\end{pmatrix}\begin{pmatrix}1&1&1\\-1&2&3\\0&3&4\end{pmatrix}$的秩等于$\begin{pmatrix}1&1&1\\-1&2&3\\0&3&4\end{pmatrix}$的秩。

对$\begin{pmatrix}1&1&1\\-1&2&3\\0&3&4\end{pmatrix}$进行初等变换，即$\begin{pmatrix}1&1&1\\-1&2&3\\0&3&4\end{pmatrix}\rightarrow\begin{pmatrix}1&1&1\\0&3&4\\0&3&4\end{pmatrix}\rightarrow\begin{pmatrix}1&1&1\\0&3&4\\0&0&0\end{pmatrix}$，则其秩为2。

答案　2

第三节　向量组的线性相关性

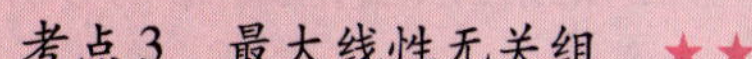

考点1　n 维向量的概念与运算　★　　考点3　最大线性无关组　★★

考点2　向量间的线性关系　★★

考点1　n 维向量的概念与运算　★

1. n 维向量的概念

(1) n 维向量

数域 P 中的 n 个数 $a_1,a_2,\cdots,a_n$ 组成的有序数组 $(a_1,a_2,\cdots,a_n)$ 记作 $\boldsymbol{\alpha}=(a_1,a_2,\cdots,a_n)$，称为 n 维行向量，其中 $a_i(i=1,2,\cdots,n)$ 称为向量 $\boldsymbol{\alpha}$ 的第 i 个分量。$\boldsymbol{\alpha}^{\mathrm{T}}=\begin{pmatrix}a_1\\a_2\\\vdots\\a_n\end{pmatrix}$ 称为 n 维列向量。

(2) 几个特殊向量

①相等向量

设两个 n 维向量 $\boldsymbol{\alpha}=(a_1,a_2,\cdots,a_n)$，$\boldsymbol{\beta}=(b_1,b_2,\cdots,b_n)$。若向量 $\boldsymbol{\alpha},\boldsymbol{\beta}$ 的对应分量都相等，即 $a_i=b_i(i=1,2,3,\cdots,n)$，则这两个向量相等，记为 $\boldsymbol{\alpha}=\boldsymbol{\beta}$。

②零向量

分量全为零的向量 $(0,0,\cdots,0)$ 称为零向量，记为 $\mathbf{0}$。

③负向量

向量 $(-a_1,-a_2,\cdots,-a_n)$ 称为 $\boldsymbol{\alpha}=(a_1,a_2,\cdots,a_n)$ 的负向量，记为 $-\boldsymbol{\alpha}$。

2. n 维向量的运算

(1) 向量的和

向量 $\boldsymbol{\gamma}=(a_1+b_1,a_2+b_2,\cdots,a_n+b_n)$ 称为 $\boldsymbol{\alpha}=(a_1,a_2,\cdots,a_n)$ 与 $\boldsymbol{\beta}=(b_1,b_2,\cdots,b_n)$ 的和，记为 $\boldsymbol{\gamma}=\boldsymbol{\alpha}+\boldsymbol{\beta}$。

①交换律：$\boldsymbol{\alpha}+\boldsymbol{\beta}=\boldsymbol{\beta}+\boldsymbol{\alpha}$。

②结合律：$\boldsymbol{\alpha}+(\boldsymbol{\beta}+\boldsymbol{\gamma})=(\boldsymbol{\alpha}+\boldsymbol{\beta})+\boldsymbol{\gamma}$。

(2) 数量乘积

设 k 为数域 P 中的数，向量 $(ka_1,ka_2,\cdots,ka_n)$ 称为向量 $\boldsymbol{\alpha}=(a_1,a_2,\cdots,a_n)$ 与数 k 的数量乘积，记为 $k\boldsymbol{\alpha}$。

(3) 向量的内积

$$(\boldsymbol{\alpha},\boldsymbol{\beta})=a_1b_1+a_2b_2+\cdots+a_nb_n=\boldsymbol{\alpha}\boldsymbol{\beta}^{\mathrm{T}}=\boldsymbol{\beta}\boldsymbol{\alpha}^{\mathrm{T}}。$$

考点 2　向量间的线性关系　★★

1. 线性表出

如果有数域 P 中的一组数 $k_1,k_2,\cdots,k_n$，使 $\boldsymbol{\alpha}=k_1\boldsymbol{\beta}_1+k_2\boldsymbol{\beta}_2+\cdots+k_n\boldsymbol{\beta}_n$，则向量 $\boldsymbol{\alpha}$ 称为向量组 $\boldsymbol{\beta}_1,\boldsymbol{\beta}_2,\cdots,\boldsymbol{\beta}_n$ 的一个线性组合。这时也称向量 $\boldsymbol{\alpha}$ 可以由向量组 $\boldsymbol{\beta}_1,\boldsymbol{\beta}_2,\cdots,\boldsymbol{\beta}_n$ 线性表出。

如果两个向量组可互相线性表出，就称它们等价。

2. 线性关系

	定义	等价条件
线性相关	给定向量组 $\boldsymbol{\alpha}_1,\boldsymbol{\alpha}_2,\cdots,\boldsymbol{\alpha}_s\ (s\geqslant 2)$，如果存在不全为零的数 $k_1,k_2,\cdots,k_s$，使得 $k_1\boldsymbol{\alpha}_1+k_2\boldsymbol{\alpha}_2+\cdots+k_s\boldsymbol{\alpha}_s=\boldsymbol{0}$，则称向量组是线性相关的	向量组 $\boldsymbol{\alpha}_1,\boldsymbol{\alpha}_2,\cdots,\boldsymbol{\alpha}_s$ 线性相关，即 (1) 齐次方程组 $(\boldsymbol{\alpha}_1,\boldsymbol{\alpha}_2,\cdots,\boldsymbol{\alpha}_s)\begin{pmatrix}x_1\\x_2\\\vdots\\x_s\end{pmatrix}=\boldsymbol{0}$ 有非零解； (2) 向量组的秩 $R(\boldsymbol{\alpha}_1,\boldsymbol{\alpha}_2,\cdots,\boldsymbol{\alpha}_s)<s$（向量的个数）； (3) 存在某 $\boldsymbol{\alpha}_i\ (i=1,2,\cdots,s,s\geqslant 2)$ 可由其余 $s-1$ 个向量线性表出
线性无关	没有不全为零的数 $k_1,k_2,\cdots,k_s$，使得 $k_1\boldsymbol{\alpha}_1+k_2\boldsymbol{\alpha}_2+\cdots+k_s\boldsymbol{\alpha}_s=\boldsymbol{0}$，即一向量组 $\boldsymbol{\alpha}_1,\boldsymbol{\alpha}_2,\cdots,\boldsymbol{\alpha}_s\ (s\geqslant 2)$ 线性无关	向量组 $\boldsymbol{\alpha}_1,\boldsymbol{\alpha}_2,\cdots,\boldsymbol{\alpha}_s$ 线性无关，即 (1) 齐次方程组 $(\boldsymbol{\alpha}_1,\boldsymbol{\alpha}_2,\cdots,\boldsymbol{\alpha}_s)\begin{pmatrix}x_1\\x_2\\\vdots\\x_s\end{pmatrix}=\boldsymbol{0}$ 只有零解； (2) 向量组的秩 $R(\boldsymbol{\alpha}_1,\boldsymbol{\alpha}_2,\cdots,\boldsymbol{\alpha}_s)=s$（向量的个数）； (3) 每一个向量 $\boldsymbol{\alpha}_i\ (i=1,2,\cdots,s,s\geqslant 2)$ 都不能由其余 $s-1$ 个向量线性表出

(1) 若一向量组的一部分线性相关，那么向量组就线性相关（部分相关，整体也相关）；

(2) 若一向量组线性无关，那么它的任何一个非空部分组也线性无关（整体无关，部分也无关）；

(3) 线性无关的向量组中定不包含成比例的向量；

(4) 任意的 $n+1$ 个 n 维向量必线性相关；

(5) 任意两个线性无关的等价向量组，必含有相同个数的向量。

【题22】 已知向量组 $\boldsymbol{\alpha}_1,\boldsymbol{\alpha}_2,\boldsymbol{\alpha}_3,\boldsymbol{\alpha}_4$ 线性无关，则下列命题正确的是(　　)

A. $\boldsymbol{\alpha}_1+\boldsymbol{\alpha}_2,\boldsymbol{\alpha}_2+\boldsymbol{\alpha}_3,\boldsymbol{\alpha}_3+\boldsymbol{\alpha}_4,\boldsymbol{\alpha}_4+\boldsymbol{\alpha}_1$ 线性无关

B. $\boldsymbol{\alpha}_1-\boldsymbol{\alpha}_2,\boldsymbol{\alpha}_2-\boldsymbol{\alpha}_3,\boldsymbol{\alpha}_3-\boldsymbol{\alpha}_4,\boldsymbol{\alpha}_4-\boldsymbol{\alpha}_1$ 线性无关

C. $\boldsymbol{\alpha}_1+\boldsymbol{\alpha}_2,\boldsymbol{\alpha}_2+\boldsymbol{\alpha}_3,\boldsymbol{\alpha}_3-\boldsymbol{\alpha}_4,\boldsymbol{\alpha}_4-\boldsymbol{\alpha}_1$ 线性无关

D. $\boldsymbol{\alpha}_1+\boldsymbol{\alpha}_2,\boldsymbol{\alpha}_2-\boldsymbol{\alpha}_3,\boldsymbol{\alpha}_3-\boldsymbol{\alpha}_4,\boldsymbol{\alpha}_4-\boldsymbol{\alpha}_1$ 线性无关

解　选项A，$(\boldsymbol{\alpha}_1+\boldsymbol{\alpha}_2)-(\boldsymbol{\alpha}_2+\boldsymbol{\alpha}_3)+(\boldsymbol{\alpha}_3+\boldsymbol{\alpha}_4)-(\boldsymbol{\alpha}_4+\boldsymbol{\alpha}_1)=\boldsymbol{0}$，即该向量组线性相关；选项B，$(\boldsymbol{\alpha}_1-\boldsymbol{\alpha}_2)+(\boldsymbol{\alpha}_2-\boldsymbol{\alpha}_3)+(\boldsymbol{\alpha}_3-\boldsymbol{\alpha}_4)+(\boldsymbol{\alpha}_4-\boldsymbol{\alpha}_1)=\boldsymbol{0}$，即该向量组线性相关；选项C，$(\boldsymbol{\alpha}_1+\boldsymbol{\alpha}_2)-(\boldsymbol{\alpha}_2+\boldsymbol{\alpha}_3)+(\boldsymbol{\alpha}_3-\boldsymbol{\alpha}_4)+(\boldsymbol{\alpha}_4-\boldsymbol{\alpha}_1)=\boldsymbol{0}$，即该向量组线性相关；选项D，不能用线性组合进行表示，即该向量组线性无关，正确。

答案　D

【题23】 设 $\boldsymbol{\alpha}_1=\begin{pmatrix}1\\-1\\2\\1\end{pmatrix},\boldsymbol{\alpha}_2=\begin{pmatrix}2\\-1\\3\\a\end{pmatrix},\boldsymbol{\alpha}_3=\begin{pmatrix}0\\1\\-1\\1\end{pmatrix}$线性相关，则 $a=$______。

思路分析：向量组的秩小于向量的个数，则 $\boldsymbol{\alpha}_1,\boldsymbol{\alpha}_2,\boldsymbol{\alpha}_3$ 线性相关，即 $R(\boldsymbol{\alpha}_1,\boldsymbol{\alpha}_2,\boldsymbol{\alpha}_3)<3$，从而可求出 a 的值。

解　向量组 $\boldsymbol{\alpha}_1,\boldsymbol{\alpha}_2,\boldsymbol{\alpha}_3$ 线性相关的充分必要条件是 $(\boldsymbol{\alpha}_1,\boldsymbol{\alpha}_2,\boldsymbol{\alpha}_3)$ 的秩小于3，而

$$(\boldsymbol{\alpha}_1,\boldsymbol{\alpha}_2,\boldsymbol{\alpha}_3)=\begin{pmatrix}1&2&0\\-1&-1&1\\2&3&-1\\1&a&1\end{pmatrix}\to\begin{pmatrix}1&2&0\\0&1&1\\0&-1&-1\\0&a-2&1\end{pmatrix}\to\begin{pmatrix}1&2&0\\0&1&1\\0&a-2&1\\0&0&0\end{pmatrix}\to\begin{pmatrix}1&2&0\\0&1&1\\0&a-3&0\\0&0&0\end{pmatrix},$$

若满足 $R(\boldsymbol{\alpha}_1,\boldsymbol{\alpha}_2,\boldsymbol{\alpha}_3)<3$，则有 $a-3=0$，所以 $a=3$。

答案　3

考点3　最大线性无关组　★★

1. 定义

设有向量组 A，如果在向量组 A 中能选出 r 个向量 $\boldsymbol{\alpha}_1,\boldsymbol{\alpha}_2,\cdots,\boldsymbol{\alpha}_r$，满足：

(1) 向量组 $A_0:\boldsymbol{\alpha}_1,\boldsymbol{\alpha}_2,\cdots,\boldsymbol{\alpha}_r$ 线性无关；

(2) 向量组 A 中任意 $r+1$ 个向量(如果 A 中存在 $r+1$ 个向量)都线性相关，

那么称向量组 A_0 是向量组 A 的一个最大线性无关向量组(最大无关组)。最大无关组所含向量的个数 r 称为向量组 A 的秩，记作 R_A。

2. 相关结论

(1) 一个线性无关向量组的最大无关组就是这个向量组自身。

(2) 任意一个最大无关组都与向量组本身等价。

(3) 向量组的最大无关组不是唯一的，且一向量组的任意两个最大无关组都是等价的。

注：零向量组没有极大线性无关组，且零向量组的秩为0。

【题24】 向量组 $\boldsymbol{\alpha}_1=\begin{pmatrix}1\\1\\3\\1\end{pmatrix},\boldsymbol{\alpha}_2=\begin{pmatrix}-1\\1\\-1\\3\end{pmatrix},\boldsymbol{\alpha}_3=\begin{pmatrix}5\\-2\\8\\9\end{pmatrix},\boldsymbol{\alpha}_4=\begin{pmatrix}-1\\3\\1\\7\end{pmatrix}$ 的一个最大无关组为(　　)

A. $\boldsymbol{\alpha}_1$　　B. $\boldsymbol{\alpha}_1,\boldsymbol{\alpha}_2$　　C. $\boldsymbol{\alpha}_1,\boldsymbol{\alpha}_2,\boldsymbol{\alpha}_3$　　D. $\boldsymbol{\alpha}_1,\boldsymbol{\alpha}_2,\boldsymbol{\alpha}_3,\boldsymbol{\alpha}_4$

解　$(\boldsymbol{\alpha}_1,\boldsymbol{\alpha}_2,\boldsymbol{\alpha}_3,\boldsymbol{\alpha}_4)=\begin{pmatrix}1&-1&5&-1\\1&1&-2&3\\3&-1&8&1\\1&3&9&7\end{pmatrix}\to\begin{pmatrix}1&-1&5&-1\\0&2&-7&4\\0&2&-7&4\\0&4&4&8\end{pmatrix}\to\begin{pmatrix}1&-1&5&-1\\0&2&-7&4\\0&0&0&0\\0&0&18&0\end{pmatrix}\to$

$\begin{pmatrix}1&-1&5&-1\\0&2&-7&4\\0&0&18&0\\0&0&0&0\end{pmatrix}$,即该向量组的秩为3,所以 $\boldsymbol{\alpha}_1,\boldsymbol{\alpha}_2,\boldsymbol{\alpha}_3$ 为一个最大无关组,故选C。

答案　C

第四节　线性方程组

核心考点

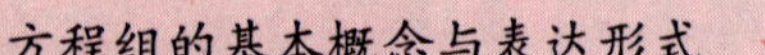
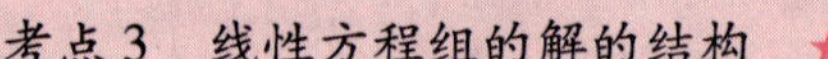

考点1　线性方程组的基本概念与表达形式 ★
考点2　线性方程组的解的基本定理 ★★
考点3　线性方程组的解的结构 ★
考点4　线性方程组的通解 ★★★

考点1　线性方程组的基本概念与表达形式 ★

1. 线性方程组的基本形式

设有 n 个未知数,m 个方程的线性方程组

$$\begin{cases}a_{11}x_1+a_{12}x_2+\cdots+a_{1n}x_n=b_1,\\a_{21}x_1+a_{22}x_2+\cdots+a_{2n}x_n=b_2,\\\cdots\cdots\cdots\cdots\\a_{m1}x_1+a_{m2}x_2+\cdots+a_{mn}x_n=b_m,\end{cases}\quad(1)$$

其中 a_{ij} 是第 i 个方程的第 j 个未知数的系数,b_i 是第 i 个方程的常数项,$i=1,2,\cdots,m$;$j=1,2,\cdots,n$,当常数项 $b_1,b_2,\cdots,b_m$ 不全为零时,线性方程组(1)叫做 n 元非齐次线性方程组,当 $b_1,b_2,\cdots,b_m$ 全为零时,(1)式成为

$$
\begin{cases}
a_{11}x_1 + a_{12}x_2 + \cdots + a_{1n}x_n = 0, \\
a_{21}x_1 + a_{22}x_2 + \cdots + a_{2n}x_n = 0, \\
\cdots\cdots\cdots\cdots \\
a_{m1}x_1 + a_{m2}x_2 + \cdots + a_{mn}x_n = 0,
\end{cases} \quad (2)
$$

叫做 n 元齐次线性方程组。

n 元线性方程组往往简称为线性方程组或方程组。

2. 线性方程组的矩阵形式

记 $\boldsymbol{A} = \begin{pmatrix} a_{11} & a_{12} & \cdots & a_{1n} \\ a_{21} & a_{22} & \cdots & a_{2n} \\ \vdots & \vdots & & \vdots \\ a_{m1} & a_{m2} & \cdots & a_{mn} \end{pmatrix}, \boldsymbol{X} = \begin{pmatrix} x_1 \\ x_2 \\ \vdots \\ x_n \end{pmatrix}, \boldsymbol{b} = \begin{pmatrix} b_1 \\ b_2 \\ \vdots \\ b_m \end{pmatrix}$,则方程组(1)与(2)分别可改写为

$$\boldsymbol{Ax} = \boldsymbol{b}, (3)$$

与

$$\boldsymbol{Ax} = \boldsymbol{0}, (4)$$

方程组(3)和方程组(4)分别称为非齐次线性方程组和齐次线性方程组的矩阵形式。

称 $\bar{\boldsymbol{A}} = (\boldsymbol{A}, \boldsymbol{b}) = \begin{pmatrix} a_{11} & a_{12} & \cdots & a_{1n} & b_1 \\ a_{21} & a_{22} & \cdots & a_{2n} & b_2 \\ \vdots & \vdots & & \vdots & \vdots \\ a_{m1} & a_{m2} & \cdots & a_{mn} & b_m \end{pmatrix}$为方程组(3)的增广矩阵。

3. 线性方程组的向量形式

记 $\boldsymbol{\alpha}_1 = \begin{pmatrix} a_{11} \\ a_{21} \\ \vdots \\ a_{m1} \end{pmatrix}, \boldsymbol{\alpha}_2 = \begin{pmatrix} a_{12} \\ a_{22} \\ \vdots \\ a_{m2} \end{pmatrix}, \cdots, \boldsymbol{\alpha}_n = \begin{pmatrix} a_{1n} \\ a_{2n} \\ \vdots \\ a_{mn} \end{pmatrix}, \boldsymbol{b} = \begin{pmatrix} b_1 \\ b_2 \\ \vdots \\ b_m \end{pmatrix}$,则方程组(1)与(2)分别可改写为

$$x_1\boldsymbol{\alpha}_1 + x_2\boldsymbol{\alpha}_2 + \cdots + x_n\boldsymbol{\alpha}_n = \boldsymbol{b}, (5)$$

与

$$x_1\boldsymbol{\alpha}_1 + x_2\boldsymbol{\alpha}_2 + \cdots + x_n\boldsymbol{\alpha}_n = \boldsymbol{0}, (6)$$

方程组(5)和方程组(6)分别称为非齐次线性方程组和齐次线性方程组的向量形式。

考点 2　线性方程组的解的基本定理　★★

(1) n 元线性方程组 $\boldsymbol{Ax} = \boldsymbol{b}$

①无解的充分必要条件是 $R(\boldsymbol{A}) < R(\boldsymbol{A}, \boldsymbol{b})$;

②有唯一解的充分必要条件是 $R(\boldsymbol{A}) = R(\boldsymbol{A}, \boldsymbol{b}) = n$;

③有无限多解的充分必要条件是 $R(\boldsymbol{A})=R(\boldsymbol{A},\boldsymbol{b})<n$。

(2) n 元齐次线性方程组 $\boldsymbol{Ax}=\boldsymbol{0}$ 有非零解的充分必要条件是 $R(\boldsymbol{A})<n$。

(3) 线性方程组 $\boldsymbol{AX}=\boldsymbol{b}$ 有解的充分必要条件是 $R(\boldsymbol{A})=R(\boldsymbol{A},\boldsymbol{b})$。

(4) 矩阵方程 $\boldsymbol{AX}=\boldsymbol{B}$ 有解的充分必要条件是 $R(\boldsymbol{A})=R(\boldsymbol{A},\boldsymbol{B})$。

(5) 设 $\boldsymbol{AB}=\boldsymbol{C}$,则 $R(\boldsymbol{C})\leqslant\min\{R(\boldsymbol{A}),R(\boldsymbol{B})\}$。

考点 3　线性方程组的解的结构　★

若 $x_1=\xi_{11},x_2=\xi_{21},\cdots,x_n=\xi_{n1}$为齐次线性方程组 $\boldsymbol{Ax}=\boldsymbol{0}$ 的解,则

$$\boldsymbol{x}=\boldsymbol{\xi}_1=\begin{pmatrix}\xi_{11}\\ \xi_{21}\\ \vdots\\ \xi_{n1}\end{pmatrix}$$

称为向量方程 $\boldsymbol{Ax}=\boldsymbol{0}$ 的解。解向量有如下性质:

(1) 若 $\boldsymbol{x}=\boldsymbol{\xi}_1,\boldsymbol{x}=\boldsymbol{\xi}_2$为向量方程 $\boldsymbol{Ax}=\boldsymbol{0}$ 的解,则 $\boldsymbol{x}=\boldsymbol{\xi}_1+\boldsymbol{\xi}_2$也是向量方程 $\boldsymbol{Ax}=\boldsymbol{0}$ 的解。

(2) 若 $\boldsymbol{x}=\boldsymbol{\xi}_1$为向量方程 $\boldsymbol{Ax}=\boldsymbol{0}$ 的解,k 为实数,则 $\boldsymbol{x}=k\boldsymbol{\xi}_1$也是向量方程 $\boldsymbol{Ax}=\boldsymbol{0}$ 的解。

(3) 设 $\boldsymbol{x}=\boldsymbol{\eta}_1$及 $\boldsymbol{x}=\boldsymbol{\eta}_2$都是向量方程 $\boldsymbol{Ax}=\boldsymbol{b}$ 的解,则 $\boldsymbol{x}=\boldsymbol{\eta}_1-\boldsymbol{\eta}_2$为对应的齐次线性方程组 $\boldsymbol{Ax}=\boldsymbol{0}$ 的解。

(4) 设 $\boldsymbol{x}=\boldsymbol{\eta}$ 是方程 $\boldsymbol{Ax}=\boldsymbol{b}$ 的解,$\boldsymbol{x}=\boldsymbol{\xi}$ 是方程 $\boldsymbol{Ax}=\boldsymbol{0}$ 的解,则 $\boldsymbol{x}=\boldsymbol{\xi}+\boldsymbol{\eta}$ 仍是方程 $\boldsymbol{Ax}=\boldsymbol{b}$ 的解。

考点 4　线性方程组的通解　★★★

1. 齐次线性方程组 $\boldsymbol{Ax}=\boldsymbol{0}$ 的基础解系与通解

(1) 基础解系

设 $R(\boldsymbol{A})=r<n$,则 n 元齐次线性方程组 $\boldsymbol{Ax}=\boldsymbol{0}$ 所有解构成的解向量组的最大无关组称为方程组 $\boldsymbol{Ax}=\boldsymbol{0}$ 的一个基础解系。当 $R(\boldsymbol{A})=r$ 时,$\boldsymbol{Ax}=\boldsymbol{0}$ 的基础解系所含的线性无关的解向量的个数为 $n-r$ 个。

设 $\boldsymbol{A}$ 为 $m\times n$ 矩阵,且 $R(\boldsymbol{A})=r<n$,所谓 $\boldsymbol{Ax}=\boldsymbol{0}$ 的基础解系,即为满足如下三个条件的向量组:

(1) 该向量组中每个向量都是 $\boldsymbol{Ax}=\boldsymbol{0}$ 的解;

(2) 该向量组线性无关;

(3) 该向量组所含的解向量的个数等于 $n-r$。

(2) 通解

设$\boldsymbol{\xi}_1,\boldsymbol{\xi}_2,\cdots,\boldsymbol{\xi}_{n-r}$为齐次线性方程组 $\boldsymbol{Ax}=\boldsymbol{0}$ 的一个基础解系,则称

$$k_1\boldsymbol{\xi}_1+k_2\boldsymbol{\xi}_2+\cdots+k_{n-r}\boldsymbol{\xi}_{n-r}$$

为齐次线性方程组 $\boldsymbol{Ax}=\boldsymbol{0}$ 的通解,其中 $k_1,k_2,\cdots,k_{n-r}$为任意常数。

考法大揭秘

求齐次线性方程组的基础解系

求齐次线性方程组的基础解系时，把其系数矩阵通过初等行变换进行阶梯化(系数矩阵进行初等行变换相当于方程组的同解变形)，每行第一个非零元素所在的列对应的未知数是约束变量，其余变量为自由变量，从而可以确定基础解系(最好把每行第一个非零元素化为1，且其所在的列其余元素都化为零)。

【题 25】【2023 浙江金华，解答，5 分】已知齐次方程组 $\begin{cases}2x_1+x_2-x_3+2x_4=0,\\3x_1+2x_2+x_4=0,\\x_1+x_2+x_3-x_4=0,\end{cases}$ 求该齐次方程组的通解。

解　该齐次方程组的系数矩阵为 $A=\begin{pmatrix}2&1&-1&2\\3&2&0&1\\1&1&1&-1\end{pmatrix}\longrightarrow\begin{pmatrix}1&0&-2&3\\0&-1&-3&4\\1&1&1&-1\end{pmatrix}\longrightarrow$

$\begin{pmatrix}1&0&-2&3\\0&-1&-3&4\\0&1&3&-4\end{pmatrix}\longrightarrow\begin{pmatrix}1&0&-2&3\\0&1&3&-4\\0&0&0&0\end{pmatrix}$，即 $\begin{cases}x_1=2x_3-3x_4,\\x_2=-3x_3+4x_4,\end{cases}$ 令 $x_3=1,x_4=0$，则 $\boldsymbol{\xi}_1=\begin{pmatrix}2\\-3\\1\\0\end{pmatrix}$，令 $x_3=0,x_4=1$，则 $\boldsymbol{\xi}_2=\begin{pmatrix}-3\\4\\0\\1\end{pmatrix}$，故该方程组的通解为 $\boldsymbol{\xi}=k_1\boldsymbol{\xi}_1+k_2\boldsymbol{\xi}_2=k_1\begin{pmatrix}2\\-3\\1\\0\end{pmatrix}+k_2\begin{pmatrix}-3\\4\\0\\1\end{pmatrix}$，其中 k_1,k_2 为任意常数。

2. 非齐次线性方程组 $\boldsymbol{Ax}=\boldsymbol{b}$ 的通解

设 $R(\boldsymbol{A})=R(\bar{\boldsymbol{A}})=r<n$，且 $\boldsymbol{\xi}_1,\boldsymbol{\xi}_2,\cdots,\boldsymbol{\xi}_{n-r}$ 为 $\boldsymbol{Ax}=\boldsymbol{b}$ 的导出方程组 $\boldsymbol{Ax}=\boldsymbol{0}$ 的一个基础解系，$\boldsymbol{\eta}_0$ 为 $\boldsymbol{Ax}=\boldsymbol{b}$ 的一个解，则 $\boldsymbol{Ax}=\boldsymbol{b}$ 的通解为 $k_1\boldsymbol{\xi}_1+k_2\boldsymbol{\xi}_2+\cdots+k_{n-r}\boldsymbol{\xi}_{n-r}+\boldsymbol{\eta}_0$，其中 $k_1,k_2,\cdots,k_{n-r}$ 为任意常数。

考法大揭秘

非齐次线性方程组的解法

利用高斯消元法解线性方程组的五个具体步骤：

(1)将增广矩阵通过初等行变换化为最简形；

(2)还原线性方程组；

(3)求解第一个变量；

(4)补充自由未知量；

(5)表示方程组通解。

【题 26】 求解线性方程组$\begin{cases}2x_1+5x_3+6x_4=9,\\ x_3+x_4=-4,\\ 2x_3+2x_4=-8。\end{cases}$

解 $(\boldsymbol{A},\boldsymbol{b})=\begin{pmatrix}2&0&5&6&9\\0&0&1&1&-4\\0&0&2&2&-8\end{pmatrix}\xrightarrow{r_3-2r_2}\begin{pmatrix}2&0&5&6&9\\0&0&1&1&-4\\0&0&0&0&0\end{pmatrix}$(化为行阶梯形)

$\xrightarrow{\frac{r_1}{2}}\begin{pmatrix}1&0&2.5&3&4.5\\0&0&1&1&-4\\0&0&0&0&0\end{pmatrix}\xrightarrow{r_1-r_2\times2.5}\begin{pmatrix}1&0&0&0.5&14.5\\0&0&1&1&-4\\0&0&0&0&0\end{pmatrix}$(化为行最简形)。

原方程组等价于$\begin{cases}x_1+0.5x_4=14.5,\\ x_3+x_4=-4。\end{cases}$即$\begin{cases}x_1=-0.5x_4+14.5,\\ x_3=-x_4-4。\end{cases}$

则$\begin{cases}x_1=-0.5x_4+14.5,\\ x_2=x_2,\\ x_3=-x_4-4,\\ x_4=x_4。\end{cases}$

方程组通解为$\begin{pmatrix}x_1\\x_2\\x_3\\x_4\end{pmatrix}=\begin{pmatrix}0\\1\\0\\0\end{pmatrix}x_2+\begin{pmatrix}-0.5\\0\\-1\\1\end{pmatrix}x_4+\begin{pmatrix}14.5\\0\\-4\\0\end{pmatrix}=c_1\begin{pmatrix}0\\1\\0\\0\end{pmatrix}+c_2\begin{pmatrix}-0.5\\0\\-1\\1\end{pmatrix}+\begin{pmatrix}14.5\\0\\-4\\0\end{pmatrix}$,其中 c_1 和 c_2 是任意常数。

即时反思与复盘总结

我于________年____月____日完成了对本章的学习。

复盘一下,我对自己较肯定的地方是____________________

(足够努力/心态积极/方法得当……)

我觉得自己需要改进的地方是____________________

(懒惰懈怠/心情浮躁/方法不当……)

休息片刻,开启下一站征程!

小学数学课程与教学论

SHAN XIANG

内容导学

- 教师招聘考试小学数学课程与教学论部分，共四章。
- 第一章是《义务教育数学课程标准（2022 年版）》的节选内容，考查题型多偏重于客观题。
- 第二章主要介绍小学数学教学知识的相关理论，考查题型偏重于主观题。
- 第三章主要介绍案例分析的考向与具体答题思路，考生要重点理解与掌握案例分析题各种题型的答题思路并多加练习。
- 第四章主要介绍教学设计题中的教学目标、教学重难点与具体教学过程设计的各个环节，考生要重点把握答题模板并多加练习。
- 考生要重点识记第一章与第二章的内容，重点理解与应用第三章与第四章的内容，并结合历年考题有针对性地进行复习。

第一章 《义务教育数学课程标准（2022年版）》（节选）

考向分析

本章属于《义务教育数学课程标准(2022 年版)》的节选内容，用于指导义务教育阶段数学教学技能，其内容是第五部分第三章案例分析与第四章教学设计等教学实践的理论基础与评价标准，在各地教师招聘考试中，常以单选题的形式考查。题目较为基础，要求考生熟记课标内容。现对本章考向分析如下：

高频考点	常考题型	考查热度
课程理念	单选	🔥
核心素养内涵	单选、简述、综合	🔥🔥🔥
课程内容	单选	🔥🔥
学业质量	单选	🔥
课程实施	单选	🔥

第一节 课程性质和课程理念

核心考点

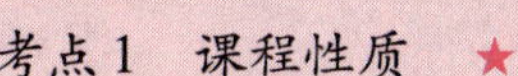

考点1 课程性质 ★

考点2 课程理念 ★★

考点1 课程性质 ★

数学是研究数量关系和空间形式的科学。数学源于对现实世界的抽象，通过对数量和数量关系、图形和图形关系的抽象，得到数学的研究对象及其关系；基于抽象结构，通过对研究对象的符号运算、形式推理、模型构建等，形成数学的结论和方法，帮助人们认识、理解和表达现实世界的本质、关系和规律。数学不仅是运算和推理的工具，还是表达和交流的语言。数学承载着思想和文化，是人类文明的重要组成部分。数学是自然科学的重要基础，在社会科学中发挥着越来越重要的作用，数学的应用渗透到现代社会的各个方面，直接为社会创造价值，推动社会生产力的发展。随着大数据分析、人工智能的发展，数学研究与应用领域不断拓展。

数学在形成人的理性思维、科学精神和促进个人智力发展中发挥着不可替代的作用。数学素养是现代社会每一个公民应当具备的基本素养。数学教育承载着落实立德树人根本任务、实施素质教育的功能。义务教育数学课程具有基础性、普及性和发展性。学生通过数学课程的学习，掌握适应现代生活及进一步学习必备的基础知识和基本技能、基本思想和基本活动经验；激发学习数学的兴趣，养成独立思考的习惯和合作交流的意愿；发展实践能力和创新精神，形成和发展核心素养，增强社会责任感，树立正确的世界观、人生观、价值观。

考点2　课程理念　★★

义务教育数学课程以习近平新时代中国特色社会主义思想为指导，落实立德树人根本任务，致力于实现义务教育阶段的培养目标，使得人人都能获得良好的数学教育，不同的人在数学上得到不同的发展，逐步形成适应终身发展需要的核心素养。

1. 确立核心素养导向的课程目标

义务教育数学课程应使学生通过数学的学习，形成和发展面向未来社会和个人发展所需要的核心素养。核心素养是在数学学习过程中逐渐形成和发展的，不同学段发展水平不同，是制定课程目标的基本依据。

课程目标以学生发展为本，以核心素养为导向，进一步强调学生获得数学基础知识、基本技能、基本思想和基本活动经验（简称“四基”），发展运用数学知识与方法发现、提出、分析和解决问题的能力（简称“四能”），形成正确的情感、态度和价值观。

【题1】【2023江西，单，1分】课程目标以学生发展为本，以(　　)为导向。

A. 教学内容　　B. 终身发展　　C. 教学活动　　D. 核心素养

解　《义务教育数学课程标准(2022年版)》的课程理念中指出，课程目标以学生发展为本，以核心素养为导向。

答案　D

2. 设计体现结构化特征的课程内容

数学课程内容是实现课程目标的重要载体。

课程内容选择。保持相对稳定的学科体系，体现数学学科特征；关注数学学科发展前沿与数学文化，继承和弘扬中华优秀传统文化；与时俱进，反映现代科学技术与社会发展需要；符合学生的认知规律，有助于学生理解、掌握数学的基础知识和基本技能，形成数学基本思想，积累数学基本活动经验，发展核心素养。

课程内容组织。重点是对内容进行结构化整合，探索发展学生核心素养的路径。重视数学结果的形成过程，处理好过程与结果的关系；重视数学内容的直观表述，处理好直观与抽象的关系；重视学生直接经验的形成，处理好直接经验与间接经验的关系。

课程内容呈现。注重数学知识与方法的层次性和多样性，适当考虑跨学科主题学习；根据学生的年龄特征和认知规律，适当采取螺旋式的方式，适当体现选择性，逐渐拓展和加深课程内容，适应学生的发展需求。

3. 实施促进学生发展的教学活动

有效的教学活动是学生学和教师教的统一，学生是学习的主体，教师是学习的组织者、引导者与合作者。

学生的学习应是一个主动的过程，认真听讲、独立思考、动手实践、自主探索、合作交流等是学习数学的重要方式。教学活动应注重启发式，激发学生学习兴趣，引发学生积极思考，鼓励学生质疑问难，引导学生在真实情境中发现问题和提出问题，利用观察、猜测、实验、计算、推理、验证、数据分析、直观想象等方法分析问题和解决问题；促进学生理解和掌握数学的基础知识和基本技能，体会和运用数学的思想与方法，获得数学的基本活动经验；培养学生良好的学习习惯，形成积极的情感、态度和价值观，逐步形成核心素养。

4. 探索激励学习和改进教学的评价

评价不仅要关注学生数学学习结果，还要关注学生数学学习过程，激励学生学习，改进教师教学。通过学业质量标准的构建，融合“四基”“四能”和核心素养的主要表现，形成阶段性评价的主要依据。采用多元的评价主体和多样的评价方式，鼓励学生自我监控学习的过程和结果。

5. 促进信息技术与数学课程融合

合理利用现代信息技术，提供丰富的学习资源，设计生动的教学活动，促进数学教学方式方法的变革。在实际问题解决中，创设合理的信息化学习环境，提升学生的探究热情，开阔学生的视野，激发学生的想象力，提高学生的信息素养。

第二节　课程目标

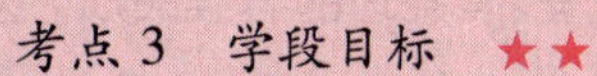

考点2　总目标 ★★

课程目标的确定，立足学生核心素养发展，集中体现数学课程育人价值。

考点1　核心素养内涵 ★★★

1. 核心素养的构成

数学课程要培养的学生核心素养，主要包括以下三个方面。

(1) 会用数学的眼光观察现实世界

数学为人们提供了一种认识与探究现实世界的观察方式。通过数学的眼光，可以从现实世界的客观现象中发现数量关系与空间形式，提出有意义的数学问题；能够抽象出数学的研究对象及其属性，形成概念、关系与结构；能够理解自然现象背后的数学原理，感悟数学的审美价值；形成对数学的好奇心与想象力，主动参与数学探究活动，发展创新意识。

在义务教育阶段，数学眼光主要表现为：抽象能力（包括数感、量感、符号意识）、几何直观、空间观念与创新意识。通过对现实世界中基本数量关系与空间形式的观察，学生能够直观理解所学的数学知识及其现实背景；能够在生活实践和其他学科中发现基本的数学研究对象及其所表达的事物之间简单的联系与规律；能够在实际情境中发现和提出有意义的数学问题，进行数学探究；逐步养成从数学角度观察现实世界的意识与习惯，发展好奇心、想象力和创新意识。

【题2】【2023江西，单，1分】在义务教育阶段，数学眼光主要表现为：抽象能力（数感、量感、符号意识）、（　　）、空间观念与创新意识。

A. 应用意识　　B. 模型意识　　C. 数据观念　　D. 几何直观

解　《义务教育数学课程标准（2022年版）》中指出，在义务教育阶段，数学眼光主要表现为：抽象能力（包括数感、量感、符号意识）、几何直观、空间观念与创新意识。

答案　D

（2）会用数学的思维思考现实世界

数学为人们提供了一种理解与解释现实世界的思考方式。通过数学的思维，可以揭示客观事物的本质属性，建立数学对象之间、数学与现实世界之间的逻辑联系；能够根据已知事实或原理，合乎逻辑地推出结论，构建数学的逻辑体系；能够运用符号运算、形式推理等数学方法，分析、解决数学问题和实际问题；能够通过计算思维将各种信息约简和形式化，进行问题求解与系统设计；形成重论据、有条理、合乎逻辑的思维品质，培养科学态度与理性精神。

在义务教育阶段，数学思维主要表现为：运算能力、推理意识或推理能力。通过经历独立的数学思维过程，学生能够理解数学基本概念和法则的发生与发展，数学基本概念之间、数学与现实世界之间的联系；能够合乎逻辑地解释或论证数学的基本方法与结论，分析、解决简单的数学问题和实际问题；能够探究自然现象或现实情境所蕴含的数学规律，经历数学"再发现"的过程；发展质疑问难的批判性思维，形成实事求是的科学态度，初步养成讲道理、有条理的思维品质，逐步形成理性精神。

（3）会用数学的语言表达现实世界

数学为人们提供了一种描述与交流现实世界的表达方式。通过数学的语言，可以简约、精确地描述自然现象、科学情境和日常生活中的数量关系与空间形式；能够在现实生活与其他学科中构建普适的数学模型，表达和解决问题；能够理解数据的意义与价值，会用数据的分析结果解释和预测不确定现象，形成合理的判断或决策；形成数学的表达与交流能力，发展应用意识与实践能力。

在义务教育阶段，数学语言主要表现为：数据意识或数据观念、模型意识或模型观念、应用意识。通过经历用数学语言表达现实世界中的简单数量关系与空间形式的过程，学生初步感悟数学与现实世界的交流方式；能够有意识地运用数学语言表达现实生活与其他学科中事物的性质、关系和规律，并能解释表达的合理性；能够感悟数据的意义与价值，有意识地使用真实数据表达、解释与分析现实世界中的不确定现象；欣赏数学语言的简洁与优美，逐步养成用数学语言表达与交流的习惯，形成跨学科的应用意识与实践能力。

2. 在小学阶段的主要表现

核心素养具有整体性、一致性和阶段性，在不同阶段具有不同表现。小学阶段侧重对经验的感悟。

小学阶段，核心素养主要表现为：**数感、量感、符号意识、运算能力、几何直观、空间观念、推理意识、数据意识、模型意识、应用意识、创新意识**。

【题3】【2023湖北统考，单，3分】核心素养具有整体性、一致性和阶段性，在不同阶段具有不同表现，小学阶段侧重对(　　)

A. 经验的感悟　　B. 概念的理解　　C. 实践的运用　　D. 方法的掌握

解　《义务教育数学课程标准(2022年版)》中提出，核心素养具有整体性、一致性和阶段性，在不同阶段具有不同表现，小学阶段侧重对经验的感悟。

答案　A

【题4】【2023江西，单，1分】下列不属于小学阶段核心素养的主要表现的是(　　)

A. 数感　　B. 量感　　C. 推理能力　　D. 运算能力

解　《义务教育数学课程标准(2022年版)》中指出，小学阶段，核心素养主要表现为：数感、量感、符号意识、运算能力、几何直观、空间观念、推理意识、数据意识、模型意识、应用意识、创新意识。C项"推理能力"不属于小学阶段核心素养的主要表现。

答案　C

【题5】【2023安徽特岗，单，4分】下列选项中，与《义务教育数学课程标准(2022年版)》"核心素养的构成"表述不符合的是(　　)

A. 几何直观是数学眼光的主要表现之一　　B. 空间观念是数学眼光的主要表现之一

C. 数据意识是数学语言的主要表现之一　　D. 符号意识是数学语言的主要表现之一

解　《义务教育数学课程标准(2022年版)》中指出，在义务教育阶段，数学眼光主要表现为：抽象能力(包括数感、量感、符号意识)、几何直观、空间观念与创新意识。数学思维主要表现为：运算能力、推理意识或推理能力。数学语言主要表现为：数据意识或数据观念、模型意识或模型观念、应用意识。故D项表述错误。

答案　D

核心素养的主要表现及其内涵如表1。

表1　核心素养的主要表现及其内涵

表现	内涵
数感	数感主要是指对于数与数量、数量关系及运算结果的直观感悟。能够在真实情境中理解数的意义，能用数表示物体的个数或事物的顺序；能在简单的真实情境中进行合理估算，作出合理判断；能初步体会并表达事物蕴含的简单数量规律。数感是形成抽象能力的经验基础。建立数感有助于理解数的意义和数量关系，初步感受数学表达的简洁与精确，增强好奇心，培养学习数学的兴趣

续表

表现	内涵
量感	量感主要是指对事物的可测量属性及大小关系的直观感知。知道度量的意义,能够理解统一度量单位的必要性;会针对真实情境选择合适的度量单位进行度量,会在同一度量方法下进行不同单位的换算;初步感知度量工具和方法引起的误差,能合理得到或估计度量的结果。建立量感有助于养成用定量的方法认识和解决问题的习惯,是形成抽象能力和应用意识的经验基础
符号意识	符号意识主要是指能够感悟符号的数学功能。知道符号表达的现实意义;能够初步运用符号表示数量、关系和一般规律;知道用符号表达的运算规律和推理结论具有一般性;初步体会符号的使用是数学表达和数学思考的重要形式。符号意识是形成抽象能力和推理能力的经验基础
运算能力	运算能力主要是指根据法则和运算律进行正确运算的能力。能够明晰运算的对象和意义,理解算法与算理之间的关系;能够理解运算的问题,选择合理简洁的运算策略解决问题;能够通过运算促进数学推理能力的发展。运算能力有助于形成规范化思考问题的品质,养成一丝不苟、严谨求实的科学态度
几何直观	几何直观主要是指运用图表描述和分析问题的意识与习惯。能够感知各种几何图形及其组成元素,依据图形的特征进行分类;根据语言描述画出相应的图形,分析图形的性质;建立形与数的联系,构建数学问题的直观模型;利用图表分析实际情境与数学问题,探索解决问题的思路。几何直观有助于把握问题的本质,明晰思维的路径
空间观念	空间观念主要是指对空间物体或图形的形状、大小及位置关系的认识。能够根据物体特征抽象出几何图形,根据几何图形想象出所描述的实际物体;想象并表达物体的空间方位和相互之间的位置关系;感知并描述图形的运动和变化规律。空间观念有助于理解现实生活中空间物体的形态与结构,是形成空间想象力的经验基础
推理意识	推理意识主要是指对逻辑推理过程及其意义的初步感悟。知道可以从一些事实和命题出发,依据规则推出其他命题或结论;能够通过简单的归纳或类比,猜想或发现一些初步的结论;通过法则运用,体验数学从一般到特殊的论证过程;对自己及他人的问题解决过程给出合理解释。推理意识有助于养成讲道理、有条理的思维习惯,增强交流能力,是形成推理能力的经验基础
数据意识	数据意识主要是指对数据的意义和随机性的感悟。知道在现实生活中,有许多问题应当先做调查研究,收集数据,感悟数据蕴含的信息;知道同样的事情每次收集到的数据可能不同,而只要有足够的数据就可能从中发现规律;知道同一组数据可以用不同方式表达,需要根据问题的背景选择合适的方式。形成数据意识有助于理解生活中的随机现象,逐步养成用数据说话的习惯
模型意识	模型意识主要是指对数学模型普适性的初步感悟。知道数学模型可以用来解决一类问题,是数学应用的基本途径;能够认识到现实生活中大量的问题都与数学有关,有意识地用数学的概念与方法予以解释。模型意识有助于开展跨学科主题学习,增强对数学的应用意识,是形成模型观念的经验基础

续表

表现	内涵
应用意识	应用意识主要是指有意识地利用数学的概念、原理和方法解释现实世界中的现象与规律,解决现实世界中的问题。能够感悟现实生活中蕴含着大量的与数量和图形有关的问题,可以用数学的方法予以解决;初步了解数学作为一种通用的科学语言在其他学科中的应用,通过跨学科主题学习建立不同学科之间的联系。应用意识有助于用学过的知识和方法解决简单的实际问题,养成理论联系实际的习惯,发展实践能力
创新意识	创新意识主要是指主动尝试从日常生活、自然现象或科学情境中发现和提出有意义的数学问题。初步学会通过具体的实例,运用归纳和类比发现数学关系与规律,提出数学命题与猜想,并加以验证;勇于探索一些开放性的、非常规的实际问题与数学问题。创新意识有助于形成独立思考、敢于质疑的科学态度与理性精神

【题6】【2023安徽特岗,单,4分】空间观念作为义务教育阶段数学学科核心素养的主要表现之一,下列选项中,与《义务教育数学课程标准(2022年版)》空间观念内涵表述相符合的是(　　)

A. 建立数与形的联系,构建数学问题的直观模型

B. 根据语言描述画出相应的图形,分析图形的性质

C. 想象并表达物体的空间方位和相互之间的位置关系

D. 感知几何图形及其组成元素,依据图形特征进行分类

解　《义务教育数学课程标准(2022年版)》中这样表述空间观念的内涵:空间观念主要是指对空间物体或图形的形状、大小及位置关系的认识。能够根据物体特征抽象出几何图形,根据几何图形想象出所描述的实际物体;想象并表达物体的空间方位和相互之间的位置关系;感知并描述图形的运动和变化规律。空间观念有助于理解现实生活中空间物体的形态与结构,是形成空间想象力的经验基础。故A,B,D项均不符合题意。

答案　C

【题7】【2023湖北统考,单,3分】学生对数学及数学学习有好奇心,乐于在数学探究中提出猜想和问题,勇于探索一些开放性的、非常规的实际问题和数学问题,这主要体现学生的(　　)

A. 运算能力　　B. 模型意识　　C. 应用意识　　D. 创新意识

解　《义务教育数学课程标准(2022年版)》中提出,创新意识主要是指主动尝试从日常生活、自然现象或科学情境中发现和提出有意义的数学问题。初步学会通过具体的实例,运用归纳和类比发现数学关系与规律,提出数学命题与猜想,并加以验证;勇于探索一些开放性的、非常规的实际问题与数学问题。故选D。

答案　D

【题8】【2023安徽特岗,单,4分】《义务教育数学课程标准(2022年版)》对四个学习领域的课程内容按"内容要求""学业要求""教学提示"三个方面呈现,下列综合与实践领域各主题活动中的"内容要求"中不涉及量感的是(　　)

A. 我的教室　　B. 身体上的尺子

C. 曹冲称象的故事　　D. 度量衡的故事

解　《义务教育数学课程标准(2022年版)》中这样表述量感的内涵:量感主要是指对事物的可测量属性及大小关系的直观感知。知道度量的意义,能够理解统一度量单位的必要性;会针对真实情境选择合适的度量单位进行度量,会在同一度量方法下进行不同单位的换算;初步感知度量工具和方法引起的误差,能合理得到或估计度量的结果。建立量感有助于养成用定量的方法认识和解决问题的习惯,是形成抽象能力和应用意识的经验基础。A项,"我的教室"主要涉及:在日常生活情境中,会用上、下、左、右、前、后描述物体的相对位置;认识东、南、西、北四个方向,形成初步的空间观念,未涉及量感。B,C,D项中的主题活动,其"内容要求"均涉及量感。

答案　A

【题9】【2023浙江杭州萧山区,简述,6分】"量感"是《义务教育数学课程标准(2022年版)》提出的核心素养的主要表现之一。请简要阐述"量感"的主要内涵,并结合自己的实践经验,谈谈培养学生"量感"的教学策略。

参考答案　量感主要是指对事物的可测量属性及大小关系的直观感知。知道度量的意义,能够理解统一度量单位的必要性;会针对真实情境选择合适的度量单位进行度量,会在同一度量方法下进行不同单位的换算;初步感知度量工具和方法引起的误差,能合理得到或估计度量的结果。建立量感有助于养成用定量的方法认识和解决问题的习惯,是形成抽象能力和应用意识的经验基础。

培养量感的教学策略:①在知识形成的过程中渗透量感:鼓励学生做题时常思考数量之间的关系;②在问题解决的过程中揭示变量的变化规律:让学生领悟隐含于数学问题中的数量之间的变化,突出数学量感的重要性;③在知识总结归纳的过程中概括数量运用方法:很多数学问题可以有多种解题方法,在概括解题方法的时候,多让学生尝试采用不同的策略解决问题,感悟数量之间的运算存在的简便性;④引导学生在反思中领悟数量运算的方法。

【题10】【2023湖北统考,综合,10分】阅读以下材料:

运算能力主要是指根据法则和运算律进行正确运算的能力。能够明晰运算的对象和意义,理解算法与算理之间的关系;能够理解运算的问题,选择合理简洁的运算策略解决问题;能够通过运算促进数学推理能力的发展。运算能力有助于形成规范化思考问题的品质,养成一丝不苟、严谨求实的科学态度。

请根据以上材料,回答以下问题:

(1)小学数学课程内容由数与代数、图形与几何、统计与概率、综合与实践四个学习领域组成,运算能力主要在哪一个学习领域的教学中完成?

(2)运算能力是核心素养在小学阶段唯一作为"能力"要求的行为表现,请举例说明它主要包括哪些方面。

参考答案　(1)数与代数。

(2)①能够根据运算律、运算法则和运算程序熟练地进行数的四则运算。主要包括:在横式运算中,能够熟练地运用运算律对运算过程进行重组和化简,得到不同的算法;在竖式计算中,能够熟练地依据运算法则进行程序化的操作,并对运算结果进行检验;能够熟练地运用分数的运算法则进行简单的分数运算,能够熟练地运用小数点的运算规律把小数运算转化为自然数的运算;能够运用估算策略对运算结果进行估计,并在实际情形中进行近似计算。

②理解运算对象、运算律与算法之间的关系,感悟运算的一致性。理解运算律是数运算的自然规律,通过具体的计数活动和日常经验感悟运算律的形成过程;理解运算律是形成各种运算法则的依据,能灵活运用运算律进行运算;理解运算单位的意义,感悟运算的一致性;理解不同运算之间的关系。

③能够通过运算解决数学问题和简单的实际问题。例如:能在实际情境中发现数量信息,明确运算的问题与目标,理解运算的意义,解释运算结果的合理性;能根据实际需求合理选择适当的计算工具、方法与策略,自信、正确和恰当地通过运算获得结果;懂得心算、笔算、计算器和计算机的优势与缺点,并能利用各种策略缩减计算过程、优化计算方法、检验计算步骤、估计运算结果等。

④能够通过运算发现、探究简单的数量关系与规律。主要包括:通过具体自然数的运算归纳出数的一些特殊性质,如偶数 + 偶数 = 偶数;通过运算发现一些简单的数量变化规律,比如可以把 24 拆成两个自然数的和,这两个数越接近,它们的乘积就越大;知道通过加减法与乘除法都可以把一个数变大或变小,但变化的幅度有所不同,比如 60 - 2 与 60 ÷ 2 都把 60 变小了,但后者变小的幅度要大得多。

考点2 总目标 ★★

通过义务教育阶段的数学学习,学生逐步会用数学的眼光观察现实世界,会用数学的思维思考现实世界,会用数学的语言表达现实世界(简称“三会”)。学生能:

(1)获得适应未来生活和进一步发展所必需的数学基础知识、基本技能、基本思想、基本活动经验。

(2)体会数学知识之间、数学与其他学科之间、数学与生活之间的联系,在探索真实情境所蕴含的关系中,发现问题和提出问题,运用数学和其他学科的知识与方法分析问题和解决问题。

(3)对数学具有好奇心和求知欲,了解数学的价值,欣赏数学美,提高学习数学的兴趣,建立学好数学的信心,养成良好的学习习惯,形成质疑问难、自我反思和勇于探索的科学精神。

考点3 学段目标 ★★

为体现义务教育数学课程的整体性与发展性,根据学生数学学习的心理特征和认知规律,将九年的学习时间划分为四个学段。其中,“六三”学制 1 ~2 年级为第一学段,3 ~4 年级为第二学段,5 ~6 年级为第三学段,7 ~9 年级为第四学段。

根据“六三”学制四个学段学生发展的特征,描述总目标在各学段的表现和要求,将核心素养的表现体现在每个学段的具体目标之中。

1. 第一学段(1 ~2 年级)

经历简单的数的抽象过程,认识万以内的数,能进行简单的整数四则运算,形成初步的数感、符号意识和运算能力。能辨认简单的立体图形和平面图形,认识长方形和正方形的特征,体验物体长度的测量过程,认识常见的长度单位,形成初步的量感和空间观念。经历简单的分类过程,能根据给定的标准进行分类,形成初步的数据意识。在主题活动中认识货币单位、时间单位和基本方向,尝试用数学方法解决问题,积累数学活动经验,形成初步的量感和应用意识。

能在教师指导下，从日常生活中提出简单的数学问题，尝试运用所学的知识和方法解决问题。在解决问题的过程中，感悟分析问题和解决问题的基本方法，感受数学在生活中的应用，形成初步的几何直观和应用意识。

对身边与数学有关的事物有好奇心，能参与数学学习活动。在他人帮助下，尝试克服困难，感受数学活动中的成功。了解数学可以描述生活中的一些现象，感受数学与生活有密切联系，感受数学美。能倾听他人的意见，尝试对他人的想法提出建议。

在一年级第一学期的入学适应期，利用生活经验和幼儿园相关活动经验，通过具体形象、生动活泼的活动方式学习简单的数学内容。这期间的主要目标包括：认识20以内的数，会20以内数的加减法（不含退位减法）；能辨认物体和简单图形的形状，会简单的分类；解决日常生活中的简单问题；对数学学习产生兴趣并树立信心。

2. 第二学段（3～4年级）

认识自然数，经历小数和分数的形成过程，初步认识小数和分数；能进行较复杂的整数四则运算和简单的小数、分数的加减运算，理解运算律；形成数感、运算能力和初步的推理意识。认识常见的平面图形，经历平面图形的周长和面积的测量过程，探索长方形周长和面积的计算方法；了解图形的平移、旋转和轴对称；形成量感、空间观念和初步的几何直观。经历简单的数据收集过程，了解数据收集、整理和呈现的简单方法；理解平均数的意义，会用平均数解决问题；形成初步的数据意识。在主题活动中进一步认识时间单位和方向，认识质量单位，尝试应用数学和其他学科知识与方法解决问题，积累数学活动经验，形成量感、推理意识和应用意识。

尝试从日常生活中发现和提出数学问题，探索分析和解决问题的方法，经历独立思考并与他人合作交流解决问题的过程，会用常见的数量关系和其他学科的知识与方法解决问题，能初步判断结果的合理性；形成初步的模型意识、几何直观和应用意识。

愿意了解日常生活中与数学相关的信息，愿意参与数学学习活动。在他人的鼓励和引导下，体验克服困难、解决问题的成就，体会数学的作用，体验数学美。在学习活动中能提出自己的想法，在与他人交流的过程中，敢于质疑和反思。

3. 第三学段（5～6年级）

经历用字母表示数的过程，认识自然数的一些特征，理解小数和分数的意义；能进行小数和分数的四则运算，探索数运算的一致性；形成符号意识、运算能力、推理意识。探索几何图形面积和体积的计算方法，会计算常见平面图形的周长和面积，会计算常见立体图形的体积和表面积；能用有序数对确定点的位置，进一步认识图形的平移、旋转和轴对称；形成量感、空间观念和几何直观。经历收集、整理和表达数据的过程，会用条形统计图、折线统计图表达数据，并作出简单的判断；理解百分数的意义，了解随机现象发生的可能性；形成数据意识和初步的应用意识。在主题活动和项目学习中了解负数，应用数学和其他学科知识与方法解决问题，积累数学活动经验，形成数感、量感、模型意识、应用意识和创新意识。

尝试在真实的情境中发现和提出问题，探索运用基本的数量关系，以及几何直观、逻辑推理和其他学科的知识、方法分析与解决问题，形成模型意识和初步的应用意识、创新意识。

对数学具有好奇心和求知欲，主动参与数学学习活动。在解决问题的过程中，体验成功的乐趣，相信自己能够学好数学，感受数学的价值，体验并欣赏数学美。初步养成认真勤奋、独立思考、合作交流、反思质疑的习惯。

第三节　课程内容

考点1　数与代数　★

考点2　图形与几何　★

考点3　统计与概率　★

考点4　综合与实践

义务教育阶段数学课程内容由数与代数、图形与几何、统计与概率、综合与实践四个学习领域组成。

数与代数、图形与几何、统计与概率以数学核心内容和基本思想为主线循序渐进，每个学段的主题有所不同。综合与实践以培养学生综合运用所学知识和方法解决实际问题的能力为目标，根据不同学段学生特点，以跨学科主题学习为主，适当采用主题式学习和项目式学习的方式，设计情境真实、较为复杂的问题，引导学生综合运用数学学科和跨学科的知识与方法解决问题。

根据学段目标的要求，四个学习领域的内容按学段逐步递进，不同学段主题有所不同。具体安排如表2。

表2　各学段各领域的主题

<table>
<tr><th rowspan="2">领域</th><th colspan="3">学段</th></tr>
<tr><th>第一学段
（1～2年级）</th><th>第二学段
（3～4年级）</th><th>第三学段
（5～6年级）</th></tr>
<tr><td>数与代数</td><td>1. 数与运算
2. 数量关系</td><td>1. 数与运算
2. 数量关系</td><td>1. 数与运算
2. 数量关系</td></tr>
<tr><td>图形与几何</td><td>1. 图形的认识与测量</td><td>1. 图形的认识与测量
2. 图形的位置与运动</td><td>1. 图形的认识与测量
2. 图形的位置与运动</td></tr>
<tr><td>统计与概率</td><td>1. 数据分类</td><td>1. 数据的收集、整理与表达</td><td>1. 数据的收集、整理与表达
2. 随机现象发生的可能性</td></tr>
<tr><td>综合与实践</td><td colspan="3">重在解决实际问题，以跨学科主题学习为主，主要包括主题活动和项目学习等。第一、第二、第三学段主要采用主题式学习，将知识内容融入主题活动中</td></tr>
</table>

【题 11】【2023 江西,单,1 分】综合与实践重在解决实际问题,以(   )学习为主。

A. 项目主题　　B. 跨学科主题　　C. 单元主题　　D. 知识主题

解　《义务教育数学课程标准(2022 年版)》指出,综合与实践以培养学生综合运用所学知识和方法解决实际问题的能力为目标,根据不同学段学生特点,以跨学科主题学习为主,适当采用主题式学习和项目式学习的方式,设计情境真实、较为复杂的问题,引导学生综合运用数学学科和跨学科的知识与方法解决问题。

答案　B

考点 1　数与代数　★

学段	内容要求
第一学段(1～2 年级)	1. 数与运算 (1)在实际情境中感悟并理解万以内数的意义,理解数位的含义,知道用算盘可以表示多位数。 (2)了解符号 <, =, > 的含义,会比较万以内数的大小;通过数的大小比较,感悟相等和不等关系。 (3)在具体情境中,了解四则运算的意义,感悟运算之间的关系。 (4)探索加法和减法的算理与算法,会整数加减法。 (5)探索乘法和除法的算理与算法,会简单的整数乘除法。 (6)在解决生活情境问题的过程中,体会数和运算的意义,形成初步的符号意识、数感、运算能力和推理意识。 2. 数量关系 (1)在简单的生活情境中,运用数和数的运算解决问题,能解释结果的实际意义,形成初步的应用意识。 (2)探索用数或符号表达简单情境中的变化规律
第二学段(3～4 年级)	1. 数与运算 (1)在具体情境中,认识万以上的数,了解十进制计数法;探索并掌握多位数的乘除法,感悟从未知到已知的转化。 (2)结合具体情境,初步认识小数和分数,感悟分数单位;会同分母分数的加减法和一位小数的加减法。 (3)在解决简单实际问题的过程中,理解四则运算的意义,能进行整数四则混合运算。 (4)探索并理解运算律(加法交换律和结合律、乘法交换律和结合律、乘法对加法的分配律),能用字母表示运算律。 (5)会运用数描述生活情境中事物的特征,逐步形成数感、运算能力和初步的推理意识。 2. 数量关系 (1)在实际情境中,运用数和数的运算解决问题;在解决实际问题的过程中,能结合具体情境,选择合适的单位进行简单估算,体会估算在生活中的作用。 (2)能借助计算器进行计算,解决简单的实际问题,探索简单的规律。 (3)在具体情境中,认识常见数量关系:总量 = 分量 + 分量、总价 = 单价 × 数量、路程 = 速度 × 时间;能利用这些关系解决简单的实际问题。 (4)能在具体情境中了解等量的等量相等。 (5)能解决生活中的简单问题,并能对结果的实际意义作出解释,经历探索简单规律的过程,形成初步的模型意识和应用意识

续表

学段	内容要求
第三学段 (5~6年级)	1. 数与运算 (1)知道2,3,5的倍数的特征,了解公倍数和最小公倍数,了解公因数和最大公因数,了解奇数、偶数、质数(或素数)和合数。 (2)结合具体情境探索并理解小数和分数的意义,感悟计数单位;会进行小数、分数的转化,进一步发展数感和符号意识。 (3)结合具体情境理解整数除法与分数的关系。 (4)能进行简单的小数、分数四则运算和混合运算,感悟运算的一致性,发展运算能力和推理意识。 2. 数量关系 (1)根据具体情境理解等式的基本性质。 (2)在解决实际问题的过程中,会选择合适的方法进行估算。 (3)在具体情境中,探索用字母表示事物的关系、性质和规律的方法,感悟用字母表示的一般性。 (4)在实际情境中理解比和比例以及按比例分配的含义,能解决简单的问题。 (5)通过具体情境,认识成正比的量(如$\frac{y}{x}=5$);能探索规律或变化趋势(如$y=5x$)。 (6)能运用常见的数量关系解决实际问题,能合理解释结果的实际意义,逐步形成模型意识和几何直观,提高解决问题的能力

考点2　图形与几何　★

学段	内容要求
第一学段 (1~2年级)	1. 图形的认识与测量 (1)通过实物和模型辨认简单的立体图形和平面图形,能对图形分类,会用简单图形拼图。 (2)结合生活实际,体会建立统一度量单位的重要性,认识长度单位米、厘米。能估测一些物体的长度,并进行测量。 (3)在图形认识与测量的过程中,形成初步的空间观念和量感
第二学段 (3~4年级)	1. 图形的认识与测量 (1)结合实例认识线段、射线和直线;体会两点间所有连线中线段最短,知道两点间距离;会用直尺和圆规作一条线段等于已知线段;了解同一平面内两条直线的位置关系。 (2)结合生活情境认识角,知道角的大小关系;会用量角器量角,会用量角器或三角板画角。 (3)认识长度单位千米,知道分米、毫米;认识面积单位厘米^2、分米^2、米^2;能进行简单的单位换算;能恰当地选择单位估测一些物体的长度和面积,会进行测量。 (4)认识三角形和四边形,会根据图形特征对三角形和四边形进行分类。 (5)结合实例认识周长和面积;探索并掌握长方形、正方形的周长和面积的计算公式。

续表

学段	内容要求
第二学段 (3～4年级)	(6)能根据具体事物、照片或直观图辨认从不同角度观察到的简单物体。 (7)在图形认识与测量的过程中,增强空间观念和量感。 2. 图形的位置与运动 (1)结合实例,感受平移、旋转、轴对称现象。 (2)在感受图形的位置与运动的过程中,形成空间观念和初步的几何直观
第三学段 (5～6年级)	1. 图形的认识与测量 (1)知道三角形任意两边之和大于第三边;知道三角形内角和是180°。 (2)认识圆和扇形,会用圆规画圆;认识圆周率;探索圆的周长和面积计算公式,能解决简单的实际问题。 (3)知道面积单位千米^2、公顷;探索并掌握平行四边形、三角形和梯形的面积计算公式;会估计不规则图形的面积。 (4)通过实例了解体积(或容积)的意义,知道体积(或容积)的度量单位,能进行单位之间的换算;体验不规则物体体积的测量方法。 (5)认识长方体、正方体和圆柱,了解这些图形的展开图,探索并掌握这些图形的体积和表面积的计算公式,认识圆锥并探索其体积的计算公式,能用这些公式解决简单的实际问题。 (6)对于简单物体,能辨认不同方向(前面、侧面、上面)的形状图。 (7)在图形认识与测量的过程中,进一步形成量感、空间观念和几何直观。 2. 图形的位置与运动 (1)能根据参照点的方向和距离确定物体的位置;会在实际情境中,描述简单的路线图。 (2)能用有序数对(限于自然数)表示点的位置,理解有序数对与方格纸上点的对应关系。 (3)了解比例尺,能利用方格纸按比例将简单图形放大或缩小。 (4)能在方格纸上进行简单图形的平移和旋转;认识轴对称图形和对称轴,能在方格纸上补全简单的轴对称图形。 (5)能从平移、旋转和轴对称的角度欣赏生活中的图案,能借助方格纸设计简单图案,感受数学美,形成空间观念

考点3 统计与概率 ★

学段	内容要求
第一学段 (1～2年级)	1. 数据分类 会对物体、图形或数据进行分类,初步了解分类与分类标准的关系,形成初步的数据意识
第二学段 (3～4年级)	1. 数据的收集、整理与表达 (1)经历简单的数据收集和整理、描述和分析的过程,了解简单的收集数据的方法,会呈现数据整理的结果。 (2)通过对数据的简单分析,感受数据蕴含着信息,体会运用数据进行表达与交流的作用。 (3)认识条形统计图,会用条形统计图合理表示和分析数据。 (4)能读懂报纸、电视、互联网等媒体中的简单统计图表。 (5)探索平均数的意义,能解决有关的简单实际问题。 (6)能在简单的实际情境中,合理应用统计图表和平均数,形成初步的数据意识和应用意识

续表

学段	内容要求
第三学段 (5~6 年级)	1. 数据的收集、整理与表达 (1)根据实际问题需要,经历数据收集、整理和分析的过程,能合理述说数据分析的结论。 (2)认识折线统计图、扇形统计图;会用条形统计图、折线统计图呈现相关数据,解释所表达的意义。 (3)能从各种媒体中获得所需要的数据,读懂其中的简单统计图表。 (4)结合具体情境,探索百分数的意义,能解决与百分数有关的简单实际问题,感受百分数的统计意义。 (5)在简单的实际情境中,应用统计图表或百分数,形成数据意识和初步的应用意识。 2. 随机现象发生的可能性 (1)通过实例感受简单的随机现象及其结果发生的可能性。 (2)在实际情境中,对一些简单随机现象发生可能性的大小作出定性描述

【题 12】【2023 江西,单,1 分】百分数属于(　　)领域的知识。

A. 数与代数　　B. 综合与实践　　C. 图形与几何　　D. 统计与概率

解 《义务教育数学课程标准(2022 年版)》在统计与概率第三学段(5~6 年级)的内容要求中指出,结合具体情境,探索百分数的意义,能解决与百分数有关的简单实际问题,感受百分数的统计意义。在简单的实际情境中,应用统计图表或百分数,形成数据意识和初步的应用意识。

答案 D

考点 4　综合与实践

学段	内容要求
第一学段 (1~2 年级)	主题活动 1:数学游戏分享 在具体情境中,回顾自己在学前阶段经历的与数学学习相关的活动,唤起数学学习感性认识和学习经验,激发进一步学习数学的兴趣,尝试运用与数学学习相关的词语,逐步养成学习数学的良好习惯。 主题活动 2:欢乐购物街 在实际情境中认识人民币,能进行简单的单位换算,了解货币的意义,具有勤俭节约的意识,形成初步的金融素养。 主题活动 3:时间在哪里 在生活情境中认识时、分、秒,结合生活经验体会并述说时间的长短,了解时间的意义,懂得遵守时间。 主题活动 4:我的教室 在日常生活情境中,会用上、下、左、右、前、后描述物体的相对位置;认识东、南、西、北四个方向。形成初步的空间观念。 主题活动 5:身体上的尺子 运用学过的测量长度的知识,发现自己身体上的一些“长度”;利用这些“长度”作为单位,测量空间或其他物体,积累测量经验,发展量感。 主题活动 6:数学连环画 结合自己的生活,运用学过的数学知识记录自己的经历,或述说一个含有数学知识的小故事,表达对数量关系的理解,感受数学知识与现实生活的联系

续表

学段	内容要求
第二学段 (3~4年级)	主题活动1:年、月、日的秘密 知道24时记时法;认识年、月、日,知道它们之间的关系;能运用年、月、日的知识解释生活中的问题,提高初步的应用意识。了解中国古代如何认识一年四季,了解中华优秀传统文化。 主题活动2:曹冲称象的故事 以“曹冲称象”故事为依托,结合现实素材,感受并认识克、千克、吨,以及它们之间的关系,感受等量的等量相等,发展量感和推理意识,积累数学活动经验。 主题活动3:寻找“宝藏” 在生活情境中,认识东北、西北、东南、西南四个方向,了解“几点钟方向”,会描绘物体所在的方向,发展空间观念。 主题活动4:度量衡的故事 知道中国在秦朝统一了度量衡,指导学生查阅资料,理解度量衡的意义,知道最初的度量方法都是借助日常用品,加深对量和计量单位的理解,丰富并发展量感
第三学段 (5~6年级)	主题活动1:如何表达具有相反意义的量 在熟悉的情境中了解具有相反意义的数量,知道负数在情境中表达的具体意义,感悟这些负数可以表达与正数意义相反的量,进一步发展数感。 主题活动2:校园平面图 在实际情境中,综合应用比例尺、方向、位置、测量等知识,绘制校园平面简图,标明重要场所;交流绘制成果,反思绘制过程,形成初步的应用意识和创新意识。 主题活动3:体育中的数学 收集重大体育赛事的信息、某项体育比赛的规则、某运动员的技术数据等素材,提出数学问题,设计问题解决方案;在问题解决的过程中,形成发现、提出、分析、解决问题的能力。 项目学习1:营养午餐 调查了解人体每日营养需求,几类主要食物的营养成分,感受合理膳食的重要性;调查学校餐厅或自己家庭一周午餐食谱的营养构成情况,提出建议;开展独立活动或小组活动,设计一周合理的营养午餐食谱;形成重视调查研究、合理设计规划的科学态度。 项目学习2:水是生命之源 调查了解生活中人们使用淡水的习惯及用量,结合淡水资源分布、中国人均淡水占有量、城市生活用水的处理等信息,发现、提出并解决问题;制订校园或家庭节水方案,尝试设计节水工具或方法,提高环保意识,形成初步的应用意识和创新意识

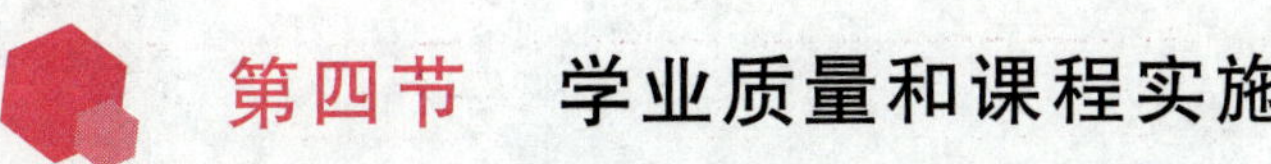

第四节 学业质量和课程实施

核心考点

考点1 学业质量 ★　　　　考点2 课程实施 ★★

考点1 学业质量 ★

1. 学业质量内涵

学业质量是学生在完成课程阶段性学习后的学业成就表现，反映核心素养要求。学业质量标准是以核心素养为主要维度，结合课程内容，对学生学业成就具体表现特征的整体刻画。

数学课程学业质量标准是学业水平考试命题及评价的依据，同时对学生的学习活动、教师的教学活动、教材的编写等具有重要的指导作用。

【题13】【2023 江西，单，1 分】数学课程学业质量标准是(　　)的依据。

A. 学业考试命题

B. 学业质量水平考试及评价

C. 学业水平考试命题及评价

D. 学业考试及评价

解 《义务教育数学课程标准(2022 年版)》指出，数学课程学业质量标准是学业水平考试命题及评价的依据，同时对学生的学习活动、教师的教学活动、教材的编写等具有重要的指导作用。

答案 C

2. 学业质量描述

依据义务教育各阶段学生核心素养表现、各学段课程目标及学业要求，数学课程学业质量标准主要从以下三个方面来评估学生核心素养达成及发展情况。

(1) 以结构化数学知识主题为载体，在形成与发展“四基”的过程中所形成的抽象能力、推理能力、运算能力、几何直观和空间观念等。

(2) 从学生熟悉的生活与社会情境，以及符合学生认知发展规律的数学与科技情境中，在经历“用数学的眼光发现和提出问题，用数学的思维与数学的语言分析和解决问题”的过程中所形成的模型观念、数据观念、应用意识和创新意识等。

(3) 学生经历数学的学习运用、实践探索活动的经验积累，逐步产生对数学的好奇心、求知欲，以及对数学学习的兴趣和自信心，初步养成独立思考、探究质疑、合作交流等学习习惯，初步形成自我反思的意识。

考点2 课程实施 ★★

1.教学建议

(1)制订指向核心素养的教学目标

①教学目标要体现核心素养的主要表现

教学目标的确定要充分考虑核心素养在数学教学中的达成。每一个特定的学习内容都具有培养相关核心素养的作用,要注重建立具体内容与核心素养主要表现的关联,在制订教学目标时将核心素养的主要表现体现在教学要求中。

②处理好核心素养与“四基”“四能”的关系

核心素养导向的教学目标是对“四基”“四能”教学目标的继承和发展。“四基”“四能”是发展学生核心素养的有效载体,核心素养对“四基”“四能”教学目标提出了更高要求。

③教学目标的设定要体现整体性和阶段性

核心素养是在长期的教学过程中逐渐形成的,核心素养在不同学段的主要表现体现了核心素养的阶段性和各阶段之间的一致性。要依据核心素养的内涵和不同学段的主要表现,结合具体的教学内容,全面分析主题、单元和课时的特征,基于主题、单元整体设计教学目标,围绕单元目标细化具体课时的教学目标。充分发挥核心素养导向的教学目标对教学过程的指导作用,在实现知识进阶的同时,体现核心素养的进阶。

(2)整体把握教学内容

为实现核心素养导向的教学目标,不仅要整体把握教学内容之间的关联,还要把握教学内容主线与相应核心素养发展之间的关联。

①注重教学内容的结构化

教学内容是落实教学目标、发展学生核心素养的载体。在教学中要重视对教学内容的整体分析,帮助学生建立能体现数学学科本质、对未来学习有支撑意义的结构化的数学知识体系。一方面了解数学知识的产生与来源、结构与关联、价值与意义,了解课程内容和教学内容的安排意图;另一方面强化对数学本质的理解,关注数学概念的现实背景,引导学生从数学概念、原理及法则之间的联系出发,建立起有意义的知识结构。通过合适的主题整合教学内容,帮助学生学会用整体的、联系的、发展的眼光看问题,形成科学的思维习惯,发展核心素养。

②注重教学内容与核心素养的关联

在教学过程中,不仅要注重具体内容与核心素养之间的关联,还要注重内容主线与核心素养发展之间的关联。

例如:在图形与几何领域的“图形的认识”主线,第一学段,要求在对立体图形和平面图形的认识过程中,通过直观辨认和感知形成初步的空间观念;第二学段,要求在对立体图形和平面图形关系的认识过程中,感悟图形的抽象,逐渐形成空间观念和初步的几何直观;第三学段,在对图形测量和计算的过程中,从度量的角度加深对图形的认识,理解图形的关系,进一步增强空间观念、量感和几何直观。

(3)选择能引发学生思考的教学方式

①丰富教学方式

改变单一讲授式教学方式,注重启发式、探究式、参与式、互动式等,探索大单元教学,积极开展跨学科的主题式学习和项目式学习等综合性教学活动。根据不同的学习任务和学习对象,选择合适的教学方式或多种方式相结合,组织开展教学。通过丰富的教学方式,让学生在实践、探究、体验、反思、合作、交流等学习过程中感悟基本思想、积累基本活动经验,发挥每一种教学方式的育人价值,促进学生核心素养发展。

②重视单元整体教学设计

改变过于注重以课时为单位的教学设计,推进单元整体教学设计,体现数学知识之间的内在逻辑关系,以及学习内容与核心素养表现的关联。

单元整体教学设计要整体分析数学内容本质和学生认知规律,合理整合教学内容,分析主题—单元—课时的数学知识和核心素养主要表现,确定单元教学目标,并落实到教学活动各个环节,整体设计,分步实施,促进学生对数学教学内容的整体理解与把握,逐步培养学生的核心素养。

③强化情境设计与问题提出

注重发挥情境设计与问题提出对学生主动参与教学活动的促进作用,使学生在活动中逐步发展核心素养。

注重创设真实情境。真实情境创设可从社会生活、科学和学生已有数学经验等方面入手,围绕教学任务,选择贴近学生生活经验、符合学生年龄特点和认知加工特点的素材。注重情境素材的育人功能,如体现中国数学家贡献的素材,帮助学生了解和领悟中华民族独特的数学智慧,增强文化自信和民族自豪感。注重情境的多样化,让学生感受数学在现实世界的广泛应用,体会数学的价值。

重视设计合理问题。在真实情境中提出能引发学生思考的数学问题,也可以引导学生提出合理问题。问题提出应引发学生认知冲突,激发学生学习动机,促进学生积极探究,让学生经历数学观察、数学思考、数学表达、概括归纳、迁移运用等学习过程,体会数学是认识、理解、表达真实世界的工具、方法和语言,增强认识真实世界、解决真实问题的能力,树立学好数学的自信心,养成良好的学习习惯。

(4)进一步加强综合与实践

综合与实践领域的教学活动,以解决实际问题为重点,以跨学科主题学习为主,以真实问题为载体,适当采取主题活动或项目学习的方式呈现,通过综合运用数学和其他学科的知识与方法解决真实问题,着力培养学生的创新意识、实践能力、社会担当等综合品质。

①明确教学目标

主题活动教学是跨学科背景下的数学内容学习,其目标是引导学生在跨学科背景下用数学的眼光观察现实世界,用数学的语言表达现实世界中事物的概念、关系和规律,帮助学生感悟数学与现实世界的联系,培养学生实践精神。

项目学习教学以用数学方法解决现实问题为主,其目标是引导学生发现解决现实问题的关键要素,用数学的思维分析要素之间的关系并发现规律,培养模型观念,经历发现、提出、分析、解决问题的过程,培养应用意识和创新意识。

②设计教学活动

主题活动教学要设计出完整可行的活动方案，可以利用信息技术或制作教具的形式，展示跨学科主题的背景；参考学生个人经验和已有知识积累，从解决问题需要出发，明确所学数学知识与技能，提出相应学习任务，确定学习活动形式，明确学习成果的形式和要求等。

项目学习教学所涉及的问题主要是现实世界中具有开放性的问题，问题解决需将现实问题转化为数学问题。解决数学问题要引导学生提出合理假设、预测结果、选择合理的数学方法，对用数学模型表达条件与结果之间的关系有清晰的认识，并利用真实情境检验模型、修正模型，形成物化成果，包括项目产品、小论文或研究报告等。

③关注教学评价

主题活动评价以教学目标为依据，内容主要包括：学生对相关知识内容的理解，对现实情境与数学表达之间关系的把握；学习活动中操作、思考、交流、创意等方面的表现；学习过程中的作品、报告等物化成果的评价。

项目学习评价以教学目标为依据，内容主要包括：学生对真实情境中问题的理解，用数学语言表达问题的适切性，结果预测的合理性，关注解决问题的实施方案，解决问题过程中的思考、交流与创意表现；项目研究成果的质量。

(5)注重信息技术与数学教学的融合

重视大数据、人工智能等对数学教学改革的推动作用，改进教学方式，促进学生学习方式转变。

①改进教学方式

教师可以利用信息技术对文本、图像、声音、动画等进行综合处理，丰富教学场景，激发学生学习数学的兴趣和探究新知的欲望。利用数学专用软件等教学工具开展数学实验，将抽象的数学知识直观化，促进学生对数学概念的理解和数学知识的建构。利用技术支持平台将在线学习与课堂教学相结合，开展线上线下融合的混合式教学。

②促进自主学习

加强线上网络空间与线下物理空间的融合，突破传统数学教育的时空限制，丰富学习资源，为学生自主学习创造条件。指导学生做好时间管理，规划学习任务，利用数字化平台、工具与资源开展学习活动，加强自我监控、自我评价，提升自主学习能力；家校协同，建立监控、指导、评价、激励机制，适时交流和开展个性化指导，营造学生自主学习的良好环境。

2. 评价建议

发挥评价的育人导向作用，坚持以评促学、以评促教。主要分为教学评价和学业水平考试。

(1)教学评价

①评价方式丰富

评价方式应包括书面测验、口头测验、活动报告、课堂观察、课后访谈、课内外作业、成长记录等，可以采用线上线下相结合的方式。每种评价方式各有特点，教师应结合学习内容、学生学习特点，选择适当的评价方式。例如，可以通过课堂观察了解学生的学习过程、学习态度和学习策略，从作业中了解学生基础知识和基本技能的掌握情况，从探究活动中了解学生独立思考的习惯和合作交流的意识，从成长记录中了解学生的发展变化。

②评价维度多元

评价维度多元是指在评价过程中，在关注"四基""四能"达成的同时，特别关注核心素养的相应表现。不仅要关注学生知识技能的掌握，还要关注学生对基本思想的把握、基本活动经验的积累；不仅要关注学生分析问题、解决问题的能力，还要关注学生发现问题、提出问题的能力。全面考核和评价学生核心素养的形成和发展。

③评价主体多样

评价主体应包括教师、学生、家长等。综合运用教师评价、学生自我评价、学生相互评价、家长评价等方式，对学生的学习情况进行全方位的考查。如学习单元结束时，教师可以要求学生设计一个学习小结，对学生的学习情况进行评价，也可以组织学生在班级展示交流学习小结让学生互评，以及让学生自评总结自己的进步，反思自己的不足，汲取他人值得借鉴的经验。

④评价结果的呈现与运用

根据学生的年龄特征，评价结果的呈现应采用定性与定量相结合的方式，关注每一名学生的学习过程。第一学段的评价应以定性的描述性评价方式为主，第二、第三学段可以采用描述性评价和等级评价相结合的方式，第四学段可以采用等级评价和分数制评价相结合的方式。

评价结果的呈现应更多地关注学生的进步，关注学生已有的学业水平与提升空间，为后续的教学提供参考。评价结果的运用应有利于增强学生学习数学的自信心，提高学生学习数学的兴趣，使学生养成良好的学习习惯，促进学生核心素养的发展。

教师要注意分析全班学生评价结果的变化，了解自己教学的成绩和问题，分析、反思教学过程中影响学生能力发展和素质提高的原因，寻求改善教学的对策。同时，以适当的方式，将学生一些积极的变化及时反馈给学生。

【题14】【2023安徽特岗，单，2分】《义务教育数学课程标准（2022年版）》强调发挥评价的育人导向作用，坚持以评促学、以评促教，下列说法不正确的是（　　）

A. 无论过程性评价还是结果性评价，都既要注重知识技能的掌握，又要注重核心素养的发展

B. 评价时，只评价学生的学，不评价教师的教

C. 评价结果的呈现应采用定性与定量相结合的方式

D. 评价主体包括教师、学生、家长等

解　评价时，不仅要评价学生的学，还要评价教师的教。故B项说法错误。

答案　B

(2)学业水平考试

①考试性质和目的

学业水平考试由省级教育行政部门组织实施,依据学业质量标准,对学生学完本课程后课程目标达成度进行终结性评价。考试成绩是学生毕业和高一级学校招生录取的重要依据,为评价区域和学校教学质量、改进教学提供重要参考。

②命题原则

坚持素养立意,凸显育人导向。以核心素养为导向的考试命题,要关注数学的本质,关注通性通法,综合考查“四基”“四能”与核心素养。适当提高应用性、探究性和综合性试题的比例,题目设置要注重创设真实情境,提出有意义的问题,实现对核心素养导向的义务教育数学课程学业质量的全面考查。

遵循课标要求,严格依标命题。全面理解和体现课程标准要求,依据课程标准所规定的课程目标、内容要求、学业要求和学业质量命题,各领域考查内容所占比例与其在课程标准中所占比例大体一致,难易程度大体平衡,保证命题的科学性。

规范命题管理,加强质量监测。要重视命题人员选择,强化命题流程规范,严格试题质量评估,建立质量监测机制,确保命题框架合理、试题命制规范、内容准确无误、情境问题恰当、语言表达清晰、考试结果真实有效。

③命题规划

考试形式以纸笔测试为主,可采用基于信息技术的考试方式,并与过程性评价、表现性评价等多样化的评价方式相结合。

纸笔测试应合理规划题目类型,关注客观题与主观题分值所占比例,原则上客观题分值要低于主观题分值;主观题要探索命制问题解决及多学科融合类试题;试卷呈现避免套路化。

合理确定试卷容量。适当精减题量,要着重减少单纯考查技能熟练性的题目,保证学生有充足的作答时间。

科学制订多维细目表。在内容要求、素养表现的基础上,确定题型题量、难易程度、分值比例等。多维细目表的编制具体翔实,指向明确,便于命题操作,关注试卷难度、合格率、区分度等指标。

④试题命制

加强命题的标准化建设,逐渐完成题库建设,实现命题流程的标准化,建立试题质量监测与评估体系。

明确考查意图。根据学业质量标准要求,明确试卷和每道试题所要考查的数学知识和核心素养的相应表现。

创设合理情境。根据考查意图,结合学生认知水平和生活经验,设计合理的生活情境、数学情境、科学情境,关注情境的真实性,适当引入数学文化。

设置合理问题。问题的设置要有利于考查对数学概念、性质、关系、规律的理解、表达和应用,注重考查学生的思维过程,避免死记硬背、机械刷题。

科学制定评分标准。评分标准应具有科学性、可操作性。对开放性、综合性较强的试题,合理设计多层次任务的评分标准。

3. **教材编写建议**

数学教材为学生的数学学习活动提供了学习主题、知识结构和基本线索，是实现数学课程目标、实施数学教学的重要资源。

(1) 体现核心素养培养要求

①教材内容结构要着重关注核心素养的整体性

“三会”的主要表现相对独立、相互影响，构成一个有机整体。

教材编写既要体现每种主要表现的内涵，又要关注主要表现之间的内在联系；构建内容结构既要关注数学内容之间的逻辑联系，又要关注核心素养整体性培养的要求。

②教材内容组织要着重关注核心素养发展的一致性

发展“三会”是不同学段核心素养培养的一致性要求。内容组织不仅要关注数学内容的主线，也要关注核心素养培养的一致性。

③教材内容要求要着重关注核心素养发展的阶段性

核心素养是逐渐形成的，不同阶段具有不同表现水平。教材编写应关注核心素养发展的阶段性，准确把握每个学段每个主题的内容要求和学业要求；遵循螺旋上升原则，使学生对数学知识的理解不断深入，使教材体现核心素养发展的阶段性。

(2) 有利于引发学生思考

①注重来龙去脉，有利教师引导

教材正文的呈现应有利于教师引导学生主动学习。例如，新知识的学习，展现“知识背景—知识形成—揭示联系”的过程；运用数学知识解决问题，适当体现“问题情境—建立模型—求解验证”的过程，以利于教师在教学过程中帮助学生有效地理解知识与方法、积累活动经验、提高“四能”，开展素养导向的教学。

②激发学生兴趣，引导学生探索

教材应为学生提供丰富的问题情境、充分的思考空间，让学生经历观察、实验、猜测、推理、交流、反思等数学活动过程，帮助学生感悟基本思想，积累基本活动经验。教材应具备可读性，图文并茂，关注学生身边发生的事情，增加学习的趣味性，激发学生内在学习动机，促进学生主动学习。

③优化习题设计，注重发展素养

习题的设计要关注数学的本质，关注通性通法。设计丰富多样的习题，满足巩固、复习、应用、拓展的学习需要；满足不同学生的学习需要；满足不同学习阶段的学习需要；满足不同完成作业方式的需要，如综合与实践的习题可以包括查阅资料、校外调查、自主探索等。

(3) 素材选取要贴近学生的现实、真实可信

教材素材的选取应尽可能地贴近学生的现实，以利于学生经历从现实情境中抽象出数学知识与方法的过程，发展抽象能力、推理能力等。

学生的现实主要包含以下三个方面：生活现实，即学生熟悉的事物，以及自然、社会中的现象和问题。数学现实，即学生已经积累的数学知识。例如，学生学习分数时已经具备的整数知识，学习因式分解时已经

具备的整数分解知识。其他学科现实，即学生学习数学知识时在各学段已经具备的其他学科知识。例如，学习一次函数时具备的各种与“匀速变化”现象相关的知识。

源于学生现实的各种学习素材应当真实可信。例如，设计的问题情境客观存在，提供的数据可信且具有实际含义，需要研究或解决的问题确实存在。

(4) 注重教材创新

深刻理解课程理念，细致分析课程性质、目标、内容等，着力在教材的内容结构、内容组织、内容呈现、栏目设置、习题编排等方面有所突破。

①科学论证

教材编修要总结以往教材编写经验，借鉴国外优秀教材案例，广泛听取教材使用者建议，明确思路，确定突破点。教材创新应精心设计、注重实践检验，基于证据分析，反复修改，凝练并形成教材的创新立意和重点。

②拓展视野

教材编修要勇于打破固有教材模式，为教材使用者提供广泛的素材资源和开放的使用空间。如教材中介绍数学文化、数学发展前沿等。内容设计要反映数学在自然与社会中的应用，展现数学发展史中伟大数学家，特别是中国古代与近现代著名数学家，以及他们的数学成果在人类文明发展中的作用，增强学生的爱国情怀和民族自豪感。

③强化功能

教材编修要注重强化教材的使用功能，关注学生发展差异，满足学生不同学习需求。在符合课程标准要求的前提下，教材内容选取可体现一定的弹性。所选内容应注重体现数学的本质。

4. 课程资源开发与利用

资源开发与利用要坚持育人为本，将促进学生身心健康发展作为首要任务，从促进学生核心素养形成和发展的内在规律出发，为教与学提供有效支撑。

(1) 资源开发要丰富多样

课程资源开发要满足教与学的多样化需求，既要包括教材、教辅、教师教学用书、教学设计、教学案例、课外读物等纸质资源，也要包括音频、视频、数学软件等数字化资源；既要包括教师、教研员等教育专业人士开发的资源，也要包括科学家、企业家等社会人士提供的资源；既要包括用于巩固练习的资源，也要包括用于拓展视野的数学科普类资源。

(2) 资源开发要注重精品化

学校和教师都要关注课程资源的收集，根据教师教学、学生学习需要，分门别类进行整理；在使用过程中不断优化改进，开发补充；围绕重点难点突破、专题活动开展，形成有利于学生核心素养培养的典型教学资源，构建相对系统的课程资源库。

(3) 注重保护知识产权

课程资源的开发与使用应增强知识产权保护意识，合法合规。引用他人成果要明确标注出处、资源开发者信息，尊重其劳动成果。

5. 教学研究与教师培训

（1）教学研究建议

教学研究对于课程标准的有效实施具有不可或缺的作用。应注重区域教研和校本教研协同，整合各类资源，创新教研机制，高水平开展研究、指导和服务工作。

①区域教研建议

重视顶层设计。地方教研部门要统筹设计和规划区域教研活动，开展区域联动，加强校际合作，实现优势互补。通过确立项目、实验学校等方式开展教学改革实践探索，引领带动本地区义务教育数学课程的整体推进。

聚焦关键问题。树立研究意识，围绕课程实施中的重点难点问题，如单元整体教学设计、跨学科主题学习等，以主题教研的形式开展系统深入的研究，帮助教师提升课程实施水平。

优化教研方式。倡导参与式、体验式、研究式教研方式，利用现代信息技术提升教师参与的效果。根据教师学习特点，强化基于教学现场、走进真实课堂、解决教学实际问题的教学研究，利用行动研究和反思实践提升教学能力。探索信息技术支持下的教研方式改革，注重开展智慧教研和跨区域教研，促进教研资源和教研智慧的分享、协同建构与优化。

②校本教研建议

加强组织建设。建强学校教研组、备课组，构建校级常态教研共同体，形成时间固定、主题聚焦、人人参与、研讨交流的教研机制，及时解决教师在教学实践中遇到的问题。

聚焦教学难点。基于本校学情，聚焦教学重点和难点问题，确定教研专题，以教学改进和师生共同发展为研究目的，开展校本教研活动，增强教研的针对性，引导教师持续进行核心素养导向的数学教学改进，实现教师从理念到课堂教学行为的转变。

创新教研方式。在集体备课、课堂观摩、交流研讨等教研活动基础上，积极开展“问题—研究—改进—实践”的校本教研，帮助教师解决教学中的问题。充分发挥各级骨干教师的作用，通过名师工作室、教学沙龙、工作坊和微论坛等，开展专题研讨，丰富教研形式，提升教师教学能力水平。

（2）培训建议

教师培训是落实课程改革要求、提升育人质量的关键。培训应面向全体教师，坚持“先培训后实施”。应充分发挥教研部门的作用，统筹课程专家、学科教育专家、教研员和一线骨干教师的力量，提升培训质量。

精心设计培训内容。培训内容的设计应着眼新理念，强化整体性，突出关键点，注重实践性。内容应包括：课程改革的背景和要求，课程改革的顶层设计意图和数学课程的理念等；数学课程性质、课程理念、核心素养、课程目标、课程内容、学业质量、教学与评价建议等各部分的核心要义及彼此间的关系；整体把握结构化课程内容体系、单元整体教学、跨学科主题学习、基于核心素养的学业质量标准与考试评价等关键问题专题研修；结合典型案例对数学教学中重点难点解析，教学实施路径和策略示范引领等。

采用多样化培训方式。注重研究型、参与式培训，采用专家报告与案例研究相结合、线上与线下相结合、集体学习与自我研修相结合等多种方式。探索新技术与教师培训有机融合的培训模式，运用移动互联网、人工智能、大数据等新技术，创新移动学习环境，充分发挥现代信息技术对教师培训的支持和服务功能。

例如：课程标准解读可采取专家现场讲座、线上视频学习的方式；案例示范可采取工作坊方式，设置“案例分享—分组研讨—专家点评”等活动环节。

即时反思与复盘总结

我于________年____月____日完成了对本章的学习。

复盘一下，我对自己较肯定的地方是____________________

（足够努力/心态积极/方法得当……）

我觉得自己需要改进的地方是________________________

（懒惰懈怠/心情浮躁/方法不当……）

休息片刻，开启下一站征程！

第二章 小学数学教学知识

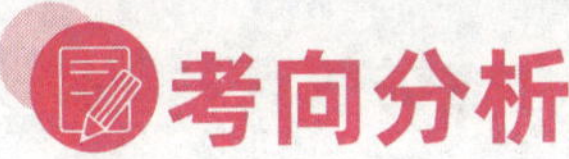

考向分析

本章属于数学课程与教学论及其应用的基础内容，用于指导第五部分第三章案例分析与第四章教学设计的设计思路与评价出发点，在各地教师招聘考试中，常以单选题、填空题与案例分析题的形式考查，其中湖北、江西常考查教学原则与教学方法，浙江、福建常考查数学概念的教学，题目较为基础，多个地区考查数学思想方法。要求考生理解并熟记其理论概念并灵活应用。现对本章考向分析如下：

高频考点	常考题型	考查热度
教学原则	填空	🔥
教学方法	单选、综合	🔥🔥
学习方式	案例分析	🔥
数学概念之间的关系	单选	🔥🔥
数学思想方法	单选、填空	🔥🔥🔥

第一节　教学原则、教学方法与学习方式

核心考点

考点1　教学原则

考点2　教学方法　★

考点3　学习方式　★

考点1　教学原则

1. 严谨性与量力性相结合的原则

数学的严谨性，是指数学具有很强的逻辑性和较高的精确性，即逻辑的严格性和结论的确定性。量力性是指学生的可接受性。

(1)数学教学的严谨性是相对的

这一原则是根据数学本身的特点及学生心理发展的特点提出的,但是,在学习过程中,学生的心理发展是渐变的,不同的年龄阶段,其感知、记忆、想象、思维等心理因素都有不同的发展水平。这种心理发展的渐变性决定了在教学中不可能对数学理论的研究达到完全严密的程度,而应该在不同的教学阶段,依据不同的教学目的和内容提出不同的严谨性要求。

(2)贯彻严谨性与量力性相结合原则的途径

教师要认真了解学生的心理特点与接受能力。教学过程中,严谨性的要求应是明确的、积极的和逐步提高的。要求学生语言精确、思考缜密、言必有据、思路清晰。教师的每一节课都应力争结构、层次和步骤有条不紊;在具体的解题过程中,要做到步骤清晰。

2. 抽象与具体相结合的原则

在数学教学中既要促使学生通过各种感官去具体感知数学的具体模型,形成鲜明的表象,又要引导学生在感知材料的基础上进行抽象思维,形成正确的概念、判断和推理。

(1)数学的抽象性

①形式、数量关系的抽象;②比其他学科的抽象程度要高;③具有逐级抽象的特点;④大量使用抽象符号。

(2)数学抽象的相对性

①抽象必须以具体作为基础;②高度的抽象性与广泛的具体性相结合;③抽象性要以具体性作为归宿。

(3)学生抽象思维的局限性

①对具体素材的依赖性;②具体与抽象的割裂;③抽象能力弱;④对抽象结论之间的关系不能掌握。

(4)贯彻抽象与具体相结合原则的途径

贯彻具体与抽象相结合的原则,教学中要根据人的认识规律,从学生的感知出发,以客观事物为基础,从具体到抽象,形成抽象的概念,上升为理论,进行判断和推理,再由抽象到具体,应用理论指导实践,这样才能掌握好数学基础知识,培养基本能力。

在数学教学中,贯彻具体与抽象相结合的原则,通常可以从以下三个方面入手:

①注意从实例引入,阐明数学概念,通过实物直观(包括直观教具)、图象直观或语言直观形成直观形象,提供感性材料。例如,通过温度的升降、货物的进出等实例,来引进相反意义的量。

②注意从特例引入,讲解一般性的规律,例如,讲解一元二次方程的解法,一般先学习 $x^2=a$ 型,后学习 $(x+a)^2=b$ 型,再学习 $ax^2+bx+c=0$ 型,这样较易为学生所接受,这里,直观是从具体上升到抽象的辅助工具,特殊化是认识抽象结论的有效手段,较高一级的抽象往往依赖于较低一级的具体。

③注意运用有关理论,解释具体现象,解决具体的问题,必须指出,从数学教学来说,具体、直观仅是手段,而培养抽象思维能力才是根本目的。因此,教学中如果不注意培养抽象思维能力,则不可能学好数学;反之,如果不依赖于具体、直观,抽象思维能力也难以培养。只有在教学中不断做到具体与抽象相结合,具

体—抽象—具体，循环往复，才能不断将学习向纵深方向发展，使认识逐步提高和深化。

【题 1】【2023 湖北统考，填空，3 分】借助接紧的线、绷紧的弦帮助学生认识线段，这体现了数学教学基本原则中的具体与________相结合原则。

答案 抽象

知识再拔高

抽象思维能力

所谓抽象思维能力，是指脱离具体形象，运用概念、判断、推理等进行思维的能力。按抽象思维的不同程度，可分为经验型抽象思维和理论型抽象思维。在教学中，我们应着重发展理论型抽象思维，因为只有理论型抽象思维得到充分发展的人，才能很好地分析各种事物，才有能力去解决问题。

3. 理论与实践相结合的原则

理论与实践相结合，既是认识论与方法论的基本原理，又是教学论中的一般原理。而研究数学理论和发展理论的目的，最终还是为了用于实践。每一次的实践，肯定一些理论，提出一些问题，推动理论的发展。

在数学教学中，贯彻理论与实践相结合的原则：一方面，应提高理论水平，重视一般原理与方法的教学，充分发挥理论的指导作用，克服只注意算法，不注意算理，片面强调技巧，搞题海战术等不良现象；另一方面，应注意联系实际，注意用实例说明数学的应用，通过实例培养学生运用数学知识的能力。因此，在引入实例时，应注意例子的典型性和简明性，不断更新联系实际的内容和处理手法，密切关注与物理、化学等学科知识之间的联系。总之，应用理论与实践相结合的原则，要求我们在数学教学中遵循“实践—认识—再实践—再认识”的规律，充分注意数学应用的广泛性；充分注意数学原理与数学应用的辩证关系；充分注意数学理论来源于实践又应用于实践。

4. 发展与巩固相结合的原则

数学学习过程是巩固与获取有关知识技能不断向前发展的过程，巩固与发展不能截然分开，应在发展的过程中进行巩固，在巩固的基础上向前发展。

在数学教学中，贯彻发展与巩固相结合的原则：首先，要认识发展与巩固相结合的意义，将学习新知识，复习巩固旧知识贯穿于教学的全过程，既要重视阶段性复习、总结性复习，更要重视日常课堂教学的复习巩固，将复习巩固作为一个重要的教学环节。其次，要重视对学生所学知识、技能和方法进行复习巩固工作的研究。同时，将所学知识在实际中予以应用，通过反复阅读教材，学会推理论证的方法。在教授数学的思想和方法时，要有目的、有计划地安排一定的练习，让学生通过练习来加深理解。再次，在复习巩固过程中，要指导学生记忆，并通过适当途径予以检查，对于数学中一些基本的概念、定理、公式、法则等都必须在理解的基础上记熟。

考点2　教学方法　★

方法	定义	优点	缺点	适用情况
讲授法	讲授法是教师通过叙述、描述事实,说明问题,解析概念和规律,系统地、有重点地传授知识的一种教学方法	保证教师传授知识的系统性、主动性与连贯性,易于控制课堂,充分利用时间	学生处于被动状态;不利于培养学生的自学与独立思考能力;易变成注入式、满堂灌	一般适用于新授课和复习课
讨论法	讨论法是在教师的指导下,学生以全班或者小组为单位,围绕中心问题,通过相互交流讨论,进一步完善和深化对问题的理解、评价或者判断而完成既定教学任务的一种教学方法	有利于充分体现学生的主体性,能促进学生积极思考,有利于培养学生的逻辑思维和语言表达能力,也有利于教师及时获得反馈信息进而调控教学过程	不易于控制讨论的话题与讨论的结果,时间不易把控,容易导致课堂效率低下	讨论的问题要有吸引力;要善于在讨论中对学生进行启发引导;做好讨论小结。一般适用于高年级
谈话法	谈话法也称问答法,它是教师按照一定的教学要求向学生提出问题,要求学生回答,并通过问答的形式来引导学生获取新知或巩固旧知的一种教学方法,特点是教师讲,学生也讲	能照顾到每个学生的特点,有利于发展学生的语言表达能力,并了解学生的学习程度,及时检验教学效果	要求学生对提出的问题立马回答可能会导致学生缺少思想准备和一定的组织准备,会耽误一定的教学时间	问题要明确,有启发性,难易恰当;面向全体学生;对学生的回答有要明朗的态度
练习法	练习法是学生在教师的指导下,为巩固知识和形成一定的技能、技巧而反复地完成一定动作或活动方式的一种教学方法	学生在练习操作过程中,不仅能积极地感知和掌握数学知识及方法,而且能获得思维能力的发展	讲与练的衔接不易控制,教师难以预料练习中可能出现的各种情况	练习设计要有层次和坡度,设计要条理化,注意反馈调控、发展学生的能力,既要面向全体又要因材施教,同时要注意对学生学习方法的指导,合理安排练习时间

续表

方法	定义	优点	缺点	适用情况
演示法与实验法	演示法是教师通过展示实物和模型等直观教具，引导学生通过观察获得感性知识的方法。实验法是指在教师的指导下，学生运用某些具体材料或学具进行实验，找出对象的性质或问题的答案的一种教学方法	可使抽象的概念具体化、形象化，以帮助学生认识和理解概念	真实度不高，有时结论不可靠	进行演示和实验都要有目的性、针对性、科学性，在实验的选择、设计、安排、准备上要认真细致，避免主观原因导致的错误，同时尽量避免实验教学中的不利因素的影响，以便达到教学目的
阅读法	在教师指导下，学生通过阅读数学课本来获取数学知识的教学方法	提高学生阅读和自学的能力	容易导致教学效率低，学生处于放任自流的状态	一般适用于中高年级
发现法	以学生为主体，在教师的启发下，学生自觉地、主动地探索；科学认识解决问题的方法及步骤；研究对象的起因和内部联系，从中找出规律，形成概念或解决问题	①有利于激发学生的智力潜力；②有利于培养学生的自我激励的内在动机；③有利于学生获得解决问题的能力和探索的技巧；④有利于增强学生的责任心；⑤发现的结果有利于学生记忆的保持	耗时，不宜用于在短时间内向学生传授一定数量的知识和技能的集体教学活动	在学生有一定的经验和知识的基础上方可使用
自学辅导法	在教师的指导和辅导下，以学生自学为主的一种教学方法，这一方法是由原中科院心理所研究员卢仲衡先生提出的	能更多地调动学生学习的主动性，并且能较好地发挥教师的主导作用，有利于培养学生独立思考和学习的能力	自学辅导法的运用需要有一套适合于自学的教材、练习册和测验本	主要只用于中高年级

【题2】【2017江西，单，1分】能使学生在很短时间内获得大量系统的科学知识的方法是(　　)

A. 谈话法

B. 读书指导法

C. 练习法

D. 讲授法

解　讲授法的特点是：教师能够系统地、有论据地讲解新的概念或规律，具有主动性，讲授的知识具有系统性、流畅性和连贯性，形成完整的推理系统，使学生在较短的时间内获得较为系统的数学知识和一些分析、推理的方法。

答案　D

知识再拔高

教学方法的选择与优化

1. 教学方法选择的依据

在教学时，教师选择哪一种教学方法，取决于许多特定的因素，以下几点可以作为基本依据。

教学方法选择的依据	依据的内容
教学目标	既要考虑整个学段的课程目标，也要考虑本节课的目标。例如，某个知识内容的学习目标定位在“掌握”或“灵活运用”的水平，针对全体学生就不太适合用自学辅导法进行教学
教学内容特点	选择要考虑选择适合突出重点、突破难点、抓住关键的教学方法。对于学生理解有困难易产生歧义的内容、比较重要且需要教师强调的内容、约定俗成的陈述性知识，通常需要教师讲述和点拨；对于一些学生能够通过自己的努力领会、学生之间相互交流、互相启发能够理解的内容，教师在教学时间允许的情况下应尽可能地创造机会鼓励学生独立思考、相互讨论、探索发现
教学条件	考虑所在学校的教学条件，尤其是教学设备等硬件设施情况。发达城市教学资源丰富，可以选择的教学方法不受太大限制；在不发达地区可能就无法进行多媒体教学
学生的实际情况	选择符合学生的年龄特征、兴趣、需要和学习基础的教学方法
教师本身素质	教学方法要适应教师自身的条件，能为教师所理解和驾驭，才能更好地发挥作用，反之则不然

2. 教学方法的优化

要实现教学方法的优化，我们必须做到：

(1)熟悉各种常用的教学方法，能有效地运用每一种教学方法，掌握每种教学方法的优缺点与适用范围。

(2)在选择教学方法之前，先按教学目的和任务将教学内容具体化，找出重点、难点，并将教学内容划分为逻辑上完整的几个部分，然后选择对每部分最适用的方法，并把它们恰当地结合起来，形成该节课的最优教学方法。

(3)教学方法的优化应考虑教学过程效率的高低。

【题3】【2017湖北，综合，6分】教学方法是师生相互联系的活动方式，在教学时，教师选择哪一种教学方法，取决于许多特定的因素。你认为哪些可以作为选择教学方法的基本依据？

参考答案　(1)依据教学目标选择教学方法；(2)依据教学内容特点选择教学方法；(3)依据学生实际

特点选择教学方法;(4)依据教师的自身素质选择教学方法;(5)依据教学环境、条件选择教学方法。

考点3　学习方式　★

所谓学习方式,是指学生在进行学习活动时所表现出的具有偏好性的行为方式与行为特征。学习方式不是具体的学习方法和策略,而是学生学习时在自主性、探究性和合作性方面的基本特征。

1. 自主学习

自主学习是指有较高的自信力和能力、有较高的理想与抱负、对任务有积极的内在兴趣的学生,在教师的指导下,自觉地制定学习计划、确定学习目标、组织学习活动、自我监控学习过程与效果、自动地选择学习策略、自我评价学习效果、积极创设最优化的学习内部环境与外部环境、自我指导、自我强化来进行高效学习的一种学习方式。

2. 探究学习

探究学习是从数学学科领域或现实社会生活中选择和确定研究主题,在教学中创设一种恰当的问题情境,学生自主、独立地发现问题,经历实验、操作、调查、信息搜集与处理、表达与交流等探索活动,获得知识、技能,发展情感与态度,特别是发展探索精神和创新能力的学习方式和学习过程。

3. 合作学习

合作学习是指学生在小组或团体中为了完成共同的任务,有明确的责任分工的互助性学习,它相对于个体学习、竞争学习而言,强调的是相互促进。而个体学习突出的是个体的互不相干,竞争学习突出的是学习者的相互对立。

【题4】【2017 山西临汾,案例分析,8 分】在组织合作学习的课堂上,常常会看到以下现象:

1. 教师提出一个问题,让前后桌4人为一个小组,展开讨论。往往座位的编排是按照学生的高矮次序,男女生搭配而成的。

2. 教师抛出一个问题(或者该问题来自学生)后,教室里立即一片嗡嗡声,感觉小组内每个人都在发言,一两分钟后,教师喊“停”,请小组代表(往往是固定的)站起来发言,学生一张口就是:“我觉得……”“我认为……”。

问题:请运用现代教学理论,对以上现象分别做出评析。

参考答案　新课程改革提倡合作学习,合作学习是指学生为了完成共同的任务,有明确责任分工的互助性学习。合作学习的小组是以“组内异质、组间同质”的原则进行分组的。通常组建好小组后,每个小组要选出一名小组长,负责活动的有序开展,但小组内的各种角色要定时进行轮换,小组成员之间是一种平等的互相促进的关系,在讨论过程中,小组成员通过向他人阐述自己的理解或推理过程,提高了自己的思维质量,又观察到他人的思绪过程,从而提高学习的效果。

该案例中的两种合作学习都不是真正意义上的合作学习。现象1中“座位的编排是按照学生的高矮次序”搭配而成,这种组建小组的方法不符合“异质分组”的原则。仅仅根据高矮次序进行分组,而没有考虑到学生的成绩、个性特点、家庭和社会背景、守纪情况等，可能会导致组间成员搭配不当。现象2中的合作学习呈现出一种比较混乱的状态。提出问题后，“教室里立即一片嗡嗡声，感觉小组内每个人都在发言”，没有一定的规则和次序，讨论的时间过短，只有一两分钟，学生缺少思考的时间和空间，小组代表往往是固定的。没有角色的轮换，这可能使组内学生的能力发展不平衡，小组代表的思考可能更积极，口头表达能力也更强一些，而其他学生的这些能力得不到锻炼，不能实现全面发展。学生一张口就是“我觉得……”“我认为……”，这样可能造成小组代表仅仅是表达了自己的观点，而不是代表了小组成员的共同观点，长此以往，小组内其他成员可能不会再积极地思考，达不到合作学习的效果。

第二节 数学概念的教学

核心考点

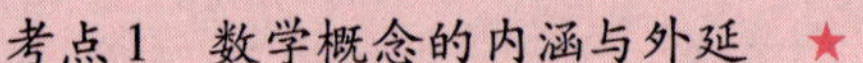

考点1 数学概念的内涵与外延 ★

考点2 数学概念之间的关系 ★★

考点3 数学概念的定义方法 ★★

考点4 数学概念的划分 ★

考点5 数学概念学习的基本形式 ★

考点1 数学概念的内涵与外延 ★

概念的内涵与外延是概念的基本特征，是准确把握概念和系统掌握知识的基础。因此，对概念的内涵与外延应特别予以重视。

1. 内涵与外延的含义

概念的内涵就是概念所反映的事物的**本质属性的总和**，概念的外延就是概念所反映的**事物的总和**（或范围）。概念的内涵与外延是分别对事物的质和量的规定。

例如，“偶数”这个概念的内涵是“能被2整除”这个性质，其外延是所有偶数的全体；“一元二次方程”这个概念的内涵是“只含有一个未知数且未知数的最高次数是二次的等式”这个性质，其外延是一切形如“$ax^2+bx+c=0(a\neq0)$”的方程的全体。

2. 内涵与外延之间的关系

概念的内涵与外延这两个方面是互相联系、互相制约的。当概念的内涵扩大时，概念的外延就缩小；当概念的内涵缩小时，概念的外延就扩大。内涵和外延之间的这种关系，称为反变关系。

例如，在四边形的内涵中，增加“两组对边分别平行”这个性质，就得到平行四边形的概念，而平行四边形的外延比四边形的外延缩小了；在等腰三角形的内涵中，减少“有两边相等”这个性质，就成为三角形的内涵,而三角形的外延比等腰三角形的外延扩大了。不过这里要注意,这种反变关系只能适用于外延间存在着包含和被包含的两个概念之间。

考点2 数学概念之间的关系 ★★

1. 相容关系

如果两个概念的外延交集是非空集合,即外延至少有一部分是重合的,则称二者具有相容关系。相容关系又分以下三种情形。

(1)同一关系(全同关系或重合关系)

如果概念 A 和概念 B 的外延完全重合,那么就说这两个概念具有同一关系。

例如,等腰三角形底边上的中线、高线和顶角角平分线它们所在的直线均表示的是同一条直线。

(2)交叉关系

外延只有一部分重合的两个概念 A 和 B 之间的关系,称为交叉关系。

例如,等腰三角形与直角三角形;菱形与矩形。

(3)从属关系(属种关系或包含关系)

如果概念 A 的外延包含概念 B 的外延,那么这两个概念间的关系称为从属关系,其中概念 A 叫做概念 B 的属概念(或上位概念),B 概念叫做概念 A 的种概念(或下位概念)。

例如,矩形相对于平行四边形来说是种概念,矩形相对于正方形来说是属概念。

2. 不相容关系

(1)对立关系(反对关系)

在同一属概念下,如果它们的外延之和小于属概念的外延,而且这两个种概念具有全异关系,那么,这两个种概念间的关系为对立关系(反对关系)。

例如,“锐角三角形”与“钝角三角形”,“等腰梯形”与“直角梯形”之间就是对立关系。

(2)矛盾关系

同一属概念下的两个种概念,如果它们的外延之和等于属概念的外延,而且这两个种概念具有全异关系,那么,这两个种概念间的关系为矛盾关系。

例如,“相等”与“不相等”、“负数”与“非负数”这些概念之间都为矛盾关系。

【题5】【2020 浙江绍兴(三区),单,3 分】三角形与梯形这两个概念从外延上看是(　　)

A. 并列关系

B. 交叉关系

C. 矛盾关系

D. 反对关系

解　三角形和梯形是属概念多边形下的两个种概念，这两个种概念的外延集合的交集为空集，且外延集合的并集是属概念多边形外延集合的真子集，所以这两个概念从外延上看是不相容关系中的反对关系。

答案　D

【题6】【2020 福建，单，4 分】有限小数与无限不循环小数的关系是(　　)

A. 对立关系

B. 从属关系

C. 交叉关系

D. 矛盾关系

解　在同一属概念下的两个种概念，如果它们的外延之和小于属概念的外延，而且这两个种概念具有全异关系，那么，这两个种概念的关系为反对关系或者对立关系。小数包括有限小数与无限小数，其中无限小数包括无限循环小数和无限不循环小数，故有限小数与无限不循环小数属于对立关系。

答案　A

考点 3　数学概念的定义方法　★★

定义是揭示概念的内涵的逻辑方法，它是明确概念的主要方法之一。

1. 定义的组成

一个正确的定义，一般由三个要素组成：被定义的概念、下定义的概念和联系词。被定义的概念是其内涵被揭示的概念，而下定义的概念是用以揭示被定义概念内涵的概念，联系词一般使用“是”“作”，表示被定义概念和下定义概念之间的内在联系，其作用是把被定义概念和下定义概念联系或组织起来。例如，“邻边相等的矩形是正方形”是正方形的一种定义，在这个定义中，“正方形”是被定义概念，“邻边相等的矩形”是下定义的概念，“是”是联系词。

2. 定义的方法

(1) 属加种差定义法

给数学概念下定义常用“属加种差”的方式，其公式为：被定义项 = 种差 + 邻近的属。

用属加种差方法下定义时，首先应找出被定义项邻近的属概念，然后把被定义项所反映的对象同该属概念下的其他概念进行比较，找出被定义项所反映的对象不同于其他种概念所反映的对象的特有属性，即种差，最后把属和种差有机地结合起来。例如，“正方形”最邻近的属概念是“矩形”，“正方形”的“邻边相等”是区别于“矩形”的本质属性，“邻边相等”就是“正方形”的种差。

(2) 发生定义法(也称构造性定义法)

通过被定义概念所反映的对象产生或形成的过程作为种差来下定义的方法叫做发生定义法(也称构造性定义法)。这种定义法是属加种差定义的一种特殊形式。例如，在立体几何中，各种旋转体的定义就采用了发生定义的方法，圆锥曲线的第一定义采用的是发生定义。

(3)列举定义法(外延式定义法)

用列举概念的外延给概念下定义的方法称为列举定义法。用公式表示为：被定义概念(属)＝种概念＋种概念＋种概念＋……例如，有理数和无理数统称为实数。列举定义法属于归纳型定义法，其顺序是由特殊到一般。

(4)约定式定义法

有些被定义概念，不易揭示它的内涵，就以客观实践为基础，直接指出概念的外延，把它规定下来，这样的定义法称为约定式定义法。例如，在自然数指数幂基础上，约定 $a^0=1,a^{-n}=\frac{1}{a^n}(n\in\mathbf{N}),a^{\frac{m}{n}}=\sqrt[n]{a^m}$，给出零指数幂、负指数幂、分数指数幂的定义。这样的约定式定义，保证了原来的自然数指数幂的运算法则：$a^m\cdot a^n=a^{m+n},(a^m)^n=a^{mn},(ab)^m=a^m\cdot b^m$。对于有理数指数幂依然成立，所以这种约定式定义是合理的。

(5)关系定义法

这种定义是以被定义概念与其他事物的关系作为种差的定义，例如，“整除”的定义是“如果存在整数 c，使得 $b=ac$，那么称 a 能整除 $b(a,b$ 均为整数)”，这就是关系定义。类似地，“质数”的定义也是一种关系定义。

(6)递归定义法

如果被定义概念与自然数有关或者是构造性的，常采用递归定义的方式。例如，实数 a 的 n 次幂(n 是自然数)的递归定义如下：$\begin{cases}a^1=a,\\a^{n+1}=a^n\cdot a(n\in\mathbf{N})\end{cases}$。

(7)形式定义法

在代数中，有一类概念是通过其形式结构下定义的，故称为形式定义。比如“形如$\sqrt{2}$，$\sqrt{x+y}$，$\sqrt{a+\frac{1}{b}}$等的式子叫做二次根式”“形如 $ax^2+bx+c=0(a\neq0)$ 的方程叫做一元二次方程”等都是形式定义。可以看出，与式有关的概念常用形式定义法。

(8)公理化定义法

在近代数学中，常给出若干性质(称之为公理)，只要满足这些性质，这一概念便定义了，这就是公理化定义。例如，自然数的皮亚诺公理系统给出了自然数的定义，“群”“线性空间”概念的定义也是公理化定义。公理化定义是对概念本质属性的更严谨、更抽象的规定。

【题7】 两组对边分别平行的四边形叫做平行四边形，这种定义方式是(　　)

A. 属加种差定义

B. 发生定义

C. 关系定义

D. 外延定义

解　属加种差定义方式的公式表示:被定义项 = 种差 + 邻近的属。例如,矩形的定义:有一个角是直角的平行四边形叫矩形。用公式表示:矩形 = 有一个角是直角(种差) + 平行四边形(邻近的属)。

答案　A

【题8】　下列定义采用发生定义的是(　　)

A. 一个角是直角的平行四边形叫做矩形

B. 偶数就是能被 2 整除的数

C. 圆是由平面内到一个定点的距离等于定长的动点运动而形成的封闭曲线

D. 有理数和无理数统称实数

解　发生定义是通过被定义概念所反映的对象产生或形成的过程作为种差来下定义的方法。A 项是"属加种差"定义法;B 项是约定式定义法;D 项是列举定义法。

答案　C

考点 4　数学概念的划分 ★

概念的划分(或分类)是从概念的外延方面明确概念的逻辑方法。概念的划分就是把被划分的概念作为属概念,并根据一定的属性把它的外延分成若干个全异的种概念。通过对概念正确的划分,可以更深刻地理解概念,更系统地掌握概念。

1. 划分的三个要素

一个正确的划分,通常由三个要素构成,即母项、子项和划分的依据。母项是划分的属概念,子项就是划分所得的种概念,划分的依据就是划分时所依据的标准。

2. 划分的规则

(1) 划分应是相称的。这就要求划分后所得的种概念外延的总和等于被划分属概念的外延。违反这一规则,就会犯"多出子项"或"不完全划分"的逻辑错误。

(2) 每一次划分只能用一个根据。由于实际的需要不同,划分的根据也就不同。但每次划分不能交叉地使用几个不同的根据,只能用同一个根据划分,否则划分的结果就会混乱不清,达不到划分的目的。例如,把三角形划分为"等边三角形、等腰三角形、钝角三角形",这个划分是不正确的,因为这个划分中用了边、角大小的两个不同的根据,这就犯了"标准不统一"的逻辑错误。

(3) 划分的子项必须互相排斥。划分后所得的子项的外延不允许交叉、重叠,否则就会对概念的认识更加模糊。上例中,把三角形按边、角的大小划分为三类,就犯了"子项相容"的逻辑错误。又如,把平行四边形划分为"正方形、菱形、邻边不相等的矩形",因为正方形是菱形,这个划分也犯了"子项相容"的错误,而且还漏掉了“邻边不相等的平行四边形”。

(4)划分不能越级。在每次划分中，被划分的概念与划分出来的概念必须具有最邻近的属种关系，不能越级或跳跃式地划分。划分应当按照被划分概念所反映的对象具有的内在层次逐一地进行。

考点5 数学概念学习的基本形式 ★

1. 概念形成

就人类认识来说，概念形成是一种发展过程，是在对事物感知、分析、比较、抽象的基础上，概括一类事物的本质属性，不断提出假设、验证假设的过程。在教学条件下，从大量的具体例子出发，以学生的感性经验为基础，形成表象，进而以归纳的方式抽象出事物的本质属性，提出各种假设加以验证，从而获得初级概念，再把这一概念的本质属性推广到同一类事物之中，并用符号表示。

如小学生对自然数的认识过程，基本上是重复人类数的形成的历史。以“4”的认识为例，先是认识4辆拖拉机、4根小棒、4颗珠子、4个小木块、4朵红花……这时的数和物之间呈现出一一对应关系，然后排除形状、颜色、大小等非本质属性，仅仅从数量关系的角度，把数“4”从这些具体的实物中抽象出来，还能自己举例说出许多其他用“4”表示的实物，并能用符号“4”表示。

概念形成需要内部与外部两方面的条件，其内部条件是学生积极地对概念的正反例证进行辨别，其外部条件是教师必须对学生提出的概念的本质属性的假设做出肯定或否定的反应。学生就是通过从外界的肯定或否定反应中所获得的反馈信息进行不断地选择，从而概括出概念的本质属性的。

2. 概念同化

所谓概念同化，就是利用学习者认知结构中原有的概念，以定义或描述的方式直接向学习者揭示新概念的本质属性，进而使学习者获得概念的过程。也就是以间接经验为基础，利用已掌握的概念去学习新概念的过程。

例如，“等腰三角形”是学习三角形之后学习的，是一个发展性概念。教学时可以只给一些三角形模具或图形，让大家先量一量各边的长，然后把有“两条边相等”的三角形放在一起，于是引进“等腰三角形”的定义。教学梯形时，可以从平行四边形入手，让学生将梯形与平行四边形相比较，就可以突出“只有一组对边平行的四边形”这一梯形的本质属性。这就是概念的同化。

概念的同化也需要外部和内部两方面的条件。外部条件是新学习的概念必须与学生原有认知结构中的某些概念或表象有密切的联系，内部条件是学生有着有意义学习的意向。例如，学习公约数、最大公约数，学生必须主动将它们与自己认知结构中已有的约数概念及有关知识联系起来思考，认识到约数是对一个数来说的，公约数是对两个或更多个数来说的，指的是它们共有的约数；由于一个数的约数个数是有限的，其中必有一个最大的约数，所以几个数的公约数中，也必有一个最大的公约数。这样使“约数—公约数—最大公约数”三个概念精确分化，前后贯通，纳入原有的整除概念系统中。沟通新概念与原认知结构中有关概念的联系，明确它们的区别，使新概念与原概念得到精确分化和融会贯通。这样，新概念被纳入原认知结构，形成了内容更为丰富也更为完善的新认知结构。

3. 概念形成与概念同化的比较

<table>
<tr><th colspan="2"></th><th>概念形成</th><th>概念同化</th></tr>
<tr><td rowspan="3">区别</td><td>学习过程</td><td>依靠对具体事物的抽象，通过对正反例证的不断辨析，提出假设，并进行检验，最后发现概念的本质属性</td><td>依靠新旧知识的联系，判别学习的概念与原有认知结构中有关概念的异同，并组成概念的网络系统</td></tr>
<tr><td>学习条件</td><td>学生必须辨别正反例证，同时外界要有反馈信息</td><td>学生认知结构中必须有同化新概念的有关概念，外界要有新概念的定义或对概念特征的描述</td></tr>
<tr><td>适用情况</td><td>概念的形成往往与人类自发形成概念相近，它适用于低年级；就学习内容而言，尤其适用于几何知识的学习。原始概念和一些层次较低的概念，一般采用概念形成的方式</td><td>概念的同化是具有一定心理水平的学生学习概念的方式，比较适合中高年级。对于发展性概念，一般采用同化的形式，因为随着学生年龄的增长，认知结构中的知识不断积累，智力不断发展，就应借助学生已有的概念去认识新的概念。在课堂教学条件下，概念同化就逐渐成为他们获得新概念的主要方式。在引入概念时，要充分复习学生的已有知识，使新概念在已有的概念中精确深化，产生新的认识，即在旧概念的基础上引入新概念</td></tr>
<tr><td colspan="2">联系</td><td colspan="2">在实际教学过程中，由于小学生的逻辑思维在很大程度上需要具体形象的支持，在以概念同化为主的学习中，往往也结合着概念形成的过程。特别是在引入新概念时，除了复习有关的已有概念，以促进概念同化外，还常常提供一些典型的例子，由具体到抽象地引入新概念</td></tr>
</table>

第三节　数学思想方法的教学

考点 1　常见的数学思想方法 ★★★　　考点 2　渗透数学思想方法的途径

考点 1　常见的数学思想方法 ★★★

1. 函数与方程思想

函数思想是一种考虑对应、运动变化、相依关系，研究变化过程的思想。在小学阶段没有出现“函数”这一概念，但在整个小学阶段的数学学习中无不渗透着函数的思想，可以这样说，凡是有“变化”的地方都蕴含着函数思想。函数的核心即“把握并刻画变化中的不变，其中变化的是‘过程’，不变的是‘规律’”。教师引导学生发现规律并将规律表述出来，就是函数思想在教学中的渗透。

方程思想是从问题的数量关系入手，运用数学语言将问题中的条件转化为方程、不等式或方程与不等式的混合组的数学模型，然后通过解方程（组）或不等式（组）来使问题获解。

方程思想的核心是将问题中未知量用数字以外的数学符号（常用 x,y 等字母）表示，根据数量关系之间的相等关系构建方程模型。方程思想体现了已知数与未知数的对立统一。

小学数学教材中函数与方程思想的体现：

思想方法	知识点	应用举例
方程思想	简易方程	用一元一次方程解决整数和小数等各种问题
	分数、百分数和比例	用一元一次方程解决分数、百分数和比例等各种问题
	等量代换	二（三）元一次方程组思想的渗透
	鸡兔同笼	用方程解决鸡兔同笼问题
函数思想	加法	一个加数不变，和随着另一个加数的变化而变化，可表示为 $y=x+b$ 的形式，渗透一次函数的思想
	积的变化规律	一个因数不变，积随着另一个因数的变化而变化，可表示为 $y=kx$，渗透正比例函数思想
	商的变化规律	除数不变，商随着被除数的变化而变化，可表示为 $y=\frac{x}{k}$，渗透正比例函数思想；被除数不变，商随着除数的变化而变化，可表示为 $y=\frac{k}{x}$，渗透反比例函数思想
	正比例关系	正比例关系改写成 $y=kx$，就是正比例函数
	反比例关系	反比例关系改写成 $y=\frac{k}{x}$，就是反比例函数
	数列	等差数列、等比数列、一般数列的每一项与序号之间的对应关系，都可以看作特殊的函数关系
	空间与图形	长方形、正方形、平行四边形、三角形、梯形的面积公式，长方体、正方体、圆柱、圆锥的体积公式，圆的周长和面积公式等都渗透了函数思想
	统计图表	函数的列表法表示与统计图表有相似之处

2. 数形结合思想

数形结合思想是根据问题的具体情况，把具有直观形式的图形性质的问题转化为具有算法性质的数量关系的问题，通过代数方法分析数量关系并探讨、论证、解释直观图形的性质，或者把数量关系的问题转化为图形性质的问题，用几何图形直观地反映、描述和刻画数量关系，从而使抽象思维和形象思维结合起来，使复杂问题简单化，抽象问题具体化，化难为易，使问题得到解决。

[例]计算$\frac{1}{2}+\frac{1}{4}+\frac{1}{8}+\frac{1}{16}+\cdots$

分析　此题很难用小学算术的知识直接计算，因为它是无穷多个数相加，如果是有限个数相加，用等式的性质进行恒等变换可以计算。从题中数的特点来看，每一项的分子都是1，每一项的分母都是它前一项分母的2倍，或者说第几项的分母就是2的几次方，第n项就是2的n次方。联想到分数计算可用几何直观图表示，那么现在可构造一个长度是1的线段或者面积是1的正方形，不妨构造一个面积是1的正方形，如图所示。先取它的一半作为二分之一，再取余下一半的一半作为四分之一，如此取下去……当取的次数非常多时，余下部分的面积已经非常小了，用极限的思想来看，当取的次数值趋向于无穷大时，余下部分的面积趋向于0，因而，最后取的面积就是1。也就是说，上面算式的得数是1。

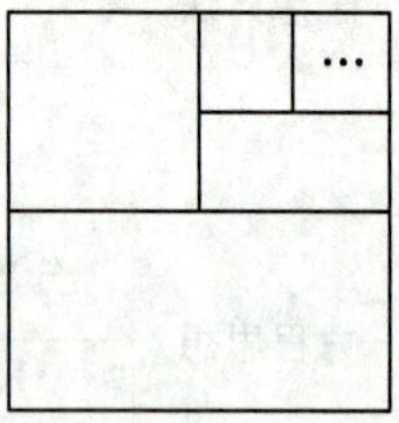

3. 化归思想

转化与化归思想是把那些待解决或难解决的问题化归到已有知识范围内可解问题的一种重要的基本数学思想。这种化归应是等价转化，即要求转化过程中的前因后果应是充分必要的，这样才能保证转化后所得结果仍为原题的结果。因此，化归思想在数学中无处不在。化归思想在解题中的运用可概括为“化难为易，化繁为简，化未知为已知”，也就是把复杂繁难的数学问题通过一定的数学思维方法和手段，逐渐将它转变成一个熟知的简单的数学形式，最后通过熟悉的运算把它解决。

例如，异分母分数加减法化归为同分母分数加减法，异分母分数比较大小通过“通分”化归为同分母分数比较大小等。小数乘除法中也蕴含化归思想：把不熟悉的小数乘法转化成我们熟悉的整数乘法来计算；通过“商不变性质”把小数除法化归为除数是整数的除法。

化归思想在小学数学中的应用如下表：

知识领域	知识点	应用举例
数与代数	数的意义	整数的意义：用实物操作和直观图帮助理解
		小数的意义：用直观图帮助理解
		负数的意义：用数轴等直观图帮助理解

续表

知识领域	知识点	应用举例
数与代数	四则运算的意义	乘法的意义:若干个相同加数相加的一种简便算法
		除法的意义:乘法的逆运算
	四则运算的法则	整数加减法:用实物操作和直观图帮助理解算法
		小数加减法:小数点对齐,然后按照整数的方法进行计算
		分数加减法:异分母分数加减法转化为同分母分数加减法
		分数除法:转化为分数乘法
	解决问题的策略	化繁为简:植树问题、鸡兔同笼问题等
		化抽象为直观:用线段图、图表、图象等直观表示数量之间的关系,帮助推理
		化实际问题为数学问题
		化一般问题为特殊问题
		化未知问题为已知问题
图形与几何	三角形内角和	通过操作把三个内角转化为一个平角
	多边形的内角和	转化为三角形求内角和
	面积公式	正方形的面积:转化为求长方形面积
		平行四边形的面积:转化为求长方形面积
		三角形的面积:转化为求平行四边形面积
		梯形的面积:转化为求平行四边形面积
		圆的面积:转化为求长方形面积
		组合图形的面积:转化为求基本图形的面积
	体积公式	正方体的体积:转化为求长方体体积
		圆柱的体积:转化为求长方体体积
		圆锥体积:转化为求圆柱体积

续表

知识领域	知识点	应用举例
统计与概率	统计图和统计表	运用不同的统计图表描述各种数据
	可能性	运用不同的方式表示可能性的大小

4. 符号化思想

符号化思想指用符号化的语言(包括字母、数字、图形和各种特定的符号)来描述数学内容的一种思想方法。符号化思想是将所有的数据实例集为一体,把复杂的语言文字叙述用简洁明了的字母公式表示出来,便于记忆和运用,是把客观存在的事物和现象及它们相互之间的关系抽象概括为数学符号和公式,是一个从具体到表象再到抽象符号化的数学思想。

例如,在学习“平行四边形面积的计算公式”内容时,将平行四边形的底边长记为 a,高记为 h,平行四边形的面积记为 S,则有 $S=ah$。

5. 集合与对应思想

(1)集合思想

把一类研究对象作为一个整体进行研究的思想就是集合思想。数学中很多东西都可以看成集合或从集合角度思考的,如方程的所有解构成的解集。

(2)对应思想

对应是人们给出两个集合元素之间的联系的一种思想方法。小学数学一般使用一一对应的直观图表,并以此对应函数思想。如直线(数轴)上的点与表示具体大小的数一一对应,又如分数应用题中一个具体数量与一个抽象分数(分率)的对应等。

例如,小学数学教学中主要利用虚线、实线、箭头、计数器等图形或实物将元素与元素、实物与实物、数与算式、量与量联系起来,渗透对应思想。

【题9】【2019江苏无锡,单,3分】人类进行运算时所运用的工具,经历由低级向高级的发展过程,原始社会人类把石块放进皮袋,或者将贝壳串成串儿,用以计数。这样的计数方法主要体现的数学思想是(　　)

A. 对应思想　　B. 方程思想

C. 符号化思想　　D. 分类思想

解　对应思想是在两个事物之间建立起来的一种关系,即对应关系,从而揭示事物之间的联系。原始社会人类把石块放进皮袋,或将贝壳串成串儿,是用“贝壳的数量”来对应“物品的数量”,从而达到计数的目的。

答案　A

6. 极限思想

极限思想，就是用无限逼近的方式来研究数量的变化趋势的思想。极限思想是在无穷思想也就是在对无限的认识的基础上产生的。

例如，“圆的面积和周长”的教学中，“化圆为方”“化曲为直”的极限分割思路，在观察有限分割的基础上想象它们的极限状态，这样不仅能使学生掌握公式，还能引导学生从曲与直的矛盾转化中萌发出无限逼近的极限思想。

7. 几何变换思想

在几何问题的解决中，当题目给出的条件显然不够或者不明显时，我们可以将图形作一定的变换，这样将有利于发现问题的隐含条件，抓住问题的关键和实质，使问题得以突破，找到满意的答案。几何变换是一种重要的思想方法，它是一种用运动变化的观点来处理孤立静止的几何问题的思想。

小学数学教材中的对称、平移、旋转等都属于几何变换的范畴。

8. 分类思想

数学中的分类思想是指将事物根据一定的标准或原则划分组类，然后对每个部分进行讨论，最后将各个部分得出的结论进行汇总，从而得到所要的正确答案。在小学数学引入分类思想时，要根据学生的年龄特征以及他们的认知能力，循序渐进，不断训练，逐步提高学生运用分类思想的能力。一般分类要求满足互斥、无遗漏、最简便的原则。

例如，人教版四年级下册教材对三角形的分类，既可按角分，也可按边分，根据不同的分类标准就会有不同的分类结果，从而产生新的概念。

小学数学中分类思想的应用如下表：

知识点	应用举例
分类	一年级上册物体的分类，渗透分类思想、集合思想
数的认识	实数可以分为正数、0、负数 有理数可以分为整数和分数 整数可以分为奇数和偶数 正整数可以分为 1、素数和合数
图形的认识	平面图形中的多边形可以分为三角形、四边形、五边形、六边形等 三角形按角、边的不同可分为不同的三角形 四边形按对边是否平行可以分为平行四边形、梯形和两组对边都不平行的四边形
统计	数据的分类整理和描述

续表

知识点	应用举例
排列组合	分类讨论是小学生了解排列组合思想的基础
概率	排列组合是概率计算的基础
植树问题	先确定是几排树,再确定每排树的情况:两端都不栽、一端栽一端不栽、两端都栽
抽屉原理	构建抽屉实际上是应用分类标准,把所有元素进行分类

9. 类比思想

类比思想是指依据两类数学对象的相似性,将已知的一类数学对象的性质迁移到另一类数学对象上去的思想方法。

例如加法交换律和乘法交换律、长方形的面积公式、平行四边形面积公式和三角形面积公式。类比思想不仅使数学知识容易理解,而且使公式的记忆变得顺水推舟般自然和简洁。

【题 10】【2023 浙江杭州萧山区,填空,4 分】数学思想蕴涵在数学知识形成、发展和应用的过程中,作为一股指导学生数学发展的潜在力量,愈来愈受到教师们的关注。战国时代的《庄子·天下》篇中的"一尺之棰,日取其半,万世不竭"充满了________思想。"在某一时刻,小明测得一根 2.4 米高的木桩在阳光下的影子长 1.8 米,那么身高 1.8 米的小明影子长多少米?"这道题考查学生能否运用________思想来解决相应的问题。

答案　极限;类比

10. 偶然和必然思想

概率研究的是随机现象,随机现象有两个最基本的特征,一是结果的随机性,即重复同样试验,所得到的结果并不相同,以至于在试验之前不能预测试验的结果;二是频率的稳定性,即在大量重复试验中,每个试验结果发生的频率"稳定"在一个常数附近。由此决定了概率的研究过程是在"偶然"中寻找"必然",然后再用"必然"的规律去解决"偶然"的问题,这其中所体现的数学思想就是偶然和必然思想。

11. 统计思想

现实生活中有大量的数据需要分析和研究,如人口数量、物价指数、商品合格率、种子发芽率等。有时需要对所有的数据进行全面调查,如我国为了掌握人口的真实情况,曾经进行过全国人口普查。一般情况下不可能也不需要考察所有对象,如物价指数、商品合格率等,就需要采取抽样调查的方法收集和分析数据,用样本来估计总体,从而进行合理的推断和决策,这就是统计的思想方法。在统计里主要有两种估计方法:一是用样本的频率分布估计总体的分布,二是用样本的数据特征(如平均数、中位数和众数)估计总体的数据特征。

【题11】【2018江西,单,1分】在“两位数乘两位数的笔算乘法”教学中,教师为学生提供了一张13行16列的点子图,同时要求学生利用手中的点子图,在上面圈一圈,画一画,找到解决13×16的方法,并把自己的想法和思考写在纸上,这种数学思想是(　　)

A. 数形结合的思想,函数与方程的思想

B. 转化的思想,函数与方程的思想

C. 数形结合的思想,转化的思想

D. 转化的思想,分类与整合的思想

解　将数的运算转化为数点子图的活动,体现了转化思想;在点子图上圈一圈,画一画,找到解决13×16的方法体现了数形结合的思想。分类与整合思想表现为:在解答某些数学问题时,需要对各种情况进行分类,并逐类求解,然后综合得解。作为一种数学思想方法,数形结合的应用大致可分为两种情形:或者借助于数的精确性来阐明形的某些属性,或者借助形的几何直观性来阐明数之间的某种关系,即数形结合包括两个方面:第一种情形是“以数解形”,而第二种情形是“以形助数”。综上,选C。

答案　C

考点2　渗透数学思想方法的途径

1. 在确定教学目标、实施教学过程、落实教学效果的过程中,有意识地体现数学思想方法

加强数学思想方法的教学,首先要有意识地在教学目标的确定、教学过程的实施、教学效果的落实等各个方面进行,使每节课的教学目标获得和谐和统一。因而在备课时就必须挖掘教材中隐含的数学思想方法。

2. 在掌握重点、突破难点中,有意识地运用数学思想方法

数学教学中的重点,往往就是需要有意识地运用或揭示数学思想方法之处。数学教学中的难点,往往与数学思想方法的更新交替、综合运用、跳跃性较大有关。因此,掌握重点,突破难点,教师更要有意识地运用数学思想方法组织教学。

3. 在小结、复习中,有意识地画龙点睛,突出数学思想方法

在课堂小结、单元复习时,适时地对某种数学思想方法进行揭示概括和强化,对它的名称、内容、规律、运用等有意识地点拨,不仅可以使学生从数学思想方法的高度把握知识的本质和内在的规律,而且可使学生逐步体会数学思想方法的精神实质。

4. 设计一些渗透数学思想方法的题目

一年级的教学中曾经设计过题目“写出和是6的加法算式,比一比谁写得又多又好”来渗透有序的数学思想方法,教师在设计课堂练习题中,要注重渗透数学思想,不仅使学生把握数学的本质内涵和客观规律,而且培养了学生的数学思想。

5. **引导学生在反思中领悟数学思想方法**

数学思想方法的获得，一方面要求老师有意识地渗透和训练，但是更多的要靠学生自身在反思过程中领悟，在数学学习过程中，要引导学生自觉地检查自己的思维活动，反思自己是怎样发现和解决问题的，运用了哪些基本的思想方法、技能和技巧，走过哪些弯路，有哪些容易发生（或发生过）的错误，原因何在，该记住哪些经验教训等。只有这样，才能对数学思想方法有所认识，由此对数学的理解一定会由量的积累发展到质的飞跃。

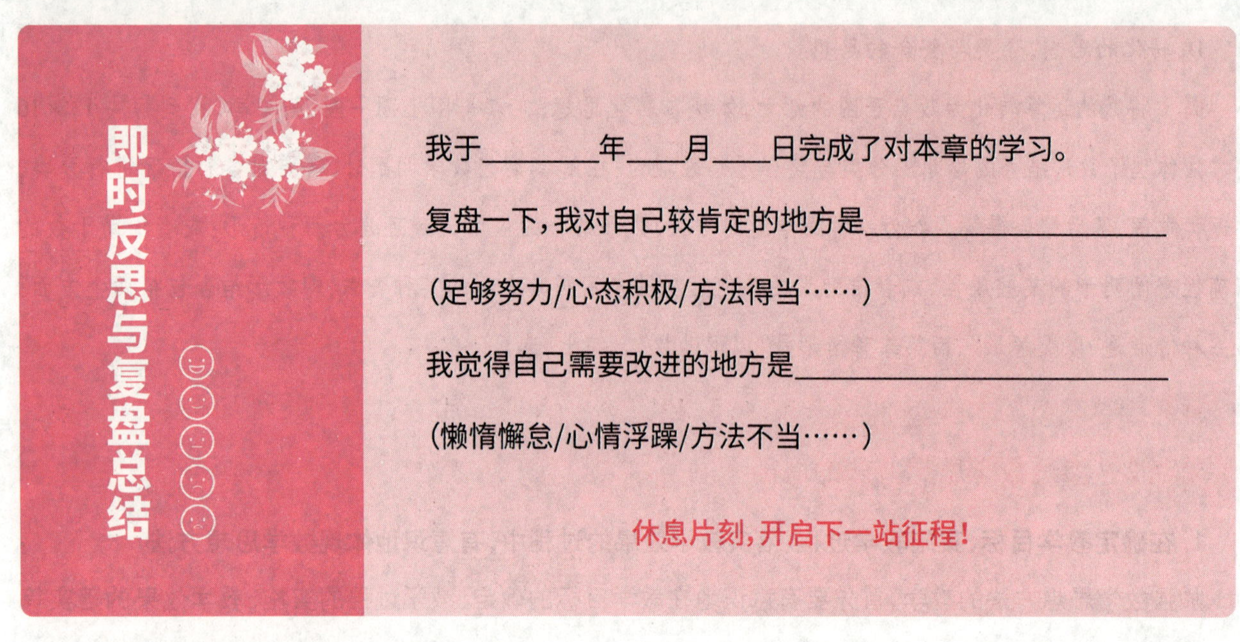

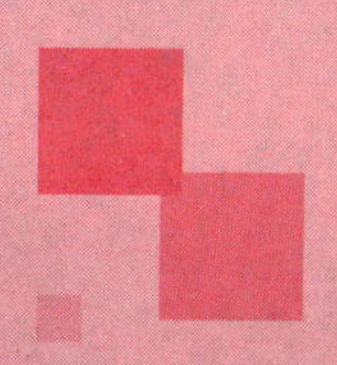

第三章 案例分析

考向分析

案例分析题属于综合性和应用性较强的题目类型，不仅考查考生对数学课程标准和教育教学知识的理解程度，而且考查考生运用理论知识的能力，直接表现为考查考生综合分析与评价方面的能力。

从2017～2023年考向分析来看，对新课标、教学过程的评价考查频次最高，其次是编排意图、数学思想、师生行为、错误归因与改进建议，教学目标与数学概念教学的分析也有所考查。从各地的考向分析来看，福建省2018～2022年均考查错误归因与改进建议，安徽省2019～2023年多考查编排意图，江西省2019～2021年多考查课标中的十大核心概念，浙江省杭州市2020～2023年均考查课标中的十大核心概念，考查方向相对比较稳定。山西、湖南、湖北、江苏、吉林等非统考地区考查内容相对比较灵活，一般以教学片段为素材让考生进行教学过程的评析。山东、广东、天津、重庆等非统考地区，考查案例分析题较少。

注：数据来源于福建、安徽、江西、浙江、山西、湖南、湖北、吉林、山东、广东、江苏、天津、重庆等地区教师招聘考试真题试卷。

第一节 基本理论

核心考点

考点1 课堂教学评价的基本要素 ★★	考点3 教材的分析 ★★★
考点2 课堂学习评价的目的与原则 ★	考点4 学情的分析 ★

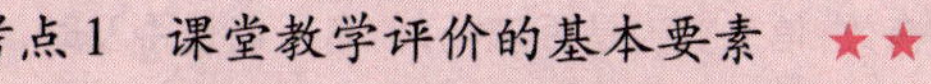

考点1 课堂教学评价的基本要素 ★★

评价要素	评价方面
数学教学目标	第一，教学目标是否明确、具体。在一节具体的数学课堂教学中，对学生要切实掌握哪些数学知识和技能，发展哪些能力、情感、态度，分别要达到何种水平层次，都需要明确地加以规定。 第二，教学目标是否合理。首先，要看教学目标能不能为学生所理解和接受，是否有利于他们的数学学习，有没有超出学生的“最近发展区”；其次，要看所定的教学目标能否顺利地实现。合理的教学目标既要使学生能够通过一定的努力而实现，还要能够促进学生的最佳发展。 第三，教学目标的落脚点是否科学。教学目标既要重视结果知识的获取，又要重视数学活动过程知识的获取，要明确表述让学生经历哪些数学知识的形成过程，参与探究哪些活动，获得哪些体验与感悟等等

续表

评价要素	评价方面
数学教学内容	第一,教师呈现和讲解的数学教学内容是否准确无误,学生的理解是否正确。数学教学内容的科学性、准确性是有效数学学习的基本保障,要求教师务必深谙数学教学内容及相关知识的内涵。所谓"要给学生一杯水,教师要有一桶水",并不在于教师的知识量要比学生多,更重要的是指教师对数学教学内容理解的程度要比学生深刻得多,这样才能有效地避免学生对知识形成错误的理解。 第二,有没有充分挖掘数学知识的背景材料,是否体现了"数学学习内容应当是现实的、有意义的、富有挑战性的"新课程教学理念。数学知识的呈现是否有利于学生主动地进行观察、实验、猜想、推理与交流等数学活动,教学中对数学知识背景材料的适当挖掘,不仅有利于增进学生对知识理解的深广度,还能使数学课堂教学变得丰富多彩。 第三,教学内容的安排是否恰当。教学内容的组织设计是否突出了重点,分散了难点;容量和难度是否符合学生的现有发展水平,有没有超出学生的最近发展区;呈现形式是否有利于学生对数学知识的"再发现"学习;是否为学生的主动建构学习提供了必要的"脚手架"等等
数学教学过程	第一,教学过程的各环节安排是否得当,各要素之间的关系处理得是否合理。例如,教师与学生在课堂教学中的角色定位及其关系是否理顺,教学目标、教学内容、教学方法的功能是否得到充分发挥,教学各环节的时间分配是否科学、合理。考查时,不仅要注意每一个教学环节在课堂教学中所产生的部分功能,还要关注各环节之间的配合与过渡,看它们有机组合起来所产生的整体功能。 第二,教学过程的组织是否有利于学生对数学知识的自主建构,有没有为学生的建构学习提供环境条件及时间和空间上的保障,学生的参与水平如何,是否在教师的指导下积极主动地投入到学习中去,有没有为学生创造自主探究与发现的空间。这是考查数学教学过程是重在"预设"还是重在"生成"的主要指标。 第三,教师与学生、学生与学生多边互动的关系是否有效,信息交流是否流畅,信息反馈是否及时,教师有没有根据反馈的信息灵活、有效地调控教学,对教学过程的整体驾驭能力如何,这些指标能够反映出数学课堂教学过程发展的整体效果,是对教学效率的动态认识和判断。 第四,教学过程中是否"以学生为本",是否体现"学生是数学学习的主体,教师是数学学习的组织者、引导者与合作者"的新课程理念,好的教学活动,应是学生主体地位和教师主导作用的和谐统一
数学教学方法	第一,所选用的教学方法应当具有良好的实效性。任何一种教学方法都是为教学内容、教学目标服务的,教学方法的选择不仅要与具体的数学教学内容相适应,而且要能够推动数学教学目标的顺利实现,特别是教学方法的使用要有利于学生学习方式的转变,有利于引导学生开展自主学习、合作学习和探究学习。 第二,教学方法是否与学生的年龄特征和现有发展水平相适应。有效的教学方法要服从于学生认知发展的心理需要,具有较强的针对性,能很好地促进学生数学素质的发展,这就是教学方法使用的针对性问题。

续表

评价要素	评价方面
数学教学方法	第三，教学方法是否具有良好的启发性。教学方法要能启发学生积极主动地思考问题，激发学生的求知欲，使学生带有明确的学习目标和强烈的学习动机，在良好内驱力的支配下主动参与、积极探究。 第四，教学方法的使用中，是否与现代化的教学手段有机整合，是否注意到了各种教学方法的优化组合，这是实现数学课堂教学方法有效性的关键。评价中，要注重从总体上衡量各种数学教学方法遴选和使用的质量，避免对单一数学教学方法的效果评价
数学教学效果	第一，检查是否完成了本节课的教学任务，是否实现了课堂教学目标。检查教学目标达到的程度要从知识的掌握、能力的培养、数学思考的层次、个性心理品质及情感的发展等方面整体考虑。 第二，看学生除了获得显在的结果知识外，还获得了哪些过程知识，学生是否积极主动地参与到数学学习的过程，比如，思考问题是否积极主动，对教师提出的问题能回答到什么程度，学生自己是否主动地提出问题和解决问题，后进生的思维活动情况如何，他们在教学过程中处于什么位置，能否较为顺利地完成课堂的基本任务，等等。 第三，注意考查学生的学习负担情况。看学生是否愉快地投入到学习中，是否感到轻松、自如，教师和学生应以最少的时间和精力耗费去获得尽可能优的教学效果，向课堂要效益。同时，还要注意考查是否所有的学生都得到了发展，而不能以少数学生的学习效果来代替全班学生的学习效果

考点2 课堂学习评价的目的与原则 ★

1. 数学学习评价的目的

对学生数学学习进行评价的主要目的在于：①改善教师的教和学生的学；②对学生在数学方面的成就和进步进行评价；③提供反馈信息，帮助学生发现解题策略、思维或习惯上的不足；④使学生明确学习后欲达到的标准，形成正确的学习预期；⑤改善学生对数学的素养导向。

2. 评价原则

(1)评价主体的多元化

评价主体的多元化是指教师、家长、同学及学生本人都可以作为评价者，可以综合运用教师评价、学生自我评价、家长评价等方式，对学生的学习情况和教师的教学情况进行全面的考查。

(2)评价方法的多样化

数学学习评价方法多样化体现在多种评价方法的运用，包括利用书面测试、口头测验、开放式问题、活动报告、课堂观察、课后访谈、课内外作业、成长记录袋等。在条件允许的地方，也可以采用网上交流的方式进行评价。每种评价方式都具有各自的特点，教师应结合学习内容及学生的学习特点，选择适当的评价方式。

(3)评价内容的多维化

评价要关注“四基”“四能”的达成情况。其评价的具体内容应围绕以下三个方面展开，形成多维度、全面的评价内容体系。

①知识技能的评价。新课程强调数学教学要关注知识技能的形成过程，让学生亲身经历将实际问题抽象成数学模型并进行解释与应用的过程。因此，在新课程教学评价过程中，应关注数学知识的形成过程、学习方式的运用、数学思维的发展、策略意识的培养。

②情感态度的评价。课程改革强调学生情感态度与价值观的培养。在具体教学评价过程中，应突出关注数学学习活动环境的创设，评价它是否符合本课堂学习目标和学习内容的需要，是否营造出一个平等、民主、和谐的学习氛围，是否有利于教师与学生之间、学生与学生之间的情绪体验和情感交流；在活动中，评价教师是否鼓励学生发现问题、提出问题和解决问题，学生是否敢于大胆质疑、积极尝试、勇于探索、乐于交流和团结协作，以此考查学生学习数学的情绪情感的变化。

③问题解决能力的评价。对学生发现问题和问题解决能力的评价，主要考查学生能否在教师的指导下，从日常生活中发现并提出问题；能否探索出解决问题的有效方法，并试图寻找其他方法；能否与他人合作；能否清楚地表达解决问题的过程，并尝试解释所得的结果；能否具有回顾与分析问题解决过程的意识。

考点3　教材的分析　★★★

1. 研读课程标准，分析教材的编排体系

了解课程总目标和每一学段的学习目标，特别要理解描述学习结果、过程各用语的含义。明确课程标准关于某一知识的学习目标。

分析教材的编排体系和知识之间的内在联系，可以从整体上把握各类知识在数学教材中的分布，认清各类知识的来龙去脉与纵横联系，以及它们在整个数学教材中的地位和作用。对同一类知识来说，要充分认识到所要教的那部分内容，其知识基础是什么，为哪些后续知识的学习做铺垫等等。这样，还可以避免教学过程中的前后脱节或者重复。

2. 分析教材内容的重点和难点

首先，根据教材的难易程度确定重点；其次，根据学生的已知或未知情况确定重点。

3. 分析、研究教材的练习题

分析教材的练习题，把握并研究练习题的层次和功能。弄清哪些是基本题，哪些是变式题，哪些是综合题，哪些是发展题，哪些又是开放型题以及思考题等，接着推敲每一层次甚至每道练习题的设计目的和要求，做到精讲巧练，提高课堂教学效率。

4. 分析教材的编写意图，确定教学目标

分析教材时，要认真推敲教材的编写意图，明确通过教学应使学生认识或掌握哪些基础知识，达到什么要求;侧重培养哪些能力;可做哪些思想品德教育或渗透哪些数学思想方法等,并根据各部分知识及例题的安排顺序、难易程度与地位作用等来为制定教学目标提供依据。

5. 分析教材知识的发生过程及蕴含的思想方法

教师在分析教材时,必须揭示知识的发生过程。首先,要重视思维、思考的过程,比如问题是怎样发生、怎样发现、怎样提出的;怎样对问题进行观察、分析、研究、探索、推演,使问题得到解决;怎样由问题的解决得出结论等;其次,要充分启发、引导、组织学生积极参与这个过程,放手让他们提出问题,研究解决问题,并进行概括,做出结论。

教师在分析教材时应对教学过程中涉及的数学方法和逻辑方法认真研究,分析这些方法的实质及应用,分析这些方法的适用范围,以及研究应如何进行这些方法的教学等。

考点 4　学情的分析　★

学生是学习的主体,要想有针对性地进行教学设计,必须进行学情分析。

学情分析的几个方面如下:

(1)分析学生原有的认知基础;

(2)分析学生的个体差异;

(3)了解学生的生理、心理;

(4)了解学生对本学科学习方法的掌握情况;

(5)分析学生学习知识时可能遇到的困难。

第二节　案例分析题型分类及其答题思路

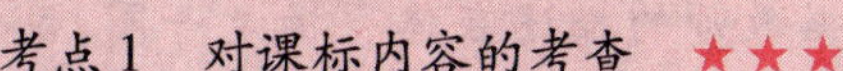

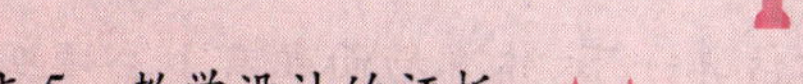

考点 2　编排意图分析　★★★

考点 6　错误归因与改进建议　★

考点 3　师生行为评价　★★

考点 7　数学思想方法的评析　★

考点 4　教学内容的评析　★★★

考点 1　对课标内容的考查　★★★

《义务教育数学课程标准(2022 年版)》节选内容见第五部分第一章。该类题目的答题模式如下:

(1)阐述理论依据(课程标准);

(2)结合案例分析好与不好,合理与否;

(3)总结提升:应该怎么做(如果题目没有要求,可略)。

【题1】【2023江西,材料分析,20分】

"公顷的认识"教学片段

环节一:引入新课

师:同学们,我们已经学过了哪些常用的面积单位?你能用手势比划它们的大小吗?在我们的生活中,经常会与面积打交道,请你给下面各题连上正确的面积单位。

(1)一块橡皮擦上面的面积大约是15　　　　平方米

(2)一张课桌上面的面积大约是24　　　　平方分米

(3)一间教室地面的面积大约是50　　　　平方厘米

(4)二小新址的面积大约是6

师:同学们前3题连得又快又对,第4题为什么连不了?学生思考,教师板书揭题:公顷。

环节二:感知公顷,认识1公顷的含义

师:1公顷藏在哪呢?课件显示当地不同风景图片(华东地区最大、全国第二大的九龙祭瀑布景区面积大约是950公顷,周宁县塔景区面积大约是1公顷……)。

师:刚才这些景区都用了什么面积单位?1公顷究竟有多大?数学里是怎么规定的呢?

(学生自学课本,认识公顷的含义)

环节三:体会1公顷的大小

师:谁能结合实际猜一猜1公顷的面积有多大?

生:我们学校的占地面积比县塔大,应该有1公顷。

生:我觉得体育馆的面积应该是1公顷左右。

师:1公顷的大小比较难想象,能与县塔面积做比较,多好的办法呀!

师:同学们,课前老师对体育场的面积进行调查(课件显示体育场图片),体育场长150米,宽约65米,请你估算一下,体育场面积有1公顷吗?(学生闭眼,根据教师的描述在体育场走一圈,说自己的想法)

生:沿着1公顷大的体育场走一圈大约需要3分钟。

生:1公顷真的很大……

师:(出示:多媒体教室面积是150平方米)请同学们算一算,几个这样的教室约为1公顷?

师:依次出示以下图片,并回忆这些地方,用计算器算出得数。

(1)五(3)班教室的面积大约是50平方米,(　　)个这样的教室面积大约是1公顷。

(2)四小篮球场的面积大约是400平方米,(　　)个这样的篮球场面积大约是1公顷。

(3)周宁河滨公园的面积大约是3300平方米,(　　)个这样的公园面积大约是1公顷。

选择一个你熟悉而喜欢的地方,根据刚才的推算,再次闭眼感受公顷的大小。

(1)结合材料,说一说值得我们借鉴的方面有哪些?

(2)谈一谈"量感"的含义是什么?根据材料,说一说达成了哪些教学目标?

(3)在数学教学实践中发展学生的量感需要注意些什么?

参考答案　(1)材料中值得我们借鉴的地方有:①问题提出应引发学生认知冲突,激发学生学习动机,促进学生积极探究。材料中教师通过问题引发学生积极思考二小新校址面积,进而引出课题体现了该理论;

②教学素材要围绕教学任务,选择贴近学生生活经验、符合学生年龄特点和认知加工特点的背景材料。材料中通过展示不同风景图片,让学生感知公顷的大小体现了该理念;

③《义务教育数学课程标准(2022年版)》指出,有效的教学活动是学生学和教师教的统一,学生是学习的主体,教师是学习的组织者、引导者和合作者。材料中教师通过问题引导,先组织学生认识公顷后,再结合身边熟悉的地方体会1公顷的大小,体现了学生的主体地位的同时,教师也充当好了一个组织者、引导者的角色。

(2)《义务教育数学课程标准(2022版)》指出,量感主要是指对事物的可测量属性及大小关系的直观感知。根据材料,主要达成了如下教学目标:

①知道常用的土地面积单位公顷,通过想象和推算,体会1公顷的大小,发展推理意识。材料中通过展示不同风景图片以及体育场等情境认识公顷和体会1公顷的大小。

②通过认识公顷的活动,培养观察、发现、分析问题的能力,提高应用意识。例如,环节一中引导学生选择正确面积单位时,思考发现第4题连不了,环节二以及环节三中思考景区都用了什么面积单位和分析体会1公顷的面积多大体现了这一目标。

③在学习活动中进一步体会数字与生活的联系,材料中的橡皮、课桌、景区、体育场等都来自于生活,通过共同探究生活中这些物体的大小从而体会数学与生活的密切联系。

(3)《义务教育数学课程标准(2022版)》指出,建立量感有助于养成用定量的方法认识和解决问题的习惯,是形成抽象能力和应用意识的经验基础。在数学教学实践中发展学生的量感需要注意以下几点:

①重视在亲自动手度量过程中逐步形成量感。在教字实践中引导学生经历度量的过程,感受统一度量单位的意义,在推导一些常见图形的周长、面积和体积计算方法的过程中,感悟数学度量方法,逐步形成量感。

②重视在想象推理等活动中发展量感。并不是所有的"量"都可以直接感受,比如吨、千米、公顷、平方千米等,所以要进行想象推理等活动,例如,教学中可以组织想象一吨有多重的活动,从而发展学生的量感。

③重视在估测对比等活动中增强量感。教师可以创设各种形式的估测活动,例如,估计一根铅笔多长,增强学生的量感。

考点2　编排意图分析　★★★

1.分析教材的编排体系

分析教材的编排体系和知识之间的内在联系,可以从整体上把握各类知识在数学教材中的分布,认清各类知识的来龙去脉与纵横联系,以及它们在整个数学教材中的地位和作用。对同一类知识来说,要充分认识到所要教学的那部分内容,其知识基础是什么,为哪些后续知识的学习做铺垫等等,避免教学过程中的前后脱节或者重复。

2.分析教材的编写意图,确定教学目标

分析教材时,要认真推敲教材的编写意图,明确通过教学应使学生认识或掌握哪些基础知识,达到什么要求;侧重培养哪些能力;可做哪些思想品德教育或渗透哪些数学思想方法等,并根据各部分知识及例题的安排顺序、难易程度与地位作用等来为制定教学目标提供依据。

3.分析教材知识的发生过程及蕴含的思想方法

首先,要重视思维、思考的过程,比如问题是怎样发生、怎样发现、怎样提出的;怎样对问题进行观察、分析、研究、探索、推演,使问题得到解决;怎样由问题的解决得出结论等;其次,要充分启发、引导、组织学生积极参与这个过程,放手让他们提出问题,研究解决问题的方法,并进行概括,做出结论。

【题2】【2023安徽统考,案例分析,10分】素材:

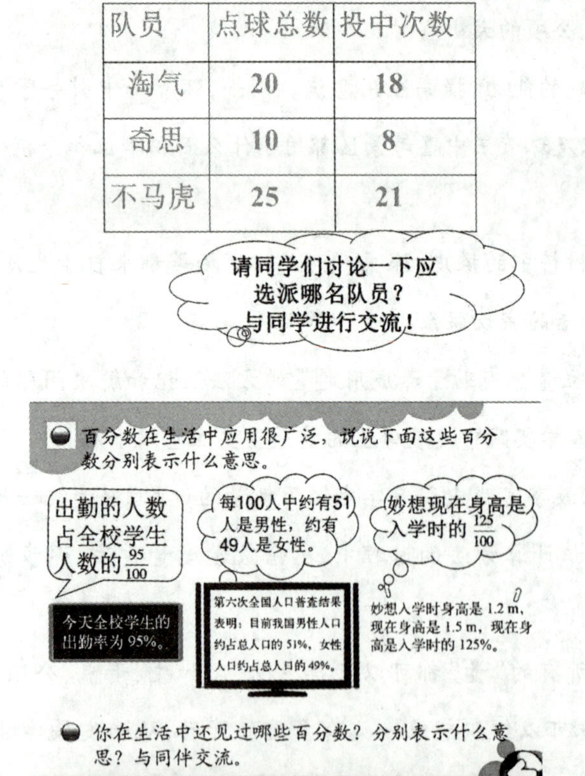

队员	点球总数	投中次数
淘气	20	18
奇思	10	8
不马虎	25	21

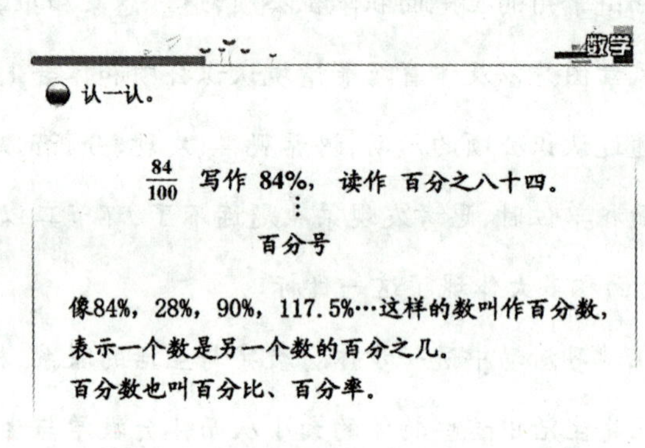

(1)该素材涉及知识点在《义务教育数学课程标准(2022年版)》中属于哪个学习领域?

(2)分析以上素材的编排意图;

(3)《义务教育数学课程标准(2022年版)》在课程实施中指出:"教材素材的选取尽可能地贴近学生的现实,以利于学生经历从现实情境中抽象出数学知识与方法的过程,发展抽象能力、推理能力等。"以上素材涉及哪几种"学生的现实"?并结合素材对其进行简要描述。

参考答案 (1)义务教育阶段数学课程内容由数与代数、图形与几何、统计与概率、综合与实践四个学习领域组成。该素材涉及知识点为"百分数",属于"统计与概率"的学习领域。

(2)①利用现实问题中点球数的情况统计引入百分数的学习,帮助学生了解百分数的统计意义,让学生明白利用百分数可以认识现实世界中的随机现象。

②该素材的编排选取了学生出勤率、人口普查的男女比率等与学生生活所贴近的内容,有利于学生在简单的实际情境中熟练应用百分数,形成数据意识和初步的应用意识。

(3)①数学现实。学生学习百分数时已经具备分数的相关知识,该素材通过学生已经积累的数学知识从而引入百分数的学习。

②生活现实。点球数的统计、出勤率、人口普查、身高变化等学生熟悉的事物均涉及"生活现实"。

考点3 师生行为评价 ★★

(1)阐述理论依据(课程标准的相关内容)。

(2)结合案例分析好与不好,合理与否。

【题3】【2021山西临汾洪洞县,案例分析,10分】一位教师在教学一年级《认识人民币》一课时,设计了一个让学生猜一猜老师口袋里装有多少钱的环节。

师:小朋友,请大家猜一猜,今天老师的口袋里装了多少钱?

生1:一百万。

师:老师口袋里哪有那么多钱呢?

生2:一角。

其他同学笑了,老师怎么才有一角钱啊。

生3:老师,你想让我们说有多少钱呢?

生4着急地说:老师,你拿出来让我们数一数就知道了!

(1)为什么会出现这样的现象,请对上述案例中教师设计这个环节作出分析;

(2)假如让你接着老师这个环节进行教学,下面你准备怎么引导学生?

(3)请你修正一下这个教学设计,并将学生可能出现的情况预设出来。

参考答案 (1)教师的引导作用主要体现在:①通过恰当的问题,或者准确、清晰、富有启发性的讲授,引导学生积极思考,求知求真,激发学生的好奇心。教师提出"老师口袋里有多少钱?",这个问题太过于宽泛,没有针对性,问题的提出缺少目的性与启发性;②课标在教学建议中指出,教师的引导作用还体现在:通过恰当的归纳和示范,帮助学生理解知识、掌握技能、积累经验、感悟思想。在学生提出有一角钱的时候,教师问学生,老师怎么才有一角钱?这个问题的提出没有价值,也没有给学生提供可靠的解决方案。

(2)老师表扬学生,这位同学提供的方法非常好,那咱们就一起来数一数。紧接着老师可以拿出口袋里的钱,问学生:"认识老师口袋里的这些钱吗?它们各是多少呢?"

(3)在教学时,先从学生感兴趣的话题入手,提出问题:"同学们,你们平时有去超市或者文具店买东西吗?去买东西的时候有没有见过人民币呢?"

学生:见过,也用过。

老师:老师今天就准备放学时去给大家买一些文具,那大家猜猜老师口袋里装了多少钱呢?

(预设)

学生1:一角。

学生2:一角太少了,根本买不了文具,我猜是200。

学生3:200太多了,有可能是2元,可以买一支笔。

学生4:如果要买很多,2元可能不够。

考点4 教学内容的评析 ★★★

数学教学内容既是教师教学的重要资源,也是学生学习的主要对象和线索。教学中,教师应当深入地挖掘数学教材内容,灵活地呈现数学学习素材,以利于学生主动参与、自主建构地学习。评价数学教学内容的质量和效力时,可以从以下几个方面进行:

(1)教师呈现和讲解的数学教学内容是否准确无误,学生的理解是否正确。数学教学内容的科学性、准确性是有效数学学习的基本保障,要求教师务必深谙数学教学内容及相关知识的内涵。所谓"要给学生一杯水,教师要有一桶水",不仅在于教师的知识量要比学生多,更重要的是指教师对数学教学内容理解的程度要比学生深刻得多,这样才能有效地避免学生对知识形成错误的理解。

(2)有没有充分挖掘数学知识的背景材料,是否体现了"数学学习内容应当是现实的、有意义的、富有挑战性的"新课程教学理念,数学知识的呈现是否有利于学生主动地进行观察、实验、猜想、推理与交流等数学活动。教学中对数学知识背景材料的适当挖掘,不仅有利于增进学生对知识理解的深广度,还能使数学课堂教学变得丰富多彩。

(3)教学内容的安排是否恰当。教学内容的组织设计是否突出了重点,分散了难点;容量和难度是否符合学生的现有发展水平,有没有超出学生的最近发展区;呈现形式是否有利于学生对数学知识的"再发现"学习;是否为学生主动建构学习提供了必要的支持等等。

【题4】【2023浙江杭州萧山区,简述,14分】杜威曾说:"教育,即经验连续不断地改造。"可见,学生学习经验的重要性。以《平行四边形的面积》一课为例：

环节一：

师：认识这个图形吗？（师提供一个在方格纸上的平行四边形）请你尝试数出它的面积。

生1：我先数出完整的有16格，再将那些不完整的一个个拼一下，就得到一共24格。

生2：我是将左边的三角形整体移到右边，这样就都是完整的格子，每行6格，有4行，共24格……

师：在数面积的过程中，你有什么发现？

生：平行四边形可以转化成长方形来数。

环节二：

师：是不是所有的平行四边形都能转化成长方形来数呢？在方格纸上画出一个和方格长不一样的平行四边形，要求用最少的次数拼，数出平行四边形的面积……

(1)学生学习平行四边形面积的学习经验是什么？

(2)这一片段中的主要学习素材是什么？选用这学习素材的设计意图是什么？

(3)请结合片段内容具体分析，教师是如何借助学生的学习经验展开教学的？

参考答案 (1)学生在学习平行四边形的面积时，已掌握了长方形和正方形的面积计算公式，并且已经具备通过数格子的方法来求解图形面积的经验。

(2)案例中学生的主要学习素材是方格纸，选用方格纸是为了和之前学习的长方形和正方形面积时产生联系，让学生通过已有的知识经验解决新的数学问题。

(3)案例中教师首先展示一个附在方格纸上的平行四边形，帮助学生回忆以前的知识经验，建立起学生探究新知的信心，然后又引导学生探索平行四边形的面积，层层递进，激发学生的探索欲望，教师进一步引导学生，在数方格的过程中有什么发现，渗透转化的数学思想，解决新的数学问题。

【题5】【2021年1月浙江台州(天台、仙居、三门、临海)，案例分析，8分】案例：刘老师在教学长方形的性质的课堂上出现了下面一个教学片段：

刘老师在介绍完长方形的概念后，布置了一个操作探究活动。

刘老师：大家把手中的数学棒摆成一个长方形，然后在这个长方形上摆满1平方厘米的方格，通过这个活动，同学们可以得到哪些和长方形有关的结论？

学生正准备动手操作，小李举起了手。

小李：我不动手操作也知道结论。

刘老师：你知道什么结论？

小李：长方形的面积等于长乘宽。

刘老师没想到会出现这个情况，脸冷了下来：你怎么知道？

小李：昨天预习了，书上这么说的。

刘老师：你聪明，坐下！后面的教学是在沉闷的气氛中进行的，学生操作完成后再也不敢举手发言了。

问题：

(1)结合案例中刘老师的教学过程，简要做出评析；

(2)结合实际情况，谈谈如何处理好课堂上的意外情况。

参考答案 (1)在课堂上，教师面对的是一群有着不同生活经历，有自己的想法，在很多方面存在差异的学生，也正是因为有这些差异，课堂才是充满变化、丰富多彩的，教师如果不能适应这种变化，不能及时正确处理课堂上的意外，那么其课堂效果将很难保证是高效的。在题目的教学片段中，刘老师对学生直接说出长方形的面积求解方式采取了不满的态度，因为这样一来打乱了教师原本已经设计好的精彩探索活动计划，碰上这样的意外，教师采取了生硬的处理方式，让其他学生继续探索，但此时刘老师的不满情绪和处理这件事情的方式使得全班同学失去了探索的兴趣和发言的勇气。教师如果换一种方式，先表扬小李同学："你真是个爱学习的学生，我相信你还是个爱思考的学生！"然后让他和大家一起动手操作、探索、验证长方形的面积为什么会等于长乘宽，课堂教学效果会截然不同。

(2)课堂上的意外从性质角度来说，有积极的一面，也有消极的一面，从效果角度来说，有有效的一面，也有无效的一面。教师在课堂上要充分发挥自己组织者的作用，不断地捕捉、判断、重组课堂教学中从学生那里涌现出来的各种各样的信息，并能迅速断定哪些意外对教学是有效的，哪些意外偏离了教学目标。一名优秀的数学教师应该能够正确应对课堂上出现的各种各样的意外，使之为数学教学服务，提高课堂教学的效果。

考点5 教学设计的评析 ★★

1. 复习思考

方式：提问、板演、教师或学生总结。

设计意图：纠正练习中的错误；巩固前面所学内容，为新知识引入做准备。

2. 创设情境，新课引入

方式：由现实世界——生活、学习、生产、科学实验等情境导入，从数学内部——归纳式导入、演绎式导入、类比式导入、数学文化导入等。

设计意图：联系生活实际，为课题的引出提供了现实背景，同时激发了学生的学习兴趣，将数学知识与现实生活紧密联系在一起。

3. 合作交流，探究新知

方式：提出问题，有次序地一步一步层层深入到课题的核心；学生自主合作探究问题的解决方法；揭示概念(公式、法则、定理)的来龙去脉，从而把握本质，理解数学思想方法，积累数学活动经验。

设计意图：让学生经历××的过程(或思维活动)，培养学生××能力，得出××。

4. 运用新知，巩固新课

方式：教师出示问题，学生解决、汇报；教师巡视指导。

设计意图：通过练习，让学生对新知进行巩固，对××形成系统化的认知，同时教师通过巡视，得到课堂教学效果的及时反馈，从而××（如调整后续环节）。

5. 反思小结，总结新课

设计意图：通过反思与总结，让学生将新知纳入已有认知结构或调整原认知结构以适应新知，获得××数学思想方法等。

6. 课外延伸，布置作业

设计意图：通过××的讲解（课外延伸）感受数学的意义、文化等；通过课后作业，进一步加强学生对××的记忆、掌握，形成对××更深刻的认识。

【题6】【2022年6月浙江杭州，案例分析，8分】以下是李老师在教学二年级《克与千克》"建立1克的质量标准"时的教学环节，分析此环节的教学目标、设计意图和教法特点。

建立1克的质量标准

1. 自主探究

师：生活中你们见过重约1克的物品吗？

生：纽扣、羽毛、铅笔。

师：老师带来了一些东西，1克到底可以是哪些物品，让我们一起用天平来发现这里的1克吧。（课中出示以下活动内容和要求）

活动一：使用天平，发现1克。

学习任务：1克可以是……

学习材料：2分硬币、一小盒黄豆、回形针、小面包、橡皮泥（学生每组都有）。

学习方法：称一称，说一说，贴一贴（把重1克的物品粘贴在作业单上）。教师给大家4分钟时间。

2. 汇报交流

师：同学们称出了这么多"1克"，请把这些"1克"介绍给同学听一听。

学生上台展示以下作业单并介绍。

师：这些"1克"有什么相同和不同的地方？

生：它们都很轻，都是1克。

生：它们的大小和数量不一样。

师：刚才我们称出了这么多"1克"，老师这里还有很多生活中的物品，你能快速找到这些材料里的"1克"吗？可以用刚才称出的"1克"去掂一掂，感受一下，每组挑两个最有手感的同学上来，带着你们称出的

“1 克”来找“1 克”。

师：请找对的最强手感王介绍一下经验！

生：我一手拿着 2 分硬币，一手拿着 2 粒花生，掂了掂发现差不多重。

寻找1 g		
2分硬币		1个
黄豆		5粒
回形针		2枚
小面包		部分
橡皮泥		1块

思路分析：根据具体的教学材料，写出教学环节中的“教学目标”与各个教学环节中的“设计意图”。其中“设计意图”包含“自主探究”和“汇报交流”两个环节。写出“教法特点”，言之有理即可。

参考答案 根据材料内容，此环节的教学目标是：在具体生活情境中，学生动手操作，初步感知“1 克”的质量，进而培养学生自主探究的意识。

“自主探究”环节设计意图：通过实践活动，学生体会到数学与生活的密切联系，学会独立探索并与他人合作交流，增强学习数学的兴趣。

“汇报交流”环节设计意图：小组活动后的交流讨论，培养学生表达能力的同时，引导学生总结个人经验，归纳数学方法。

教法方面：材料中教师创设了学生比较熟悉的生活情境，用“称一称”“说一说”“贴一贴”的方法来估计物体的轻重，容易激发学生学习数学的兴趣，调动学生的学习自主性和能动性。在教授“1 克”质量的过程中，层层递进的提问，小组合作与动手操作等环节的设置，充分调动学生的多种感官参与学习活动，让其深刻感受 1 克质量的大小，有利于 1 克概念的形成。整个教学环节中，为学生提供了充分的活动时间和体验空间，丰富学生的真实体验和触觉感知，深化了对“克”的认识，加快概念的建立，最终达到良好的教学效果。

考点 6 错误归因与改进建议 ★

(1) 错因评析原则

评析原则	原因
知识方面	①概念不清，算理不明；②口算不熟，笔算不准； ③书写欠规范
心理方面	①感知比较粗略(粗心)；②缺乏耐心；③注意力不够集中； ④思维定势干扰

(2)错因分析答题模板

①先写出出现的错误,如下错误:a. ×××;b. ×××;c. ×××。

②错误归因评析:(针对错误逐个分析原因):学生×××在解题过程中(的解法)出现以上错误,有以下几个原因:a. 在×××的过程中出现了×××的错误(概括材料)属于知识方面的原因,是对×××的×××(概念不清,算理不明/口算不熟,笔算不准);b. 在×××的过程中出现了×××错误(概括材料)属于心理方面的原因,属于×××(感知比较粗略/缺乏耐心/注意力不够集中/思维定势干扰)。

(3)改进建议

问题形式	答题思路
针对……(知识),探讨如何提高学生的……	(1)加强……(计算法则、运算顺序、运算律、运算性质、公式、定理和性质)的教学,理解……(算理、推导过程); (2)教师要认真研究学生的发展特点,树立正确的学生观; (3)分层练习,要形式多样,讲究实效,做到能围绕重点和难点强化练习,围绕易混和易错点对比练习
假如你是该教师,针对学生的……问题(情况),如何组织进一步的教学,完成该课题的教学任务	如果我是该教师,遇到这样的情况我会进行如下操作: (1)知识呈现的改进建议 认真分析学生出错的原因,找准错误的根源,对症施教。加强×××(计算法则、运算顺序、运算律、运算性质、公式、定理和性质)的教学,理解×××
假如你是该教师,针对学生的……问题(情况),如何组织进一步的教学,完成该课题的教学任务	(算理、推导过程)。因此我会向学生提出:①×××;②×××。组织学生×××(前后讨论/独立思考),针对课堂中的问题解决学生的困惑。 (2)教学方式的改进建议 认真研究学生的发展特点,树立正确的学生观。由于×××(本题知识点)在学生以往的学习中已经接触过,从而可以利用旧知引出新知,顺应学生思维发展的规律,并且重视创设情境和知识总结,帮助学生构建数学体系。 (3)必要的巩固练习 在学生掌握该知识的基础上进行分层练习,要形式多样,讲究实效,做到能围绕重点难点强化练习,围绕易混和易错点对比练习。

【题7】【2022 福建,简答,12 分】在运用乘法分配律计算 0.68×101 时,有下列三种不同的做法。

做法 1：

0.68×101

$=0.68 \times (100+1)$

$=0.68 \times 100+1$

$=68+1$

$=69$

做法 2：

0.68×101

$=0.68 \times (100+1)$

$=0.68 \times 100 \times 1$

$=68$

做法 3：

0.68×101

$=0.68 \times (100+1)$

$=6.8+0.68$

$=7.48$

问题：(1)分别指出三种做法的错误之处，并分析导致错误的原因；

(2)针对以上做法，提出教学乘法分配律的相关教学建议。

参考答案　(1)错误之处：

做法 1：使用乘法分配律时，漏掉了加数 1 也需要乘 0.68；

做法 2：使用乘法分配律时，将“+”错当成“×”进行运算；

做法 3：使用乘法分配律时，乘法计算错误，$0.68 \times 100=68$ 而不是 6.8。

错误原因：

做法 1：没有理解和掌握乘法分配律的本质：在用乘法分配律进行计算时，两个数的和与一个数相乘，应该先让这两个数分别与这个数相乘，再相加求和；

做法 2：粗心导致把“+”当成“×”，进而计算错误；

做法 3：运算能力较差。小数乘整百的数，小数点向右少移动了一位。

(2)①“乘法分配律”中含有“乘法”与“加法”两种运算，思维含量较高，因此在教学过程中不能采用“填鸭式”教学，而应该在教学过程中与学生一起探究，使学生充分理解“乘法分配律”。

②乘法分配律的理解，不能仅看表面，理解乘法分配律内涵的关键是乘法的意义，教学时要侧重结合乘法的意义来理解表达式中两部分的含义，感知算式中数据的特点，以及它们之间的关系。

③教学时应让学生在解决问题和说明缘由的过程中感受“乘法分配律”的两种不同方法之间的联系与区别，能够使学生灵活地在“加法”与“乘法”之间相互切换，让学生理解这两种思路的算式表达的都是“先求和，再相乘”或“先分别乘，再相加”，强化学生的结构意识。

知识再拔高

培养计算能力的教学策略

(1)切实掌握有关计算的知识。

(2)弄清算理，以理驭法。

(3)加强口算、重视笔算、学会估算。

(4)分层练习，形式多样，讲究实效。

(5)培养学生养成认真审题的习惯。

考点7　数学思想方法的评析　★

(1)化归思想。所谓化归，就是把待解决的问题通过某种转化过程，归结到一类已经能解决或者比较容易解决的问题中去，借此来获得原问题解决的一种思想方法。

(2)类比与归纳。类比，就是根据两种事物在某些特征上的相似，得出它们在其他特征上也可能相似的结论的一种推理。归纳可以帮助我们探寻规律，有助于提高我们的创造能力。

(3)函数思想。所谓函数思想，就是用运动和变化的观点、集合与对应的思想，去分析和研究数学问题中的数量关系，建立函数关系或构造函数，运用函数的图象和性质去分析问题，转化问题，从而使问题获得解决。

(4)方程思想。方程思想就是分析数学问题中的变量间的等量关系，从而建立方程或方程组或者构造方程，通过解方程或方程组，或者运用方程的性质去分析、转化问题，使问题获解。

(5)分类讨论思想。分类讨论是一种重要的数学思想方法，当问题的对象不能进行统一研究时，就需要对研究的对象进行分类，然后对每一类分别研究，给出每一类的结果，最终综合各类结果得到整个问题的解答。

(6)数形结合思想。数形结合与数形转化的目的是发挥“形”的生动性和直观性，发挥“数”的思路的规范性与严密性，两者相辅相成，扬长避短。

【题8】【2020安徽统考，案例分析，10分】(节选)以下素材来自小学数学教材：

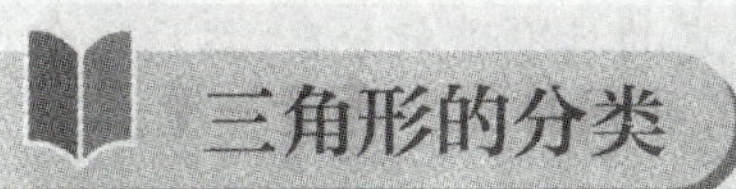

5　三角形是多种多样的。按照三角形中角的不同把下面的三角形分一分。

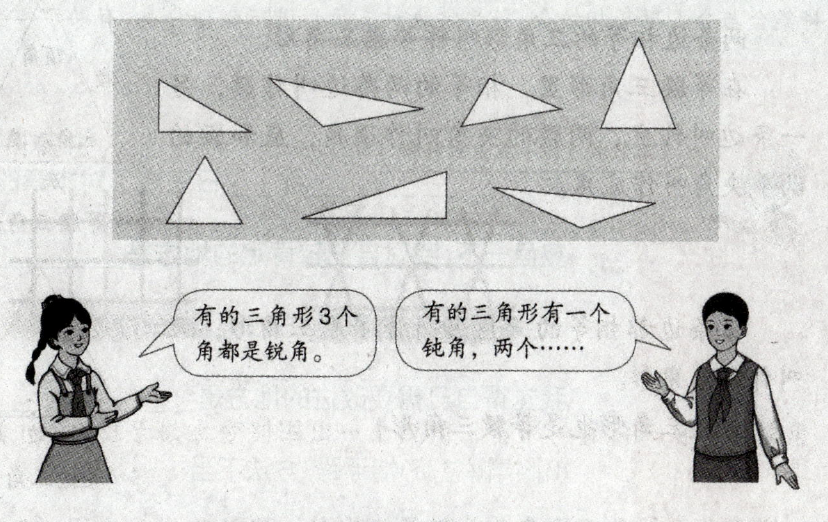

三个角都是锐角的三角形叫作锐角三角形；
有一个角是直角的三角形叫作直角三角形；
有一个角是钝角的三角形叫作钝角三角形。

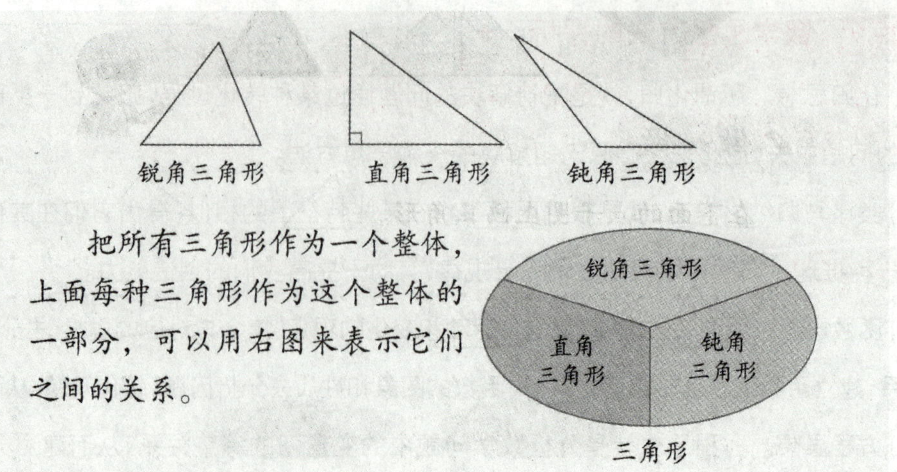

(1)略;

(2)以上内容体现了什么样的数学思想?

思路分析:(1)略;

(2)阐述“三角形分类”所体现的数学思想方法,再结合案例具体分析。

思路分析:阐述“三角形分类”所体现的数学思想方法,再结合案例具体分析。

参考答案　①分类思想。案例中学生对三角形进行分类,体现了分类思想。我们在研究某些问题时,有时无法对其进行统一研究或者整体解决,就会把对象按照一定的标准进行分类,然后逐个讨论,最后归纳得出结论。采用分类思想有利于学生有逻辑地、全面地思考问题,帮助学生培养良好的数学思维品质。

②集合思想。案例中,最后采用 Venn 图的形式把三角形进行了划分,体现了集合的数学思想方法。集合是一种基本数学语言和基本数学工具,数学关系式的表达、概念的内涵与外延等都可以用集合来进行准确的表达,获得清晰的刻画。采用集合思想,有利于学生建立整体和局部的概念。

案例中,将集合与分类思想相结合,引导学生对三角形进行合理分类,有助于学生对知识的梳理。

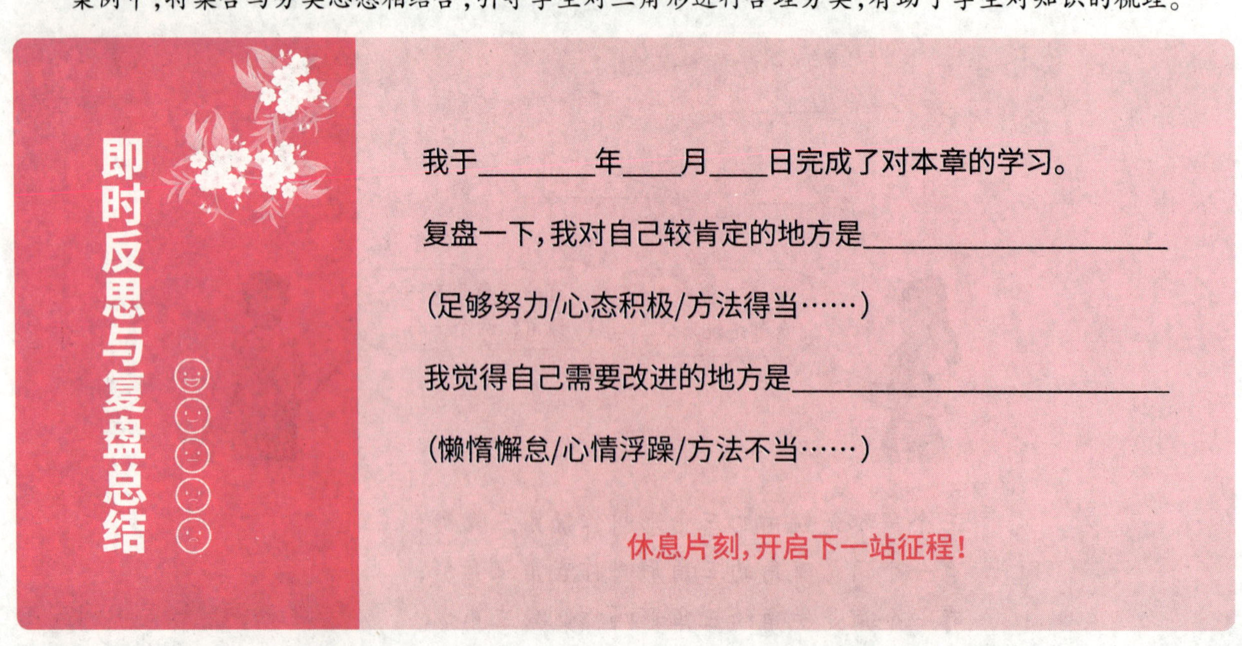

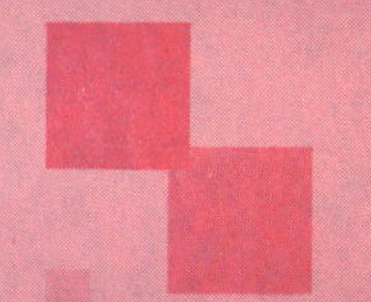

第四章 教学设计

考向分析

教学设计主要考查数学学科教学能力。题目形式一般为呈现一段材料，如从现行版本的数学教材中节选一段教学内容，或给出一段关于某个课题的例子等，要求考生分析材料确定对应的教学目标、设计教学重难点、设计教学过程等，有时也会要求给出设计意图。大多数地方的教师招聘考试中均有涉及，考生要在明确教学目标，制定教学重难点的基础上，进行完整的教学环节的撰写。

第一节 教学目标和教学重难点的设计

核心考点

考点1 教学目标的制定标准 ★★	考点3 教学重点的制定依据与模板 ★★
考点2 教学目标的陈述技巧 ★★★	考点4 教学难点的制定依据与模板 ★★

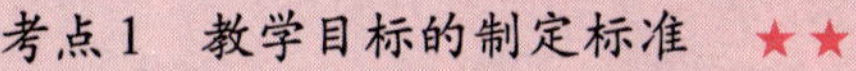

考点1 教学目标的制定标准 ★★

在设计教学目标时，可基于“四基”“四能”“核心素养”“情感态度”来确定教学目标的四个维度，但是不一定严格按照这四个维度去一一列举，可以在一条或多条教学目标中同时体现多种素养。因为教学目标的设计一直都强调的是目标的融合，而且不可能写出来的目标就能准确地对应每一点，反而是一条目标可能对应两三点。

考点2 教学目标的陈述技巧 ★★★

1. 模板一

(1) 学生联系实际和利用生活经验，通过观察、操作、对比等学习活动，认识×××，理解×××，掌握×××，探究和发现×××，并能运用所学知识解决问题。

(2) 学生在探究过程中，培养合作意识和动手实践能力，提高应用意识和自主探究能力。

(3) 学生在自主参与活动的过程中，进一步体验成功带来的快乐，体验知识的形成过程，实现自主发展。

2. 模板二

(1) 学生结合具体的情境，探索并发现(或理解并掌握)×××，会运用所学的知识解决简单的实际问题。

(2)学生经历自主探索、合作交流的过程,培养观察、比较、分析、归纳、概括等思维能力。

(3)学生在探索×××的过程中,体会数学与生活的联系,获得成功的体验,增强学好数学的自信心。

3. 模板三

(1)掌握×××的基本概念、定理和方法,熟练运用计算、推理×××等基本技能。

(2)在×××的学习过程中,培养学生运用数学知识解决实际问题的能力,激发创新思维和实践能力。

(3)培养学生具备良好的×××的数学核心素养,能够在生活和学习中运用数学知识。

(4)发展学生的抽象、分析、归纳等数学思维方式,提高解决问题的能力。

注:考生明白教学目标制定的原理即可,模板备用,具体课程内容的教学目标可自由发挥。

考点3 教学重点的制定依据与模板 ★★

1. 制定依据

(1)教学内容是教材的核心。

(2)教学内容是今后学习其他内容的基础,或者有广泛的应用。

(3)通常教材中的定义、定理、公式、法则、数学思想方法等都是教学的重点。

2. 答题模板

掌握×××的技能,培养×××的能力。

考点4 教学难点的制定依据与模板 ★★

1. 制定依据

(1)新知学习易受已有知识的干扰。

(2)在学习新的概念、定理时,缺少相应的已知概念、原理作为基础。

(3)教学内容本身较为复杂、过分抽象、综合性较强等。

(4)在数学中,概念课的难点通常是"对定义的理解";定理课的难点通常是相应定理的证明(推导)或定理的形成过程及其运用;应用题的教学难点是分析应用题的数量关系,掌握正确解法。

2. 答题模板

能够运用×××方法解决实际问题,体验×××,感受×××。

第二节 教学过程的设计

考点1 课堂导入的设计 ★★★	考点4 习题的设计 ★★
考点2 课堂提问的设计 ★★	考点5 数学课堂活动的设计 ★★★
考点3 课堂讨论的设计 ★★	考点6 课堂小结的设计 ★★

考点1 课堂导入的设计 ★★★

1. 以旧引新

以旧引新就是教师在上课时利用知识的迁移规律，把与本节课相关的旧知识呈现出来，让学生从已知的内容出发，恰当而又自然地让学生进入新知识的学习过程之中。

[例]"万以内的加减法"课堂导入

板书几道"百以内的加减法"的练习题，通过复习回忆其计算法则，引入新的教学内容，这样就降低了新知识的学习难度。

2. 创设情境导入

创设情境导入就是教师恰当、巧妙地利用音乐、幻灯片、录音、录像等电教手段，来渲染课堂气氛，为学生提供贴近实际生活的特定情境，在情境中可巧设机关、制造冲突、诱发思维，使学生的心理处于兴奋状态，产生学习动机。

[例]"秒的认识"课堂导入

师：同学们，喜欢过节吗？咱们中国有一个重要的传统节日，节日里你们都会得到压岁钱，这是什么节日？（春节）

师：（课件放映春节联欢晚会倒计时）新年的钟声马上就要敲响，开始倒计时了，一起来。（师生一起倒计时）

师：过年真好！我们又一次听到了新年的钟声。谁知道，刚才咱们倒数的5,4,3,2,1用的是什么时间单位？（秒）

师：我们以前学过的时间单位是时、分。要计量更短的时间，就要用比分更小的单位——秒，今天我们就一起来认识秒。（揭示课题：秒的认识）

3. 趣味导入法

在进行课堂导入设计时，教师还应当考虑到学生的年龄特点，通过给学生讲故事、陪学生做游戏等趣味方式导入新课，这种方式能够迅速地吸引学生的注意力，让他们对即将学习的新知识产生浓厚的兴趣。

[例]教学“体积与容积”一课时,某教师这样引入:

师:同学们还记得乌鸦喝水这个故事吗?谁能给大家讲讲这个故事呢?

学生讲述故事。

师:聪明的乌鸦是怎么喝到水的?

生1:往瓶子里放入小石子,水面升高乌鸦就喝到水了。

师:把石子放入水中,水面为什么会上升呢?

生2:石头占了水的位置。

生3:石头把水挤出来了。

生4:石头占了水的空间。

在交流中,让学生感受物体占据空间,老师板书:空间。

4. 开门见山导入

当学生容易理解新的课题或课题与前面所学内容有直接关联时,教师可以简洁明了地说明学习内容、目的或要求,引起学生的注意,最大优点是节省时间,使学生明了学习的内容与要求。

[例]“多位数的读法与写法”一课,一上课教师直接在黑板上写了两个很大的数,如69 278 000、六千九百二十七万八千,然后指出:这种数的位数有很多,读好和写准这种数对今后的学习与生活有很大帮助,今天我们就来学习“多位数的读法与写法”。

5. 实物或教具演示法

实物、教具或投影比语言更具有说服力和真切感,能够激发学生学习兴趣,培养观察能力和数学应用能力,有助于化抽象为具体,为学生提供丰富的感性经验,直观鲜明地揭示客观事物的关系。

[例]教学“圆柱与圆锥”这节课时,向学生展示若干个圆柱与圆锥的实物,如饮料罐、茶叶筒、漏斗、喇叭等,随后带领学生进行摸一摸、看一看、猜一猜的活动,鼓励学生在认真观察、分析这些实物模型的基础上尝试说出圆柱、圆锥这两者的主要特征。

6. 设疑式导入

设疑式导入是教师根据学生喜欢追根求源的心理特点,一上课就给学生创设一些疑问,制造矛盾,设置悬念,引起思考,使学生产生浓厚的学习兴趣,诱导学生由疑到思,由思到知的一种导入方法。

[例]教学“年、月、日”一课时,教师结合教学内容设计如下情境:同学们都知道自己的生日吧?那你们喜欢过生日吗?学生都高兴地回答“喜欢”。教师接着深入:“小红今年8岁,哥哥从她出生到现在只过了三个生日,她哥哥多大了?”问题一出,全班顿时沸腾起来,大家都议论纷纷,有的说3岁,立刻遭到大家的反对,他妹妹都8岁了,怎么可能比他妹妹还小呢?师:“是啊,过了三个生日,应该是三岁啊。这样就有意思了,妹妹8岁,哥哥却只有3岁,岂不是怪事啊?”短短数语,学生探求其中奥秘的欲望油然而生,学习主动性被激发,思维门户也随之打开。

考点2　课堂提问的设计　★★

1. 课堂提问应有的特性

(1)课堂提问应具有目标性。提问是为了引导学生积极思考。提的问题只有明确具体,才能为学生指明思考的方向。教师设计问题前要明晰提问的目的,即设计的问题或促进学生的认知发展,或对教学有反馈调控作用,或指引学生操作探究,促进情感升华,等等。

[例]在教学"能被3整除的数"这一课时,教材呈现的是一幅3的倍数图,并指出这些数都能被3整除,要求学生找出这些数的特征,在复习能被2,5整除的数的特征之后,提出问题:能被3整除的数到底有什么特征?从0到9这10个数字中选3个,组成一个能被3整除的三位数,想一想是否与数字的排列顺序有关系呢?与各个数位上数字的和、差、积、商有无关系?

(2)课堂提问应具有启发性。教师课堂教学提问的启发性程度将直接影响学生思维的进展。当学生产生认知冲突时,启发性提问能让学生理清知识的脉络;当学生探究学问产生茫然时,启发性提问能指明探索的方向……因此,善于设计启发性提问是教师提高教学能力必备的技能。

[例]解答应用题:"学校把360本故事书分别放在上、中、下的书架上,上层的$\frac{1}{4}$等于中层的$\frac{1}{5}$,等于下层的$\frac{1}{6}$,求下层书架上放多少本书?"这道题相对来说有一定的难度,学生很容易在此产生思维障碍,这时教师点拨性地提问:"如果我们从这三层书架中每一层书各有多少份入手,会发现什么呢?"教师的话音刚落,一个同学就自告奋勇地回答:"上层有4份,中层有5份,下层有6份,一共有15份。"教师趁热打铁接着问:"既然知道了总的份数,下面是不是该考虑每一份的本数了呢?"还没等其他同学回答,就有一位同学站起来问道:"老师,既然每一层的份数不同,那么每一份的本数是不是也应该不等啊?"这位同学说到了问题的关键之处,教师对他给予了充分的肯定和鼓励后,接着问道:"这位同学问得非常好,为什么每一份的本数会不等呢?如果我们从份数角度考虑,是不是就可以求出每一层书架上放了多少本书呢?"经这样一问,学生思路顿开:下层占故事书总本数的$\frac{6}{15}$,也就是360本的$\frac{6}{15}$。如此一来,这道难题就很容易地被解决了,其中的奥秘就是教师的提问问在了知识的要点之上,加之学生富有灵性的反问,调动了学生思考的积极性,启发学生的思维引向深入,最终得以拓展。

教师提问设计的启发性还体现在积极引导学生发现问题、提出问题。数学课堂教学是动态生成的过程,在此过程中,教师的课堂问题设计应符合学生探究的特性,通过设计提问启迪学生会提问题、善提问题。

(3)课堂提问应具有层次性。设计问题时,应结合知识内容的逻辑顺序及学生的认知规律,由表及里,逐层深入,设计不同层次的问题,并有计划实施。

[例]教学圆柱的侧面积,可通过层层设计问题,放手让学生去探索,去研究:

①怎样才能把圆柱的侧面展开?(由学生独立思考,想出来)

②圆柱的侧面展开图可以是什么形状?(由学生任意展开成各种几何形状)

③展开的图形面积怎样求?(让学生去找计算各种几何形状面积需要的条件)

④圆柱侧面积的计算方法是怎样的?(不管是什么图形,最后得到的都是用底面周长乘高)最后让学生体验到:展开侧面只是为了推导计算方法,实际计算并不需要把侧面展开。

(4)课堂提问应具有开放性。开放的环境有利于培养学生灵活的思维,教学中合理设计开放性提问,引导学生多角度、多层次地思考,不仅能唤起学生对旧知的回忆,还能挖掘学生的潜能,深入了解其学习状况。

[例]学生在理解了“真分数和假分数”的概念之后，教师为检测学生的理解情况，提出了这样一个问题：“$\frac{b}{a}$是真分数还是假分数？”这个问题是个开放性的问题，通过学生的回答，可以了解学生对知识的理解程度及对真分数、假分数的知识进行系统化的程度，还可以促进学生思维的深化。

(5)课堂提问应力求全面性。课堂提问应面向全体学生，成为全体学生与教师的信息交流机会，不应成为少数几个学优生的专利，教师应该心中有学困生。

2. 课堂提问的艺术

(1)问题不宜过大。好的问题情境，不仅能提高学生的积极性，调动学生的学习热情，对于提高课堂效率更是能起到事半功倍的作用。而如果问题过大，过于宽泛，学生容易“跑题”，很难被引入课堂学习的正轨，造成课堂教学时间的浪费，导致课堂效率低下。

(2)问题要有价值。很多课堂上，教师还是习惯于随口提问，如：这道题是不是一次函数题？这个混合算式该不该先算括号里的？其实这些问题实在没有提问的必要。如果学生没有深层次的思考，那么课堂中的热闹、动态都是表面的。教师要经常反思：我的提问有价值吗？这种问题能激发学生的“斗志”吗？

(3)问题要能激发学生的学习热情。教师要通过提问让学生产生疑问，形成认知冲突，进而激发学生的学习热情。以教师的“问”激发学生的“问”，让学生在“问”中学，在学中“问”，由“问”引发出一种内在的、持久的、强大的吸引力。

(4)“问”要有法，而无定法。课堂提问的方式、方法很多，有待于教师在教学实践中探讨、运用。好的提问，能激发学生探究数学问题的兴趣，激活学生的思维，引领学生在数学王国里遨游。我们教师要做有心人，问题要设在重点处、关键处、疑难处，这样才能充分调动学生的思维，提高数学课堂的教学效率。

考点3　课堂讨论的设计　★★

课堂讨论是教师与学生、学生与学生之间的一种互动方式。通过互动交流观点，形成对某一个问题的较为一致的理解、评价或判断。讨论对发扬教学民主、让学生真正参与到教学活动中来、发挥他们的个性、调动学习积极性和培养他们的能力都有积极的作用。课堂讨论应注意以下几点。

1. 注意营造讨论的氛围

要使讨论达到效果，教师必须营造讨论氛围。让学生在讨论中开动脑筋，畅所欲言。教师必须给学生松绑，努力营造宽松、民主的氛围，提示解决矛盾的途径，引发学生探究。

2. 安排讨论要适时

数学课堂中的讨论活动需要择时而动，体现适时适度原则。唯其如此，才可以提升教学效益，促进学生数学心理和数学思维的有效形成。

(1)突破难点时组织讨论。例如，教学乘法分配律时，我们可以将分配律在整数、小数、分数中运用的情况用例题标示出来，让学生分析讨论一下，怎样运用来得比较简便。学生讨论的结果也不是很统一的意见，这时，教师用投影展示两道题目，让学生再次针对题目讨论交流，共同探究如何使用乘法分配律才能比较简便。通过比较，学生可以非常清楚地知道利用乘法法则没有乘法分配律来得简便。

(2)理解思考过程时组织讨论。比如，教学“圆的面积”时，教师在分析教材和预设教案的时候发现圆面积的转换和推导过程是教学的难点，学生对切割成平行四边形这种转换形式有不能理解的地方。这时，教师可以引导学生自己动手操作比较两幅图以后，在观察课件展示的基础上思考一下问题并展开讨论：①图1和图2的面积相等吗？它们有什么不同？②如果没有限制地切分圆，长方形会怎样？面积大小有什么特点呢？③观察转换后的长方形的长和宽，你会发现它们和圆的什么有关系？④从展示的图片中你发现圆的面积和长方形的面积有什么关系？圆的面积根据转换后的长方形面积来计算，可以吗？教师根据这些问题，组织学生进行思考探讨，学生就可以清楚地理解圆面积的计算公式的由来，学生学得轻松，也学得扎实有效。

3. 课堂讨论要注重效果

(1)讨论要讲究方法。首先要求学生能认真倾听同学的意见，借此校正自己的想法；可以及时调整思路，帮助同学充实观点，准确表达自己的想法。其次是表达要有理有据，观点清楚，理由充分。最后要学会综合大家的意见，形成统一结论，做好有关记录。

(2)及时给予学生以鼓励支持。学生出现错误，教师也要给予适当的引导，切不可引发学生对该生的嘲讽，扼杀学生表达的欲望；在纠错的同时应该教育学生善待同学的失误，帮助学生共同提高，这有助于保护学生的创新思维和学习积极性。

4. 保障足够的讨论时间

讨论的目的一是在于明理求知，因此找到答案是关键。二是要让所有学生都得到锻炼。互动讨论不仅是寻找正确的解决办法，重要的是让学生在讨论中激发创新的潜能，得到发展和展示的机会；要让全体学生都能参与到活动中，因此，要给予足够的时间让学生进行互动探究。

5. 处理好讨论的结果

数学教学中的讨论活动需要有一个集中反馈和展示的环节，也是成果展示。如何展示结果很有讲究。教师需要转变角色，不要做“讨论答案的形象代言人”，要把权力下放给学生，让学生或者优胜者代表学生集中发言，展示他们的讨论成果。教师需要对学生正确的地方加以肯定，对错误的地方加以引导，帮助他们形成结论性的判断，指明思维方向。学生在讨论中形成的意见都是他们自己的劳动成果，教师必须倍加爱护，要让学生享受到参与的幸福和收获的快乐，同时培养他们合作探究、自主发展的喜悦心情。

考点4　习题的设计　★★

这里的习题是指教学中用到的例题、练习题等。习题是整个教材内容的一部分，在数学教学中占有特殊的地位，没有必要的、恰当的例题讲解和练习，学生就不可能巩固所学的知识、掌握有关的基本技能和进一步培养能力。因此，教师必须对例题和练习题精心设计和选择，细心安排处理，才能收到好的教学效果。

例题的选择要有典型性、代表性、思维性。特别要注意例题的一题多变、一题多解和一图多用。有效的课堂练习设计，应该指向明确，富有基础性和灵活性。既要重视考查学生的基本运算能力，又要注重考查学生灵活运用数学知识分析和解决问题的能力，只有这样，才能使练习富有成效，才能使老师及时掌握学生课堂学习的反馈信息。学生的课内训练题和课外作业题要避免大量的机械模仿；要紧扣重点，有利于对基础知识的巩固和规律的掌握；要注意题型的多样性，重视变式训练和探索性的训练，以培养学生的能力，发展智力。对于课外作业，可布置适量的选做题，以体现因材施教的原则。

练习要有目的性、层次性，要由易到难，由浅入深，由单一到综合，要有一定的坡度，要多样化，要有反馈调节性，要面向全体学生，分量要适中，做到质与量的兼顾，要有弹性，要加强知识的应用性和开放性。

考点5　数学课堂活动的设计　★★★

数学课堂活动是指学习主体在课堂教学中的思维活动和操作活动，是学生解决数学问题、进行数学思考、体验数学情感、形成数学态度和价值观以及获得数学知识和技能的有效途径。一般来讲，教师在进行小学数学课堂活动设计时，要关注以下几个方面。

1. 围绕课堂教学目标设计真实有效的数学活动

数学课堂活动的设计要避免流于形式，要真实有效。设计真实有效的数学课堂活动，可以从以下几方面着手。

（1）教学目标向活动步骤转化

数学课堂活动最忌讳的就是盲目性。数学活动的设计要围绕教学目标展开，将教学目标具体化，转化为可操作的活动实施步骤。

（2）给予充足的数学活动时间

在课堂上开展数学活动，不仅包括外显操作活动，还包括内隐思维活动。特别是数学思维活动，它是数学课堂活动的主要内容。数学思维是需要时间的，只有给予充分的时间，学生才有可能达到真正的思维状态，才有可能思考得充分，想得明白，教师才有可能了解到内隐活动的真实情况。

（3）给予及时点拨和引导

教师要充分发挥自身在数学活动中的主导作用，对学生的探究、交流等活动做出适时的、富有针对性的指导，引导学生积累科学的数学活动经验。特别是对于学生在活动过程中出现的问题、碰到的困难要及时给予帮助。对于数学活动中的一些不良问题要及时发现、纠正，并给予正确的引导。

2. 重视学生数学思维活动的设计

数学课堂活动要重视内隐思维活动的设计，引导学生进行数学思考，发展数学思维，这是数学课堂教学的主旨所在。在设计数学活动时，应在知识的疑难处、重点处、转折处、衔接处、拓展延伸处让学生去“思”“议”“评”“操作”。

3. 追求数学内隐思维活动和外显操作活动的统一

数学课堂活动既包含外显操作活动，也包含内隐思维活动，它们是同一个活动的两个方面。追求二者的统一，是为了避免数学课堂活动流于形式的现象，杜绝数学活动失去其本质意义的可能性。数学活动应该激发学生的数学思考，发展其数学思维品质和能力。

考点6　课堂小结的设计　★★

小结是指完成一个教学内容或活动时，教师对知识进行归纳总结，使学生对所学知识系统化，从而巩固和掌握教学内容的教学行为方式，它也是教学过程中的重要环节。

1. 小结的类型

（1）总结概括式小结

由教师或学生完成，概括本节课内容，强调重点，指明关键，提出要求。可用叙述、图表、图示等多种方法总结概括。

(2)比较异同式小结

比较新知与原有知识的异同，加深、扩展学生对知识的理解，知识间可能是并列的或对立的，也可能是近似的、易混的，通过比较分析，找出它们各自本质特性的不同点，找出内在联系的相同点，使学生对概念理解得更加准确、深刻，记得更牢固。

(3)揭示规律式小结

这种小结是对教学中的性质、公式、规律等数学事实以及解决问题的方法、步骤进行总结，促使学生思维得到完善和发展。

(4)延伸发展式小结

将课内知识延伸到后续内容或课外，通过这样的延伸架起知识和兴趣的桥梁，引导学生对课外学习产生兴趣。

2. 小结中注意的问题

(1)设计小结时要注意紧紧围绕着教学目标，突出重点，抓住关键。

(2)简明、扼要、画龙点睛，注意形式新颖，给学生以新鲜感。

(3)要与板书设计配合好，并把握好时间。

(4)小结应“水到渠成”，自然流畅，而不是机械加工，更不能画蛇添足。

【题】 下面是人教版五年级下册第六单元中“异分母分数加、减法”的教学内容，完成本节课的教学设计(必须有教学目标、重难点和简要教学过程部分)。

2. 异分母分数加、减法

1 某小区生活垃圾分类统计情况如右图。

有害垃圾 $\frac{1}{8}$　可回收物 $\frac{3}{20}$　其他垃圾 $\frac{1}{4}$　厨余垃圾 $\frac{19}{40}$

(1) 有害垃圾和其他垃圾在生活垃圾中共占几分之几?

$\frac{1}{8}+\frac{1}{4}=$ ______

$\frac{1}{8}$和$\frac{1}{4}$的分母不同，也就是分数单位不同，不能直接相加。怎么办呢?

我们可以把它们通分，转化为同分母分数再相加。

分母不同的分数，要先通分才能相加。

$\frac{1}{8}+\frac{1}{4}=$

$\frac{1}{8}+\frac{2}{8}=\frac{3}{8}$

试一试：$\frac{1}{8}+\frac{3}{20}=$ ______

做一做

计算。

$\frac{5}{8}+\frac{1}{3}=$　　$\frac{1}{4}+\frac{3}{8}=$　　$\frac{3}{4}+\frac{1}{7}=$　　$\frac{1}{5}+\frac{1}{8}=$

(2) 可回收物多还是厨余垃圾多？它们的差占生活垃圾总量的几分之几？

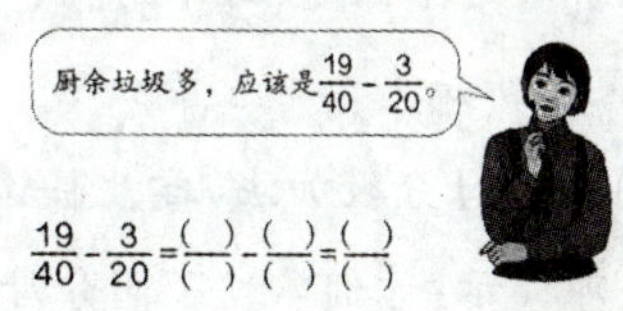

$\frac{19}{40}-\frac{3}{20}=\frac{(\ )}{(\ )}-\frac{(\ )}{(\ )}=\frac{(\ )}{(\ )}$

讨论一下：异分母分数加、减法怎样计算？

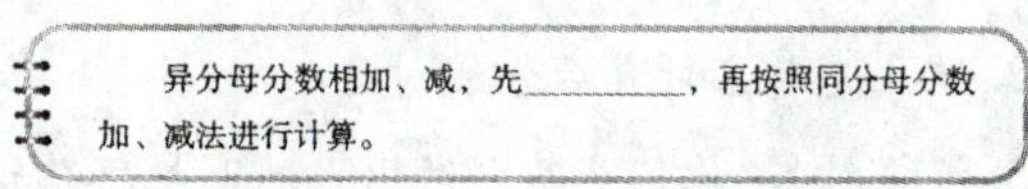

做一做

❶ 先计算，再任选两题进行验算。

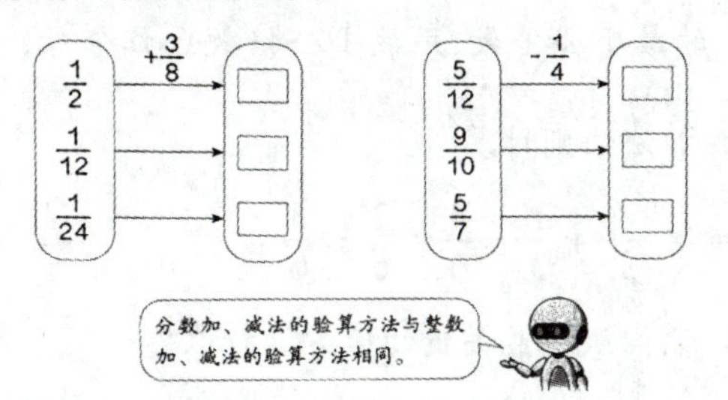

❷ 妈妈用玉米面和黄豆面做面饼。玉米面用了$\frac{4}{5}$ kg，黄豆面用了$\frac{3}{4}$ kg，用的玉米面比黄豆面多多少千克？玉米面和黄豆面一共用了多少千克？

参考答案　教学目标：

①掌握异分母分数加、减法的一般计算方法和验算方法，会正确地进行计算和验算。

②经历异分母分数加、减法计算方法的探究过程，感悟运用知识间的转换是获取新知识的重要途径。

③学习"回收有用垃圾"的计算问题，提升环保意识。

教学重点：异分母分数加、减法的计算法则。

教学难点：运用通分的方法解决异分母分数不能直接相加减的问题。

教学过程：

一、复习导入

1. 教师提问：前几节我们学习了什么？（通分、同分母分数加减法）

通分方法是什么？（先求原来几个分母的最小公倍数，然后把各分数分别化成用这个最小公倍数作分母的分数）

同分母分数加减法的法则是什么？（同分母分数相加减，分母不变，只把分子相加减）

2. 出示一组数：$\frac{1}{2},\frac{7}{24},\frac{11}{24},\frac{1}{3},\frac{5}{6},\frac{7}{9},\frac{3}{4},\frac{4}{25}$。

(1)自己任选两个数组成加法算式和减法算式。

(2)学生可能出现的算式：

$\frac{11}{24}-\frac{7}{24},\frac{1}{2}+\frac{1}{3},\frac{7}{24}+\frac{4}{25},\frac{5}{6}-\frac{1}{2},\frac{11}{24}-\frac{4}{25},\frac{1}{3}+\frac{5}{6},\frac{7}{9}+\frac{1}{3},\frac{3}{4}-\frac{1}{3},\frac{1}{3}+\frac{3}{4},\cdots$

(3)引导学生把上面算式分成两类，一类为同分母分数加减法，一类为分母不同的分数加减法。

教师引入：分母相同的分数加减法我们已会做，那分母不同的分数加减法又该怎样计算呢？这节课同学们自己解决这个问题，好不好？（板书：异分母分数加、减法）

二、探究新知

（一）异分母分数加法（学生任选一个分母不同的加法算式）

1. 教师提示：你们学过了同分母分数加减法，又学过了通分，请你们用学过的知识把分母不同的分数相加，能行吗？

2. 学生先独立计算后分组讨论。

3. 汇报结果：你们是怎么做出来的？把思路说出来。

引导学生明确：以$\frac{1}{2}+\frac{1}{3}$为例，$\frac{1}{2}$与$\frac{1}{3}$分母不同，不能直接相加，用通分的方法使它们分母相同，找分母2和3的最小公倍数，用最小公倍数6作分母，$\frac{1}{2}$就是$\frac{3}{6}$，$\frac{1}{3}$就是$\frac{2}{6}$，$\frac{1}{2}$加$\frac{1}{3}$就等于$\frac{3}{6}$加$\frac{2}{6}$，然后按照同分母分数的加法法则计算。

板书：$\frac{1}{2}+\frac{1}{3}=\frac{3}{6}+\frac{2}{6}=\frac{5}{6}$。

4. 你们认为最关键的地方是什么？

运用通分把不同分母的分数转化为同分母分数。

5. 反馈练习：$\frac{3}{4}+\frac{1}{5}$。

(二)异分母分数减法(学生任选一个分母不同的减法算式)

1. 教师提示:请你依照异分母分数加法的计算方法解决异分母分数减法的计算问题。

2. 汇报结果。

3. 填空,并说明理由。

$\frac{5}{6}-\frac{3}{4}=\frac{(10)}{12}-\frac{(9)}{12}=\frac{(1)}{(12)}$。

4. 反馈练习:$\frac{5}{8}-\frac{1}{6}$。

(三)整理法则

1. 学生独立思考后小组讨论:根据上面的做题过程,怎样把异分母分数加法法则和异分母分数减法法则合并成一个法则?

2. 学生汇报讨论结果,教师板书。

异分母分数相加、减,先通分,然后按照同分母分数加、减法的法则进行计算。

3. 反馈练习:$\frac{2}{3}+\frac{5}{6}$,$\frac{9}{10}-\frac{11}{15}$。

①学生独立完成。

②说说应用什么法则及计算过程。

③验算。

引导学生明确:分数加减的验算方法,与整数加减的验算方法相同,都是用交换加数的位置再算一遍的方法验算加法,用差加减数的方法来验算减法。

三、全课小结

通过今天的学习你有什么收获?异分母分数加减法与同分母分数加减法有什么联系?

四、课后作业,巩固知识

对不同层次的学生分层次布置作业。

我于________年____月____日完成了对本章的学习。

复盘一下,我对自己较肯定的地方是____________________

(足够努力/心态积极/方法得当……)

我觉得自己需要改进的地方是________________________

(懒惰懈怠/心情浮躁/方法不当……)

恭喜完成对本书的学习,小香祝您金榜题名!

图书反馈

重磅！真题有奖征集！

「凡提供当年度考试真题者，根据真题完整度，可获得500元以内现金奖励。」

具体请联系QQ:1831595423

（温馨提示：所提供真题须是当年度考试真题，且真实有效。）

联系方式：400-600-3363　研发部QQ：1831595423

招教网
招考资讯平台

山香官网
考编服务平台

山香网校
线上学习平台

图书订正链接
勘误更新平台